2014 中国连锁经营年鉴

China Chain Store Almanac 2014

中国连锁经营协会　编

中 国 商 业 出 版 社

图书在版编目（CIP）数据

2014 中国连锁经营年鉴/中国连锁经营协会编．—北京：中国商业出版社，2014.10

ISBN 978－7－5044－8763－6

Ⅰ.①2…　Ⅱ.①中…　Ⅲ.①连锁经营－中国－2014－年鉴　Ⅳ.①F721.7－54

中国版本图书馆 CIP 数据核字（2014）第 239915 号

责任编辑：唐伟荣

中国商业出版社出版发行
010－63180647　www.c－cbook.com
（100053　北京广安门内报国寺 1 号）
新华书店总店北京发行所经销
北京明月印务有限责任公司印刷

*

787×1092 毫米　16 开　30.5 印张　680 千字
2014 年 11 月第 1 版　2014 年 11 月第 1 次印刷
定价：360.00 元

*　*　*　*

（如有印装质量问题可更换）

编辑委员会名单

前　言

中国13亿人是世界最大的消费市场，也是“需求的富矿”。2013年，随着社会保障制度的不断完善，公共服务体系的不断健全，民生的不断改善，加之改革开放30年的快速发展，国内消费市场对经济增长的拉动作用不断增强，中国经济乃至连锁经营发展均已步入提质增效升级的新阶段。然而，国内外经济形势不容乐观，连锁行业发展环境依然复杂多变，面临近年来少有的严峻局面。特别是在我国宏观经济下行压力增大，转方式、调结构、扩内需、惠民生中实现稳中求进的任务十分紧迫的大环境下，连锁行业发展正在经历从过去的传统粗放、快速增长转为集约、高效、可持续的调整、转型、升级的关键时期，任务更加艰巨。目前，内需市场已成为拉动我国经济发展的主要引擎，这也是连锁行业加速转型发展、提升影响的历史机遇，是连锁企业创新突破、寻求自身变革、实现再次腾飞和更大贡献的历史性挑战。综观2013年中国连锁行业整体发展状况，也呈现出新的特征和变化。

据中国连锁经营协会调查显示，近三年连锁百强增速持续放缓，2013年连锁百强销售总体增长9.9%，连续第三年慢于社会消费品零售总额的增长，也是历年增长最慢的一年，这既是经济增长不振、行业自身发展规模的反映，也是受消费疲软、经营成本提升、渠道分流加剧、消费升级与消费意愿变化等多重因素影响的结果。但由连续三年数据比较可见，回落幅度逐年缩小，预示未来几年行业进入整体放缓但相对稳定的发展阶段。从业态看，以百货和快消品为主的连锁企业，整体销售增幅均慢于连锁百强平均增幅，而便利店和购物中心均展现较好的发展态势，其中便利店销售增幅居各业态之首，其门店数量增幅也快于连锁百强平均值。从区域看，三、四线市场快于一、二线的发展格局依旧。从渠道看，近几年网络和移动零售取得惊人发展，带给传统零售较大冲击，而零售企业在经历单一渠道向多渠道过渡后，已开始加速线上与线下融合，打造全新的无缝对接消费体验，实现全渠道经营。其中，连锁百强中已有67家企业开展网络零售业务，比上年实际新增5家；而开展网络零售的连锁百强线上销售占企业总销售的比例也由上年的2.9%上升到本年的3.7%。在成本方面，房租和人工费用连年高企，持续较快上升，仍是影响企业利润提升最主要的两个因素，其中连锁百强房租和人工成本涨幅分别为11%和18%，这也使得连锁百强销售负增长和门店数负增长的企业明显增加，为历年最多。从零售资本市场看，并购依然活跃，而企业间的兼并整合还将继续，行业集中度将进一步提升。在经营方面，尽管企业总体销售增幅连续下降，成本明显上升，但企业围绕客户需求，谋求新消费时代战略定位，通过探索信息集成、物流配送、客户服务和组织架构的全方位协同和多样化发展、差异化经营等创新措施，突破模式、空间等束缚，打造企业核心价值，使企业运营质量和效率在困难和压力中保持整体良性的发展。

2013年，中国特许经营市场格局相对成熟，但在经济发展大环境下，特许连锁企业也呈现出开店速度放缓，销售增幅下滑；经营成本持续攀升，盈利能力面临挑战；加盟开店快于直营发展，二、三线城市好于一线城市等新特征。据中国连锁经营协会调查，2013年中国特许连锁120强企业销售规模达4367亿元，拥有连锁店铺约14万个，其中加盟店11.5万个，平均拥有店铺1164个，加盟店占总店铺数的82.6%。与上年相比，店铺总数、加盟店数、平均拥有店铺数和加盟店占比的增速分别下降4%、2.9%、4.3%和1.8%。调查显示，超市、便利店、食品零售、酒类专卖，以及餐饮企业的开店数增幅都较上年明显下滑，而超市、便利店、食品专卖、餐饮、经济型酒店、培训教育、洗染、家装等企业的销售增幅也比上年有不同程度的下降；2013年上榜特许连锁120强的民营企业占比继续提升，达到62.5%，表现依然突出。不同于上年，本年度店铺数量增长较快的业态有汽车后市场、家装和经济型酒店，而综合零售、非食品专卖、餐饮、洗染、美容休闲健身等业态则增长缓慢；各行业业态中，教育培训、洗染业、汽车后市场居于平均净利润率前三甲，与上年一致；而净利润率降幅最大的是餐饮业，同比平均下降2.79%。调查还显示，2013年近70%的特许企业选择单店特许模式招募加盟商；60%的企业单店投资额超过100万元；83%的企业投资回报期在2年以内，而投资回报期与初衷偏离的占比为57%。同时，网络销售已经越来越成为特许商家提高利润、降低成本的有效途径；也有84%的企业开通了微信公众号，45%的企业拥有移动客户端，46%的企业还开通了网上支付业务；而新媒体被更多的消费者接受和关注，特许企业也正在遵循消费者的心理偏好，通过新媒体技术的广泛应用进行营销推广。

2014年将是连锁企业发展步入深刻变革之年。消费者购物从实体店到PC端分流，从PC端向移动端迁移，由多移动端向店面端交互；现代技术工具的使用和进化，使人和行为发生异化——互联网致信息在更大范围透明与分享，零售商同质化商品致毛利率趋低而消费更趋理性；新型城镇化有望加速发展，农民将以新市民姿态重新进入城市。如此种种，都将推动消费结构升级和消费方式、消费类型、消费商品的变化，并带动消费服务经济的新发展，连锁企业也将真正开始转变发展模式和管理方式。

连锁企业要做好应对各种困难的充分准备，要基于并围绕核心业务，充分利用现代新技术、新工具，发挥自身资源优势，继续开展多元经营，发力全渠道挖掘，优化供应链，提高消费者体验，使行业发展真正实现从规模数量型向效率效益型转变，从外延向内涵转变。连锁企业要对未来发展更加从容和自信，以创新精神鼎力实现行业和企业的可持续发展。

随着中国连锁经营继续稳定、健康的发展，数据资料愈加成为业内人士进行科学决策和分析的重要依据。《2014中国连锁经营年鉴》继续秉持调查调研为主体，内容严谨、数据翔实、论述客观的风格，详尽反映2013年中国连锁经营市场的发展状况，直观描述行业的运行环境，为业内人士经营、管理和决策提供高价值的参考和帮助。在此，向参加本书编写的专家、学者、业内人士和编委会工作人员表示衷心的感谢！

中国连锁经营协会理事会主席　洪　杰　　　　中国连锁经营协会会长　郭戈平

目　录

第一部分　综合篇

第二部分　行业业态篇

第三部分　管理与技术篇

第四部分　政策法规篇

第五部分　附　录

第一部分　综合篇

2013 年中国连锁零售百强企业发展总体情况

中国连锁零售企业作为先进的零售经营模式，经过 30 多年的高速发展，已成为中国经济的重要组成部分。中国连锁经营协会（简称连锁协会）开展连锁百强排名以来，百强企业销售规模从 2001 年的 1620 亿元发展到 2013 年的 2. 04 万亿元，13 年间持续快速增长，翻了近 13 倍。而自 2011 年下半年，特别是 2012 年以来，一直持续到 2013 年，国内外经济环境复杂多变，连锁零售企业普遍出现明显的销售增长乏力，销售负增长企业数达到历年之最，经营压力呈现连年持续增大。同时，人工和房租等成本继续保持上涨态势，企业利润空间不断被压缩，多家企业爆出盈利警告，开店速度明显减缓。此外，受物价上涨和对经济前景不确定性的影响，消费者消费信心不足，消费意愿减弱，表现出各种业态经营企业的来客数减少。而与此同时，网络零售等新兴零售模式的迅猛发展与扩张，令传统连锁零售企业的经营受到强力冲击与挤压。

连锁协会调查显示，2013 年中国连锁百强企业销售规模达到 2. 04 万亿元，同比增长 9. 9%，连续第三年低于社会消费品零售总额的增长。连锁百强企业门店总数达到 9. 46 万个，同比增长 7. 6%。连锁百强企业销售额占社会消费品零售总额的 8. 6%。2013 年连锁百强第 100 名的销售额为 34. 9 亿元，比 2012 年百强第 100 名的 33. 0 亿元提高约 6%，相比 2012 年与 2011 年的百强第 100 名销售额 30% 以上的增幅，确有较大的销售增幅缩水。

与往年相比，2013 年中国连锁零售百强企业发展具有以下几个特点：

一、增速继续放缓，成本持续攀升

2013 年，连锁百强企业销售同比增长 9. 9%，继 2011 年、2012 年连续创下连锁百强历年销售增长最慢的 12. 5%、10. 8% 后，本年度销售增长继续新的下探，并且继续低于社会消费品零售总额 13. 1% 的增长。

2013 年，连锁百强新增门店 6600 余个，同比增长 7. 6%，是连锁百强统计以来增幅最低的一年；销售额和门店增幅分别比 2012 年下降 0. 9 和 0. 4 个百分点。

2010 年以来，连锁百强的销售增幅持续回落，从 2010 年的 21. 2% 下滑至 2013 年的 9. 9%，先后回落 8. 7、1. 7 和 0. 9 个百分点，而且 2013 年的销售增幅首次出现个位数，是百强统计以来销售增幅最低的一年。但与前两年相比，回落幅度缩小，行业进入整体放缓但相对稳定的发展阶段。

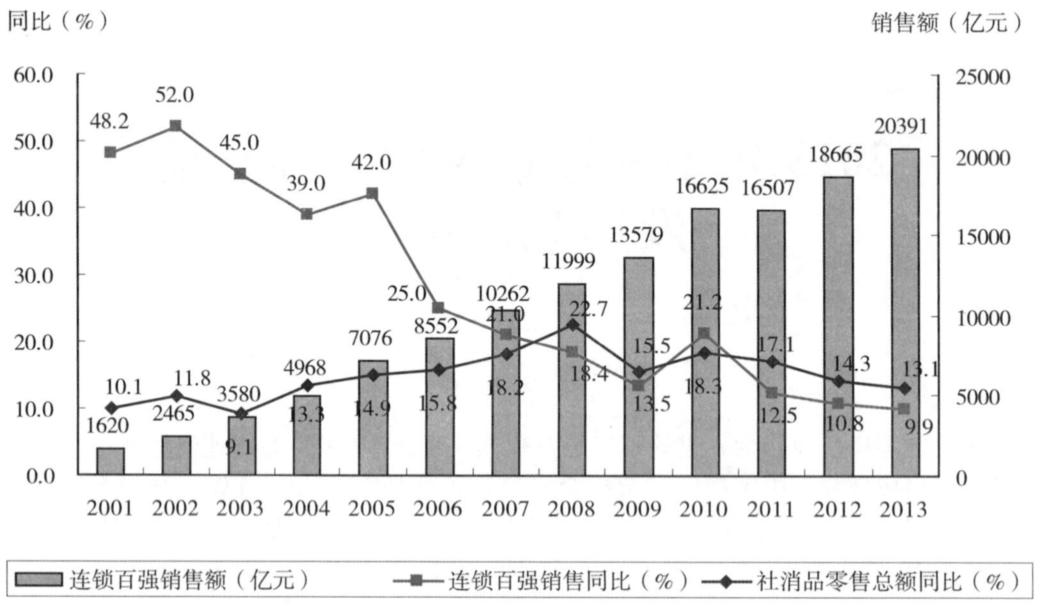

图 1　2001 -2013 年连锁百强销售额及其同比增速

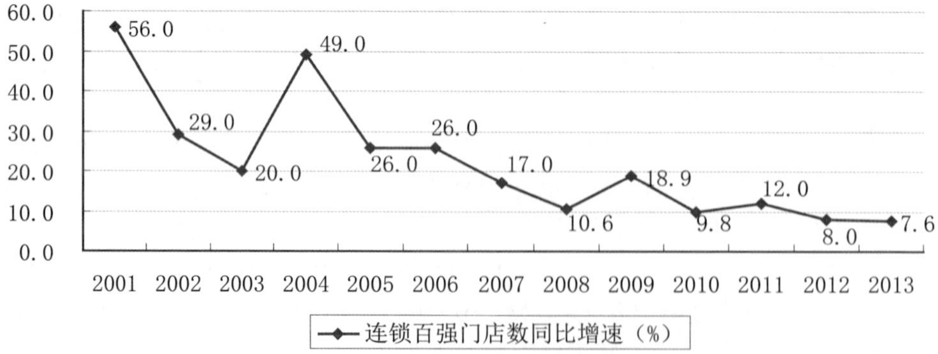

图 2　2001 -2013 年连锁百强门店数同比增速

二、不同业态呈现不同发展特点

百货、超市增幅下降。2013 年，50 家以百货业务为主的连锁百强企业销售增长 9.6%，店铺数量增长 0.4%，均低于百强平均水平，分别比上年下降 0.7% 和 8.0%。

以经营超市为主的快消品百强企业销售增长 8.5%，低于百强平均增幅 1.4 个百分点，门店增幅 7.6%，与百强增幅总体持平。按有可比销售的快消品企业计算，外资企业在销售和门店增长方面均优于内资企业，分别高出 3.8 和 0.4 个百分点。

便利店增长较快。2013 年，门店数量排名前 45 家的便利店企业门店数量平均增长 9.5%，快于连锁百强店铺平均增幅 1.9 个百分点，其中按有可比销售的便利店企业计算，销售额同比增长16%，在各业态中增幅最大。

三、积极开展网络零售，自建平台成为主流

2013年，网络零售继续对传统零售带来持续和更大的冲击，其不仅在最初经营的图书音像、家电、数码3C等适宜网络营销的系列产品方面稳定发展，而且在服装鞋帽、日用百货、家居、食品等几乎所有传统零售企业经营的各类产品领域持续挤压实体零售的市场份额。

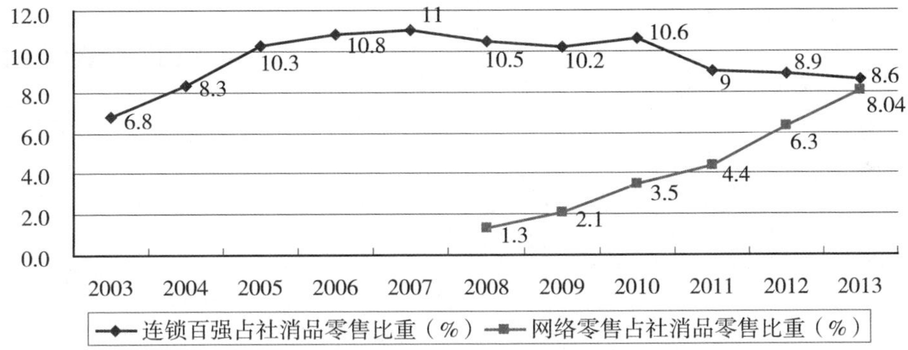

图3　连锁百强销售及网络零售分别占社会消费品零售额的比重

据中国电子商务研究中心调查，至2013年12月底，中国网民数量达到6.18亿人，互联网普及率45.8%。2013年，中国网购零售交易创造1.89万亿元人民币，占社会消费品零售总额的8.04%，同比增长42.8%；网购用户达到3.12亿人，较2012年同比增长26.3%。特别地，2013年，中国手机网民达到约5亿人，同比增速19.1%，继续保持第一大上网终端的地位；而移动电子商务交易额达到2325亿元，同比增速141%，保持快速增长态势。

面对压力，传统零售企业利用移动互联等技术纷纷发力电商，在促销推广、商品查找、下单、在线支付等方面积极尝试，提升客流，改善顾客体验。2013年，连锁百强企业中有67家开展了网络零售业务（2011年和2012年分别为41家和62家）。2013年连锁百强企业中新开展网络零售的企业有9家，另有4家暂停网络销售，实际新增5家。

开展网络零售以自建方式为主。在67家开展网络零售业务的企业中，51家采用自建平台方式，8家采用自建平台和入驻第三方平台相结合的方式，8家未自建平台，仅入驻第三方平台。开展网络零售的连锁百强企业线上销售额占企业总销售额的比例由2012年的2.9%上升到3.7%。

四、成本上升，利润增幅下降仍是普遍现象

调查还显示，2013年连锁百强企业房租支出增长11%，人工成本增长18%，与2012年涨幅相近，仍处于快速上涨的状态，房租和人工成本依然是企业成本最主要的两个方

面，两项成本的增长均明显高于企业的销售增幅。

成本上升迫使企业放缓开店。百强企业中，有 21 家企业的店铺总数出现负增长，负增长企业数比上年多了一倍。销售出现负增长的企业也明显增加，达到 15 家，为历年最多。

帮助企业降低成本成为政府与行业协会推动连锁发展的重中之重。2013 年，政府先后出台取消发票工本费、企业存货损失税前扣除等若干项措施，但依然任重而道远。

总之，2013 年是连锁行业发展较为困难的一年，连锁企业经受了多方面的冲击和挑战。连锁企业普遍认识到，必须以改善消费者体验为出发点，以商品管理、供应链管理及渠道无缝对接为重点，真正实现从规模向效益转变，从外延向内涵转变。

（中国连锁经营协会）

2013 年中国特许连锁 120 强企业发展总体情况

根据中国连锁经营协会（简称连锁协会）2013 年度中国特许连锁行业发展状况调查及数据统计，连锁协会于 2014 年 5 月发布了“2013 年中国特许连锁 120 强”。

调查统计显示，2013 年中国特许连锁 120 强企业销售规模达 4367 亿元，共拥有连锁店 139701 个，新增店铺 9322 个，比上年增长 7.2%。其中，加盟店 115380 个，新增店铺 5360 个，同比增长 4.9%；平均拥有店铺 1164 个，同比增长 7.2%。

一、120 强企业基本情况

从地区分布看，120 强企业总部所在地覆盖全国 23 个省级区域，但集中度较高的是华北和华东地区，两大区域 120 强企业总部合计占比 86%（见图 1）；而 120 强企业总部分布最多的是北京、上海、广东，三者占比分别为 30.0%、20.0 和 8.3%（见表 1）。

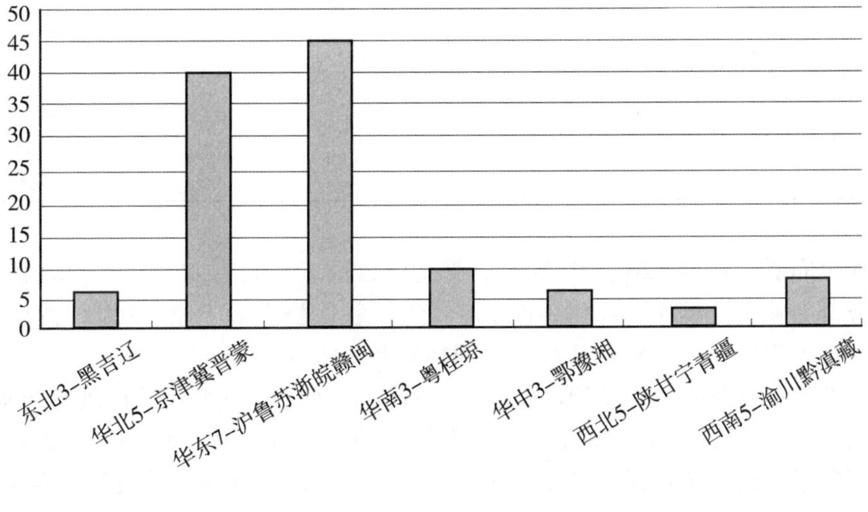

图 1　2013 年特许连锁 120 强企业总部分布情况（占比，%）

表 1　　2013 年特许 120 强企业总部地区分布及占比情况

企业总部属地	数　量	占比（%）
重　庆	4	3.3
浙　江	7	5.8
云　南	1	0.8
新　疆	1	0.8
香　港	1	0.8
四　川	3	2.5
上　海	24	20.0
陕　西	2	1.7
山　西	2	1.7
山　东	4	3.3
内蒙古	1	0.8
辽　宁	5	4.2
江　西	1	0.8
江　苏	4	3.3
吉　林	1	0.8
湖　南	2	1.7
湖　北	2	1.7
河　南	2	1.7
河　北	1	0.8
广　东	10	8.3
福　建	4	3.3
北　京	36	30.0
安　徽	2	1.7
总　计	120	100.0

从行业分布看，特许 120 强中零售企业上榜数最多，共有 46 家，占总数的 38.3%；其次是服务类企业，上榜 42 家，占比为 37.5%；餐饮类企业上榜 29 家，占比为 24.2%（见图 2）。与上年比较，上榜企业行业类别格局基本未变。

上榜企业中，联华超市以 2501 家超市、688.18 亿元的销售总额位列超市业态首位；美宜佳便利店则以 5580 家总店铺数、64.25 亿元的销售规模排名便利店业态第一名；全聚德以 32.93 亿元的总销售额排名中式正餐首位。本年度，联华、美宜佳、全聚德均是蝉联相应业态首位。

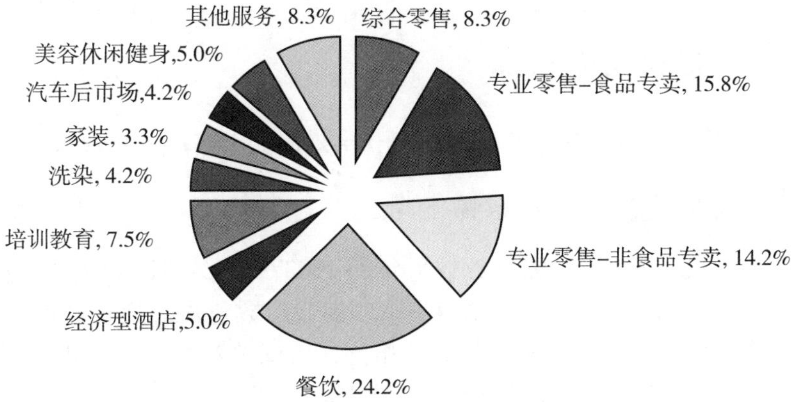

图 2　2013 年特许 120 强企业行业分布情况

从经济类型看，2013 年的特许 120 强企业中民营企业上榜 65 家，占总数的比例高达 62.5%，其次是国有企业、外商独资企业、中外合资企业，分别占比 12.5%、10.6% 和 7.7%，港澳台资企业比例最低，仅占 0.9%，其他类型企业占 5.8%。与上年相比，民营企业占比继续提升（增幅大于 7%）。见图 3。

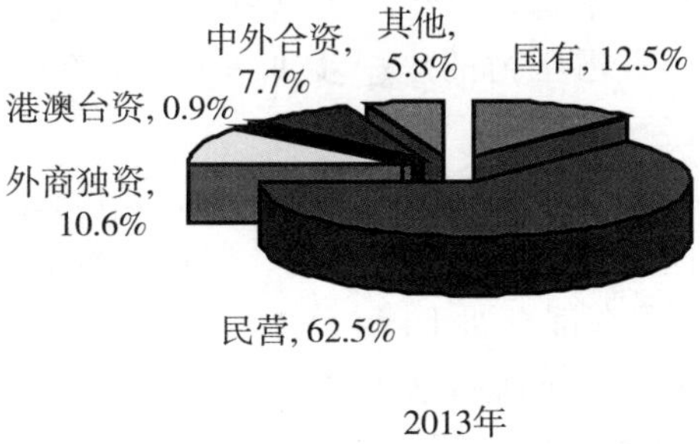

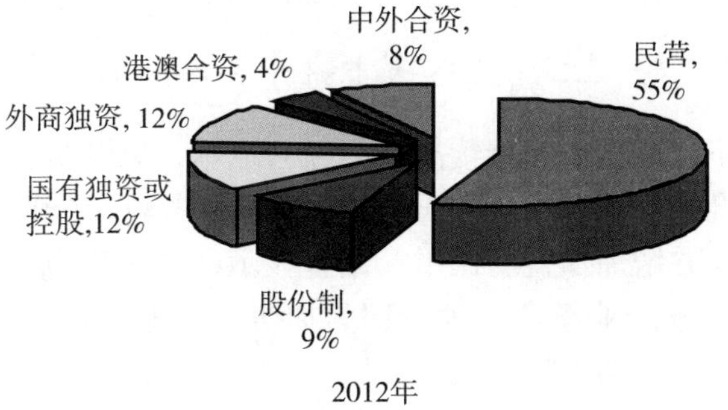

图 3　特许 120 强企业经济类型分布情况

二、120 强企业发展特点

纵观本年度特许连锁 120 强企业发展状况，呈现出如下新的特点：

（一）开店速度放缓，销售增幅下降

2013 年，特许 120 强企业店铺总数较上年的 130379 个，同比增长 7.1%。其中，加盟店数量较上年的 110020 个，同比增长 4.9%；加盟店数量占总店铺数的 82.6%；平均拥有店铺 1164 个，同比增长 7.2%。与上年相比，店铺总数增速、加盟店增速、加盟店与总店铺数占比、平均拥有店铺增速分别下滑 4%、2.9%、1.8% 和 4.3%。总体而言，开店速度有所放缓。同时，调查数据显示，超市、便利店、食品零售、酒类专卖等零售业态，以及餐饮业的开店增幅都较 2012 年有较明显的下滑。

从营业额增长率看，超市便利店、食品专卖、餐饮、经济型酒店、培训教育、洗染、家装的增幅比上一年度有所下降。

（二）经营成本持续攀升，盈利能力面临挑战

2013 年，特许 120 强企业经营成本继续走高，其中尤以人力和房租成本为甚。调查显示，近 80% 企业的人力成本增长率超过 5%，其中 40% 以上企业的人力成本增长率超过 10%。同时，企业普遍感受到房租压力的进一步加大。68% 的企业的租金成本较上年度增长 5% 以上，20% 的企业租金增长超过 10%。

持续增加的成本压缩了企业的盈利空间。除食品专卖、经济型酒店、培训教育、洗染行业的平均利润率较上年度有小幅增长外，综合零售、餐饮、家装、汽车后市场、美容休闲健身及其他服务行业的平均利润率都有所下降。

从销售利润率看，综合零售业平均利润率为 2.07%，培训教育业近两年的平均利润率都在 25% 以上，2013 年的平均利润率为 28%。

考虑成本上升，近半数的 120 强企业认为 2014 年的投资回报期将会有所延长。

（三）加盟快于直营，二、三线城市好于一线城市

面对近阶段经济下行的预期和持续高企的经营成本，以及员工招聘困难局面的加剧，特许企业正在经受资金和管理等几方面压力加剧的重大考验，企业未来的开店战略将进一步转向缩减直营店规模并增加加盟店比重。调查显示，本年度特许 120 强中有 37 家企业减少了直营店数量，19 家企业新开店铺全部为加盟店。未来三年，近九成的 120 强企业将增加加盟店数量，并逐步加大加盟店的占比。

在开店区域选择上，一线城市竞争更趋残酷，不仅人力成本、房租持续居高不下，而且市场趋于饱和，盈利空间被进一步压缩，向二、三线城市转移市场拓展重心已成行业共识。调查显示，85% 的特许企业和投资人更看好二、三线城市的市场发展前景，二、三线城市将成为特许企业未来逐鹿的重要战场。

三、120 强企业经营与发展情况

1. 分行业总店铺数和营业额情况

从特许连锁 120 强企业店铺总数和营业额同比增长情况看，本年度各业态的企业都较上年有所提升。在店铺数量方面，增长较快的业态有汽车后市场（30.67%）、家装（30.3%）、经济型酒店（28.94%），而上年增长较快的业态有专业零售－食品专卖（26.12%）和经济型酒店（24.34%），但增幅均不足 30%；本年度综合零售、专业零售－非食品专卖、餐饮、洗染、美容休闲健身店铺数增长较为缓慢，店铺数增长率均低于 10%，其中洗染业店铺增长最慢，仅为 5.18%，该情形与上年一致（2012 年洗染业店铺增长 5.17%，增幅为各业态最低）。

在营业额增长方面，2013 年经济型酒店、汽车后市场的总营业额呈现三成以上的较高增长，同比增幅高达 37.15% 和 35.83%，与上年相比，经济型酒店总营业额继续保持高速增长态势，但增速明显放缓（2012 年经济型酒店总营业额增幅为 61.44%）；而本年度增幅最小的是综合零售类，仅为 0.43%。见图 4。

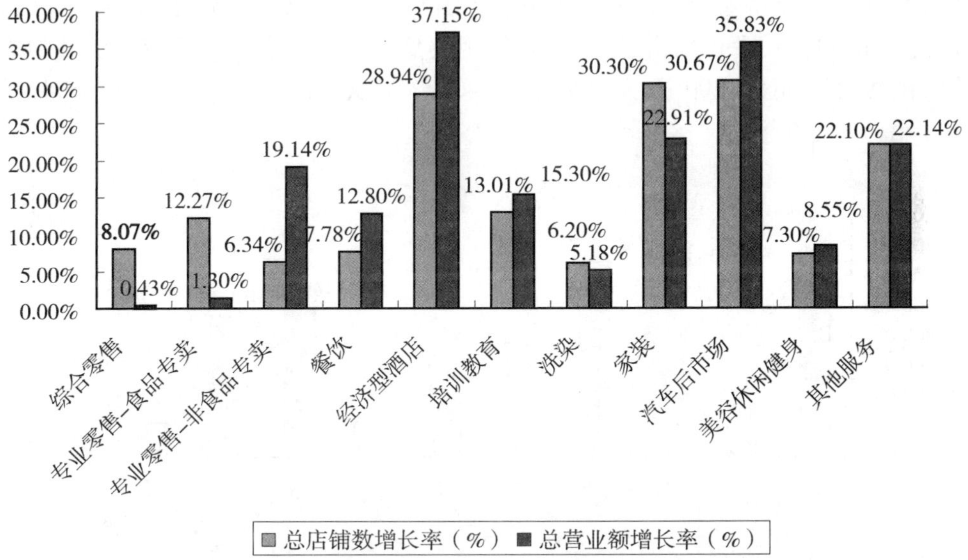

图 4　2013 年特许 120 强企业店铺总数和营业额同比增长情况

2. 分行业平均净利润率情况

各行业业态中，2013 年平均净利润率排名前三甲的行业与上年一致，分别为：培训教育、洗染业、汽车后市场，其平均净利润率分别为 28.49%、20.68% 和 18.86%。平均净利润率最低的是综合零售行业，仅为 2.07%。与 2012 年相比，只有专业零售－食品专卖、经济型酒店、培训教育、洗染业的平均净利润率有所提高，其他行业的平均利润率都有所下降。其中，净利润率同比增幅最大的行业是培训教育，平均净利润率同比上升 2.74%；净利润率同比降幅最大的行业是餐饮业，平均净利润率同比下降 2.79%。见图 5。

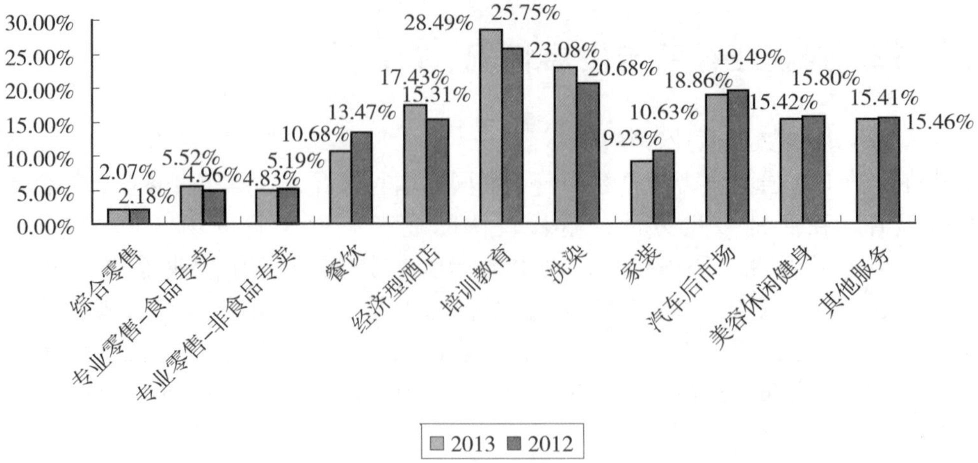

图 5　2013 年特许 120 强企业分行业平均利润率比较

3. 分行业单店平均销售情况

在 2013 年单店平均销售额中，综合零售以 759. 90 万元位居各行业之首，餐饮、家装、汽车后市场、经济型酒店均超过 400 万元，分别为 655. 58 万元、499. 38 万元、471. 86 万元和 448. 75 万元；而洗染、美容休闲健身、专业零售 - 食品专卖、其他服务的单店平均销售额均低于 200 万元，分别为 40. 32 万元、115. 12 万元、174. 04 万元和 105. 44 万元。见图 6。

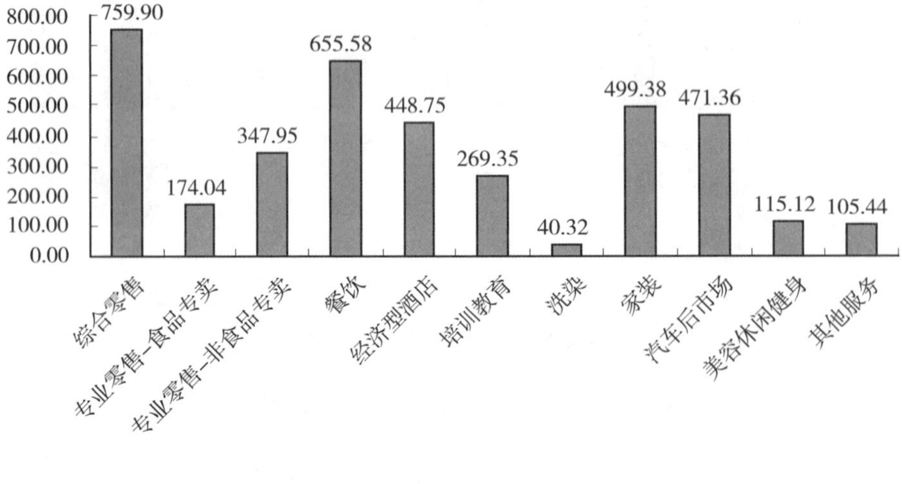

图 6　2013 年特许 120 强企业单店平均销售额（万元）

4. 招募加盟情况

（1）加盟模式

大部分特许经营企业是通过单店特许模式来招募加盟商的。调查显示，2013 年近 70% 的特许 120 强企业选择单店特许加盟模式招募加盟商；选择区域开发模式的约占

18%，较上年有明显的收缩；选择二级特许模式的约占 10%。见图 7。

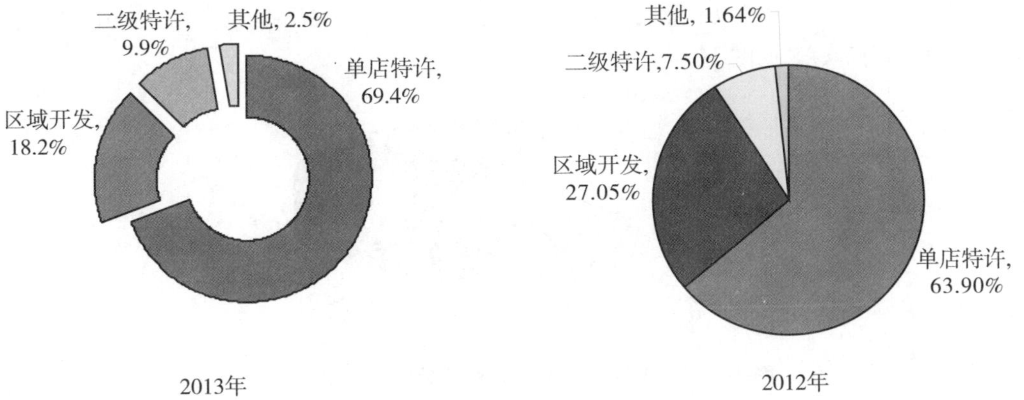

图 7　特许 120 强企业加盟模式

（2）加盟金

2013 年特许经营 120 强企业中，加盟金所占比例各有不同。其中，51 万元以上的占 8%，6 万 -20 万元的占 18%，而所占比例较大的是 5 万元以下，21 万 -50 万元的则占到了 33%。见图 8。

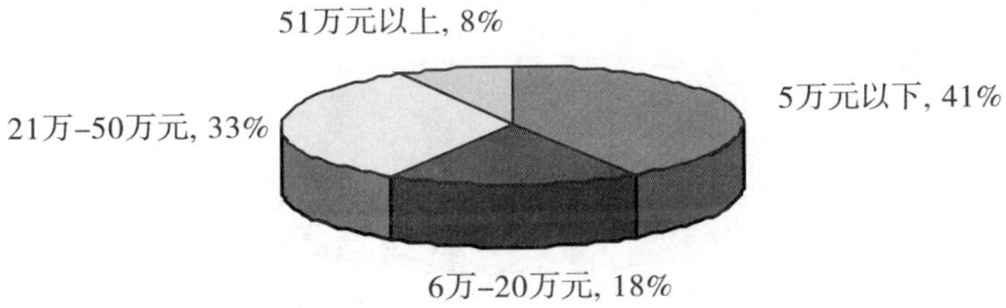

图 8　2013 年特许 120 强企业加盟金

（3）特许权使用费缴纳方式

2013 年特许经营 120 强企业中，关于特许使用费的缴纳方式，近 70% 的企业采用定额缴纳，19% 的企业则采用按销售额缴纳，采用定额和按销售额缴纳结合的仅占 2.5%。见图 9。

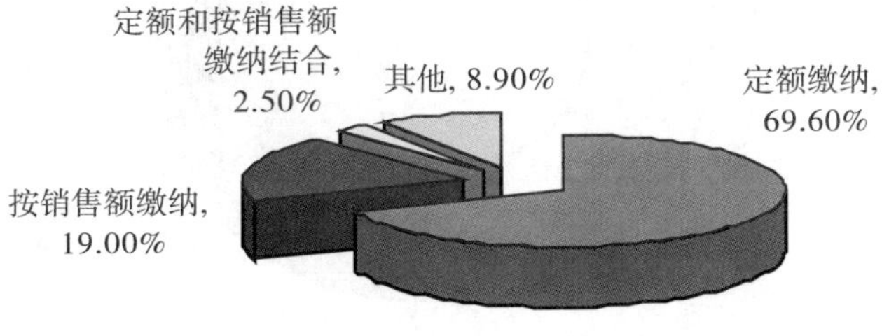

图 9　2013 年特许 120 强企业特许权使用费缴纳方式

（4）单店投资情况

2013 年特许 120 强企业中，超过半数（60%）的企业单店投资额在 100 万元以上；单店投资额在 101 万－300 万元的企业占比最大，达 33%；而单店投资额在 301 万元以上的企业占比仅为 7%。见图 10。

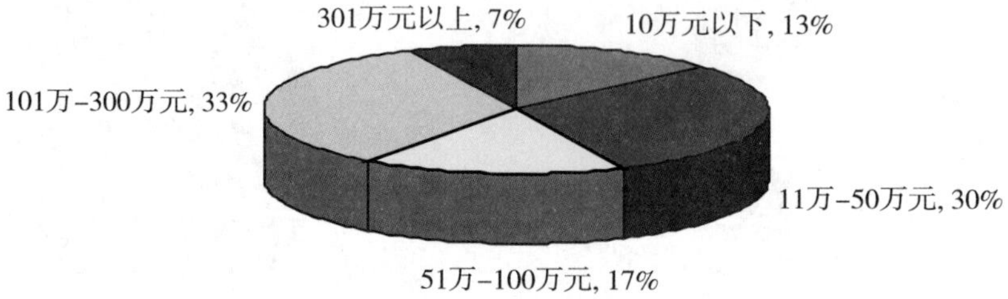

图 10　2013 年特许 120 强企业单店投资占比情况

（5）投资回报情况

2013 年特许经营 120 强企业中，投资回报期达 13－24 个月的占 45%，12 个月以下的占 38%，25－36 个月的占 15%。数据显示，投资回报期在 24 个月之内的占 83%，而 36 个月以上的仅占 2%。与上年比较，投资回报期基本未变的占 43%，而延长的占 46%，缩短的仅占 11%，一定程度上显现出投资回报期与初衷偏离的状况。见图 11－1、11－2。

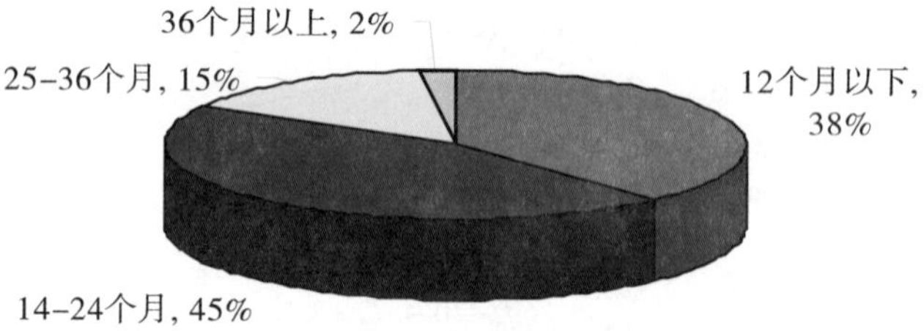

图 11－1　特许 120 强企业投资回报期占比

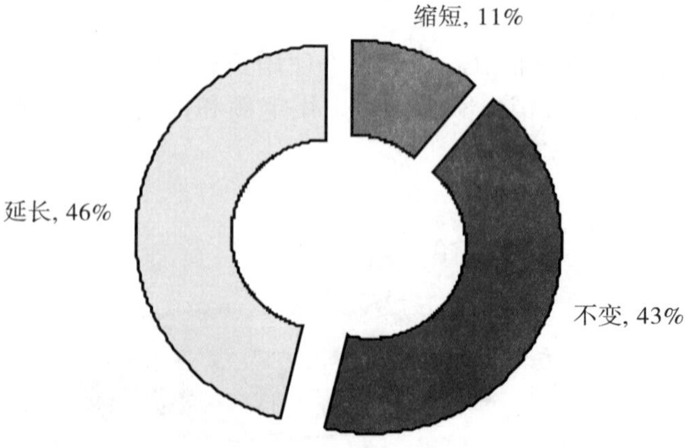

图 11－2　特许 120 强企业投资回报期变化情况

（6）开展网络零售情况

2013年特许120强调查中，企业开展网络零售问题的有效调查样本为51家。统计显示，已开展网络零售的特许120强企业占到69%，未开展的仅占31%。但是，从120强企业网络零售占总销售额的比重看，网络零售所占份额还很薄弱。随着网络零售的普及与推广，通过网络销售已经越来越成为特许商家提高利润、降低成本的有效途径之一。见图12－1、12－2。

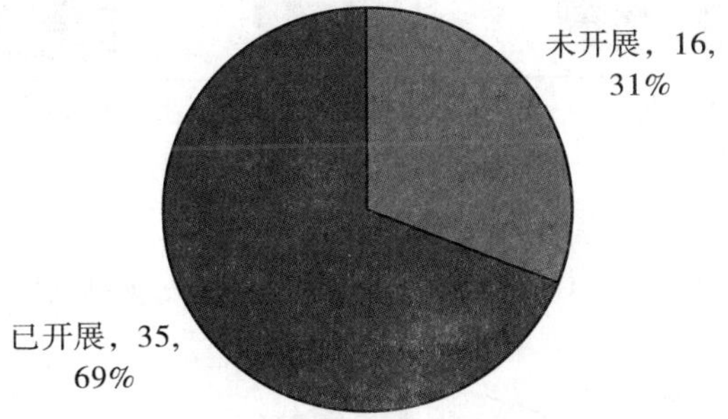

图12－1 特许120强企业开展网络零售情况

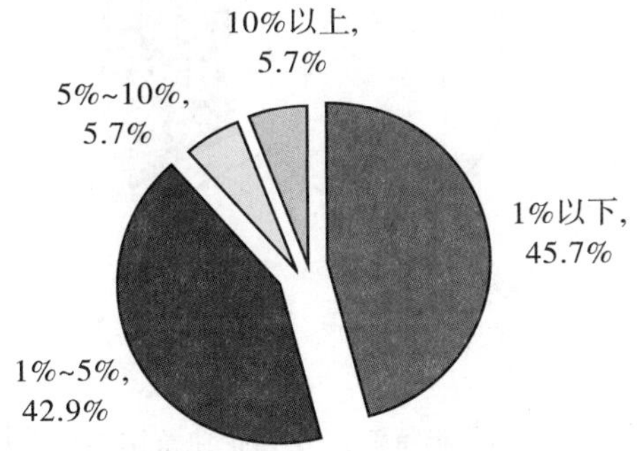

图12－2 特许120强企业网络零售与总销售占比情况

（7）新媒体利用情况

在新媒体的利用上，调查结果显示，84%的企业开通了微信公众号，45%的企业拥有移动客户端，而46%的企业开通了网上支付。新媒体被更多的消费者接受和关注，企业也正在遵循消费者的心理偏好，通过新媒体技术的广泛应用进行营销推广。见图13。

（8）品牌营销宣传与推广

在宣传的渠道上，特许120强中有51%的企业选择利用网络进行品牌宣传，可见随着网络媒体的爆炸式发展，网络宣传已成为企业进行营销推广的重要渠道。其次是纸媒和特许展，分别占23%和16%，而电视媒体仅占10%左右。见图14、15。

从分行业品牌宣传推广看，培训教育、洗染业、经济型酒店更加注重网络营销；综合零售、专业零售－非食品专卖等更关注纸媒传播；而美容休闲健身、餐饮、汽车后市场、专业零售－食品专卖等更青睐于传统的特许展平台。

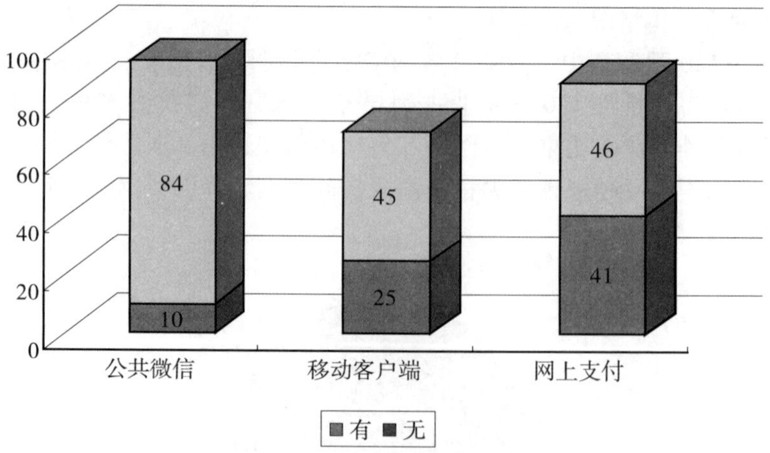

图 13　2013 年特许 120 强企业利用新媒体情况

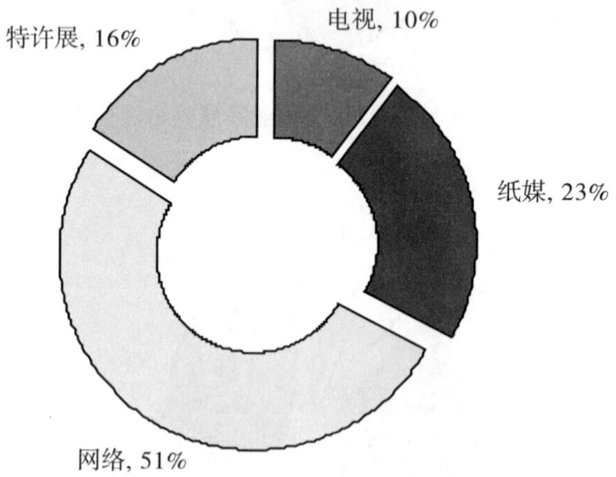

图 14　2013 年特许 120 强企业营销推广情况

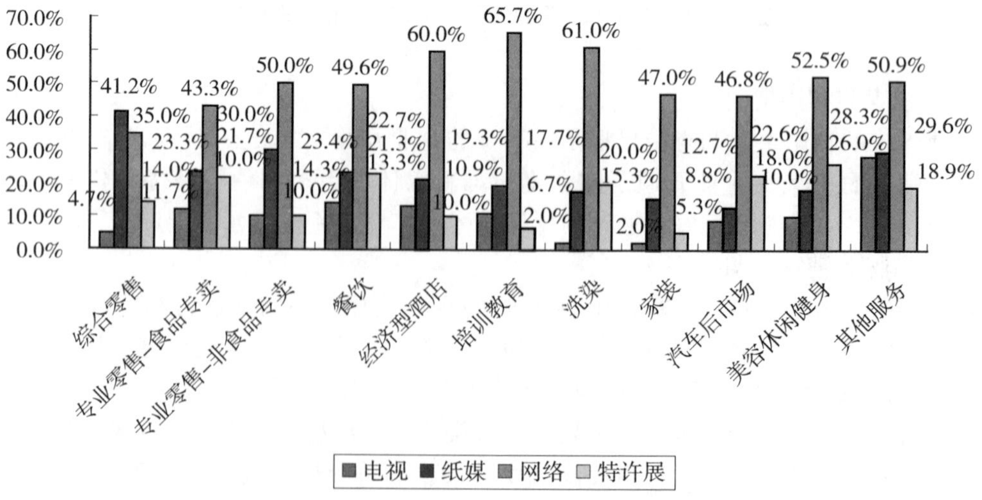

图 15　特许 120 强企业分行业品牌营销占比

5. 发展趋势

（1）2014 年开店计划

调查显示，从连锁企业 2014 年计划新开连锁店（包括直营店和加盟店）不同数量看，除超过三成的企业计划开店 200 家以上外，其他计划开店数量段相对比较均衡；而从新开加盟店看，超过 60% 的企业新开加盟店在 100 家以下，其中 44% 的企业计划新开加盟店在 50 家以下，但也有 21.4% 的企业计划新开加盟店 200 家以上。见图 16。

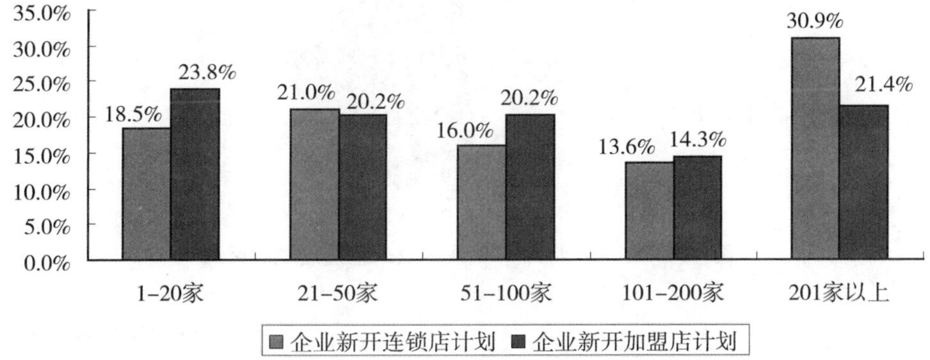

图 16　2014 年企业计划新开连锁店占比（%）

（2）未来发展加盟策略

调查结果显示，86.81% 的特许 120 强企业对于未来 3 年的发展策略上选择增加加盟店数量，并逐步扩大加盟店比例。其中，94 家企业明确表示有新开店计划，新开店则以加盟店为主。见图 17。

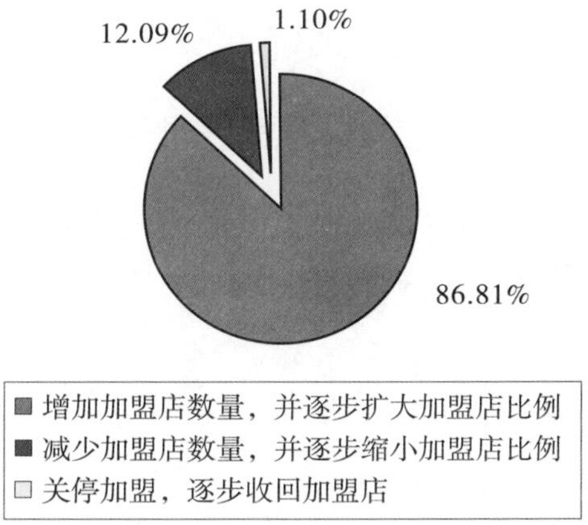

图 17　2013 年特许 120 强企业未来发展加盟策略

（3）未来重点发展区域

关于未来 3 年重点发展的区域，2013 年特许经营 120 强企业中分别有 34%、31% 的企业选择二、三线城市，选择一线城市的仅占 18%，另有 17% 的选择四线城市。随着我国新型城镇化进程的加快，二、三线城市有着较大的发展空间和潜力，而一线城市已趋于饱和的状态使得企业选择新的发展区域和发展战略。见图 18。

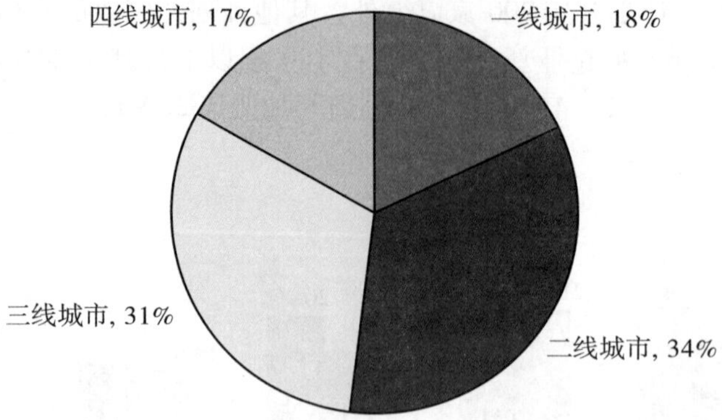

图 18　2013 年特许 120 强企业未来重点发展区域

（中国连锁经营协会）

2013 年中国零售行业发展报告

2012 年，中国零售行业充满机遇与挑战，国内外经济形势复杂多变，零售企业经营压力增大。面对复杂的经济环境，零售业继续保持增长，商品销售额进一步提升，从业人数继续增加，营业面积继续扩大。行业发展呈现出一些新的特点：网络零售高速增长，实体零售加速调整；渠道下沉，经营网络重点向三、四线城市延展；费用成本增加，利润上升但利润率有所下降；专卖店、便利店保持良好发展，百货店、超市竞争压力加大；传统盈利模式探索转型，行业现代化程度进一步提升。

零售业发展过程中也面临一些亟待解决的问题：网点布局和业态结构有待优化；成本费用增加过快，经营压力增大；市场竞争激烈，传统经营模式面临挑战；物流配送等配套服务急需提升等。解决这些问题，需要坚持扩大内需、促进消费的政策措施，在转变发展方式，提高流通效率，加快转型创新，规范市场秩序等方面继续做出不懈努力。

同时，随着经济发展方式转变、居民消费结构加快升级，以及城镇化、信息化、新型工业化的加快推进，特别是电子商务方兴未艾、迅猛发展，势必带来零售业态结构、经营模式乃至整体格局新的调整与变化。未来，零售企业将加快转型升级，实体与网络零售加快融合，通过全渠道、复合式、差异化经营，加强供应链管理，跨区域并购重组，加快业态创新、品牌建设以及绿色循环发展，提高行业组织化程度与整体质量水平。

一、零售业发展总体情况

2012 年，中国零售业积极应对经济环境和市场变化，行业继续保持良好增长势头，销售额进一步提升，从业人数持续增加，营业面积继续扩大，各类渠道差异化、品牌化发展。

（一）总体规模

1. 企业数量稳步增加

根据国家统计局相关历史数据及商务系统典型零售企业数据测算①，2012 年全国零售业经营单位达 2354 万个，比上年增长 6%。其中大中型法人企业 2.22 万个，较上年增长

① 本报告注明的测算数据，依据国家统计局相关历史数据和商务系统典型企业数据测算生成，旨在及时为行业发展提供基本导向。相关数据以国家统计局正式发布为准。

6.7%；小微型及个体户单位2352.2万个，较上年增长6%。

表1　　2012年及2011年全国零售业经营单位数　　单位：万个

	2012年	2011年	增　速
大 中 型	2.22	2.08	6.7%
小微型及个体户等	2352.2	2219.1	6.0%
总　　体	2354.4	2221.2	6.0%

2. 销售额平稳增长

据测算，2012年全国零售业[①]实现销售额16.17万亿元，较上年增长14.1%。其中大中型法人企业实现销售额6.66万亿元，比上年增长13.8%；小微型及个体户实现销售额9.51万亿元，较上年增长14.4%。

表2　　2012年及2011年全国零售业经营单位销售额及增速　　单位：万亿元

	2012年	2011年	增　速
大 中 型	6.66	5.85	13.8%
小微型及个体户等	9.51	8.31	14.4%
总　计	16.17	14.17	14.1%

从不同规模企业占比看，大中型企业实现的销售额占41.2%，小微型及个体户占58.8%。

分区域看，法人企业销售额集中在东部地区，占比达64.5%；但从变化情况看，2012年东部地区占比较上年降低0.7个百分点，而中、西部地区占比均有不同程度上升。

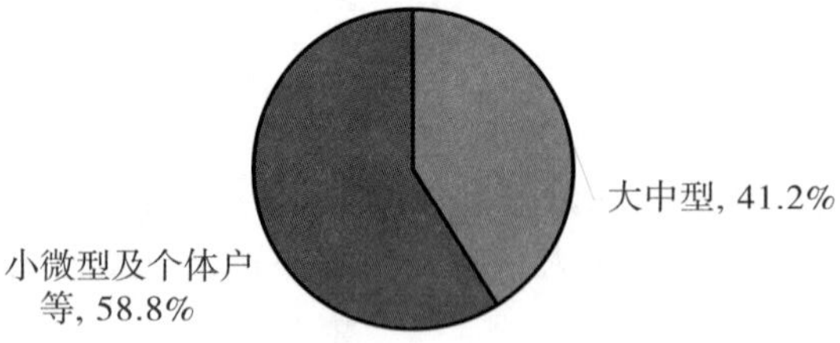

图1　不同规模企业销售额占比

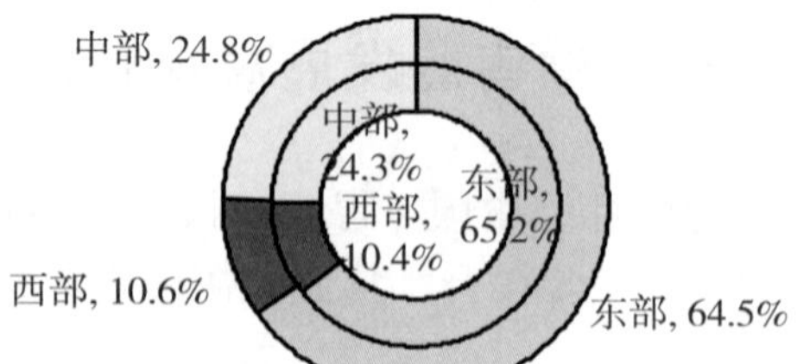

图2　销售额地区分布

3. 从业人数继续上升

① 本报告第“一”部分“零售业”涵盖零售业所有细分行业；其他部分“零售业”不包括汽车摩托车燃料及零配件零售、医药及医疗器材零售、烟草专门零售、无店铺销售。

据测算，2012 年末全国零售业从业人数为 6134 万人[①]，其中大中型企业从业人数为 468 万人，比上年增长 3.0%；小微型及个体户从业人数为 5666 万人，增长 4.3%。在全部从业人员中，大中型企业从业人数占 7.7%，小微型及个体户从业人数占 92.3%。

表 3　　2012 年全国零售业经营单位从业人数　　单位：万人

	2012 年	增　速	占　比
大 中 型	468	3.0%	7.7%
小微型及个体户等	5666	4.3%	92.3%
总　　计	6134	4.2%	100%

4. 企业营业面积扩大

据测算，2012 年全国零售业企业年末营业面积为 7.5 亿平方米，比上年增长 7%。其中大中型企业 2.34 亿平方米，增幅为 14.7%；小微型企业为 5.16 亿平方米，增幅为 4.0%，扩张步伐明显慢于大中型企业。从营业面积构成看，大中型企业占比为 31.2%，小微型企业占 68.8%。

表 4　　2012 年零售业法人企业年末营业面积　　单位：亿平方米

	2012 年	增　速	比　重
大中型	2.34	14.7%	31.2%
小微型	5.16	4.0%	68.8%
总　计	7.5	7.0%	100.0%

（二）效益与效率

1. 利润额增长但利润率小幅下降

（1）营业利润小幅增长

据测算，2012 年企业营业利润比上年增长 3.6%，其中大型企业增长 3.8%，小微型企业增长 0.6%，而中型企业营业利润有所下滑。影响利润的主要原因是房租和人工成本上升较快，平均增幅在 15% 以上。

（2）毛利率有所下降

据测算[②]，法人企业销售毛利率为 15.6%，比上年下降 0.9 个百分点。其中大中型企业为 16.43%，比上年下降 0.4 个百分点；小微型企业为 14.17%，比上年下降 1.03 个百分点。

① 全国零售业从业人数，根据商务系统典型企业调查数据，结合分业态及大中小法人企业结构综合测算所得。

② 根据商务系统典型企业数据和中国连锁经营协会百强统计数据综合测算。

表 5　　法人企业营业利润增速

	营业利润增速
大　　型	3.8%
中　　型	-0.6%
小 微 型	0.6%
平　　均	3.6%

表 6　　法人企业毛利率

	2012 年	2011 年	增减百分点
大中型	16.43%	16.83%	-0.40
小微型	14.17%	15.20%	-1.03
平　均	15.60%	16.50%	-0.90

（3）净利润率略微下降

据测算，法人企业净利润率（营业收入利润率）为 2.46%，较上年下降 0.19 个百分点。其中，大中型企业为 3%，比上年下降 0.42 个百分点；小微型企业为 2.27%，比上年下降 0.28 个百分点。

表 7　　法人企业营业收入利润率

	2012 年	2011 年	增减百分点
大中型	3.00%	3.42%	-0.42
小微型	2.27%	2.55%	-0.28
平　均	2.46%	2.66%	-0.19

2. 平效稳定，劳效小幅提升

（1）平效与上年基本持平

2012 年，零售企业平效①为 13855 元/平方米・年，比上年下降 0.5%。从不同类型企业规模看，大型企业为 14590 元/平方米，中型为 8201 元/平方米；从增速看，大型和中型企业平效下降近 1%，小微型企业平效提高 3.5%。

（2）劳效小幅上升

行业人均劳效②为 845394 元/人・年，比上年提高 2.1%，表明销售额增长快于从业

① 法人企业平效指标：指单位面积的法人企业年销售额，用于考察单位面积运营效率，单位为元/平方米・年。此处计算的平效指标，不包含汽车、摩托车销售、汽车摩托车燃料及零配件零售、医药及医疗器材零售及烟草零售数据。

② 劳效：指个人实现的年销售额，用于考察从业企业人员效率的指标，单位为元/人・年，此处计算的劳效指标，不包含汽车、摩托车销售、汽车摩托车燃料及零配件零售、医药及医疗器材零售及烟草零售数据。

人员增加，人均创造的销售额在提升。其中，大型企业人均劳效较上年提升较快，为2.7%，明显快于中型和小微型的增速。

（3）流动资产周转率小幅提升

2012年，法人企业流动资产周转率为2.4次，比上年有所提升。其中大型企业为2.5次，增幅为2.8%；中型企业为2.1次，增幅为2.4%；小微型企业为2.0次，周转速度下降。

表8　　流动资产周转率　　单位：次/年

	2012年	2011年	增减次数
大　型	2.5	2.4	0.1
中　型	2.1	2.0	0.1
小微型	2.0	2.1	-0.1
平　均	2.4	2.3	0.1

（三）行业贡献

零售业在便利人民生活、促进居民消费、引导生产发展等方面发挥出日益重要的作用，为拉动经济增长、扩大社会就业、增加财税收入做出了积极贡献。

据测算，2012年末全国零售业从业人数为6134万人，占第三产业从业人数27690万人的22.2%，占全国从业人员的8%。其中，2012年零售业新增就业人数160万人，占第三产业新增就业人数的39.2%。

2012年零售业实现增加值1.9万亿元，占第三产业增加值的比重为9%，占GDP比重为3.7%，对当年GDP增长的贡献率为5.9%。

2012年零售业实现税收3844亿元，占第三产业税收收入的比重为6.9%，占全国税收收入的比重为3.4%。

（四）不同业态发展情况

1. 业态结构

（1）专业店创造行业1/3强的销售额

从销售额分业态构成看，专业店占比最高，达37%，作为主要业态之一，占比连续多年超过1/3；专卖店占比为21%，近几年呈小幅上升态势；百货店、超市、大型超市分别为14%、11%和9%；便利店占比最小，仅2%。从销售额占比变化看，百货店、专卖店、超市业态较上年有小幅提升，大型超市、专业店则有小幅下降，便利店相对稳定。

（2）专业店、百货店和专卖店占据行业近八成的营业面积

从营业面积的业态分布看，专业店占比最高，达38%，其次为百货店和专卖店，占比分别为21%和17%，三者之和超过70%；超市、大型超市、便利店分别为9%、9%和3%。从占比变化看，便利店变化相对较大，比2011年上升1.6个百分点，说明便利民生的社区网点发展步伐加快。

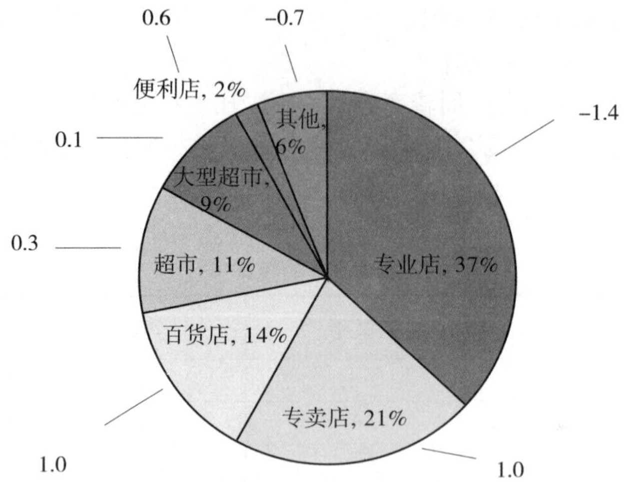

图 3　不同业态销售额占比及较上年增减百分点

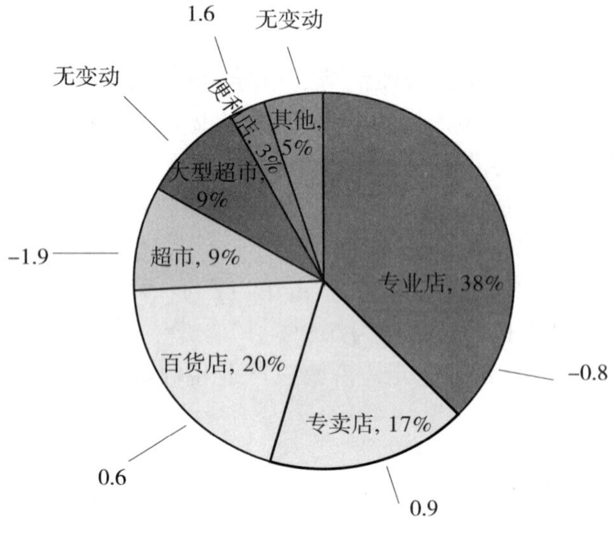

图 4　各业态营业面积占比及较上年增减百分点

（3）专业店和专卖店是吸纳就业的两大主力业态

从业人员分业态构成中，专业店占比达 40%，专卖店占 19%，百货占 11%，超市占 11%，大型超市为 8%，便利店为 4%。从占比变化来看，超市业态占比比上年下降 1.9 个百分点，专卖店较上年提高 0.9 个百分点。

2. 各业态效益与效率

（1）百货店、便利店和专卖店毛利水平较高

从各业态销售毛利率情况看，便利店毛利率为 17.3%，百货店 17.5%、超市 14.5%、大型超市 12.4%、专卖店 17.0%、专业店 13.1%。除便利店较上年提升 0.8 个百分点，

其余业态销售毛利率均出现不同程度降低。

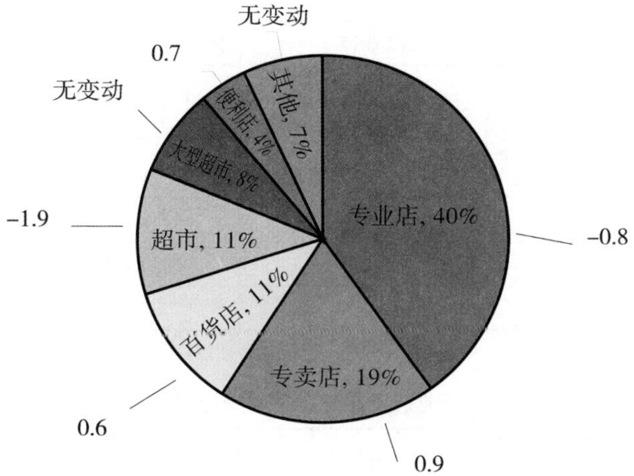

图 5　各业态从业人数占比及较上年增减百分点

表 9　典型法人企业销售额毛利率

	2012 年	2011 年	增减百分点
便利店	17.3%	16.5%	0.8
超　市	14.5%	15.4%	-0.9
大型超市	12.4%	13.1%	-0.7
专业店	13.1%	14.2%	-1.1
专卖店	17.0%	18.3%	-1.3
百　货	17.5%	18.6%	-1.1
总体平均	15.6%	16.8%	-1.2

（2）专卖店净利润率高且保持上升势头

根据典型企业数据分析，专卖店净利润率（营业收入利润率）水平最高，为 4.15%；大型超市、超市和专业店较低，分别为 1.3%、2% 和 2.15%。与上年比较，便利店净利润率水平收窄 1.05 个百分点，大型超市、专业店、超市分别收窄 0.2、0.35 和 0.4 个百分点，专卖店则上升 0.2 个百分点。

（3）专卖店、便利店和大型超市费用率较高

各业态中，专卖店营业收入费用率最高，达 18.1%；便利店、大型超市收入费用率明显高于各业态平均水平，分别为 15.9%、15.6%；其他依次为超市、百货店、专业店。与 2011 年相比，便利店、专卖店费用率呈上升趋势，其他业态费用率均有小幅下降。

表 10　　典型法人企业营业利润率情况

	2012 年	2011 年	增减百分点
百 货 店	3. 35%	3. 65%	-0. 30
便 利 店	2. 45%	3. 50%	-1. 05
超　　市	2. 00%	2. 40%	-0. 40
大型超市	1. 30%	1. 50%	-0. 20
专 卖 店	4. 15%	4. 35%	0. 20
专 业 店	2. 15%	2. 50%	-0. 35
总　　体	2. 46%	2. 66%	-0. 19

表 11　　各业态营业收入费用率情况

	2012 年	2011 年	增减百分点
百 货 店	12. 3%	12. 6%	-0. 4
便 利 店	15. 9%	14. 7%	1. 2
超　　市	12. 9%	13. 2%	-0. 3
大型超市	15. 6%	15. 8%	-0. 2
专 卖 店	18. 1%	17. 4%	0. 6
专 业 店	10. 6%	10. 9%	-0. 2
总　　体	13. 5%	13. 7%	-0. 2

（4）专业店和专卖店平效远高于其他业态，超市平效偏低

分业态看，专业店和专卖店平效较高，分别为 21001 元/平方米・年和 22876 元/平方米・年；超市平效最低，仅为 9631 元/平方米・年。与上年比较，大型超市、超市、便利店平效分别增长 7. 1%、7. 1% 和 7. 2%，专卖店有小幅下降，百货店、专业店下降幅度较大，分别为 12. 9% 和 8. 3%，说明 2012 年百货店和专业店销售额增长幅度明显滞后于营业面积扩张的速度。

表 12　　各业态平效情况　　单位：元/平方米・年

	2012 年	2011 年	增　　速
专 业 店	21001	22911	-8. 3%
专 卖 店	22876	22914	-0. 2%
大型超市	14967	13976	7. 1%
便 利 店	14783	13784	7. 2%
百 货 店	12258	14076	-12. 9%
超　　市	9631	8996	7. 1%

(5) 便利店、超市劳效①不到专卖店和百货店的一半

2012 年便利店和超市劳效分别为353438 元/人·年和379845 元/人·年，而专卖店和百货店高达1178184 元/人·年和1167598 元/人·年，超过便利店和超市劳效水平1 倍以上。与上年相比，便利店人均劳效较上年提升较快，为4.6%，其次为超市3%，专卖店为2.6%，大型超市、百货店提升相对较慢，分别为1.9%和2.0%，而专业店劳效则比上年有小幅下降。

表 13　　各业态劳效情况　　单位：元/人·年

	2012 年	2011 年	增　速
百 货 店	1167598	1144940	2.0%
便 利 店	353438	337790	4.6%
超　　市	379845	368775	3.0%
大型超市	702587	689494	1.9%
专 卖 店	1178184	1148482	2.6%
专 业 店	1015658	1039672	-2.3%

二、零售业发展特点及主要问题

(一) 行业发展特点

1. 网络零售继续高速增长，实体零售加速调整

统计显示，2012 年国内网络零售市场交易规模达1.32 万亿元，同比增长64.7%；占当年社会消费品零售总额的6.3%，比2011 年提高近2 个百分点。截至2012 年年底，国内B2C、C2C 与其他零售电商模式企业数已达24875 家，较2011 年增加4125 家，增幅达19.9%。同时，网络购物交易平台开放化程度更加明显，向追求全品类覆盖的综合性平台以及专注细分市场的垂直类平台两个方向演进，自营网站逐渐向第三方平台发展的态势也较明显。

网络零售经营范围从最初标准化的图书音像、家电、数码3C，到服装鞋帽、日用百货，再到家居、食品甚至非标准化的生鲜商品。网络零售一定程度上挤压了实体零售企业的市场份额。以全国连锁百强为例，2012 年连锁百强销售额占社会消费品零售总额的8.9%，比上年下降0.1 个百分点，连续2 年出现下降情况。传统零售企业正在经历全面而深刻的调整与变革。

① 劳效：个人实现的年销售额，用于考察企业人员效率的指标。

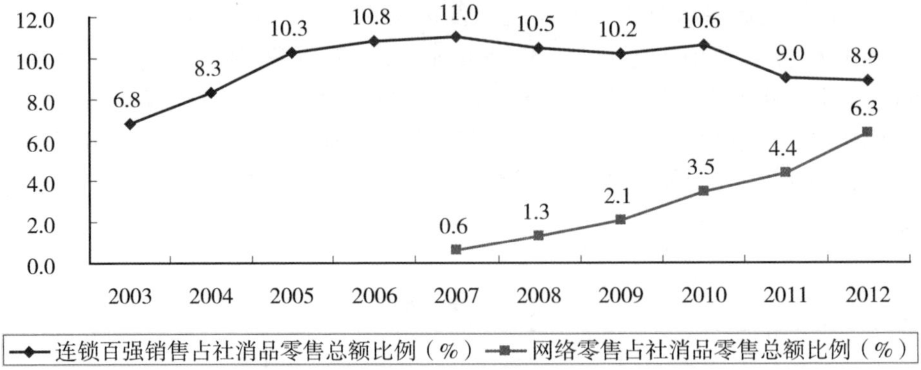

图 6　连锁百强销售及网络零售与社会消费品零售总额占比情况

另据中国百货商业协会统计，2012 年 81 家大中型百货零售企业销售总额 2282.7 亿元，同比仅增长 8.92%，比 2006 年至 2011 年百货行业销售年均 16.5% 的增长率明显下滑，一些传统百货商店甚至演变为人们只看不买的“体验地”、“试衣间”。

为应对激烈的市场竞争，传统零售企业纷纷“触网”，传统零售企业大规模进军网络零售成为 2012 年零售业最为突出特点。越来越多的传统零售企业加大对线上渠道的运营力度，部分企业加强了对自有电子商务平台的投资。在连锁百强中，2012 年传统零售企业已有 62 家以不同方式开通了网络零售平台。尽管从总体看传统零售商网络零售规模尚小，2012 年网络零售额约为 350 亿元，在全国网络零售整体规模中所占比例较低，但从长远看，传统零售商通过调整优化、融合发展，将会在网络零售业务中占据更加重要的地位。

2. 零售渠道下沉，经营网络向三、四线城市扩展

近两年，一、二线城市零售业竞争日趋激烈，一些区域零售市场趋于饱和，单店销售增长难度加大，经营成本大幅上涨，租金和人工成本显著增加等方面因素叠加，零售企业在一、二线城市扩张的速度明显放缓；而三、四线城市需求潜力较大，租金和人工成本低，经营效益和效率一般好于一、二线城市，加之国家实施“万村千乡市场工程”以及一些地区相继出台有关优惠政策，加快了零售企业向三、四线市场发展的步伐，一些大型连锁企业纷纷向中小城市及农村地区延伸渠道，在县镇及乡村设立零售网点明显增加。2012 年连锁百强企业在一、二线城市门店数量平均增幅仅 2%，平均销售增幅为 6%，而在三、四线城市上述两项指标分别高达 17% 和 18%，零售企业在三、四线城市扩张步伐加快。

3. 部分企业探索转型，终端作用有效发挥

2012 年，应对成本提高、市场日益饱和、消费者习惯转变以及网络零售高速发展带来的挑战，零售企业积极推进传统经营模式转型：一是加强精细化管理，采取多种措施增收节支，包括健全预算管理、激励机制、优化商品结构等，从而提高整体经营绩效。二是寻求供应链变革，例如，超市企业努力进行基地直采、开展农超对接、推出自有品牌等方面的实践，零售商和供货商通过加强合作，树立共同目标，通过整体供应链效率提升降低费用，增加各方利益。据不完全统计，全国已有开展农超对接的大型流通企业已达 800 多

家。这些转变一定程度上改变了零售企业过度依赖通道费的情况，使增长方式逐步从以追求规模为主的粗放型扩张，向注重效率和效益提升的精细化管理方向转变，对带动流通效率提升，引导生产发挥出积极的作用。

4. 外资零售在调整中稳步发展

外资零售企业在我国发展大致经历四个阶段：2000 年以前是集中进入期，2000 - 2004 年是稳定增长期，2004 - 2008 年是快速发展期，2008 年至今为调整期。调整原因，一方面与内资企业一样，面临激烈的竞争和高企的成本；另一方面，在国内零售企业快速发展，经营模式、管理理念、商品结构等方面与外资差距大大缩小的情况下，外资企业所专长的开大店、一站式购齐模式，对于消费者的吸引力逐步下降。

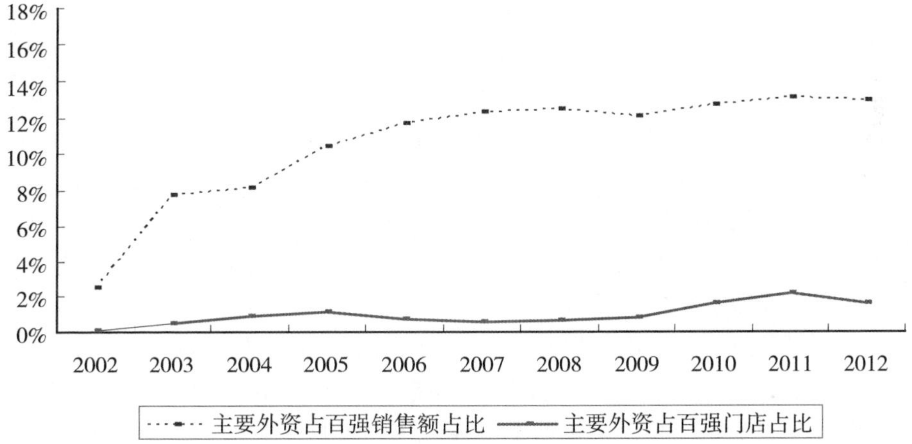

图 7　主要外资历年发展情况

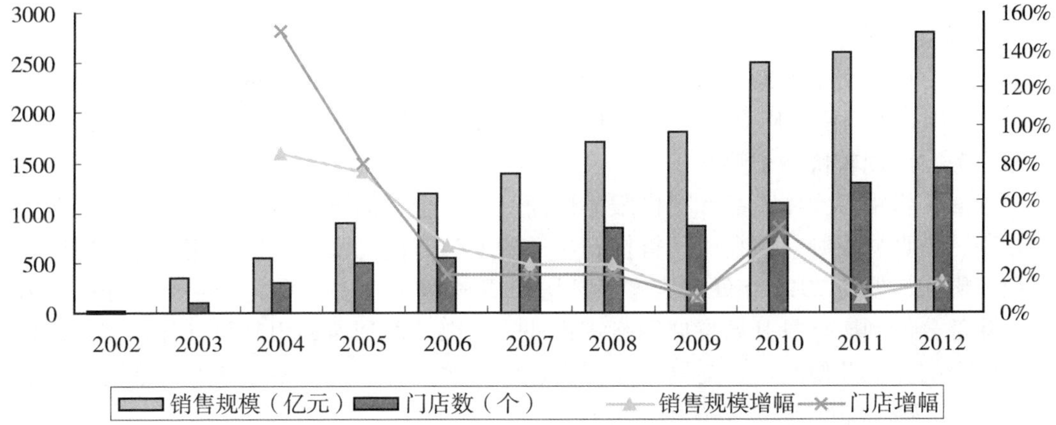

图 8　主要外资企业规模及发展速度

2012 年尽管出现个别外资企业退出中国市场的情况，但外资零售总体发展势头良好。2012 年，全国零售业新设立外资投资企业 321 家，实际利用外资 19.11 亿美元，比上年同期增长 5.46%。外资零售企业发展速度仍然快于行业平均水平，并呈现出以下特点：一是业态相对集中。大部分外资企业专注于某一种业态，在一个专业领域内精耕细作，例如大型超市业态中，无论是店铺数量还是销售规模都显现出一定优势。二是单店效率高。外资大型超市单店销售均在 3 亿元左右，仍高于内资企业单店销售水平。三是注重战略布局。在全面扩张的同时注重实施区域优势战略，即在某一区域内集中开店，在物流、总部功能等方面形成优势，然后再向外扩张。

5. 加强技术应用，现代化程度进一步提升

随着科技进步特别是电子商务高速发展，零售企业信息技术、通信技术、物流技术等得到比较广泛的应用，零售业的现代化程度加速提升。

一是，连锁化步伐进一步加快。据测算，近 5 年来限额以上连锁零售企业销售额占社会消费品零售总额的比例一直保持在 16% 以上，2012 年这一比例约为 19%，比上年提高约 0.3 个百分点。

二是，管理信息化程度大幅提升。目前，已有 80% 的大中型零售企业采用了计算机管理，70% 以上的连锁企业建立了前台 POS（Point Of Sale 销售点终端）销售时点系统和后台 MIS（Management Information System 管理信息系统）、ERP（Enterprise Resource Planning 企业资源计划管理系统），53% 的企业使用了办公自动化系统，89% 的企业使用了财务管理软件系统，30% 的企业率先进入了商业自动化技术、现代通讯技术和网络信息化技术相结合的数字化管理系统集成阶段。

三是，POS 刷卡消费比重逐步提高。2012 年，法人企业通过 POS 刷卡销售额比重达 11.6%，占整个零售业销售额的 9.3%，较上年提高 0.4 个百分点。

四是，物流配送专业化和社会化水平提高。第三方物流配送力量不断加强，据典型企业数据，2012 年零售业法人企业第三方配送率为 37%，较上年提高了 5 个百分点。

（二）不同业态发展特点

1. 便利店加速发展

近几年，便利店销售额、营业面积和从业人数在零售业中所占的比重很低，在 2% ~ 4% 左右。2012 年，便利店企业在经营中充分利用区位便利和门店数量多的优势，不断扩展延伸服务，出现较快增长势头。

一方面，将销售实体商品和提供服务性商品相结合，提供话费、水电费、煤气费等代缴，影印、传真、快餐、熟食、代售报刊、送货上门等便民服务，极大地方便了周边社区居民和上班族，促使 2012 年便利店零售额增长 20% 以上，占比提高 0.4 个百分点；另一方面，除部分便利店自身开始发展网络零售外，大部分便利店利用其网点分布密集及离居民住宅区近的优势及便利性，与网络零售商进行资源整合，进行站点拓展，推动营业面积比上年增长 27%，占比提高 1.6 个百分点。

2. 专卖店发展势头良好

专卖店成长为零售业态中的第二主力业态，2012 年其在零售业销售额、营业面积和就业人数中的比重均在 20% 左右，其销售额在零售业销售额中的比重较上年提高 1 个百分点；同时，专卖店的毛利率、净利率、平效和劳效水平在所有业态中均为最高，呈现出良好发展势头。

3. 专业店销售下滑

专业店以其在某一大类商品中种类丰富，兼具商品的“宽度”和“深度”而广受消费者欢迎，近几年家电、3C、化妆品、服装等专业店一直保持较快增长。目前，专业店无论在零售业销售额、营业面积还是就业人数中的占比都在37%以上，地位十分重要。但是，受网络零售冲击，传统实体专业店销售增速有所放缓，2012年专业店销售增幅仅为5%，在整个零售业销售额、营业面积和从业人数中的比重分别下降1.4、0.8和0.8个百分点。

4. 超市、大型超市竞争加剧

超市业态经过近年持续快速发展，市场接近饱和，近两年超市和大型超市在零售业销售额、营业面积和就业人数中的比重基本稳定在20%左右，加之快速消费品价格持续高涨以及加强预付卡管理等方面原因，超市业态发展速度放缓，同质化竞争十分激烈。

在此形势下，部分超市开始转变经营，一改原有的出租经营方式，将生鲜商品全部或大部分自营，实现对食品安全的有效控制，更好地满足消费者对生鲜产品绿色、健康、安全、品质的追求。同时，越来越多的超市通过农超对接直接采购生鲜农产品，缩减中间流通环节，降低采购成本，形成了新的经营优势。

5. 百货店转型加快

近年来，随着商业地产租金上涨和核心商圈地块的稀缺，一些大型超市外租区经营服装、生活用品，特别是网络零售发展，使百货业成为受影响最大的行业，加之品牌联营模式盈利空间日益缩小，使百货业面临较大的经营压力。

面对挑战，百货业积极探索转型，加大自采自营，提高企业核心竞争力；向复合型、服务性转变，增强服务功能；实现差异化经营，提高顾客忠诚度。

6. 购物中心发展喜忧参半

近年来，大型购物中心作为集购物、餐饮、休闲、娱乐等功效于一身的综合商业体，在全方位满足消费者购物需求、实现“一站式服务”方面显现出经营优势。据有关资料，2012年各地新设商业面积3.5万平方米以上购物中心50多家①，一些适应需求、定位明确、注重功能的购物中心一定程度上改变提升了传统商业格局，较好地满足了消费者综合性服务需要，带动了相关零售及服务业态的发展。但是，局部地区也出现了购物中心投资过热、过于集中的苗头。

（三）主要问题

1. 网点布局和业态结构有待优化

由于城镇化进程加快，一些地区商业网点规划落实不到位等原因，造成商业网点在城乡之间、城市区域之间以及业态之间发展不均衡。一是城乡之间发展不够均衡。一些一线城市和新兴城市大型商业设施发展过快，个别地区存在重复建设现象，甚至出现招商不足、商铺闲置的情况。而农村地区商业网点相对不足，业态结构不尽合理，新型业态发展滞后，超市不超、连锁不连的情况仍然存在。二是城市中各区域间发展不平衡。在热点商业地段往往存在多家大型零售企业，同质化恶性竞争严重。而面向社区居民的中低端商业

① 数据来源：中国连锁经营协会根据公开资料整理。

网点建设滞后，社区超市、便利店及生活服务网点仍显不足，布局不尽合理，服务功能单一，改造提升缓慢，不能完全满足居民消费需求。三是各零售业态发展不平衡。大型商业业态如购物中心、百货店、奥特莱斯、城市综合体等建设速度过快，而小型商业业态如社区便利店、社区超市等发展缓慢。

2. 费用增加过快，经营压力增大

典型企业数据显示，2012 年企业的平均费用较上年上涨 8.3%，其中便利店、专卖店、百货店、超市的平均费用上涨较快，分别上升 17.2%、12.8%、9.9% 和 11.8%。

房租和人工费用上涨是推动费用上涨的主要因素。2012 年典型零售企业房租平均上涨 17.5%，以大型零售企业为主的连锁零售百强企业平均房租上涨 21%，人工上涨 20.5%。特别是 2012 年很多商业企业迎来续租期，续租的租金一般都大幅上涨，部分卖场租金甚至出现翻几倍的现象。除房租和人工外，零售业用电成本依然较高，2012 年零售典型企业水电费平均比上年上涨 16%。

3. 企业经营模式转型步伐不快

近年来，无论是传统零售企业，还是快速兴起的网络零售商，一定程度上都存在着转型提升步伐缓慢的问题，品牌化、差异化经营不足，经营同质化、价格竞争过于激烈等现象较普遍。2012 年电商通过降价促销方式进行的低价竞争达 9 次之多，不利于市场秩序的规范和行业良性发展；受专业买手培育、人才、资金等条件制约，目前出租柜台、联营扣点依然为百货业的主要经营方式，自营和品牌差异化经营进展缓慢，在企业品牌经营、融合发展、服务提升以及加强供应链管理等方面的步伐急需加快。

4. 物流等配套服务有待加强

2012 年，随着零售企业向三、四线城市扩张步伐加快以及网络零售市场高速发展，与之配套的物流配送、网络支付、售后服务等跟进不够的问题进一步显现。

特别是零售业转型发展，需要形成基于网络平台的高效供应链和分销网，需要建立高效的物流中心和配送中心，以现代化的物流配送网络体系作为支撑。而我国大部分零售连锁企业在配送环节仍十分薄弱，信息化程度不高，连锁配送中心难以担当起作为连锁企业商流中心、物流中心和信息中心的重任。此外，金融服务体系不完善以及诚信体系建设滞后等因素导致中小企业融资难、市场秩序不规范等问题，也给零售行业发展带来一定影响。

三、零售业发展趋势

（一）发展环境分析

1. 经济发展方式转变对零售业发展提出新要求

2012 年我国最终消费支出占 GDP 比重为 49.2%，无论是从经济发展需要，还是与世界发达国家平均水平比较，我国居民消费率都处于较低的水平。2012 年我国社会消费品零售总额增长 14.3%，表明实现“十二五”年均增长 15% 的目标面临艰巨的任务。适应经济发展方式转变和扩大居民消费的需要，必须加快构建与之相适应的现代零售体系，尽快使零售业形成新的发展优势，努力破解居民消费的各种难题，大力提高消费对经济增长的贡献率，真正承担起搞活流通、满足居民消费需求的重任。

2. 消费结构加快升级对零售业提出新的需求

随着收入分配改革的不断深化，社会保障制度持续完善，城乡居民消费能力会大幅提高，消费结构将从以衣、食为主的生存消费，向文化、娱乐、教育等享受型、发展型消费转变，居民消费将更加重视安全、环保，更加追求个性化、多样化。这就要求零售业必须尽快适应日益增长的多元化、多层次消费需求，不断调整和优化业态结构，进一步提高服务质量，努力为居民消费升级提供更加便利、实惠、安全、绿色、高效的消费环境。

3. 新型工业化和新一轮技术革命要求零售业加快现代化步伐

“十二五”时期我国工业化将进入从中期向后期的发展阶段，新型工业化不仅要求以信息化带动工业化发展，也要求以信息化带动国内贸易发展，以现代化大流通带动现代化大生产。这就要求零售业大力提高现代化程度，更加贴近生产需要提供综合性配套服务，建立起更加和谐的产销关系，形成紧密、顺畅的供应链、产业链，推动整个经济运行效率大幅度提升。

随着物联网、云计算、供应链管理、冷链物流等为代表的新技术的开发与应用，促进零售业发展的技术支持条件将会进一步改善，技术应用领域广阔。要求广大零售企业努力提高技术应用水平，促进行业发展从传统的劳动密集型向技术密集型转变，从单纯依靠扩大规模向主要依靠科技进步、劳动者素质提高、管理创新转变，由规模扩张型向注重效率型转变。

4. 城镇化加速推进将带动零售业格局调整

我国正处于城市化快速推进的重要阶段，城市化将使我国人口和经济活动空间中心进一步向城市转移，城市规模、数量以及城市群发展将对零售业格局产生重要影响。一是随着城市化率的提高，更多的人口和经济社会活动从农村转向城市，城市数量、人口和规模将快速扩张。而城市规模的扩大和人口增加，必然带来消费规模的迅速扩张，促使零售业网络加快跟进，相应作出优化和调整。二是随着以中心城市为核心的城市群迅速发展，将形成一系列更具影响力和辐射力的全国中心市场以及区域中心市场，促使零售业格局发生改变。三是城市化进程带动公路、铁路等基础设施建设加快，将对零售业的组织体系、辐射半径、空间布局、物流模式带来重大影响。

（二）主要发展趋势

国内贸易发展“十二五”规划提出，2015 年社会消费品零售总额将达到 32 万亿元左右，年均增长 15% 左右。适应宏观环境变化和经济社会发展要求，零售业将在加快创新、扩大消费的同时，更加注重结构优化和质量效益的提升，呈现出以下发展趋势：

1. 零售企业转型升级，全渠道经营模式日趋明显

在市场竞争激烈、消费结构升级以及加快经济发展方式转变的环境下，零售企业实现转型升级势在必行。零售业将逐步摆脱求规模、拼价格的同质化、低端竞争，逐步依据顾客消费需求开发自有品牌，拓展国内外名牌产品的经销、代理业务，努力扩大代理规模，依靠精细化管理和科技进步实现可持续发展。

零售企业将进一步发展全渠道经营模式，通过建立多元联动的渠道布局，使消费者能够从实体店、网络平台、移动终端甚至不同的社交平台，获得统一的、一致性的购物体

验。零售企业的竞争战略重点不再是追求单一渠道的最优或最强，而是努力实现各个渠道之间的高度协同，相互融合，为消费者提供全方位的最佳购物环境。未来，零售商将兼具网络和实体零售业务，并由实体零售、网络零售阶段跨入全渠道布局，根据各业态特点，打造全渠道差异化、系列服务的零售模式。

2. 实体店与网络零售融合发展，网络零售将显现新变化

伴随电子商务快速发展，实体零售和网络零售逐步融合发展的趋势将日益明显。实体零售店的优势在于能够最大限度地满足消费者购物体验、享受服务的需求，而网络零售的优势在于能够破除购物空间、时间和环境的限制。下一步，实体零售和网络零售融合发展，实现优势互补，必将成为众多零售企业的战略选择。一方面，传统零售企业将加快拓展网络零售业务，一些企业选择自建网站，一些则采取并购的方式迅速进入和占领网络市场，更多的则是通过有机结合线上线下业务获取新的竞争优势，“网定店取”、自助取货等线上线下相结合的模式将得到推广，实体商店的功能作用得到新的拓展，获得新的发展空间。另一方面，网络零售企业出于品类扩张、宣传展示以及满足消费者体验需求的考虑，也会加快配套服务的跟进，除销售、宣传商品外，形成网上模拟体验、试用等新的优势，并更加注重物流配送、电子支付等运营支撑，完善配套服务。

3. 更加注重供应链管理，零供关系日趋和谐

未来零售业的竞争将从企业间“点对点”的竞争，逐步向供应链间的综合竞争转变，零售企业将不仅注重自身管理，更加注重供应链管理，从而实现链条企业效益最大化。零售业将突破行业界限，通过加快电子商务和信息技术的应用步伐，突破零供间单纯的供销关系，更加深入地参与到上游厂商的生产运作之中，与之共同商讨和制定产品计划、供货周期，甚至产品研发、质量控制，从而提高经营能力，推动零售业整体效率提升。通过加强供应链管理实现零售商与生产、消费环节的紧密对接，更高效地收集整理消费者的意见和需求，并迅速向生产环节传递，零售商和供应商将成为利益共同体，目标和利益一致，零供关系将更加和谐，由零和博弈向互利共存演变。

4. 零售企业跨区并购提速，行业组织化程度进一步提高

零售业企业为进一步扩大经营网络，增强竞争实力，取得区域市场优势地位，通过跨区并购及强强联合是最为迅速和有效的途径。因此，未来零售业与金融业、制造业企业的结合趋势将更加明显，以资本为纽带的跨区域并购将进入快速发展阶段，通过控股、参股、输出管理团队等多种方式整合商业资源，进行资本化扩张，实现跨区域企业并购。同时，零售业将通过连锁经营不断增强辐射力，积极向中小城市、农村市场拓展，进一步推动行业组织化程度的提升。大型零售企业销售额在整个行业中的比重会进一步增大，对供应商、生产商的影响力将不断增强，对区域市场、中小零售商的整合能力将进一步强化，满足消费者多种消费需求的能力将不断提升，抵御市场风险的能力将显著提高。

5. 业态不断创新，注重品牌建设

目前我国人口结构中年龄在 18－31 岁的人口超过 2.9 亿，80 后、90 后的消费者已经成为主力消费人群，消费群体的变化必然带来零售业态的相应变化。消费者将更加注重服务消费，追求购买及使用过程中的服务质量和体验，更为讲求品牌和文化内涵，更加关注食品安全和健康等，消费个性化、便利化、情感化特征更加明显。消费结构、消费方式等方面的变化必将促进以提高生活品质为主旨的各种新型零售业态应运而生。百货业态中的

大众百货、时尚百货、高端百货的区隔将更加明显。百货店将向精品化、专业化方向发展，以精细化的管理、更有魅力的品牌组合和良好的服务，实现差异化、有竞争力的经营，在一线城市将呈现提档升级趋势，在二、三线城市得到进一步扩张、发展。超市业态将会逐渐分化出高端超市、生鲜超市、社区超市等细分业态，同时更加注重食品安全和环境营造，不断加大对生鲜食品销售和管理投入。便利店业态将力求充分满足顾客随时随地便利购物的需求，更加体现便利化和个性化经营特色，出现专门为不同人群服务的细分业态，在为消费者提供日常生活消费品服务的同时，逐步丰富、拓展配套服务和综合服务功能。

各类零售企业将更加注重品牌建设，通过树立企业自有、定制品牌、销售知名品牌产品，提升经营商品的品牌档次，有效打造企业服务品牌，进一步提升企业盈利水平和经营服务附加值。品牌商品专卖店、专业店将大量增加，企业品牌推广、促进和保护体系将日益健全。

6. 逐步实现集约化、绿色循环发展

实现集约化经营，发展绿色流通，已经成为零售业实现可持续、健康发展的必然取向。推进零售业节能减排不仅可以直接降低成本，成为企业新的利润增长点，而且从长远看有利于转变发展方式，提升企业核心竞争力。可以预期，未来零售企业将会大力开展节能环保标准化建设，开展节能环保技术改造，拓展绿色采购，鼓励消费者购买和使用绿色低碳产品，引导社会节约、理性消费。与生产制造企业、回收拆解企业建立合作关系，逐步建立废弃物逆向回收渠道，通过收旧售新、以旧换新等，逐步形成低碳环保产品销售、二手商品寄售和废弃物逆向回收的良性循环体系。

（商务部流通发展司　中国连锁经营协会）

第十五届中国连锁业会议主题报告

——转型期的策略：模式与动力

至今，中国连锁零售业的发展已有20年的历程。行业发展20年所发生的变化，是当初的创业者无法想象的。很多企业家作为亲历者，走过了每一段路程，经历了每一次转变。

与以往不同的是，最近一两年的变化是根本性的，在数字变化的背后，更有拐点或转折点的意味。面对宏观和微观环境的巨大变化，面对迫切需要转型变革的行业，会产生很多的思考与感悟。

一、环境变化，系统性与不确定性并存

企业外围环境的变化，既有系统性，也有不确定性，给企业转型造成困难。

1. 经济增速减缓，改变企业的增长方式

经济发展增速放缓、人口红利逐渐减退、经营要素成本提高，这是当前经济发展环境的客观现实。由于零售业处于经济链条的末端，感受到的影响是由远及近的，压力会越来越大。

零售企业的增长方式正在从通过多开店的销量导向转至效率导向，从销售推动转向毛利推动。这体现在企业资金预算、成本控制、人员考核等各个方面的改变。

2. 科技迅猛发展，改变交易流程和规则

科技带给连锁零售行业的变化不是简单的、某些时点上的变化，而是全方位的、立体化的改变。这些变化从商品管理到员工激励，从决策分析到消费者沟通，渗透之广、影响之深，无所不在。

首先，科技改变了流程。例如在消费者购买决策过程中，包括商品认知、信息搜寻、方案选择、购买决策乃至购后评价等，每个环节都在新科技产品不断翻新的影响下发生着快速而重大的变化。同样，零售企业流程中，市场调研、商品采购、物流配送、营销管理、业绩考核等各个流程也因为新技术的引入在不断地进行着不同程度的调整。

其次，科技打破了规则。科技转变了传统产业的经营方式，也打破了产业间的界限。例如，在技术服务商支持下的现代化“全渠道商店”，单凭一台智能手机便可实现移动购物、消费打折、便捷支付等，也可以通过扫描商品上的二维码，了解商品的设计、生产、配送等信息。

3. 成本大幅上升，改变传统经营模式

上市零售企业2013年上半年的年报显示，80%以上的企业销售费用和管理费用呈上涨态势，有些企业的涨幅还较大；而上市公司的毛利率则普遍呈下降态势；企业销售增幅低于成本涨幅。与往年情况对比，2013年连锁零售企业经营成本上升有由缓到急、刚性占比加大的特点，此种状况如发展到某一临界值，有可能形成致命的影响。由此，企业为改善毛利率，提高净利润，迫切需要更为高效的管理。而在过去的一年，连锁零售企业正在不断探索，寻求突破。

二、全方位多角度开展探索实践

在连锁企业的经营实践中，正发生着两大突出变化：一是越来越用心经营顾客；二是越来越重视经营商品。

1. 整合资源，服务方式和营销手段立体化

围绕顾客开展经营活动。零售企业开展服务和营销活动，除了原有的门店展示、人员互动、电话沟通等手段外，网站、社交媒体、APP、电子商务、移动商务等新技术产品被不断地采用和完善，形成多渠道或全渠道、立体化、360度的格局。开展多渠道营销，关键是商务的电子化，而非一定要做电商。例如，有些企业通过APP为顾客提供实时导航，并在顾客靠近折扣商品时发出提醒，起到有效引导、定位营销的作用。这其中，技术进步及其新产品的应用，使连锁企业更加贴近消费者，更积极地满足消费需求。

电商是多渠道的重要形式，电商平台也更易于企业推出各种促销活动。如苏宁开展"上门店扫网货"、银泰甘当网络试衣间等，都帮助企业实现了商品销售的大幅提升。再如三胞集团等企业搭建的网上新街口，以及时、精准的数字营销平台服务于大商圈，开创了新的电商模式。这些企业以互联网为技术手段，搭建新型营销平台，向顾客敞开怀抱。

O2O是传统零售商的重要发展方向。落实到线下门店，就要求门店的功能和定位实现多样化的支撑。门店是传统零售企业的核心资源，是满足消费者社交和体验需求的结合点，是赢得顾客瞬间感动的关键场所。传统零售商在原有商品售卖点的基础上，要使门店扮演顾客消费的体验点、提货处、交流中心、服务中心、生活方案解决中心等多种角色。例如，天津津工超市的第二代便利店就是在社区超市、社区厨房、社区服务、社区物流和社区养老"五合一"方面下功夫，得到当地消费者的认可；又如，红星美凯龙的开放式设计体验区为顾客提供一站式整体家装设计服务，让顾客在便利消费的同时打消装修恐惧，充分感受未来居室的幸福和温馨。

2. 迸发活力，商品生产和组织方式精细化

连锁零售业20多年的快速发展，规模越滚越大，但似乎企业离顾客却越来越远，离商品也越来越远，商品应有的活力变得沉闷，企业应有的核心竞争力成为短板，百货店如此，超市也不例外。传统零售企业能快速开出一家实体店，却很难经营一个网店，其中的重要原因就是没有特色的商品与服务，在消费者心目中缺少品牌。

在经营压力增大的环境下，在电子商务倒逼的作用下，企业这些短板也在慢慢发生着变化，各项管理的精细化程度正在明显提高。从商品组织角度，行业普遍开始重视开发自有品牌、丰富生鲜商品、进行自采自营和产地直采；行业领先企业在思考每一个商品的意义，在充分挖掘每一米货架的价值。从商品周转角度，及时了解需求、合理订货与退货、

打造高效物流体系已成为行业共识。例如，华润万家与相关厂商合作，在货物到达前便提供准确装车明细，据此提前打印标签，提高物流效率。

三、挖掘动力，推动行业持续发展

动力机制随着企业发展阶段和环境的变化而不同。目前，对行业至关重要的三个关键动力是：

1. 思维动力——打破规则、不破不立

思维改变行为。传统思维受纸张、书本、习惯空间的局限，要求依照既定规则的时空和逻辑顺序而行事。电脑和网络则不同，几乎没有空间限制，也突破了时间和逻辑的线性发展模式。

就从事零售运营多年的管理者而言，胸有成竹的管理定式和惯性思维，在当今互联网思维模式大行其道的情况下，时常会成为工作和决策的掣肘。目前，连锁零售企业不一定以选择"触电"为最佳，但一定要以开放、合作、分享的互联网思维去"触网"，一定要以开放互动的平台快速响应顾客的需求，一定要以合作的心态去维护零供和同业的关系，一定要以分享的精神让企业资源价值最大化。

只有用新的思维，才能打破固有的规则。例如，苏宁云商曾经的明码标价和目前的线上线下同价，都是打破陈规、建立新规则的做法。柯达、NOKIA 等数码企业市场地位发生的巨变都在告诉我们，企业要发展必须因势而变，只有打破传统，才能在新的市场环境中立于不败之地。

2. 创新动力——注重成效、不拘一格

在零售市场逐渐趋于饱和，经营压力日益增大，消费习惯不断升级变化的情况下，零售创新更突显其价值。无论是业态创新、市场创新，还是商品创新、技术创新，都应注重细节、引领前沿，而取得实际成效是衡量一个创新成败的关键指标。

只要消费者及其需求在变化，业态创新、商品创新就无止境，即使是同一业态，如便利店，有些企业也在进一步细分针对不同目标顾客的店铺形态。

在技术创新方面，方位信息、可视化管理、移动解决方案等新技术成果被广泛应用并得到深入挖掘，大数据、云计算也从理论进入实践。这些技术创新，改变着企业的营销方式，改变了企业与顾客的沟通手段。例如，上海联华快客利用"可视化店铺管理平台"畅通了与顾客的联结，大大提高了营销效率。

为推动创新，中国连锁经营协会连续五年在中国连锁业大会上设立创新奖，旨在促进行业创新文化的形成。

3. 激励动力——以人为本、恪尽职守

消费者调研数据表明，70% ~75% 的中国消费者对零售商不满意的主要原因是员工服务质量不佳、态度恶劣，这从侧面反映出零售企业的员工对爱岗敬业的缺失，也是企业缺乏有效激励机制和归属感教育的体现。其实，无论是国内还是国外，形成完善激励机制是优秀零售企业的共同特点。有效激励的核心包含两个层面：一是对门店执行力的激励；二是对核心团队战斗力的激励。例如，国美电器将门店员工以厂家促销员为主改变为以自有员工为主，改变了员工只关心个人业绩、忽视门店整体业绩的状况。又如，兴隆百货员工所表现出来的爱岗敬业、苦练销售技能的素养和品质，其背后正是企业本身建立了有效激励机制，并转化为员工的卓越劳效。再如，庆客隆推行合伙人考核办法，适时并有效地调动了门店自主经营的意识和积极性。

连锁协会认为，每家企业都需建立起一套行之有效的激励机制。这也是企业的一项系统工程，可以从重点做起，由简到繁，由无到有，由有到精。

上述三个动力，是建立在零售企业“满足顾客需求”的根本点上，这是本源，是万变不离的“宗”。当前，部分连锁零售企业出现的经营困难，不仅是因为经济危机和成本上涨，更有快速增长掩盖下的脱离根本、放弃本源的因素。

互联网时代的零售，既有史无前例的压力，也有前所未有的机遇，把握机遇需要因时而变，因势而变。党的十八届三中全会明确提出，必须在新的历史起点上全面深化改革，“加快形成商品和要素自由流动、平等交换的现代市场体系，着力清除市场壁垒，提高资源配置效率和公平性”。这必将为行业的发展创造更为健康的外围环境。

连锁零售业经历了过去 20 年翻天覆地的变化，接下来 20 年的变化，同样是我们无法预测的，但其一定是更美好的发展前景。让我们共同面向未来，勇于实践和尝试，迎接新的挑战！

（由中国连锁经营协会会长郭戈平在第十五届中国连锁业会议上的讲话改编　2013 年 11 月）

第二部分
行业业态篇

2012－2013 年度连锁零售企业总体经营状况分析报告

2012－2013 年度，随着中国经济结构的调整及增速放缓，连锁零售行业也迎来了自身的变革时代。变革的勇气来自对行业发展趋势的前瞻性，未来中国连锁零售行业的发展主要呈现五大趋势：第一，新型城镇化将为零售带来新机遇，其作用主要体现在城镇居民比重上升带来的消费结构改变，以及三、四线城市与中小城市消费能力的提升；第二，多业态经营渐成主流，并在未来几年持续发展；第三，全渠道无缝购物兴起，网络与传统零售渠道相互融合，将消费者在各种不同渠道的购物体验无缝对接；第四，移动应用引领实体零售变革，消费者利用手机协助购物会渐渐成为一种消费习惯，未来移动应用对店面销售的影响程度继续加深；第五，零售与资本融合依然活跃，VC/PE 资金涌向网络零售的同时，产业资本频频收购传统零售资产，零售业的整合也将持续进行。

据中国连锁经营协会（简称连锁协会）调查显示，2012 年中国连锁百强企业销售规模达到 1.87 万亿元，同比增长 10.8%，增速为历年最低。零售业人工、物流等各类成本高企，使行业利润受到严重挤压。同时，电子商务正通过低廉的价格、便捷的支付、上门送货等周到的服务迅速抢占传统零售市场份额。面对前所未有的挑战，连锁零售企业或主动或被动地调整发展模式，以期在不断变化的市场环境中求得生存发展乃至基业长青。

尽管行业竞争激烈，连锁百强中依然有一部分企业在艰难的环境中表现突出，连续三年上榜并保持领先，而这些企业在战略运营和与资本市场对接等方面都体现出一些共同特质。战略层面，它们更倾向于向多业态发展，在保证优势业务市场份额的同时，不断拓展其他业务领域，实施多元化扩张道路；运营层面，它们普遍重视技术对业务流程和运营的优化，通过引入实施 ERP、CRM 等系统不断提升企业内部的运行效率，并且从原来的单纯扩大规模抢占市场转为提升门店效益和盈利水平；它们还能在恰当的时间，利用资本市场规范自身发展和整合行业资源。这些企业持续进行战略经营方面的调整与创新，不失为领导变革的典范。

一、宏观环境变化及影响

（一）宏观经济变化及影响

伴随着金融危机及欧债危机的余波蔓延，国际经济环境正发生着重大变化。全球总需求结构出现收缩式调整，欧美等发达国家的消费市场地位明显下降，部分新兴市场国家经济增长放缓，各国着力调整经济结构抵御经济下行压力。作为新兴国家代表的中国，其消费者信心指数①虽然小幅波动，但依然领先于发达国家（见图1）。

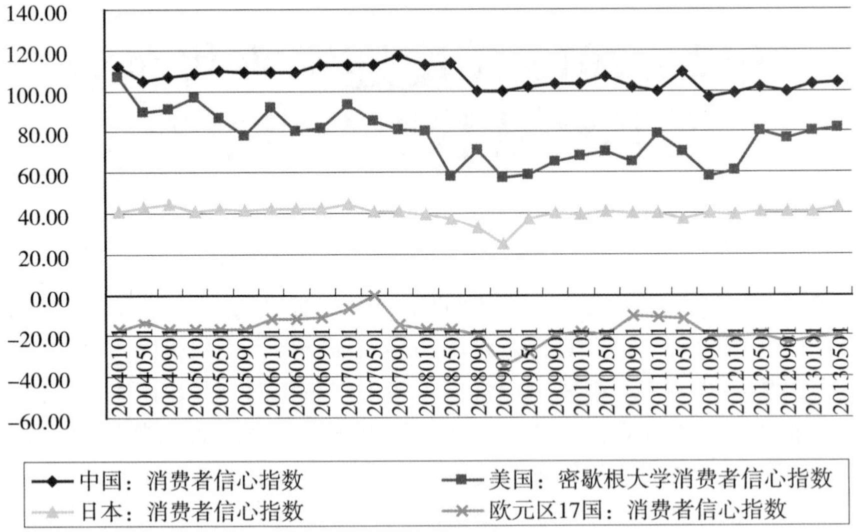

数据来源：Wind、德勤分析

图1　中、美、日、欧四经济区域消费者信心指数

国家统计局数据表明，从2012年第二季度开始，中国GDP增速一直保持在8%以下，2013年的GDP增长也徘徊于8%以下，保持低速增长。

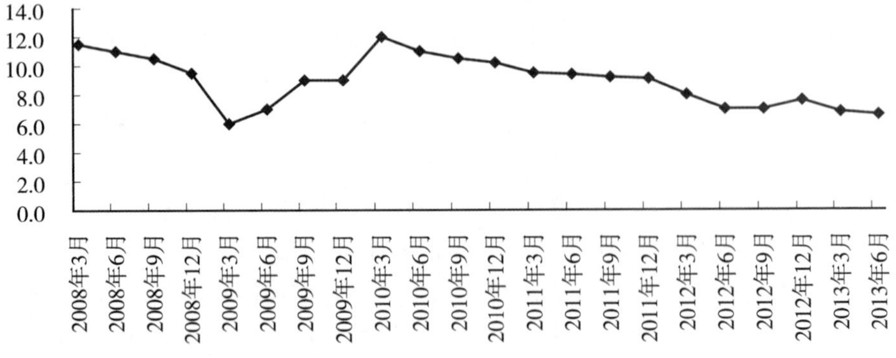

数据来源：Wind、德勤分析

图2　2008－2013年中国GDP按季度累计同比

同时统计数据显示，中国社会融资总量②快速扩张，金融对经济的支持力度明显加

① 消费者信心指数（Consumer Confidence Index，CCI）是反映消费者信心强弱的指标，其综合反映并量化消费者对当前经济形势评价和对经济前景、收入水平、收入预期以及消费心理状态的主观感受，是预测经济走势和消费趋向的一个先行指标。

② 社会融资规模是中国人民银行提出的新概念，反映的是实体经济从整个金融系统获得的融资总量。

大。行业专家预计，2013 年社会融资规模将达 16.5 万亿元，增速约为 17%，企业融资向好趋势不变。

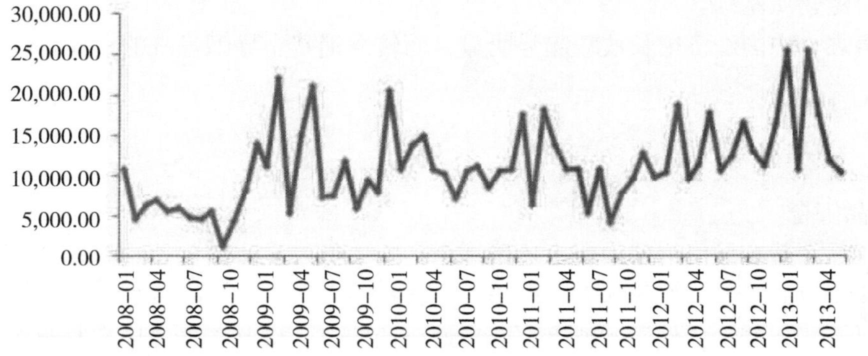

数据来源：Wind、德勤分析

图 3　中国社会融资总量（亿元）

《中国与世界经济发展报告（2013）》预测 2013 年，CPI（居民消费价格指数）将上涨 3%，PPI（生产者物价指数）将下降 1%。随着国际市场流动性增强，国内经济复苏势头延续，未来 CPI 将趋于小幅波动，通胀压力仍不能轻视；而 PPI 将缓慢回升，工业领域出现通货紧缩的可能性并不大。

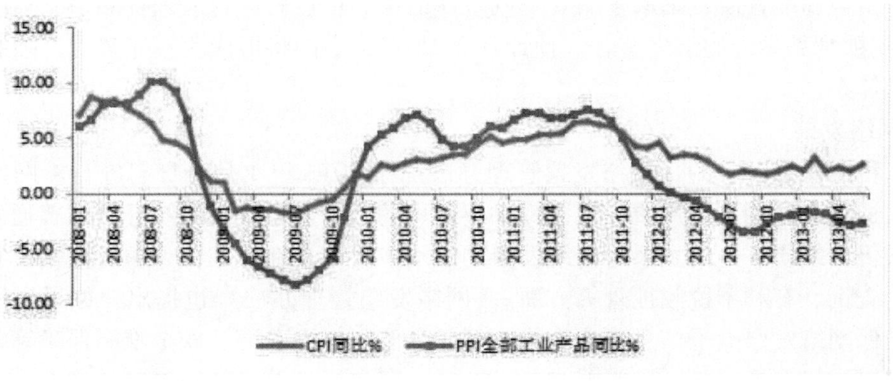

数据来源：Wind、德勤分析

图 4　中国城镇 CPI 与 PPI 当月同比对比

中国国民消费结构处于升级转型的过程中，即从以吃穿为主的生存型消费，向以住、行、教育等享受型和发展型消费过渡，高端消费品市场在中国也一直处于高速增长的状态。与此同时，中国消费者的消费渠道更加多元化，网络购物已经成为不可忽略的购物方式。在 2012 年 11 月 11 日淘宝天猫平台的网络购物节当天，网购交易总额创下 191 亿元的纪录，这一数字相当于香港三周的零售总额，由此可见中国消费者的巨大消费潜力和网络购物对于消费者的吸引力。

尽管目前中国制造业增长乏力，人口红利正在逐渐递减，但根据统计数据，在 2020 年以前，总供养系数在 60% 以内（与发达国家 1995 年的总供养系数相近），说明我国仍然处于发展经济的黄金时期。如果能在这一段时间内大力促进经济发展，将为适应高龄社会的到来奠定物质基础。

简而言之，中国经济增长放缓趋势明显，而转向消费主导型经济的模式将成为中国经济新常态。

（二）近期政策变化及影响

1. 食品安全

尽管食品消费在居民消费中所占比重逐渐下降，但食品零售仍然是零售行业的重要支柱。食品安全事故频发，促使地方政府纷纷加强相关立法。《北京食品安全条例》于 2013 年 4 月 1 日正式实施，条例针对特大型消费城市的特点，借鉴香港等地按行业类别发放食品牌照的经验，将食品生产经营细化为 19 种，建立食品安全信用信息平台，统一归集、公布食品生产经营者的身份信息、警示信息和良好信息。同时将食品许可、日常监督及违法行为查处等信息纳入信用档案，依据食品生产经营者的信用状况确定管理重点和频次。对构成犯罪的严重失信者将实行行业禁入。重庆也将《重庆市食品安全条例》纳入 2013 年立法计划预备项目。

政府监管方面，现有的多部门（如质监局、农业部、商务部、卫生部、工商管理总局、出入境检验检疫局等）共同负责的结果往往导致权责不明。国务院机构改革成立食品药品管理总局，或将推动食品安全监管职能的必要整合，通过权责统一提高监管效率。

食品安全标准方面，国家食品安全风险评估中心正在修订与清理食品国家标准，并启动近 5000 项食品标准的清理整合。预计到 2015 年，中国将形成比较完整的、强制性食品安全标准体系。

2. 网络发票

国家税务总局公布的《网络发票管理办法》于 2013 年 4 月 1 日起施行。网络发票是指纳税人通过互联网，使用税务机关提供或认可的网络发票开具系统开具的普通发票，其体现形式仍为纸质。网络发票与传统发票的区别主要体现在成本低、填开数据真实、便于发票真伪查询、有利于税收征管等方面。《网络发票管理办法》也提出，如果省以上税务机关在确保网络发票电子信息正确生成、可靠存储、查询验证、安全唯一保障等条件的情况下，可以试行电子发票。目前围绕电子发票，国家税务总局牵头组织实施电子发票试点工程，并已经在深圳、青岛、南京等地开始进行试点。

虽然网络发票并非针对电子商务征税，但电商确实在其推广实行的范围内。同时，网络发票能在一定程度上反映电商的收入情况，为税务机关征税提供重要依据。然而，如何对电商征税，特别是考虑到目前占商户绝大部分的小微商户的利益，这里仍有许多技术层面问题尚未厘清。电商征税政策预计短期内难以落地。

3. 《跨地区经营汇总纳税企业所得税征收管理办法》

2013 年 1 月 1 日实施的《跨地区经营汇总纳税企业所得税征收管理办法》（国家税务总局公告 2012 年第 57 号）规定，将对每个单店作为纳税申报单位造成负面影响，不利于连锁企业集中纳税政策的落实。在该政策规定下，每个单店作为独立的纳税单位，就必然要增加相关工作量，从而增加连锁企业的管理环节和费用，使得部分连锁企业的经营负担加重。

二、行业发展概览

（一）零售行业发展放缓

1. 消费增长延续放缓趋势

2012 年年初，商务部发布《“十二五”（2011－2015 年）促进零售业发展的指导意见》提出，“十二五”的商品零售规模保持稳定较快增长，社会消费品零售总额及零售业增加值将保持年均增长 15%。而从实际发展情况看，2012 年中国社会商品零售总额为 21.03 万亿元，同比增长 14.3%，低于预期水平；2013 年社会消费品零售总额增幅为 23.78 万亿元，同比增长 13.1%。2013 年社会消费品零售市场仍延续放缓趋势（见图 5）。随着出口增长继续低迷，国内消费市场受到更多更大的关注。长期来看，伴随居民可支配收入的不断增加以及城镇化改革的推进，国内消费将成为经济增长的主要动力。

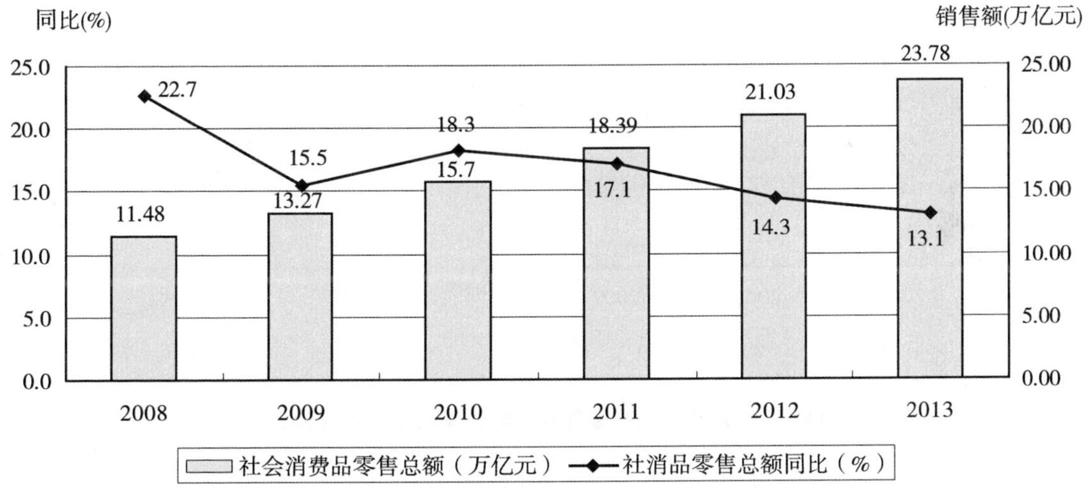

数据来源：国家统计局

图 5 中国社会消费品零售总额及同比增长

2. 零售增速为近年最低

2012 年，中国限额以上企业商品零售总额达到 9.3 万亿元，同比增长 19%，为十年来最低增速。观测“李克强指数”（英国《经济学人》杂志 2010 年末推出的用于评估中国经济增长的新指数。即，由工业用电量、中长期信贷余额和铁路货运量三项指标构成，三者权重分别为 40%、35% 和 25%，该指数受到包括花旗银行在内的众多国际机构认可）发现，2013 年以来，“李克强指数”持续下滑，显示中国经济增长仍然疲弱，零售业受宏观经济影响较大，仍将低速运行。从企业运营角度看，全国百家大型零售企业零售总额同比增长率也降到六年来最低水平，增长仅为 10.8%。企业增长乏力既反映了消费结构升级的要求，也是企业发展方式需要转变所释放的信号。

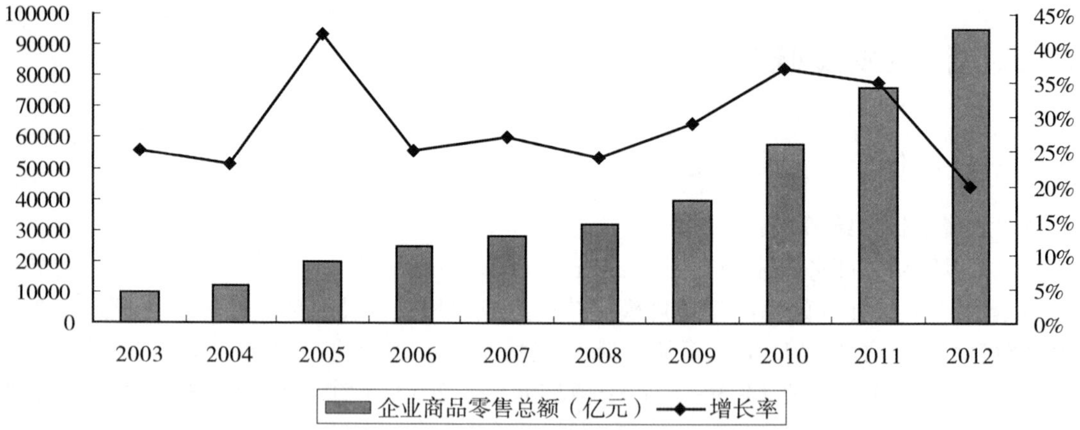

数据来源：Wind、德勤分析

图 6　中国限额以上企业商品零售总额①及增长率

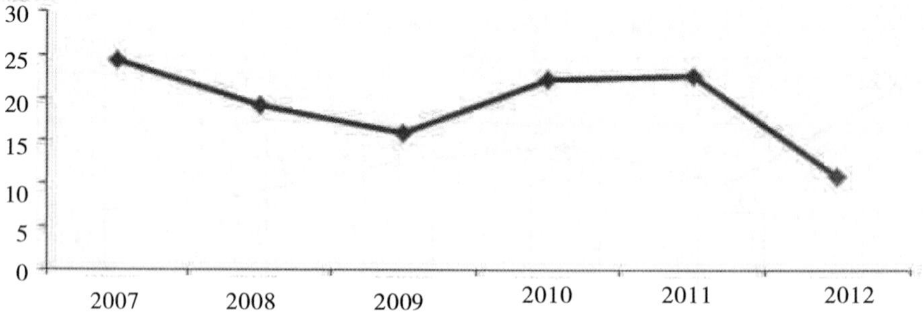

数据来源：Wind、德勤分析

图 7　全国百家大型零售企业零售额同比增长（%）

（二）零售行业面临三大挑战

1. 零售企业净利润增长面临压力

从 2012 年零售企业上市公司年报数据看，其营业收入和净利润同比分别增长 12.2% 和 -7.7%，营业收入增速明显回落，净利润多年来首次出现负增长。净利润下滑成为普遍现象，显示出当前零售行业的不景气状态。究其原因，一方面是由于经济增速减缓，消费明显不足；另一方面也是由于竞争日趋激烈，局部市场饱和。尽管国家已经出台诸多提

① 商品零售总额是反映批发和零售贸易业在国内市场上销售商品以及出口商品的总量。该指标由对生产经营单位批发额（含对农民农业生产资料销售额），对批发零售贸易业批发额、出口额，对居民和社会集团商品零售额组成。社会消费品零售总额与商品销售总额的联系是，社会消费品零售额包括商品销售总额中的对居民和社会集团商品零售额。

振内需、促进消费的举措，但在经济增速下滑并向消费终端传导的背景下，零售业景气下滑的态势短期内难以改善。

2. 租金及人工成本上涨

近年来，随着人力、物流等各类成本的提高，传统零售行业已步入“微利时代”。一方面零售企业员工收入增速高于全国平均水平，每年大约增长5%至10%；另一方面商业地产的租金率平均每年大约增长3%至5%左右，核心黄金商圈的租金年均增幅甚至达到10%以上。人均工资和租金率的同时上升，意味着零售企业同店增速至少达到7%至8%或者更高才能保证销售费用率平稳，企业迫切需要更大的盈利空间来弥补这些成本。

3. 电子商务冲击传统渠道

电子商务通过低廉的价格、便捷的支付、上门送货等周到的服务迅速抢占零售市场份额，使传统销售渠道受到冲击。为了实现全渠道营销，传统零售商纷纷加大电商投入，开展网络零售业务。但左手与右手的互搏及线上与线下的激烈竞争，加之巨大的前期投入，毫无疑问给零售商的短期利润增长带来压力。未来零售业将何去何从，谁也无法断言，但可以肯定的是，电子商务将彻底改变现有市场渠道的格局，而勇于尝试网络零售的传统零售商能否拔得头筹，尚需拭目以待。

（三）近几年连锁百强企业的发展演变

1. 百强企业近三年分布变化情况

2010－2012年上榜的连锁百强企业，以百货店、超市企业居多，专业店、便利店、餐饮、酒店上榜数量较少。从上榜的连锁百强企业总部地域分布看，多数企业来自一、二线城市，三、四线城市[①]零售企业由于起步相对较晚且规模较小，在百强企业中占比有限（见图8）。然而，从增长潜力看，三、四线城市零售企业明显高于一、二线城市企业，前者2010－2012年销售额年复合增长率分别达到25%和24%，高于一、二线城市企业8%和1%的增长率。门店数量增幅揭示同样的信息，一线城市市场基本饱和，门店数量呈现下降趋势，其余各类城市均呈现增长，特别是四线城市，复合年均增长率达到43%（见图9）。

2010－2012年，上榜连锁百强企业中内资企业有70多家。内资零售企业占比较大，主要因为其熟悉本土消费文化，在业态选择及销售战略上更符合零售市场变化趋势。另外，内资零售企业在二、三线城市具有天然优势，并且随着二、三线城市零售市场的快速增长而迅速扩大规模。

然而，内资零售企业在商品经营能力和毛利率提升能力方面，与外资相比还有较大差距。近三年上榜的连锁百强企业中，外资单店营业额均有不同幅度的上升，其中2011年增幅15.4%、2012年增幅3.4%；内资单店营业额2011年增幅7.4%、2012年下降0.4%。上榜的连锁百强里，外资企业单店营业额远高于内资企业，可见本土零售企业未

---

① 样本企业总部所在城市按级别划分：一线城市包括北京、上海、广州、深圳；二线城市包括南京、烟台、无锡、青岛、南宁、济南、东莞、福州、呼和浩特、包头、成都、重庆、大连、东营、佛山、合肥、宁波、秦皇岛市、石家庄、太原、唐山、武汉、郑州；三线城市包括南通、威海、淄博市、潍坊、湘潭市、海口、邯郸、温州、中山市、扬州、保定、滨州、大同、九江、洛阳、绍兴、邢台；四线城市包括怀化、寿光、余姚、宿州、诸暨市、阜阳、黄骅市、十堰、常熟、介休、漯河、邳州、文登、宣城、舟山。

来需要提高精细化管理以提升企业的经营能力。

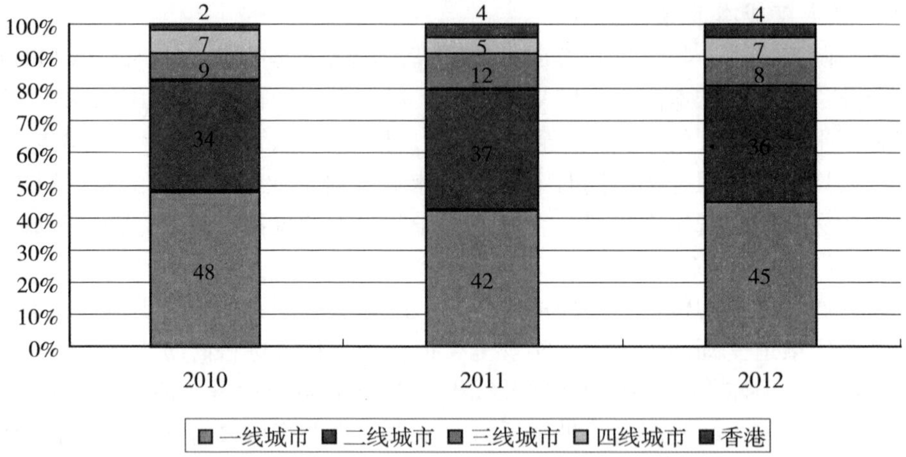

数据来源：中国连锁经营协会、德勤分析

图 8 2010－2012 年连锁百强企业总部所在城市类型

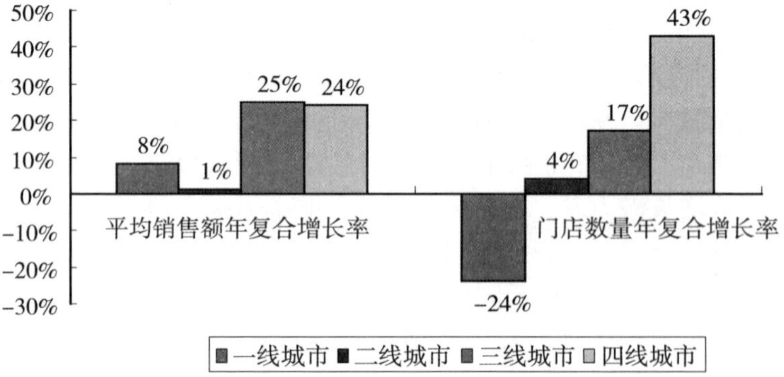

数据来源：中国连锁经营协会、德勤分析

图 9 2010－2012 年不同城市连锁百强企业销售额及门店数量增长率比较

毛利率提升能力方面，2010－2012 年上榜的连锁百强企业中，2011 年内外资毛利率增长幅度相差不大，分别为 11.8% 和 13.3%；2012 年内资毛利率有小幅下降，而外资毛利率持续增长。整体来看，三年上榜的百强企业中，外资毛利率均高于内资毛利率，且差别幅度不断增加，说明本土化零售企业需要提升单店管理能力来提升企业毛利率（见表 1、图 10）。

2. 连锁百强长青企业

基于 2010－2012 年连锁百强数据，连锁百强长青企业是指连续三年上榜的企业，共有 78 家。其中，连续三年进入百强前 30 名的企业有 22 家，连续三年进入百强前 20 名的企业有 16 家。

表 1　　内外资企业毛利率比较

毛利率（%）	2010 年	2011 年	2012 年	2011 年增幅	2012 年增幅
内资企业	14.3%	15.9%	15.9%	11.8%	-0.1%
外资企业	14.7%	16.7%	16.8%	13.3%	0.6%

数据来源：中国连锁经营协会、德勤分析

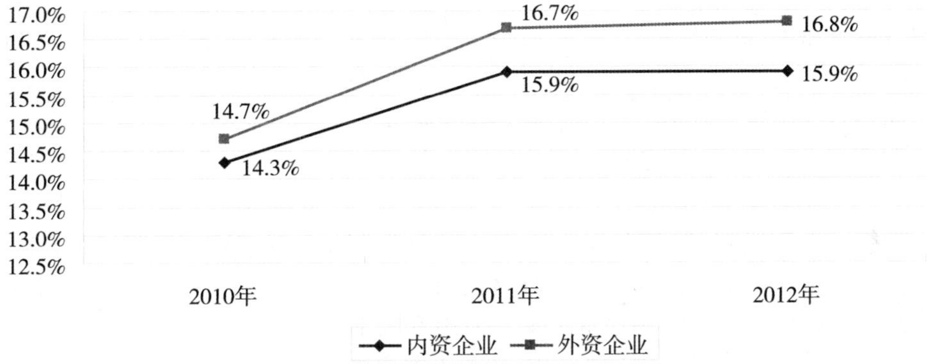

数据来源：中国连锁经营协会、德勤分析

图 10　2010－2012 年连锁百强内外资企业毛利率比较

表 2　　连锁百强长青企业名单

企业名称	百强排名		
	2012	2011	2010
苏宁控股集团（苏宁云商集团股份有限公司）	1	2	1
百联集团有限公司	2	1	3
国美电器有限公司	3	2	2
华润万家有限公司	4	4	5
康成投资（中国）有限公司	5	5	6
沃尔玛（中国）投资有限公司	6	9	9
重庆商社（集团）有限公司	7	6	10
百胜餐饮集团中国事业部	8	8	14
家乐福（中国）管理咨询服务有限公司	10	7	7
大商股份有限公司	11	11	4
农工商超市（集团）有限公司	12	13	15
永辉超市股份有限公司	13	20	30
武汉武商集团股份有限公司	14	19	23
宏图三胞高科技术有限公司	15	16	18
中百控股集团股份有限公司	16	17	19
石家庄北国人百集团有限责任公司	17	18	28

续表

企业名称	百强排名		
	2012	2011	2010
长春欧亚集团股份有限公司	19	22	29
北京王府井百货（集团）股份有限公司	21	21	25
利群集团股份有限公司	22	24	24
百盛商业集团有限公司	25	30	26
文峰大世界连锁发展股份有限公司	26	23	21
新一佳超市有限公司	30	28	22

注：1. 2011 年连锁百强排名中，苏宁控股集团和国美电器有限公司并列第 2 名。
2. 数据来源：中国连锁经营协会。

连续三年进入百强前 30 名的 22 家企业大部分分布在一线城市及二线城市，并且多为多业态经营，其中 18 家为上市公司。22 家企业的经济类型为：国有 7 家、国有控股 2 家、民营 6 家、外资 5 家、港澳台资 1 家、股份有限 1 家。

通过对长青企业的分析我们发现，这些企业在战略、运营、扩张和与资本市场对接等方面都体现出一些共同的特质：

战略层面：

——长青企业更倾向于向多业态发展，在保证优势业务市场份额的同时，不断拓展其他业务领域，实施多元化扩张道路；

——规模较大的连锁企业，如苏宁、百联、国美、沃尔玛、百胜餐饮，在提升实体店市场份额的同时开拓网络销售渠道，重视线上业务的发展，其他没有自己的网上商城的长青连锁企业往往通过和优秀电商平台合作，拓展在线销售；

——长青企业通过打造多品牌保证市场覆盖率，且非常注重品牌维护和管理；

——维护现有市场的同时发力拓展中西部市场，在三、四线城市继续开设新门店；

——以华润万家、王府井百货为代表的部分连锁企业开始开拓高端市场，针对细分市场和客户群定制品牌，提供有针对性的服务，并且不断优化。

运营层面：

——长青企业普遍重视技术对业务流程和运营管理的优化，通过引入实施 ERP、CRM 等系统不断提升企业内部的运行效率，如以国美、苏宁、家乐福、百盛等为首的大部分连锁企业都引入了 ERP 和 CRM 管理系统；

——利用互联网开拓新的销售渠道，建立线上品牌，并且在物流和供应链体系等方面与电商平台进行深度合作；

——开拓新市场的同时，企业会根据市场情况适时关闭和缩减亏损店面及业务，保证企业业务结构的新陈代谢；

——整合多渠道资源提升企业整体竞争力。通过无缝对接，为消费者提供全渠道选择，提升购物便利性的同时改善购物体验。

市场扩张：

——长青企业无论是销售规模还是门店数量，在市场上都占有很大优势，并且呈现持续扩张的趋势；

——新店增量减少，在保持一定扩张速度的前提下，从原来单纯扩大规模抢占市场转为提升门店效益和盈利水平；

——向三、四线城市发展，寻找新的增长空间。

与资本市场对接：

——长青企业大多已经上市（22 家企业中有 18 家为上市公司），较高的知名度有利于提升企业品牌价值，同时可以实现从股市资本市场融资，促使企业规范发展；

——上市连锁企业利用资本优势优化供应链，为供应商提供小额贷款提高资本使用效率，其中苏宁专门成立了小贷公司，对供应链提供金融服务；

——连锁企业通过并购等方法快速实现资源整合和扩张；

——连锁企业在主营业务之外的资本业务发展成为新的盈利点和增长点。

三、2013 年中国零售业的发展

（一）新型城镇化预示新机会

城镇化对零售业的拉动效应明显。统计数据表明，城镇化率每提高 1%，会带动 GDP 增长 0.8%，拉动消费增长 1.5%。城镇化对零售业的拉动作用主要体现在两个方面：一是城镇居民比重上升带来的消费结构的改变；二是消费能力的不断提升。

2012 年，城镇居民人均消费支出中，食品、衣着、家庭设备和娱乐教育文化分别占到 36%、11%、7% 和 12%，而农村居民的这几类消费占比分别为 38%、7%、6% 和 8%。2013 年也有相似的情形，即城镇居民人均消费支出中，食品、衣着、家庭设备和文教娱乐分别占到 35%、11%、7% 和 13%，农村居民的这几类消费占比分别为 38%、7%、6% 和 7%。显然，与农村居民相比，城镇居民对衣着、家庭设备、娱乐教育文化等非食品类的商品和服务有更高的消费倾向（见图 11、图 12）。由此可见，新型城镇化将影响零售市场的结构和零售业态的变迁。

(100%=16674元)

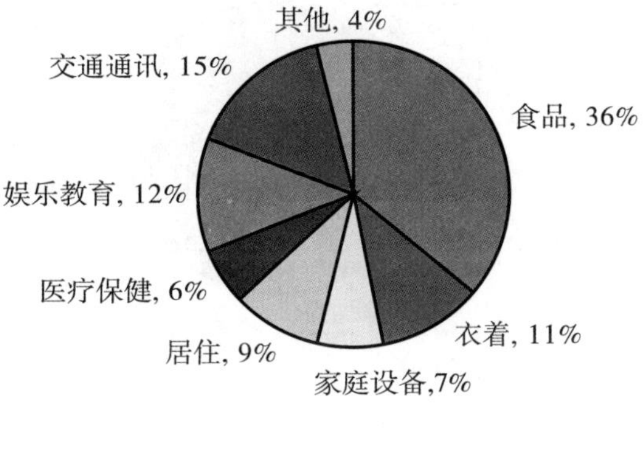

2012年

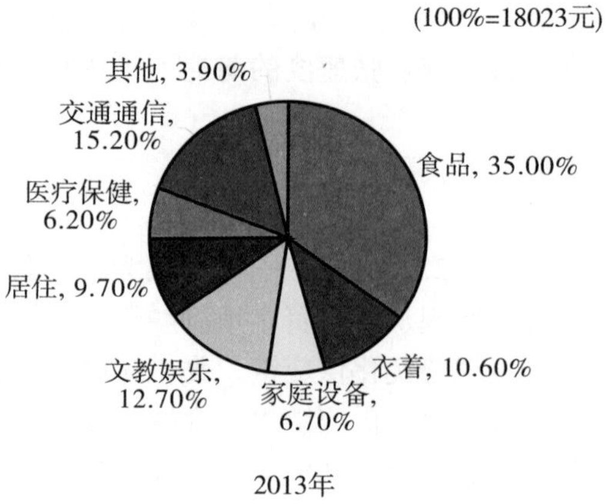

数据来源：国家统计局

图 11　2012、2013 年城镇居民人均消费

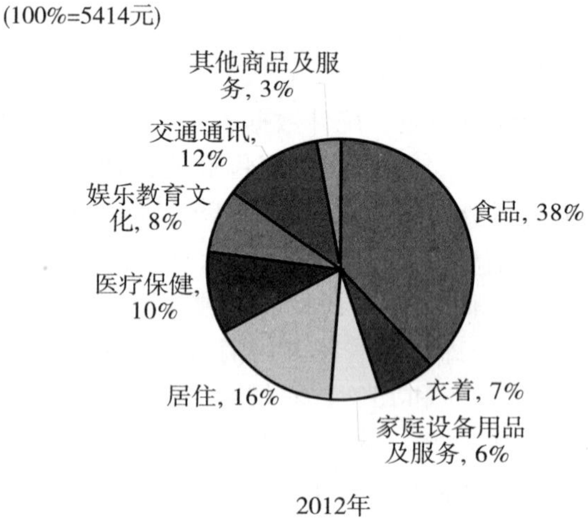

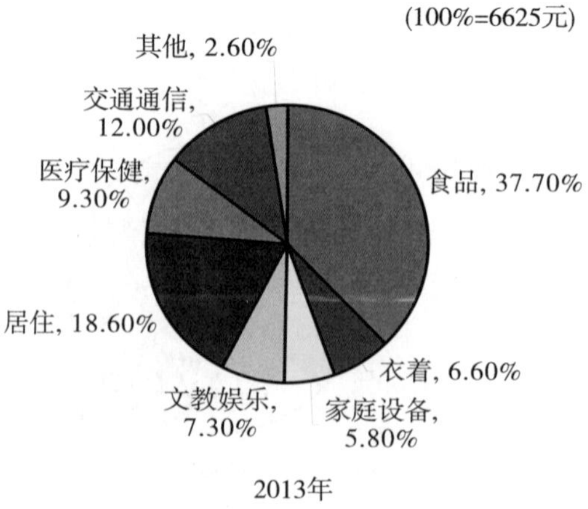

数据来源：国家统计局

图 12　2012、2013 年农村居民人均消费

中西部区域和三、四线城市将是未来中国城镇化率提升最快速的地区。2012 年中国连锁百强企业中，从一、二线和三、四线企业中各选十家典型企业进行分析发现：一、二线十家企业的平均销售增幅为 6%，门店数量平均增幅为 2%；三、四线十家企业分别为 18% 和 17%，均明显高于前者。2012 年百强新上榜的 10 家企业，其中近半数为三、四线城市的企业。

（二）多业态经营渐成主流

多业态经营近年来已逐渐成为零售业的主流趋势，并在 2013 年持续发展。众多零售企业选择多业态经营，既是出于尝试多元化的主动战略，也是严酷经营环境下的被动选择。

2012 年连锁百强企业中，有近半数企业为多业态经营。零售业增长放缓、成本高企无疑已成为行业常态，在此大环境下，很多已经形成一定规模的零售企业扩大经营范围，涉足超市、百货、购物中心、便利店、电子商务等多种业态，以扩大销售规模、提升盈利能力。

多业态经营企业的表现如何？我们从上市连锁零售企业里分别选取五家具有代表性且表现突出的单一业态经营企业以及多业态经营企业，并对其 2012 年经营表现进行分析。其中，单一业态经营的五家企业包括：苏宁、国美、高鑫零售、永辉超市及王府井百货；多业态经营的五家企业为：上海友谊股份、大商、重庆百货大楼、中百及武汉武商。从盈利能力来看，多业态经营零售企业的平均盈利能力更为突出，其净资产收益率和销售毛利率都高于单一业态经营企业。从运营能力来看，多业态经营零售企业的流动资产周转率指标均值也强于单一业态经营企业。但多业态经营企业在成长性方面的表现却不如单一业态经营企业，这与其规模较大有一定关系，同时也说明单一领域的精耕细作是企业成长做强的第一步（见图 13）。

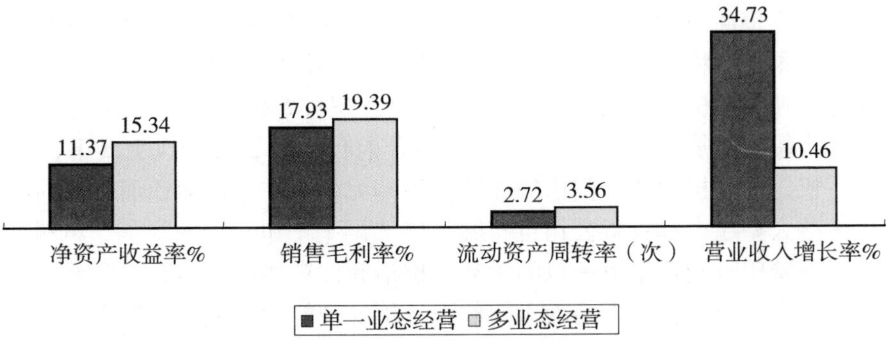

数据来源：公司年报、德勤分析

图 13　多业态经营与单一业态经营上市零售公司主要财务比率均值比较

（三）全渠道无缝购物方兴未艾

2013 年中国网络零售持续快速发展，但网络零售无法完全替代传统零售渠道，二者开始呈现互补与融合的趋势。中国电子商务研究中心数据显示，2012 年中国电子商务市场交易规模达到 7.85 万亿元，同比增长 31%，其中网络零售市场交易规模达 1.32 万亿元，同比增长 65%，占社会消费品零售总额的比重为 6.3%；而 2013 年中国网络零售市场交易规模增至 1.89 万亿元，同比增长 43%，占社会消费品零售总额的比重增至 8.04%。到 2015 年，预计中国网络零售销售额将接近 3 万亿元（见图 14）。

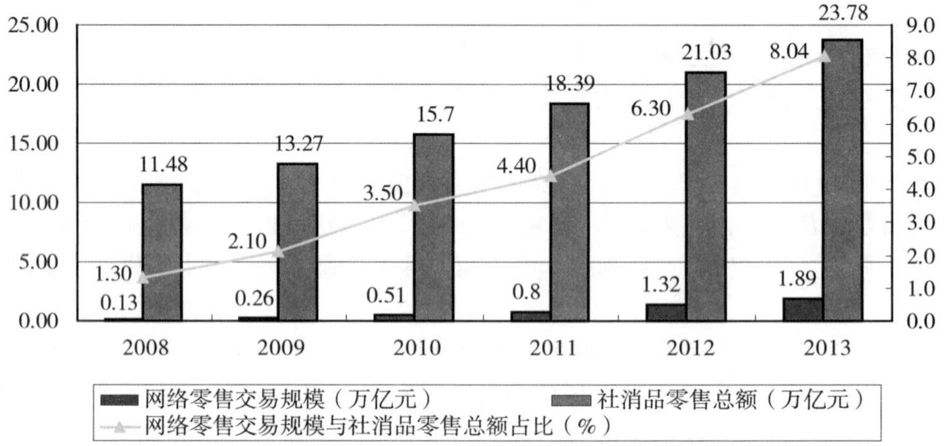

数据来源：国家统计局、中国电子商务研究中心

图 14　中国网络零售市场规模及占比

网络购物虽然部分满足了消费者节省成本或时间的需要，却无法提供实体店带给顾客的购物体验，也无法满足消费者随时随地购物以及互相交流商品信息及体验的需求；与此同时，实体零售积极地利用新兴技术，通过提升购物体验来增加销售额。全渠道零售作为一种新兴模式在中国初显端倪。全渠道零售（Omni－Channel Retailing），指在互联网和电商发展的今天，零售商通过各种渠道与顾客互动，包括实体店、互联网、移动终端、社交媒体、直邮和目录等，将消费者在各种不同渠道的购物体验无缝链接，同时使消费过程的愉悦性最大化。凡客手机客户端销售额在 2011 年已超过 5 亿元，2012 年占全网整体销售比例更是有相当幅度增加。苏宁 2012 年开始整合前台后台、融合线上线下，最终目的是通过平板、手机、电视机顶盒、门店等让苏宁终端无处不在，从而让消费者的多渠道消费无缝对接。一些大型超市和百货公司也相继推广“网上下单、店内提货”的模式。

消费者无疑希望看到各渠道一致的货品、价格和促销活动。因此，全渠道零售并非各种渠道的简单捆绑组合，背后需要强大的数据分析处理能力和灵活的供应链执行，其核心是对商品信息全面覆盖和对销售情况随时掌控，按需进行商品调配并提高效率。如何让消费者在不同渠道获得更便捷的购物体验的同时，又能集成和整合后台的供应链，是所有零售商要思考的新课题。

（四）移动应用引领实体零售变革

提到移动应用，许多零售商会认为那只是电子商务的销售渠道。但实际上，移动应用对实体店面销售额的影响要远远大于其对电子商务的影响。

据估算，移动应用大概影响了美国实体店面零售额的 5.1%，即约 1590 亿美元，这一数字要远远大于 2012 年美国电子商务 120 亿美元的销售额。预计到 2016 年，移动应用会对美国 17% ~21% 的实体店面零售销售额产生影响，涉及金额大约6280 亿到7520 亿美元。

目前，美国有将近一半的消费者拥有智能手机，而且这个数字还在快速增长；而这部分已经拥有智能手机的消费者中大约 58% 的人曾经借助手机协助购物。中国 2012 年智能手机用户数将占移动用户数的 24%，而二维码、社交媒体这些应用已被消费者广泛使用在购物过程中（见图 15）。

一旦开始使用手机协助购物，消费者就会产生一定的依赖性。德勤的调研显示，在拥有智能手机 6 个月后，消费者在卖场购物时使用移动应用的概率会增加 40%。这种购物行为的改变极大地影响了店面销售的转化率和平均订单大小。通过对比传统商家和那些为自己的实体店专门定制移动应用的商家，后者的客户转化率会比前者高出 21%，可见移动应用对消费者和实体店的巨大影响。随着各种智能移动电子产品普及率的上升，使用障碍的降低和应用程序功能的改进，消费者利用手机协助购物会渐渐成为一种消费习惯，未来移动应用对店面销售的影响还会成倍增长。

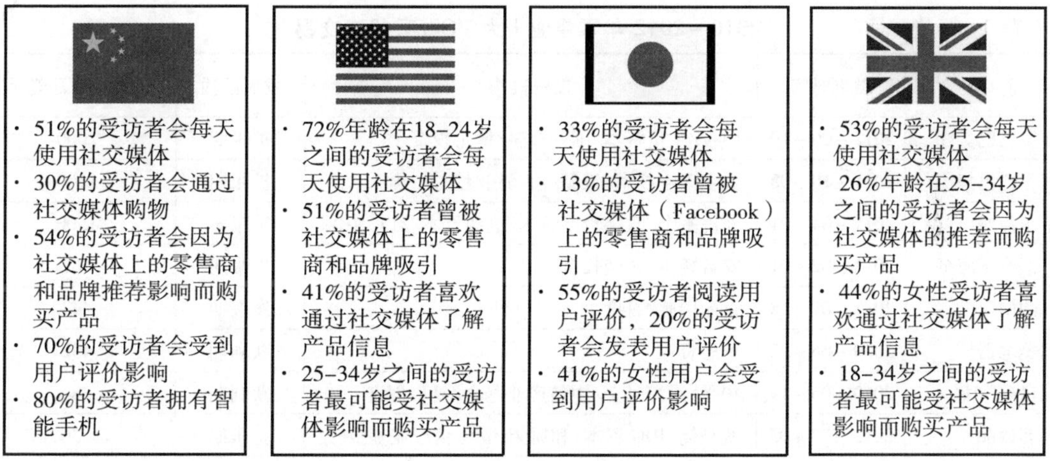

数据来源：PlanetRetail、德勤分析

图 15　不同国家社交媒体对消费者购买行为的影响

（五）资本融合更加紧密

由于政策支持及行业发展的巨大潜力，零售业在过去三年受到风险投资机构和私募股权投资机构（VC/PE）的青睐（见图 16），网络零售向 VC/PE 融资交易数量和披露金额也屡创新高。2010 –2012 年零售业十大投资交易中，六起为电子商务企业融资案例（见表 3）。由于 VC/PE 对资本市场和政策变化的敏感度相对较高，在经济放缓时期，其资金投向更倾向于高预期收益项目，从而也助推网络零售的快速发展。未来 1 –2 年，网络零售仍将由资本驱动，但长期来看，越来越多的传统企业将进入电商领域，并逐渐引领网络

零售从资本驱动向产业驱动转型。

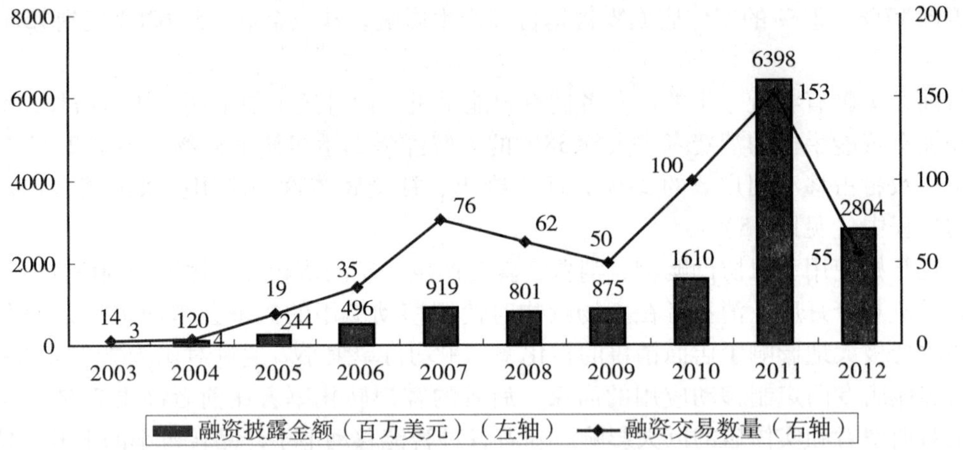

数据来源：ChinaVenture、德勤分析

图 16　零售行业 VC/PE 投资金额及交易数量

表 3　　2010 -2012 年零售业十大 VC/PE 投资交易

企　业	融资时间	投资机构	发展阶段	金额（百万美元）
阿里巴巴集团	2012 - 09 - 19	中投/中信资本/国开金融/博裕投资	扩张期	2000
阿里巴巴集团	2011 - 10 - 08	数字天空技术/银湖/淡马锡/红杉中国	扩张期	1600
京东商城	2011 - 04 - 01	老虎基金/数字天空技术/高瓴资本/红杉中国	扩张期	1500
广汇汽车服务	2011 - 02 - 01	安益资本/久奕投资	扩张期	507
优购网	2011 - 07 - 18	百丽国际/百度	发展期	443
国美电器	2009 - 06 - 22	贝恩资本	获利期	432
红星美凯龙	2010 - 06 - 19	华平/渤海基金/中信产业基金/复星创富	获利期	384
凡客诚品	2011 - 07 - 05	淡马锡/IDG 资本/和通集团/中信产业基金	扩张期	230
物美	2009 - 08 - 12	TPG/天津弘毅/弘毅投资/联想控股	获利期	212
苏宁云商	2012 - 07 - 03	天津弘毅	获利期	203

数据来源：ChinaVenture

在 VC/PE 资金涌向网络零售的同时，产业资本却向传统零售企业抛出橄榄枝。近两年市场见证了 20 多例产业资本收购上市零售企业股份的案例，如茂业国际以 4.5 亿元收购大商股份 4.5% 股权、新光控股举牌中百集团、永辉超市买入人人乐 216 万股等。

零售业上市公司 2012 年销售收入合计为 1099 亿元，相对应的市值仅为 590 亿元，期末货币资金余额高达 194 亿元。零售企业往往具备充裕的现金流，这一特性使其成为许多产业资本竞相争购的对象。另外，具有较高自有物业比例的零售公司，由于未来受益于土地稀缺带来的租金回报率和物业资产价格上升，也是产业资本收购的目标。毫无疑问，未来零售业将持续整合，兼并收购也将成为企业寻求增长的常用战略之一。

2012－2013年度大型超市、超市经营状况分析报告

一、超市企业发展情况

据中国连锁经营协会（简称协会）2012－2013年度连锁零售企业基本情况调查统计[①]，以及对过去一年中国零售业整体环境、主要业态经营状况和发展趋势分析，本年度受到宏观经济增速放缓、消费需求不振、成本持续上涨的影响，超市行业效益下滑。而多年来依靠跑马圈地形成规模效应带动销售增长的模式日渐式微，超市企业将真正步入精细化管理时代，并且尝试线下线上融合以适应新的市场环境。

（一）超市企业经营挑战与发展趋势

1. 外延式扩张放缓

2012年连锁百强企业中，65家大型超市和超市企业销售收入同比增长6%，相比2011年显著下降。无独有偶，全球零售行业研究公司Planet Retail预测，2013年中国超市行业（包括大卖场和超市）销售收入增速为13%，门店数量增速为10%，二者均较上年下滑，并在未来几年呈现放缓趋势（见图1）。

过去10年中国连锁超市的快速发展，很大程度上依赖于门店增加带动的外延扩张。然而近年来，一、二线城市超市日趋饱和，超市扩张速度显著放慢。大型连锁超市企业纷纷采取异地扩张战略，三、四线城市逐渐成为主战场，但是其间不少企业深受异地发展困境之苦，甚至出现关店现象。

一些大型零售企业已经开始转变公司战略，不再轻易新开门店，而是将主要精力投入在做精做强现有门店，或者开展对中小型零售企业的兼并收购，通过控股合作的方式进行扩张。

2. 精细化作用真正显现

随着外延扩张的放缓，内生增长在拉动超市企业销售增速方面的贡献将增大。虽然经营成本越来越高，但由于终端消费者对价格敏感度较高，超市难以通过提价转嫁成本，要想提升毛利率，企业只能重视精细化管理，挖掘内部潜力。

精细化管理的重点是企业如何将规模优势和市场优势转化为盈利能力，包括对超市购

---

① 见《中国连锁零售企业经营状况分析报告（2012－2013）》，中国连锁经营协会、德勤研究，2013年8月。相关经营指标、效率指标、费用指标见附录二“指标说明”。

物环境、品类管理、营销策略的提升。除此之外，企业还需要在信息化、供应链等方面进一步改善。通过减少采购环节、有效利用资金、建立高效节能的物流配送网络、搭建先进的信息系统、鼓励员工和管理层的有效沟通，达到提高其人流、物流、资金流效率的目的。

未来，真正做到精细化管理的企业与依旧处于粗放型经营的企业之间的差距将会越来越大，当前者在市场中游刃有余之时，后者将在竞争中转变或消亡。

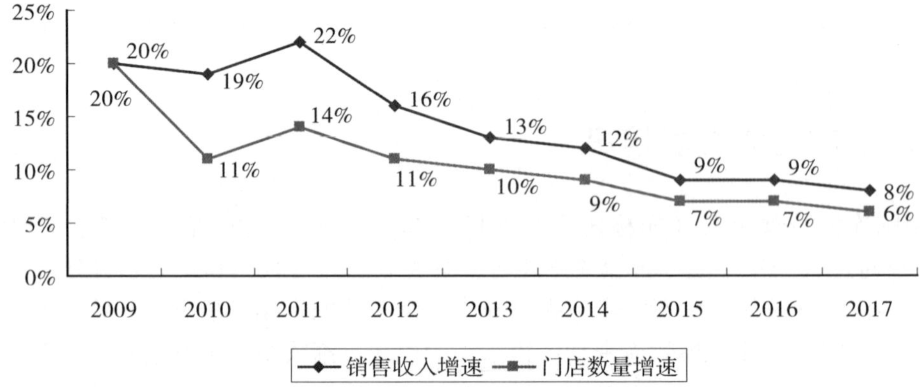

数据来源：Planet Retail、德勤分析

图 1　2009 -2017 年中国超市行业增速

3. 超市触“网”

由于线下门店扩张速度放缓，传统超市企业开始尝试触网，探索线上线下融合发展模式。继 2012 年成功入股 1 号店后，沃尔玛广州山姆会员店网上商城在 2013 年开通上线；在天猫商城试水电商后，麦德龙宣布其 B2B 网上商城正式上线。样本超市企业中共有 19 家超市企业已开展了网络零售业务，其中顺客隆、联华超市、新合作等都经营网络超市。还有 28 家企业计划三年内开展网络零售业务，包括步步高集团、山东家家悦超市、长江汇泉等从三、四线城市起家的零售企业。

除了传统超市企业触网，根生于互联网的线上“食品超市”迅速崛起，包括 1 号店、中粮我买网、顺丰优选在内的多家电商都专注于网上超市。根据中国连锁经营协会发布的“连锁百强企业开展网络零售”的报告，1 号店 2012 年的销售规模为 68 亿元，相当于一个经营状况非常好的大卖场年销售额的 20 多倍。京东商城继 2012 年推出生鲜频道后，又推出商超在线频道扩充其食品品类。

线上“食品超市”无疑将对线下超市造成一定冲击，但传统超市也具有网络超市无法企及的深加工食材等方面的优势。线上快捷便利、线下体验丰富，对消费者来说，二者各有优势。未来，商家需要各取其优势，并解决各自的不足，才能做到线上线下融合发展。

（二）超市和大型超市企业统计数据

1. 样本概述

本年度行业调查中，超市及大型超市有效样本企业共65家，其中内资企业57家、外资企业8家。超市及大型超市样本企业中，多家样本企业为多业态经营，即同时经营百货、便利店等，但主要是以超市业态为主。

2. 企业平均规模

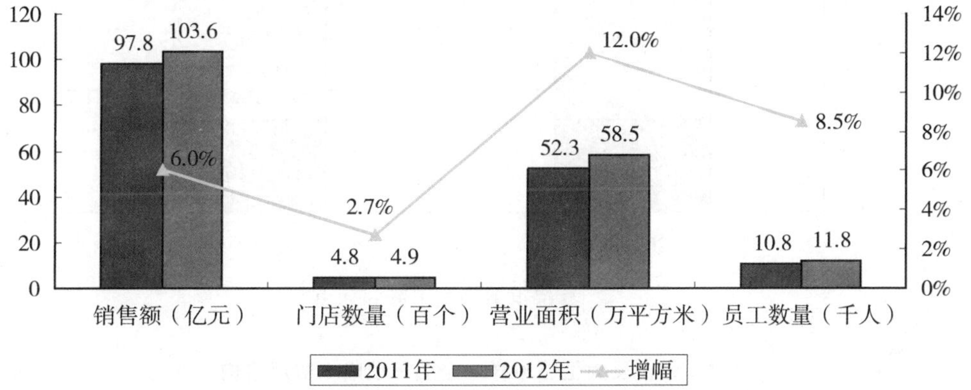

图2　超市及大型超市样本企业的平均规模

总体上看，企业的销售额、门店数量、营业面积、员工数量均有增加，销售额增幅高于门店数量的增幅，说明企业单店经营效率有所上升，但是由于营业面积的增幅大于销售额的增幅，说明样本企业的平效有所下降。

3. 成本费用

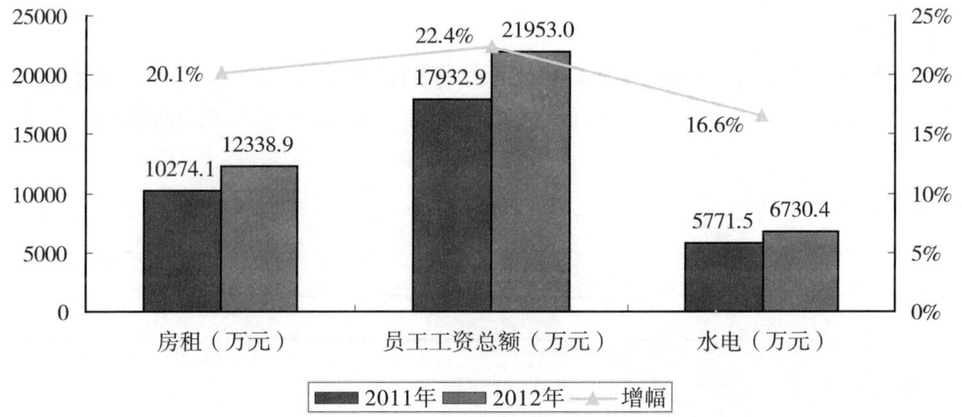

图3　超市及大型超市样本企业的三项成本费用

从超市及大型超市样本企业的费用增幅来看，2012年三项费用均有大幅增长，其中增幅最大的是员工工资，为22.4%，房租与水电费增幅分别为20.1%和16.6%，由于三项费用大幅度增加，导致企业的总体运营成本大幅上升。目前来看，超市及大型超市样本企业经营面临的问题仍是人工费用和租金成本上涨。

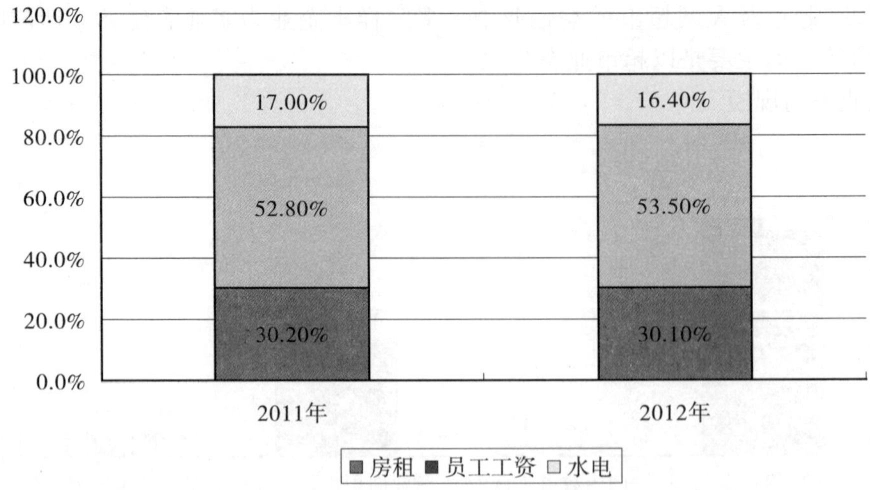

图 4　超市及大型超市样本企业三项成本费用结构

超市及大型超市样本企业中，第一费用仍然是员工工资，其次是房租和水电。从结构上看，2012 年员工工资所占比例有小幅增加，房租、水电费所占比例略有下降，但整体结构变化不大。2012 年单位人工成本的上升及企业经营规模的扩大、租金涨价以及到期续租门店增加是人工成本和房租成本上升的主要因素。

4. 电子商务

超市及大型超市样本企业中，有 29. 2% 的企业开展网上零售业务，说明网上零售开展情况在超市业态还不普遍。

5. 自有品牌

超市及大型超市样本企业中 2012 年自有品牌销售占比平均为 7. 5%，与行业内 2% ~ 3% 的平均水平比较，表现优异。超市及大型超市企业依靠开发自有品牌提升盈利能力空间较大。

6. 内外资效益比较

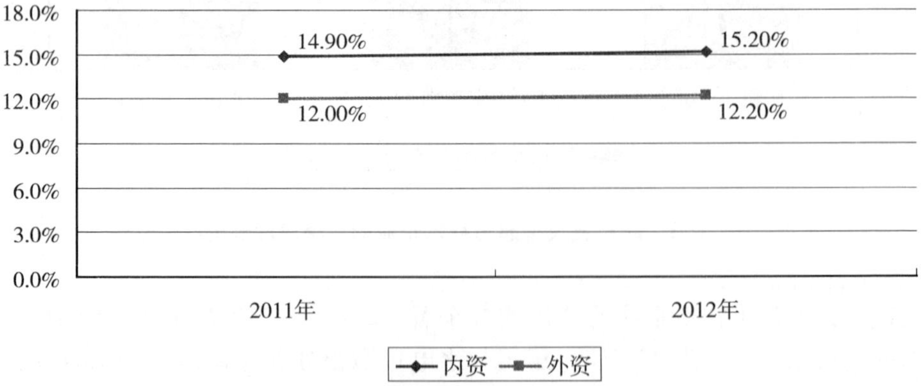

图 5　超市及大型超市样本企业内外资毛利率

内资超市及大型超市样本企业平均毛利率高于外资超市及大型超市样本企业，并不意味着内资超市经营要优于外资，而是由于内资企业多为多业态经营，拉高了平均毛利率，而外资企业多为单业态经营。内资企业毛利率位于15%～25%区间的有30家，11%～14%的有18家，小于10%的有9家，各区间企业表现差异明显；而外资企业表现相对平均。

二、大型超市店铺经营情况

（一）样本概述

本年度行业调查数据中，完整且营业一年以上的大型超市门店共35家。35家样本门店中，华东地区19家、华北地区5家、东北及西南各3家、华南及华中地区各2家、西北地区1家。35家门店的地理位置主要分布在各商业区、住宅区、交通枢纽及高校区内。

样本店平均营业面积1.1万平方米（从6000平方米到19630平方米），最高销售额为人民币7.8亿元（面积为10532平方米），最低销售额为人民币0.66亿元（面积为8000平方米）。大部分样本店为各企业销售规模大、经营业绩好的店铺，以下分析结果代表行业中上水平。

（二）平均规模

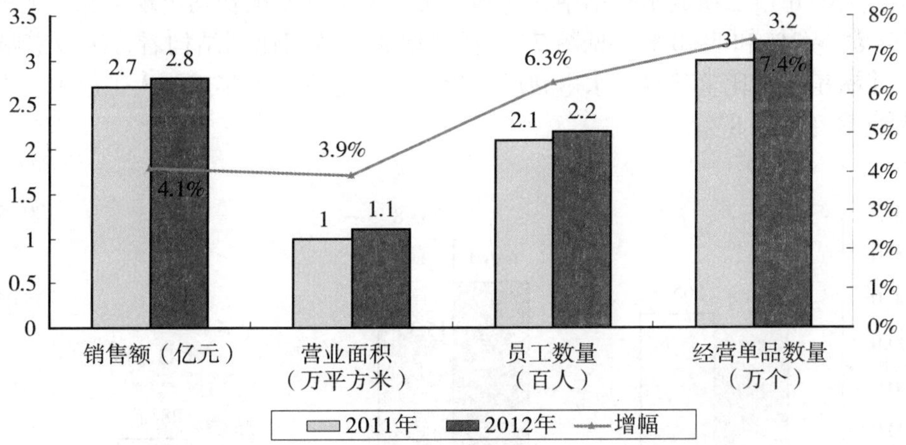

图6　大型超市样本店铺的平均规模

从图6可以看出，2012年四项指标均有不同幅度的增加，其中单店销售额增加4.1%，营业面积增加3.9%，员工人数增加6.3%（平均每店增加14人），单品数量增加7.4%。经营单品数量增幅最大。

另外，样本店平均有收银机37台，最多的64台（营业面积为13300平方米），最少的6台（营业面积为9650平方米），平均每台收银机每年收银额为人民币748.6万元。

（三）平效和人效

表1显示，本年度大型超市平效与人效增幅均低于1%，与上年的9.5%和4.7%比较，下降明显。单品销售额下降2%，而上年为基本持平。

表1　　大型超市样本店铺的平效和人效*

项　目	平效（万元/平方米·年）	人效（万元/人·年）	单品销售额（万元）
2012年	2.7	135.8	1.03
2011年	2.6	134.7	1.05
增　　幅	0.6%	0.8%	-2%

*　此处计算结果分别基于每家样本店铺平效、人效以及单品销售额的均值，并非由平均规模指标推导。

（四）平均日客单价

本年度大型超市平均日客单价为人民币86元，较2011年的75.7元增长13.6%。日均客单价的增加除物价上涨（2012年全年CPI为2.6%）外，还因为企业通过自身经营提升客单价。

（五）费用情况

本年度大型超市三项成本费用中，房租、员工工资和水电费均出现上涨，上涨幅度分别为6.2%、15.3%和11.8%（见图7）。从三项成本费用比例结构看，工资总额所占比重增加，而房租所占比重下降，水电费所占比重略有上升。本年度，人工成本是大型超市的第一大成本（见图8）。

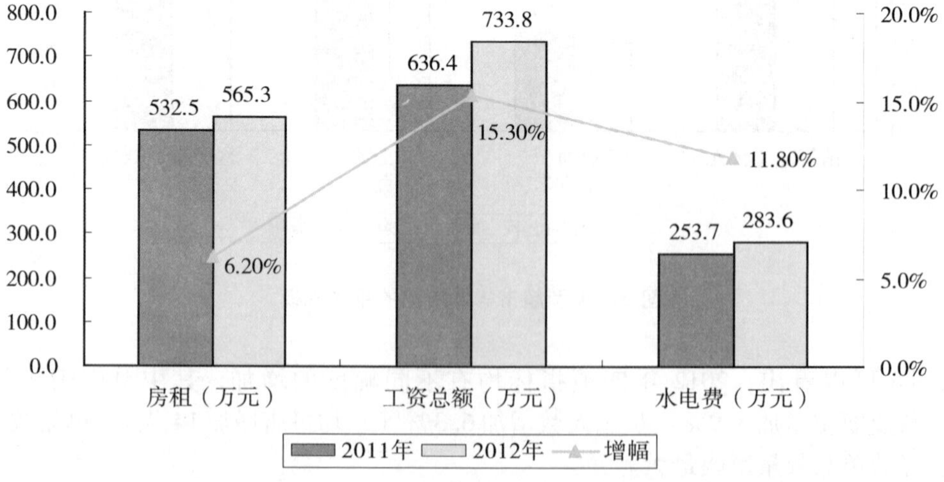

图7　大型超市样本店铺的三项成本费用

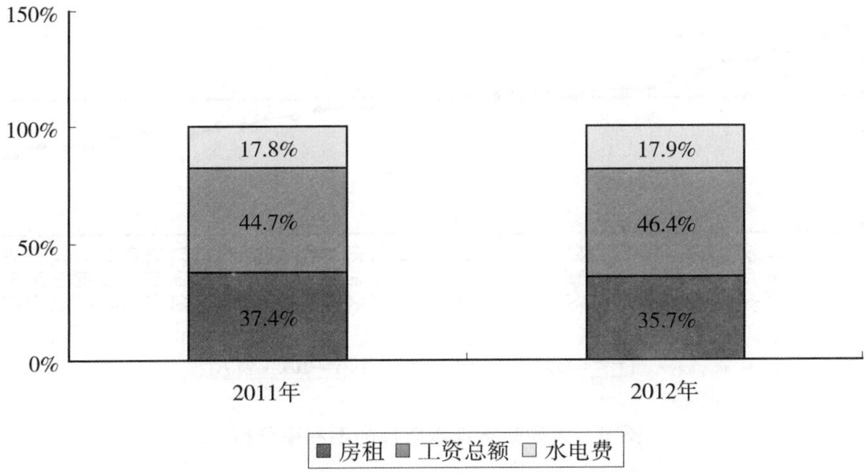

图 8　大型超市样本店铺三项成本费用结构

（六）收入及成本费用比率

从表 2 各项指标看，样本店铺两年的成本分别占其收入的比率将近 70%，其中 2012 年略有增长，说明大型超市的成本费用增长幅度大于收入的增长幅度。两年的工资成本占总成本费用的比率分别为 4.5% 和 4.1%。2012 年各项成本比率的增加主要原因是大型超市样本店铺人员的增加，以及近年来人工成本增加较快所致。2012 年房租及水电费占总成本费用比较 2011 年增加 0.1 个百分点，主要源于大型超市样本店铺的营业面积有所增加。

表 2　　大型超市店铺的收入及成本费用比率

指　　标	2012 年	2011 年
成本占收入比率	69.1%	68.6%
工资占总成本费用比率	4.5%	4.1%
房租占总成本费用比率	3.5%	3.4%
水电费占总成本费用比率	1.7%	1.6%

（七）毛利率

样本店的毛利率相差较大，最高为 22.6%，最低为 7.8%。如果以样本店平均销售额人民币 27697.8 万元计算，毛利率最高和最低的两家店的毛利额相差人民币 4099.3 万元，可见商品管理能力和运营能力对店铺盈利的影响程度。2012 年，大型超市样本店的平均毛利率为 15.3%，高于 2011 年的 14.2%。

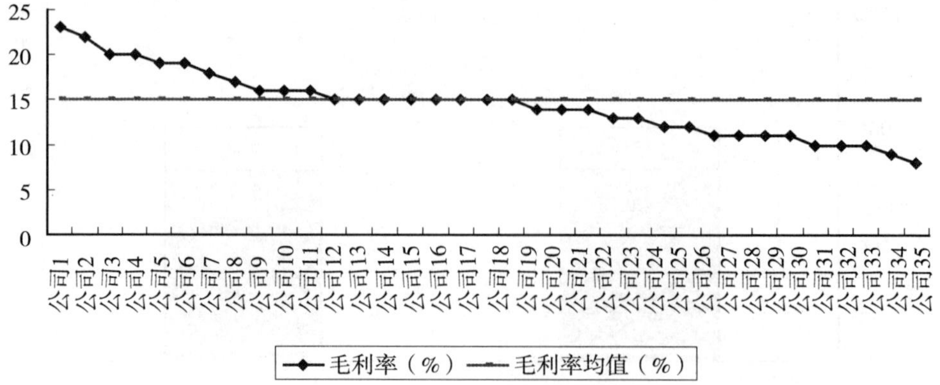

图 9　大型超市样本店铺的毛利率分布

（八）物流配送与周转情况

本年度大型超市样本店铺的统一配送率平均为 62.6%，较 2011 年的 59.6% 高 3 个百分点，主要是大型超市为提高销售额而扩大配送范围。

2012 年存货周转平均为 32 天，与上年保持一致。

（九）不同面积的大型超市

为便于有针对性地比较，从样本店中选取三组不同面积的店铺进行比较，分别为 6000－9999 平方米、10000－14999 平方米和 15000 平方米及以上。

1. 平均规模比较

表 3　大型超市三组样本店铺平均规模

面积分类（平方米）	年份	营业额（万元）	平均营业面积（平方米）	正式员工平均数（人）	经营单品（个）
≥15000	2012 年	32378	16543	270	23200
	2011 年	31780	16543	257	22627
10000－14999	2012 年	32217	11936	235	35741
	2011 年	32933	12011	241	36471
6000－9999	2012 年	21901	7575	204	30021
	2011 年	22148	7772	195	27880

整体来看，三组样本店铺的平均营业面积均未有大的变化。面积≥15000 平方米的大型超市营业额、员工人数及经营单品均有所增加，而营业面积保持不变；面积 10000－14999 平方米的超市营业额、营业面积、员工人数及经营单品数量均有不同比例的下降；6000－9999 平方米的超市员工人数和经营单品数虽有增加，但超市营业额和营业面积却有小幅下降。

2. 平效和人效比较

表 4 大型超市三组样本店铺的平效*

面积分类（平方米）	年 份	平效（万元/平方米·年）	人效（万元/人·年）
≥15000	2012 年	2.0	119.9
	2011 年	1.9	123.5
10000－14999	2012 年	2.7	137.3
	2011 年	2.7	136.4
6000－9999	2012 年	2.9	107.4
	2011 年	2.8	113.8

* 此处计算结果分别基于每家样本店铺平效与人效的均值，并非由平均规模指标推导。

三组样本店铺中，营业面积 6000－9999 平方米与营业面积大于等与 15000 平方米的平效略有上升，另外一组与上年保持一致；营业面积 6000－9999 平方米与营业面积大于等与 15000 平方米的人效下降，而营业面积 10000－14999 平方米的人效上升。

3. 客单价比较

表 5 大型超市三组样本店铺的客单价

年 份	按面积分类的日客单价（元/人·天）		
	≥15000（平方米）	10000－14999（平方米）	6000－9999（平方米）
2012 年	86.6	90.8	80.0
2011 年	81.7	83.9	74.3
增 幅	6.0%	8.3%	7.6%

大型超市样本店铺数据显示，不同面积的店铺客单价均有一定上涨，其中营业面积为 10000－14999 平方米的店铺日客单价增幅最大。

4. 来客数比较

2012 年样本店铺日均客单价虽有上涨，但来客数反而下降，下降比例分别为 2.7%、6.9% 和 6.5%。

5. 平均毛利率比较

表 6 大型超市三组样本店铺的来客数

年 份	按面积分类的来客数（人/天）		
	≥15000（平方米）	10000－14999（平方米）	6000－9999（平方米）
2012 年	10550	10226	7411
2011 年	10842	10984	7931
增 幅	－2.7%	－6.9%	－6.5%

表 7　　大型超市三组样本店铺的毛利率比较

面积分类（平方米）	年　份	毛利率（%）
≥15000	2012 年	16.2
	2011 年	17.5
10000－14999	2012 年	16.4
	2011 年	15.3
6000－9999	2012 年	14.7
	2011 年	15.0

三组样本店铺 2012 年毛利率分别为 16.2%、16.4% 和 14.7%。相比 2011 年，除了营业面积 10000－14999 平方米的超市毛利率增加外，其他两组毛利率均有下降。综合来看，10000－14999 平方米的样本店在客单价和毛利率方面表现要好于其他两个规模的样本店。

（十）自有品牌

35 家大型超市样本中有 23 家开展自有品牌商品销售，较 2011 年的 20 家新增三家。23 家的自有品牌商品销售额占门店销售额均值为 3.7%。整体来看，样本门店中自有品牌销售额占比较低，低于超市及大型超市样本企业自有品牌销售占比 7.5% 的水平。

三、超市店铺经营情况

（一）样本概述

本年度行业调查数据中，完整且营业一年以上的（最早为 1990 年开业，最晚为 2012 年开业）超市门店共 29 家。29 家门店平均营业面积为 2469.5 平方米（从 500 平方米到 5800 平方米），最高销售额为人民币 3.4 亿元（面积为 3300 平方米），最低销售额为人民币 959 万元（面积为 2600 平方米）。

（二）平均规模

样本店为各企业中销量稳定、经营业绩好的店铺，代表了行业中的领先水平。特别是有的店铺因位置好、管理成熟，销售额高于同面积其他店铺，从而拉高了平均值。从上图中可以看出，本年度的四项指标中单店销售额、营业面积及单品数量均有增加，而员工人数下降 4.2%。

另外，样本店平均有收银机 13 台，最高为 25 台（3300 平方米），最低为 2 台（1200 平方米）。

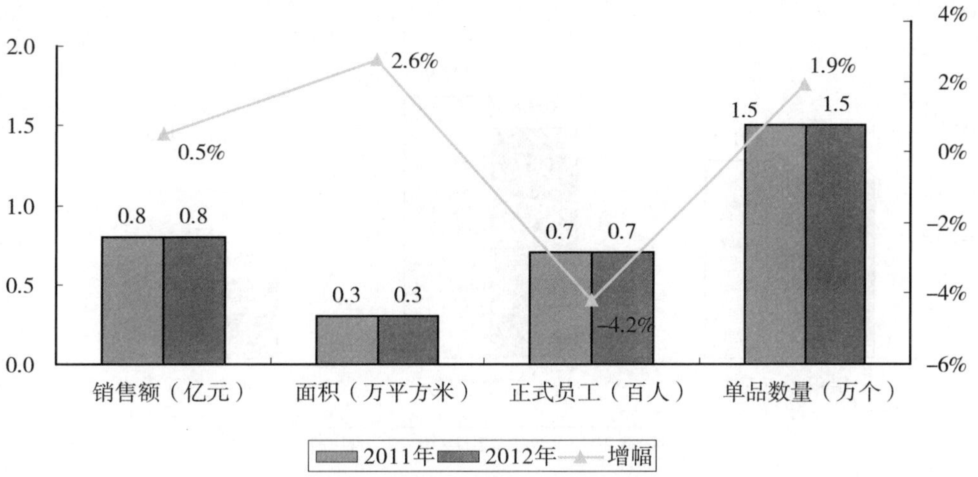

图 10 超市样本店铺的平均规模

（三）平效和人效

表 8 **超市样本店铺的平效和人效***

项　目	平效（万元/平方米·年）	人效（万元/人·年）	单品销售额（万元）
2012 年	2.9	108.9	0.5
2011 年	3.0	103.7	0.5
增　　幅	-2.0%	4.9%	-5.3%

* 此处计算结果分别基于每家样本店铺平效、人效以及单品销售额的均值，并非由平均规模指标推导。

相比 2011 年，超市样本店铺 2012 年平效降低 2%，人效增加 4.9%，单品销售额减少 5.3%。

（四）平均日客单价

本年度超市样本店铺平均日客单价 65.5 元人民币，较上年的 60.7 元人民币，同比增加 7.8%。

（五）费用情况

本年度超市企业三项成本费用中，房租、员工工资以及水电均有所上涨，其中房租涨幅 11.1%，主要原因是随着近几年地价、房价普遍上涨，超市的房租也随之上升。人员工资涨幅 14%，与宏观经济环境中工资上涨情况相一致；水电费用涨幅 19.6%，与营业面积增加有一定关系。

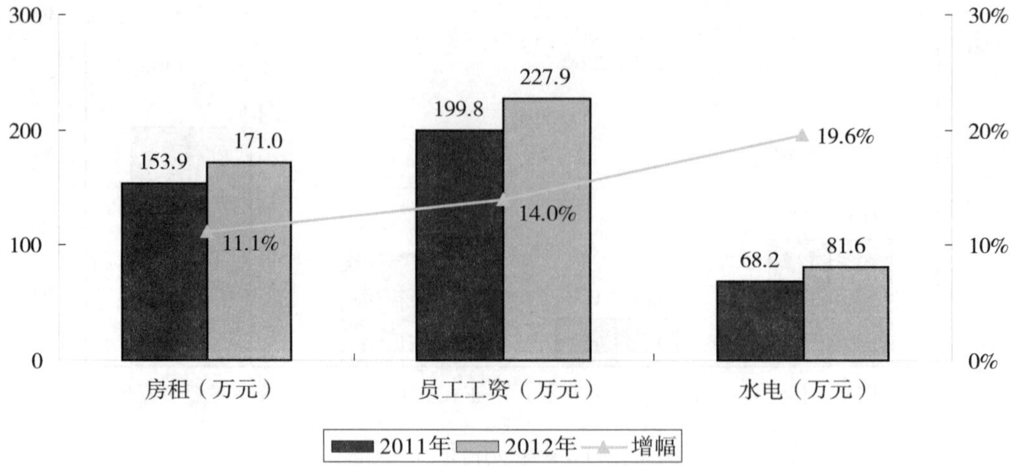

图 11　超市样本店铺三项成本费用

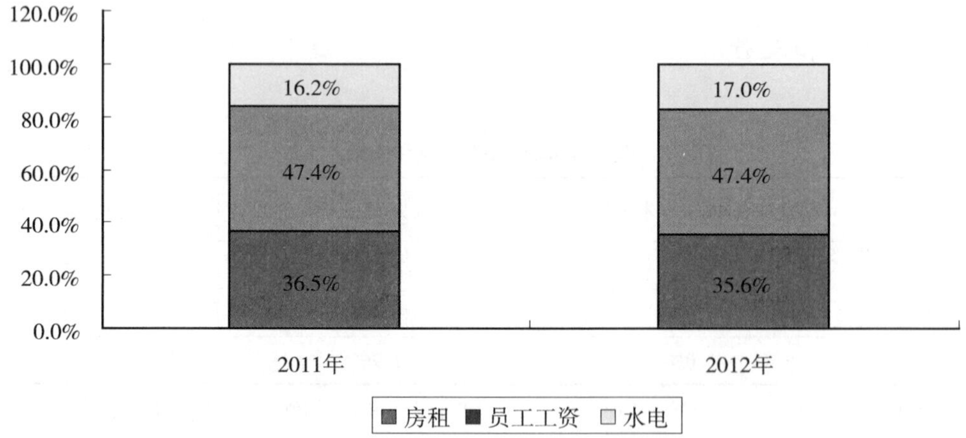

图 12　超市样本店铺三项成本费用结构

从三项费用占比角度看，员工工资费用占比基本维持不变，保持在 47.4%，依然是第一大费用，但所占比例超过了前述大型超市员工工资的占比。房租占比 35.6%，较上年的 36.5% 略有下降，主要是有部分为自有房屋。水电费用占比 17.0%，较 2011 年上升，是由于超市营业面积增加所致。

（六）收入及成本费用比率

表 9　超市样本店铺的收入及成本费用比率

指　　标	2012 年	2011 年
成本占收入比率	77.2%	76.7%
工资占总成本费用比率	4.5%	4.0%

续表

指　标	2012 年	2011 年
房租占总成本费用比率	3.4%	3.1%
水电费占总成本费用比率	1.6%	1.4%

从上述各项指标来看，超市样本店铺两年的成本占收入比约为77%，但本年度略有增长，说明超市的成本费用增长幅度大于收入的增长幅度。本年度工资、房租及水电费占总成本费用比率均较上年有不同程度的增加。

（七）毛利率

本年度超市样本店的毛利率相差较大，最高为30.0%，最低为8.9%。如果以样本店平均销售额人民币9214.9万元计算，毛利最高和最低的两家店的毛利额相差人民币1253.2万元，可见商品管理能力和运营能力对店铺盈利的影响程度。本年度超市样本店的平均毛利率为15.3%，略高于上年的13.9%。

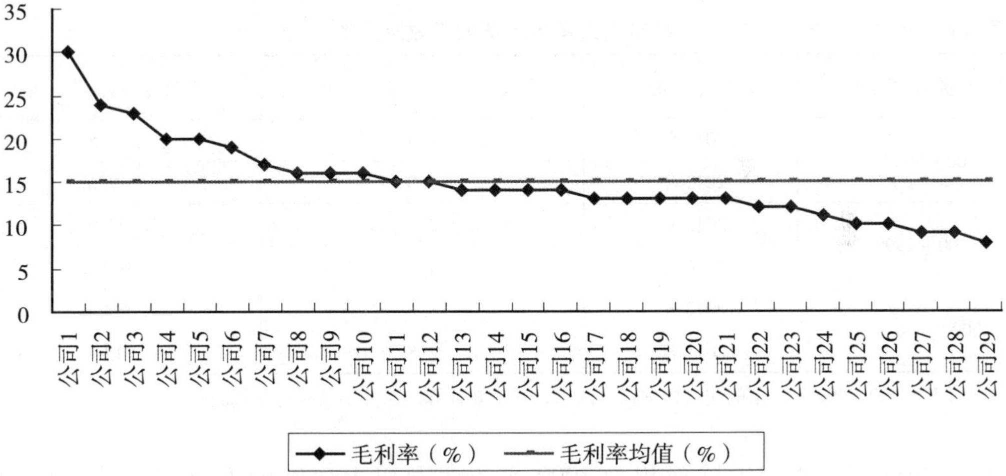

图 13　超市样本店铺的毛利率分布

（八）物流配送与周转情况

本年度超市样本店的统一配送率平均为68.1%，略高于上年的65.5%。

本年度存货周转平均为35天，与上年基本一致。

（九）不同面积超市

1. 平均规模比较

表 10　　超市三组样本店铺的平均规模

面积分类（平方米）	年　份	营业额（万元）	平均营业面积（平方米）	平均正式员工数（人）	经营单品（个）
500－999	2012 年	1378	740	19	8670
	2011 年	1274	716	16	10324
1000－2999	2012 年	5564	2058	57	13086
	2011 年	6164	1984	62	13574
3000 及以上	2012 年	11438	3832	92	17519
	2011 年	10732	3832	95	16941

整体来看，与 2011 年相比，三组超市的营业面积略有增加，但员工人数和营业额呈现不同方向变化。500－999 平方米和 3000 平方米及以上面积的两组超市营业额均明显增加，分别上升 8.2% 和 6.6%，而 1000－2999 平方米超市的营业额却明显减少，下降约 9.7%。

2. 平效和人效比较

表 11　　超市三组样本店铺的平效及人效

面积分类（平方米）	年　份	平效（万元/平方米・年）	人效（万元/人・年）
500－999*	2012 年	1.9	72.5
	2011 年	1.8	79.6
1000－2999	2012 年	2.7	97.4
	2011 年	3.1	100.0
3000 及以上	2012 年	3.0	124.8
	2011 年	2.8	113.1

* 面积为 500－999 平方米的超市样本仅有两家，其平效计算结果并不具有行业代表性。

相比 2011 年，本年度除面积为 3000 平方米及以上店铺的人效和平效均增加外，1000－2999 平方米店铺人效和平效均出现下降，剩余一组样本人效和平效呈现反方向变动。

3. 客单价比较

表 12　　超市三组样本店铺的客单价

年　份	按面积分类的日客单价（元/人・天）		
	500－999（平方米）	1000－2999（平方米）	3000 及以上（平方米）
2012 年	37.3	69.5	64.7
2011 年	37.0	63.0	62.8
增　幅	0.9%	10.4%	3.0%

样本店铺数据显示，三组超市的日客单价均有提升，1000－2999 平方米的店铺日客单价增加最大，为 10.4%，3000 平方米及以上店铺增幅为 3%，500－999 平方米的日客单价增加 0.9%。

4. 来客数比较

表 13　　超市三组样本店铺的来客数

年　份	按面积分类的来客数（人）		
	500－999（平方米）	1000－2999（平方米）	3000 及以上（平方米）
2012 年	2817	3255	4951
2011 年	2775	3884	4773
增　幅	1.5%	－16.2%	3.7%

来客数方面，500－999 平方米与 3000 及以上平方米的店铺来客数有所上升，而且日均客单价也在提高，而 1000－2999 平方米的店铺来客数下降 16.2%，日均客单价提升 10.4%。

5. 平均毛利率比较

表 14　　超市三组样本店铺的毛利率比较

面积分类（平方米）	年　份	毛利率（%）
500－999	2012 年	13.4
	2011 年	14.0
1000－2999	2012 年	16.8
	2011 年	16.5
3000－5999	2012 年	13.6
	2011 年	13.7

本年度三组样本店铺的毛利率分别为 13.4%、16.8% 和 13.6%，相比上年，毛利率有升有降，但变动不大。

（中国连锁经营协会）

2012－2013 年度百货店经营状况分析报告

一、百货店企业发展情况

据中国连锁经营协会（简称协会）2012－2013 年度连锁零售企业基本情况调查统计①，以及对过去一年中国零售业整体环境、主要业态经营状况和发展趋势分析，本年度受到宏观经济增速放缓、消费需求不振、成本持续上涨的影响，百货行业龙头企业各据一方，区域格局明显，全国性布局者寥寥，但资本市场日趋活跃，兼并重组频繁；而经营上，同质化严重、利润压力加剧，转变盈利模式、增加自营比重成为百货业的共识。

（一）百货店企业经营挑战与发展趋势

1. 商业模式转变渐行渐近

随着百货业日趋严重的同质化和利润下降，转变百货企业盈利模式、增加自营商品比例成为业界的共识。目前，中国百货企业的自营比例大约为 5%～8%；而欧美和日韩的百货企业自营商品比例超过 30%。如美国的梅西百货，其自营品牌的数量占 40%～50%，玛莎百货、连卡佛等多数商场都采取自营模式，综合毛利率超过 40%。

为寻求突破，国内不少百货企业已经开始尝试自营之路。百联计划成立境外采购集团，把国外有特色的精品带进自己的百货公司，从而形成其“环球百货”的特色。也有很多百货企业联合厂家开始生产自有品牌，其商品价格往往比同类商品更具优势。

由联营转向自营对企业的经营能力提出更高的要求。在联营模式下，百货企业的管理重点是商场运营，而在自营模式下，百货企业要对消费者需求有精准的定位，并担负起采购、商品管理、市场推广、品牌建设的重任。诚然，加大自有品牌投入意味着资金压力增大及经营风险的增加，但从长远来看，会给百货企业带来丰厚的利润和增长潜力。可以预见，短期内百货企业仍将持续面临较大经营压力。

2. 兼并重组频繁上演

中国百货行业区域格局明显，形成了诸如以中西部为主要战场的王府井、占领上海周边的百联、盘踞东北的大商股份以及以东部为大本营的浙江银泰、江苏金鹰等区域龙头。虽然百货区域龙头企业不少，但真正做到全国性布局的百货企业屈指可数。

---

① 见《中国连锁零售企业经营状况分析报告（2012－2013）》，中国连锁经营协会、德勤研究，2013 年 8 月。相关经营指标、效率指标、费用指标见附录二“指标说明”。

事实上，兼并重组已经成为百货行业不可阻挡的主流趋势。一方面，企业意识到区域的局限和全国性市场的重要性，正从循序渐进的扩张过渡到大规模兼并整合以快速发挥规模效应、提高运营效率；另一方面，电子商务对百货业造成较大冲击，并购电子商务板块也是其突破发展瓶颈的手段之一。

表1　2012－2013年上半年部分百货企业兼并收购交易

标的企业	买方企业	交易时间	交易金额（百万美元）
银座股份	山东省商业集团有限公司	2013－03－30	40
春天百货	北京王府井国际商业发展有限公司	2013－01－24	257
天龙集团	绵阳耀达投资有限公司	2013－01－06	32
百大集团	西子联合控股有限公司	2012－08－30	6
西安王府井	塔博曼－华夏柏欣西安（香港）有限公司	2012－08－29	51
世纪阳光商厦	宝鸡商场有限公司	2012－08－28	21
第一百盛	百盛商业集团有限公司	2012－08－27	54
信达免税商场	厦门国贸控股有限公司	2012－07－10	9
大商股份	茂业国际控股有限公司	2012－06－05	76
连云港中央百货	南京中央商场（集团）股份有限公司	2012－05－15	1
大西洋百货	石家庄联邦伟业房地产开发集团有限公司	2012－04－09	61
友好集团	乌鲁木齐国有资产经营有限公司	2012－03－02	30

数据来源：ChinaVenture

3. 购物中心步入调整高峰

至2013年上半年，中国已开业购物中心总量超过3000家，并在未来三年内还将以每年300家的速度增长。购物中心不仅改善了城市功能，更显著改变了人们的生活方式。然而，当下零售业整体景气相对低迷，购物中心也主动或被动地面对行业调整期的到来。

购物中心纷纷加大餐饮娱乐业态比重，其原因显而易见——观影、吃饭、KTV等已成为消费者光顾购物中心的日常消费项目，而且人们越来越重视购物中心的服务功能和消费体验。毫无疑问，消费者将更多地影响零售行业的发展，并引领其未来的发展方向。消费者的价值观、需求和行为不断演变，对于商品个性化和服务体验的要求日益提高。人们热衷于在购物中心渡过闲暇时光，而不仅仅是购物。购物中心只有向拥有合理功能搭配、公共空间舒适的休闲娱乐场所转变，以期吸引更高层次的消费者。

购物中心是否能找到长期优质的合作伙伴，是其能否取得成功的关键所在。稳定而优质的商户资源保证了商业项目在立项之初就提前完成部分招商，有利于业务的复制和扩张。为了解购物中心与品牌商家的合作情况和未来方向，中国连锁经营协会联合德勤对购物中心连锁品牌商户进行问卷调查，并收回156份有效反馈。调查结果显示，购物中心的三项能力最为品牌商户关注：第一，集客能力，购物中心是否可以通过业态规划和调整不断优化商品构成，形成吸引力和竞争力；第二，商户服务和管理能力，通过包括商户包装、培训商户以及购物中心的管理，提高实际销售水平；第三，市场营销能力，促销活动是购物中心对抗竞争及提高购物中心营收水平的重要手段。

（二）百货店企业统计数据

本年度行业调查中，有百货店业态的连锁企业共 43 家，报告以此为有效样本进行分析。这些样本企业中，部分为多业态经营，即同时经营有大型超市、超市等不同业态。因此，企业的总体比较性不强。

1. 企业平均规模情况

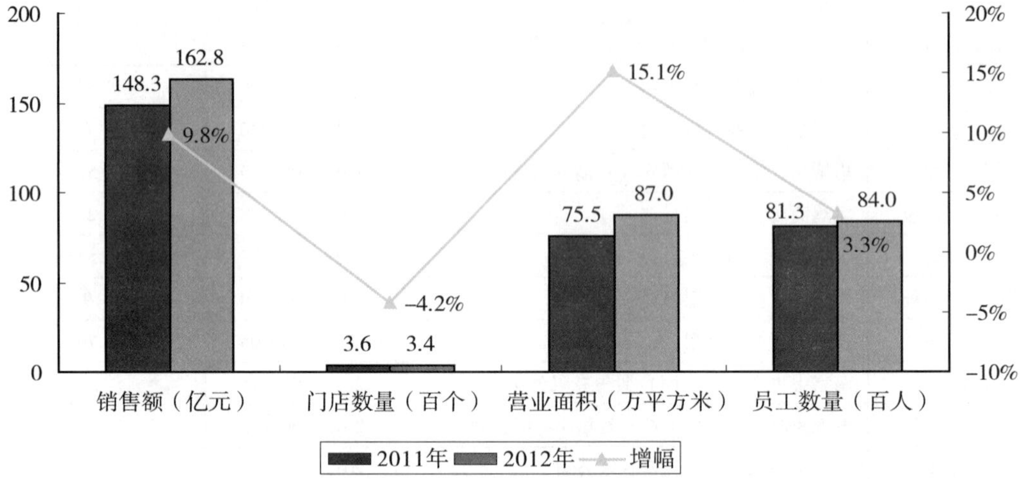

图 1　百货店样本企业平均规模

本年度百货店样本企业销售额增幅为 9.8%，经营面积增幅为 15.1%，员工数量增幅为 3.3%，门店数量减少 4.2%。可以看出，在百货企业门店数量减少的同时，平均面积有扩大的趋势。

2. 成本费用情况

百货店样本企业的三项费用总体增加 16.2%，其中水电增幅最高，为 18.6%。百货企业的第一费用仍然是员工工资，其次是房租和水电。人工工资连续三年成为百货店第一费用，员工工资的增长速度远快于员工数量的增长。企业面临较大的人工费用和租金成本压力。

从成本费用结构上看，2012 年员工工资占比有小幅下降，房租、水电费占比略微上升，但整体结构变化不大。人工成本的上升是企业经营成本上升的主要原因，而企业经营规模的不断扩大，房租上涨、续租到期则是房租成本上升的主要因素。

3. 电子商务

百货店样本企业中，有 70%（30 家）企业开展网上零售业务，但网络销售额占营业额的比例均低于 10%，发展空间尚大。电子商务是百货企业未来发展的大趋势，网络百货业销售的兴起将改变百货店的行业形态，未来对百货行业的影响会越来越大。

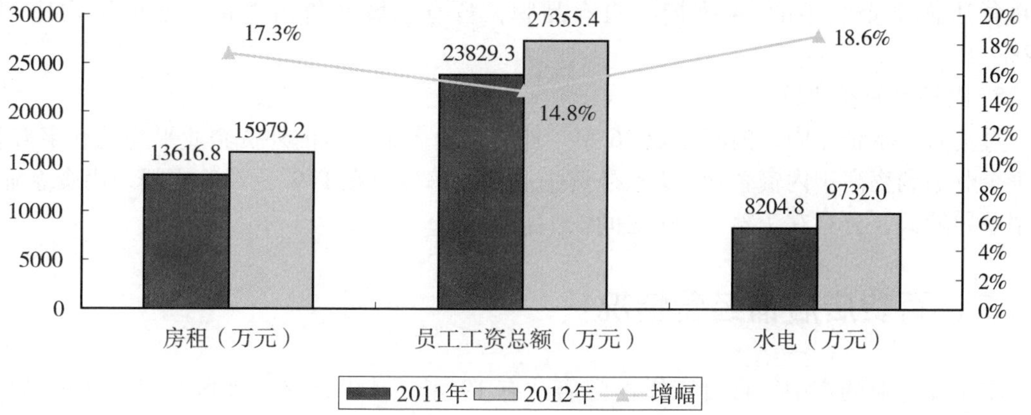

图 2　百货店样本企业三项成本费用及增幅

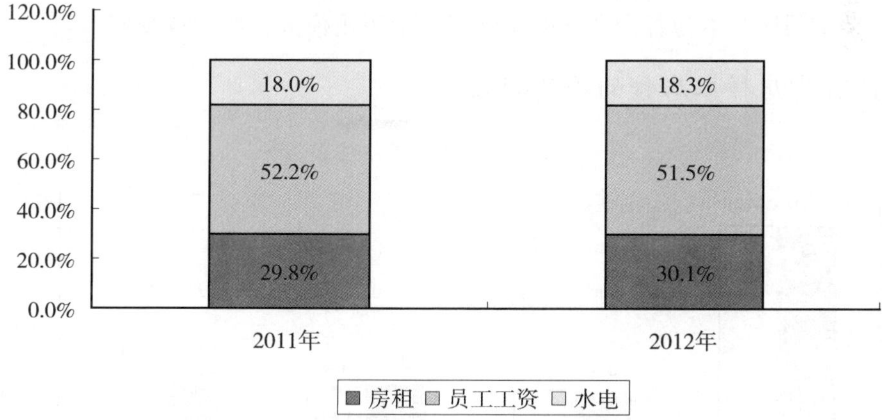

图 3　百货店样本企业三项成本费用结构

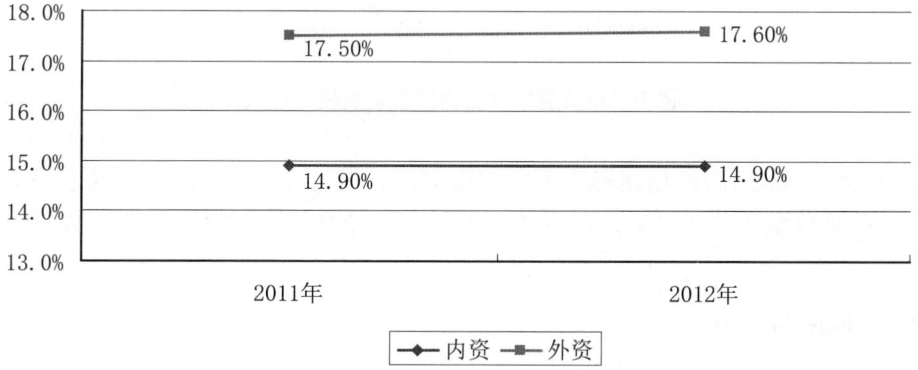

图 4　百货店样本企业内外资毛利率

4. 自有品牌

拥有自有品牌的多为区域性龙头百货企业，且多分布在北京、山东、武汉等地。2012

年百货店样本企业中的 14 家拥有自有品牌，自有品牌销售占总销售额的平均比例为 1.2%。

5. 内外资效益比较

百货店样本企业中，内资企业 36 家、外资企业 7 家。从内外资企业平均毛利率来看，外资企业毛利率高于内资企业。7 家外资企业毛利率分布在 11% ~22% 之间，内资企业毛利率差异较大，分布在 7% ~23% 之间。

二、百货店店铺经营情况

本年度行业调查中，百货店样本门店共有 19 家。其中，华东地区 9 家、华南地区 4 家、华北及华中地区各 2 家、东北及西南地区各 1 家。样本门店均坐落于商业区，平均营业面积为 4.2 万平方米（最小面积 1.4 万平方米，最大面积 13.7 万平方米），最高销售额为 30 亿元（对应面积为 3.38 万平方米），销售额最低的是 3.5 亿元（对应面积为 2.4 万平方米）。样本门店基本为各个企业的旗舰店，销售规模大，经营业绩好。

（一）百货店样本店铺的平均规模

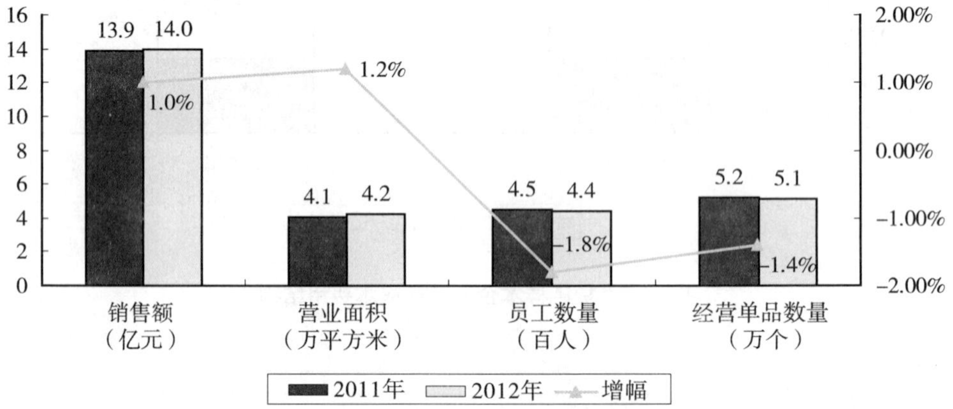

图 5　百货店样本店铺的平均规模及增幅

上图显示，样本门店四项指标有不同程度涨跌，其中销售额增加 1.0%、营业面积增加 1.2%、单品数量下降 1.4%，而受人工成本增加的影响，2012 年员工数量有小幅下降。

（二）平效和人效

如表 2 所示，样本门店的平效与人效较上年都有小幅增加，单品销售额因样本门店销售额增加、单品数量下降而增长 2.5%。

表 2　　百货店样本店铺的平效和人效*

项　目	平效（万元/平方米・年）	人效（万元/人・年）	单品销售额（万元）
2012 年	3.6	294.2	28.5
2011 年	3.5	285.9	27.8
增　幅	1.1%	2.9%	2.5%

* 此处计算结果分别基于每家样本企业平效、人效以及单品销售额的均值，并非由平均规模指标推导。

（三）客单价

表 3　　百货样本店铺的日均客单价

项　目	日客单价（元/人・天）
2012 年	347.9
2011 年	311.8
增　幅	11.6%

（四）费用情况

在样本门店中，三项成本费用均有上涨，其中工资总额涨幅 8.1%、房租涨幅 4.9%、水电费涨幅 2.8%。由于物价及人工成本的上涨，样本百货店的房租成本与工资总额上涨。三项费用中，工资总额占比增加，而房租与水电费占比均有下降，三项成本费用结构比为工资总额 45.1%、房租 36.4%、水电费 18.5%，工资总额仍是百货店铺的第一大成本。

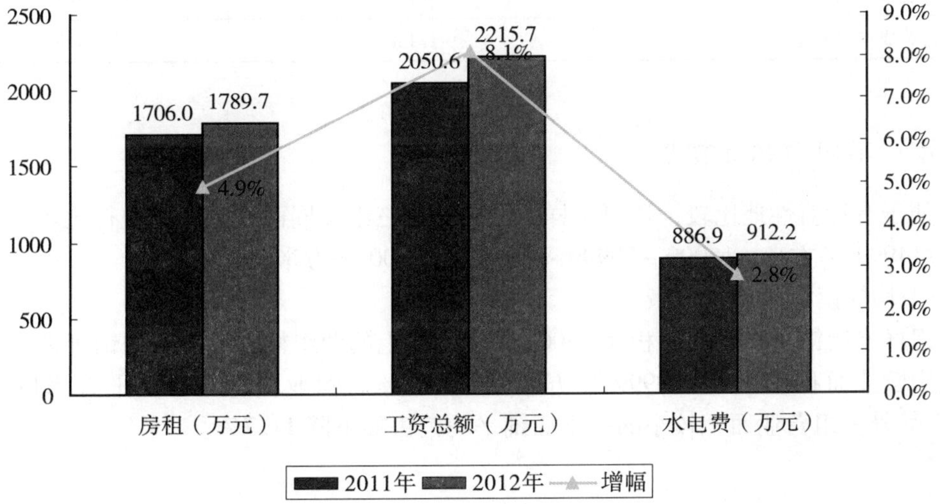

图 6　百货店样本店铺的三项成本费用

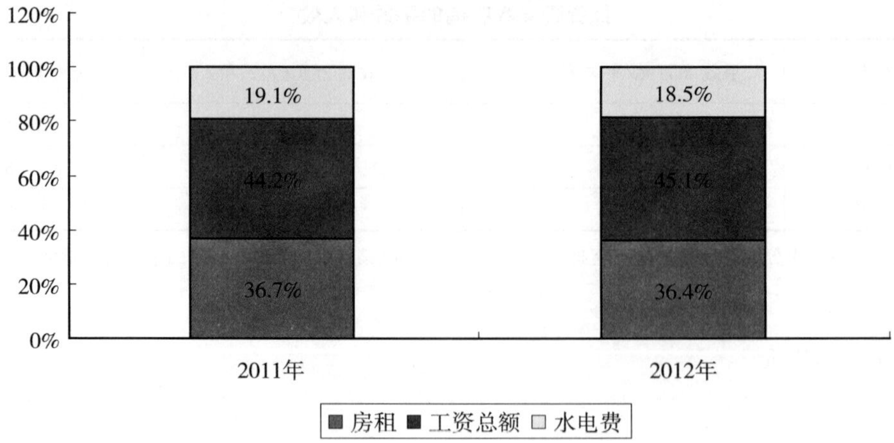

图 7　百货店样本店铺三项成本费用结构

（五）收入及成本费用比率

从表 4 各项指标来看，两年样本店铺的成本占收入比约为 73%，但 2012 年略有下降，说明百货店的成本费用增长幅度小于收入的增长幅度。两年工资占总成本费用比分别为 2.5% 和 2.3%，2012 年略有增加，主要系近年来人工成本增加较快所致。2012 年房租及水电费占总成本费用比较 2011 年均增加 0.1 个百分点，基本持平。

表 4　　百货店样本店铺的收入及成本费用比率

指　　标	2012 年	2011 年
成本占收入比率	72.6%	73.5%
工资占总成本费用比率	2.5%	2.3%
房租占总成本费用比率	2.1%	2.0%
水电费占总成本费用比率	1.1%	1.0%

（六）不同面积百货店

为便于有针对性地比较，调研中样本门店分为三组不同面积的店铺进行比较，分别为 10000－14999 平方米、15000－29999 平方米和 30000 平方米及以上。

1. 平均规模

三组样本店铺中，营业面积在 15000 平方米以上的两组样本店铺平均销售额呈上涨趋势，其中营业面积 15000－29999 平方米增幅 7.2%、营业面积 30000 平方米以上增幅 0.1%；另外一组营业面积较小的样本店铺平均销售额下降 11.7%。

表 5　　三组百货店样本店铺的平均销售额

类别（平方米）		10000－14999 平方米	15000－29999 平方米	30000 平方米及以上
销售额（万元）	2012 年	42263	89714	166706
	2011 年	47836	83726	166509
增　　幅		-11.7%	7.2%	0.1%

2. 平效比较

表 6　　三组百货店样本店铺的平效*

类别（平方米）	10000－14999 平方米		15000－29999 平方米		30000 平方米	
	2012 年	2011 年	2012 年	2011 年	2012 年	2011 年
平均面积（平方米）	14000	14000	22784	22784	51154	50404
平效（万元/平方米・年）	3.0	3.4	3.9	3.6	3.5	3.5

* 此处计算结果分别基于每家样本店铺平效的均值，并非由平均规模指标推导。

3. 人效比较

表 7　　三组百货店样本店铺的人效*

类别（平方米）	10000－14999 平方米		15000－29999 平方米		30000 平方米	
	2012 年	2011 年	2012 年	2011 年	2012 年	2011 年
平均正式工数量（人）	202	225	332	337	502	509
人效（万元/人・年）	209.0	213.0	253.6	227.2	271.0	270.1

* 此处计算结果分别基于每家样本店铺人效的均值，并非由平均规模指标推导。

4. 客单价比较

三组店铺样本的客单价均有上涨，其中营业面积 10000－14999 平方米的客单价上涨 0.9%，营业面积 15000－29999 平方米的客单价上涨 17.8%，30000 平方米以上的客单价上涨 9.9%。

表 8　　三组百货店样本店铺的客单价

类别（平方米）		10000－14999 平方米	15000－29999 平方米	30000 平方米及以上
客单价（元/人・天）	2012 年	170.0	312.8	321.5
	2011 年	168.5	265.5	292.6
增　　幅		0.9%	17.8%	9.9%

5. 来客数比较

三组店铺样本中，店铺来客数均有下降，营业面积越小的店铺，来客数下降幅度越大。

表 9　　三组百货店样本店铺的来客数

类别（平方米）		10000－14999 平方米	15000－29999 平方米	30000 平方米及以上
来客数（人/天）	2012 年	6811	7858	14206
	2011 年	7778	8640	15591
增　幅		－12.4%	－9.1%	－8.9%

（中国连锁经营协会）

2012－2013 年度便利店经营状况分析报告

一、便利店企业发展情况

据中国连锁经营协会（简称协会）2012－2013 年度连锁零售企业基本情况调查统计①，以及对过去一年中国零售业整体环境、主要业态经营状况和发展趋势分析，本年度便利店行业受区域经济和收入水平差异影响，区域发展明显不均衡，竞争程度也不同；而消费者便利购物的需求变化，又迫使企业创新经营模式，拓展特色产品，发展多元经营。

（一）发展趋势与挑战

1. 便利店区域发展极不均衡

便利店的发展受区域经济和人均收入水平影响较大，因此该业态在不同区域发展差异明显。在东南沿海如上海、杭州、广州和深圳等城市，便利店经营相对成熟，但由于网点数量众多，竞争亦十分激烈。在内陆二、三线城市，便利店业态仍处于起步阶段，区域性品牌正在形成一定规模，市场空间仍然广阔（表 1）。

上海便利店业态发展较早，并已形成由日资、台资投资的 7－11、罗森、喜士多、全家及内资投资的好德、可的、快客等品牌割据的市场格局。由于商业竞争压力大，网点密集度高，受竞争激烈与成本高企影响，便利店经营状况不容乐观。2012 年年底，上海多家便利店企业宣布关店调整，预示着便利店业态较成熟的区域将迎来行业洗牌，而优质企业核心竞争力将更多取决于其商品开发、物流配送等能力，而非门店数量。

表 1　　全国便利店竞争格局

门店数量（个）	分布区域
5000 以上	广东、上海
1000－5000	四川、山西、山东、江苏、浙江、北京
500－1000	河北、安徽、重庆
500 以下	中国其余的省、自治区、直辖市

注：本表中数据不包含港澳台地区，此表根据 kantar Retail、安信证券研究中心数据整理。

① 见《中国连锁零售企业经营状况分析报告（2012－2013）》，中国连锁经营协会、德勤研究，2013 年 8 月。相关经营指标、效率指标、费用指标见附录二“指标说明”。

2. 打造多元服务模式

为满足消费者不断升级的便利性需求，便利店也不断拓展其增值服务项目。手机和公交卡充值、水电缴费、彩票、预订服务、家政服务等新兴服务项目成为便利店的利润增长点。2013 年，商务部在政策层面继续推进便民利民服务工程，鼓励、支持更多的品牌连锁企业和快递企业、电商平台企业合作，推广包裹代收、代取，家政、洗衣等多种类型的便民服务。

便利店利用增值服务打造多元服务模式的发展空间广阔。以日本的 7 – 11 为例，其增值业务收入约占公司总销售额的 30% 以上。未来，提供更丰富的增值服务、实现功能的叠加和精细化将是便利店企业的发展方向。另外，与电子商务有效嫁接，形成不同以往的供应链和渠道配送，也将促使便利店业态释放新的活力。

3. 加油站便利店崭露头角

加油站便利店拥有开店成本相对较低、相对固定的消费群体等诸多优势，使得石油巨头越来越重视具有开发潜力的非油品服务。

美国是在加油站开展非油品销售的领先国家，便利店则是大多数加油站采用的首选模式和经营重心。95% 以上的汽车服务站都设有便利店或提供其他非油品项目的服务。油品销售额约占销售总额的 55%，但其利润仅占利润总额的 46%，其他利润均来自于便利店及快餐等业务。

中国现有加油站 10 万座左右，截至 2012 年年底，全国 3 万多家中石化加油站中已有 2 万多家开设了易捷便利店；而在全国约 2 万家中石油加油站中，超过 1 万家开设了昆仑好客便利店。加油站便利店也开拓其增值服务，如中石化的易捷便利店与百胜集团合作，在上海、山东、广东等地的加油站开设了肯德基汽车穿梭餐厅和必胜宅急送。

加油站便利店，作为一种满足消费者新需求的新型服务形态，正在摆脱其商品少、定价高的旧形象，体现日渐便捷和多元化的服务功能。

（二）便利店企业统计数据

本年度便利店行业调查中，我们选取的样本企业是具有代表性的典型便利店企业，这些企业中部分为多业态经营，即同时经营有大型超市、超市等不同业态。

1. 企业规模情况

从图 1 看出，便利店样本企业四个指标的增幅均达到 10% 以上，其中销售额增幅最大，达到 17.1%。较之于超市和百货业态，便利店业态显示出更强的增长动力。

2. 人效和平效

由于营业额的增长幅度高于员工数量及营业面积的增长幅度，所以使得人效与平效均有所增长。

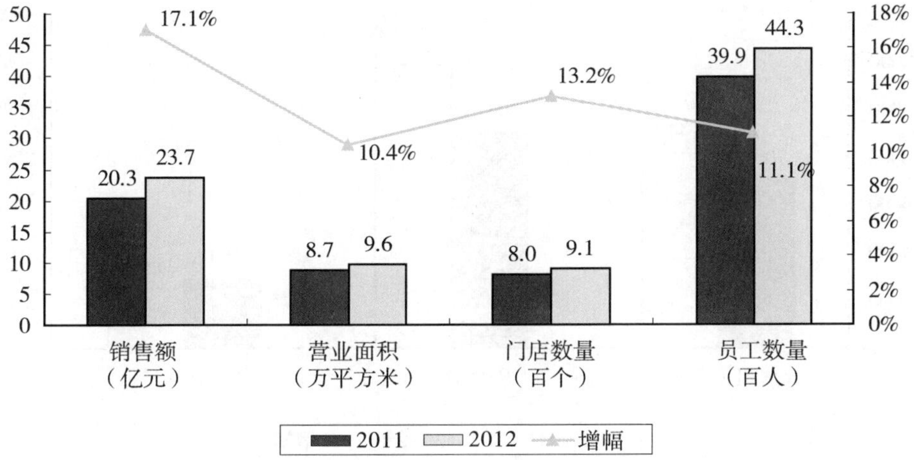

图 1　便利店样本企业的平均规模

表 2　　便利店样本企业的人效和平效*

项　　目	人效（万元/人·年）	平效（万元/平方米·年）
2012 年	65.4	3.2
2011 年	62.5	3.0
增　　幅	4.6%	6.7%

*　此处计算结果分别基于每家样本企业平效与人效的均值，并非由平均规模指标推导。

3. 单店规模

便利店样本企业单店销售额增加，其中持续经营一年以上的样本企业同店铺销售比增幅为 4.2%。除部分一线城市外，很多便利店目前还没有 24 小时营业，因此员工数量较少。

表 3　　便利店样本企业的单店情况

项　目	平均单店销售额（万元）	平均单店面积（平方米）	平均单店员工数量（人）
2012 年	260.5	143.7	7
2011 年	250.0	142.6	7
增　　幅	4.2%	0.6%	0.0%

4. 成本费用情况

便利店样本企业的三项成本费用均有大幅增加，其中员工工资增幅最大，达 31.6%，其次是水电费，增幅为 24.3%，房租增幅为 16.2%。2012 年便利店样本企业扩张较快，营业面积、员工及门店数量都有增加，从而三项成本费用持续上涨。但便利店企业经营面临较大的问题仍然是人工费用和租金成本压力。

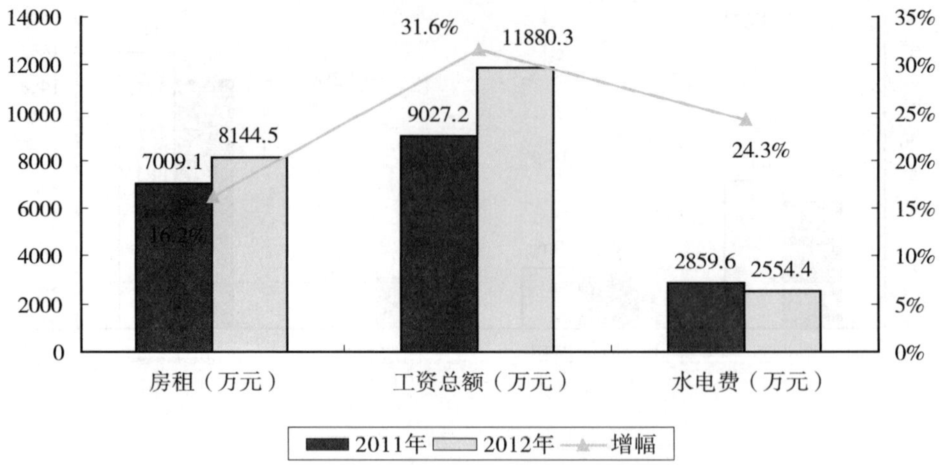

图 2　便利店样本企业的三项成本费用

从成本费用结构看，2012 年员工工资占比增加，房租占比下降，水电费占比与 2011 年持平。人工成本占比增加主要是由于人工数量及单位人工成本的上升所致。

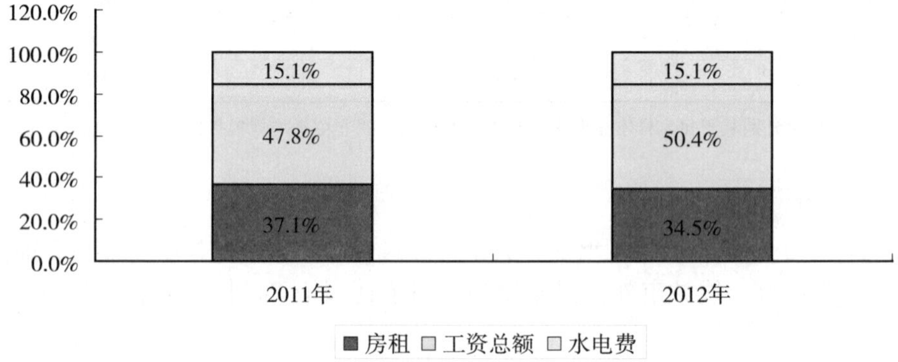

图 3　便利店样本企业成本费用结构

5. 电子商务

便利店样本企业中，主要还是以经营实体店为主，只有 22.2% 的企业开展了网上零售，说明在便利店企业开展网上零售的情况还不普遍。

6. 内外资企业效益比较

图 4 显示，外资样本企业毛利率高于内资样本企业，说明外资便利店样本企业的效益高于内资便利店样本企业。内资便利店企业毛利率位于 11% ~33% 之间；外资便利店企业毛利率位于 20% ~32% 之间。

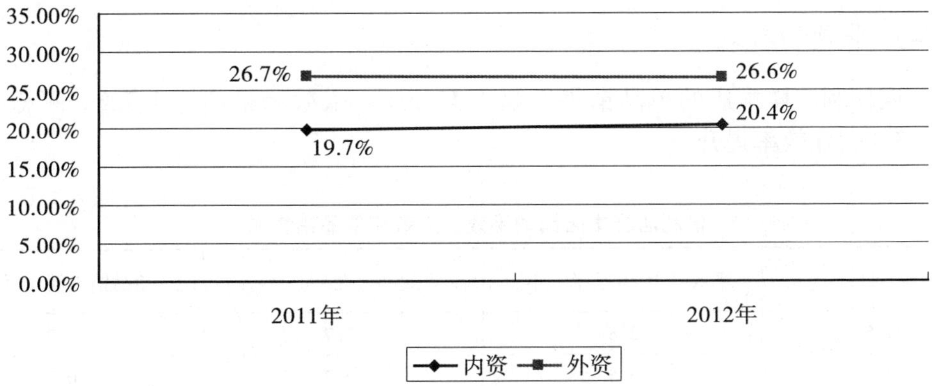

图 4　便利店样本企业内外资毛利率比较

二、便利店店铺经营情况

本年度便利店行业调查数据中，数据完整且营业一年以上（最早为 1998 年 5 月开业，最晚为 2010 年 8 月开业）的便利店共 20 家。样本店平均营业面积 124 平方米（从 38 平方米到 400 平方米），最高销售额为 972 万元（面积为 170 平方米），销售额最低的为 95 万元（面积为 60 平方米）。

（一）平均规模

本年度行业调研中，各便利店样本门店均为各个企业经营较好的店铺或旗舰店，因此单店销售额较高。样本门店平均规模如图 5 所示。单店日均销售额为 1. 23 万元，样本店的销售同比增长了 6. 1%。销售额增长的同时员工数量并未随之大幅增加，平均单店用工仍为 6 人，人工效率得到提升。2012 年，样本便利店经营单品数量增加了 65 个。

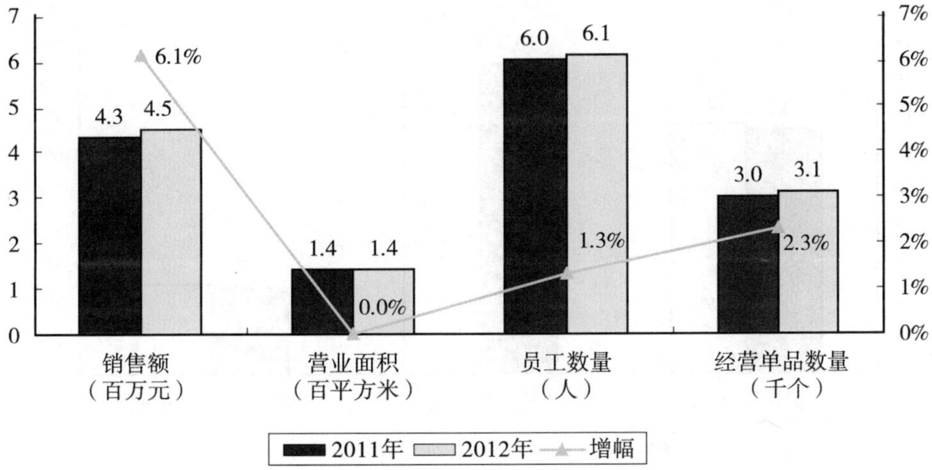

图 5　便利店样本店铺的平均规模

（二）平效和人效

本年度便利店样本店的单品销售增幅为 12.5%，人效增幅超过 1.7%，平效提高了 8.6%。整体营业效率提升。

表 4　　便利店样本店铺的平效、人效和单品销售额*

项　目	平效（万元/平米·年）	人效（万元/人·年）	单品销售额（万元）
2012 年	3.8	57.7	0.2
2011 年	3.5	56.7	0.2
增　　幅	8.6%	1.7%	12.5%

* 此处计算结果分别基于每家样本店平效、人效以及单品销售额的均值，并非由平均规模指标推导。

（三）平均日客单价

如表 5 所示，便利店样本门店的客单价日均增加了 1.3 元，同比增长了 6%。

表 5　　便利店样本店铺的客单价

项　　目	平均日客单价（元/人·天）
2012 年	21.3
2011 年	20.0
增　　幅	6%

（四）成本费用

在便利店样本门店的各项费用中，员工工资以及房租是三项成本费用中占比最高的两项，占比分别达到 49.9% 与 36.9%，基数分别达到了 18 万元和 14 万元左右。

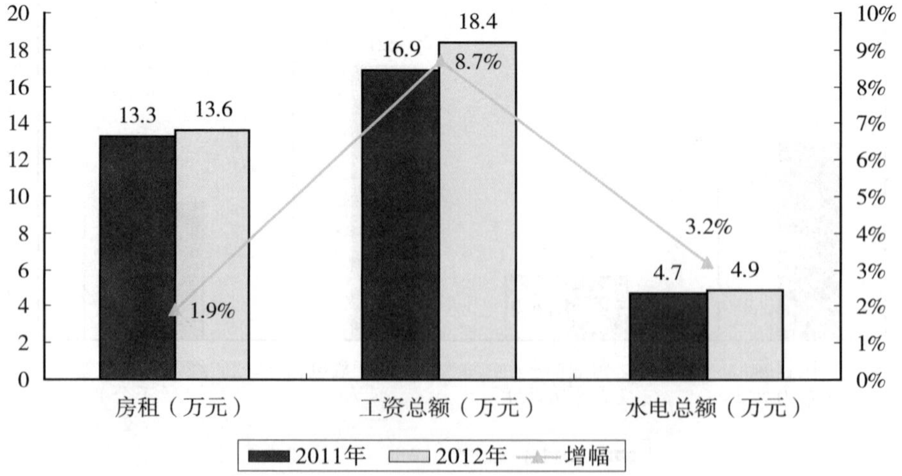

图 6　便利店样本店铺的三项成本费用

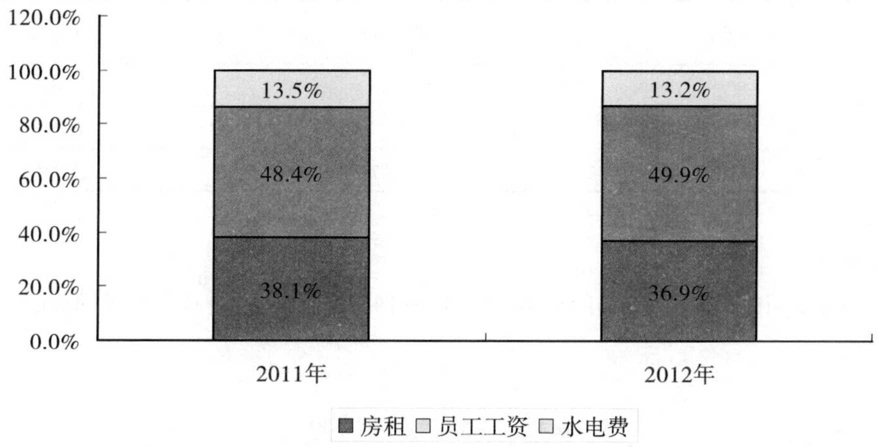

图7 便利店样本店铺三项成本费用结构

（五）收入及成本费用比率

从表6各项指标看，两年样本店铺的成本占收入比约为65%，但2012年略有下降，说明便利店的成本费用增长幅度小于收入的增长幅度。两年工资占总成本费用比分别为7.3%和6.8%，2012年工资增加主要因近年来单位人工成本增加较快所致。房租及水电费占总成本费用比，两年基本持平。

表6 便利店样本店铺的收入及成本费用比率

指　标	2012年	2011年
成本占收入比率	65.1%	68.8%
工资占总成本费用比率	7.3%	6.8%
房租占总成本费用比率	5.4%	5.3%
水电费占总成本费用比率	2.2%	2.2%

（六）不同面积便利店

为便于有针对性地比较，在便利店样本门店中选取两组不同面积的店铺进行比较，分别为40－149平方米的小店组和150－300平方米的大店组。

1. 平均规模

从营业额角度看，本年度两组便利店样本门店的销售额均有所提高，但是面积40－149平方米的便利店增幅更为明显，达到10.1%。

表 7　　便利店样本店铺的平均规模

类别（平方米）		40 – 149	150 及以上
销售额（万元）	2012 年	369. 1	588. 7
	2011 年	335. 1	576. 8
增　　幅		10. 1%	2. 1%

2. 客单价

两组不同面积的便利店样本门店相比，40 – 149 平方米的便利店客单价涨幅更高，达到了 9. 7%。

表 8　　便利店样本店铺的客单价

类别（平方米）		40 – 149	150 及以上
客单价（元/人·天）	2012 年	18. 3	27. 1
	2011 年	16. 7	25. 7
增　　幅		9. 7%	5. 6%

3. 来客数

两组不同面积的便利店样本门店中，大店组便利店来客数明显高于小店组便利店来客数。与 2012 年相比，两组店铺的来客数均出现下降，跌幅分别为 0. 9% 和 3. 6%。

表 9　　便利店样本店铺的来客数

类别（平方米）		40 – 149	150 及以上
来客数（人/天）	2012 年	604	674
	2011 年	610	699
增　　幅		– 0. 9%	– 3. 6%

4. 平均毛利率

便利店样本店平均毛利率为 16. 9%，比 2011 年的 16. 5% 略有提高。其中最高毛利率为 26. 9%，最低为 0. 03%。面积 150 平方米及以上的便利店相应要比 40 – 149 平方米的便利店毛利率高。

表 10　　便利店样本店铺的平均毛利率

类别（平方米）		40 – 149	150 及以上
毛利率（%）	2012 年	16. 4	16. 8
	2011 年	15. 9	16. 1

（中国连锁经营协会）

中国城市便利店指数

（CCFA 2014 年 3 月 27 日发布）

2014 年 3 月 27 日，中国连锁经营协会（英文简称 CCFA）在北京举行的便利店委员会 2014 年年会上首次发布了“中国城市便利店指数”。该指数从中国城市便利店的增长率、饱和度、24 小时比例和政策支持力度四个重要维度，对全国 26 个大中型城市的便利店发展情况进行了综合分析，汇总相关调查数据得出中国城市便利店发展指数及其排名。其中，深圳、东莞、太原名列前三；上海、广州分列第 6 和第 9 位；北京排名倒数第 2；西部城市呼和浩特排名第 5 位，成都、乌鲁木齐均位列前 10。

一、中国城市便利店指数说明

1. 样本城市情况

中国城市便利店指数选取的调查样本是全国各区域经济发展较好的 26 个城市。其中，按城市人口规模看，2000 万人以上的特大型城市有 2 个；1000 万人以上的大型城市有 5 个；500 万人以上的中型城市有 9 个；500 万人以下的中小城市有 10 个。

从城市 GDP 规模看，万亿元以上的城市有 5 个；5000 亿元以上的城市有 7 个；3000 亿元以上的城市有 7 个；2000 亿元以上的城市有 6 个；2000 亿元以下的城市仅 1 个。

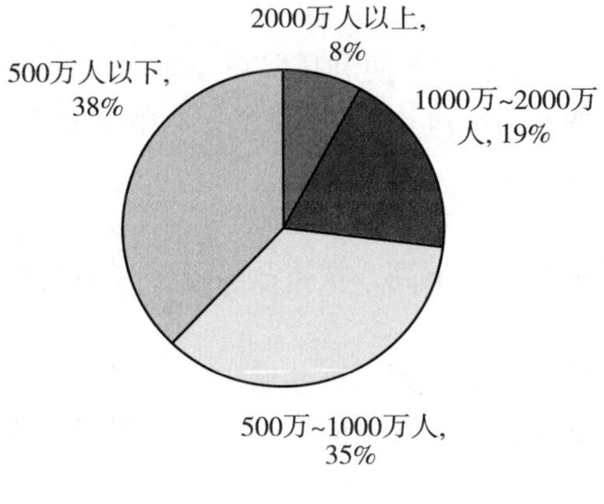

（城市人口规模）

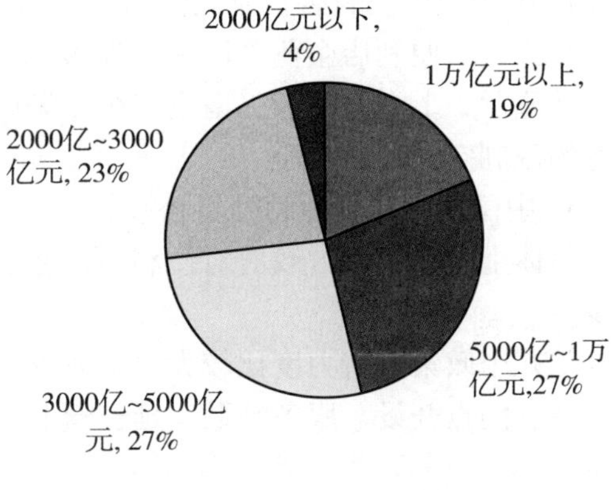

（城市 GDP 规模）

中国城市便利店指数调查样本城市规模分布及占比

2. 评价指标情况

“中国城市便利店指数”是以各城市的便利店增长率、饱和度、24 小时比例和政策支持力度四项重要指标为评价维度。四项指标的评价权重分别为：增长率 30%、饱和度 40%、24 小时比例 10%、政策支持力度 20%。由此可见，城市便利店的饱和度是最重要的指标。其中，增长率数值越高，排名越靠前；饱和度数值越低，排名越靠前；24 小时占比越大，排名越靠前；政策支持力度分为“较好”和“一般”两种。

二、中国城市便利店指数调查结果

1. 中国城市居民的生活便利性处于什么水平？

日本和中国台湾地区是人均拥有便利店数量最多的国家和地区。2012 年，每 2800 个日本人拥有一家便利店；台湾地区每 2000 人拥有一家便利店。从本次便利店指数调查统计结果看，我国便利店的饱和度还处于较低水平。东莞、上海的便利店发展水平最高，平均每 3000 人拥有一家便利店，其中东莞每 2667 人拥有一家便利店。但从总体看，大部分城市在平均每 5000 人以上拥有一家便利店的水平，有的城市每 2 万人甚至 3 万人才拥有一家便利店。

2. 中国城市约五成的便利店全天候营业

数据显示，占总数 51% 的便利店为 24 小时营业门店。在 24 小时便利店的地区分布上，南方城市明显高于北方城市，沿海城市明显高于内陆城市。这基本符合便利店经营与气候、消费习惯相关性的规律。

3. 中国城市便利店是零售业增长速度最快的业态之一

调查发现，便利店开店速度整体较快。26 个城市 2013 年店铺平均增速为 19.5%，普遍高于百货店、大型超市等零售业态的开店速度。数据显示，温州、呼和浩特和徐州的便利店开店增速均超过 50%，其中徐州的增速达到 100%。而上海便利店呈负增长，是 26 个城市中唯一负增长的城市，由此可见上海便利店市场的竞争程度非常激烈。

4. 中国城市便利店企业规模偏小

在我国，便利店企业多以区域发展为主，26 个城市共有便利店品牌 176 个。本次调查统计显示，上海、深圳、南京、东莞等城市的便利店品牌均超过 10 个，竞争十分激烈，企业的盈利空间相对较小。

5. 中国便利店行业呼吁宽松政策

整体上看，各地方政府对便利店行业发展的重视程度不高，扶持政策不多，限制政策不少。

从几个政策支持力度比较大、企业反映较好的城市了解到，这些城市在共同配送、鲜食经营、网点开设、服务补贴、延长营业时间补贴等方面均有不同形式和不同程度的政策支持。

三、中国城市便利店指数排行

1. 总排名（依据增长率 30%、饱和度 40%、24 小时比例 10%、政策支持力度 20%

的评价权重，经统计汇总得出）

排名	城市	总得分	排名	城市	总得分	排名	城市	总得分
1	深圳	87	10	乌市	79	19	长沙	75
2	东莞	86	11	临汾	78	20	昆明	75
3	太原	86	12	武汉	78	21	南京	73
4	厦门	86	13	青岛	78	22	天津	71
5	呼市	85	14	西安	78	23	石家庄	70
6	上海	82	15	南宁	78	24	宜昌	68
7	温州	82	16	莆田	78	25	北京	67
8	成都	81	17	徐州	77	26	哈尔滨	65
9	广州	80	18	大连	76			

2. 增长率排序

排序	城市	比率	排序	城市	比率	排序	城市	比率
1	徐州	100.0%	10	长沙	20.0%	19	临汾	9.0%
2	呼市	50.0%	11	深圳	17.0%	20	北京	8.0%
3	温州	50.0%	12	东莞	17.0%	21	宜昌	5.0%
4	厦门	33.0%	13	广州	15.0%	22	哈尔滨	5.0%
5	武汉	30.0%	14	太原	12.0%	23	南京	3.2%
6	青岛	28.0%	15	成都	12.0%	24	天津	0.0%
7	莆田	25.0%	16	乌市	12.0%	25	石家庄	0.0%
8	西安	20.0%	17	大连	10.0%	26	上海	-5.0%
9	南宁	20.0%	18	昆明	10.0%			

3. 饱和度排序（平均每家便利店覆盖人数）

排序	城市	人数	排序	城市	人数	排序	城市	人数
1	东莞	2667	10	厦门	8000	19	青岛	14500
2	上海	2975	11	呼市	8333	20	武汉	14817
3	深圳	3250	12	乌市	8857	21	西安	16765
4	太原	3500	13	广州	9107	22	北京	20700
5	成都	4000	14	长沙	10214	23	宜昌	22500
6	南京	4547	15	莆田	11538	24	哈尔滨	23622
7	天津	5375	16	温州	12412	25	南宁	33000
8	临汾	6250	17	昆明	12500	26	徐州	37966
9	石家庄	7000	18	大连	13400			

4. 24 小时营业占比排序

排序	城市	比例	排序	城市	总得分	排序	城市	总得分
1	厦门	90%	10	莆田	69%	19	太原	33%
2	温州	83%	11	呼市	67%	20	成都	20%
3	大连	80%	12	上海	65%	21	宜昌	20%
4	徐州	77%	13	昆明	63%	22	长沙	17%
5	南宁	75%	14	石家庄	60%	23	南京	17%
6	西安	75%	15	青岛	55%	24	临汾	13%
7	广州	71%	16	东莞	47%	25	武汉	7%
8	深圳	70%	17	天津	44%	26	哈尔滨	0%
9	北京	70%	18	乌市	36%			

5. 政策支持力度排序

排序	城市	总得分	排序	城市	总得分	排序	城市	总得分
1	南宁	较好	10	广州	一般	19	天津	一般
2	上海	较好	11	深圳	一般	20	乌市	一般
3	太原	较好	12	北京	一般	21	宜昌	一般
4	成都	较好	13	莆田	一般	22	长沙	一般
5	厦门	一般	14	呼市	一般	23	南京	一般
6	温州	一般	15	昆明	一般	24	临汾	一般
7	大连	一般	16	石家庄	一般	25	武汉	一般
8	徐州	一般	17	青岛	一般	26	哈尔滨	一般
9	西安	一般	18	东莞	一般			

2012－2013年度
中国便利店发展报告

为全面反映中国便利店行业发展状况，满足广大便利店企业对行业发展相关数据、资讯的需求，同时也为向政府相关管理部门客观、翔实地反映行业状况、呼声，提出政策建议，中国连锁经营协会与野村综研（上海）咨询有限公司合作，自2013年8月开始历时3个多月，针对本土具有代表性的便利店企业开展了行业发展状况调查，并通过企业高层访谈收集一手数据、资料。

本报告是基于中国连锁经营协会与野村综合研究所对便利店行业的长期跟踪和研究，结合2012年中国便利店企业经营状况所进行的分析和总结，同时征集并归纳便利店企业在国家相关政策和法规环境方面的期待，统合、分析相关数据、资料并联合完成报告编写。

一、概述

1. 样本情况

本次调研活动选取的样本便利店企业共15家，其中既有多业态经营的企业，也有专注于便利店经营的单业态企业，每家企业拥有连锁门店的规模在200～2000家的较大范围，且均为各地区的领先企业。样本企业选自便利店业态发展较好的11个城市，其地区分布及占比如图1所示。

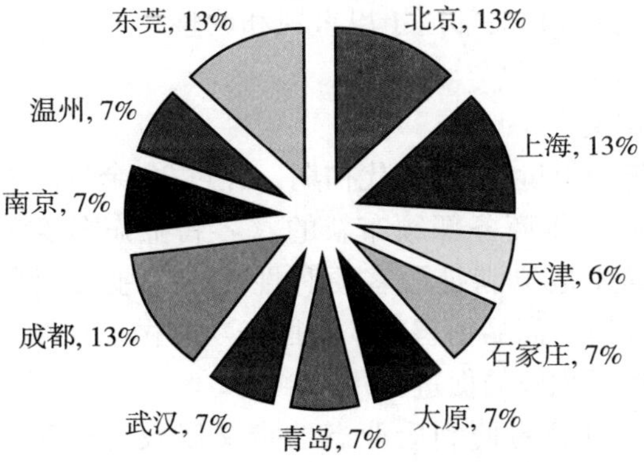

图1　样本企业地区分布

2. 便利店行业发展环境情况

便利店业态作为先进的零售经营模式，在中国经过 20 多年的飞速发展，已成为中国零售业态中的一个重要组成部分。2012 年在零售业整体遭受冲击和压力的外部环境下，便利店企业依然保持了良好的发展势头，销售规模实现了 17% 的增长，远高出百货、大卖场等大型业态的增速。各种数据显示，中国便利店企业实现了持续的增长，进入二次扩张时期。

从全球零售业发展趋势看，零售小型业态已成为各国零售业中新的销售增长点。其中，便利店以其投资成本低、开店周期短等灵活性特点，更加贴近消费者需求商品和便捷服务的扩展，取得了可持续性的发展。相对于零售大型业态的经营困境，便利店业态所受到的外部冲击相对较小，特别是对来自于网络销售的影响远小于大卖场、百货商场，以及家电卖场等零售大型业态。但与美国、日本等发达国家相比，中国便利店在店铺人均占比、单店盈利能力等方面仍有较大差距。同时，地区发展的不平衡，导致不同城市便利店的发展也存在一定的差距。

近年来，特别是进入 2012 年以来，受国内外经济环境变化影响，连锁零售企业普遍出现明显的销售增长乏力甚至负增长现象。其一，企业人工和房租等成本持续大幅上涨，企业利润空间不断被压缩；其二，受物价上涨和对经济前景不确定性影响，消费者消费信心不足，表现出各种业态的来客数减少。与此同时，网络零售等新兴零售模式快速发展和扩张，对传统零售企业的经营形成冲击。此外，网点的不合理分布和恶性竞争也在一定程度上影响了企业的合理布局。

一方面，宏观经济的不确定性导致中国便利店企业面临着自身发展的瓶颈。例如，企业盈利水平低下导致加盟店店铺吸引力减弱，从而影响多店铺的扩张；多数超市企业处于小型超市业态向便利店过渡的阶段，还未找到适合本企业发展的经营方式；企业单店销售额和盈利水平有限；发展自有品牌，延伸便利店服务内容等受到掣肘；生鲜、便当等鲜食产业链不够完善，等等。因此，如何在经济整体呈现下行趋势下实现增长，是中国便利店企业共同面临的问题。

另一方面，国家相关政策以及行业标准制定等方面还存在着各种制约便利店企业发展的不利因素。因此，如何使企业发展不再受相关政策的束缚，放开企业手脚，促进企业经营能力进一步提升，需要国家相关部门予以重视和调整。

3. 便利店企业发展状况

（1）便利店业态的定义

中国便利店业态起步于上世纪 90 年代初期，经过 20 余年的发展，现已成为中国零售业中重要的组成部分。2004 年商务部颁布新的《零售业态分类》（GB T18106－2004），其中对于便利店业态的描述是“满足顾客便利性需求为主要目的的零售业态”，并对选址、商圈与目标客户、规模、商品销售方式与服务功能做了详细的描述，对规范和推动便利店业态的整体提升起到了积极的促进作用。

同样，日本与美国也有针对便利店业态的定义以及对便利店经营特征的描述。中、日、美三国便利店特征属性比较见表 1。

表 1 显现出各国便利店业态在大部分属性上体现出一致性，但在细节方面均有不同特点。例如，日本规定了商圈的大小，体现便利店在日本高密度分布的特性；美国则将提供停车场、经营油品业务写入了业态特征中，体现了便利店与加油站密不可分的关系。

随着中国便利店业态近年的飞速发展与行业创新，面向不同区域、不同商圈、不同客户群的更具特色的便利店不断涌现，行业不断细分，一个针对便利店行业的分类标准正待出台。

表 1 中日美三国便利店特征属性比较

	中国	日本	美国
选址	商业中心、交通要道，以及车站、医院、学校、娱乐场所、办公楼、加油站等公共区域		便捷的场所
商圈与目标客户	商圈范围小，顾客步行 5 分钟以内到达。目标顾客主要为单身者、年轻人，顾客多为有目的性的购买	半径在 300 - 500 米以内的小型商圈	
营业面积规模	营业面积 100 平方米左右	30 平方米以上 250 平方米以下	营业面积低于 450 平方米
商品销售方式	开架自选为主，结算在收银处统一进行	自助式购物形式	
营业时间	营业时间 16 小时以上	营业时间 14 小时以上	营业时间通常为 24 小时
商品品类	提供即时性食品及辅助设备	以食品饮料为主，有 3000 个左右的 SKU	最少拥有 500 个 SKU。主要品类有烟草、饮料、零食、糖果及杂货，经营油品销售
其他	提供多项服务		提供街边停车场或行人通道

数据来源：中国零售业态分类、日本商业统计、美国便利店协会 NACS

（2）中日美便利店行业发展现状

2012 - 2013 年是中国传统流通/零售市场受到巨大挑战的时期，由于宏观经济发展的变化和消费者购买习惯的转变，特别是互联网与信息技术的快速介入与广泛影响，传统的经营理念正面临着巨大的转型。在企业规模扩大的同时，提高经营效率和精细化管理水平、加强品牌价值的提升成为新的关注点。

相对于中国大型零售业态的经营困境，便利店企业受到的外部冲击相对较小，特别是来自于网络销售的影响远远小于大卖场、百货商场、以及家电卖场等大型商业业态。据中国统计年鉴的数据显示，2012 年中国便利店企业的销售额增速为 17%，而超市大卖场的增速约为 8%，百货商场更是由于受到购物中心以及电商的冲击，增速低于 1%，家电大卖场、书店、玩具店等专门店则进入了负增长的时期。在严峻的大环境下，作为一种小型先进业态的便利店企业保持了良好的增速，随着社会的发展，人均 GDP 的增加，中国便利店行业正在进入二次扩张时期。

不仅在中国，在全球范围内，小型零售业态也成为各国零售业中新的销售增长点。随着大型零售店的开店用地逐渐减少，小型零售业态凭借其投资成本低、开店周期短等灵活性特点，更加贴近消费者的商品和便捷服务的扩展，填补了大型零售店的市场空白。在美国，沃尔玛、塔吉特等大型零售集团在积极推广其小型店铺的开设；在市区内，另一种先进的小型业态——药妆店也呈现出快速的扩张趋势。欧洲在上演着同样的风潮，乐购集团成立了专门服务于城市居民的小型零售店“Express Store”，家乐福旗下的小型业态门店也于2012 年发展到1000 家的规模。而日本的便利店已经突破5 万家大关，永旺、丸悦等传统的综合超市企业也在相继开设200 – 300 平方米的小型超市。小型零售业态正在全球范围内掀起一股零售革命，推动着各国零售业态的新发展。

表 2　　2012 年日美两国便利店市场规模比较

2012 年行业统计	美国便利店行业	日本便利店行业
门店数量（个）	149220	46905
同比增长率	2.2%	5.6%
行业 TOP5 门店占比	16%	94%
TOP5 便利店企业（门店数排名）	7 – ELEVEN，Inc.	SEVEN – ELEVEN · JAPEN（7 – 11 日本）
	Shell oil Products US	LAWSON，INC（罗森日本）
	BP North America	FamilyMart Co.，Ltd.（全家日本）
	Chevron Corp.	CircleKSunkus
	AlimentationCouche – Tard Inc.	MINISTOP CO.，LTD.（迷你岛日本）

数据来源：美国便利店协会 NACS、日本连锁协会

在美国，由于便利店业态发展成熟，行业增长较为平稳。2003 – 2012 年的门店数平均增长率为14.2%，2012 年新增门店1094 家。行业销售增长率为2.2%，市场规模达到4.55 万亿元人民币，其中店内商品的销售（油品除外）约占28.5%，接近2000 亿元人民币。居于行业首位的企业是7 – ELEVEN，Inc. 即7 – 11 美国。截至2013 年2 月，7 – 11 在北美地区的门店数达到8000 余家，较2011 年增长了近1000 家门店。尽管如此，便利店在美国的行业集中度并不高，约有6 成的便利店属于独立店铺，即非连锁门店，这受到美国地广人稀特性的很大影响。

便利店业态，在日本的发展最为成功。由于日本的便利店业态已经高度成熟，行业集中度极高，5 家大型便利店企业基本分割了全日本的便利店市场，合计市场份额达到94%。进入2000 年以来，由于受到经济发展低迷的影响，便利店行业的增速放缓，特别是在2009 年时，销售额同比增长一度下降到0.6%。为了应对新的挑战，日本便利店企业积极致力于发展新的业务增长点，延伸价值链的上游，加强供应链的管理，便利店的便利性得到了进一步提升。2011 年起，日本便利店行业取得了新的飞跃发展，2011 年销售额同比增长回到7.9%，2012 年为4.4%。

（3）中日美三国便利店行业发展经历

由于社会背景与零售环境不同，中、日、美三国便利店行业的发展存在很大的差异。便利店业态最初产生于美国，并与加油站紧密结合，至今已有80 余年的发展历史。由于美国的国土面积广大，人口密度较低，加之美国是巨大的汽车社会国家，相对密集的加油站成为提供便捷购物的主要渠道。目前美国80% 的便利店位于加油站中，油品销售是便

利店最重要的收入来源，其次烟酒销售也占到3成左右的份额。同时，由于美国的加油站多位于交通枢纽与郊外等区域，“农村包围城市”成为美国便利店行业的区域分布特征。而在特大城市内，美式的药妆店充当了便利店的职能，利用其相对密集的门店规模，提供药品、食品、日用品等多品类的商品销售。

日本的便利店经营模式于上世纪70年代从美国引入，其最为核心的经营价值是“特许加盟”。在上世纪70年代的日本，百货商场、大卖场等大型零售业态仍是零售业的主导，而小型零售业多是由个人经营的非连锁店铺，严重缺乏行业竞争力。通过运用特许加盟的经营模式，并结合日本当时的零售环境，一种适应日本社会发展的新兴业态从此诞生。在信息技术的辅助下，80年代成为便利店迅速扩张的时期，便利店的经营规模与经营基础初步形成，便利店业态在此时得到了社会的认可，成为日本零售业重要的组成部分。随着社会的发展，日本的便利店行业也在面临各种新的挑战。上世纪90年代是日本开始进入经济低迷的时期，各类大型商业业态发展受阻。而由于小型零售业态受到经济形势的影响较小，加之便利店企业加强了门店运营能力，扩大了商品品类与服务类型，使得便利店在90年代得到了进一步的发展。进入2000年以后，随着日本政府放宽对于便利店企业经销品类的限制，银行ATM等金融服务成为便利店企业新的业务增长点，同时自有品牌的开发、细分业态的诞生也在继续推进着日本便利店行业的发展。

中国零售业的现代化起始于上世纪80年代后期，虽然起步相对较晚，但却在短短十余年的时间内走完了发达国家近百年的零售业发展历程。1992年10月，7-11的第一家便利店落户深圳。紧随其后，更多的日资、台资便利店企业进入中国市场，内资的大型零售企业也开始涉足其中，便利店行业迎来了第一个发展高峰。但由于中国内资的便利店多从计划经济时代的杂货铺、粮油店等转化而来，与真正意义上的便利店经营仍有一定差距，随着越来越多的外资零售企业进入中国市场，以上海、广州等沿海发达城市为首，一场便利店行业的转型发展随之上演。

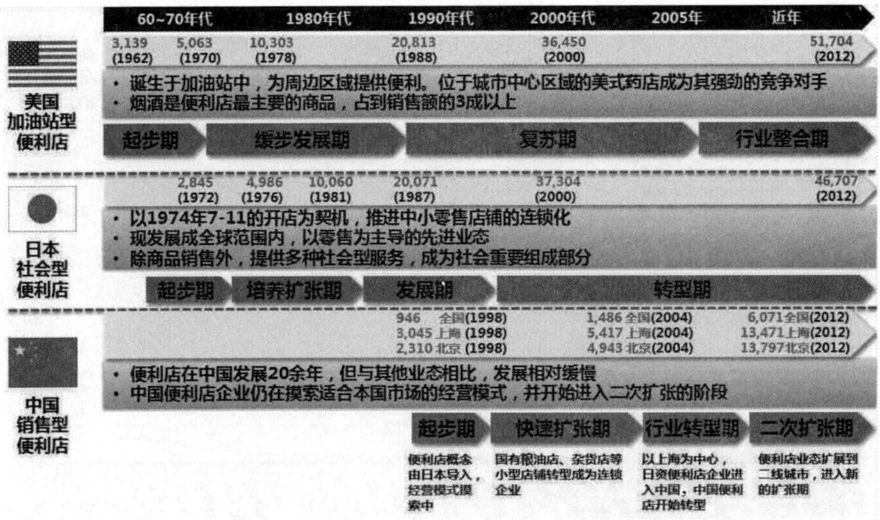

注：年份上行数据为各代表年份的人均GDP数值，单位为美元。

数据来源：根据公开资料汇总

图2　中日美三国便利店发展历程比较

（4）中国便利店行业发展方向

根据先进发达国家的发展经历，当人均 GDP 达到 3000 美元时，便利店开始普及；人均 GDP 达到 5000 美元时，便利店业态进入成长期，开始和顾客的需求相结合；当人均 GDP 达到 1 万美元以上时，同业竞争加剧，品牌开始整合；当人均 GDP 发展到 2 万美元时，进入便利店发展的成熟期，行业集中程度提升，开始出现行业寡头。

中国的人均 GDP 的水平和先进国家相比较还存在着很大的差距，购买能力不足以及对于生活便利性需求的低下制约着行业整体的发展。单纯将每百万人拥有的便利店店铺数和美国、日本相比较，2012 年中国的数据为 49 家，仅为美国的十分之一、日本的八分之一。由此可见，便利店业态今后的发展空间还非常巨大。近些年，随着我国人均 GDP 的增长与中国零售行业自身的发展壮大以及经营水平的进一步提高，更多的便利店企业开始准备第二次市场扩张。2012 年全国 289 个地级市以上城市中，人均 GDP 超过 3000 美元的就有 250 个，53% 的城市人均 GDP 超过 5000 美元。便利店已经不再是一、二线城市的特有业态，在一些经济发展较快的三、四线城市中，便利店行业也开始迅速扩张，将实现一定的发展。

然而，由于中国整体的经济发展存在区域不平衡的特点，加之各地区零售业经营管理水平的差距，致使中国便利店行业同样有区域发展不平衡的现象。2012 年我国人均 GDP 达到了 6071 美元，其中上海、北京等城市的购买力水平和日本、美国的差距逐渐缩小。上海是便利店行业竞争最为激烈的市场，多家内外资企业的多个品牌争相在上海亮相，内资便利店企业在与外资企业展开竞争的同时，也积极学习了外资企业的经营管理技术，无论是门店外观还是内部的商品品类均非常接近发达国家的便利店。而另一方面，部分三、四线城市的便利店仍处于积极扩张门店规模的阶段，由于经营成本相比一、二线城市有一定优势，收益能力不亚于一、二线城市的企业，但门店的升级、管理水平的深化与经营效率的提升仍是企业正在面临的经营课题。

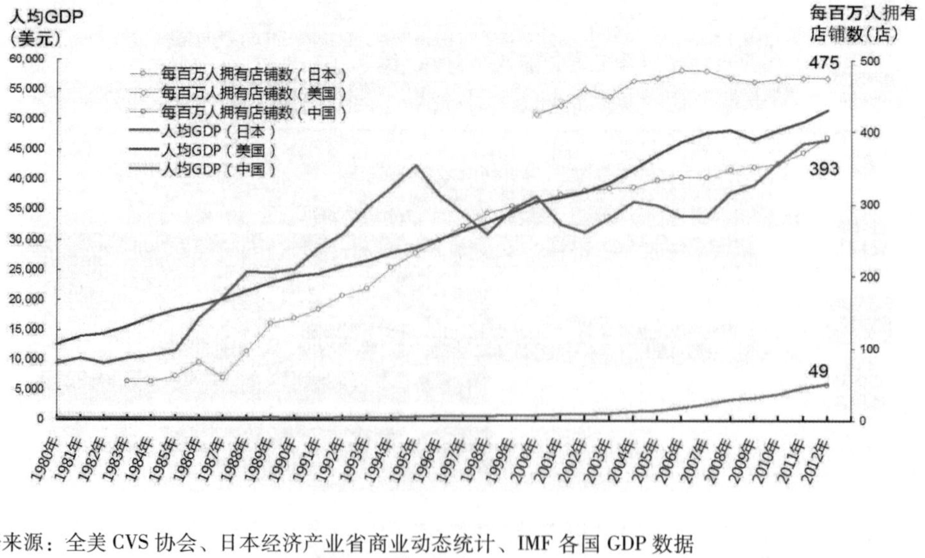

数据来源：全美 CVS 协会、日本经济产业省商业动态统计、IMF 各国 GDP 数据

图 3　中日美三国人均 GDP 和每百万人拥有店铺数的发展比较

长期来看，经济水平和购买能力的整体提升给便利店企业的跨地区发展和业务扩大提供了坚实的基础，随着今后城市化进程的进一步加大，生活节奏和消费习惯将发生很大的变化，对于便利性的追求的需求将进一步增大，都将推动着便利店业态的成熟和发展。

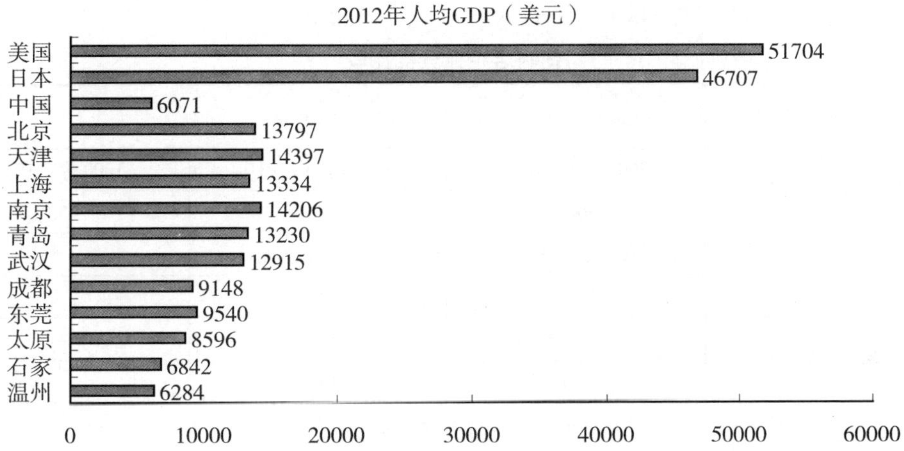

注：本报告将北京、上海、天津、广州、成都、武汉、青岛、大连列入一、二线城市，将石家庄、郑州、太原、温州、东莞、哈尔滨列入三、四线城市范畴。

数据来源：中国国家统计局，IMFGDP 数据。

图 4　日美中三国及中国主要城市人均 GDP 比较（2012 年）

（5）中国便利店企业经营状况基本情况

中国便利店行业要实现长远发展，先进企业应该充分发挥引领作用，其经营管理能力的整体提升必将带动行业整体的发展。为此，本报告除针对便利店行业整体数据进行整理与分析之外，还选取了 15 家代表性企业，对企业目前的经营状况与课题和企业管理层进行深度访谈，并结合行业数据与企业具体的经营指标，与日本和美国的相关数据进行比较，试图找出经营差距并提出发展的方向。此外，由于我国便利店企业呈现多样化的特征，为更深层次地剖析问题，特将我国便利店企业按照不同的细分业态、经营规模、经营方式与区域布局进行分类，以便于进行深入而细致的比较。

由于我国特有的零售背景，部分便利店企业从超市转化而来，至今仍带有小型超市的某些特征；另一部分便利店企业吸收了美国便利店的经营方式，在中国的加油站中迅速扩展开来，成为加油站型便利店；而更多的便利店企业则是参考了日本、台湾等亚洲地区便利店的经营模式。以下，我们将重点研究对象锁定在后者，对于当下中国主要的便利店群体进行分析。

首先，根据门店数量统计显示，拥有 300 家以内门店的企业约占 30%；300 - 1000 家门店的企业约占 40%；拥有 1000 家以上门店的企业约占 30%。中国便利店企业已形成初步经营规模，当达到 1000 家门店后，在拥有规模效应的同时，对于企业的管理水平也提出了新的要求。

其次，从企业的经营模式来统计，以直营模式为主的企业约占 40%，以加盟模式为主的企业约占 60%。北方地区企业大多采用了直营模式，而南方企业则更多地采用了加盟模式。其中也不乏将直营与加盟组模式进行组合运用的企业。

最后，根据企业所在城市分布统计显示，约有 60% 的企业来自一、二线城市，约有 40% 的企业来自三、四级城市。目前，一、二线城市的便利店企业大部分为 24 小时营业，三、四线城市便利店企业根据所在地消费市场情况，将 24 小时与 18 小时营业相结合。

表 3　　便利店企业分类比较

分类方式	店铺情况		
按便利店门店数分类	300 家门店以内	300－1000 家门店	1000 家门店以上
	30%	40%	30%
按企业经营模式分类	直营模式为主	加盟模式为主	
	40%	60%	
按企业区域分布分类	一、二线城市为主	三、四线城市为主	
	60%	40%	

二、中美日便利店门店主要经营指标对比及案例分析

为更详细深入地比较中、日、美三个国家便利店的经营状况，本报告将三个国家便利店行业的经营指标进行比较，以便更直观地认识中国便利店行业的发展状况。但由于中国便利店形态多样，除了便利店之外还保留着一些小型超市等形态，为使比较结果更接近真实情况，本报告对中国便利店采取的是形态上最接近便利店企业的统计数据。

在比较具体经营指标的同时，本报告结合案例进行说明。但由于美国便利店主要是加油站式便利店，其经营模式与中国有很大的差别，因此在经营模式方面，我们主要以相对接近的日本便利店为比较案例。

1. 中、日、美便利店门店经营效率比较

2012 年是中国便利店企业取得新发展的一年，无论是门店数量还是整体销售额都实现了高速增长。然而，由于中国零售市场受到房租、人工成本上涨的冲击，加之行业人才的匮乏，中国便利店企业的经营效率未能得到进一步的提升。特别是与美国、日本等先进国家相比，中国便利店的精细化管理程度仍有不足，这也导致了卖场的平米效率偏低、单店盈利较差等问题。

图 5 显示，美国与日本便利店的单店销售额远高于中国便利店，美国的单店销售额约为 1000 万元人民币，日本则突破 1500 万元人民币。虽然这其中也有物价因素的影响，但是差距很明显，这也表明中国便利店行业存在很大的上升空间，中国便利店企业更具活力。

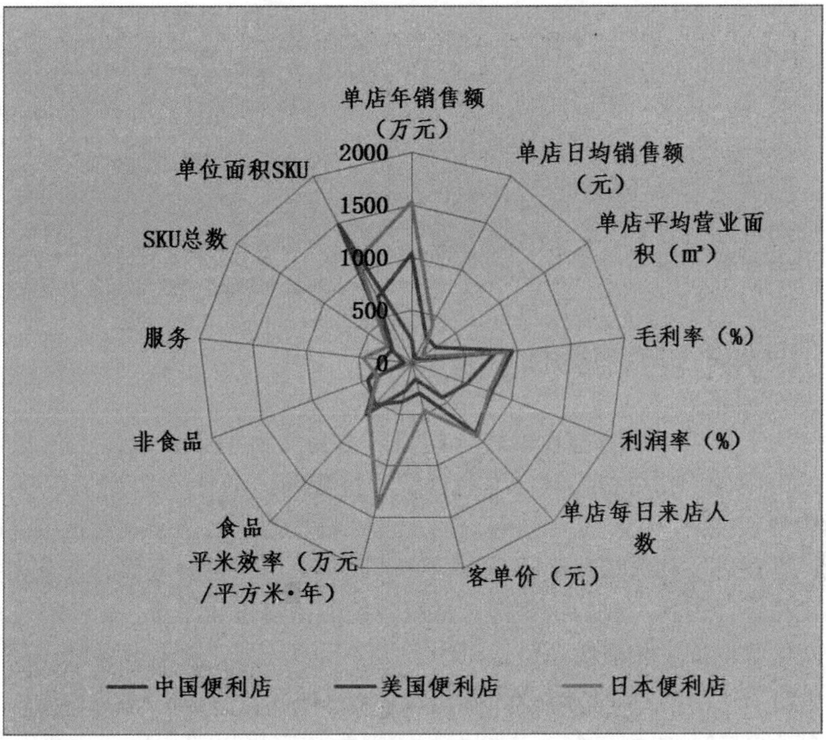

注：① 中国便利店数据由本次调查与行业平均值综合计算得出；美国便利店数据源自全美便利店协会《NACS2012 年产业统计报告》；日本便利店数据源自日本主要便利店企业平均值（其 5 家企业约占日本 92% 的市场份额）。

② 中国便利店毛利率及利润率统计包括前台毛利和后台毛利；美国和日本的统计值为前台利润值。

③ 日本便利店人均劳效较高的原因是其正式员工很少，普遍雇佣大学生、主妇等小时工。

④ 美国便利店销售额为“店内销售”，即不包含油品销售。

⑤ 图中数据具体数值可参看表 4。

图 5　2012 年中日美三国便利店主要经营指标比较

表 4　　**2012 年中日美三国便利店主要经营指标比较**　　（单位：人民币）

经营指标	中　国	美　国	日　本
单店年销售额（万元）	222	1042	1534
单店日均销售额（元）	5785	28548	42032
单店平均营业面积（㎡）	82	268	113
毛利率（%）	26.2%	31.4%	30.0%
利润率（%）	1.1%	1.6%	1.5%
单店日均来店人数	434	893	919
客单价（元）	15	30	46
平米效率（万元/平方米·年）	2.6	3.8	14.0
人均劳效（按总员工数：万元/年）	34	196	3668

从具体经营指标来分析，首先中国便利店平均营业面积为 82 平方米，远小于美国的 268 平方米，也小于日本的 113 平方米。在更小的营业面积中，对于准确把握顾客需求，提出了更高的要求。其次，中国便利店的每日来店人数仅有日美的一半左右，虽然受到顾客消费习惯的影响，但如何确保与其他便利店企业进行差别化，如何留住自己的顾客层，也是一个核心问题。由于日均销售额和来店人数的不同，中国的卖场平米效率也明显低于日美两国，特别是日本的平米效率约是中国企业的 5 倍。

此外，由于日本的便利店大量雇佣了小时工，节约了昂贵的人工成本，当按照正式员工总数进行计算时，其人均劳效明显高于中国与美国。

2. 中、日、美便利店门店具体经营指标比较

（1）商品结构比较

从商品结构来分析，中国与日本较为相似，食品均占据了 6 成以上的份额，食品以外，非食品的份额在 3 成左右。但日本的日配和快餐所占的比例达到了 30% 以上，从最能体现便利店便利性的日配商品和快餐商品来看，日本便利店的便利性是很高的。

在美国，香烟以及其他烟草制品是最主要的收益来源，再加之部分汽车相关商品的销售，使得非食品合计占到 4 成的销售额。从服务类的销售占比来看，由于日本的服务种类丰富，手续费的收取额度相对较高，使得服务类项目真正成为企业收益的一部分，而不仅仅是公益性的行为。目前日本的服务类收益占比为 4.6%，高出中国 5 倍以上。

三国便利店的 SKU 总数没有太大的差距，但平均到单位面积以后不难发现，中国的便利店的单位面积 SKU 数大大高出了美国，也高出日本 8 个 SKU。更多的 SKU，意味着更加复杂的商品管理和更加严格的陈列要求。

表 5　　中日美三国便利店商品构成

指标分类	经营指标		中　国
商品构成	食品		64.7%
		日配、快餐	15% 以内
	非食品		34.6%
	服务		0.8%
SKU 数量与商品替换率	SKU 总数		2325
	单位面积 SKU		30
	新商品替换率		30%

注：中国便利店数据由本次调查与行业平均值综合计算得出；美国便利店数据源自全美便利店协会《NACS2012 年产业统计报告》；日本便利店数据源自日本主要便利店企业平均值（其 5 家企业约占日本 92% 的市场份额）。

日本便利店在上世纪 70 年代中期就在门店中引入了快餐，当时是放在收银台上的冷藏式设施。后来由于生产工厂的质量管理水平参差不齐，于是在 70 年代出现了以米饭厂家（饭团供应商）为中心的日本日配食品协同组织，便利店企业通过与该组织合作来管理所有快餐生产厂家。到 2000 年的时候，加入该组织的便利店企业专用工厂就有 223 家。该组织体系内的厂家主要向便利店、一般餐饮企业提供米饭、面包、蔬菜、面条、腌制食

品等商品。与外部公司共同开发日配、快餐为日本便利店企业节省大量负担的同时，也提升了其专业性。

同时，日本便利店企业的日配、快餐多由专属工厂来加工，这些专属工厂面向某个便利店企业单独供货，由于采取统购统销的模式，工厂不需要担心生产的商品卖不出去，同时工厂也不需要花大量精力在企业宣传和产品推广上，只需要专心开发商品和做好生产管理，保证质量和味道即可。日本先进的便利店企业的专属工厂达到 100 多个，如此庞大的专属工厂体系支撑了日本便利店行业庞大的日配、快餐销售体系。

大力发展日配、快餐也跟日本便利店的高密度开店有关系。为了节省物流成本，通常是在一个地区集中开店，但集中开店没有一定的客流支撑是很困难的，在客流不够的情况下，在商品搭配上就要下功夫。日用商品和非食品不可以过多，因为顾客不需要每天都买，而日配和快餐由于顾客每天都需要，所以就算是集中开店也可以保证购买率。从这个意义上讲，日配和快餐食品是便利店企业能否经营成功的一个很大的关键点。

（2）物流情况比较

中国流通行业于上世纪 90 年代初期开始加快现代化建设的步伐，特别体现在信息系统与物流中心的建设方面。中国国内的大型零售企业多数拥有自建的物流中心，便利店企业也不例外。在大型便利店企业中，约有 70% 的企业拥有自建物流中心，平均统一配送率接近 84%，物流成本约占销售额的 4% 左右，基本做到每日一配到两配。

日本便利店行业的物流成本占销售额的平均比例在 4.8% 左右，这个比例不是很低，但日本便利店的日配和快餐销售得非常好，平均每天的配送频率达 7 到 8 次。如此高频率的物流配送，物流成本却与中国一天 1 到 2 次配送的物流成本相差无几，可以看出日本便利店行业高效的物流体系。

表 6　　　　中国便利店企业物流相关数据统计

物流相关数据	中　　国	日　　本
统一配送率	83.7%	95%
物流成本占比	4.2%	4.8%
配送能力	1－2 次/每日	7－8 次/每日

注：以上数据来自中国连锁协会、日本物流系统协会。

日本物流系统的先进性主要源于管理的精细化以及高度的信息化程度。主要体现在商品配送方式以及配送车辆的精细化管理。为了确保商品的质量，严格按照不同温度要求建立物流中心，主要分为 4 个温度带：20℃以上、常温商品、冷藏（5℃以下）、冷冻（零下 20℃以下），不同的商品严格按照温度管理的要求通过不同的物流中心来配送。同时，常采用专用的商品配送车辆，这样的车辆有两节不同温度带（例如 20℃以上和 5℃以下）的车厢，不同温度带的商品可以同时配送提高车辆的装载率。

关于物流中心的信息化建设主要体现在门店、物流中心、供应商（厂家）之间的信息实时交换来掌握商品的销售情况以及缺货情况。通常在物流中心都会将畅销商品多备点货来应对紧急情况，物流中心通过预测每种商品的销售情况来预订货物。但成千上万种商品，要做到每一种都不多不少地去订货实在非常困难。因而日本有些便利店企业将物流中心的数据共享给供应商，供应商根据自家商品的商品情况直接组织补货，供应商按计划进行补货避免了紧急情况下的盲目补货。同时，减少了门店到物流中心和物流中心到供应商的订货环节，提高了商品补充的效率，补充精度也得到了大大提高。

（3）自有品牌开发比较

日美便利店企业达到一定的经营规模后，为缓解经营成本上涨来带来的压力，大部分便利店企业开始开发高毛利的自有品牌商品。便利店企业不再仅仅作为一个零售终端而存在，而是要成为供应链的领导者。便利店企业通过对销售数据的分析与研究，可以比一般生产型企业更加精准地把握消费者的需求与偏好，提供满足本商圈消费者的最佳商品。然而，由于中国的便利店企业起步较晚，现阶段还没有足够的人力物力从事商品研发的工作。目前多数企业在尝试性地开发自有品牌商品，主要以加工食品、粮油以及部分日用杂货为主。自有品牌的商品种类较少，并且部分企业没有将商品打上自家便利店的标识。

另一方面，经营生鲜速食的企业约占到 40% 左右，由于生鲜速食的经营难度大、初期成本高、管理困难等问题，在三、四线城市，生鲜速食商品的经营成为下一个发展阶段的核心内容。

日本自有品牌的市场规模达到 3 兆亿日元（相当于 2500 亿元人民币），2012 年永旺集团自有品牌的销售额就达 7000 亿日元。近些年虽然由于经济不景气零售业的销售增长都非常困难，但日本主要便利店企业纷纷致力于自有品牌的开发，大大提高了企业的整体收益，有些企业的收益率甚至达到了历史上的最好水平。其中自有品牌做得比较好的便利店企业开发的自有品牌 SKU 数达到了 1700 种，2012 年的销售规模则达到了 4900 亿日元，相当于企业整体销售额的 10%，每一个品种的自有品牌平均的销售额也达到了 2.9 亿日元。

然而日本便利店企业开发自有品牌与我国零售企业开发自有品牌的战略却有很大不同，主要表现在以下两点：

其一，便利店的主要定位是为顾客提供便利、应急用的商品，因而便利店企业开发的自有品牌区别于超市、大卖场，一定要体现出便利性和应急性。在日本有些便利店企业也开发了自有品牌产品，但由于该类企业是零售集团下属企业，因而开发出来的自有品牌产品总是各个业态共同的品牌产品，既在便利店销售也在大卖场、超市等其他业态销售，便利性和应急性不强，这些企业的收益率通常远比那些便利店独立开发自有品牌产品的收益率要低。

其二，针对不同消费层次的顾客群，开发不同档次的自有品牌。日本的主流便利店企业通常开发不同档次的自有品牌，有针对普通大众的自有品牌，也有针对消费能力稍微高一些的消费群体开发出一些精品自有品牌，最大程度满足不同层次消费者的购买需求。而在我们国内，很多企业总是围绕低价这样的理念来开发自有品牌，这样必然导致产品的低质，然而这样的低价低质产品除了价格便宜没有可以吸引消费者的地方，体现不出自有品牌的价值所在。

（4）便利店社会性功能比较

中国便利店近年来逐渐开始提供一些服务功能，为消费者带来了很大的便利性。但目前的服务种类很局限，服务对于便利店企业也仅限于吸引顾客的目的，便利店从服务上获取的收益非常有限。日本便利店近年来作为社会公共设施提供的社会性服务功能越来越多，逐渐成为生活中不可或缺的一个部分。日本便利店正在逐渐取代政府和公共机构的部分机能，为消费者提供多达数百种的便利服务。

通过对众多进入便利店的消费顾客进行调查，并统计他们进入便利店的目的发现：购买商品是主要目的，占 89%；但同时还有其他的目的（如上洗手间，使用 ATM 机打印、缴费等），占 80%；而只是单纯为购买商品进入便利店的比例只有 20% 左右。可见便利店内提供的服务项目对于顾客的吸引力是非常强的。

表 7　　日本便利店提供的主要服务一览

通过多功能打印机实现的便利服务	复印、数码相片打印、文本打印、扫描、传真、无线打印、住址地图 & 乐谱 & 明星照片 & 赛马赛车的选号纸打印、娱乐休闲活动入场券打印、高速车票打印、支付并打印机票、体育彩票、购买并打印各种预付卡、支付各种资格考试费用并打印准考证、汽车保险销售、行政服务（居民票、所得税完税证明、户籍证明等费用交纳并打印凭据）
其他便利性服务	快递 & 送货上门、票务 & 邮票 & 印花等销售、ATM 机服务、代收公共费用（电费、燃气费、水费、电话费、通信费、保险费、各种税费等）、各种充值卡销售、送餐服务（1 天 2 次，将已经做好的新鲜可口的饭菜送到顾客家里、WIFI 服务、干洗服务

数据来源：日本主要便利店官方网站

日本便利店里的服务最受大家关注的是多功能打印机提供的服务，由于门店的多功能打印机是连着互联网的，因而可以实现很多服务产品的销售，并同时打印出相关票据。顾客可以提前将需要打印的资料通过网络在便利店打印出来后，在上班途中顺道经过这里将资料取走。同时，这种多功能打印机还支持各种电子货币的支付，消费者完全可以通过自己操作完成整个服务过程。顾客在打印机上选择自己所需要的服务，然后输入自己的信息就可以打印出相关票据，拿着票据去收银台付款即可完成支付并购票的活动。这样的自助式服务，大大减轻了便利店工作人员的负担。

近年来比较普遍的还有便利店与电商的结合，为消费者提供门店取货服务。这里重点分析中国便利店目前与电商合作的模式，主要有两种：公司自营电商网站、与外部电商网站合作。公司自营电商网站的多为集团性企业，购物网站也是整个集团来运营的垂直型购物网站，然而这些集团性质的购物网站在流量上无法跟专业的电商网站相比，主要都是地方性的电商网站。

与外部的电商网站合作也分为两种模式。第一种是单纯的门店取货模式，即在电商网站上下订单的客户可以选择去便利店门店取货。这种模式的便利店主要是希望能够吸引客流，真正的业务收益非常少。然而从目前各家的合作情况来看，通过这种模式进店的来客数并不是很多，效果很有限。另外一种模式是便利店代理电商在某个区域的销售。即电商网站提供能够带来大量顾客流量的平台以及各种业务系统，包括订单处理系统、后台系统、顾客管理系统等，便利店企业则从事线下的实际业务，包括商品的采购、物流、配送等一系列环节。电商网站上的主要商品都是由作为实体的便利店企业组织采购，包括一部分自己门店销售的商品和其他众多种类的商品。由于作为实体的便利店企业，拥有采购职能，拥有密集的网点以及支撑这些网点商品销售的物流体系，因而能很好地省去电商企业在地方上重建物流体系、配送货物的麻烦。两者优势互补，催生出了这种地区销售代理式的合作方式。

日本便利店行业与电商的合作主要也有两种模式：与专业性的电商网站合作或者自己开网店。目前主要的便利店企业都开通了自己的网上购物渠道。顾客可以在网上先下订单然后去便利店取货，也可以直接在便利店付款。主要的便利店企业针对网上购物的消费者有积分回馈活动。网上购买的商品超过了一定的金额后可以免邮费。

（5）系统构建情况

中国便利店企业中除少部分依然采用人工订货以外，大部分企业都已经实现了系统化建设。系统构建主要是委托外部的第三方公司，并且受托的第三方公司非常集中，基本上选择的都是相同的 2－3 家公司中的一家。部分集团性质的企业通过自己的研发团队开发系统，基本可以满足公司内部需求。

各便利店企业在引入系统上的资金投入都不少，平均累计总投入都已超过了千万元，并且每年的维护费用也非常昂贵，通常在百万元以上。

对于自建系统和委托外部建设系统，基本上企业都希望能够自建系统，因为自建系统能随时满足企业自身个性化的需求重新修改系统，尤其是近些年便利店开展的服务种类越来越多，每增加一种服务都有可能需要对系统进行修改，所以自己开发系统灵活性更高。同时企业也希望逐步实现系统的集约化，即同样的系统可以应对更多的业务需求。当然开发系统也需要巨大的人力物力投入，不具备非常雄厚的实力很难自己开发，所以对于非集团性质的便利店企业只能委托给外部公司。

已经实现系统化建设的便利店企业基本上都导入了自动补货系统，并且都是安全库存型的自动补货系统。这样的自动订货系统基本上可以满足企业自动订货的希望，但安全库存线的设定具有一定的难度，并且系统不能区分出畅销商品和滞销商品，不管商品的销售情况如何，只要商品库存量降低到安全库存线以下系统就会自动补货，这样滞销商品也会同样被补充上，因而可以说是初级的自动订货系统。

便利店企业除了少数的几家公司，大多数都有自己的会员系统，但发行的会员卡主要是购物卡、礼品卡等形式，且不记名方式的居多。所以有些企业虽然发行了数量很庞大的会员卡，但大多数是用作礼品赠送或充当购物卡，使用完就被扔掉，所以真正的会员数量很难统计。

会员卡发行主要是通过促销或者积分换礼品的方式来促进销售，基本上没有哪家企业通过会员卡记录消费者的属性信息，然后再根据消费者属性信息和购物时的 POS 数据分析消费者购买喜好。便利店企业大都认为便利店行业的利润很低，而且多以流动客流为主，因而顾客的忠诚度和黏度不是很高，就算发行会员卡消费者也不一定购买，而且发行会员卡还需要成本投入，这对于低毛利行业的便利店来说彻底执行存在一定的难度。当然，也有一部分企业认为很有必要通过会员卡去获得消费者购买特性相关的信息，并会在下一步的公司发展计划中认真考虑。

日本便利店企业则非常注重通过发行会员卡系统来分析消费者的购买喜好。日本罗森便利店发行了 5000 多万张会员卡，接近日本总人口的一半。通过会员卡分析不同门店周边消费者的不同属性，从而实现不同的门店搭配不同的商品，真正实现千店千面。同时，会员系统更强大的地方在于，作为零售商的便利店企业可以通过强大的会员系统了解消费者消费特性的变化，并将这种信息反馈到上游的商品开发中甚至原材料采购上，便利店企业主导从商品开发到物流到销售的整个产业链流程，从而开发出众多消费者真正喜欢的自有品牌商品，这些都依存于强大的会员系统。

目前中国便利店企业只有少数几家对 POS 数据进行简单的分析，主要是分析门店的日均销售额和店内主要商品的销售情况，从而决定各种类商品的取舍。很少有企业能将 POS 数据与消费者会员属性结合起来分析消费者的消费特性。也有很多企业希望做这样的分析，但是总部职能不强，在数据分析上能力薄弱，因而很难做到很详细的数据分析。

日本便利店等连锁零售业非常重视企业的信息化建设，根据业务发展的需要不断地升级企业的信息系统。日本 7－11 便利店从成立开始至今进行了 6 次系统升级，对店铺销售额和利润的增长带来了很大影响。

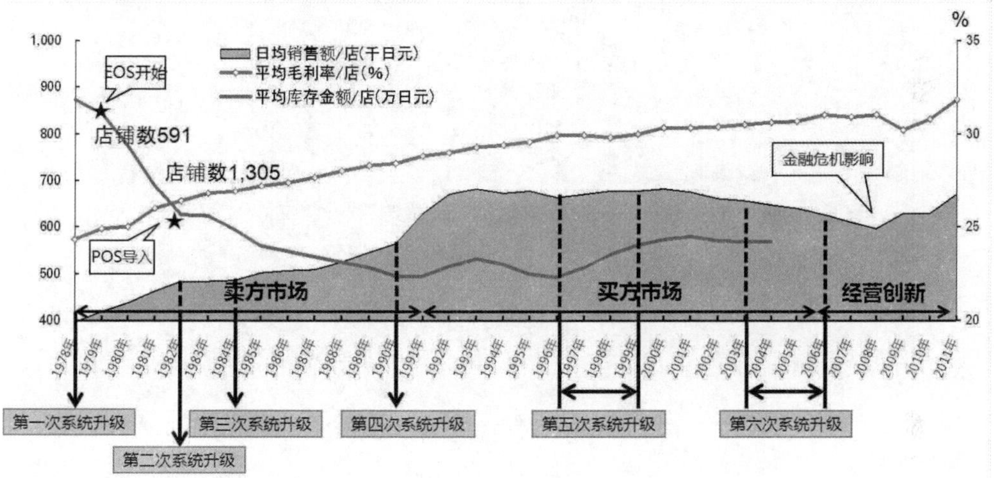

数据来源：日本 7－11 官网公布资料

图 6　日本 7－11 便利店信息系统导入与店铺经营指标推移比较

从图 6 可以看出日本 7－11 历次系统升级都对店铺销售的增长有很大促进，尤其是前四次系统升级。第六次系统升级之后由于全球经济危机的爆发，销售额有所下降，但从 2009 年开始销售额又开始迅速增长，可见前期系统升级带来的企业经营效率的提升是很明显的。第六次的信息系统升级，总投入达到上百亿日元，大大提升了便利店连锁零售业的信息化建设，提高了数据交换效率，仅发票、票据的无纸化就能每年为企业节省十几亿日元的成本，同时利用这些数据实现了规模庞大的消费者喜好分析，进而促进了便利店销售额的明显提升。

3. 中国便利店企业不同规模门店经营效率横向比较

（1）不同规模企业经营效率比较

如图 7 所示，1000 家以上门店的企业的单店销售额明显低于 1000 家以下门店的企业。从经营的角度来看，门店数量越多，更能发挥规模效应的优势，但实际情况是企业的毛利率并未得到提升，反而有被压缩的倾向。这些差异主要来自门店面积和来店人数。1000 家门店以上的企业，其平均单店营业面积在 66 平方米左右，而单位面积的 SKU 则高达 33 个。然而，较高的 SKU 数并没能给企业带来更高的收益。如何准确把控商品构成，分析消费者需求，仍是企业需要不断分析与研究的内容。如何利用规模效应提高销售、降低成本也是需要思索的问题点。

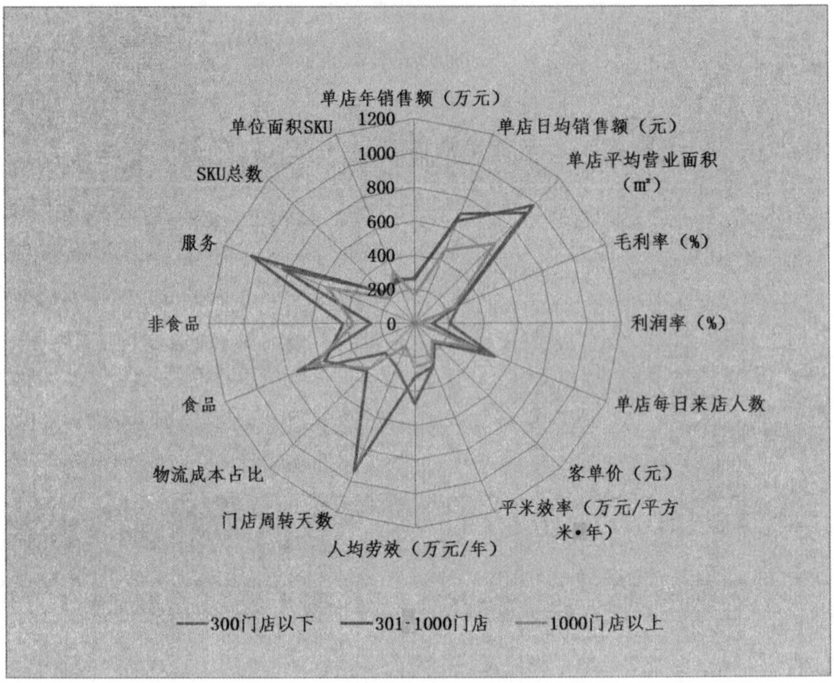

图 7　不同规模门店经营效率比较

表 8　不同规模门店的企业经营效率比较　（单位：人民币）

经营指标	300 家以下门店	301 －1000 家门店	1001 家以上门店
单店年销售额（万元）	269	260	168
单店日均销售额（元）	6463	6977	4598
单店平均营业面积（m^2）	98	92	66
毛利率（%）	27.5%	26.3%	24.8%
利润率（%）	2.0%	1.0%	0.3%
单店每日来店人数	505	439	386
客单价（元）	15.3	15.9	14.1
平米效率（万元/平方米・年）	2.7	2.7	2.5
人均劳效（总员工数：万元/年）	47.0	31.6	25.5
门店周转天数	27.5	9.3	14.3
物流成本占比	2.4%	4.0%	3.8%
食品	73.7%	57.1%	63.6%
非食品	25.5%	41.9%	35.9%

续表

经营指标	300 家以下门店	301 - 1000 家门店	1001 家以上门店
服务	0.8%	1.0%	0.6%
SKU 总数	2588	2550	2038
单位面积 SKU	26	28	33

数据来源：本次调查企业访谈与行业平均值综合计算得出

（2）加盟、直营不同经营模式企业的经营效率比较

如图 8 所示，直营模式为主的便利店企业在单店销售额、利润率、来店人数方面要优于以加盟模式为主的企业。虽然直营模式的企业拥有面积较大的卖场面积，可以创造更高的收入，但更主要的差异在于对直营店的管理要易于加盟店。企业总部的理念与指令可以更准确地传达到门店，门店的执行力更强。

其中，最值得关注的是企业的利润差异。目前，我国以加盟模式为主的便利店企业利润率只有直营企业的一半。在确保加盟收益、提高其积极性的同时，企业却难以进一步提高自身的收益。在日本，94% 的门店均属特许加盟店，毛利分成成为企业最主要的收益来源。当然，企业在获取较高的加盟费的同时，也需要提供给加盟商充分的业务支持。中国国内企业仍需结合本地区加盟商的特点，加强企业自身的建设，提供给加盟商更多的优质服务，站在服务者的角度上，创造适合中国企业的特许加盟模式。

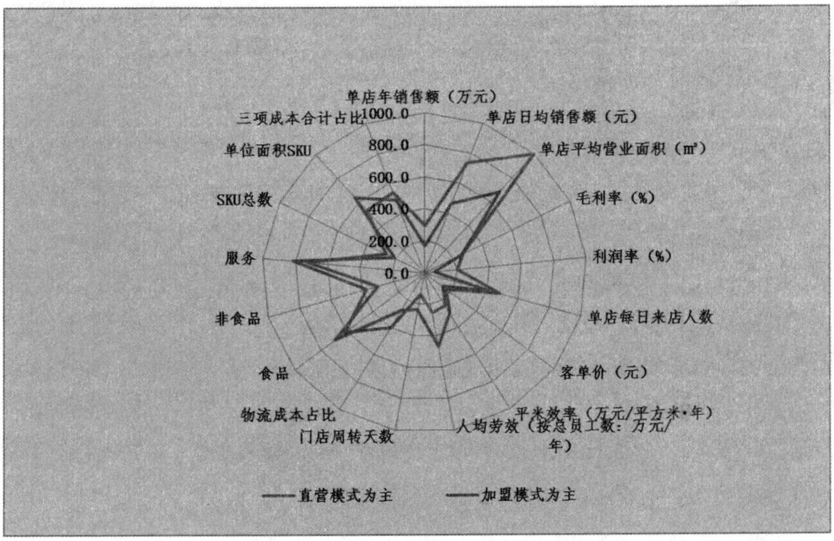

图 8　不同经营模式企业经营效率比较

表 9　　不同经营模式企业经营效率比较

经营指标	以直营模式为主	以加盟模式为主
单店年销售额（万元）	299	168
单店日均销售额（元）	7370	4653
单店平均营业面积（㎡）	100	68
毛利率（%）	26.6%	25.9%
利润率（%）	2.0%	0.6%
单店每日来店人数	481	408
客单价（元）	16.7	14.1
平米效率（万元/平方米·年）	2.9	2.4
人均劳效（按总员工数：万元/年）	46.8	25.5
门店周转天数	23.6	13.9
物流成本占比	2.7%	4.0%
食品	69.0%	61.8%
非食品	30.3%	37.4%
服务	0.7%	0.8%
SKU 总数	2650	2093
单位面积 SKU	26	32

数据来源：本次调查企业访谈与行业平均值综合计算得出

（3）一、二线城市与三、四线城市（不同区域）企业经营效率比较

一、二线城市的人口密度较大，便利店企业通常具有来店人数较高、客单价较高的优势，从而单店销售额普遍高于三、四线城市的便利店企业。另外，较之于三、四线城市，一、二线城市的便利店企业拥有较大的门店面积和适当的 SKU 数量。综合比较来看，一、二线城市与三、四线城市的便利店企业在经营效率方面的差距并不十分明显，但由于销售额的差距较大，如何进一步提高经营效率，增加来店人数仍是三、四线城市便利店企业应该重点探讨的课题。

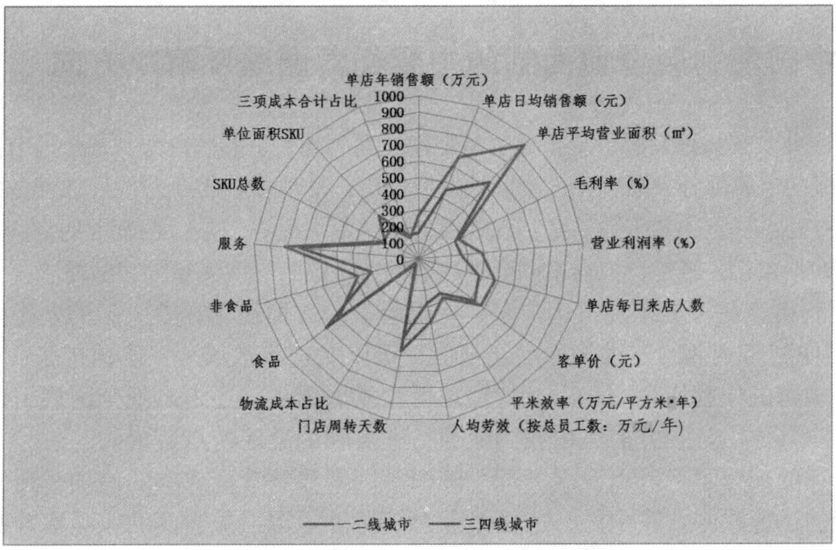

图 9　不同区域企业经营效率比较

表 10　不同区域企业经营效率比较　（单位：人民币）

经营指标	一、二线城市	三、四线城市
单店年销售额（万元）	266	161
单店日均销售额（元）	6693	4514
单店平均营业面积（m^2）	94	64
毛利率（%）	27.3%	24.6%
利润率（%）	1.3%	0.9%
单店每日来店人数	479	381
客单价（元）	15.7	14.2
平米效率（万元/平方米·年）	2.8	2.5
人均劳效（按总员工数：万元/年）	39.3	27.4
门店周转天数	19.1	16.2
物流成本占比	3.2%	3.9%
食品	61.2%	69.9%
非食品	38.0%	29.4%
服务	0.8%	0.7%
SKU 总数	2393	2230
单位面积 SKU	25	36

数据来源：本次调查企业访谈与行业平均值综合计算得出

三、中国便利店企业面临的主要经营课题及解决方向

便利店企业实现长远发展，从企业的品牌建设到店铺人员的执行力，各个环节都是不可或缺、相辅相成的组成部分。纵观先进国家的发展经历，推动便利店业态发展成熟的关键性因素主要有三个方面：一是，多店铺扩张实现规模效应的最大化；二是，在有限的空间内实现单位面积销售额的最大化；三是，根据不同商圈店铺的特点最大程度满足顾客的需求。

中国便利店企业较之经济发达国家，在以上三个方面还存在着一定的差距。

1. 中国便利店企业的连锁化程度还很低，难以实现跨区域、多店铺扩张

目前，中国的便利店企业仍以在特定地区中发展为主，还未出现全国规模展开的大规模连锁企业。其原因，一方面是由我国流通行业发展的地区特点造成的，另一方面是零售行业普遍存在的加盟意愿低以及服务理念陈旧等因素导致管理成本的增加，在一定程度上制约多店铺的迅速扩张。在中国，连锁企业总部所能承诺给加盟商的收益率普遍不高，零售行业普遍存在的工资低、劳动强度大等不利因素降低了店主加盟零售业的意愿。同时，部分加盟店服务素质不达标不利于管理，反而造成管理成本的增加，也致使很多企业更加侧重直营店连锁。

通过特许加盟迅速扩大店铺必然是今后发展的方向。中国企业的特许加盟模式也经历了发展演变的过程。主要分为以下三种：

第一，松散的特许加盟。加盟者拥有店铺或者自行租赁店铺，使用总部的品牌，总部收取固定的特许加盟费，总部统一采购和配送，收取配送费。在便利店发展的初期，广东省的美宜佳多采取这种方式，对于当时店铺的快速扩张起到一定的促进作用。

第二，紧密的特许加盟。这种方式在收取一定的固定加盟费之后，还根据销售额或者毛利进行分成，弥补了第一种方式中加盟者与总部利益脱节的弊端，对于加盟店铺销售额的提升起到了一定的促进作用。

第三，委托经营。总部提供店铺，委托加盟商进行门店经营，总部统一进行管理。较之前两种方式，总部在采配、经营理念的传达和执行上更有主动权，能更有效地管理店铺。委托经营又分成外部人员委托经营和内部员工委托经营两种方式。外部人员委托经营即招聘外部人员为店主，将店铺委托其经营，按照经营收益分成。颇具中国特色的加盟方式是内部员工委托加盟。本企业培养的员工，采取加盟费优惠等政策委托员工担任分店的店长，自主进行经营。这种方式可以弥补外部加盟整体服务素质低下的弊端，有助于总部管理理念的执行，又避免了管理上的麻烦。店铺经营的成效直接和员工的工资收入挂钩，是一种积极的激励措施，更加具有人性化。

企业只有开展大规模连锁，最大程度地增加门店数，才能更好地发挥采配、广告宣传等投资的规模优势，降低服务总成本，包括总部管理资源、信息资源的共享、培训技术和协作网络的共享，节省平均固定成本，在较短时间内抢占市场份额。如美国的西尔斯、Service Merchandise 均采用小商店连锁方式，取得了很好的效益。

在日本，仅 7 - 11 一家企业在全国拥有的店铺数为 15852 家（截至 2013 年 9 月），其中 90% 以上的门店是加盟店。2002 年至 2012 年的 10 年间，平均每年的新开店铺数为 512 家，成熟完善的特许加盟方式促进了店铺的迅速扩张。无论哪种加盟方式，对于企业总部

的管理水平的要求都很高，日本 7－11 特许加盟方式的关键之处在于总部和加盟商双赢的利润分配模式，店铺经营过程中，总部会给予加盟商很大的支持。主要体现在三个方面：第一，由总部提供经营基础，如商品开发、信息系统、销售设备、物流系统、广告宣传费用等；第二，由总部派驻的店铺指导员针对门店进行紧密的经营指导；第三，本应由店铺店主负责的会计记账业务等，都由总部代行，通过缜密的信息分析对门店的运营提供指导；第四，针对门店店主和员工提供最低保障，分担部分成本，保证工作的稳定。比较一下中日两国的加盟模式不难看出，日本的双赢模式的加盟，通过降低单店的销售成本，提升了加盟商的收益，同时总部的特许加盟收益也相当可观。

表 11　　中国便利店企业不同加盟方式比较

加盟方式	特许加盟		委托经营	
	松散的特许加盟	紧密的特许加盟	外部委托加盟	内部员工委托加盟
店铺资源	加盟商自有店铺或租赁店铺		总部提供店铺	
收益分成方式	总部收取门店配送费、托管费	总部收取一定的配送费、托管费、销售额分成或毛利分成	销售额分成或毛利分成	
加盟商义务	按照总部的规定经营，自己有部分采购权	完全按照总部的规定经营，经营自主权较低	完全按照总部的规定经营，经营自主权较低	
总部义务	商铺选址，商品管理，市场分析，采购，物流，配送，门店管理			

数据来源：据各公司网站、公开信息制作

表 12　　日本便利店主要加盟模式　　（单位：人民币）

加盟合约	合约类型（1）	合约类型（2）
签约时间	10－15 年	10－15 年
门店所有权	加盟商自有或租借	总部自有或租借
水电费负担	总部：80%；加盟店：20%	总部：80%；加盟店：20%
签约预交金	开店手续费①：8 万	开店手续费：4.2 万
	24 万　学习费用②：4 万	21 万　学习费用：4.2 万
	开店预备金③：12 万	开店预备金：12 万
利益分成	总部收取销售总收益④的 45% （24 小时营业的话收取 43%）	基于销售收益的浮动比例分成：0～20 万　54% 20 万～32 万　64% 32 万～44 万　69% 44 万以上　74% （24 小时营业的话分成比例降低 2%）
	开店超过 5 年的加盟店有奖励机制 （总部降低利益分成比例）	

续表

加盟合约	合约类型（1）	合约类型（2）
最低收入⑤保障	24 小时营业加盟商：152 万 非 24 小时营业：128 万	24 小时营业加盟商：136 万 非 24 小时营业：112 万

注：①开店手续费：开店签约前到店铺开张，便利店企业内部实施的一系列手续费用。②学习费用：加盟商学习店铺运营相关理论和实际业务 10 天的费用。③开店预备金：针对新开店铺需要的库存商品、零钱、店铺设施引入等需要的费用。加盟商至少需要提供的保证金，其余不足的部分可以暂时从公司总部融资。④销售总收益：商品毛利率。⑤加盟商最低收入：销售总收益减去企业总部的利润提成为加盟商的总收入；加盟商总收入再减去门店营业费用就等于加盟商收益。⑥由于各家企业的实际值有所不同，以上表格中的数据只作参考。

数据来源：各企业网站、公开信息汇总

表 13　　日本便利店加盟商与总部各自职能分工

加盟商（专心店铺经营与销售）
商品管理（订货、货架管理等）
人员管理（招聘、教育、人事管理等）
经营数据管理（销售、经营管理）

↔

总　　部（提供店铺运营支持）	
经营辅导	商品开发、商品信息
信息系统支持	财务会计
广告宣传	物流系统服务
销售设备租借	负担 80% 水电费用

数据来源：各企业网站、公开信息汇总

表 14　　日本便利店总部与加盟商构建信赖关系的三种制度

毛利分配制度	总部和加盟商按照一定比例分享店铺商品毛利润（利益共享，风险共同承担）
财务系统开放制度	为确保加盟商在只有很少资金的情况下也可以加盟并稳定经营，总部与加盟商实施财务系统开放，方便加盟商与总部的结算以及从总部的融资
最低收入保证制度	为降低加盟商的加盟风险，总部实施加盟商最低年收入保障制度

数据来源：各企业网站、日本经济新闻等信息汇总

多店铺扩展方面，值得一提的是地毯式的集中开店策略，在进入新的区域之前，根据建店要求对店址进行考察，并在此基础上探讨有无集中设店的可能。通过集中开店，首先可以相比其他竞争企业先一步拿到好的开店位置。其次，各个分店对广告、信息、市场推广等资源进行共享，可以提高宣传效率。第三，缩短经营指导负责人在各门店奔波的距离，确保足够的指导时间。第四，统一配送、经营管理模式等资源的共享，可以有效改善物流效率，保证商品的鲜度，从而降低流通费用，减少鲜食的损耗，降低成本，最终通过规模实现利润的增长。

2. 单店平均面积偏小，单位面积商品品类较多，主力商品对销售额贡献度未得到充分体现

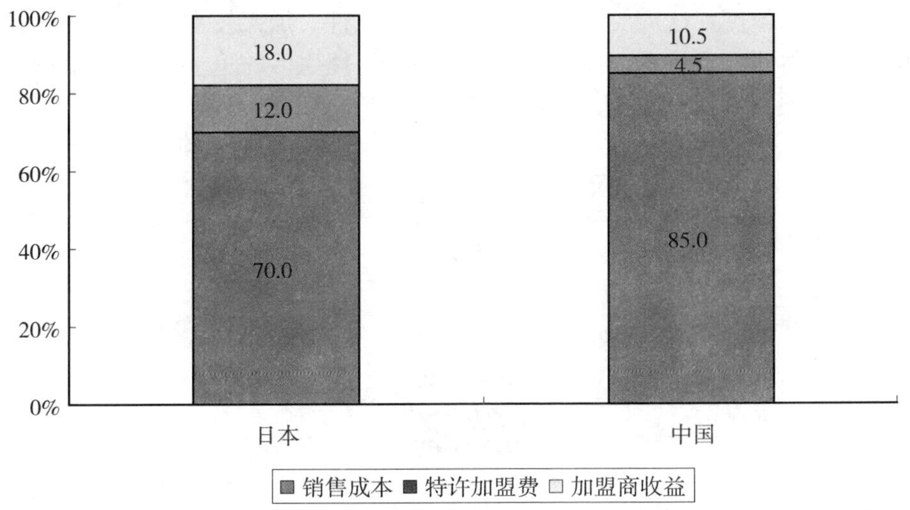

数据来源：各企业网站、日本经济新闻等信息汇总

图 10 中、日便利店加盟商收益情况

中国便利店的平均营业面积在 80 平方米左右，日本便利店则为 110 平方米，而美国便利店平均营业面积高达 260 平方米。相对较小的营业面积，中国便利店的单位面积 SKU 数却是处于高位，达到 30SKU/平方米，日本为 22SKU/平方米，美国便利店的单位面积 SKU 数不足 15 个。在狭小的面积内要摆放 2000－3000 多种商品，给人的感觉很拥挤。单位面积内商品品类多而杂，无法体现主力商品的优势。但是减少单品数会相应地牺牲部分因收取通道费而带来的利润，很多企业面临两难的局面。

单位面积内销售额的提升，就是购买频次和单次购买金额的同步提升。便利店因为门店面积受限，如何在有限的营业空间中实现最大化的销售成为成功的关键。便利店销售的死敌是顾客想要购买的商品缺货，卖不出去的商品却占据很大的货架面积。必须通过对顾客需求的精准分析，增加畅销商品，加速新商品的导入，可以给顾客带来更满意的商品体验，从而提高来店频率，增加销售额。同时，撤除滞销商品，可以帮助减少不良库存，从而减少降价商品的比例，品类的减少伴随着人工成本的降低，也有助于整体利润的提升。

同时，便利店不同于其他的小型超市的关键是必须回归到便利店商品和服务的宗旨，即提供便利性，社会服务功能的升级以及相应的信息化水平的提升也是提升来客数的关键。中国的便利店由于空间较小，相对而言，制约了周边服务功能的扩展。日本的便利店除了采用香烟机、咖啡机、ATM 机等先进的技术装备提高店内交易自动化外，还采用先进的零售信息系统，对供应链上的顾客和供应商进行跟踪和反馈，以减少进货的不准确性，降低库存，加快资金周转，提高管理效率。美国 Compusah 和 Cricuit 公司还在便利店内设置电子亭和网上虚拟雇员，给顾客提供查询全部系列产品的电子目录或网站，实现互动式沟通和销售，极大满足个性化需求。

另一方面，生鲜与速食的销售也是提升来客率，体现其便利性的又一特征。而生鲜与速食的销售无论在软件还是硬件方面，对于经营者与企业而言均是更富挑战的一环。生鲜与速食的销售，需要一套完整的供应链体系来支撑，在保证食品安全健康的同时，要确保食品的最佳口味与鲜度，这需要从食品原料、运输条件、加工技术、店内管理等多层面进行精细化管理。尽管苦难重重，但随着消费者对于快捷生活的追求，生鲜与速食市场需求不断扩大，对于便利店企业而言，既是市场机会也是社会责任。

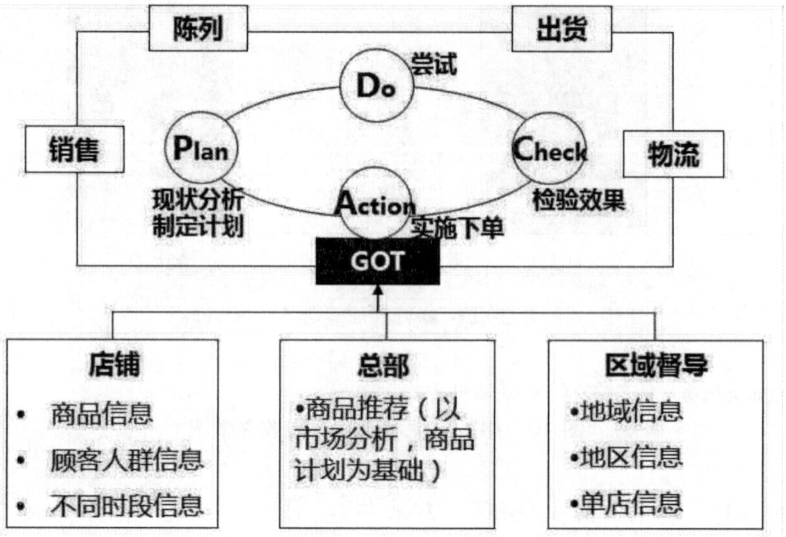

数据来源：日本 7－11 主页

图 11　日本 7－11PDCA 推进方式

随着生鲜与速食的扩大，便利店企业根据消费需求大胆地进行门店要货量的预测和下单，减少损耗率，成为业务成败的关键。日本 7－11 有一套完整的 PDCA（Plan－Do－Check－Action）体系，通过对每日的 POS 数据进行彻底的分析，基于分析结果进行订单量的预测并进行合理下单，积极引入畅销商品和新商品，将滞销商品及时撤除，同时调整货架陈列和库存，从而提升销售额。首先，了解顾客需求，设定产品结构与销售数量，分析销售数据，针对分析结果再次调整产品结构与销售数量。以店铺为主，进行改善的尝试并及时针对效果进行评价，将积累的成功经验在公司内部进行共享，及时采纳之后，对于其他类似店铺具有很大的参考意义。这是一个不断循环的过程，商品结构的优化正是随着不断的商品设定与修订来完成的。总部、区域督导、店铺之间实时的信息共享也是成功的关键。

3. 便利店发展到一定规模，必须在标准化的基础上进行一定的差异化，根据不同商圈店铺的特点最大程度地满足顾客需求

不同的地区，商业布局、交通状况、消费层次、消费习惯不同，在店铺面积、内部布局规划、商品类别上均存在着差异，便利店的模式也是多样化的。在日本，同一品牌的多业态化趋势比较明显。比如，罗森旗下就有“Natural Lawson”、“Lawson Store100”分别主要面向年轻女性、主妇等不同属性的顾客，另外还有“Lawson 药妆”这类与兼营药妆店类似的模式等多种形式。7－11 旗下的店铺推出多种移动销售、送货上门、网络购物

等，进行从等候客户上门到走近客户等经营形式的创新，收到了很好的效果。

目前，我国便利店虽然都已实现统一进货，统一的标准化管理，门店在货品的选择和陈列方面也有一定的主导权，但是各家店铺对于所在商圈的消费者特征的掌握还不是很到位，难以形成差异化。最明显的表现有，各家店铺的商品销售情况的跟踪和分析方面还存在滞后性，POS数据很难做到细分到年龄层的分析。如何运用信息系统进行实效的数据分析成为关键所在。通过对每家店的POS数据进行分析，如ABC分析、销量趋势分析、商品组合分析，可以明确每家店铺的目标客户群，根据客户的年龄层次、来店时间、购买商品的情况，有针对性地推出适合的商品，在特定的时间段进行商品的宣传和组合促销，对推动整体的销售额增长有很大促进。

同时，为推动不同商圈内店铺销售的共同效应，应该加强区域督导职能的发挥。一般而言，1个区域督导管辖7-8个店铺，是联结总部和店铺的纽带。可以将总部的经营方针传达给店铺，还应该立足于顾客的立场来分析和解决问题，同时给予店铺相应的经营指导。各家店铺的成功经验，也可以通过区域督导共享给其他的店铺，达到成功经营有效分享的效果。

	7-11	Lawson	FamilyMart
	「nanaco」（电子钱）	「Ponta」（积分卡）	「Famima T Card」（与T point合作）

发行数量（万枚）	2,000	5,000	4,200※2※3
每月使用次数（万件）	6,400	16,329	13,155※2

※1：仅限于集团外主要加盟企业
※2：合作方Tpoint的数据
※3：会员人数

资料来源：图像采自Seven-Eleven Japan、Lawson、FamilyMart等企业官网，数据源自企业公开信息（截至2012年9月末）

图12 日本便利店企业会员卡的发行

另外，通过发行会员卡，收集详细的ID-POS数据，可以更好地进行会员的细分，追踪商品的购买情况，根据会员的属性特征和购买履历，有针对性地进行商品调整和促销。

线上和线下结合也是一种新的尝试，通过微博、微信等社交媒体，辅之以手机定位系统，进行新商品和促销信息的适时推送，促进潜在客户的来店率的增加。

总之，要重视市场细分和定位工作，加大与其他业态的差异性，使之贴近大众，更能满足商圈顾客对于便利性的追求。

四、中国便利店企业对国家相关政策和法规的期待

中国便利店行业的发展除了企业自身的改革创新之外，国家政策方面的支持也是必不可少的。目前，便利店企业想要进一步发展却面临着各种国家政策和法规上的限制，希望得到有关方面的关注。针对便利店行业的发展，各家企业提出了一些期待。

1. 中国便利店企业期待国家相关政策和法规方面的支持

（1）便利店统一纳税

希望实现总部统一纳税是大多数接受调查企业共同的期待。目前中国的便利店企业经过一段时间的发展，多数已经具备一定的规模并实现了跨区域的经营和发展，可是对于这样具有一定规模的标准化企业而言，不能统一纳税给公司带来了非常大的经营成本，区域规模越大因此产生的成本就越高。

例如：青岛利群目前的店铺分布在 27 个不同的片区，缴纳税额也需要分 27 处分别交税。比较而言，一些小规模的个体经营的杂货店则没有分区纳税的成本，也不需要按一般纳税人缴纳增值税，这样一来连锁便利店的规模优势无从体现。同时，由于不能统一纳税，各门店之间的盈亏不能相抵，造成企业平均缴纳的税点颇高。

除了统一纳税，实现地方企业与外来企业平等纳税也是各家企业共同的心声。连锁便利店发展到一定规模必然通过跨区域的经营实现进一步的店铺扩张，但目前有些地方政府对于本埠企业与外埠企业在纳税、行政审批上区别对待，加重了外埠企业的经营负担，部分企业本埠的门店与外埠的门店在缴税额上相差甚至达到 40% 左右。

（2）手续的简化（开店以及营业执照增项简化）

便利店企业反映，开店需要办理的各种行政手续繁杂，费时费力。行政手续的繁杂主要体现在以下几个方面：

其一，需要办理的证件种类多。一般情况下，新开一家门店需办理的证件少则 7 - 8 种，多则 10 种以上。而且，不同的证件，以及不同产品的销售许可需要分别到不同的部门办理。

其二，办理时间漫长。一般情况下，新开一家店所需的证件全部办齐少则 1 个月，多则 2 - 3 个月，这段时间里租金等各种成本都需要支付。有些企业甚至在开店筹备工作完成后数个月，因为办不齐相关证件，拿不到营业执照而不能正常开店营业，但此时企业的各种成本依旧需要支付。

其三，总部与各分公司、店铺需要重复办理各种行政手续。这是所有企业的共性问题。总部办完销售许可证之后，各分公司和各店铺还要重新再办一次。同时，营业执照销售范围的增项也是一样。总部办妥增项后，各分公司和分店都要重新增项一次。这些行政审批问题对于企业来说是无形中增加的隐性成本，就发展环境而言，限制了企业的健康快速成长。

（3）经营品类放宽（食品、烟酒销售许可 + OTC 许可 + 鲜食许可）

有关经营品类的放宽也是各家企业共同的心声。具体表现在以下几个方面：

其一，食品安全许可证的办理缺乏人性化。食品安全是关系消费者生命健康的大问题，严格要求是理所当然的。但在办理时，还是有些不合理不人性化的地方。比如，新品

种的鲜食商品，在申请办理食品安全许可证时，有关部门要求食品货物必须上架，摆好后才过来进行验收，验收完才能合格、开店，而这一般需要一定的时间，如此一来，先期摆在货架上的食品一般都已经过期变质，只能作废处理，造成成本的浪费。

其二，烟草销售许可证以及香烟配额的发放限制。部分企业经常因为拿不到香烟销售许可证或者只能拿到少量的香烟销售配额而出现柜台香烟缺货的现象。同时由于香烟以及食用盐的跨境流通困难，就算是同一家连锁企业，某些店铺出现断货想从其他店铺调剂货品过来也是被禁止的。政府为了稳定香烟的市场秩序禁止香烟跨区流通可以理解，但对于连锁企业是否可以给与一些特殊的政策，从而更好地满足市场需求是各企业共同的心声。

其三，OTC 药品销售的放开问题。目前只有极少数便利店企业可以销售 OTC 药品，但是消费者关于药品销售的呼声很高，很多便利店企业都被消费者提议为何不能销售一些常见药品。目前中国 24 小时营业药店很少，消费者夜间购买药物极不方便，而对于多数是 24 小时营业的便利店而言，销售药品可以弥补这个需求的空缺，对于提高消费者生活便利性上来说有很大的促进作用。

其四，扩大鲜食速食销售困难。目前中国便利店多数都增加了鲜食和速食的销售，但没有正式的相关法律条文规定便利店可以经营生鲜和速食，所以目前工商等多个行政部门均可督查便利店鲜食的销售，但相关的法律条例还未完全出台。便利店企业经营鲜食，是便利店在便利性上非常重要的服务内容，国外大的便利店企业都已经开展这样的业务，普遍受到消费者的认可。在中国，近年来随着外资便利店的进入也开始尝试开展类似的业务，但是进一步的发展还是需要政府从行政管理和政策条文上给与明确的支持。

（4）消防安全和食品安全方面的审核

对各便利店企业而言，目前安全审核也是困扰企业的大问题。

首先是消防安全。各家企业均表示目前消防部门对便利店企业的消防安全要求与大卖场、百货商场基本一样。这对于情况特殊尤其是面积狭小的便利店企业而言要想达标非常困难。比如，大卖场和百货商场的消防通道起码要求是 1.2 米的宽度，但便利店一般面积狭小，如果同样也需要配备 1.2 米的消防通道的话，剩下的货架面积就会非常有限。

其次是食品安全。目前国内部分便利店开始经营生鲜速食，这是近年来刚起步的新业务，但是工商等相关部门对于便利店经营鲜食的要求也跟一般的餐饮业同等要求，这对于主营零售的便利店企业而言，有些硬性指标很难完全达标。

以上从消防安全和食品安全的审核上简单讲了下受访企业的难题，我们不难总结出便利店企业是一种特殊的零售业态，其最终目的是为消费者提供各种生活上的便利，这样就必然要求其业务内容涵盖零售、餐饮、服务等行业，其复杂程度要远远高于一般的零售业或是餐饮业。但从便利店作为提高消费者日常生活便利性这一社会功能来看，可以说便利店也是社会公共设施的一个组成部分。因而为了促进便利店业态的发展，有关政府管理部门应提升对便利店业态的重视，将便利店作为一个独立的业态，建立相互配套、支持便利店业态发展的各种鼓励政策。而在纳税、行政审批、经营品类、安全审核等环节上，应在保证质量以及不影响消费者消费安全的前提下，酌情处理，区别对待。

2. 日本政府支持促进便利店行业发展的主要政策

日本政府在市场调控方面主要充当的角色以及对民营企业实施的支援活动，主要分三种情况：一是，为支持力量薄弱、发展艰难的中小企业的生存和发展；二是，支持和促进先进商业模式的发展，为行业内的其他企业树立榜样；三是，针对一些提供公共服务的企业，当通过市场价格机制调控难以取得平衡的情况下，政府会给予一定的支持，比如对托儿所这样的公共服务机构的支持等。

在便利店发展的初期，日本政府主要以上述第一种情况来支持中小便利店企业的发展。首先于 1972 年编制了《便利店门店手册》，旨在促进中小企业便利化、连锁化发展。从此时开始，中小便利店企业得到逐步的发展，逐渐出现了一批大规模的便利店企业。后来在一些地方的商业振兴政策中，便利店企业就没有被定位为中小企业和需要扶持的对象。

日本政府在促进便利店企业发展上的举措具体表现在，零售企业需要引进一些先进的设备，而这些设备的成本回收比较慢，政府在企业引进诸如太阳能发电设备以及节能环保型空调等新设备方面给与一定的财政补贴。

近些年，日本政府也偶尔会以上述第三种形式来支持便利店企业的发展。例如发生自然灾害时，便利店将行使生活必需物资的派发这一职能，政府会全盘购买便利店的商品分发给灾民，或者直接补偿便利店一定的补贴，而这种补贴仅限于自然灾害发生的情况。

今后日本政府正在考虑把部分政府部门的行政服务委托给便利店企业，同时也考虑作为回报给与便利店企业一定的财政资金补贴。最近在日本的有些地区，垃圾箱和公共厕所越来越少了。其原因就是因为便利店里自带垃圾箱和可以免费使用的厕所。便利店企业可以通过这些公共服务增加来店客流，政府则可以减少公共设施上的投入。由于便利店的网点密集度要远远高于政府的行政服务部门，例如公共厕所的密集度，所以通过便利店提供这些服务，无论对消费者还是政府或是便利店企业本身都是非常有益的。

久而久之，日本的消费者已经习惯了便利店企业免费提供这些政府部门应该提供的公共服务，甚至更多的消费者认为这是理所当然的事情，这导致后来开店的便利店发展非常困难。

但毕竟便利店是企业，是需要盈利的，因此日本政府考虑到这些方面，正在从制度上和资金补贴上给与便利店企业有力的支持。

首先是日本政府对于便利店销售生鲜速食的限制放宽。随着消费者在日常饮食上对于便利性要求的不断提高，出现了各种新型的餐饮机构。对于这些新兴的营业机构，根据食品加工的实际情况制定合理的行业设施标准的急迫性越来越明显。同时，食品安全是重大民生问题，因此有关食品安全的标准设置问题就被提上日程。2005 年 6 月，在日本全国范围组织开展了行业限制改革放缓的意见收集活动。该活动对便利店经营餐饮速食的标准设置、如何明确等议题，收集了众多意见。日本厚生劳动省在此基础上，于 2007 年 3 月 19 日发布了“便利店经营餐饮速食设施标准指导方针”。

日本政府将便利店企业经营餐饮速食和一般餐饮企业进行比较，发现二者虽然同为食品加工业务，但在一些关键点上还存在着很大的差异（见表 15）。便利店企业经营餐饮速食上，在很多可能影响食品安全的环节由于其特殊性使得其安全性要高于一般餐饮企业。因此日本政府对于便利店企业经营餐饮，在设施标准上做出了一些调整：

其一，加工场地的地面、墙壁、天花板原则上需要采用具有防水性好或者隔水效果好的材料，但根据具体经营的食品种类和加工的程序的不同，在不影响卫生的前提下，可以不限制使用某种特殊材料。同时，关于地面的排水设施和地面排水倾斜度，在确定不影响安全的前提下，也不做特别的规定。

其二，关于清洗设备，如果只限于清洗某些特定的器具，后者只用于清洗少量的器具并且不影响安全卫生的情况下，可以不需要配备多个水槽的洗水池。

其三，关于顾客用的洗手池，如果没有单独设置顾客用餐区，在不影响安全卫生的前提下可以不在销售现场特意安装。

其四，关于冷藏设备可以参考《餐饮企业设施标准》，在确保安全卫生的前提下，可以在加工场地以外配备。

其五，关于收银处的简易加工场地，如果收银台能将销售场所与加工场所隔开的话，同时所经营的食品种类以及数量从安全角度考虑不会出现大的问题的前提下，可以不用另外单独设置。

表 15　　便利店企业经营餐饮与一般餐饮企业经营餐饮的区别

内　　容	便利店	一般餐饮企业
加工过程中，原材料是否需要提前加工	没有（原材料使用包装成品或半成品）	有（原材料需要筛选、解冻、剥皮、清洗等）
原材料加工程序	没有（原材料使用包装成品或半成品）	有（切碎、研磨、调味、整形等）
加热的主要目的	为吃起来更有味道而进行的加温、保温	为防止原材料带有微生物污染到食品
食器是否需要清洗	没有（多采用一次性食器）	多（因为不同客户在使用）
加工器具是否需要清洗	很少（只需要洗加热器具或者盛舀器具）	多（从原材料的提前加工开始的一系列过程中使用的器具都需要清洗）
加工人员的行为区别	同一个人负责加工、盛舀、收银	多数情况下加工者和配餐、收银人员是不同的人

数据来源：日本厚生劳动省医药食品局

当然，关于食品安全卫生的管理不管是便利店还是一般餐饮企业都需要严格遵守，这是共同对消费者生命安全负责的做法。所以即使是简单的食品加工，为防止出现食品安全问题，需要对便利店内具体操作食品加工的从业人员进行必要的安全卫生教育。

从以上日本政府针对便利店企业经营餐饮速食的规章制度改革中不难看出，日本政府结合便利店经营的实际情况，从意见听取收集到制定合理的改革方针都做出了详细的规划。最终结果上也是对于便利店企业的餐饮业务，在一些硬性要求上做出了退步，这样便利店企业可以名正言顺地全心经营餐饮速食，为消费者提供最大的便利性。

其次，我们再看看日本政府近年来在放开医药品零售限制方面采取的各种措施。

表 16　　日本在便利店经营品类放宽方面的具体措施

时　　间	限制放宽的内容	便利店开始销售或扩充的商品
1995 年	实施新粮食法令	大米
1996 年	旧邮政局邮票销售设置基准放宽	邮票、明信片、印花
1997 年	旅行业法实施，相关限制放宽	旅行商品
1999 年	医药品销售限制放宽	营养冲剂
	银行法实施，相关限制放宽	ATM 机
2003 年	酒类销售的实质自由化	啤酒、威士忌、葡萄酒等
2004 年	医药品销售进一步放宽限制	肠胃药、维生素等
2009 年	改正医药法的实施	大众药品

数据来源：日本厚生劳动省医药食品局

从表 16 可以看出，日本近年来对医药品的品类限制逐渐放宽，从保健营养药品逐渐开放到一些大众药品。

在医药品的销售方面，日本政府一直以主张企业自行承担责任以及充分发挥市场调节机制为目的，从 1995 年内阁会议制定放宽医药销售限制政策以来，不断进行方案的修订。最终在 2009 年实施了改正医药法，将一些大众药根据其副作用的程度分成了三大类，分别规定了特殊的销售条件（见表 17）。

表 17　　日本大众药分类基准

分　类	设定的主要代表药品（种类、厂家）	登记销售机构是否可以销售	即便没有问题也需要提供病情信息
A：副作用很高的药品	肠胃药（Zepharma） 脚癣药（久光制药） 生发剂（大正制药）	不可以	必须提供
B：副作用比较高的药品	感冒药（武田药品工业） 清热镇痛剂（LION） 杀菌消毒药（Zepharma） 改善睡眠药（SS 制药）	可以	尽量提供
C：副作用比较低的药品	维他命药剂 漱口药（明治制药） 促进消化的药	可以	可以不提供

数据来源：日本厚生省改正药事业法

第一类（A 类）药品只有通过专业的药剂师才可以销售；第二类（B 类）以及第三类（C 类）则不需要通过专门的药剂师，只要具备药品销售资格并登记注册的机构就可以销售。

感冒药、镇痛剂、肠胃药（部分）等主要的一些大众药品都被划入了 B 类和 C 类药品，在便利店可以销售，并逐渐成为该类药品的主流销售渠道。作为大众药品的主要组成部分的B类药品，规定了消费者需要尽量提供病情信息，因而这类药品需要陈放在便利店收银机后方的货架上，这些货架消费者用手够不着，需要通过收银员帮忙才能购买。对于便利店而言，这样的陈列不影响正常的货架摆放，腾出来的货架可以放一些其他的商品。

通过相关机构的调查，我们了解到日本政府放开医药品的销售限制，很大程度上给消费者带来了便利性。以营养冲剂为例，放开销售限制后，销售该类商品的店铺比例一下子从10%提高到了90%，营养冲剂的整体销售额也大幅度提升，平均价格也大幅度下降，平均每个家庭的平均购买率等都大幅度得到提升。

不仅仅医药品，其他品类商品的销售限制放宽也很大程度上给消费者带来了生活上的便利，同时极大地促进了零售业的销售业绩。

五、中国便利店发展展望

中国便利店行业经历了近30年的发展，已经初具规模，正面临着第二次扩张的考验。同美国、日本等经济发达国家的便利店发展经历一致，中国便利店企业必将在今后日渐加剧的竞争中迎来新的业态创新、功能创新、管理创新等多重考验。在规模化、集中化、信息化的趋势不断强化的市场环境下，便利店的发展应该紧紧围绕“便利”做文章，在向消费者提供便利、急需商品的同时，要加强与其他服务部门和行业的联合，不断完善与居民衣食住行息息相关的服务项目，加速建设快捷、便利的网络化服务平台，更好地服务于社区和消费者。

此外，中国便利店行业要实现良性有序发展，还需国家相关政策的扶持以及社会各方面的帮助、配合。企业统一纳税政策的全面执行，以及办理相关审批手续的简化，都将为企业多店铺的快速发展起到保驾护航的作用。而国家相关主管部门对限制性商品品类的销售管理政策的放宽，以及针对便利店企业快餐业务的连锁化经营的限制性管理措施的进一步放宽，对于促进和提升便利店便捷性和餐饮服务的标准化管理也将起到一定的积极作用。同时，社会各领域、各方面的投资者对连锁加盟的重视和参与，都将积极推进连锁经营的良性发展。

随着城市化进程的加速，国民收入的不断增加和累积，消费者对生活便利性与商品品质需求的不断提升，便利店作为大卖场和超市业态的有效补充，都将成为极具发展前景的零售业态。

（中国连锁经营协会　野村综研（上海）咨询有限公司）

2012－2013 年度专业店经营状况分析报告

据中国连锁经营协会（简称协会）2012－2013 年度连锁零售企业基本情况调查统计①，以及对过去一年中国零售业整体环境、主要业态经营状况和发展趋势分析，本年度传统零售家电连锁企业受到电子商务巨大冲击，促使其在积极布局网络销售渠道并紧密结合的同时，加大向三、四线市场渗透性探索发展；而消费群体格局的变化与升级突显了儿童相关业态及规模的创新和快速提升。

一、专业店发展现状与趋势

（一）家电连锁企业店铺提升与电商布局并行

传统家电连锁零售无疑是受到电子商务冲击最大的零售业态，然而这也促使中国家电行业转变发展模式，积极布局网络销售渠道，并进而成为与网络零售结合最紧密的业态。

2010 年 2 月 1 日，苏宁易购网上商城正式上线；2013 年 2 月，苏宁电器宣布公司开始发展云商零售模式，即“电商＋店商＋零售服务商”；2013 年 6 月 8 日，苏宁正式推出线上线下同价策略，同时推出免费开放线上平台的策略，以期提高苏宁易购的产品丰富度和网站流量。不仅全国性连锁企业苏宁、国美积极扩大市场覆盖率，而且区域家电连锁企业也纷纷依托网络平台，探索适合自己的电商模式，加大三、四级市场渗透率。

由于家电实体店铺为顾客带来的购物体验是网络零售无法替代的，故而家电实体店铺有其持久发展的内在因素。但是，网络渠道分流一部分销售额，会使实体店的规模发生变化，由此可能会导致一些业态的改变。在这样的环境下，零售商不妨自问，是否需要一个新的店面形象？是否需要将商店的一部分改造成体验馆？是否应该重新考虑租用的面积与条款？

（二）儿童业态蓬勃兴起

至 2012 年年底，中国 14 岁以下儿童已近 3 亿，其中生活在城市的儿童人数超过 1 亿，儿童消费支出占整个家庭收入的 30% 左右。2005－2009 年，中国儿童消费市场规模由 740 亿元增加至 1653 亿元，预计 2013 年国内儿童消费市场规模将达到 3111 亿元。

---

① 见《中国连锁零售企业经营状况分析报告（2012－2013）》，中国连锁经营协会、德勤研究，2013 年 8 月。相关经营指标、效率指标、费用指标见附录二“指标说明”。

本调研所指的儿童业态既包括婴童用品零售，也包括儿童游乐、体验，以及教育服务连锁。其中儿童用品零售约占整个儿童业态的20%，儿童体验和教育市场规模占80%。

正是看好儿童业态的发展，2013年伊始，全国已有近百家购物中心先后扩大儿童品牌招商，并对儿童区进行改装升级。随着中国购物中心的调整，日渐兴起的儿童业态正成为购物中心中重要组成部分，有的甚至成为核心部分。儿童消费为商家带来高利润的同时，也成为购物中心拉动全家消费及关联商品销售的重要因素。

除了传统渠道，网络也是促进儿童业态发展的重要渠道。苏宁收购红孩子，乐友孕婴稳步发展，天猫、京东、当当等B2C电商平台加码母婴市场，均体现出网络销售对于儿童业态的重视，但目前尚未出现一家独大的局面。整体而言，中国儿童连锁业态仍然处于发展早期，市场集中度较低。虽然本次连锁百强企业中并未有儿童业态连锁企业上榜，但其广阔的市场前景无疑值得我们关注。

二、专业店企业发展情况

（一）企业规模情况

本年度专业店行业调查中，专业店样本企业共7家，包括家电零售、家居建材、手机连锁等企业。从总体上看，样本企业的销售额和门店数量均有增加，但营业面积略有下降，员工数量降幅明显。

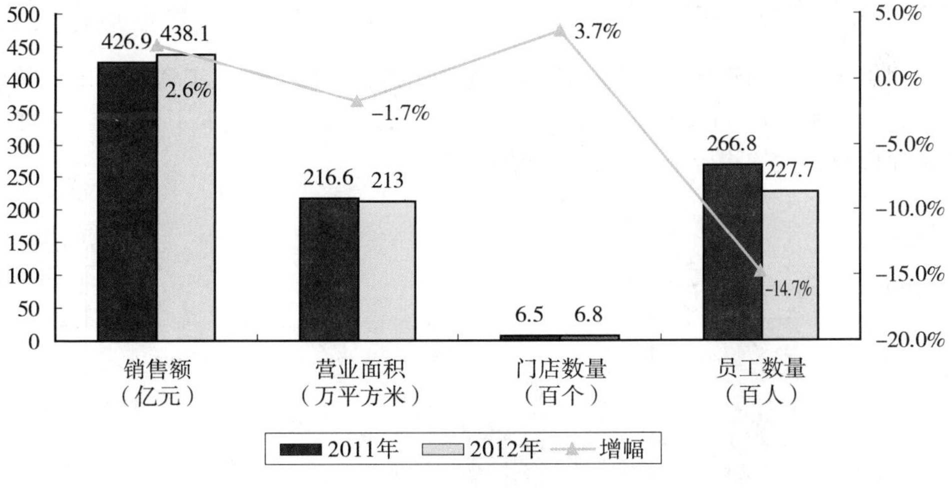

图1 专业店企业样本企业规模情况

（二）人效和平效

以家电为主的专业店，平效出现下降，但人效有所增长；以IT及消费电子为主的专业店和以家居装饰为主的专业店，在人效与平效上均有提升。

表 1　　专业店样本企业人效和平效*

项　　目	人效（万元/人・年）	平效（万元/平方米・年）
2012 年	248.9	6.65
2011 年	227.1	7.0
增　　幅	9.6%	-5.3%

* 此处计算结果分别基于每家样本店平效、人效以及单品销售额的均值，并非由平均规模指标推导。

（三）单店规模

本年度专业店样本门店平均面积为 7222.1 平方米，比上年下降 13.9%。单店平均销售额为 14459.4 万元，较上年下降了 1.1%。平均单店员工为 67 人，比上年减少了 6 人。

表 2　　专业店样本企业单店规模

项　目	平均单店销售额（万元）	平均单店面积（平方米）	平均单店员工数量（人）
2012 年	14459.4	7222.1	67
2011 年	14615.6	8392.5	73
增　　幅	-1.1%	-13.9%	-7.4%

（四）成本费用情况

从专业店样本店铺整体看，第一成本费用是房租，其次是员工工资和水电。从成本费用增幅来看，房租增加 11.5%，水电费增加 7.0%，员工工资减少了 7.4%。由此看出，专业店企业面临较大的租金成本和人工费用压力。

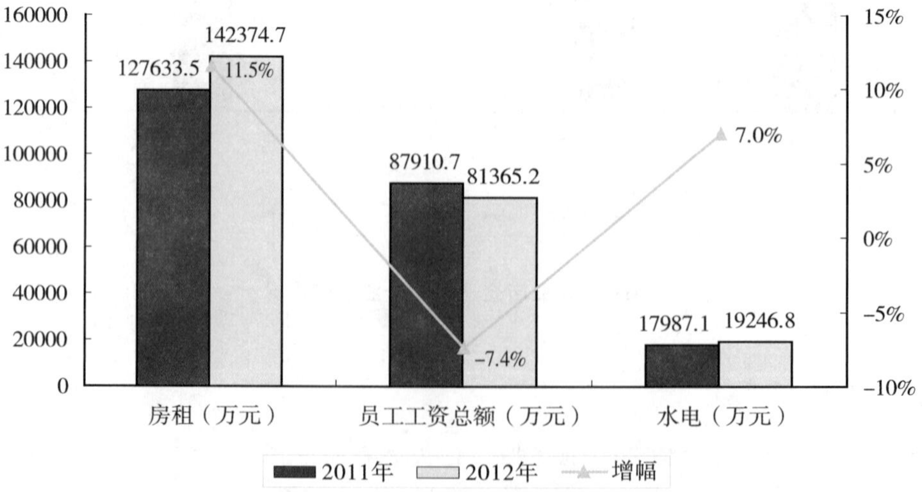

图 2　专业店样本企业的三项成本费用

从专业店样本店铺结构看，本年度水电费用占比小幅增加 0.2 个百分点，房租占比增加 3.9 个百分点，房租成为专业店成本费用结构中占比最大的部分。

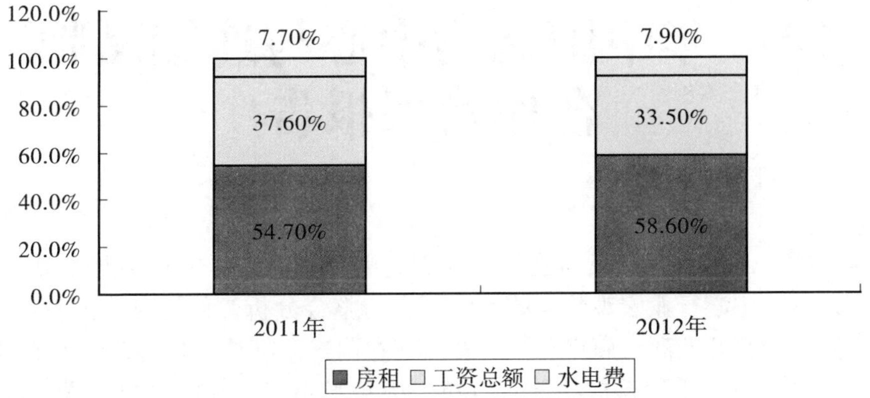

图 3　专业店样本企业的三项成本费用结构

（五）毛利率及内外资效益比较

专业店样本企业中，内资企业 3 家、外资企业 4 家。调查数据显示，专业店样本企业商品毛利率平均为 16.0%，其中内资企业的毛利率高于外资企业。以家居装饰为主的专业店平均毛利率为 27.5%；以家电为主的专业店平均毛利率为 16%；而以 IT 及消费电子为主的专业店平均毛利率为 9.6%。

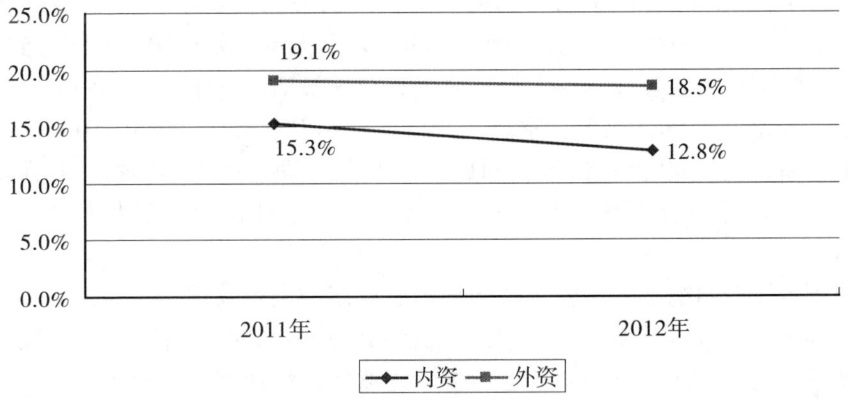

图 4　专业店样本企业内外资效益比较

（中国连锁经营协会）

2013 年中国购物中心与连锁品牌合作发展报告

2013 年 5 月，中国连锁经营协会连锁品牌与购物中心合作委员会与德勤华永会计师事务所基于对购物中心行业宏观数据的跟踪研究与整合分析，包括对业内专业人士访谈，对 500 多份购物中心开发商、商户和消费者的问卷调查，以及在此基础上对中国购物中心发展趋势及格局、投资及运营成功要素分析，历经半年多的共同努力，联合推出《2013 年中国购物中心与连锁品牌合作发展报告》，希望藉此能对行业参与者有所启发或引起思考。

一、概述

（一）行业发展总体状况及调查发现

中国购物中心的发展与商业地产一致，总体表现为快速增长的态势。截至 2012 年年底，全国开业购物中心总量超过 3000 家，累计商业建筑面积达 2. 12 亿平方米。据中国房产信息集团对 18 个主要城市商业综合体的统计预测，从 2011 年年底至 2015 年年底，商业综合体面积存量将从 8087 万平方米增至 24387 万平方米，复合增长率将达到 32% 左右。

目前，中国购物中心建设规模为全球之最，全球最活跃的十大购物中心开发市场中七个来自中国（成都、天津、沈阳、重庆、武汉、广州和杭州）。截至 2013 年 5 月，全球在建购物中心面积达 3200 万平方米，同比增长 15%，而中国在建购物中心面积占据了全球的一半以上，达到 1680 万平方米。未来三年，将有总计达 100 万平方米以上的购物中心交付使用。

通过调研，我们归纳出本年度中国购物中心业态的主要发现：

1. 中国购物中心从“井喷式”发展阶段进入转型成长期。相较于住宅地产因宏观调控而出现投资放缓的局面，中国商业地产投资仍然保持快速增长，全国各城市购物中心的数量和体量持续增加和扩大。与此同时，由于商业资源、资金、专业人才的不足导致很多问题出现，最为显著的是购物中心“同质化”现象日益严重，空置率在逐年上升。购物中心开发商意识到了转型的迫切性，原来重开发、轻运营，重招商、轻管理和服务，重租金、轻平效的思维正在转变。中国购物中心在未来 5 年将步入理性发展与转型成长的关键时期。

2. 中国购物中心投资持续向二、三线城市倾斜，三线城市步入快速发展时期。过去一年，一线城市购物中心投资增速有所放缓，而二线与三线城市保持较快增长。得益于城镇化的快速发展、人均可支配收入的增加和政府对于提升城市形象的迫切需求，导致购物中心在三线城市的投资步入快速增长期，尤其处于主要二线城市副中心位置的三线城市受到购物中心开发商的更多关注。

3. 中国购物中心业态组合不断调整，体验业态成为其发展方向。随着以家庭为核心的休闲消费方式的普及，购物中心承载了包含购物、餐饮、娱乐、教育乃至健身在内的综合功能，高品质的体验业态成为吸引客流的重要因素，而其中餐饮业态与儿童业态最受欢迎与关注。

4. 社区型的中小型购物中心成未来开发重点。随着土地成本快速增长，开发商心态日趋理性。与大型、巨型购物中心相比，中小型购物中心经营风险更低、管理更加可控、资本回报周期更短。同时，在城市化过程中，由于城市半径规模的大幅度扩张，应运而生大量颇具规模的新兴住宅社区。如果在购物中心的面积、租户数量和类型的选择上能够与所在区域的消费者潜在需求更加匹配，中小型购物中心的经营管理会更有效率，也更有效益。

5. 传统购物中心“触网”，跨渠道经营关键是线上线下融合提升消费者消费体验。电子商务对于传统零售的冲击有目共睹，从多渠道到全渠道再到跨渠道经营理念的发展，核心是如何通过线上线下的融合，借助无线互联、大数据技术更精准地了解消费者需求，增强线上、线下产品与服务的互补性，提升营销、物流、支付各流通环节在线上线下的配合效率，综合提升消费者的购物体验。

6. 中国购物中心行业加快整合，国内并购主导市场。近年来，受宏观经济增长放缓和电子商务冲击等多重因素影响，中国购物中心行业零售业态普遍面临增收放缓、节支困难等不利境况，国内市场整合速度加快。对有较好运营能力和实力的企业而言，在经济波动的环境下，通过并购整合突破地域或业态瓶颈，低成本扩张，实现规模协同效应，是可行的战略性选择。

（二）样本基本情况

本报告是基于对知名商业地产开发商、商户与消费者的问卷调查及企业深度访谈所获得的一手数据，通过跟踪研究与整合分析所得出。其中，收回有效问卷 500 份，包括购物中心开发商 14 份、商户 165 份和消费者 304 份。

1. 受访商户业态分布

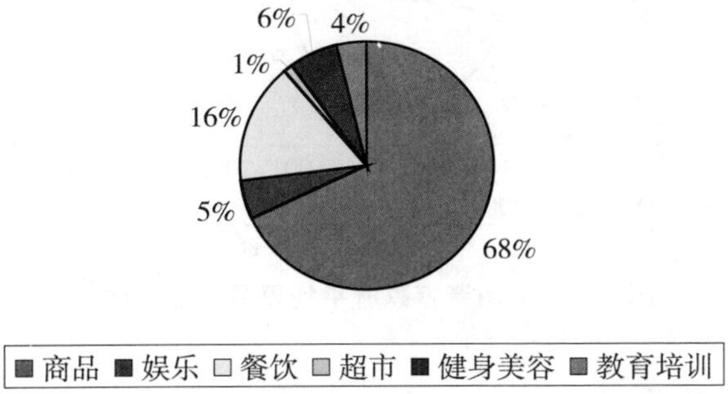

图 1 受访商户业态分布

2. 受访企业、消费者城市分布

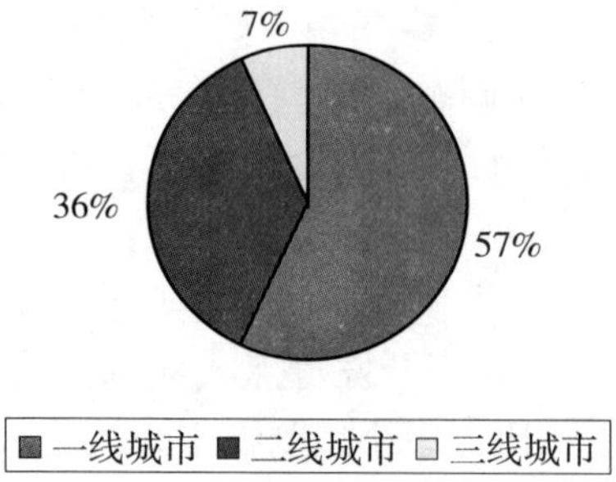

图 2 受访企业、消费者城市分布

3. 受访购物中心开发商企业经济类型

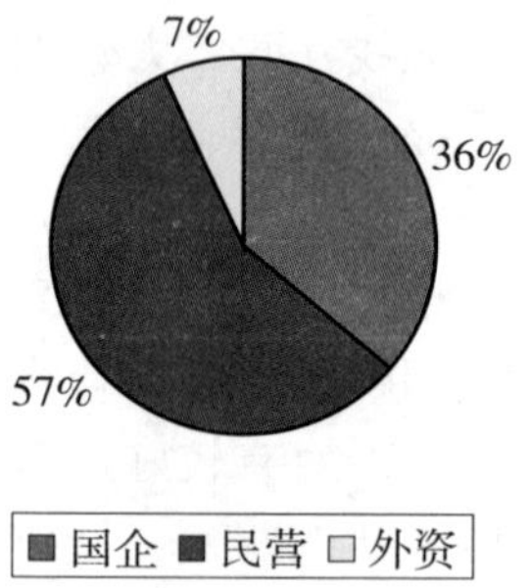

图 3 受访购物中心开发商企业经济类型

4. 受访消费者家庭平均每月可支配收入

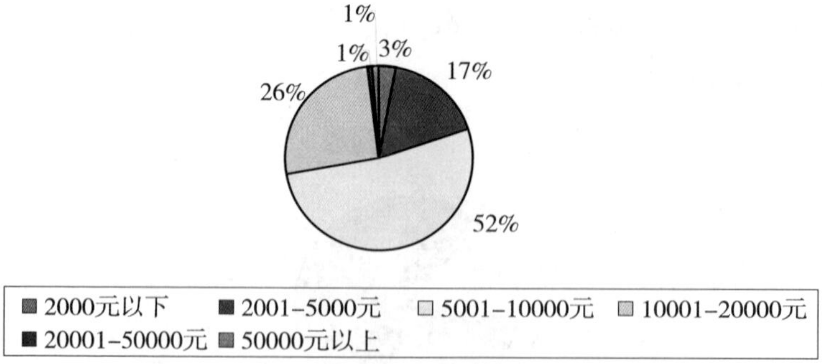

图 4 受访消费者家庭平均每月可支配收入

5. 受访消费者职业分布

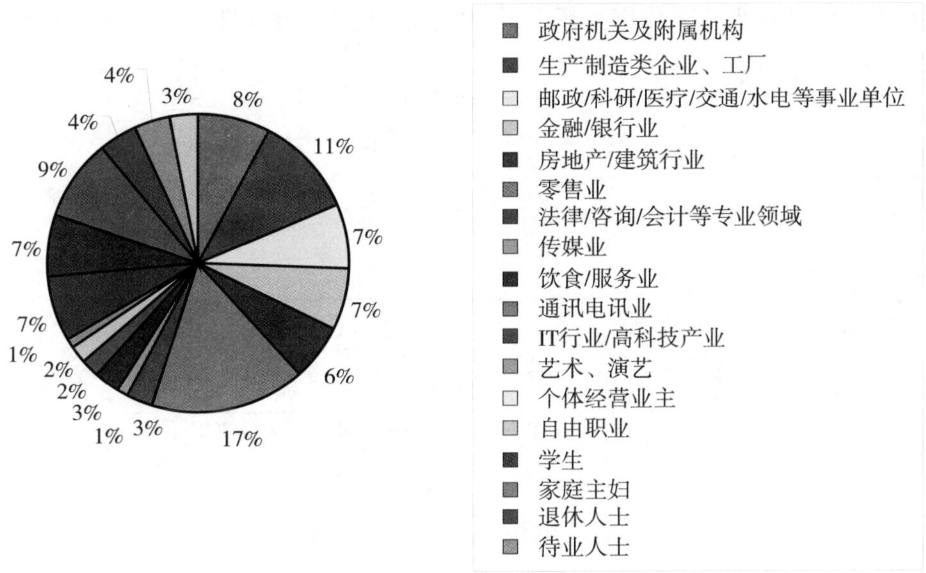

图5　受访消费者职业分布

二、购物中心年度发展状况

（一）购物中心在调整中持续发展

2010年以来，随着我国限贷限购、土地供应收紧、房产税改革等房地产调控政策的实施，导致局部住宅市场开发减速，但由于商业地产没有被纳入其中，作为政策洼地的商业地产在近几年得到快速发展，投资增速达30%，高于房地产行业整体平均投资增速。但随着2012年经济增速放缓、房地产限购限贷等政策的持续实施，宏观调控政策的效果进一步显现：2012年房地产投资及商业地产投资增幅双双明显回落，但商业地产投资增速仍保持较高水平。当年商业营业用房投资额为9312亿元人民币，同比增长25.4%，全年商业营业性房地产投资增速高于整体房地产投资增速9.2%。2013年，随着宏观经济温和回升，为房地产市场发展提供了支持，1－8月商业营业用房投资额为7168.48亿元，同比增长26.5%，较2012年增速水平有所回升（见图6）。

在商业营业用房施工面积方面，在2012年以及2013年1－8月增势虽有所放缓，但依然保持稳定的增长势头。2012年新开工施工面积为2.2亿平方米，2013年1－8月新开工施工面积为1.6亿平方米，截至2013年8月，中国商业用房施工面积达到了6.95亿平方米（见图7）。一般房屋施工需要2－3年的建设周期，目前在建的项目将在2015－2016年间集中释放，预计未来商业地产市场饱和度还将提升，竞争将持续加剧。

1. 购物中心与总体经济发展趋势趋同

近十年来，中国购物中心规模总体发展趋势与国民生产总值、社会消费品零售总额、人均可支配收入等宏观经济指标走势一致，虽然在2008年金融危机后增速放缓，但也保持了10%左右较高的年增长率（见图8）。从图9也可以看出，中国40个大中城市住宅用地成交量自 2011 年第四季度以来大幅下滑，而商业服务用地成交量优于整体市场表现。

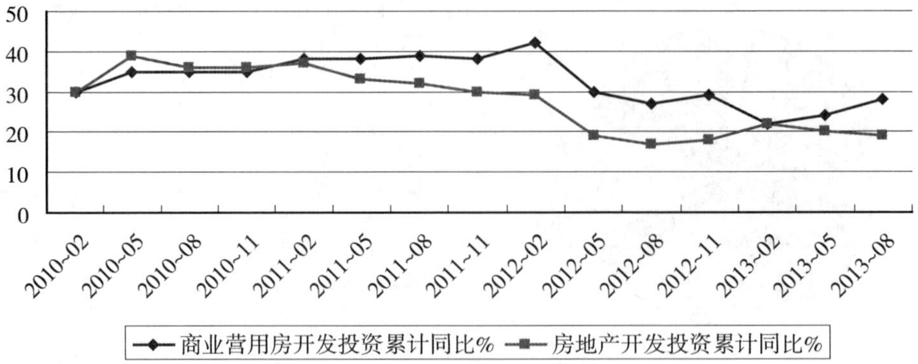

数据来源：中国国家统计局、德勤研究

图 6　中国商业地产投资规模

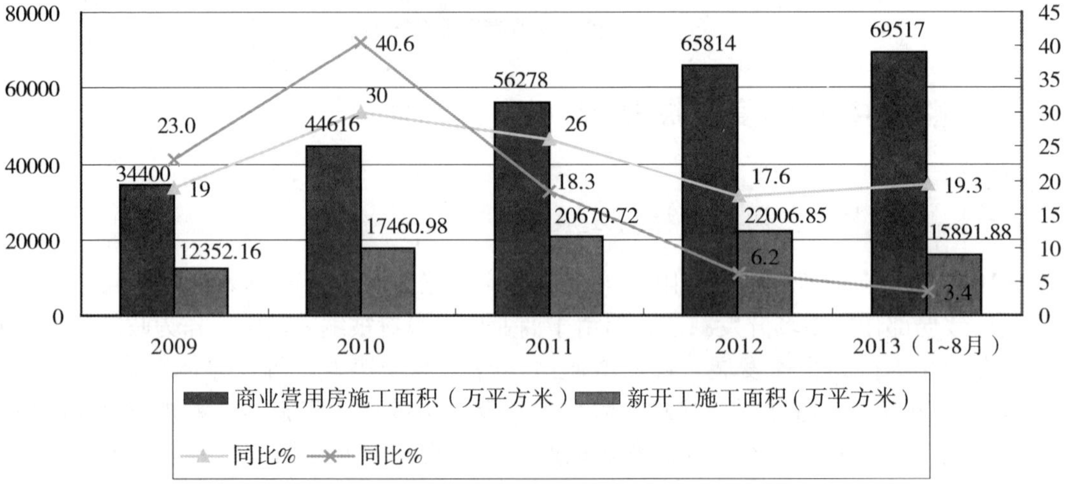

数据来源：中国国家统计局

图 7　中国商业营业用房施工面积及增速

（1）购物中心总量持续快速增长。中国购物中心的发展趋势与商业地产走势一致，总体表现为快速增长的态势（见图 10）。截至 2012 年年底，全国开业购物中心总量超过 3000 家、累计商业建筑面积 2. 12 亿平方米。根据中国房产信息集团对 18 个主要城市商业综合体统计和预测，从 2011 年年底至 2015 年年底商业综合体面积存量将从 8087 万平方米增至 24387 万平方米，复合增长率将达到 32% 左右。

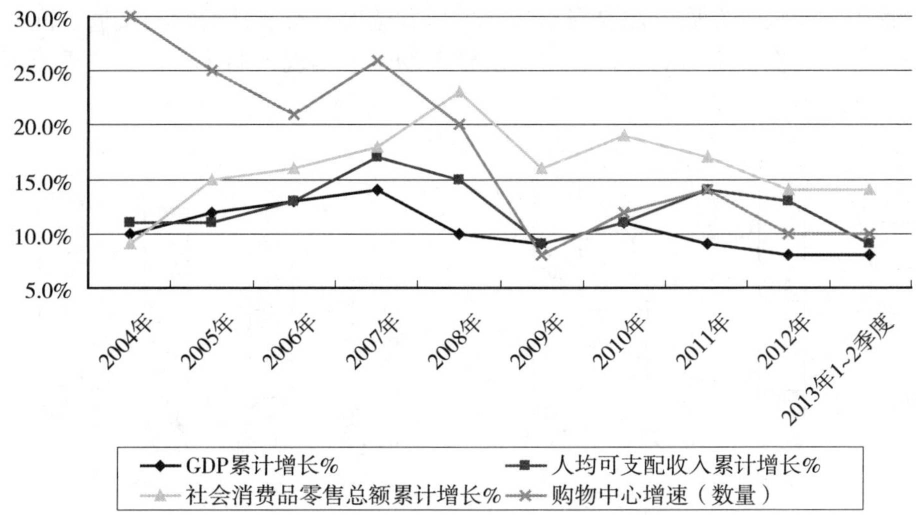

数据来源：中国国家统计局

图 8　国民经济指标与购物中心增速

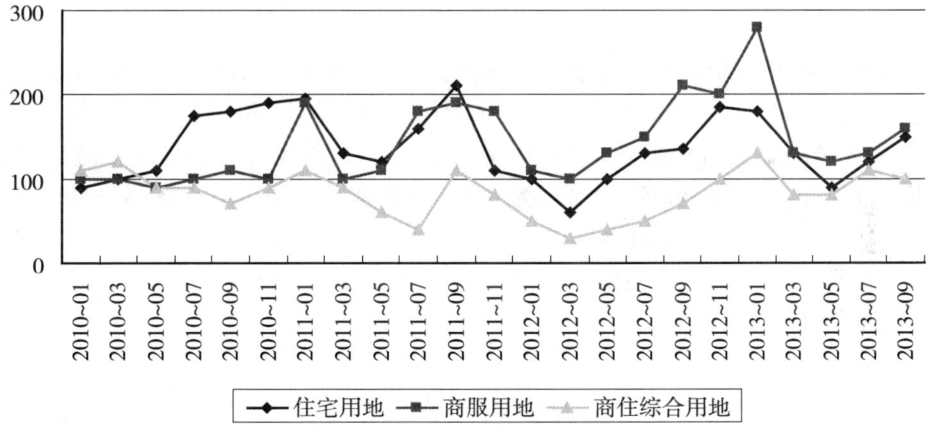

数据来源：Wind 资讯

图 9　中国 40 个大中城市月度土地成交量

目前，中国购物中心的建设规模为全球之最。世邦魏理仕的报告称，全球最活跃的十大购物中心开发市场中七个来自中国，分别是成都、天津、沈阳、重庆、武汉、广州和杭州，将在未来三年交付总计达 100 万平方米以上的购物中心。截至 2013 年 5 月，全球在建购物中心面积达 3200 万平方米，同比增长 15%，而中国在建购物中心面积占据了全球的一半以上，达到 1680 万平方米。

中国购物中心快速发展的主要动力来自大规模的城市化建设、服务业的快速成长和消费者消费能力及意愿的提升，而中国房地产上行周期的资本增值效益也是重要的驱动因素，发展购物中心不仅有利于促进就业和拉动消费，还能提升周边地价，打造升值潜力大的商圈。各地方政府为提升当地税收、提升城市形象而为其放地审批大开方便之门也极大推动了购物中心的快速发展。需要指出的是，地方政府是否能在后续的交通、配套、住宅和人口安置等方面提供足够的支持，将是决定购物中心实现预期运营目标的重要因素。

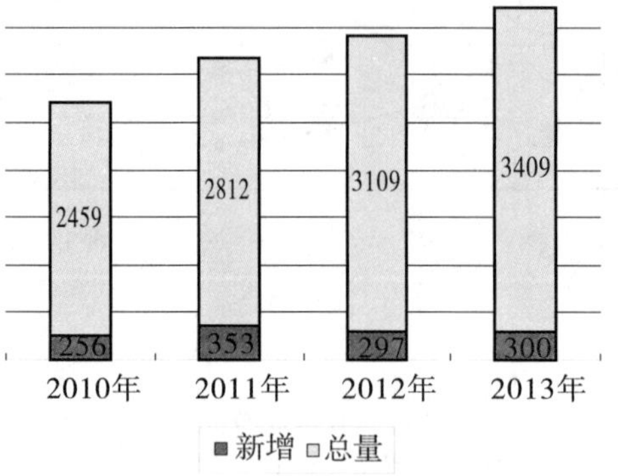

（购物中心数量）

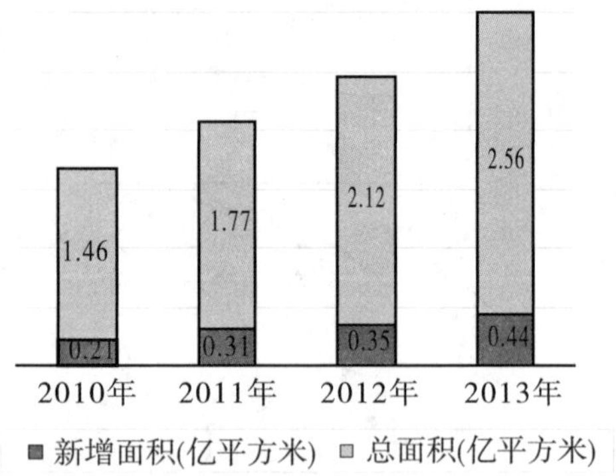

（购物中心建筑面积）

数据来源：中国房产信息集团、德勤研究

图 10　中国购物中心发展态势

（2）购物中心目前仍以大体量为主。据统计，中国一、二线城市购物中心的平均体量从 2012 年的 7 万平方米增长至目前的逾 8 万平方米。2013 年主要一、二线城市均有体量超过 30 万平方米的新开业或在建购物中心，如：上海月星环球金融中心建筑面积为 32 万平方米、北京卓展购物中心建筑面积为 34 万平方米、天津 SM 滨海第一城购物中心的建筑面积为 38 万平方米、成都环球购物中心 40 万平方米。北京、上海、广州、深圳、武汉、重庆和成都 7 个大城市的购物中心发展速度非常快，购物中心的平均体量也远远高于平均水平（如图 11）。

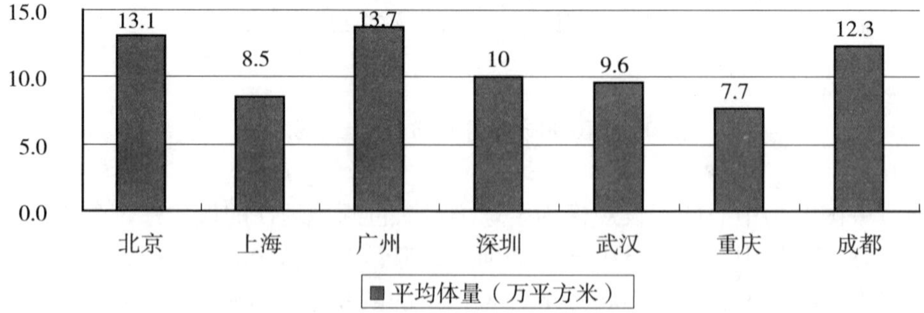

数据来源：世联地产、德勤研究

图 11　中国购物中心平均体量

毫无疑问，巨型、超巨型购物中心，在为居民提供“一站式”消费体验方面拥有天然的优势，大体量的购物中心在提升潜在集客能力的同时也给后续招商和运营带来巨大的压力。相对于单纯追求面积而言，购物中心更需要明确自身的定位，寻求收益与面积的最佳平衡。

（3）中国购物中心从“井喷式”发展阶段进入转型成长期。如果说中国购物中心自1999年至2008年10年的时间完成了摸索和起步，那么从2009年到2018年则是发展与成长的另一个10年，从2009年至今的五年可看作“井喷式”发展阶段。以万达集团为例，2003－2008年的五年间，共开设了10家万达广场，随后以每年平均超过15家的速度快速增长，预计到2014年年底开业的万达广场将达到109家。万达只是中国购物中心快速发展的一个缩影，预计全国购物中心将以平均每年新开业300家的速度增长，预计2015年达到4000家左右。

一方面，中国购物中心在快速发展；另一方面，购物中心空置率也在逐年上升。各地不断兴起的购物中心建设热潮已经带来了存量快速升高的问题，过快的开发速度在某些地区已经超出了消费者的承载力和市场需求，一些城市特别是部分二、三线城市的购物中心开始出现整体空置率上升和租金下滑的趋势。根据世邦魏理仕发布的2013年度第二季度《中国房地产市场报告》，一线城市中，北京、广州优质商圈的商铺空置率分别为11.5%及10.0%，而二线城市中，成都、沈阳的空置率更是高达10.6%及20.2%（图12）。

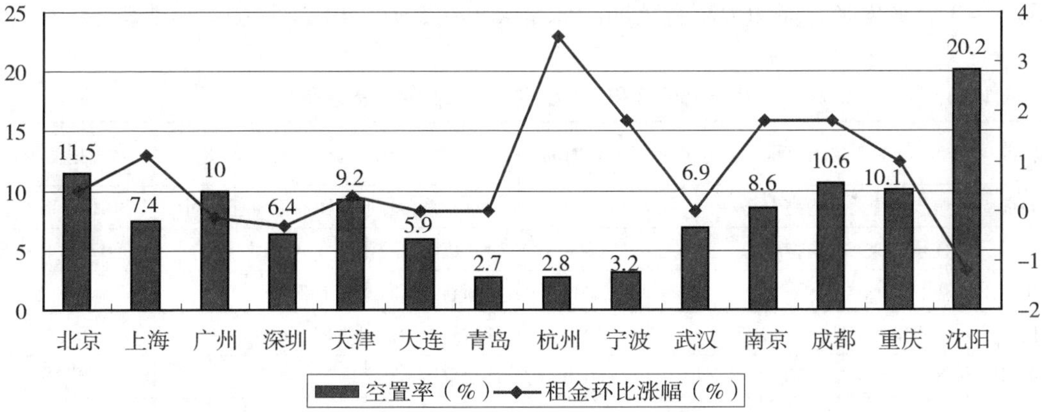

数据来源：世邦魏理仕《中国房地产报告》

图12　中国各主要城市优质商圈空置率与租金环比增长情况

与此同时，由于商业资源、资金、专业人才的不足导致很多问题出现，最为显著的是购物中心“同质化”现象日益严重，迫使连锁品牌商难以根据购物中心的定位和特色选择自己的“落点”。购物中心开发商也意识到了转型的迫切性，原来重开发、轻运营，重招商、轻管理和服务，重租金、轻平效的思维正在转变。中国购物中心在发展与成长阶段的后一个5年将步入理性发展与转型成长的关键时期。

2. 中国购物中心类型及城市格局发展新趋势

目前，中国购物中心的总体发展还处于增量主导的上升通道中。就一线及主要的二线城市而言，城市化带来的消费者数量及消费能力的不断提高将有效消化购物中心新增供应量，购物中心仍存在着一定的发展空间。但是，随着市场供应量的不断攀升，城市与城市之间的分化正日趋明显。由于一线城市及部分省会级二线城市的资源环境、政策倾斜等条件都较为优越，经济实力及居民消费力不断提升，加之较强的人口聚集能力，从长远看，这些城市能够消化购物中心迅速增长带来的压力。但对于其他二、三线城市，由于其地理位置不占优势，经济、人口、商业地产运营经验等内外部条件都不及前述城市成熟，“同质化”、重复建设导致空置率上升，后期经营难度加大，风险也更大。

（1）购物中心类型发展和业态组合呈现多样化。随着消费者购买力的提升，消费需求和行为不断演变，其对于商品个性化和服务体验的要求日益提高。一方面是消费者在追求商品价值的同时也期望其消费体验符合其自身兴趣爱好与身份认同，另一方面是近年来购物中心高速发展、竞争加剧带来的购物中心升级、并购整合和外资的引入，促使购物中心发展多元化、类型呈现出多样性。

根据我们对中国主要购物中心开发商所做的购物中心类型发展调查显示，39%的受访企业认为，随着中国中产阶级群体的日益壮大，连锁化的购物中心将成为发展的主流；38%的受访企业认可商业街区的发展潜力。而为满足中国消费者在国内购买打折奢侈品以及获取欧美式购物体验，越来越多外资及本土企业开始在中国开设奥特莱斯（outlets）购物中心，几大投资商纷纷布局全国市场。中国奥特莱斯项目规模已超过欧美成熟市场。根据 DTZ 戴德梁行的统计，欧洲奥特莱斯项目绝大部分面积不超过 3 万平方米，主要集中在 1 万 -3 万平方米，而国内奥特莱斯的体量大多在 5 万 -10 万平方米（见表 1）。

表 1　中国部分面积 10 万平方米以上的奥特莱斯

城市	名　称	开业时间	投　资　方	占地面积
北京	燕莎奥特莱斯购物中心	2002	北京新燕莎控股集团有限责任公司	约 10 万平方米
上海	百联奥特莱斯购物广场	2006	百联集团，香港九龙仓集团	近 13 万平方米
北京	赛特奥莱	2009	中国春天百货集团有限公司	15 万平方米
长沙	友阿奥特莱斯	2010	友谊阿波罗股份有限公司	17 万平方米
杭州	百联奥特莱斯广场	2010	百联集团	13 万平方米
南京	南京金鹰奥莱城	2011	金鹰商贸集团	12 万平方米
武汉	武汉百联奥特莱斯广场	2011	百联集团	13.6 万平方米
无锡	无锡百联奥特莱斯	2013	百联集团	19 万平方米
北京	首创房山芭蕾雨奥特莱斯	2013	首创置业	15 万平方米

数据来源：德勤研究

随着以购物休闲为目的的家庭式消费日益成为购物中心的客流主体，购物中心业态组合也更加多元化，餐饮、娱乐的比例增加的趋势越发明显（见图 13），同时教育培训、健身美容、亲子育儿等体验式业态也开始占据购物中心的核心楼层，并且面积不断扩大。2011 年开业的浦东嘉里城以超大面积的室内儿童乐园和开阔的外部活动空间为特色，成为上海浦东家庭周末购物休闲的首选之地。

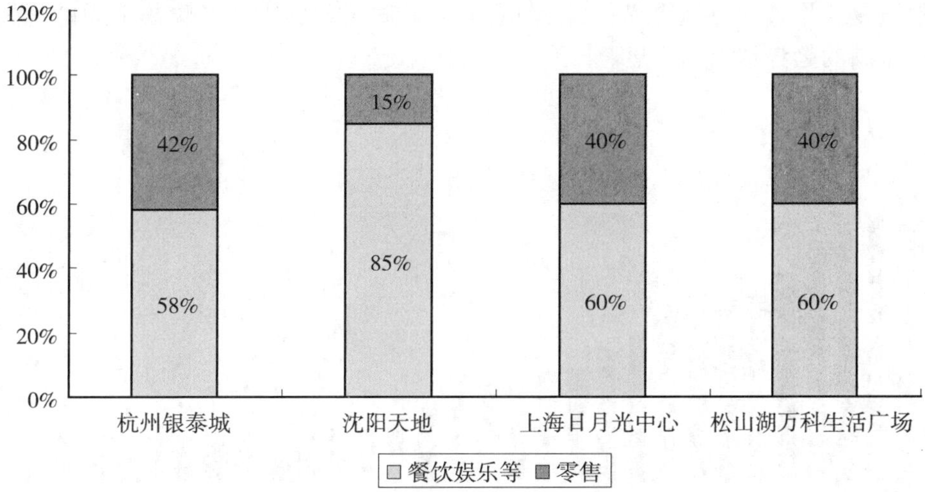

图 13　部分购物中心业态组合

根据我们对 300 名消费者所做的问卷调查结果显示，舒适的空间、合理的消费档次、商场的地理位置、丰富的娱乐配套设施在众多影响购物中心运营的关键因素中排名前四位（见图 14）。总体说来，当前购物中心业态组合的转型方向为：去“百货化”；减少服装服饰类别；儿童业态成为“明星业态”；餐饮业成为最重要的“体验消费业态”。

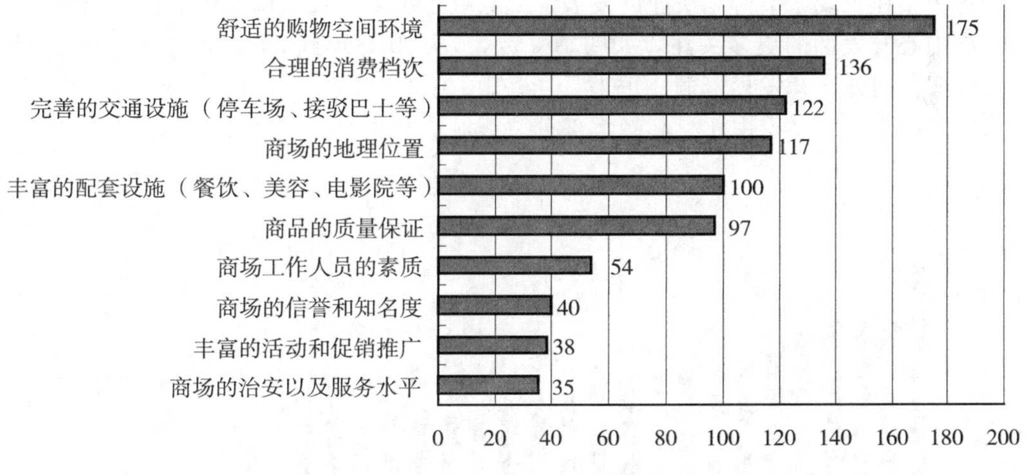

图 14　消费者认为购物中心运营的关键因素

（2）购物中心投资继续向二、三线城市倾斜，三线城市进入快速增长期。2012 年，虽然一线城市商业地产开发增速放缓，但从商业营业用房投资的绝对值来看，一线城市依然在大部分二线城市之上，而沈阳、重庆、成都、无锡、苏州和武汉大有赶超一线城市的势头。

从各城市的发展速度来看，二线城市商业营业用房投资增速大于一线城市，成都、大连和长沙等城市的增长率超过 50%，而唐山和嘉兴等三线城市 2010 年到 2012 年的商业营业用房投资复合增速也遥遥领先，泉州更高达 60%（见图 15）。购物中心的开发向二、三线城市倾斜的趋势越来越明显。

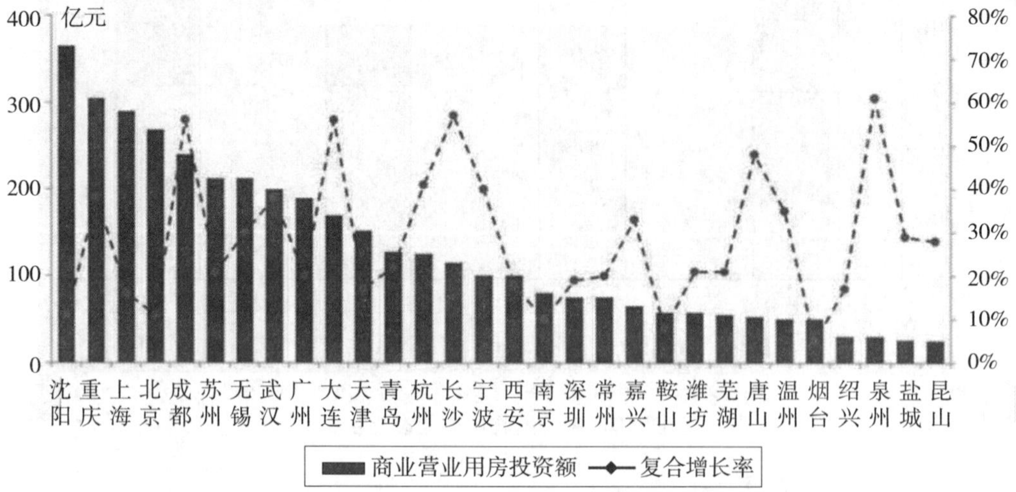

数据来源：中国房地产信息集团

图 15　2012 年全国主要城市商业营业用房开发投资额及近三年复合增速

得益于城镇化的快速发展、人均可支配收入的增加和政府对于提升城市形象的迫切需求，购物中心在三线城市得到快速的发展，尤其处于主要二线城市副中心位置的三线城市受到购物中心开发商的更多关注。如图 16 所示，从 2010 年到 2012 年主要商业营业用房开发投资额占房地产开发投资额比重来看，鞍山、嘉兴、盐城、昆山、潍坊和唐山等三线城市占比远高于全国平均占比，超越大部分一线城市和主要二线城市。

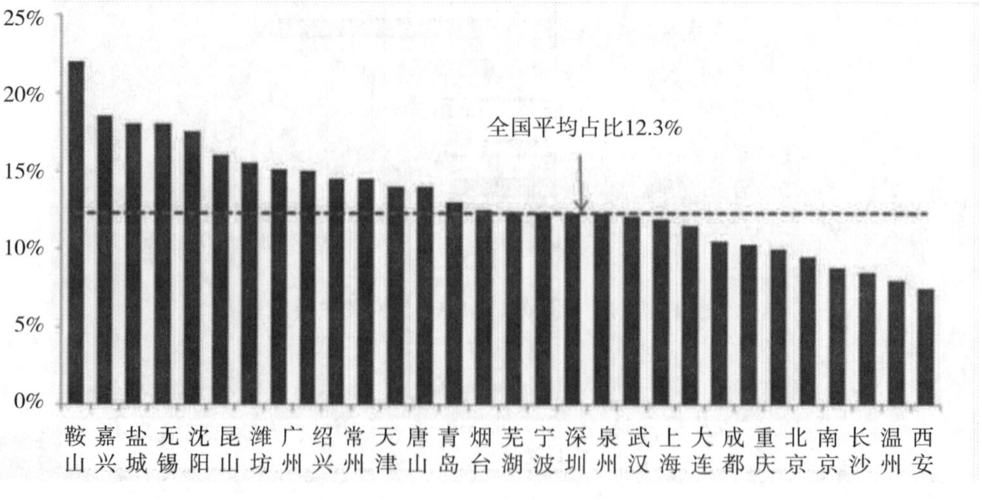

数据来源：中国房地产信息集团

图 16　2010 -2012 年全国主要城市商业用房开发投资额占房地产开发投资额比重

我们针对购物中心开发商的调查同样显示，超过半数的受访企业倾向于在二、三线城市的顶级商圈选址开店，24%的受访企业选择在二、三线城市的普通商圈，这意味着超过75%的受访企业将其未来购物中心拓展方向放在二、三线城市（见图17）。

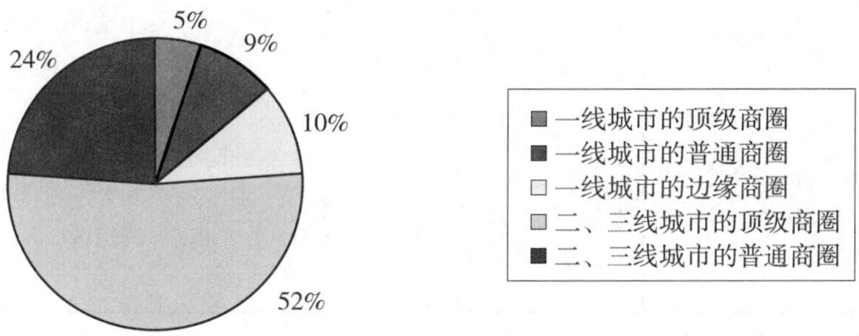

图17　购物中心的拓展方向

而从2013年市场表现来看，出现了投资者回归一线城市的趋势。这归根结底是由于经济增长变得更加温和，投资者的风险承受力有所下降，投资者正在回归已经成熟的零售市场、拥有更深更广消费群体的市场。在回归趋势中，位于中心区域的高端购物中心项目的表现更明显。从租金收入来看，核心商圈购物中心表现明显优于位于周边新兴商圈的同类物业。

3. 政府和行业组织加强引导与规范

2012年，商务部委托中国连锁经营协会组织企业、业内专家编写了《购物中心业态组合规范》行业标准，并于2013年6月1日颁布实施。

目前，中国连锁经营协会受商务部委托，正在组织起草《购物中心等级划分规范》标准，旨在建立对现有购物中心的分级、分类管理，为新建购物中心提供标准和依据。

表2　　中国购物中心类型

业态类型	功能定位	选　址	规模体量	辐射范围	建筑形态
都市型购物中心	以满足中高收入人群的高端和时尚购物需求为主，配套餐饮服务的时尚休闲特色较为突出	位于城市的核心商圈或中心商务区	不包含停车场的建筑面积在50000平方米以上	可以覆盖甚至超出所在城市	街区型或封闭型
地区型购物中心	购物、餐饮、休闲和服务功能齐全，所提供的产品和服务种类丰富，可满足不同收入水平顾客的一站式消费需求	位于城市新区或城乡结合部的商业中心或社区聚集区，紧邻交通主干道或城市交通节点	不包含停车场的建筑面积在50000平方米以上	人口密集的大中城市，辐射半径约在5km以上	以封闭的独立建筑体为主

续表

业态类型	功能定位	选　址	规模体量	辐射范围	建筑形态
社区型购物中心	配备必要的餐饮和休闲娱乐设备，服务功能齐全，以满足周边居民日常生活所需为主	位于居民聚集区的中心或周边，交通便利	不包含停车场的建筑面积为10000－50000平方米	在人口密集的大中城市，辐射半径约在3km以内	以封闭的独立建筑体为主
厂家直销店购物中心	以品牌生产商或经销商开设的零售商店为主体，以销售打折商品为特色	在交通便利或远离市中心的交通主干道旁，或开设在旅游风景区附近	不包含停车场的建筑面积在50000平方米以上	辐射所在城市或周边城市群	街区型或封闭型，以街区型为主

来源：商务部，中国连锁经营协会

（二）投资回归理性，运营管理为成功关键

在购物中心存量不断扩大、同质化日趋严重的情况下，开发商的投资热情开始逐步回归理性，而后续运营管理能力无疑将成为购物中心是否能最终获得商业成功的关键所在。开发商只有通过合理的市场定位、清晰的主题战略、完善的业态组合、差异化的经营理念、丰富的市场营销等专业化的运营管理手段，才能期待在更加激烈的市场竞争中获得立足之地。

1. 开发商对未来持乐观态度

根据仲量联行对20个主要城市的监测数据显示，2013年将有约150个购物中心开业，而新开业购物中心的平均面积将超过8万平方米。预计到2015年年底，北京、上海、广州、深圳等四大一线城市的购物中心面积将增加约40%，而16个二、三线城市的供给量将翻番，其中武汉、重庆、成都将增加至少1.5倍。

根据我们对14家购物中心开发商所做的市场前景调查结果显示，46%的受访企业认为商业地产比住宅地产更具投资潜力（见图18）。绝大多数开发商的自持意愿十分强烈，其中13家开发商选择以自持为主的运营模式，12家在过去三年中的经营业绩处于持续上升过程中，12家在未来3－5年之内将新开设10家以上的购物中心（见图19）。同时，根据我们对品牌商户做的调查显示，品牌商户在店铺的选址方面，超过6成的商户会优先选择购物中心，且各商户都会有不同程度的扩张计划（见图20、图21）。上述种种迹象显示，受益于快速发展的城镇化进程以及不断升级的消费水平，开发商对于未来购物中心的市场仍旧持乐观态度。

而针对开发商所做的新建购物中心规模调查显示，10家开发商目前开发的购物中心以6万－12万平方米中型购物中心为主，7家开发商目前开发以12万－24万平方米大型购物中心为主，没有开发商开发以24万平方米以上为主的巨型购物中心，在未来3－5年开发计划中，开发商对于购物中心的开发规模较目前也不会有太大变化，这说明开发商已经逐步恢复理性，不再单纯追求体量的领先，转而以合适为衡量标准。

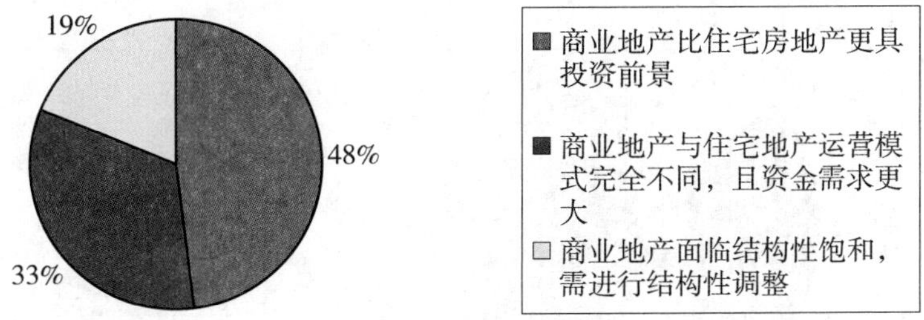

图 18　开发商市场前景展望

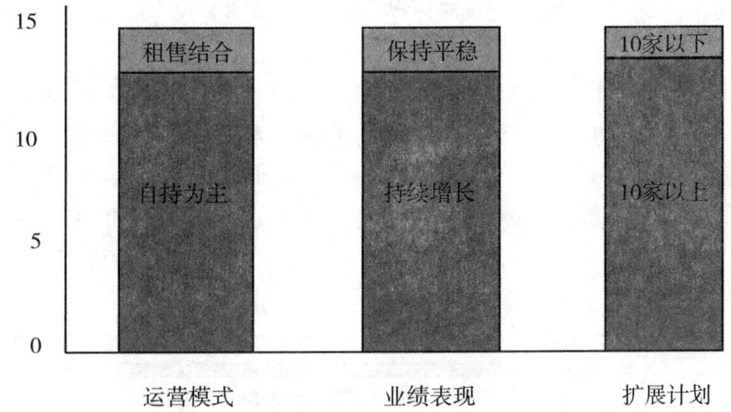

图 19　开发商现状调查

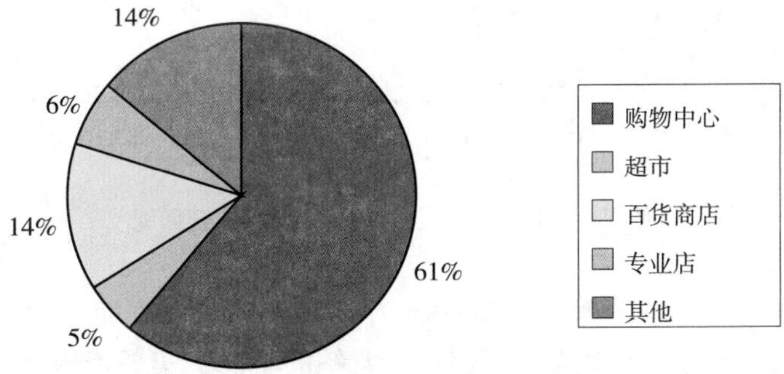

图 20　品牌商户的店铺首选目标

2. 开发商自持意愿强烈，从“地主”转型为“管家”

未来三年将是在建购物中心集中入市的阶段，不断加剧的“同质化”、“千 Mall 一面”，以及空置率的不断攀升和不断成熟的消费者和商户都对购物中心的经营与管理提出了更高的要求。因此，对于开发商而言，应该加强消费者研究和分析，从而确定购物中心的定位，提高在经营模式、业态组合、品牌组合和市场营销等后期的整体运营管理能力。

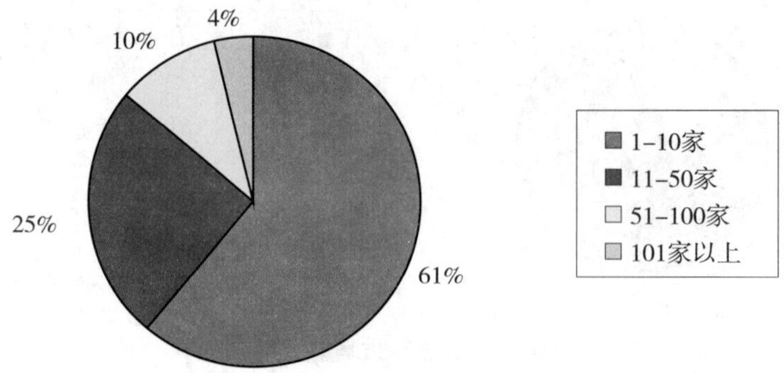

图 21　品牌商户未来三年的扩张计划

购物中心运营管理的核心是要把松散的经营商户和多样的消费形态统一化，集成于同一个经营主题和信息平台上，购物中心运营商不仅需要对商户的租约进行有效管理，还需要为商户提供销售创新、市场营销、人员培训等多方面的支持，购物中心与承租商户相辅相成，共同成长，不断提高自身服务水平，是购物中心创造长期价值，实现资产增值的根本。

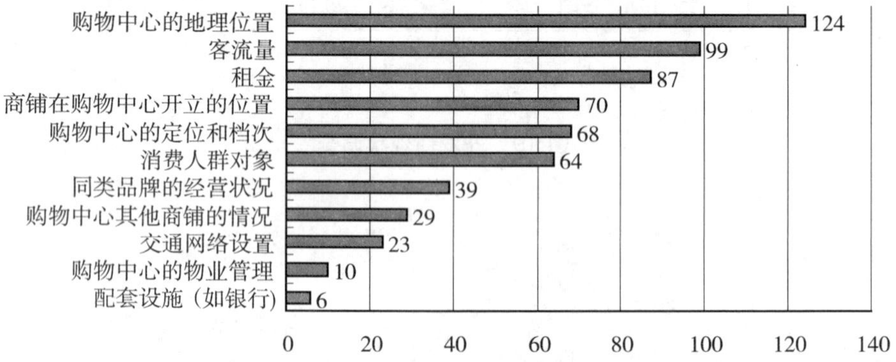

图 22　商户眼中购物中心运营的关键因素

商户对于所选购物中心的营销支持非常看重。市场营销方面，购物中心可寻求跨行业、跨品牌、跨业态的互动与整合。运用跨界营销的手段，实现资源整合，优势互补，从而充分发挥不同类别品牌的连带效应，最大程度上增加客户黏性。

3. 发展具有主题特色的购物中心，以“体验式消费”突破“同质化”问题

相对于电子商务而言，传统商业的最大优势就在于其实实在在的消费体验，购物中心已经不再是一个单纯的购物场所，而是一个承担消费者交流、休闲、娱乐、体验、社交、生活服务等多项功能为一体的商业载体。根据我们对购物中心消费者的调查，46%的消费者表示去购物中心并不固定，为了特定目标而去购物中心的消费者仅占 10%（见图 23）。关于消费者在购物中心的主要活动，购物与餐饮、娱乐和其他活动各占 50%（见图 24）。

在当今快速信息化的社会发展过程中，消费者个性化、情感化的独特需求倾向越来越明显。这就需要每一个购物中心认真研究目标消费者群体的购物需求、消费心理等属性，

确定购物中心的主题特色，并在建筑格局、空间处理、业态组合、形象设计等各个方面对该主题特色进行一致性的表现，从而期待获得差异化的竞争优势。可以说，以独特的主题概念打造独特的“体验式消费”，已经成为了一个购物中心的招牌与灵魂。

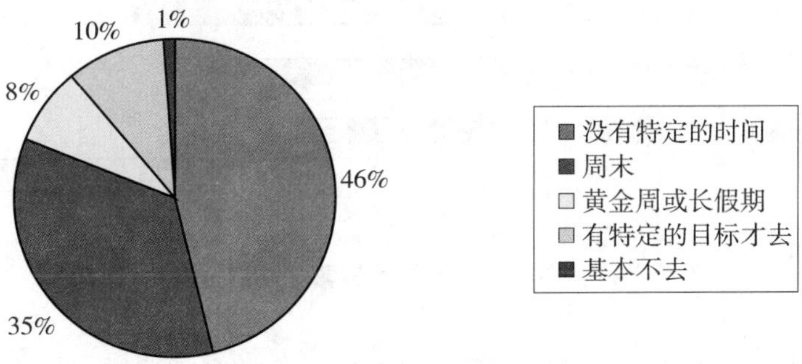

图 23 受访消费者去大型购物中心的时间选择

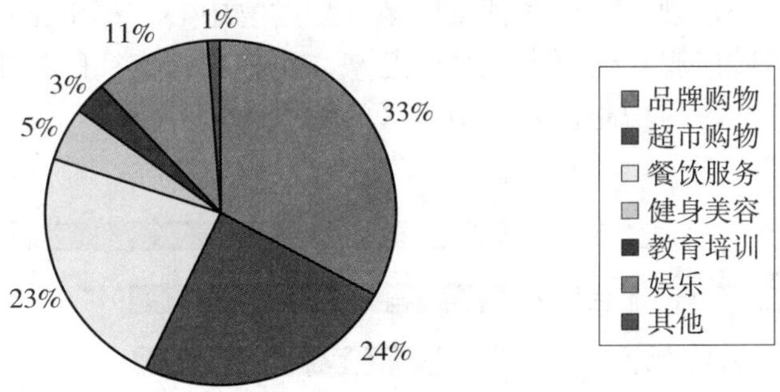

图 24 受访消费者在购物中心的主要活动

北京侨福芳草地购物中心主打艺术商业概念，把许多原先只能在博物馆和美术馆里看到的东西搬入购物中心，大大增加了消费者的购物附加值。在招商方面，芳草地购物中心可谓独具匠心，引进“非著名”的高性价比品牌，很多都是第一次进入中国市场。事实证明，其别树一帜的经营理念、全力打造的个性化主题购物环境以及使人耳目一新的品牌效应，的确吸引了众多的消费者，同时，也获得了行业内的广泛赞誉。而 2013 年 8 月试营业的环贸 iapm 则开创了上海“夜行商场”的先河，主打“夜行购物消费”的概念，通过延长营业时间、增加夜间型消费，以迎合年轻人的消费需求。

根据购物中心开发商、商户和消费者访谈调查结果显示，开发商认为定位与地段的匹配、为消费者提供购物与休闲的一体化体验和业态齐全、产品丰富/创新三方面是购物中心运营成功的最重要因素（图 23）；消费者认为购物中心最重要的吸引因素是丰富的特色餐饮、折扣力度、便利的服务与设施以及围绕家庭娱乐的定位（图 24）。由此可见，二者都认为购物与休闲一体化的体验至关重要。

4. 社区型的中小型购物中心成未来开发的重点

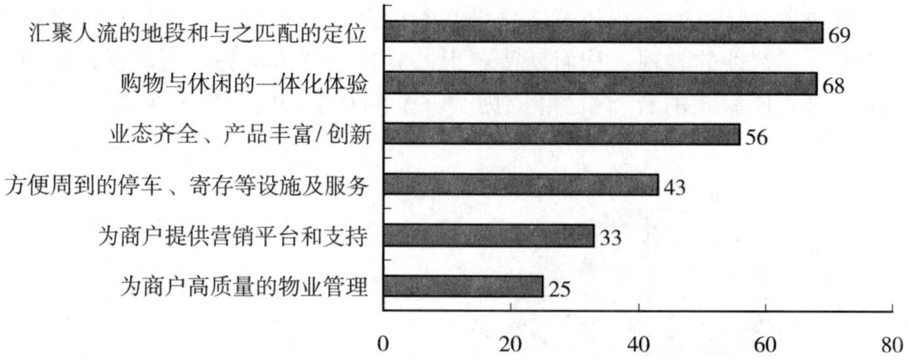

图 25　购物中心开发商认为运营成功最重要的因素

购物中心的规模应当与城市的规模、GDP 增长率、人口结构、城市化率、人均可支配收入、当地的消费习惯等因素相匹配。一般情况下，中小型城市应以社区型的中小型购物中心为主，控制地区型购物中心和都市型购物中心的开发建设，而大型、特大型城市在发展社区型购物中心的基础上，可适度发展地区型购物中心、都市型购物中心。同时，购物中心的发展应当与城市规划建设有机结合起来，比如新住宅社区的规划建设、社区商业结构的调整、城市中心区的功能复兴、旧城区的综合改造等。

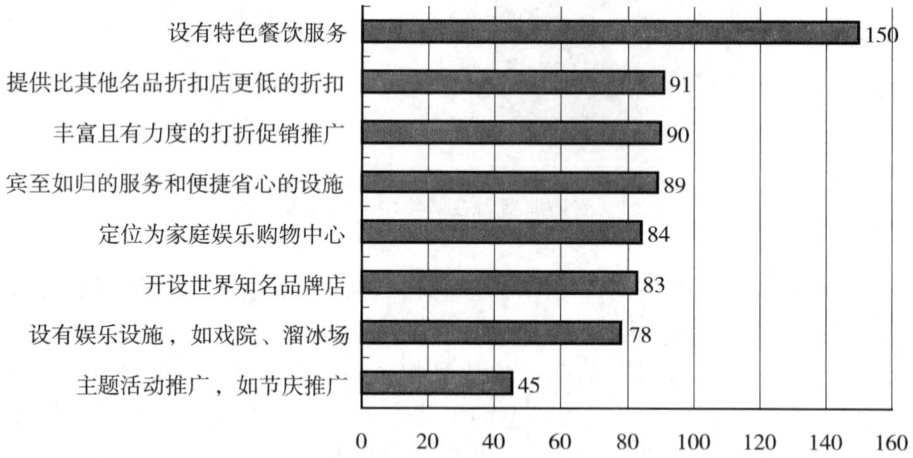

图 26　吸引客户光临购物中心的关键因素

随着土地成本快速增长、开发商心态日趋理性、区域性商业系统的日益完善，中小型购物中心或将成为未来购物中心发展的主要趋势。与大型、巨型购物中心相比，中小型购物中心经营风险更低、管理更加可控、资本回报周期更短，如果在购物中心的面积、租户数量和类型的选择上能够与所在区域的消费者潜在需求更加匹配，中小型购物中心的经营管理会更有效率，也更有效益。

在城市化过程中，由于城市半径规模的大幅度扩张，应运而生的是大量颇具规模的新兴住宅社区。而从消费频率来讲，日常生活的消费是居民最主要的消费类型，以家庭消费为主导的社区型购物中心在这方面具有天然的优势。在连带的配套服务设施日益完善的情况下，如果开发得当、定位准确，社区型购物中心具有广泛的市场前景。

为了更清晰地了解消费者对购物中心所处位置的要求，我们对购物中心的消费者进行了问卷调查，结果显示，52%的受访消费者通常选择靠近家或公司附近的购物中心，32%的受访消费者选择公共交通1小时以内可到达的购物中心（见图27）。绝大多数消费者对于购物中心的选择仍以交通便捷性作为主要考量，具有明确的指向性，而社区型购物中心正好契合其消费理念，但这仍需要开发商在功能定位、业态组合、消费体验等方面做更多的功课。

5. 购物中心可与电子商务实现并存共赢，通过线上线下的融合提升消费者体验

2013年，淘宝“双十一”促销成交额达到350亿元人民币，比上一年增长了75%，再次体现了电子商务对传统零售的冲击力度。根据艾瑞咨询的统计数据，中国网络购物市场2012年交易规模突破1.3万亿元，年增长率为66.1%，网络购物交易额占社会消费品零售总额的比重提升至6.2%（见图28）。而从市场结构上看，由商家直接运营的B2C模式由于其交易平台的规范性，市场份额已上升至近30.0%。

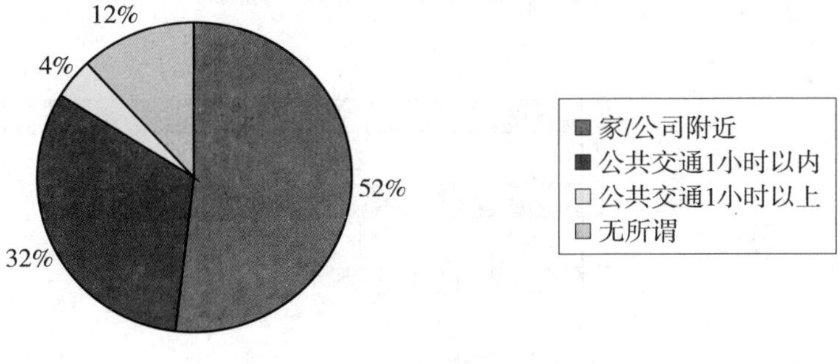

图27　受访消费者对购物中心的位置选择

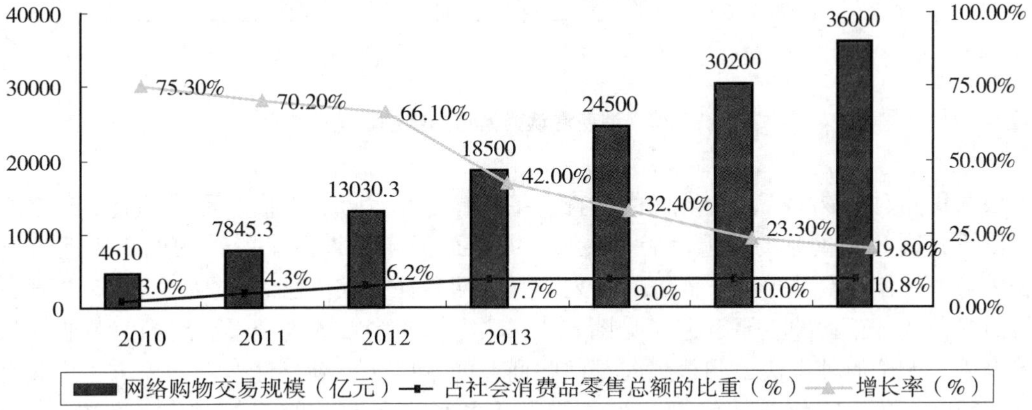

数据来源：艾瑞咨询

图28　2010－2016年中国网络购物市场交易规模

购物中心所具有的带给消费者全方位购物体验、对于商品质量的保证、提供丰富的娱

乐休闲和团体聚会的功能都是电子商务所无法比拟的。实体店购物与网上购物各有优劣，实体购物的优势主要在商品质量保证、亲身试穿及其他购物体验以及退换货得到保证；网络购物的优势则主要在价格便宜、选择多样化与购物便利性（见图 29、图 30）。

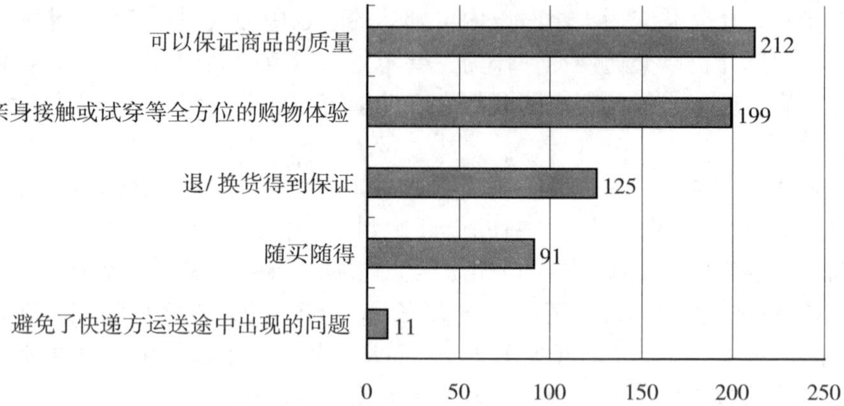

图 29　消费者认为商场购物的优势

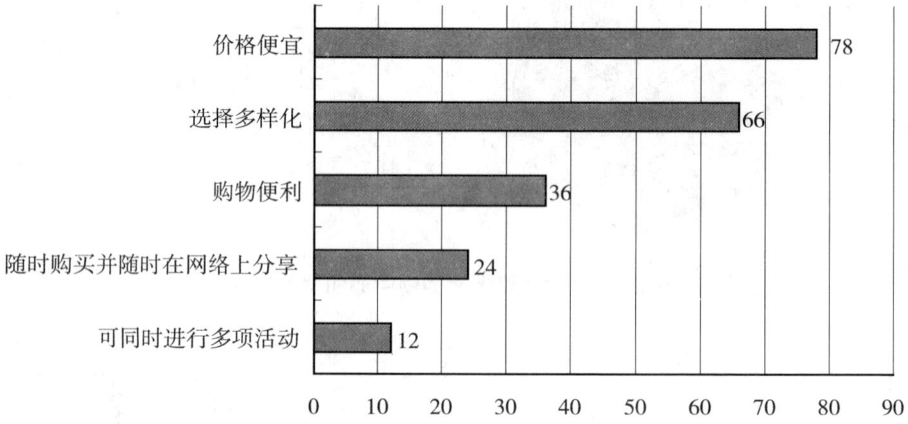

图 30　消费者认为网络购物的优势

根据我们对购物中心商户所做的调查，结果显示，近五成的商户已经拥有了独立运营的或依托成熟 B2C 网站的网上商店（见图 31），而尚未开设网上商铺的商户中超过五成的表示未来三年内有涉足电子商务的计划。互联网和社交媒体已经成为与实体店并驾齐驱的与消费者进行互动的主要渠道（见图 32）。从零售的多渠道到全渠道到当前被业界认可的跨渠道，无论何种提法，归根到底是回归商业的本质——满足消费者的需求，赚取合理利润。所以，传统零售业“触网”的关键是将电子商务与传统实体零售业务有机结合，线上线下融合互补，提升消费者购物体验，增加消费者黏性，最终促进总体销售的增长。

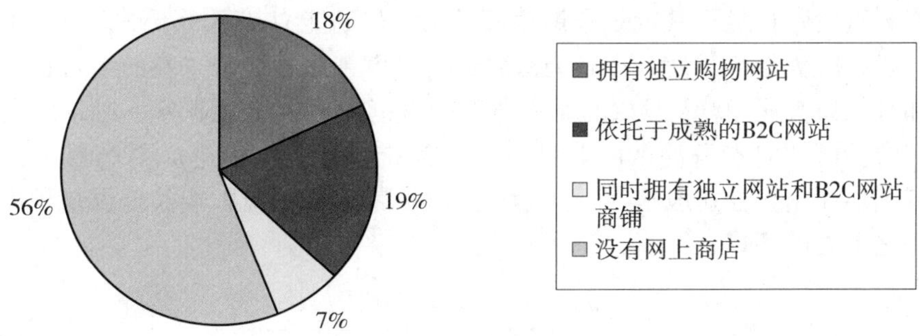

图 31　品牌商户网店开设情况

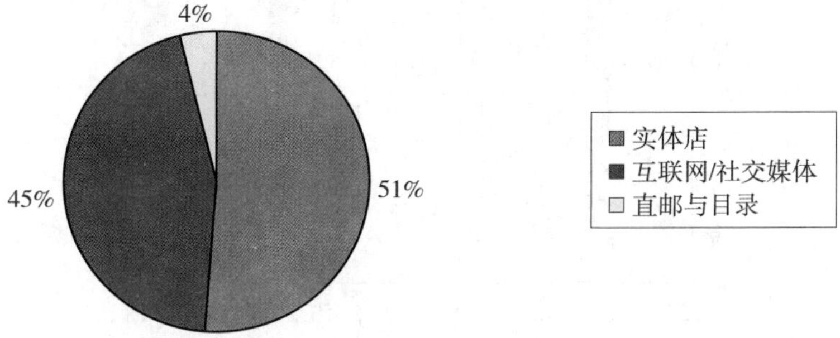

图 32　商户与客户互动渠道

由于跨渠道销售的市场战略也需要前期进行巨大的资金投入，将会对零售商的短期利润增长带来压力。同时，跨渠道零售背后需要强大的数据分析处理能力和灵活的供应链执行，如何让消费者在不同渠道获得更便捷的购物体验，又能集成和整合后台的供应链，实现价格、供应链、仓储物流等维度的全面融合，将会是所有零售商需要思考的新课题。

（三）中国购物中心行业零售业态并购活动和趋势分析

2013 年，中国零售业尤其是百货以及连锁超市业态的并购活动十分活跃。新年伊始，北京王府井百货宣布收购中国春天百货 39.53% 股权，开启了本年度中国百货行业大规模并购整合的序幕。进入下半年，北京翠微股份斥资收购北京当代商城和北京甘家口大厦 100% 股权；新世界百货收购上海汇姿百货有限公司全部股权；华润创业联姻乐购中国，整合旗下门店与购物中心；物美商业收购卜蜂莲花连锁超市……作为购物中心运营核心业态的百货和超市零售行业方兴未艾的并购趋势，或将对购物中心的发展产生根本性的影响。

根据汤森路透并购交易历史数据不完全统计，2013 年中国传统购物中心零售业并购交易量同比增长至少 44%，共计 36 笔；而并购交易总额甚至接近 2012 年总额的 4 倍。见图 33。

1. 整体行业增收缓慢、节支困难，国内市场整合加速

仔细审视新近发生的几笔交易，会发现，无论是国外还是国内的零售业公司，近年来都在中国市场普遍面临增收缓慢和节支困难等一系列困境：在北京王府井收购春天百货的

案例中，春天百货财报显示其近年来销售额增长，盈利能力却不断下跌，也就不难猜测春天百货转让股权既为形势驱使，亦是力图藉此为品牌未来发展带来新的生机；而收购北京当代商城和甘家口大厦100%股权的北京翠微股份也在近年出现业务下滑，此次并购重组更是在北京海淀区“打造海淀区商业航母”政策推动下的大手笔。不难看出，不仅卖方公司因销售困境而出售公司股权，行业增速放缓所带来的消极影响甚至也是积极扩张运营的收购方挥之不去的阴霾。

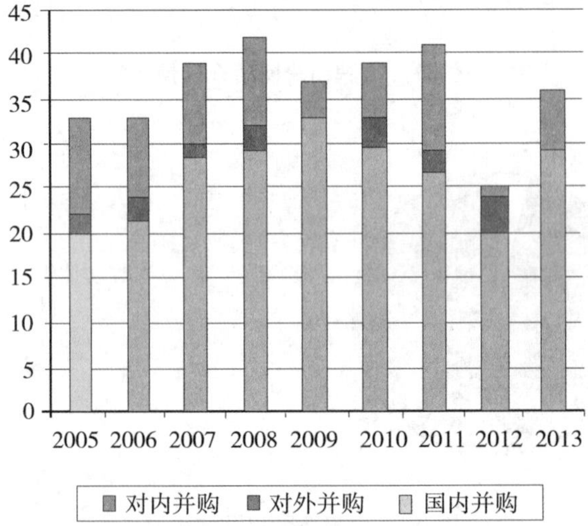

中国购物中心零售业并购交易趋势（按交易量统计）

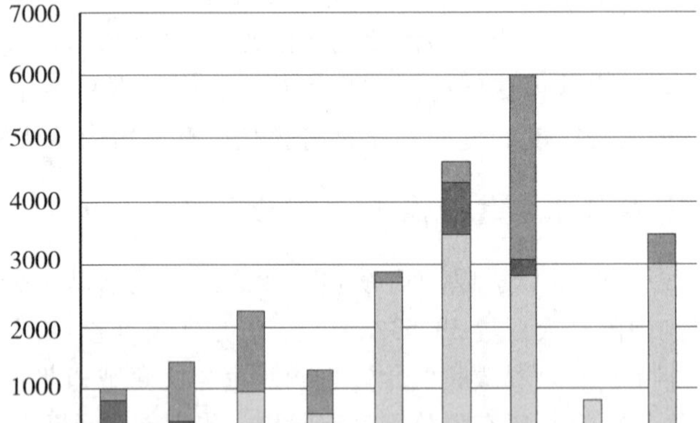

中国购物中心零售业并购交易趋势(按交易额统计,单位:百万美元)

数据来源：Thomson Reuters

注：1. 统计数据收录范围包括未披露交易额的并购交易，和已披露且交易额不少于1000万美元的对外、对内和国内并购交易。

2. 统计数据收录业态包括购物中心、百货商店、超市，以及专门类别商品大型连锁零售商等。

3. 2013年数据统计截至当年11月13日。

图33 中国购物中心零售业态并购交易趋势

表 3　　2013 年中国十大购物中心、百货、超市零售业并购交易

排名	公布时间	收购方	目标公司	交易额（百万美元）	收购权益
1	2013.01	北京王府井	春天百货	651	两次共收购 97% 股权
2	2013.08	华润万家	乐购超市中国业务	558	整合乐购中国旗下门店成立合资公司利原，华润占 80% 股权，乐购持 20%
3	2013.05	大商集团	大连大商	549	收购整合大连大商旗下零售资产
4	2013.10	物美商业集团	卜蜂莲花股份	371	收购卜蜂莲花在华 36 家门店
5	2013.08	GCREF Acquisitions 22 Ltd	和记黄埔	213.111	收购广州西城都荟广场资产
6	2013.08	GCREF Acquisitions 22 Ltd	长江实业	210.68	收购广州西城都荟广场资产
7	2013.10	西安民生集团	西安兴正源	81.694	收购 32.41% 股权
8	2013.01	西安民生集团	汉中世纪阳光商厦	53.817	增收 44% 股权
9	2013.09	武汉商联集团	武汉中百集团	47.106	增收 7.23% 股权
10	2013.10	新世界百货	上海汇姿百货	45.882	收购 100% 股权

数据来源：Thomson Reuters，德勤研究

2. 并购整合的扩张模式与提高国内市场行业集中度的需求一致

目前，中国购物中心行业集中度偏低，品牌购物中心旗下单店数量的总和为 216 家，仅占全国购物中心总数的 7%。中国零售业由之前的“跑马圈地”进入了“并购时代”，大型购物中心、百货、超市零售企业期望通过并购实现跨地域扩张，而这一转变似乎也代表着中国购物中心行业步入成长期。

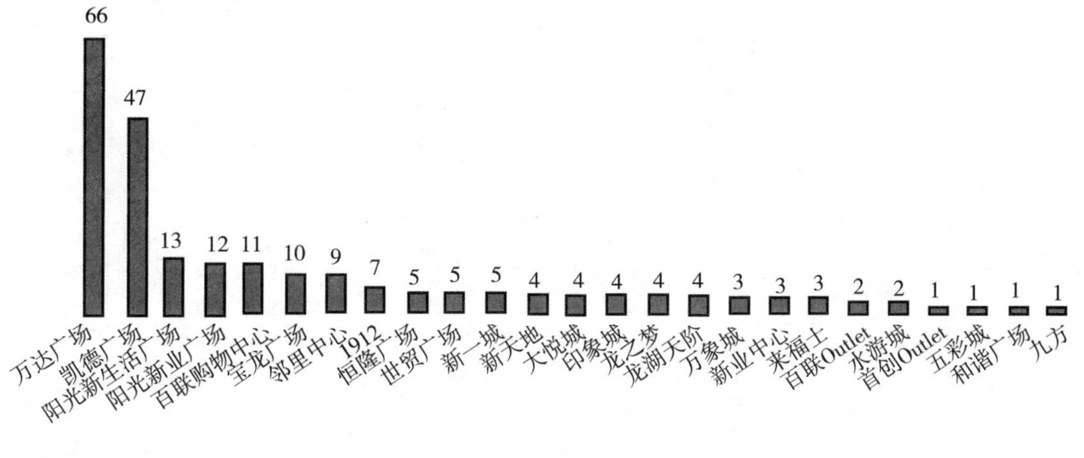

品牌购物中心总计：216 家；全国购物中心总计：3100 家

数据来源：全国购物中心法则及预测报告，九洲远景分析

图 34　知名购物中心品牌开设购物中心数量

3. 扩张的中国内地零售巨头同收紧中国市场的外资零售商的整合或将成为未来该行业另一显著趋势

从 2013 年 10 月发生的两笔连锁超市的并购案例中可以看出，相关的两家国外巨头零售公司在中国市场均遭遇“滑铁卢”，甚至有分析人士指出，该交易或将是其从中国超市零售业隐退的第一步。的确，泰国正大集团旗下卜蜂莲花超市，于 1997 年作为首批入华的外资零售企业在中国首开店门，却于近年来历经了亏损、裁员、关店等诸多变故，终将其在华大部分门店出售给物美商业；而针对华润创业联手英国最大零售企业特易购集团（TESCO PLC）成立合资公司利原公司的评论中，甚至有分析指出此举实为华润创业变相收购乐购中国。特易购通过收购台资企业乐购中国开启中国市场布局，虽然之前通过一系列并购大幅扩张，但其中国发展之路似乎并非一帆风顺，近年来历经人事地震、关店和业绩亏损的困扰。物美商业和华润创业作为两笔交易的收购方，亦面对增长放缓的瓶颈，力图通过并购、整合获取更广泛的市场覆盖，实现规模效益。

此外，资料显示，其他外资零售巨头也徘徊于种种困境之中，如家乐福连锁超市 2012 年关闭在华 6 家门店；家居产品零售商百安居 2009－2012 年期间关闭中国区 24 家门店；电子产品零售商百思买退出中国市场等。此前，这些外资企业均依托并购本土公司快速大规模开拓中国市场。

对有较好运营能力和实力的企业而言，在经济波动的环境下，通过并购整合突破地域或业态瓶颈，低成本迅速抢滩薄弱市场，实现规模协同效应是可行的战略性选择。

（中国连锁经营协会　德勤华永会计师事务所）

2013年中国汽车后市场企业连锁经营调研报告

一、调研概述

1. 起因

国内汽车年消费量自2009年开始有了迅猛发展，继2012年年末中国民用汽车保有量达到1.2亿辆、同比增幅达到14.3%，销量达到1931万辆、同比增幅达到4.3%后，2013年年末全国民用汽车保有量增至1.37亿辆、同比增长达13.7%，销量达2198万辆、同比增幅达13.8%。其中民用轿车保有量7126万辆，增长19.0%。伴随着汽车消费持续高速增长，汽车后市场也日益庞大，持续扩张。

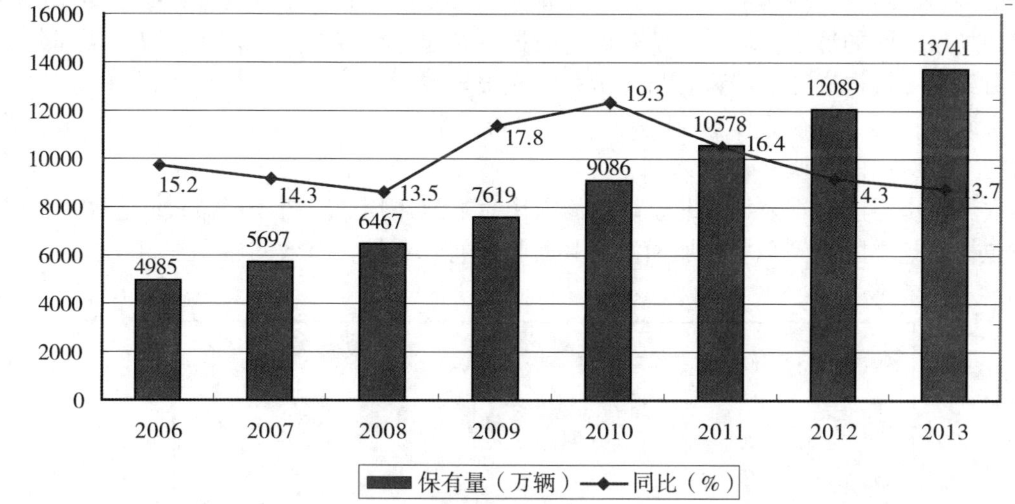

图1　2006－2013年中国民用汽车保有量及其同比增量

但是，汽车后市场包括哪些组成部分？规模及变化有多大？从业企业经营发展状况如何？消费者的特点是什么？这些都是业内人士关心的问题。

为了解汽车后市场具有一定规模的从业企业的现状、挑战与发展，同时也了解消费者对汽车后市场的需求和看法，为汽车后市场连锁企业的发展提供持续的经营参考和新的思路，中国连锁经营协会牵手上海菁葵投资有限公司自2012年联合开展了“中国汽车后市场企业连锁经营发展调研”。本年度汽车后市场调研，合作双方又联合上海安永华明会计师事务所共同参与开展。

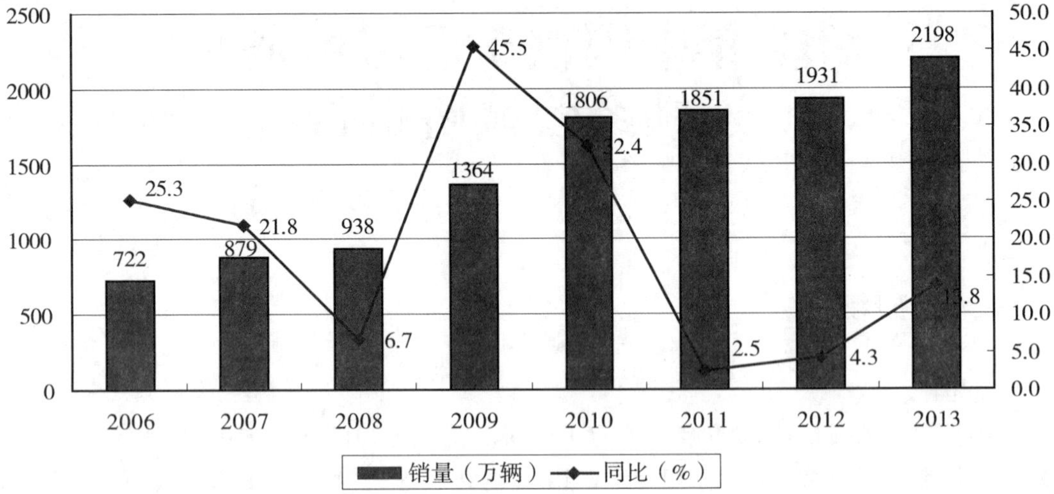

图 2　2006 -2013 年中国民用汽车销量及其同比增量

2. 范围和方法

本次调研的对象包括两部分，一是从业企业，二是消费者。企业调查数据主要通过问卷调查和高层访问的形式获取，消费者调查数据主要通过拦截式问卷访问获取；两部分数据均经由第三方机构进行数据整合与分析并完成报告撰写。

本次调研自愿参与企业样本 40 份，有效问卷样本 35 份。企业调查中，对 18 家企业高层进行了面对面的访谈。

本次调研由零点调查公司对北京、上海、南京的汽车用户进行了拦截式问卷调查，调查区域包括住宅小区、停车场和加油站，共回收问卷 314 份，有效问卷样本 300 份。

3. 汽车后市场定义

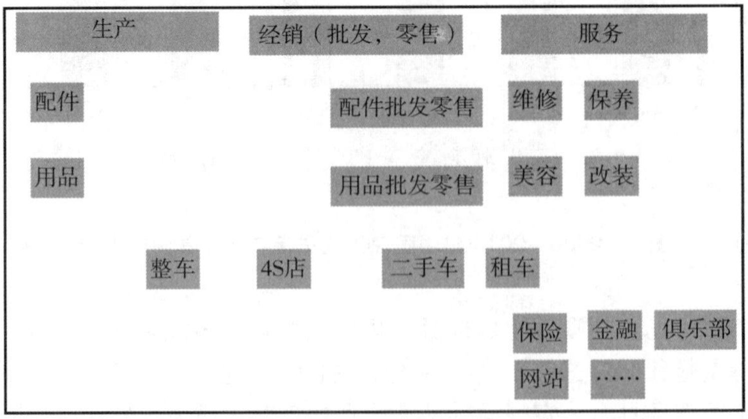

图 3　广义上的汽车后市场

广义上，汽车后市场包括整车销售后所有的需求，如图 3 所示。基于我们 2012 年、2013 年连续两年对从业公司的访谈，以及参考美国、欧洲等国家对汽车后市场范围的描述，本次调研对汽车后市场的定义为：汽车配件及用品的经销，以及直接为这些产品的使用所提供的服务，如图 4 所示。

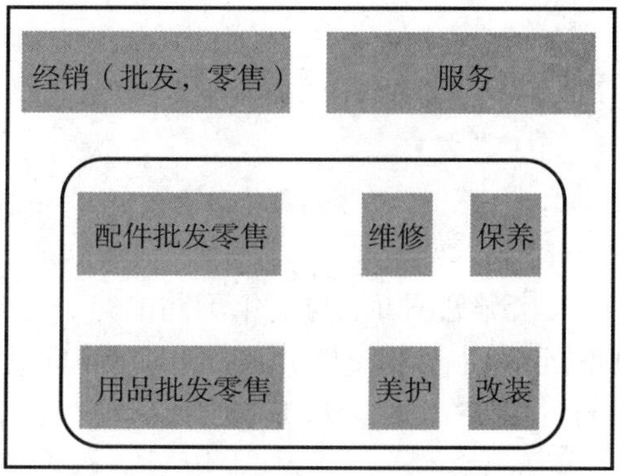

图 4　汽车后市场定义

二、调研主要结果

（一）访谈对象（车主）状况

本次调查访谈主要针对北京市、上海市和南京市的汽车用户。调查共回收问卷 314 份，其中有效问卷 300 份，作为本次调研基础样本。

执行城市	北　京	上　海	南　京	合　计
执行样本	101	110	103	314
有效样本	100	100	100	300

1. 车主基本特征

本次调查访谈，男性对象占 68.0%，女性对象占 32.0%，较上年的男性、女性占比（74.3%、25.7%），女性访谈对象上升了 6.3 个百分点。

访谈对象的年龄状况见图 5。与上年主要集中在 26－45 岁（26－35 岁占比 34.3%，36－45 岁占比 35.3%）不同的是，本次访谈对象主要集中在 26－35 岁，占比为 82.3%。

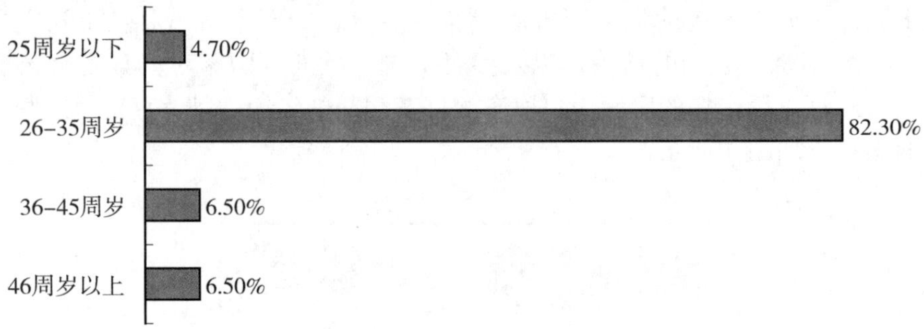

图 5　访谈对象年龄情况

调查访谈对象的月均收入状况见图 6。与上年不同的是，本次访谈对象月均收入占比排在前 2 位的是 5001 – 8000 元（占比 38.3%）和 3001 – 5000 元（占比 22.3%），与上年情况相反（3001 – 5000 元的占比 35.0%，5001 – 8000 元的占比 25.3%）。

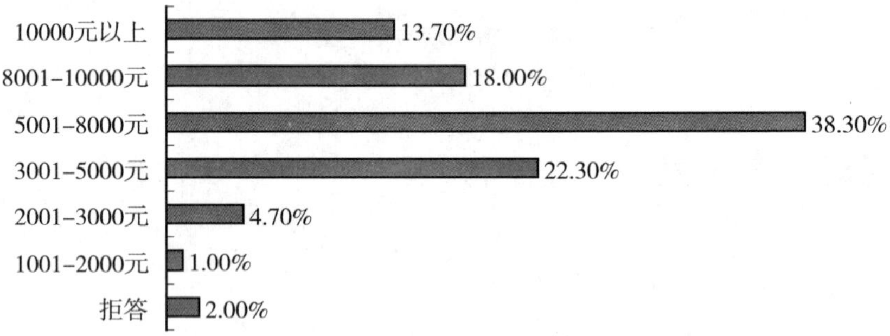

（2013 年度调查）

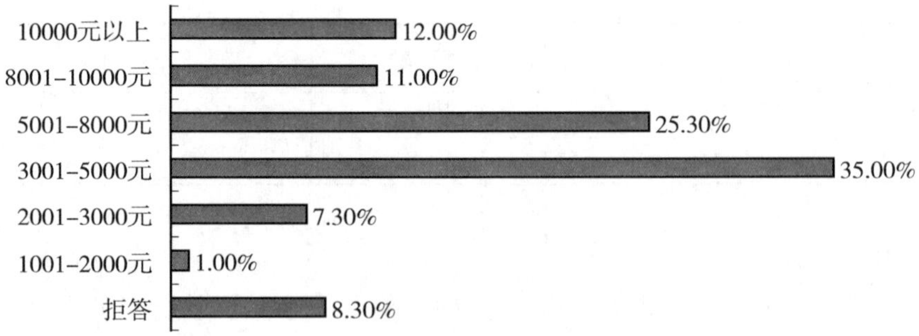

（2012 年度调查）

图 6　访谈对象月收入情况

2. 车主分城市收入状况

上海车主月均收入主要在 5000 元以上，约占 96%；北京和南京车主则主要集中在 3000 – 8000 元之间，占比均超过 2/3。见图 7。

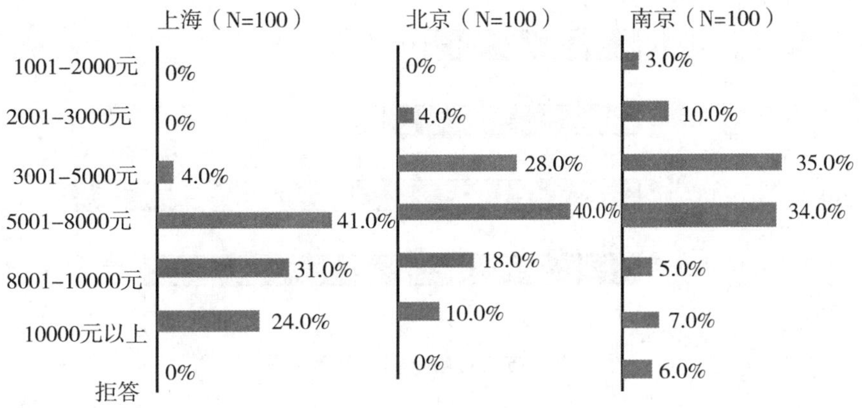

图 7 访谈对象分城市月均收入分布情况

3. 车辆、售价及车主驾龄特征

如图 8 所示，绝大部分受访者的车辆为私家车辆，与上年 96. 3% 的占比比较继续提升；66. 6% 的访谈对象驾龄在 3 年以下，比上年的 53. 3% 上升 13. 3%；受访者的爱车售价主要集中在 5 万 –15 万元，占比为 69. 3%，比上年（占比 62%）略有提升。而本次受访者爱车售价排行前 2 位的是 10 万 –15 万元（占比 37. 0%）和 5 万 –10 万元（占比 32. 3%），与上年排行前 2 位的情况（5 万 –10 万元占比 33. 7% 和 10 万 –15 万元占比 28. 3%）不同，显示受访者爱车档次提升。

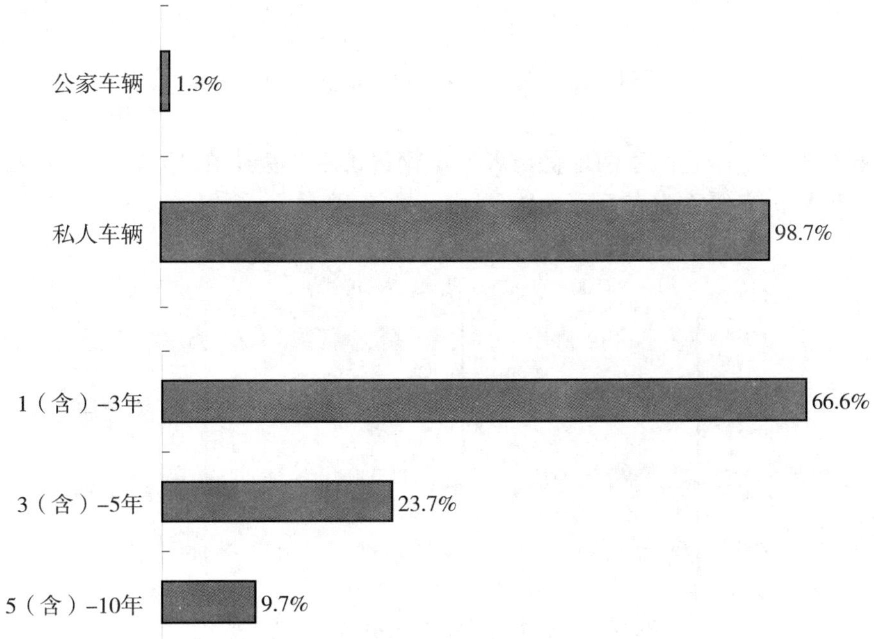

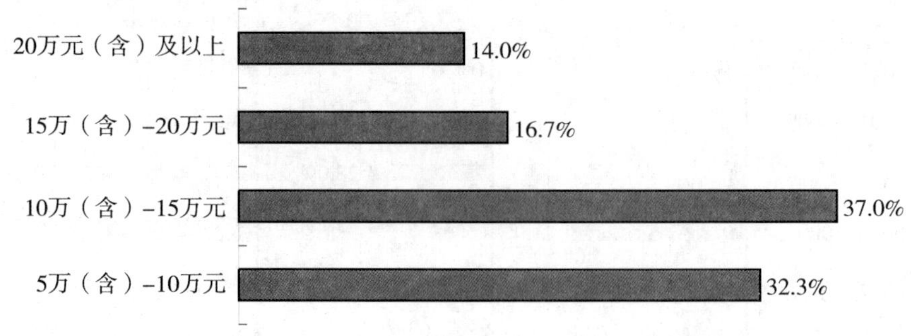

图 8　访谈对象车辆及驾龄情况

4. 车辆车龄、售价分布情况

本次调查中，北京、上海、南京三地受访者的车辆车龄均以 1 – 3 年为主，但上海另有超过 3 成受访者车辆的车龄为 3 – 5 年，南京有近 5 成受访者的车辆车龄在 3 年以上。见图 9。

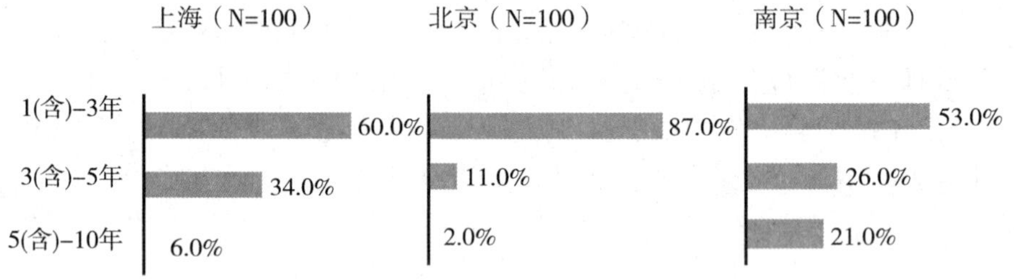

图 9　访谈对象车辆车龄分城市分布情况

本次调查中，上海、南京两地受访者的车辆售价主要集中在 10 万 – 15 万元，而北京受访者的车辆售价主要集中在 5 万 – 10 万元。见图 10。

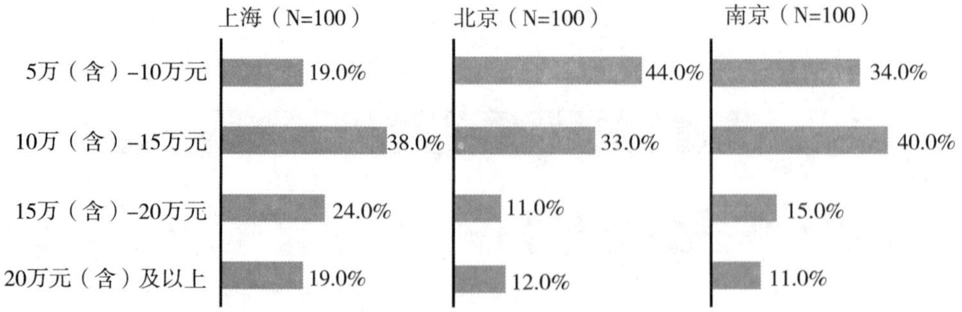

图 10　访谈对象车辆售价分城市分布情况

（二）市场格局

1. 整体状况及其规模

我国与国外在汽车后市场方面存在着较大的差距，但近年随着国内汽车保有量的快速增长（见图 11），很多国内汽车后市场企业借鉴国外先进服务模式并对其进行不断地探索，一些进入我国的跨国公司也在进行积极的本土化尝试。参考美国汽车消费市场整体结构，目前其汽车后市场规模每年约 2310 亿美元，大约是中国的 2.6 倍左右，这略高于中美汽车保有量的比例（约 2.4 倍），其中约 70% 的市场份额被 8 类公司所占据，包括配件经销商、事故维修中心、快修店、大型零售商、轮胎中心、服务连锁店等。如美国汽车后市场领先者 AutoZone 年营业额 86 亿美元，约占其市场 3.7% 的份额。中国汽车后市场的从业企业数量估计在数十万家，且多数依附于分布在全国的约 800 家汽配市场，年销售规模大约是 4000 亿 - 5000 亿元人民币（见图 12）。然而，汽配产品及服务是消费者投诉、媒体曝光的重点之一，国内汽车后市场仍处于集快速发展与竞争秩序不良于一体的状况（见图 13）。两国汽车后市场呈现出：其一，美国老旧车型比例高于中国，导致其单车维修保养花费可能更多；其二，由于保有量与维修保养费用两国基本成正比，因此就单车养车费用看，中美差别不大，美国零件便宜但工时贵，中国则相反，但从未来发展看正趋向于美国模式。

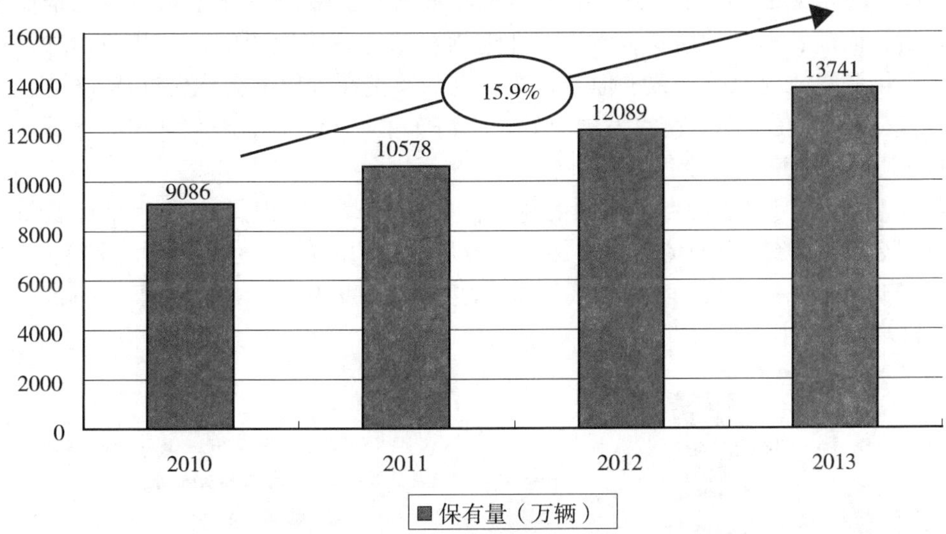

图 11　2010 -2013 年国内民用汽车保有量及其平均增速

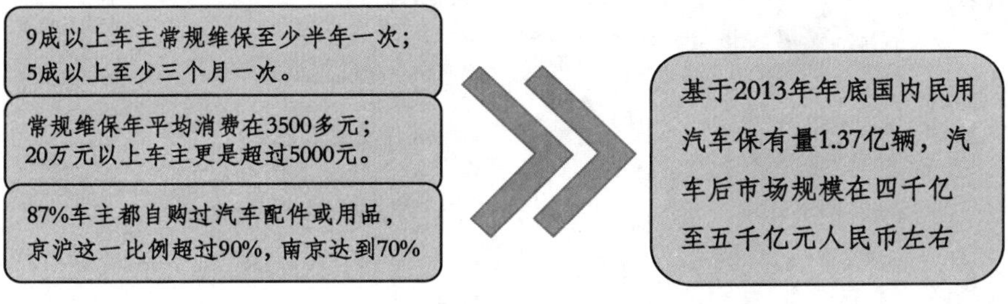

图 12　国内汽车后市场规模快速发展

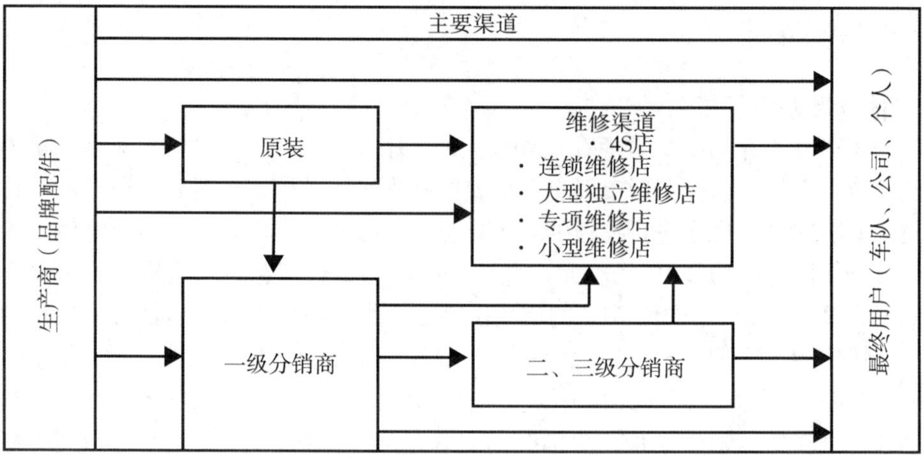

图 13　国内汽车后市场现状

2. 维保及配件购买状况

（1）维保渠道各有优势，格局相对稳定

4S 店仍是常规维保主要渠道。由于 3 年以下新车受保险情况影响，因此维保主要渠道在 4S 店，而随着车龄的增长，本地专业连锁汽修店和路边店的比例相应增加，这种状况与 2012 年调查情况保持一致。但是，车价高的车主在维保上会优先选择 4S 店。

连锁汽修渠道在上海、南京发展更好。上海车主在专业连锁汽修店进行维保的比例超过 20%，其次是南京，北京仅 1%。

车主对不同维保渠道特点有不同的认识。趋于一致的认识是：4S 店维保质量好但价格高，专业连锁汽修店方便但需再增加店铺数量，路边店虽然便宜但环境较差。

（2）自购配件常用渠道以汽配城为主，电子商务发展需关注；汽车用品自购率高于配件，且以内饰为主。

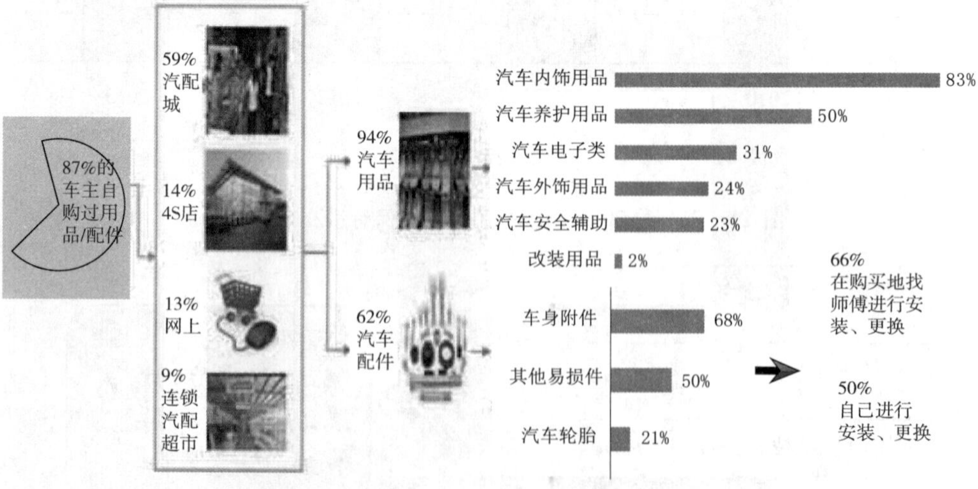

图 14　2013 年车主自购配件常用渠道及消费品类

调查显示，87% 的车主自购过配件或者用品，比上年增长了 11%，其中 59% 常去汽配城购买。在自购人群中，94% 的人选购汽车用品，62% 选购汽车配件。选购的汽车用品中，内饰品最受欢迎；配件中，车身附件最多。自购配件后，66% 的车主主动找专业师傅安装，但也有 50% 的车主尝试自行安装和换件，见图 14。而 2012 年的情况是，76% 的车主自购汽车配件或用品，其中自购养护类配件或用品最多，占近 80%，而 64. 2% 的车主选择去汽配城自行购买。因此，汽配城仍是汽配用品供应的主要渠道。见图 15。

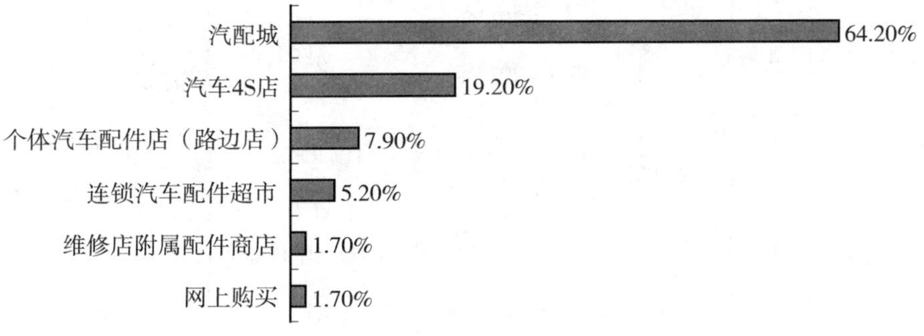

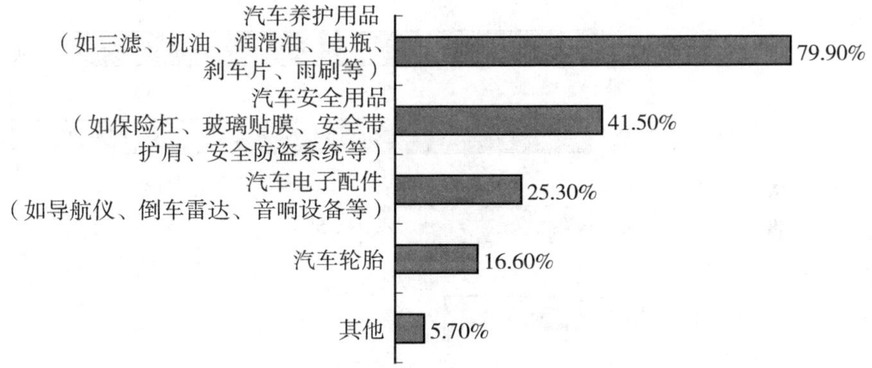

图 15　2012 年车主自购汽配用品情况

在自购配件和用品的常用渠道中，汽配城是主要渠道，占比近 6 成；其次是 4S 店和网络购买。其中与 2012 年相比，网络渠道、连锁汽配超市增长明显，前者从 1. 7% 增至 12. 7%，增幅近 11 个百分点，后者从 5. 2% 增至 9. 2%，增幅为 4. 0%。见图 16。而南京的网络购买比率居三城市之首，北京的网络渠道占比远低于南京、上海；在连锁汽配超市的占比上，上海明显高于北京和南京；北京在汽配城渠道上占比最高。见图 17。

由于车主对连锁汽配超市和网络的优点总结趋于一致，网络的崛起直接影响到连锁汽配超市的发展。未来影响连锁汽车配件超市发展的最大因素是电子商务的发展。

（3）自购配件车主的车价因素

调查显示，车主自购配件存在车价差异因素，即所拥有车辆车价越低的车主，越趋向于自购配件。见图 18。

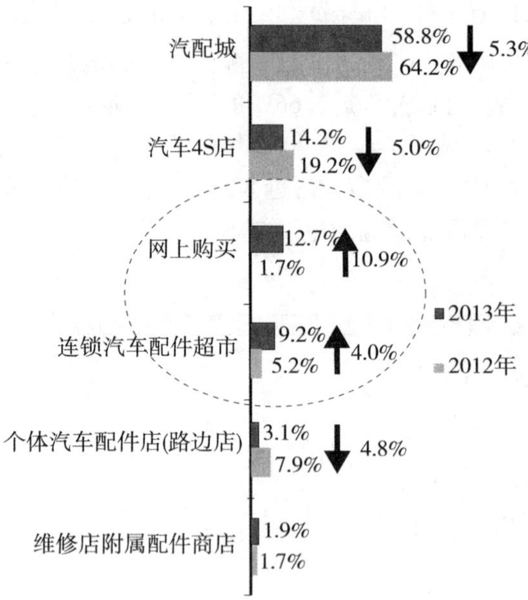

图 16　自购配件和用品不同常用渠道占比

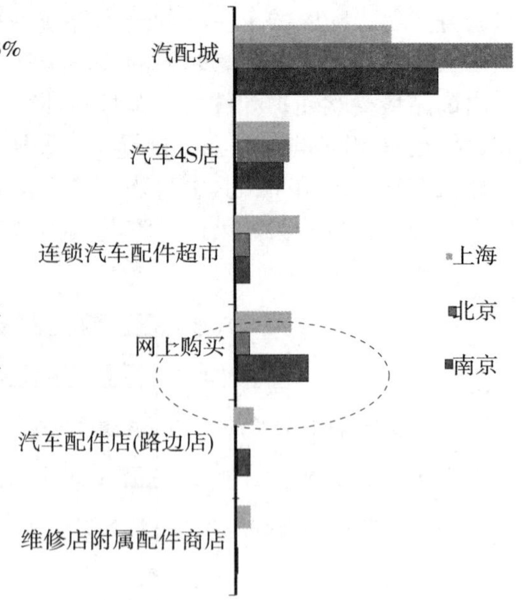

图 17　三城市汽车配件和用品不同常用渠道占比

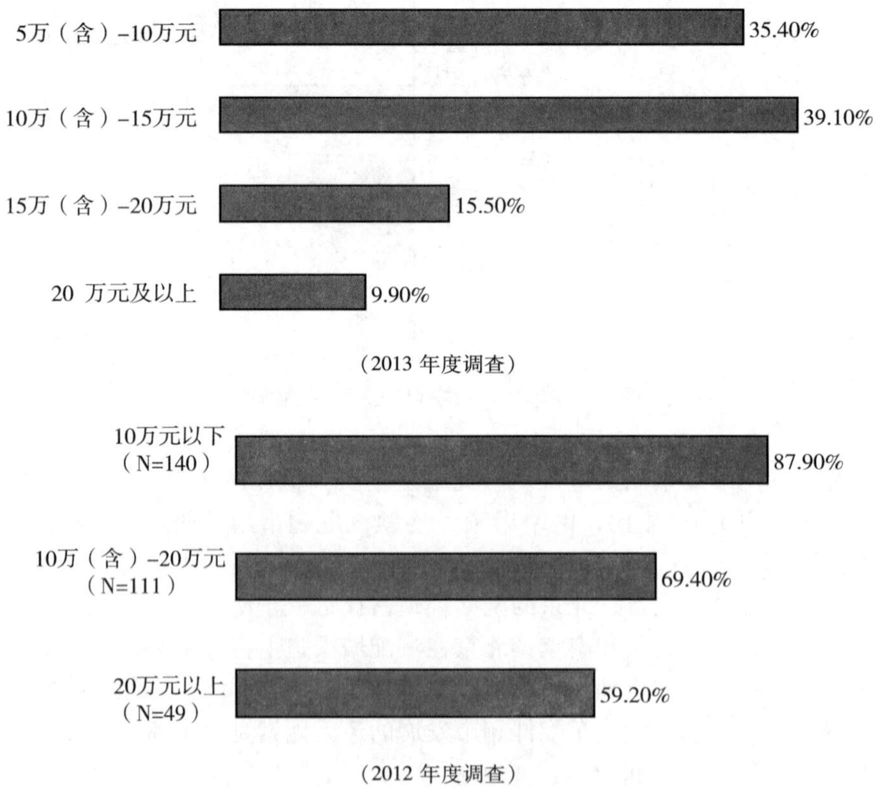

图 18　不同车价的车主自购配件占比情况

调查还显示，中高端车的市场渠道竞争更加激烈，也更有机会。如图 19、图 20 所示，10 万元以下车主自购渠道中汽配城占绝对优势，随着车档次提升，车主在连锁汽配超市购买用品/配件的比例增长，同时网络渠道购买比例亦快速增长。

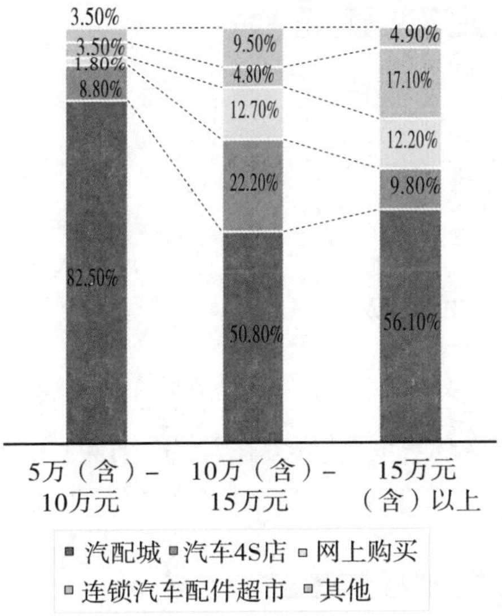

图 19　不同车价车主自购汽车配件的常用渠道

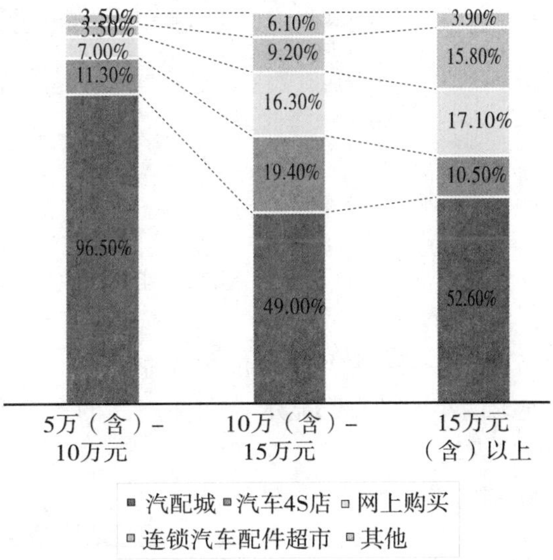

图 20　不同车价车主自购汽车用品的常用渠道

（4）车主自购配件的主要原因

受访者之所以选择自购配件，主要原因是：61% 的车主认为维修店、保养店内的配件价格太高，与自购存在不少的差价空间；60% 的车主认为自购可以自由选择品牌；而 25% 的车主则认为自购可以择优挑选，质量更放心。而上年度本项调查的数据分别是 62%、57% 和 49%，显示车主更加实际，车主曾经认为的自购可以择优和质量更放心的意愿难以在专业程度较高的技术、知识环节得到支撑。

（5）阻碍车主自购配件的主要原因

近两年的调查显示，受访者之所以不选择自购配件，最主要的原因是缺少汽车配件相关的专业知识。见图 21。

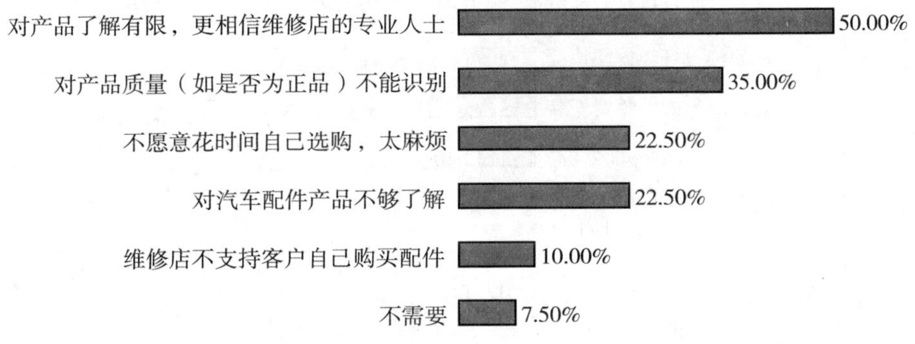

（2013 年度调查）

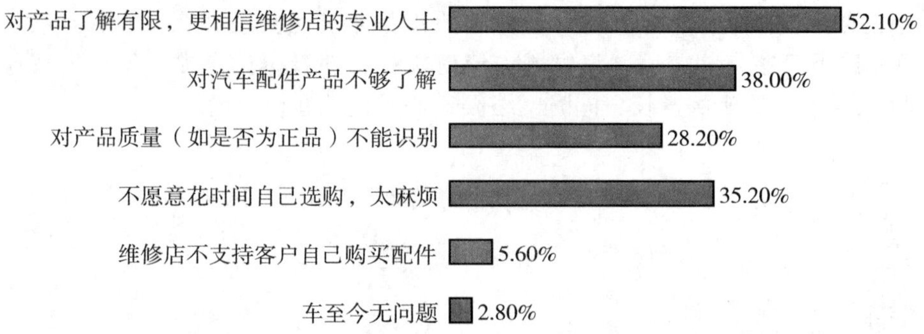

（2012 年度调查）

图 21　阻碍车主自购配件的主要原因

（6）车主留在常用渠道的主要原因

连续两年的调查都显示，配件产品的齐全和价格优惠是车主留在常用渠道的主要原因。见图 22。

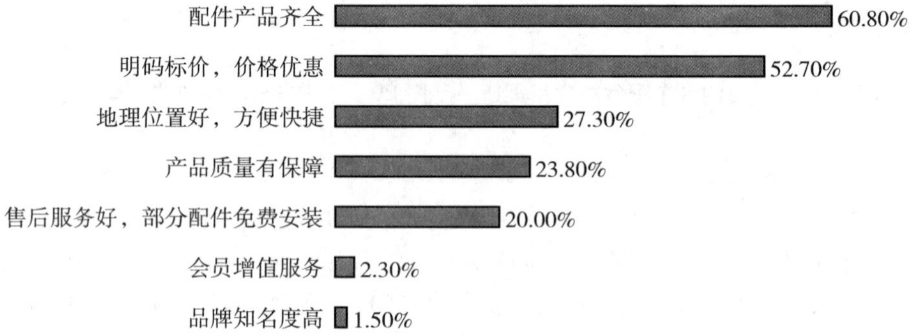

（2013 年度调查）

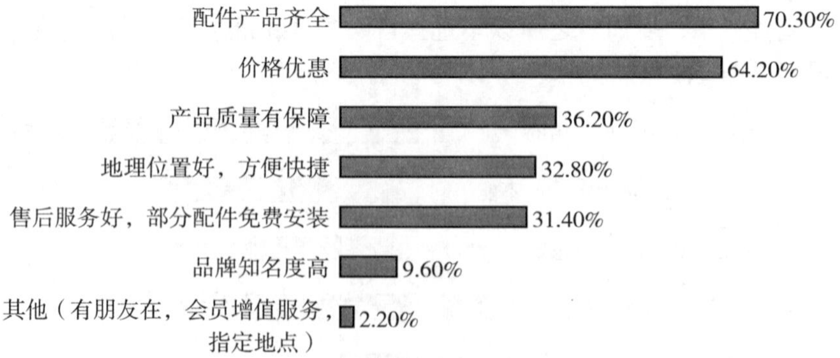

（2012 年度调查）

图 22　车主光顾常用汽配渠道的主要原因

调查还显示，车主选择网店和连锁汽配超市的原因很接近。见图23。

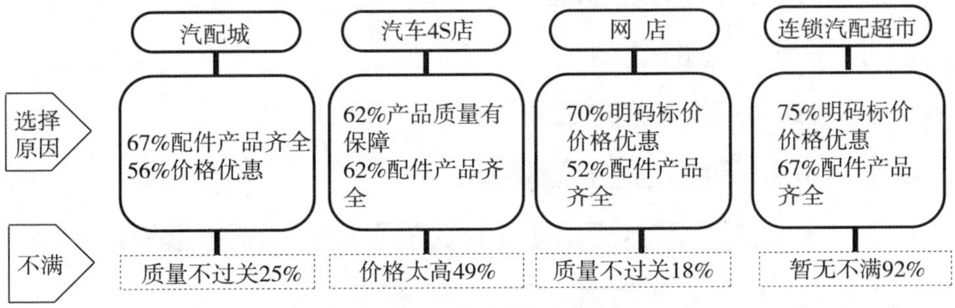

图23 车主对常用汽配渠道的选择原因及不满

（7）常规维保周期及平均费用

调查显示，91%的车主至少6个月进行一次常规维保；维保年均消费为3528元；近7成的车主在4S店进行常规维保。见图24。而不同车龄的车主维保情况如图25所示；不同维保消费的车主占比情况如图26所示。

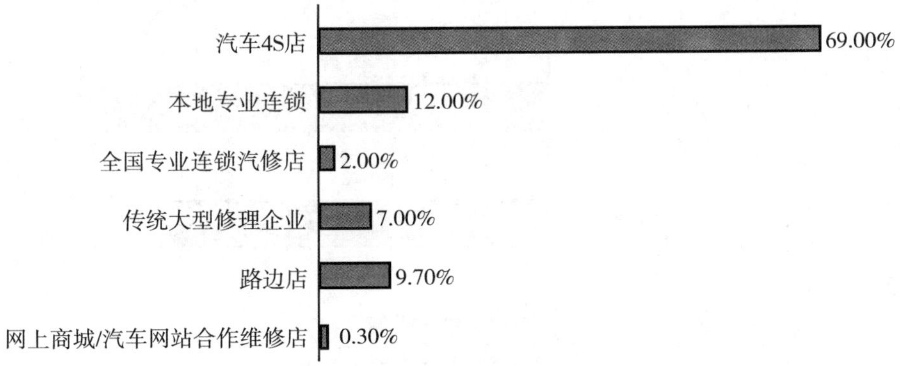

图24 2013年车主选择常规维保的不同渠道

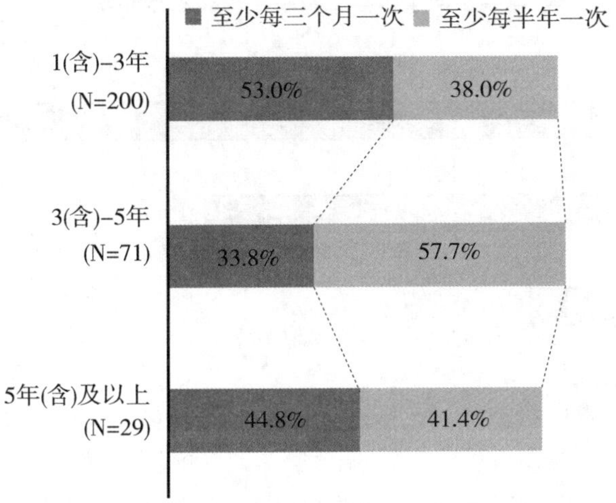

图25 2013年不同车龄的车主维保频率

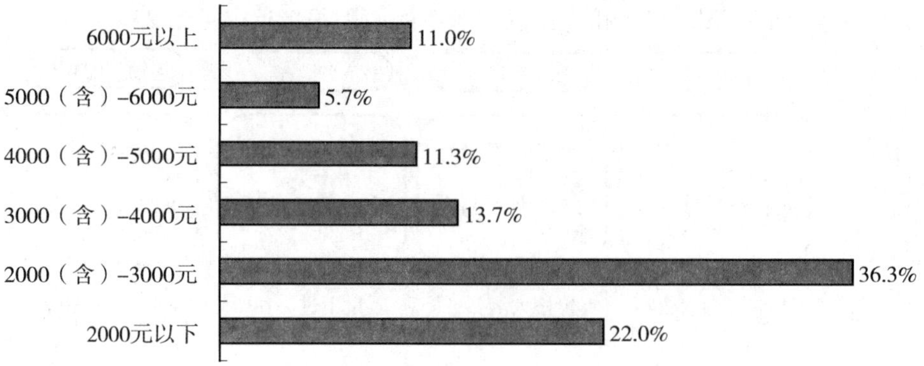

图 26　2013 年不同维保消费的车主占比情况

对比 2012 年，约 95% 的车主至少 6 个月进行一次常规维保；约 83% 的车主在汽车保养年均消费上不超过 4000 元，近半数高端车价（20 万元以上）的车主汽车年均维保费用超过 4000 元，也有超过 55% 的车主选择在 4S 店进行汽车保养维护。见图 27 - 图 30。

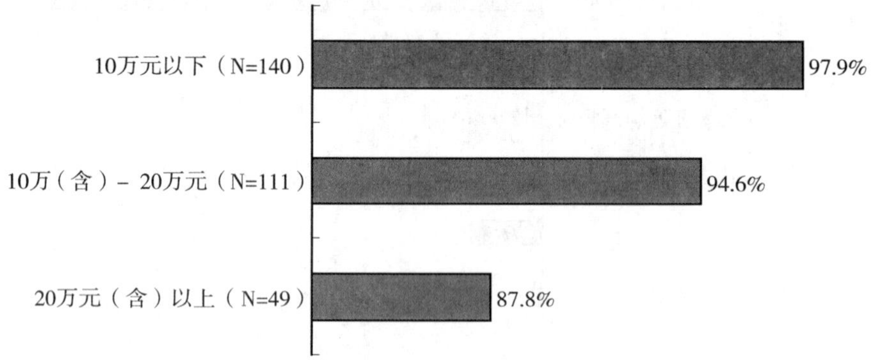

图 27　2012 年不同车价车主每半年维保汽车频率

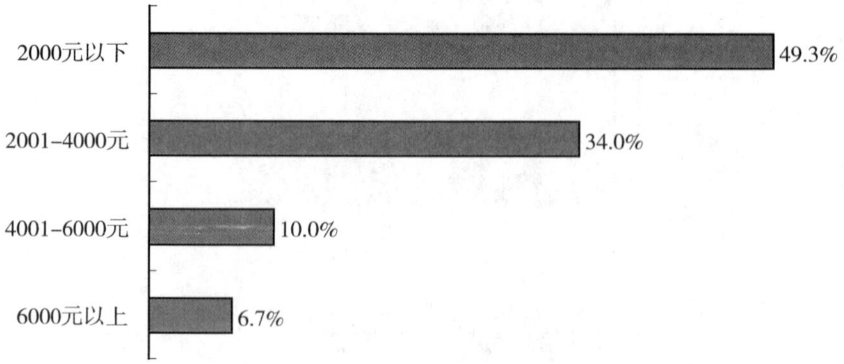

图 28　2012 年受访车主年保养费用占比

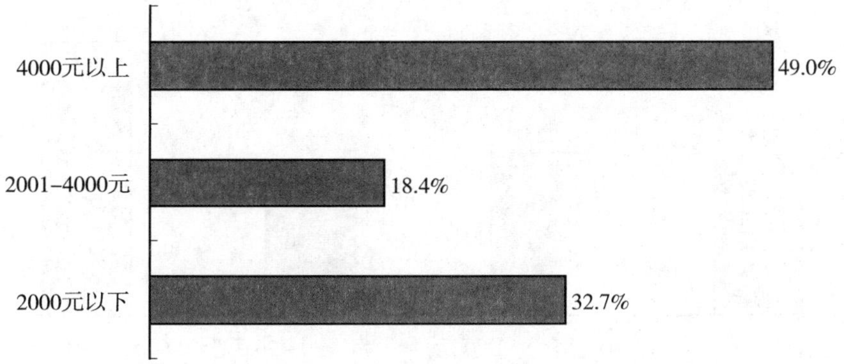

图 29 2012 年车价 20 万元以上车主维保费用占比

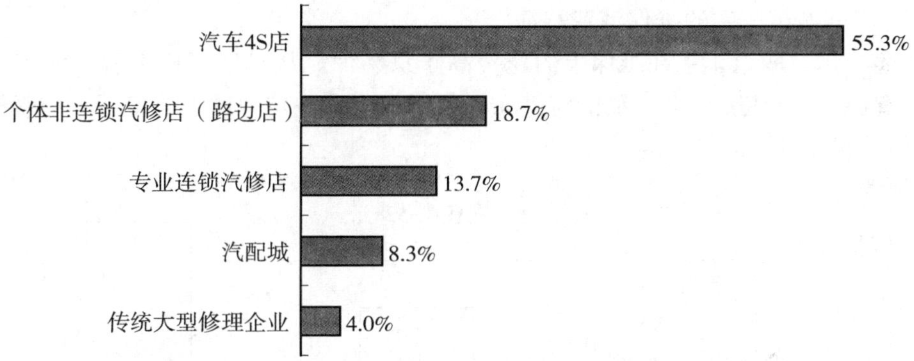

图 30 2012 年车主选择汽车保养渠道占比

（8）不同车价、车龄车主的维保消费特征

调查显示，车主的车价越高、车龄越长，其在维保上的消费就越高。见图 31、图 32。

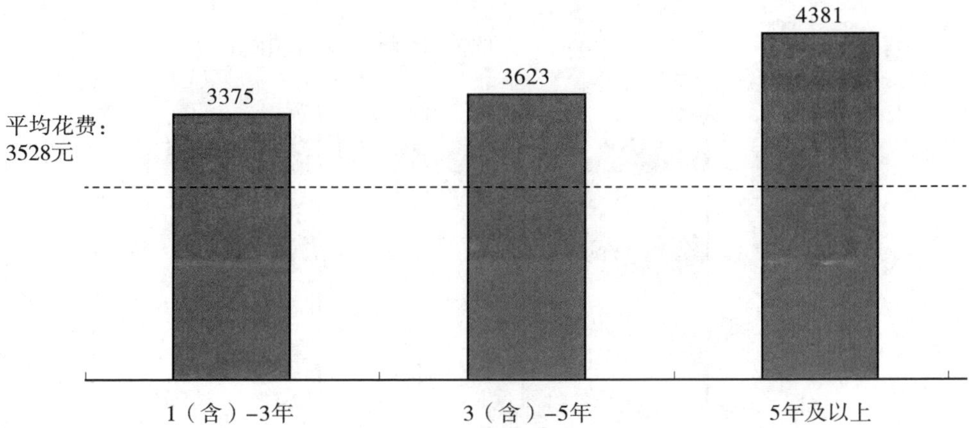

图 31 不同车龄的车主维保平均消费情况

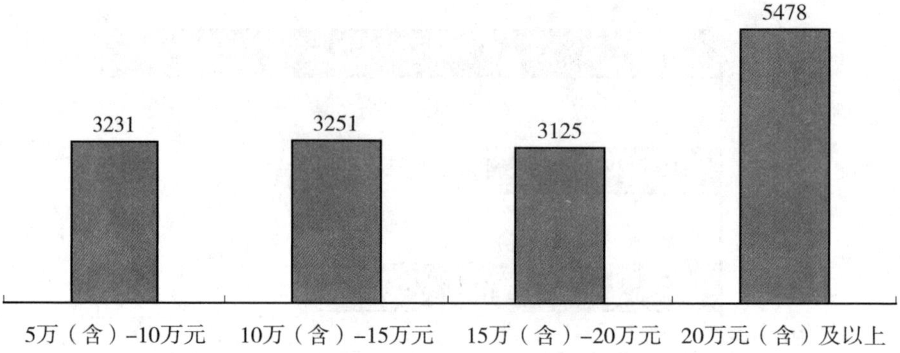

图 32　不同车价的车主维保平均消费情况

（9）不同城市车主的维保消费特征

图 33 显示，南京车主在维保上的花费高于京、沪。从车龄结构上看，南京车主的平均车龄较高，近五成受访者车辆的车龄在 3 年以上，在一定程度上决定了其维修保养的频率和花费。见图 34。

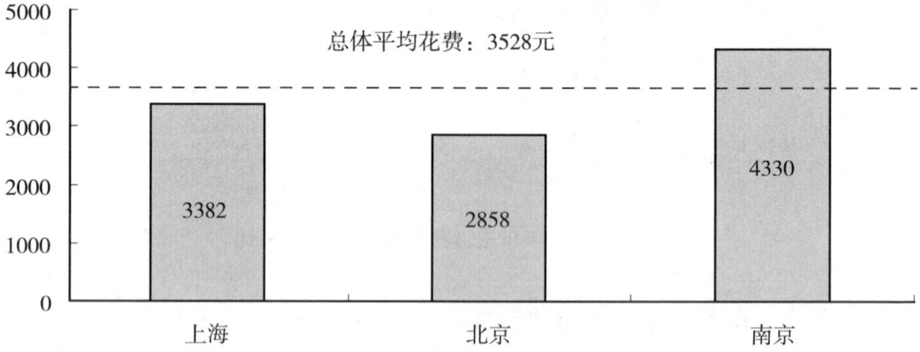

图 33　不同城市车主的维保平均花费

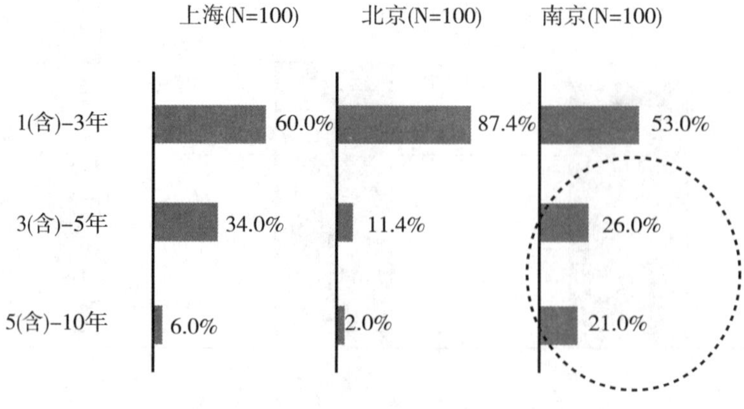

图 34　不同城市车主的年龄分布

（10）车主对维保消费的认知

调查显示，近4成车主认为服务费占维保费用的10%～20%；从对服务费（工时费）分散认知的情况看，行业服务费收取没有可遵循的标准。见图35及下表。

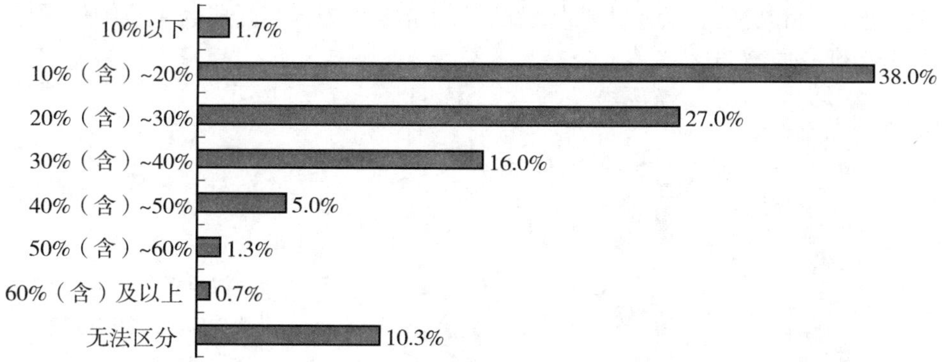

图35　服务费占维保费用比例

某4S店收费标准　　（价格：元）

序号	常规保养维修项目	明锐1.8T		明锐2.0		明锐1.6	
		工时费	配件价格	工时费	配件价格	工时费	配件价格
1	首次7500公里保养	110	390	120	18	120	177
2	更换机油机滤、空滤	130	523	130	278	130	230
3	更换机油三滤	160	619	160	357	160	309
4	更换机油机滤	100	390	100	168	100	177
5	更换空滤	20	133	30	115	30	52
6	更换汽滤	30	96	20	76	20	76
7	更换空调滤网	40	106/52	20	106/52	20	106/52
8	更换火花塞/每支	30	111	20	111	40	111
9	更换防冻液	100	82/4L	80	82/4L	80	82/4L
10	更换制动液	270	71/1L	240	71/1L	240	71/1L
11	更换前刹车片	180	577/402	180	577/402	180	577/402
12	更换后刹车片	180	472	180	472	180	472
13	更换轮胎（条）含动平衡	50	707	50	707	30	707
14	更换雨刮片（支）/每支	20	144	20	144	20	144
15	更换刹车灯灯泡（个）	10	6	10	6	10	6
16	更换前大灯灯泡（个）	20	638	20	43	20	43
17	更换防雾灯灯泡（个）	20	83	20	83	20	83
18	更换转向灯灯泡（个）	10	51	10	51	10	51
19	更换免维护电瓶	50	532	40	532	40	532
20	更换喇叭（个）	80	59	80	59	80	59

（11）不同车价、车龄的车主选择维保渠道特征

汽车的保修期一般为 3 年，过保后部分车主选择其他维保渠道，导致选择 4S 店的比例下降。

图 36 显示，随着车龄的增长，维保渠道更加分散，且 4S 店逐步被消费者放弃，相对便宜的专业连锁店和更便宜的路边店凭借凸显的价格优势，逐渐成为主要维保渠道，但这种趋势在本年度有所减弱。

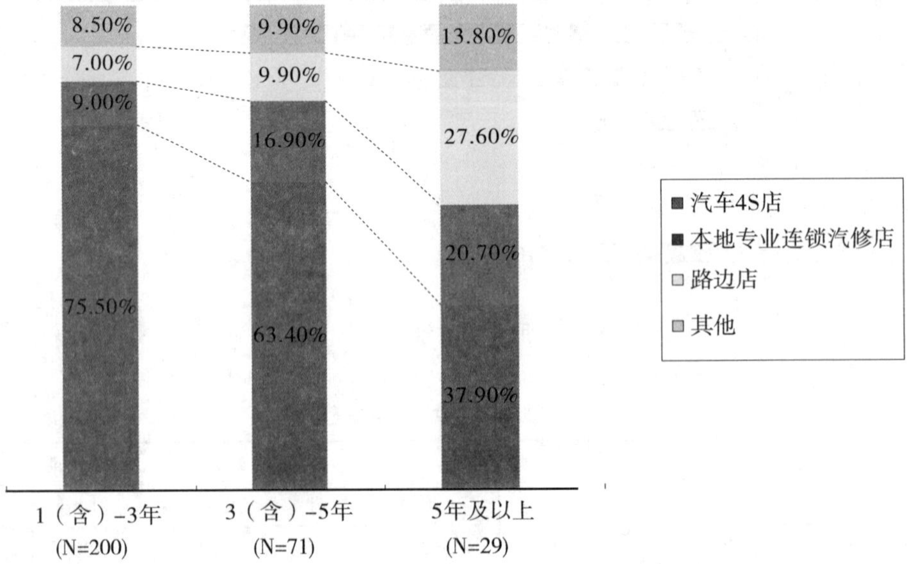

（2013年度调查）

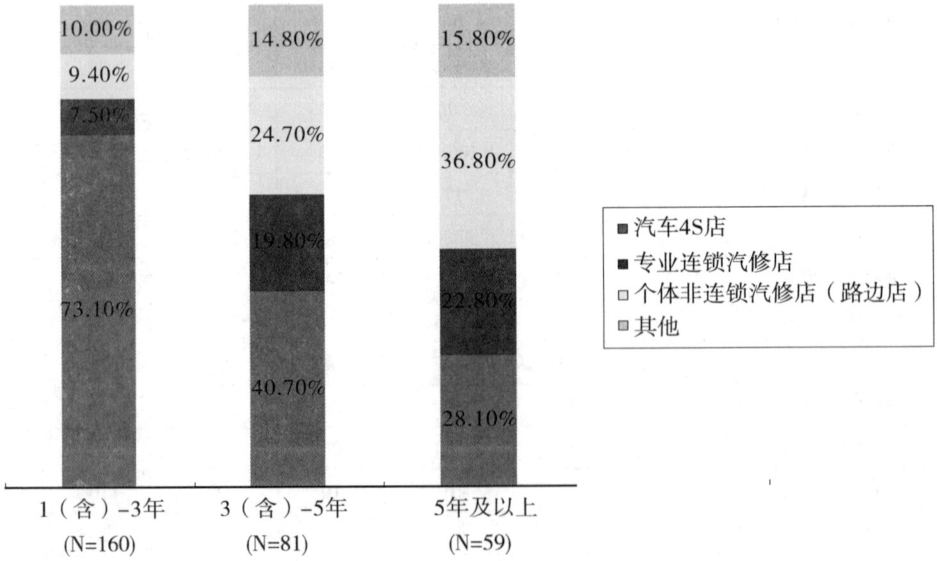

（2012年度调查）

注："其他"是指全国专业连锁汽修店、传统大型修理企业、汽配城和网络渠道

图 36　不同驾龄车主汽车维保常用渠道

图 37 显示，车价越高，维保渠道越集中，且选择 4S 店的比例也越高。虽然 20 万元以上车主维保渠道主要仍是 4S 店和本地专业连锁店，但是本年度调查访谈车主的车价已呈现明显下探趋势。

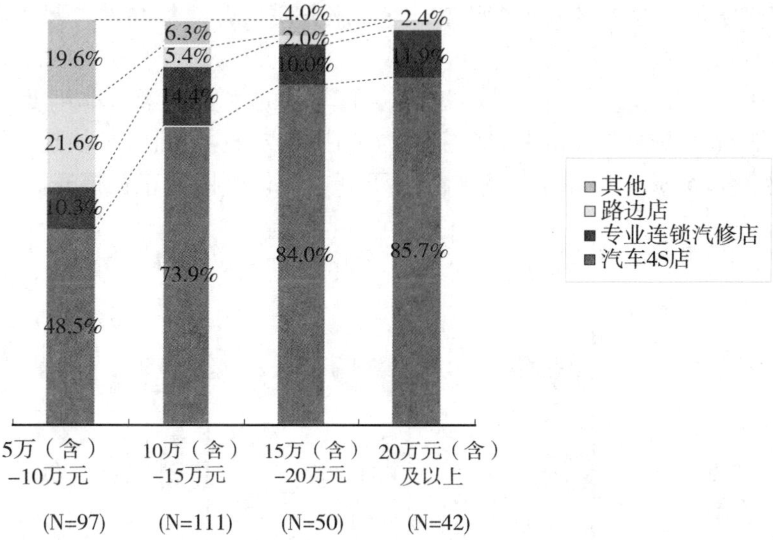

（2013年度调查 ）

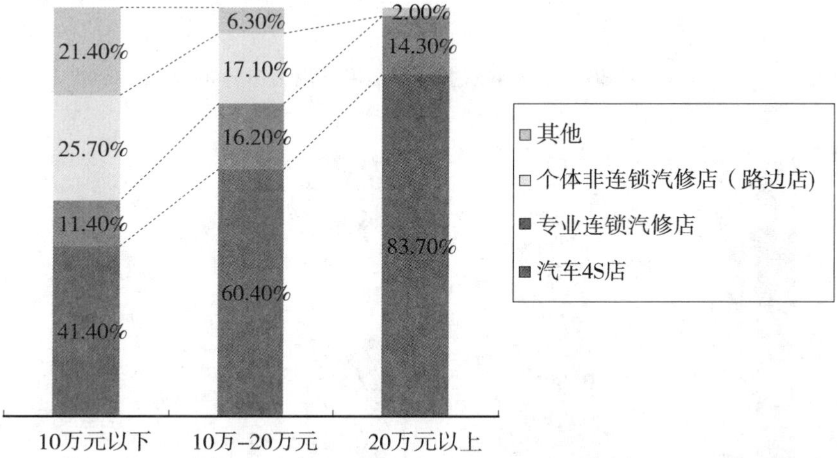

（2012年度调查）

注：“其他”是指全国专业连锁汽修店、传统大型修理企业、汽配城和网络渠道

图 37　不同车价车主汽车维保常用渠道

（12）不同城市的车主选择维保常用渠道特征

由于本次调查对象以 3 年以下车为主，因此维保渠道主要还是以 4S 店为主。而南京渠道更加分散与其长车龄有关。见图 38。

图 39 显示，北京、上海 4S 店的发展明显好于南京，而上海专业连锁汽修店的发展较南京、北京更好。

（13）车主选择不同渠道维保汽车的原因

选择4S店。本年度57%的受访车主认为，4S店配件产品齐全、质量更有保障；51%的车主认为，4S店有固定的专业维修人员、服务态度更好。而上年度前项比例为51%，后项比例为57%，显示出在4S店拼服务、整体服务质量普遍提高的背景下，车主对硬件的要求有所提升。

选择路边店。价格优惠、便捷是路边店吸引车主的主要因素。本年度72%的受访车主认为，路边店价格更优惠；48%的车主认为离住所或公司近且方便快捷。上年度该两项比例分别为64%和55%，显示价格影响正在下降，而便利因素正在提升。

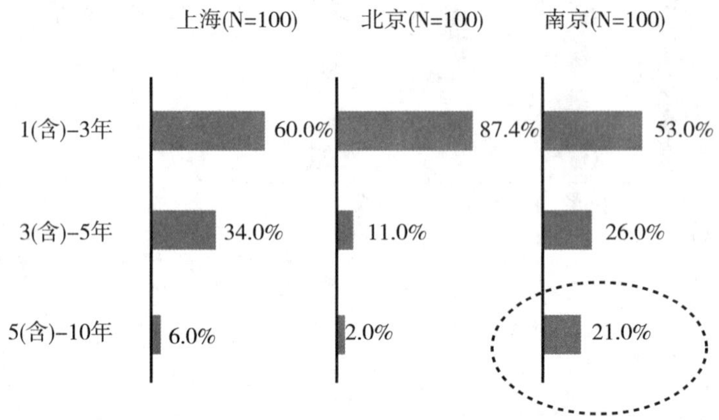

图38 三城市车主汽车维保常用渠道分布

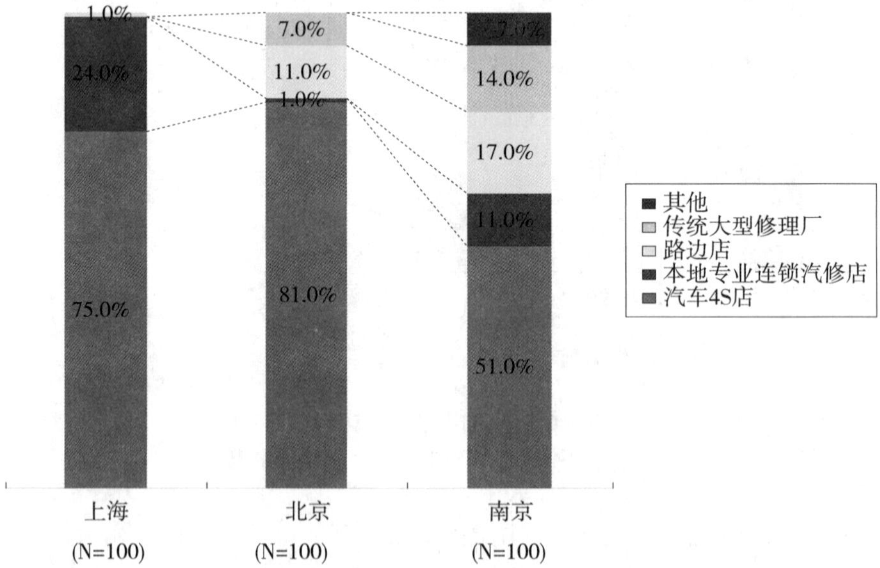

注："其他"是指全国专业连锁汽修店、传统大型修理企业、汽配城和网络渠道

图39 三城市车主汽车维保常用渠道分布

选择专业连锁汽修店。价格、服务、便捷是专业连锁汽修店吸引车主的综合首选因素。本年度61%的车主认为，专业连锁汽修店离住所或公司近且方便快捷；58%的车主认为服务态度好。而上年度该两项比例均为61%，另有68%的车主认为价格优惠。见图40。

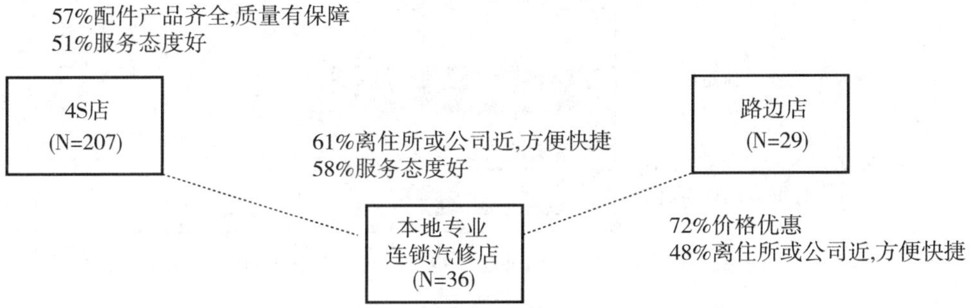

图40　车主选择维保不同渠道的主要原因

另外，调查显示，车主对常用维保渠道不满意的主要问题是：对4S店，52%的车主认为价格较高；对本地专业连锁汽修店，19%的车主认为服务网点较少，不方便；对路边店，25%的车主认为店面不整洁，环境较差。

（14）不同城市车主对不同维保常用渠道的满意度

图41显示，上海、北京的车主对4S店和本地连锁汽修店的满意度较高，对路边店和传统大型修理厂的满意度较低。

南京的车主对车辆维保渠道的整体满意度较低，各渠道间差异不大，其中对传统修理厂的满意度较高。

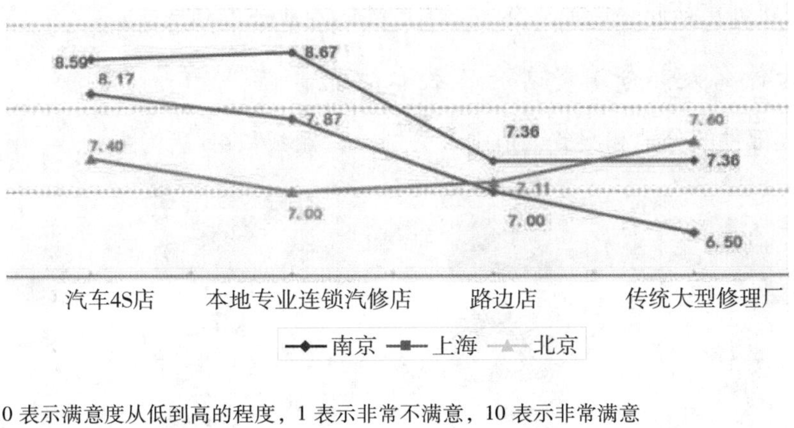

注：以1－10表示满意度从低到高的程度，1表示非常不满意，10表示非常满意

图41　三城市车主对不同维保渠道满意度

（15）三城市异地维保选择不同维保渠道情况

调查显示，对于异地维保选择不同的维保渠道，上海和南京的车主更加开放，选择尝试更加多样化，对连锁渠道的接受度更高，而北京的车主更趋向于选择朋友推荐或保险公

司指定的渠道。见图 42。

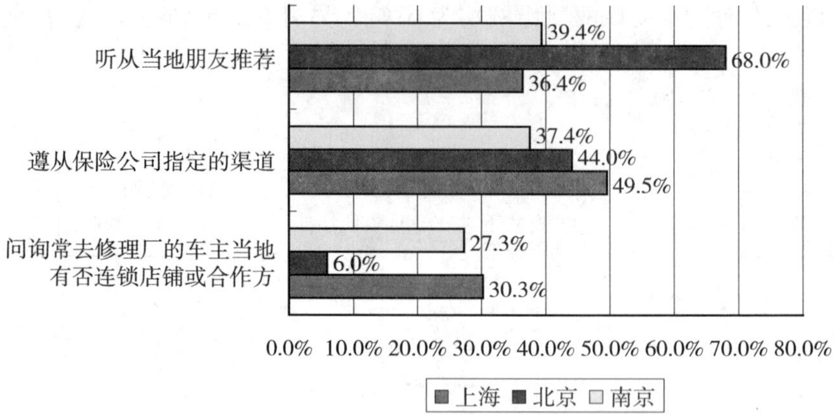

图 42 三城市异地维保选择不同维保渠道情况

三、目前市场格局影响因素分析

就像医疗体系中药品、医疗器械与医院医生的关系，汽车零部件分销商和服务供应商是紧密结合在一起的。

医疗体系：保健品的销售渠道较为成熟，和一般的消费品没有太大区别；非处方药的销售渠道较保健品有所收窄，但仍然是可以在多种渠道购买；处方药限制比较多，需要有医生的处方；医疗器械类更是限制严格，需要医生辅助才能使用。

汽车后市场：汽车内饰用品的销售渠道已经较为成熟，电商化明显；机油等易耗品也可以在多种渠道购买；零部件的购买则需要很多注意事项，而且一般也需要专业人员安装；大型内部机件更换起来更加复杂，要求更高的专业技术和技能。

（一）为什么大部分消费者会不放心消费

1. 汽车零部件的分销和服务渠道中，分别以汽配城和 4S 店为主

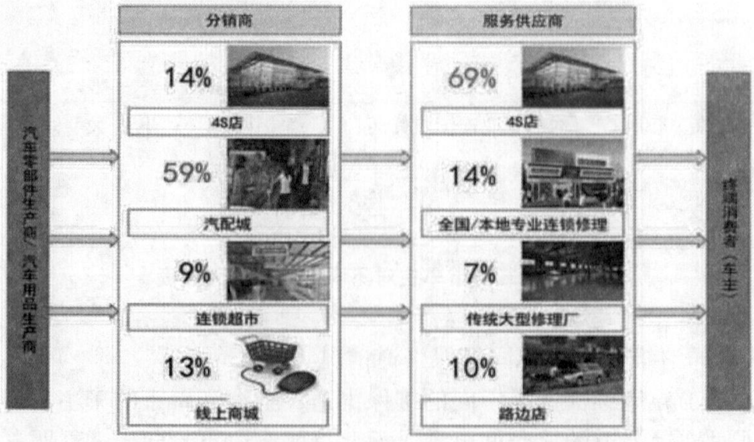

2. 虽然4S店依旧作为常规维保渠道，但由于媒体频出的欺诈报道以及消费者的自身体验，导致消费者对该渠道的信任不断下降

由于3年以下新车受保险情况影响，维保的主要渠道是在4S店，车价越高的车主在维保上还是会优先选择4S店。但是，汽车销售领域的潜规则、持续增长的4S店欺诈案例、4S店被判将二手车当新车卖的欺诈行为等，严重影响消费者对4S店的消费信心。

3. 消费者信任缺失，大多数企业也处于起步阶段，需要培养法制意识

行业现状评价："打假"仍然是行业发展的重要需求，连锁化企业的发展能够有效地抑制假货的泛滥；有部分企业认为，业内产品质量鱼龙混杂，人工成本提高，他们对企业前景不够看好；近7成企业看好目前所处的汽车后市场行业，是基于市场和客户量增加及产品和服务水平仍有发展空间等原因，对企业未来的发展同样持积极态度。

（二）为什么有部分后市场企业选择搞猫腻

1. 汽车后市场企业的生存压力较大，要积极应对整车市场的双面影响

正面影响：整车市场的发展才是汽车售后维修市场不断增长的保证；车辆越多，车型越杂，汽车后市场企业的产品越有竞争优势；上游整车企业的技术革新促进汽车后市场企业的产品研发能力和生产工艺等水平的提高。

负面影响：由于上游整车和零部件品牌公司占据市场的主导地位，汽车后市场企业的发展空间较小，生存压力加大；整车企业对4S店的配件进行渠道控制，影响了后市场的营销成本、定价及利润组成；整车企业整车生产技术的革新，要求汽车后市场维修人员也要随之不断更新知识贮备；整车企业拥有数据垄断及对汽车强制保养的权利。

2. 4S店模式垄断后市场的态势一旦被打破，汽车后市场的企业将会迎来冰火两重天

服务体系：铺设"4S+2S"的分销网络，更加符合目前竞争激烈的4S模式下的分销市场；4S店以外的渠道维修商能够更平等地获取技术信息及提供给消费者保养的权限；服务差异化提升之后，对各个细分市场的针对性将变得更强。

供应链：整车企业开放渠道分销商向供应商直接采购，使运营效益增强，采购成本降低，经销商的零配件定价约束会被放开；汽车后市场的供货渠道质量将会得到提升。

因此，一旦放开4S店的垄断模式，汽车后市场将会受到正反两面的双向冲击。

3. 汽车后市场企业对产业链上下游合作企业的评价普遍不高

汽车配件商对汽车用品生产商的评价：

价格体系方面，自身的分销和供应渠道管理匮乏，价格体系缺乏竞争力，难以对供应商形成优势与控制。

客户培养方面，整车生产商对客户的汽车养护意识进行不断的培养和灌输，逐渐形成了客户自主养护和保养的意识，以及对优质服务和产品的不断需求，这对汽车后市场的发展起到了推动作用。

汽车配件商对汽车用品分销商的评价：

采购成本方面，生产商的价格及企业规模影响了经销商的采购成本和利润；

产品质量方面，生产企业的产品质量对经销商的服务质量和自身品牌造成重要影响；

采购便利性方面，生产商的集中程度和地理位置，影响了经销商采购的便利程度。

维修商方面：

分销管理。分销渠道缺乏管理，渠道不透明，价格随市场的需求浮动较大。

物流配送。在物流、配送方面能力较差，制约了下游企业的发展速度。

（三）为什么市场格局呈现“大蛋糕”VS“小蚂蚁”

1. 中国汽车后市场整体发展处于起步阶段，企业自身能力有限

目前汽车后市场的行业特点：行业增长率高；市场容量显著增加；越来越多的投资者进入；各个企业强势扩张；市场集中度不高，尚未形成寡头垄断；聚焦战略占主导地位，但差异化或低成本战略开始出现。

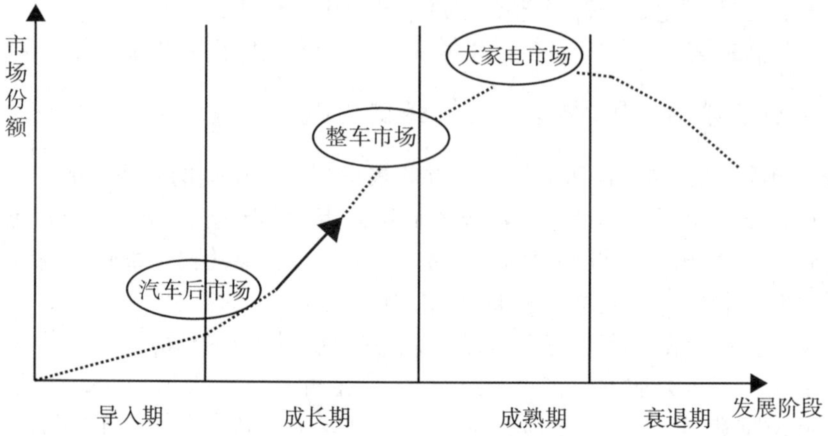

图 43　行业发展路径

目前汽车后市场的企业特点：汽车后市场的市场容量仍在不断扩充，这给很多发展期的企业提供了扩张机会；但大多数企业自身能力有限，需要不断完善其品牌建设与内部绩效提升。

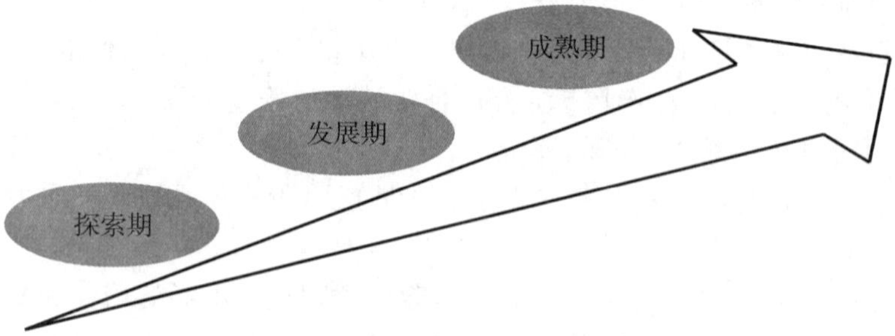

图 44　企业发展路径

2. 受访企业规模普遍不大，门店较少

门店数量：大多数企业的门店数量不超过 10 个；56.3% 的企业在 2012 年不同程度地增加了门店数量；网点数量超过 100 个的 4 家企业，均通过加盟连锁或是跨地区直营连锁方式扩张。

员工数量：75.7%以上的企业员工人数少于300。

3. 大部分企业的销售收入都随市场的成长而增长，但管理系统建设才刚刚起步

业务发展情况：36.4%的受访企业2012年销售收入低于5000万元；84.4%的企业在2012年实现了销售收入的增加，其中大多数企业增长率在10%～20%。

企业系统管理：在受访企业中，有35.6%的企业拥有一定程度的ERP系统，另有超过4成的企业拥有进销存和财务系统；近1/3的企业还设立有专门的新产品开发部门；仅有不足1成的企业还没有实现刷卡交易，相比上年刷卡交易量，本年度增长率高达30%。

4. 企业调研发现，大多数企业未来发展的路径主要集中在门店拓展和业务扩张上

（1）企业在2013年、2014两年的规划重点是增加门店数量、开拓新业务。

（2）32.4%的企业将凭借自身优势资源开拓网点，另有近3成的企业希望通过特许加盟方式拓展自己的业务。

（3）超过73%的被调查企业准备向外辐射，并重点开发公司所在省份以及周边省份的一线和二线城市。

四、未来展望与发展路径分析

1. 汽车后市场的未来发展格局将会出现区域性连锁与全国性连锁两种不同的发展模式

全国性连锁——适合于汽车配件用品经销商。

配件经销商可以借鉴大家电行业的连锁模式，在全国范围内控制几个主要渠道。

区域性连锁——适合于汽车维修商。

维修服务商可以尝试在区域范围内先进行连锁化服务，针对品牌、车型等打造自有特色的服务；做好区域性连锁后再走向全国，以差异化战略及细分市场推展自己的品牌标签。

2. 互联网技术应用是汽车后市场企业发展的大趋势

（1）国内企业普遍倾向于建立电子商务网站，或依托其他电商平台拓展网络营销。

（2）标准化产品更易于在网络平台上进行销售推广，因此，汽车用品经销商更应注意电子商务带来的新的机遇、新的营销点，以及新的挑战和冲击。

（3）维修服务和配件经销比较而言，线下资源整合比线上资源更为现实。

例如：美国AutoZone公司作为一家零配件生产销售商，同时针对个人用户与商业用户，开发了不同的电子商务平台，以更好地服务客户并促进该渠道的销售增长。其中针对个人用户，提供的服务范围包括：自由选择产品、网上支付、选择取货店，网站为消费者提供完整的保修、退货服务等；针对商业用户，开发的便捷服务包括：准确的车辆识别解码，详细的产品图像和属性，提高订单的准确性，实时查询客户所需区域的备件库存，（针对信贷客户提供的）7×24小时发票服务等。

3. 电子商务对配件经销和维修服务企业的冲击有限，但对汽车用品经销冲击巨大

从电子商务的发展趋势可以看到，电子商务对汽车配件经销商的冲击远不及对汽车用品经销商的冲击；由于消费者对线下维修厂的信任度缺失，维修厂的可替代性较强，使得汽车维修服务领域在线上整合线下十分困难；而线下维修服务商整合线上平台的操作性更

强。如，天猫、京东等各大综合电商平台纷纷开发汽车用品类目，第一时间抢占市场份额。2012 年天猫在传统汽车用品方面取得超 30 亿元的销售成绩，相比 2011 年的 15.6 亿元，增长了近 1 倍。而且，低端的、相对标准化程度高的产品更易于被线上平台所带来的透明度及价格优势所挑战。

4. 如何做大汽车后市场企业，让“小蚂蚁”成为“大玩家”

汽车后市场企业稳步发展的三大重点：

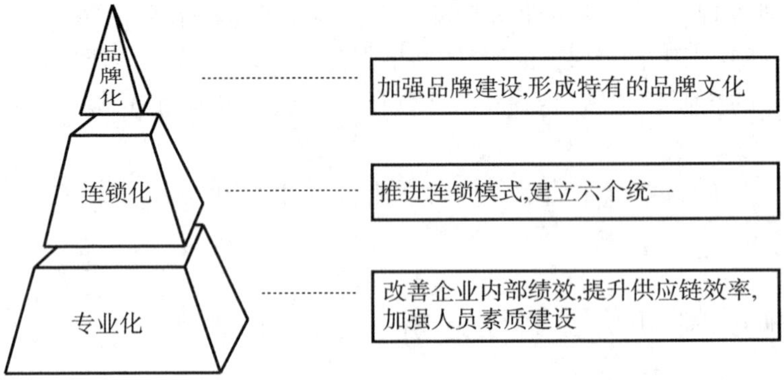

5. 中国汽车后市场在当下尚没有真正的品牌

目前，品牌化的市场现状是：

4S 店——依托的是整车厂商的品牌价值，即配件产品齐全、质量有保障以及服务态度好。

本地专业连锁汽修店——还未形成自我品牌，而消费者选择的重点更多是在便捷度和价格优势上，服务体系未能形成，并不能持续提供高质量且统一的服务水平。

路边店——在店面整洁性上较差，让消费者缺乏安全感。

而连锁经营企业将在未来的汽车后市场形成真正的统一品牌。

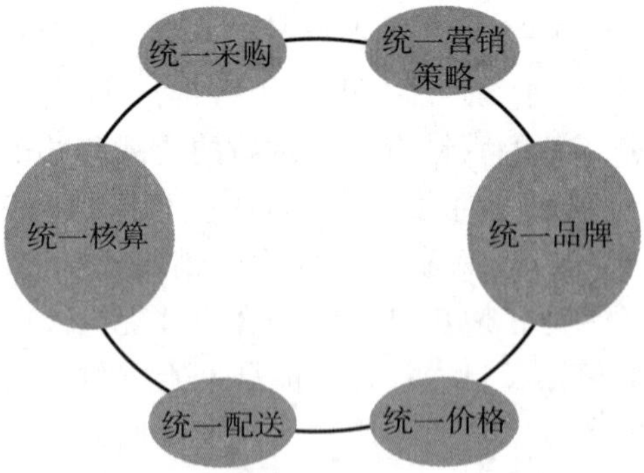

6. 品牌化建设可参考大家电行业渠道商的发展

建立品牌的思路：一是确立品牌定位；二是统一形象与设计；三是增加品牌故事与内涵。例如，苏宁电器发展为苏宁云商的实例。

7. 一站式维修服务企业可以自身品牌推广其代理产品

就像美国的 PepBoys 公司向零售终端拓展那样，PepBoys 公司由一站式汽车服务

（DIFM）起家，向消费者提供汽车的维修、保养、配件更换等一系列服务，以 Pepboys Express 命名了旗下的 12 家服务网点，以区别于企业其他的一站式服务中心，借助 PepBoys 的品牌影响力、高质商品和客户认知程度，开始向商业客户提供零配件的产品，同时也服务于 DIY 的个人客户。

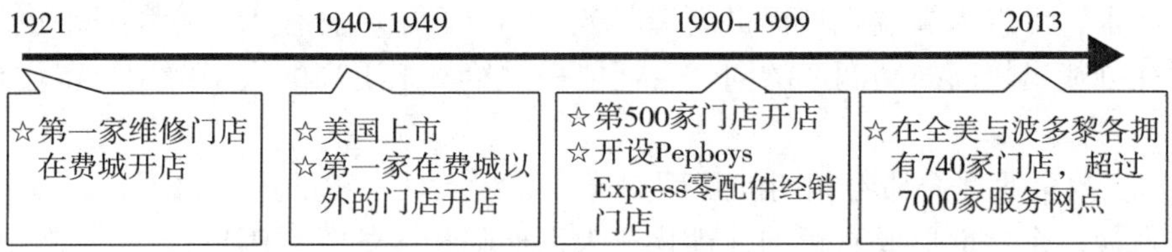

对国内企业的启示是：一站式服务企业在服务于个人客户的同时，以其自己建立起来的品牌推广代理产品，服务于商业客户，并扩大销售范围。

8. 直营连锁更能有效地为企业带来直接效益和可持续发展

问卷调查显示，除了某轮胎品牌外，所有年销售额超过 1 亿元的企业都是直营连锁企业。由此得出，直营连锁可以更好地给予企业对经销商的掌控能力，使所有权和经营权都能得到高度统一，能更利于企业的流程标准化建设。

问卷调查也显示，门店数量超过 100 家的企业全都是允许特许加盟的企业，且基本都是配件经销企业。由此得出，特许经营（加盟）能够更快地进行网络扩张，占领市场。正如某后市场企业总经理所言："加盟商自行控制非核心品类的采购渠道，以增加收益，而这块利润品牌商是无法管控的。"

9. 同城内部的连锁化渗透可采用"N＋1"模式

分销中心/网点布局的建设布局：

以社区形式进行网络拓展，通过连锁店网点向修理厂/经销门店进行渗透；配件经销商和维修服务商将连锁店网点所在的修理厂/经销门店资源进行垂直整合，包括：经营地点、经营范围、擅长车型等；维修商服务网点布局，可参考"大店带小店"模式，即同一地域设"N＋1"店，大店面积更大，产品类别更全，小店则贴近社区，方便车主修车。

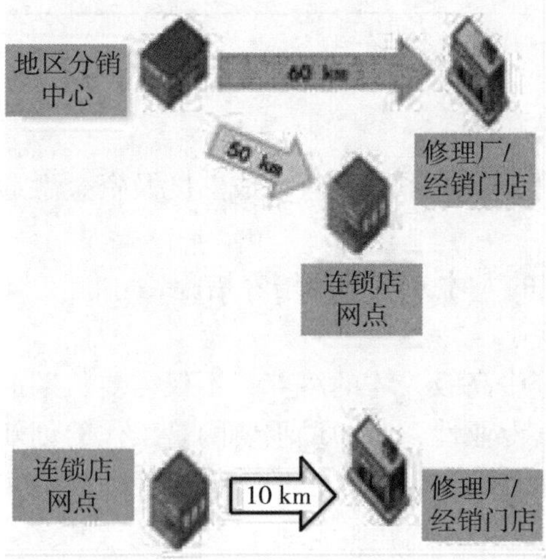

同时，聚焦和找准细分市场，使特色企业脱颖而出。在市场的起步阶段，大而全的一体化服务商难以体现对不同客户的针对性，而清晰定位的企业更容易塑造自身的企业形象和特色，占据市场先机。如某公司定位汽车用品高端市场，专车定制汽车高级内饰。该公司专为豪车定制内部座垫、脚垫，使用 100% 高级羊毛，价格定位从数千到数万元不等。根据专车需求，专门为高端客户提供高端服务，不仅竞争品牌很少，竞争对手也是寥寥无几，从而在创造出较高的利润率的同时，还能提供给员工更高的人工费用，留住高端专业人才。

10. 大多数企业都面临着相同的管理困境，无法实现真正的连锁化

调研发现，企业欲形成真正的连锁化，大都面临相同的管理困境：

（1）人才匮乏是内部建设的一大挑战。多数受访企业认为，汽车后市场企业员工的素质参差不齐、人才匮乏，管理层人员缺乏长远发展眼光；销售人才难以培养，一个好的销售经理需要很长时间的精心培养，而且销售人才流失率较高。

（2）信息系统建设是行业发展的普遍趋势。虽然多数受访企业都已应用了基本的管理系统软件，一部分企业实施了 ERP 系统，但从总体情况来看，仅限于记账功能或进销存功能的信息系统并不能提供给管理者更清晰的渠道与终端视野，行业发展需要更精细化的数据化管理。

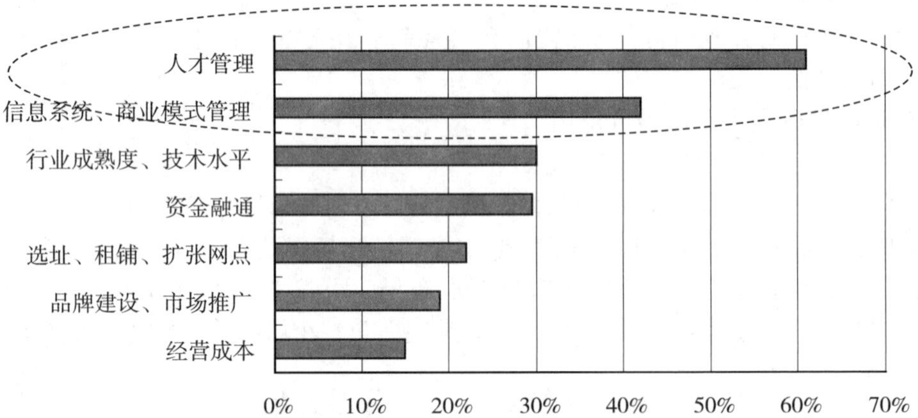

如上图所示，人才管理、信息系统、行业成熟度及资金融通是大多数企业最关注的焦点。

11. 只有针对不同类型的人才分别设计培养措施，才能支撑连锁化经营和企业扩展需求

调查显示，维修技工等中高级人才的培养，不仅需要长期的训练，还必须结合工作经验的积累，才可真正体现其专业性，其中最重要的是工作的创新和专业领先作用。而洗车工等初中级人才，经过短期培训，就可以根据工作流程和规范实现上岗工作，其中最重要的是工作效率和熟练度。

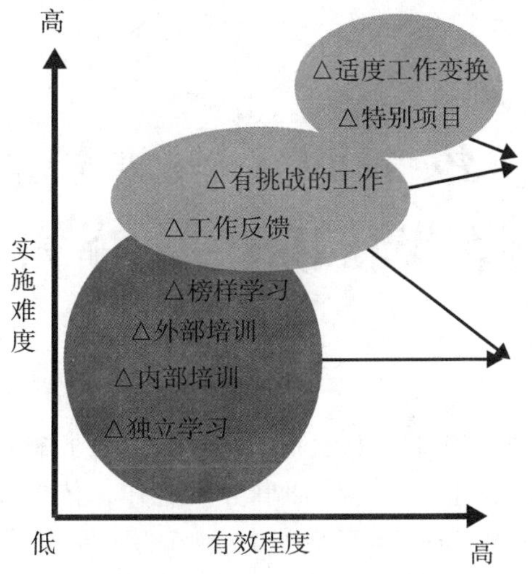

调查还发现，为核心人才设立有针对性的挽留策略至关重要；而发挥员工特长，需持续提供发展与成长的机会，才能创造出良性绩效循环。

12. IT 系统是汽车后市场企业连锁化的基石

调查显示，通过应用更多、更完整的 ERP 模块，企业可以建立人、财、物、产、供、销等科学且完整的管理体系，实现提高运营效率、远程化管理的目标。

13. 利用融资、依托政府支持可以更快地实现连锁化进程

63.6%的企业认为，政府对后市场企业的发展持积极支持态度，比上年 26%的数据有大幅提高；而融资渠道方面，也已开始关注汽车后市场，26%的受访企业表示得到过当地银行、政府或投资公司在融资渠道方面的支持。这其中，一方面，政府收紧环保政策，补贴车型范围收窄，导致后市场得到了相对更多的关注；另一方面，政府鼓励汽车租赁，扶植和支持汽车城、汽车园区和大型汽配汽车用品市场的发展；而且，大多数企业欢迎国内或国际知名同行前来竞争，希望能共同将市场做大。

14. 实现专业化改善依赖于企业自身的全面改进

主要是三方面的改善：

（1）配件及供应链体系——零售战略、供应链体系。

（2）完善运营标准体系——标准流程、运营体系。

（3）专业的检测设备和工具——使用专用检测设备与工具，有效提升效率，加强专业性。

（中国连锁经营协会　上海菁葵投资有限公司）

2013 年主要上市零售企业经营状况统计分析

近年来，越来越多的中国连锁零售企业成功上市。为了解其整体经营状况，中国连锁经营协会（CCFA）与普华永道中天会计师事务所合作，依据 2013 年度上市企业年报数据，对在 A 股、H 股及纽约交易所（纽交所）上市的主要连锁零售企业的年报数据进行汇总统计，形成营业收入、毛利率、净利润、资产负债率等四个排名。2013 年统计数据显示，在 A 股、H 股及纽交所上市的主要连锁零售企业 55 家，其中 A 股上市企业 40 家（股票代码为 6 位数字），H 股上市企业 14 家（股票代码为 5 位数字），纽交所上市企业 1 家（股票代码为英文字母），见表 1。整体来看，2013 年 55 家上市的主要连锁零售企业营业收入总体上升，毛利率基本持平，而净利润总体下降，资产负债率总体略升。

一、营业收入

2013 年，零售业主要上市公司营收状况显示如下特点（见表 1）：

1. 营业收入排行呈现不同的行业特征：一般家电专业店最高，百货店和超市次之，其他专业店较低。

2. 大部分零售企业 2013 年营业收入较上年呈增长态势：55 家零售企业营收平均增长率为 8.21%，低于 2013 年社会消费品零售总额 13.1% 的增长率[①]。

3. 营收下降的零售企业有 8 家，占 14.5%。

4. 营收大幅增长和大幅下降的原因：增幅最大的嘉事堂达到 38.77%，主要是当期医药批发、医疗器械销售业务增长，相应导致销售额增加所致。减幅最大的上海九百营收下降 15.48%，主要原因是子公司上海九百中糖酒业公司因市场冲击对酒类销售业务形成一定程度的影响。

表 1　　2013 年零售业主要上市公司营收情况

序号	股票代码	企业名称	营业收入（千元）	增幅
1	002024	苏宁云商	105292229	7.05%
2	06808	高鑫零售	86195000	10.72%

① 2013 年社会消费品零售总额比上年增长 13.1%，《2014 中国统计摘要》，国家统计局编，中国统计出版社。

续表

序号	股票代码	企业名称	营业收入（千元）	增幅
3	00493	国美电器	56400662	10.38%
4	600827	友谊股份	51925977	5.41%
5	600694	大商股份	33746886	5.93%
6	601933	永辉超市	30542817	23.73%
7	00980	联华超市	30383420	4.82%
8	600729	重庆百货	30246371	7.48%
9	600859	王府井	19789851	8.35%
10	01025	物美商业	16988172	10.58%
11	000501	鄂武商	16842056	13.02%
12	000759	中百集团	16478454	4.93%
13	002419	天虹商场	16032483	11.51%
14	600858	银座股份	14217876	5.04%
15	600361	华联综超	12747535	3.44%
16	002336	人人乐	12716457	-1.53%
17	600723	首商股份	12067082	-1.30%
18	002251	步步高	11387895	13.81%
19	00121	卜蜂莲花	10881553	1.91%
20	00814	北京京客隆	10403753	5.82%
21	600697	欧亚集团	10315185	20.07%
22	000417	合肥百货	9910007	8.84%
23	002187	广百股份	7760575	5.59%
24	002264	新华都	7379717	10.77%
25	00984	永旺	7322596	12.61%
26	600280	中央商场	7318643	21.41%
27	601010	文峰股份	7178509	11.71%
28	600785	新华百货	6604959	10.09%
29	002277	友阿股份	5985847	4.71%
30	300022	吉峰农机	5953765	2.82%
31	03368	百盛集团	5110390	1.50%
32	601116	三江购物	4689621	-8.47%
33	01833	银泰百货	4510219	15.43%
34	000785	武汉中商	4310087	2.63%
35	000419	通程控股	4263940	10.17%
36	000987	广州友谊	4092055	-8.26%
37	000564	西安民生	3899039	9.09%

续表

序号	股票代码	企业名称	营业收入（千元）	增幅
38	03308	金鹰商贸	3892533	1.52%
39	000679	大连友谊	3631998	7.54%
40	002462	嘉事堂	3544275	38.77%
41	600682	南京新百	3353360	17.66%
42	00825	新世界百货中国	3277967	5.37%
43	01280	汇银家电	2849142	15.93%
44	NPD. N	海王星辰	2699103	5.85%
45	600861	北京城乡	2460425	9.37%
46	600828	成商集团	2212111	3.06%
47	600814	杭州解百	2099550	-2.19%
48	002561	徐家汇	2098578	0.19%
49	600693	东百集团	2036736	-1.54%
50	00312	岁宝百货	1466819	-1.50%
51	000882	华联股份	1093980	28.94%
52	600774	汉商集团	1002932	9.21%
53	00602	佳华百货控股	846155	1.29%
54	00837	谭木匠	280913	3.29%
55	600838	上海九百	140637	-15.48%

二、毛利率

2013 年，零售业主要上市企业毛利状况显示如下特点（见表 2）：

1. 毛利率排行呈现不同的行业特征：一般专业店的毛利率较高（家电除外），百货店次之，超市和家电专业店最低。

2. 与上年比较，2013 年大部分零售企业的毛利率变化不大。其中，增幅在 ±1% 之间的零售企业有 33 家，占 67.3%。而能获取毛利率有效数据的 49 家零售企业平均增幅为 0.02%。

3. 毛利率非正增长的零售企业共计 24 家，占 49.0%。

4. 本年度未出现毛利率大幅增长或下降的企业。增幅最大的上海九百毛利率仅为 4.36%，减幅最大的华联股份毛利率下降 3.6%。

表 2 2013 年零售业主要上市公司毛利率情况

序号	股票代码	企业名称	毛利率	增幅	注
1	00837	谭木匠	67.04%	0.1%	* *
2	000882	华联股份	50.75%	-3.60%	
3	NPD. N	海王星辰	43.66%	-2.6%	
4	600838	上海九百	34.82%	4.36%	
5	000679	大连友谊	31.53%	-0.8%	
6	002561	徐家汇	29.39%	0.4%	
7	600774	汉商集团	26.84%	-0.5%	
8	600280	中央商场	25.51%	3.1%	
9	600828	成商集团	25.12%	1.4%	
10	000564	西安民生	24.40%	1.1%	
11	002419	天虹商场	23.90%	0.4%	
12	600682	南京新百	23.16%	1.1%	
13	002251	步步高	22.31%	1.0%	
14	000987	广州友谊	22.00%	-0.5%	
15	06808	高鑫零售	21.59%	0.8%	* *
16	600723	首商股份	21.47%	0.2%	
17	600827	友谊股份	21.39%	-0.5%	
18	600693	东百集团	21.04%	-0.5%	
19	002336	人人乐	20.99%	0.7%	
20	600361	华联综超	20.79%	-0.1%	
21	600694	大商股份	20.61%	0.7%	
22	000501	鄂武商	20.36%	0.0%	
23	000785	武汉中商	20.13%	-0.1%	
45	00814	北京京客隆	20.13%	-0.3%	* *
24	000759	中百集团	20.00%	0.1%	
25	600859	王府井	19.82%	0.5%	
26	002264	新华都	19.71%	-0.6%	
27	601116	三江购物	19.70%	0.7%	
28	000419	通程控股	19.60%	-2.9%	
29	002187	广百股份	19.42%	-0.2%	
30	601933	永辉超市	19.19%	-0.1%	
31	600785	新华百货	18.93%	0.2%	
32	600858	银座股份	18.71%	-0.2%	
33	600861	北京城乡	18.32%	-2.1%	
34	000417	合肥百货	18.01%	-0.1%	

续表

序号	股票代码	企业名称	毛利率	增幅	注
35	00602	佳华百货控股	17.80%	0.3%	* *
36	601010	文峰股份	17.58%	0.2%	
37	002277	友阿股份	17.26%	-0.1%	
38	600697	欧亚集团	16.74%	0.6%	
39	600814	杭州解百	16.64%	-1.7%	
40	00121	卜蜂莲花	16.48%	0.0%	* *
41	600729	重庆百货	16.46%	1.4%	
42	002024	苏宁云商	15.21%	-2.6%	
43	00493	国美电器	15.07%	1.7%	* *
44	00980	联华超市	14.36%	0.8%	* *
46	300022	吉峰农机	12.36%	-1.7%	
47	01025	物美商业	11.18%	2.0%	* *
48	01280	汇银家电	10.84%	-1.8%	* *
49	002462	嘉事堂	9.52%	0.8%	
50	03368	百盛集团	*	*	*
51	00825	新世界百货中国	*	*	*
52	00984	永旺	*	*	*
53	00312	岁宝百货	*	*	*
54	03308	金鹰商贸	*	*	*
55	01833	银泰百货	*	*	*

注：* 由于报表列示及披露要求的不同，部分 H 股公司的毛利率数据无法从年报中获得。

* * H 股公司的毛利率与报表中管理层讨论及分析所使用的毛利率口径相同。佳华百货控股的毛利率仅为销售货品及易耗品批发的毛利率；其他 H 股公司为根据综合全面收益表中的收入成本计算得出的毛利率。

三、净利润

2013 年，零售业主要上市企业净利润状况显示如下特点（见表 3）：

1. 净利润排行呈现不同的行业特征：一般家电专业店最高，百货店、超市和其他专业店次之。

2. 大部分零售企业 2013 年净利润呈下降态势，55 家零售企业净利润平均增长率为 -5.43%。净利润率在 5% 以下的零售企业共计 32 家，占 58.2%，其中 0% ~5% 的零售企业有 5 家，占 9.1%。而 55 家零售企业平均净利率为 2.56%。

3. 净利润下降的零售企业共计 27 家，占 49.1%。

4. 净利润大幅增长和大幅下降的原因：中央商场增幅最大，达到 879.93%，主要是其百货类企业主营业务收入增长和新开门店增加，地产类企业结转收入增加。而吉峰农机净利润减幅最大，达到-793.52%，主要原因是工程机械板块受全行业及市场销售持续低迷影响。另外，企业内部主动采取更加严格的信用审查、提高首付比例等风险管控措施，造成工程机械销售业务大量下滑，但仍需要维持前期信用债权管理而产生的各项费用依然庞大，致使该板块在报告期内形成并继续亏损。

表 3　　2013 年零售业主要上市公司净利润情况

序号	股票代码	企业名称	2013 年净利润（千元）	上年同期净利润（千元）	增幅	2013 年净利率	上年同期净利率
1	06808	高鑫零售	2942000	2533000	16.15%	3.41%	3.25%
2	600694	大商股份	1255128	1053449	19.14%	3.72%	3.31%
3	600827	友谊股份	1247991	1535971	-18.75%	2.40%	3.12%
4	03308	金鹰商贸	1234551	1217328	1.41%	31.72%	31.75%
5	01833	银泰百货	1136366	1020452	11.36%	25.20%	26.12%
6	600729	重庆百货	782655	690411	13.36%	2.59%	2.45%
7	601933	永辉超市	721680	503048	43.46%	2.36%	2.04%
8	600859	王府井	696939	671927	3.72%	3.52%	3.68%
9	00493	国美电器	677445	-941875	171.93%	1.20%	-1.84%
10	002419	天虹商场	614168	585864	4.83%	3.83%	4.08%
11	000501	鄂武商	606202	520582	16.45%	3.60%	3.49%
12	600280	中央商场	572362	58409	879.93%	7.82%	0.97%
13	00825	新世界百货中国	526484	495742	6.20%	16.06%	15.94%
14	600723	首商股份	515384	595134	-13.40%	4.27%	4.87%
15	01025	物美商业	494011	638717	-22.66%	2.91%	4.16%
16	000417	合肥百货	474269	459182	3.29%	4.79%	5.04%
17	002251	步步高	415450	342896	21.16%	3.65%	3.43%
18	002277	友阿股份	408578	381300	7.15%	6.83%	6.67%
19	601010	文峰股份	383373	417104	-8.09%	5.34%	6.49%
20	03368	百盛集团	372602	879704	-57.64%	7.29%	17.47%
21	600697	欧亚集团	312471	254759	22.65%	3.03%	2.97%
22	000987	广州友谊	308782	381532	-19.07%	7.55%	8.55%
23	600858	银座股份	255015	341369	-25.30%	1.79%	2.52%
24	002561	徐家汇	254771	250848	1.56%	12.14%	11.98%
25	000679	大连友谊	233008	211727	10.05%	6.42%	6.27%
26	002187	广百股份	207868	191509	8.54%	2.68%	2.61%
27	600785	新华百货	206204	249904	-17.49%	3.12%	4.17%
28	600828	成商集团	204084	149312	36.68%	9.23%	6.96%
29	000759	中百集团	169643	201335	-15.74%	1.03%	1.28%
30	601116	三江购物	150062	176154	-14.81%	3.20%	3.44%

续表

序号	股票代码	企业名称	2013 年净利润（千元）	上年同期净利润（千元）	增幅	2013 年净利率	上年同期净利率
31	002462	嘉事堂	146643	68871	112.93%	4.14%	2.70%
32	000419	通程控股	145298	155369	-6.48%	3.41%	4.01%
33	00980	联华超市	135303	452152	-70.08%	0.45%	1.56%
34	600682	南京新百	130035	188369	-30.97%	3.88%	6.61%
35	00837	谭木匠	125856	126162	-0.24%	44.80%	46.39%
36	002024	苏宁云商	104303	2505462	-95.84%	0.10%	2.55%
37	600861	北京城乡	101033	95187	6.14%	4.11%	4.23%
38	00814	北京京客隆	100316	171805	-41.61%	0.96%	1.75%
39	00984	永旺	69569	204090	-65.91%	0.95%	3.14%
40	000785	武汉中商	65623	76185	-13.86%	1.52%	1.81%
41	000882	华联股份	63224	53496	18.19%	5.78%	6.31%
42	600814	杭州解百	63091	77053	-18.12%	3.00%	3.59%
43	000564	西安民生	63074	71382	-11.64%	1.62%	2.00%
44	600693	东百集团	47451	35890	32.21%	2.33%	1.74%
45	600838	上海九百	47435	25736	84.31%	33.73%	15.47%
46	00602	佳华百货控股	45378	72288	-37.23%	5.36%	8.65%
47	600361	华联综超	38945	51107	-23.80%	0.31%	0.41%
48	002336	人人乐	23669	-89615	126.41%	0.19%	-0.69%
49	NPD. N	海王星辰	11828	90092	-86.87%	0.44%	3.53%
50	600774	汉商集团	5333	13139	-59.41%	0.53%	1.43%
51	00121	卜蜂莲花	-96922	-391639	75.25%	-0.89%	-3.67%
52	01280	汇银家电	-143357	-226999	36.85%	-5.03%	-9.24%
53	00312	岁宝百货	-219515	-45779	-379.51%	-14.97%	-3.07%
54	300022	吉峰农机	-244266	35221	-793.52%	-4.10%	0.61%
55	002264	新华都	-264004	150965	-274.88%	-3.58%	2.27%
合计			18944888	20032782	-5.43%	2.56%	2.93%

四、资产负债率

2013 年，零售业主要上市企业资产负债率状况显示如下特点（见表 4）：

1. 资产负债率增幅排行呈现不同的行业特征：一般百货店最高，超市、家电专业店次之，其他专业店较低。

2. 2013 年，55 家零售企业中有 30 家的资产负债率呈增长态势，占 54.5%。这 30 家企业资产负债率平均增幅为 4.02%，其中增幅在 10% 以上的有 4 家，占全部样本的

7.3%。

3. 资产负债率下降的零售企业有25家，占总样本的45.5%，其中降幅大于5%的企业有5家，占全部样本的9.1%。

4. 资产负债率大幅增长的原因：海王星辰增幅最大，达13.46%，但因其年报中未披露原因，因此无从描述。增幅第二大的东百集团资产负债率增幅为12.89%，其增幅较大的主要原因是，根据公司发展战略、项目建设实施及经营对资金的需求，向银行金融机构办理三年期的结构化融资及中期流贷所致，其长期借款增加8.4亿元人民币。资产负债率降幅最大的是杭州解百，下降8.47%。

表4　　2013年零售业主要上市公司资产负债率情况

序号	股票代码	企业名称	2013年 资产负债率	上年同期 资产负债率	增幅
1	NPD. N	海王星辰	51.0%	37.6%	13.46%
2	600693	东百集团	65.1%	52.2%	12.89%
3	002264	新华都	73.5%	61.4%	12.09%
4	002462	嘉事堂	53.3%	41.3%	11.99%
5	00837	谭木匠	21.4%	11.5%	9.93%
6	000564	西安民生	74.7%	68.0%	6.63%
7	01280	汇银家电	77.9%	71.4%	6.47%
8	300022	吉峰农机	82.6%	76.4%	6.22%
9	03308	金鹰商贸	65.2%	61.6%	3.62%
10	000759	中百集团	66.7%	63.2%	3.58%
11	03368	百盛集团	58.5%	55.1%	3.49%
12	002024	苏宁云商	65.1%	61.8%	3.33%
13	600361	华联综超	73.0%	69.8%	3.21%
14	002277	友阿股份	52.8%	49.7%	3.13%
15	600785	新华百货	57.3%	54.5%	2.86%
16	01025	物美商业	65.9%	63.1%	2.78%
17	600861	北京城乡	35.4%	32.8%	2.65%
18	600682	南京新百	68.1%	65.4%	2.62%
19	601010	文峰股份	45.9%	43.7%	2.16%
20	00814	北京京客隆	71.0%	69.3%	1.66%
21	002336	人人乐	55.7%	54.1%	1.58%
22	00825	新世界百货中国	53.3%	52.3%	0.97%
23	002419	天虹商场	58.8%	58.1%	0.77%
24	600723	首商股份	50.5%	49.7%	0.77%
25	00312	岁宝百货	51.7%	51.1%	0.67%
26	600697	欧亚集团	79.8%	79.3%	0.47%

续表

序号	股票代码	企业名称	2013 年 资产负债率	上年同期 资产负债率	增幅
27	00980	联华超市	82.2%	81.9%	0.33%
28	000417	合肥百货	54.1%	54.0%	0.12%
29	06808	高鑫零售	61.2%	61.1%	0.10%
30	600774	汉商集团	60.5%	60.4%	0.09%
31	00493	国美电器	61.0%	61.1%	-0.05%
32	00984	永旺	63.0%	63.1%	-0.12%
33	600827	友谊股份	60.9%	61.2%	-0.26%
34	600858	银座股份	74.8%	75.1%	-0.36%
35	002187	广百股份	54.0%	54.6%	-0.56%
36	00121	卜蜂莲花	72.9%	73.1%	-0.26%
37	000785	武汉中商	69.4%	70.2%	-0.80%
38	000501	鄂武商	75.3%	76.1%	-0.84%
39	000419	通程控股	52.0%	53.1%	-1.06%
40	01833	银泰百货	60.1%	61.6%	-1.52%
41	601116	三江购物	49.2%	50.8%	-1.54%
42	000679	大连友谊	78.0%	79.8%	-1.88%
43	002561	徐家汇	20.0%	22.3%	-2.27%
44	600859	王府井	55.4%	57.8%	-2.45%
45	000987	广州友谊	42.0%	44.9%	-2.85%
46	00602	佳华百货控股	44.7%	48.0%	-3.23%
47	600838	上海九百	33.5%	36.8%	-3.37%
48	000882	华联股份	49.0%	52.8%	-3.72%
49	600280	中央商场	87.1%	91.0%	-3.83%
50	600694	大商股份	63.3%	67.7%	-4.38%
51	601933	永辉超市	54.4%	59.5%	-5.05%
52	600828	成商集团	50.5%	57.1%	-6.63%
53	600729	重庆百货	61.8%	69.3%	-7.55%
54	002251	步步高	60.5%	67.9%	-7.40%
55	600814	杭州解百	36.3%	44.8%	-8.47%
合计			63.1%	62.7%	0.41%

说明：

1. 所有数据均来源于上市企业年报，并以人民币（单位：千元）列示。

2. H 股上市企业中，永旺及新世界百货的年报以港币列示，其人民币数据以当年平均汇率（损益表数据）或年末即期汇率（资产负债表数据）折算获得。

3. 由于新世界百货中国的年报期间为 2012 年 7 月 1 日至 2013 年 6 月 30 日，其 2013 年数据是根据上述年报及其截至 2012 年 12 月 31 日的半年报及截至 2013 年 12 月 31 日的半年报计算得出。2012 年数据按相同口径计算得出。

4. 由于报表列示及披露要求存在差异，不同资本市场上市企业的收入和成本的披露口径有所不同，部分H股企业的毛利率数据无法从年报中获得。

5. 部分上市企业于2013年重述了2012年的比较数字，相关数据已按重述后的数字进行了修正。

6. 由于春天百货于2013年12月退市，无法获取其2013年年报数据，因此该企业数据从往年跟踪的分析样本中剔除（以往年度的“经营状况统计分析”中包括春天百货样本，而本年度统计中选取的55家样本企业中不包括春天百货）。

第三部分
管理与技术篇

2013 年中国连锁行业劳动力管理调研报告

为深入研究和挖掘中国连锁零售行业劳动力管理提升对企业生产力和生产绩效产生的重要影响，从而为行业提供可资借鉴的优化管理最佳实践、实用且深入的技术知识建议，2013 年二季度由中国连锁经营协会与 KRONOS 劳动力研究院联合发起“中国连锁零售企业劳动力管理市场调研”，由 MacroSage 天才在线负责统计分析，并在此基础上完成本报告。

本项调研的样本主要是不同规模和不同发展阶段的连锁零售企业。其中，门店数在 50 家以内的企业 35 家，占 22.7%；门店数在 50－500 家的企业 110 家，占 71.5%；门店数在 500 家以上的企业 9 家，占 5.8%。见图 1－图 3。

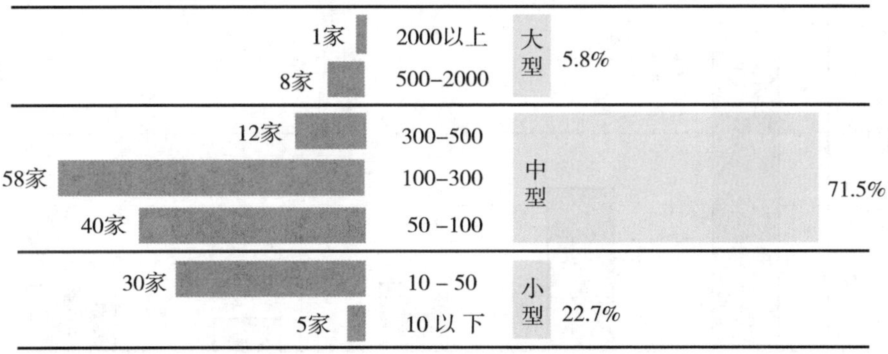

图 1　样本企业门店数量分布及其占比

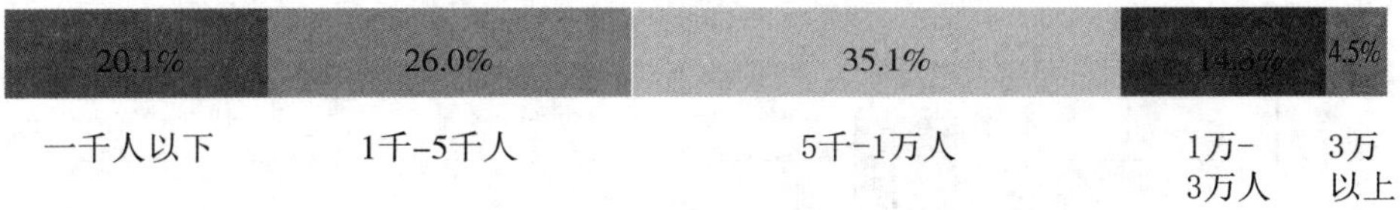

图 2　样本企业员工数量分布及其占比

图 3　样本企业业态分布及其占比

一、竞争优势决定成败

1. 品牌文化是企业的核心竞争优势

正当连锁零售企业的高管们反复思考未来竞争中制胜的核心优势时，日益提高的消费水平及近年来网络零售的兴起正在不断冲击传统零售业。企业的未来之路在何方——是规模化扩张，还是规范管理标准？调查显示，拥有独特的品牌文化被几乎所有的零售企业所认同。然而独特的品牌文化来之不易。

专业咨询者很可能在不长的时间内为你制作一叠厚厚的宣传文档和几个响亮的口号，但这不是企业真正希望得到的。真正符合企业自身特点，能成为竞争优势的品牌文化来源于精细化管理。

企业在发展初期往往包装大于内涵，但随着规划的扩大，将会逐步认识到没有精细化的管理，品牌文化只是空谈。而当企业到达一定规模，基于较高水准的管理基础，企业将注入新的元素形成具备实质效力的品牌文化。通过调研数据我们发现：从某种意义上来说，企业的发展过程是一个通过不断精细管理水平，提升品牌文化价值的过程。见图 4。

小型（门店数50家以下）

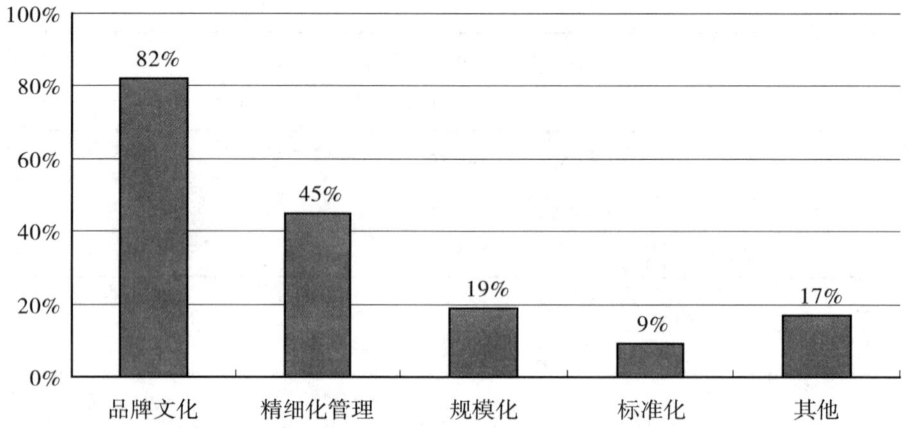

中型（门店数51–500家）

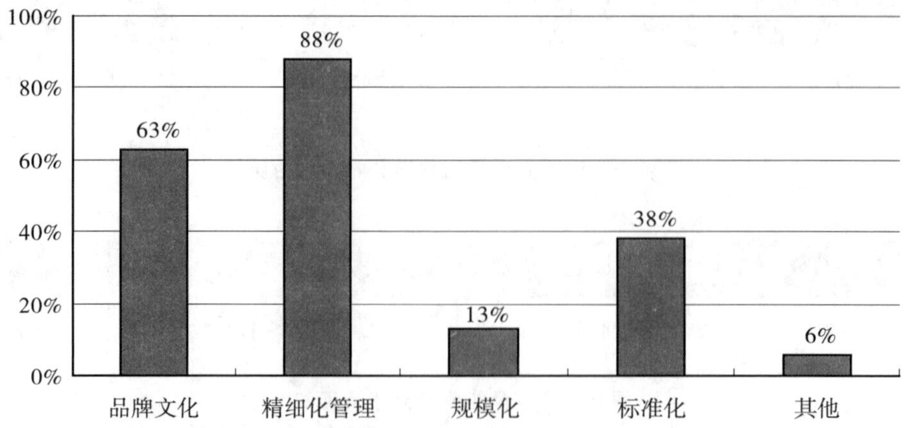

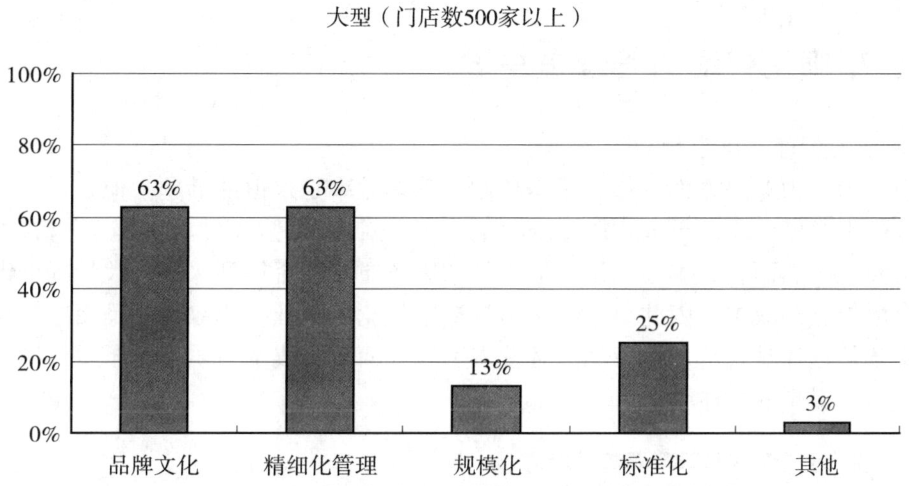

数据来源：2013 年连锁零售企业劳动力管理调研

图 4　不同规模样本企业主要竞争因素及其占比

2. 品牌文化的价值

其实，各行各业、各种类型的企业都在谈论品牌价值，那么品牌价值具体体现在何处？

对零售企业而言，每天面对数量庞大的客户群体，零售商真正需要给予客户的是舒心、放心、开心。调研显示，有 61% 的企业认为是服务质量，56% 的企业更关注产品质量，而 28% 的企业更认同客户体验。由此可知，零售业不同于其他行业，关键是人。其服务质量、产品质量、客户体验的提升均依赖于对人的精细化管理。图 5 显示了样本企业对品牌价值的选项。

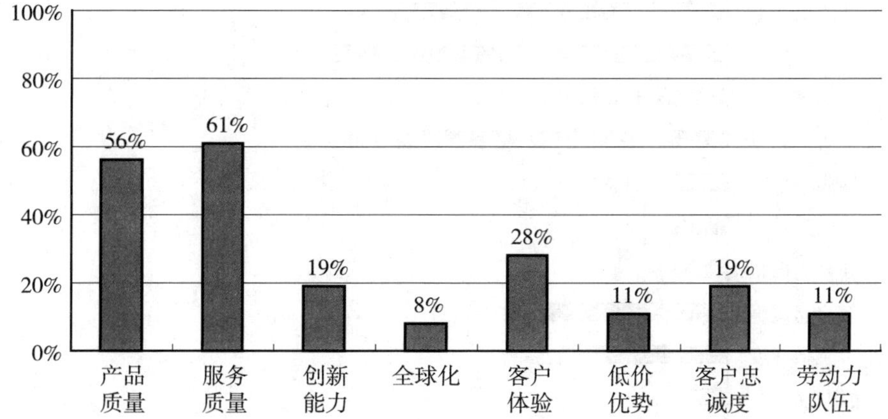

数据来源：2013 年连锁零售企业劳动力管理调研

图 5　不同规模样本企业主要竞争因素及其占比

二、精细化劳动力管理是关键

1. 劳动力管理不可小觑

在企业劳动力竞争方面，似乎成本控制、管理效率是永恒的话题。但是，对于成本控制，企业的惯常做法是减员或招聘更廉价的员工；对于管理效率，经常运用考核处罚、洗脑培训来实现。然而，成本控制了，但产品和服务质量能否得到保证？大量的培训和训导必然又会增加管理成本。因此，无论是为打造未来竞争的独特优势，还是面向当期解决问题，更明智的选择是：从加强劳动力管理入手，全面解决成本与质量的矛盾，提升管理效率和执行力，提高客户体验。

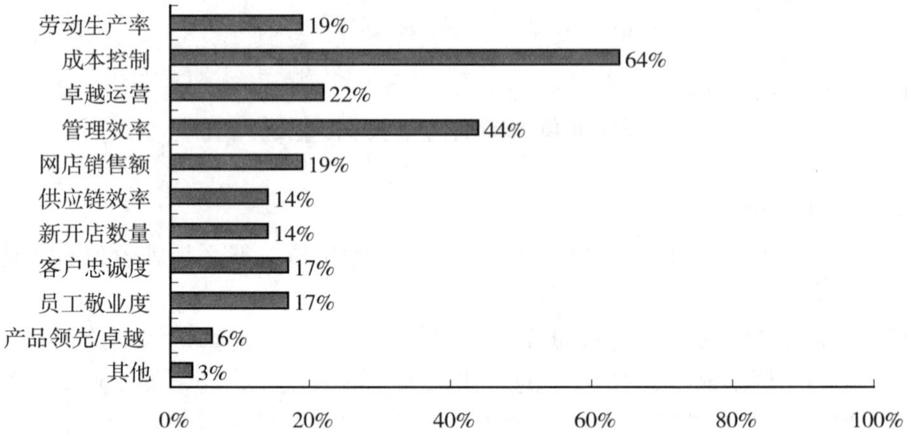

数据来源：2013 年连锁零售企业劳动力管理调研

图 6　样本企业现阶段最重要的目标及其占比

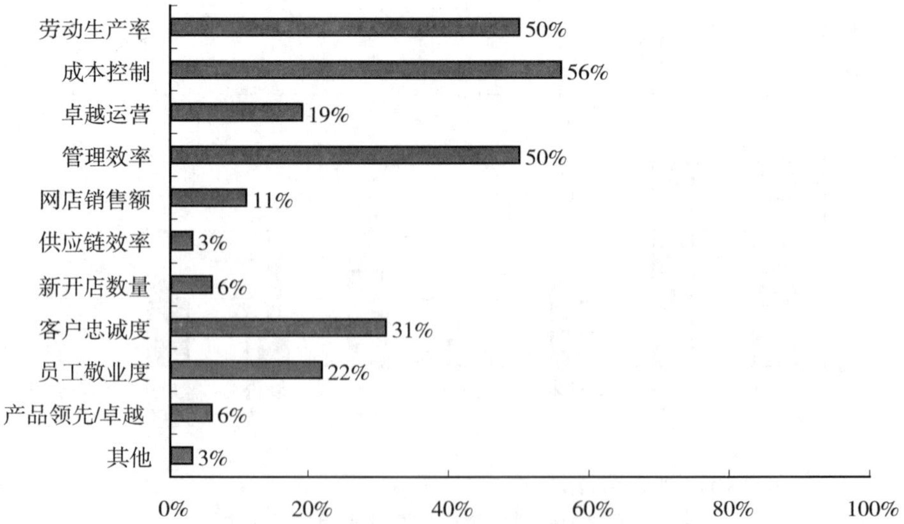

数据来源：2013 年连锁零售企业劳动力管理调研

图 7　劳动力对样本企业重要目标的影响及其占比

劳动力管理是根据客流量和业务量预测，对劳动力需求和任务进行预测和计划，通过合理化的排班机制将合适的人，在合适的时间，安排到合适的岗位。同时对员工的时间与出勤进行跟踪，对门店运营效率和人工成本进行深入分析，从而提高人效、控制成本和企业管理效率。图 7 显示，50% 或以上的企业已经敏锐地意识到劳动力管理直接影响成本控制（56%）、管理效率（50%）和劳动生产率（50%）。

2. 多元化用工，精细化管理

对连锁零售企业，科学的劳动力管理至关重要。比如，人员配备的不足、排班的不合理、用工荒等都会降低客户的服务质量；而人员配备过量，不仅导致不必要的高额成本，还增加了管理和控制等诸多问题。但是在客户眼中，零售商店拥有足够的人力来为他们提供帮助和服务是至关重要的。

多元化用工是指企业招聘和留用有着各种背景的雇员，如全职工、兼职工、小时工等。其最基本观点是接受劳动力的多元化组成，从而进行差异化和有效的劳动力管理。通过多元化用工可以满足因客流量波动而产生的人力资源需求变动，从而更加高效地为客户服务。

通过调研数据我们发现，中大型零售企业的排班及用工类型具有多样性。比如，使用兼职人员或小时工最高，占比 23%；其次是采用综合工，占比 22%；其后依次是：一岗多能占比 20%，错时班次占比 18%，多段班次占比 17%。而且，各种举措相对均衡。但是，小型零售企业则相对单一。见图 8。

很明显，企业在劳动力管理上经历了迷茫、摸索、试用、成功、创新阶段后，已初步构建起多元化用工模式，而多元化用工模式正被优秀零售企业所青睐。多元化用工不仅可以满足客户对零售企业服务和质量的高标准要求，也可以通过推动排班进一步合理化，提升劳动力资源的利用率、有效控制人工成本、提高员工满意度与忠诚度。

因此，丰富用工类型、盘活人力资源是劳动力管理水平达到一定程度的重要标准。优秀企业的管理者熟悉各类人力资源的特性，能够在不同销售时期选择最经济、最高效的用工组合。

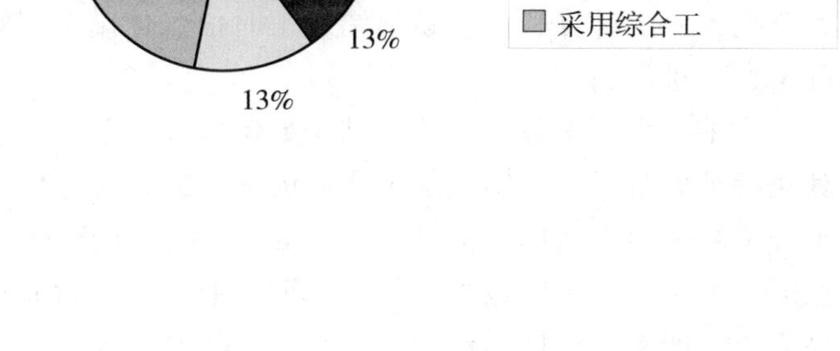

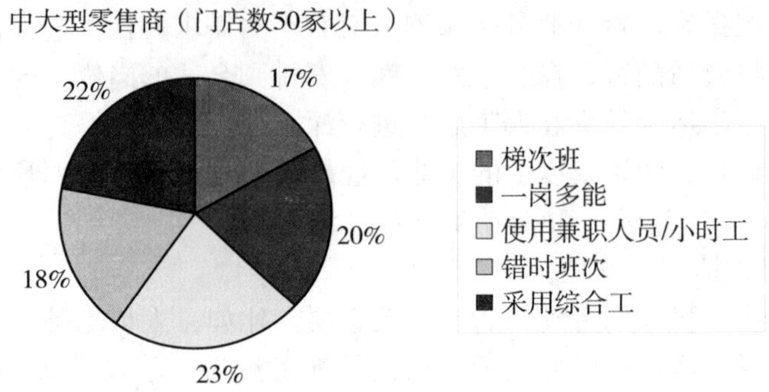

数据来源：2013 年连锁零售企业劳动力管理调研

图 8　样本企业多元化用工情况

从用工要素、用工强度、用工弹性三个要素可将多元化用工分为五种模式：标准用工模式、雇佣或聘用模式、非全日制用工模式、业务外包模式和劳务派遣模式。企业可根据自身具体的经营模式选择不同的用工模式，但若采用一岗多能、同人多班次和兼职人员来平衡成本压力，也会同时加大排班的复杂性。而本项调查数据显示，连锁企业在员工预测排班中，多元化用工举措使用最多的为采用综合工时、使用兼职人员/小时工、一岗多能。而梯次班和错时班次也有所涉及和运用，尤其是在大中型零售企业中的运用更普遍。

3. 灵活驾驭多元化用工，是劳动力管理进一步精细化的充分条件

一些企业在实际运营中，通过劳务派遣降低人工成本。虽然不可否认劳务派遣模式是提高人工成本利用率的有效手段，然而近年来国家对“同工同酬”的管理力度在不断加强，对劳务派遣的相关规定也越来越严格，通过劳务派遣降低人工成本的政策风险是企业必须认真对待的问题。其实，单一的劳务派遣非但无法提高人效，更不能促进企业管理水平的提升，相反还会为合法用工埋下定时炸弹。只有根据实际情况，综合运用标准用工、非全日制用工、劳务派遣等各种模式，合理布局才是上策。

三、劳动力管理现状及主要问题

1. 强调直接指标，忽视本质问题

通过对连锁零售企业劳动力管理现状的调研分析可以看到，零售企业在劳动力管理方面的特点是：人员众多、位置分散、工时管理难度大；班别复杂，经常因为不合理的班别安排而产生高额工资和加班工资支付；员工类别较多，如临时工、综合工时制、标准工时制等；工资计算方式复杂，手工计算量大且易出错；工时信息化设备相对落后，虚假和错误信息多，数据处理量大、难度高。

当劳动力管理者一边忙于琐碎事务，一边纠结于如何提高人工成本、客户满意度指标时，我们可以想象其对劳动力管理的现实状况可用尚欠火候或是有心无力去框定。

尽管零售企业十分关注劳动力指标，但现实情况是，大部分企业更为关注营业利润、人工成本和客户满意度三个指标。调研数据显示，大型企业在关注营业利润和人工费用之外，还关注平均交易值、生产率、销售质量和及时性，其后才是客户满意度，而生产率主

要体现在每工时的销售额、人效、交易转化率、排班有效性几个方面，这对连锁企业员工的合理配置显得尤为重要；中小型企业在最为关注的三个指标之外，还比较关注员工参与度，而员工参与度主要表现在员工流失率、人工预算、缺勤率等，从而也可以很好地对员工进行考核管理。

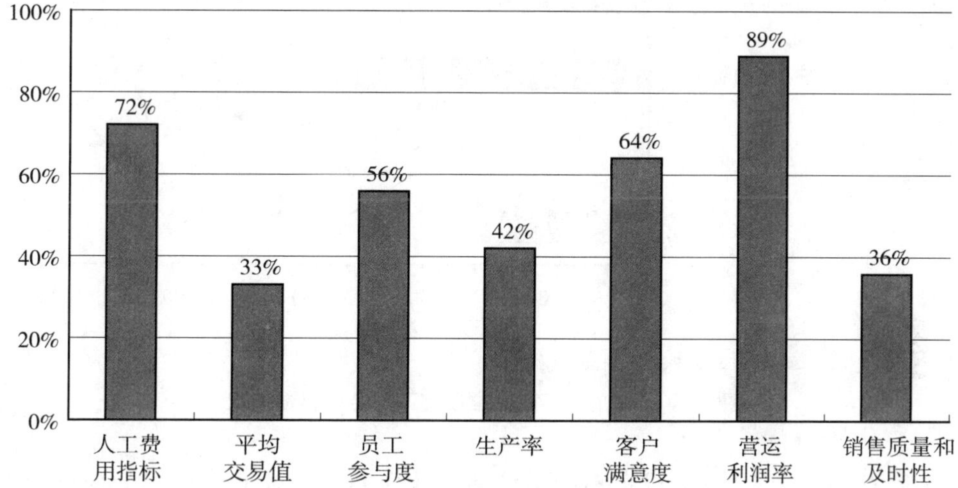

数据来源：2013 年连锁零售企业劳动力管理调研

图 9　样本企业运营中常用管理指标及其占比情况

2. 缺乏劳效标准

人力成本控制一直被大多数企业所认同。从数据上看，样本企业采取的策略主要集中在多元化用工、设定和优化劳效标准两方面。

调研数据显示，单从多元化用工来看，一部分大型企业能够运用得当，而另一部分则是一知半解、不得其法。

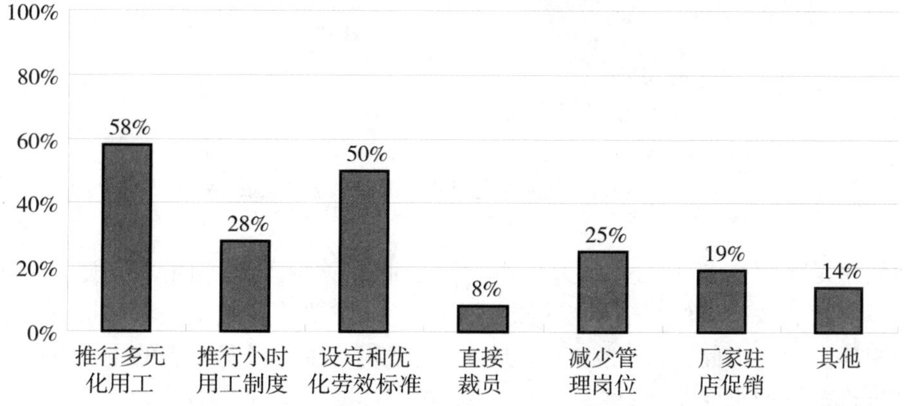

数据来源：2013 年连锁零售企业劳动力管理调研

图 10　样本企业有效控制人力成本策略情况

对于劳效标准的设定，不同岗位对应于不同的劳效标准。调查结果显示，50% 的企业正在摸索和制定中，约 25% 的企业还没有建立劳效标准，只有 22% 的企业已经初步建立起成型的标准，但仍需要不断优化。

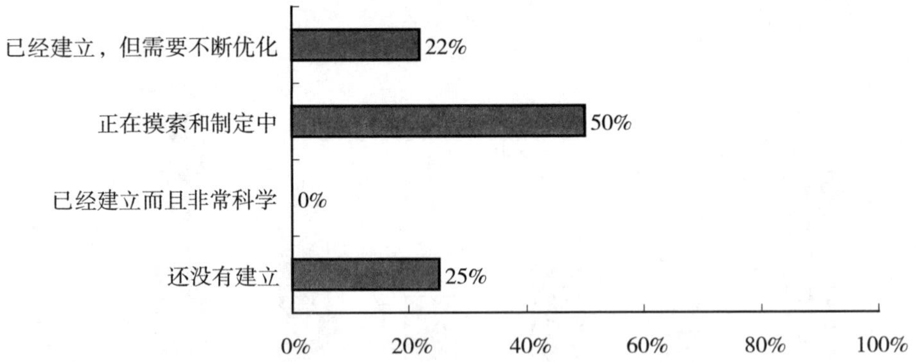

数据来源：2013 年连锁零售企业劳动力管理调研

图 11　样本企业不同岗位设定不同劳效标准情况

虽然大多数样本企业尚未设定不同岗位的劳效标准，但对于 22% 已经建立岗位劳效标准的企业，其设定的劳效标准所依据的参考指标又是否科学合理呢？调查显示，31% 的企业所设定的标准参考于同行相关标准，29% 的企业依据内部现场统计而设定，24% 的企业是根据历史经验所设定。拿来主义、经验主义通常都不会发挥预期的效果。更好的建议是：基于本企业的统计数据，定制专属的、切实有效和可执行的劳效标准。

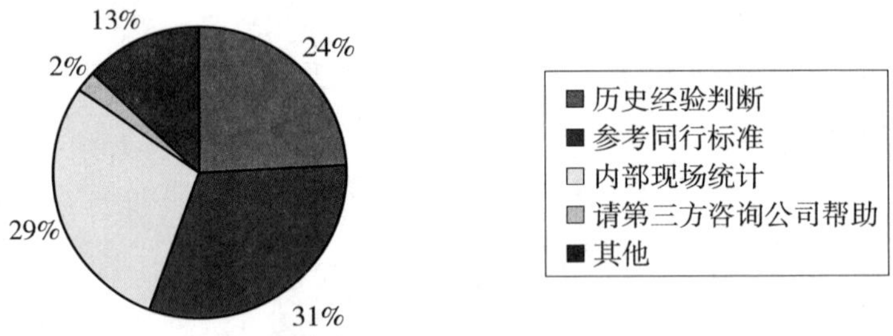

数据来源：2013 年连锁零售企业劳动力管理调研

图 12　样本企业设定劳效标准的依据及其占比

劳动效率是零售企业实现劳动力成本合理控制的关键条件。面对连锁企业的市场竞争，伴随以质量、效率求生存、求发展的理念，企业主要通过重视质量和提高劳效来促使企业持续快速发展。因此，岗位劳效标准成为连锁零售企业经营管理的重要前提，是建立标准工时排班系统的重要基础参数，更是企业建立标准成本的基础。

3. 排班管理难达高效

科学合理的排班标准是什么？其依据又是什么？

清晰准确的劳效标准是高效排班的基石，应对需求波动是排班成功的关键。

多元化用工已是零售企业经营不可或缺的重要选择，但在多元化用工的管理上仍存在一些不容忽视的问题。首先，门店应根据客流和业务量的波动预测人工需求，通过成本最优原则来测算和实现合理排班。但从调查数据看到，仅有 33% 的企业实现了合理排班，而大多数企业希望做到或按固定班次来进行排班管理。中大型企业有时也会考虑需求波动因素，通过临时决定来实现合理排班。

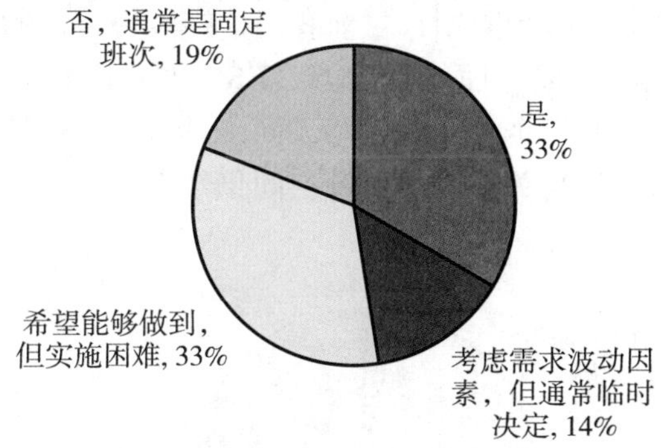

数据来源：2013 年连锁零售企业劳动力管理调研

图 13　样本企业是否根据客流、业务量预测人工，以成本最优合理排班

4. 缺少足够的数据支撑

虽然有些零售企业会通过指标来设定劳效标准和劳动力管理，但在实现和监控出勤、排班和工时管理等方面的指标过程中，常会出现管理困难的现象。调查显示，标准的制定尚在完善中、总部对门店运营缺乏可视监管、数据时效性差是造成管理者管控困难的三方面主要原因。

通过调查分析不难发现，完善的标准基于有效的数据统计，总部对门店运营的监控同样基于及时准确的数据。而基于及时、准确的基础数据支撑是零售企业优化劳动力管理、节约成本、提高服务质量的必要前提。

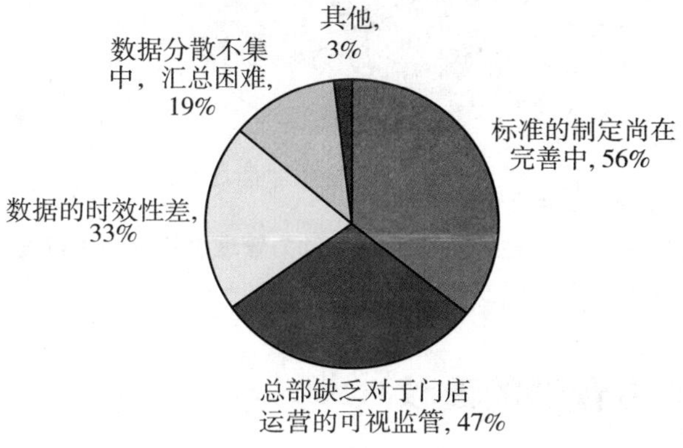

数据来源：2013 年连锁零售企业劳动力管理调研

图 14　造成样本企业出勤、排班、工时管理、运营指标监控困难的因素及占比

5. 缺乏有效的信息手段

在多元化劳动力管理中，自动化程度对于提升多元化用工效率甚为明显和重要，尤其是在人员出勤、工时和排班管理流程方面更是如此。当前，零售企业的自动化方式主要有两种：一是以 Excel 表格文件与相应软件相结合，二是以 Excel 表格与自动化 IT 系统相结合，而手工方式也有 12% 的占比。由此可见，零售企业在人员出勤、工时和排班管理流程中的自动化水平还需进一步提高。

软件水准不高，直接影响数据同步的时效性。受传统营销观念及国内一些地区基础信息化设施与信息技术水平的影响和限制，目前我国连锁零售企业的信息化整体运用尚未普及，但在其核心业务系统的集成方面（如 POS、ERP 等）得到较大关注和应用——45% 的企业实现了实时同步，35% 的企业实现了每天同步。可见，连锁零售企业在核心业务集成方面的信息技术应用获得较高关注，但提升空间仍然很大。

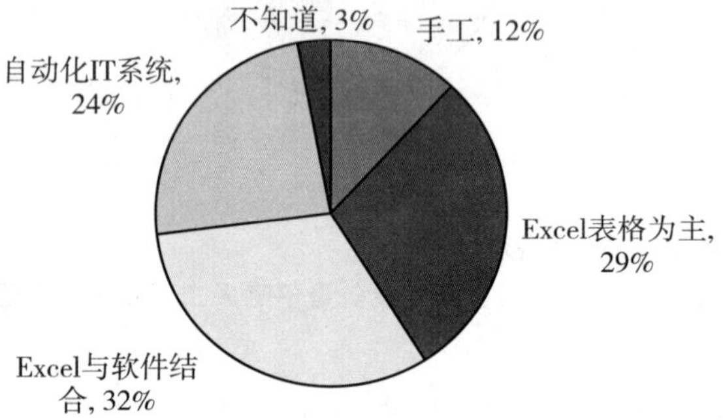

数据来源：2013 年连锁零售企业劳动力管理调研

图 15　样本企业在出勤、排班、工时等环节的管理流程方式及占比

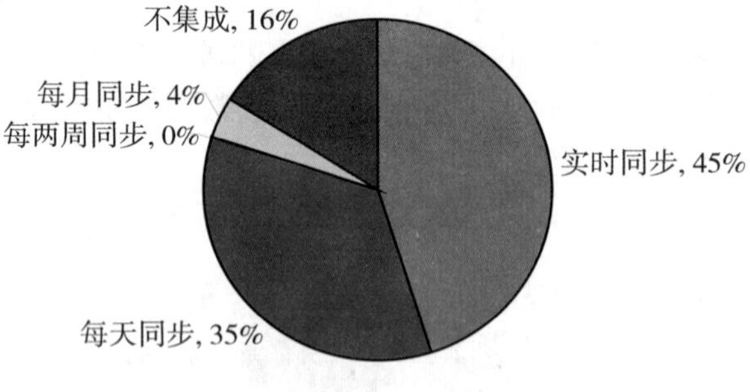

数据来源：2013 年连锁零售企业劳动力管理调研

图 16　样本企业在多元化劳动力管理中的自动化程度

五、改善劳动力管理的建议

常言道：工欲善其事必先利其器。通过调研发现，引入劳动力管理信息系统，借助专业信息化工具，能有效改善和提升劳动力管理水平。

1. 借力专业的信息管理系统

劳动力管理信息系统的成熟发展促进了劳动力的管理需要逐渐从成本管理向以客户服务为中心的转变。目前，全球数千家知名连锁企业以及绝大多数优秀连锁企业都应用了劳动力管理信息系统。

美国著名的食品杂货连锁店 United Supermarkets 就是运用劳动力管理信息系统取得显著成果的零售企业之一，通过部署和实施劳动力排班管理解决方案，确保在商场高峰期准确配置员工，增加商场营业额的同时进一步提升了客户服务水平。

调研显示，72% 的连锁零售企业认为劳动力管理信息系统是企业标准化和精细化管理的体现，78% 的企业认为控制成本是提高人效的利器，44% 的企业认为劳动力管理系统是实现企业卓越运营的重要因素。

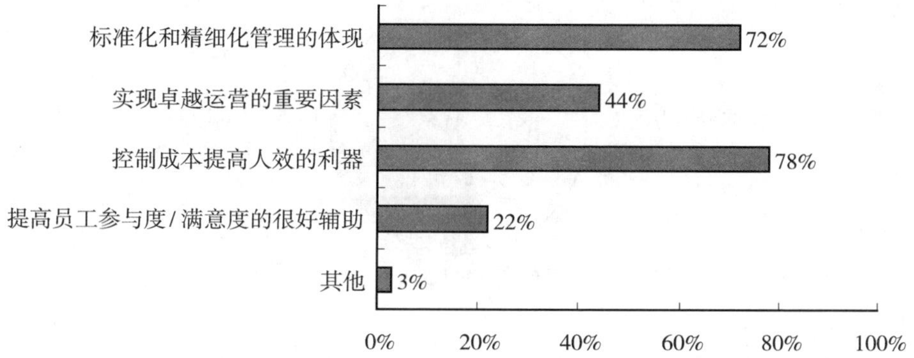

数据来源：2013 年连锁零售企业劳动力管理调研

图 17　劳动力管理系统对样本企业的重要作用

由此可见，运用劳动力管理信息系统是连锁零售企业劳动力管理的发展趋势。劳动力管理信息系统的部署和实施将有效促进考勤、工时、优化排班、门店运营分析、劳务活动等各项管理，推进企业劳动力管理精细化、流程自动化。另外，几乎所有的信息系统都会提供劳动力实时状况和分析数据，这为企业其他管理工作提供了很好的决策支持。

2. 大量优秀零售企业正步入劳动力管理信息化时代的轨道

通过对零售业整体劳动力管理的调查分析看出，零售企业并不缺少对劳动力管理的迫切关注，缺少的是实施劳动力管理的方法和技巧。调查显示，66% 的企业希望在一年左右的时间内实施整合的劳动力管理系统，其中 49% 的企业计划在一年以内实施，17% 的企业计划在半年内实施，也即大多数的连锁零售企业渴望将劳动力管理的预设目标转化为可实现的具体目标。

对于企业实施劳动力管理系统的先行目标或对象，调查数据显示，50% 的企业认为应首先从门店劳动力优化和效率提升方面入手，41% 的企业认为应首先从整体劳动力优化入手。由于门店劳动力是影响人工成本、服务质量、客户体验最直接的因素，因此该结果表明连锁零售企业已把劳动力管理系统作为控制劳动力成本、为客户提供卓越服务、提高企业自身绩效的重要管理工具。

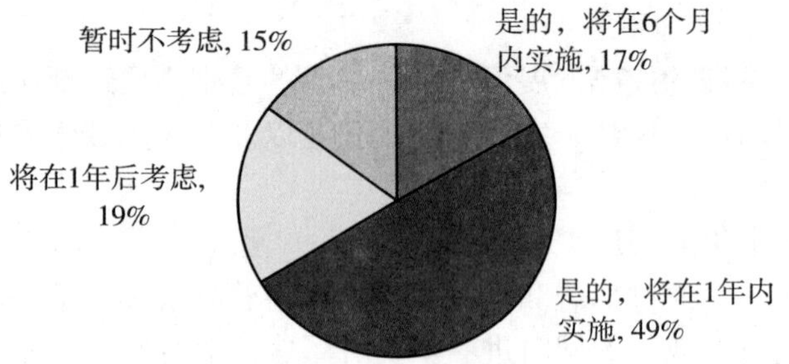

数据来源：2013 年连锁零售企业劳动力管理调研

图 18　样本企业计划实施劳动力管理系统及时限要求情况

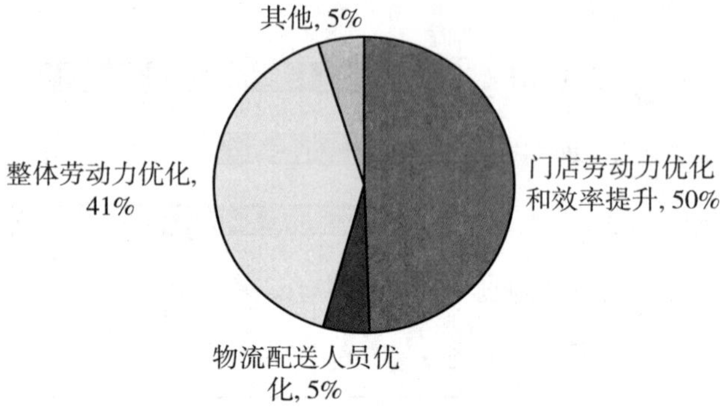

数据来源：2013 年连锁零售企业劳动力管理调研

图 19　样本企业实施劳动力管理系统的先行目标和对象

而从整个连锁零售行业看，领先企业正在借助专业的信息化工具降低劳动力成本、提高人力资源效能、造就非凡的竞争优势，它们已经步入劳动力管理信息化时代的轨道。

2013 年中国连锁业人才需求特点调研报告

为了解连锁企业需求人才类型，更好地服务于全国连锁企业和设置连锁经营相关专业的高职高专院校，2013 年上半年中国连锁经营协会连锁业校企合作小组联合浙江商业职业技术学院，与教育部商业职业教育教学指导委员会连锁经营管理专业教学指导委员会就连锁经营人才需求特点相关问题对全国范围 20 个省级区域、140 家大中型连锁企业的 140 位人力资源总监或企业高管进行了专题问卷调查。

一、样本企业基本情况

本次调查涉及样本企业 140 家，其中民营企业 71 家，占比 50. 7%；外商独资企业 23 家，占比 16. 4%；其他为国有、港澳台独资、合资和其他经济类型企业，共 46 家，占比 32. 9%。样本企业行业范围包括零售业、餐饮业、酒店业、美容业及家电业等，其中零售业及餐饮业所占比重最大，分别为 45%、21%，家电连锁企业所占比重最低，为 1%。就企业员工规模而言，超过 5000 人的企业有 42 家，占比 30. 0%；小于 100 人的企业有 33 家，占比 23. 6%。样本企业员工规模特点是大型企业和小型企业较多，中型企业相对较少。见图 1 – 图 3。

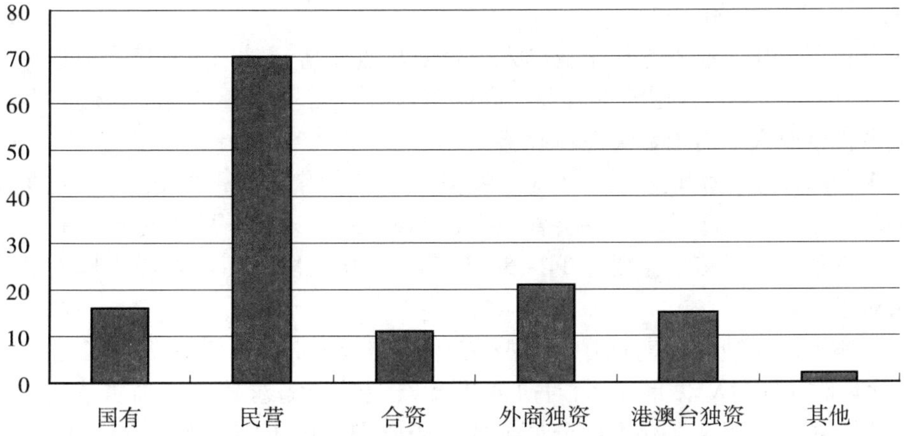

图 1　样本企业经济类型分布及其占比

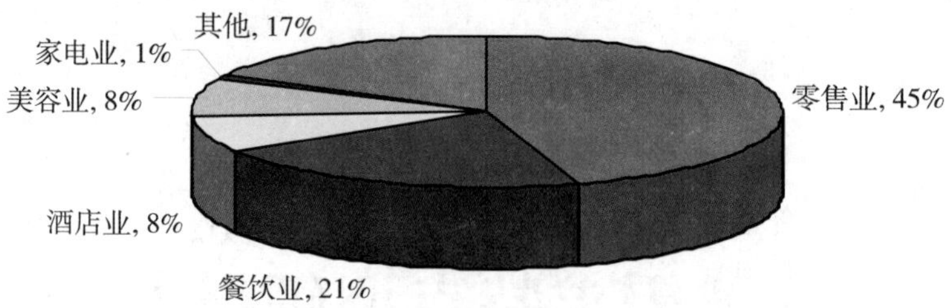

图 2　样本企业行业分布及其占比

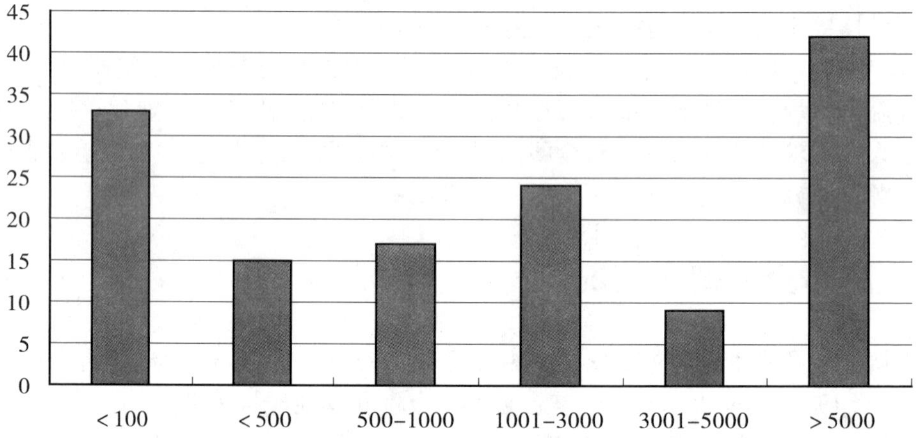

图 3　样本企业员工规模分布情况

二、连锁企业人才需求基本情况

1. 人才需求基本特征

本次调查请 140 家连锁零售企业的人力资源总监或高管对未来三年企业连锁经营人才（包括：一线岗位员工、基层管理者和中高层管理者）需求数量进行了预测。调查结果显示，连锁零售企业人才需求数量总体旺盛。

如图 4 所示，连锁企业未来三年对一线岗位员工的需求数量最大，高占比主要集中于 501 - 1000 人段；相对而言，对高层管理者的需求量较少，高占比主要集中于 1 - 10 人段；对中层管理人员，需求主要在 11 - 50 及 51 - 100 人段；而对基层管理人员的需求分布则是相对平均。

如图 5 所示，连锁企业对高中生或中专生的需求量最大，高占比大多集中于 210 - 500 人段及其他（501 人以上）；而对研究生及以上学历需求较少，高占比集中于 1 - 10 人段。由此表明，连锁企业对大部分员工的学历要求普遍不高，而连锁企业选择大专生、本科生的主要原因是认为他们就业踏实、学习知识和接收技能的能力强、实践和操作培训相对容易些。

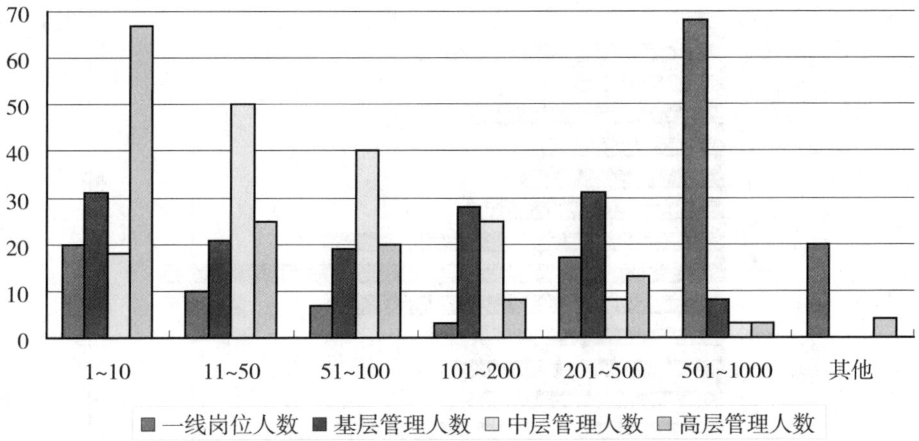

图 4　未来三年企业需求连锁经营人才数量预测

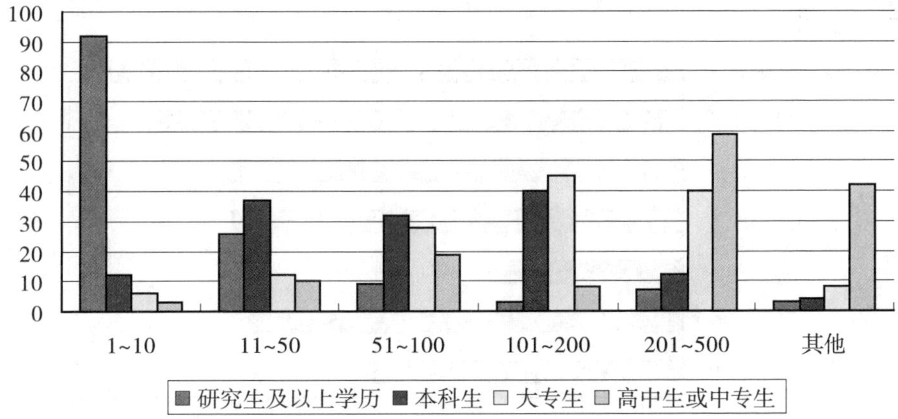

图 5　连锁企业需求人才的学历层次

本次调查还对连锁企业对大专生的需求进行了专项跟踪。如图 6 所示，连锁企业认定大专学历的员工主要从事的工作领域包括：门店营运、门店拓展、区域督导和营业推广。相对而言，大专学历的员工较少涉及薪酬管理、安全防损、数据分析等业务领域。对于大专学历员工面临的工作岗位，调查显示，连锁企业需求量最大的是区域督导和见习主管，也有近两成的企业认为部门经理是最紧缺的工作岗位，见图 7。

2. 对职业资格证书的重视程度

通过调查了解到，我国连锁经营相关专业的高职高专院校普遍重视职业资格证书制度，积极推荐在校学生报考获取相关行业知名度较高的职业资格证书。与之相对应，调查显示，65% 的连锁企业人力资源总监或高管认可或在意大专毕业生获取的职业资格证书，也有 35% 的企业表示并不十分看中职业资格证书，但对英语等级以及各类职业技术资格证书较认可。

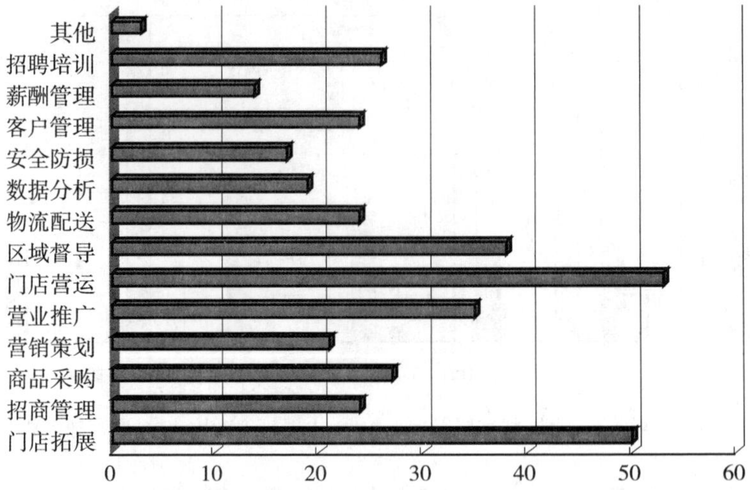

图 6　连锁企业对需求大专学历员工主要从事业务领域的认定

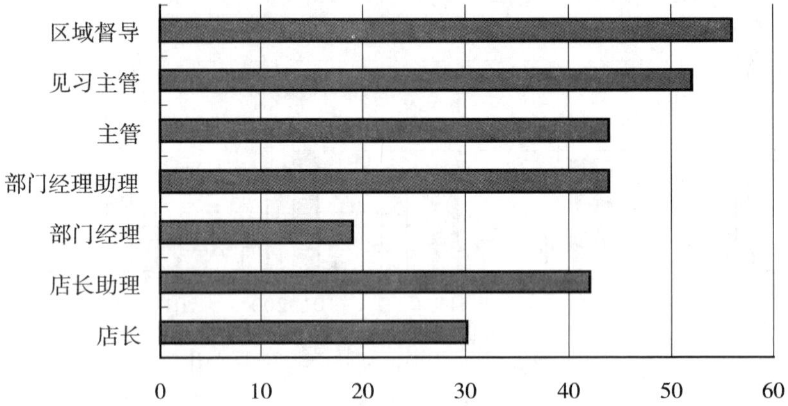

图 7　连锁企业对需求大专学历员工主要从事工作岗位的认定

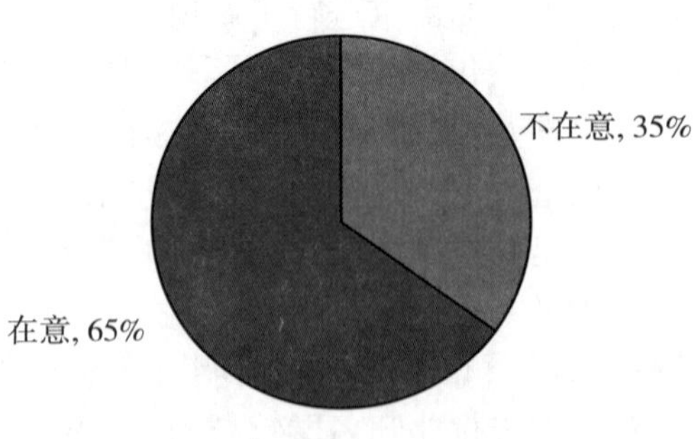

图 8　连锁企业对高职学生职业资格证书的重视程度

3. 对校企合作的看法

（1）推动因素、组织方式和薪资待遇

针对大专学历员工就业能力的培养途径，在学校培养、校企合作订单式培养、企业内部培训等选项中，57.73%的企业认可校企合作订单式的培养方式，其次是企业内部培训、其他方式和学校培养，占比分别为22.68%、11.34%和8.25%。由此可见，各高职院校所推行的校企合作订单式培养方式受大多企业的认可和欢迎，见图9。

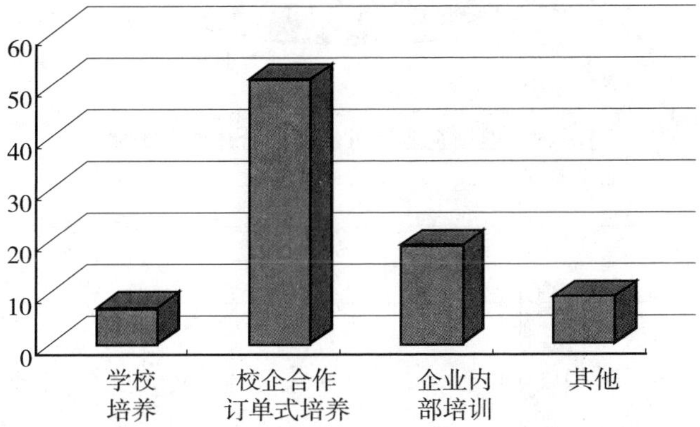

图9　连锁企业认可的大专毕业生就业能力培养的最佳途径

对于校企合作订单式培养的主要推动因素，调查结果显示，双方的统一认识、学生的正确态度以及学校的积极支持性是最为重要的（见图10）。在此推动下，建立实训基地、组成联盟、顶岗实习、定向委托培训、订单班及其他方式是连锁企业通常采用的组织方式，其中建立实训基地、组成联盟最受企业认可（见图11）。而在顶岗实习中，八成以上的企业认为学生应该接受的顶岗实习时间为三到六个月（见图12）；34.02%的企业愿意为顶岗实习的学生提供岗位报酬50%的薪资，也有30.93%的企业愿意提供岗位报酬80%的薪资（见图13）。

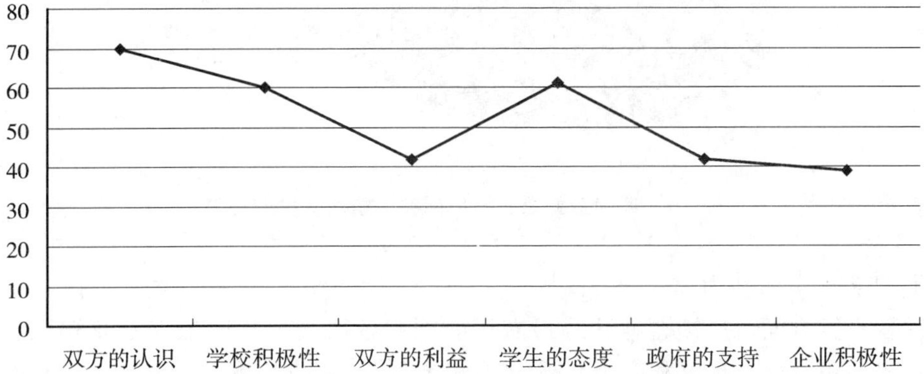

图10　连锁企业认为促进校企合作的关键因素

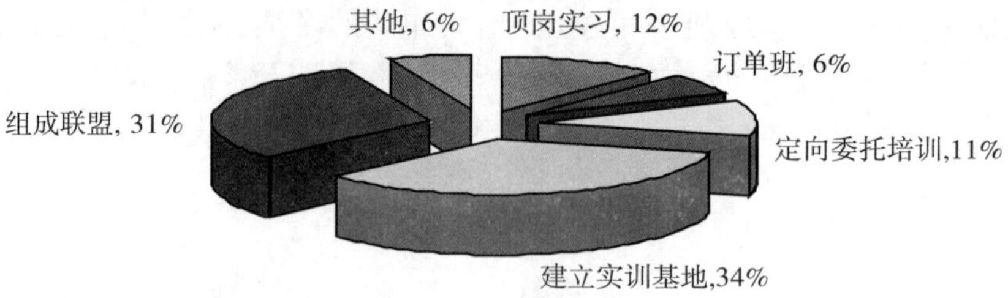

图 11　连锁企业认可的校企合作组织方式

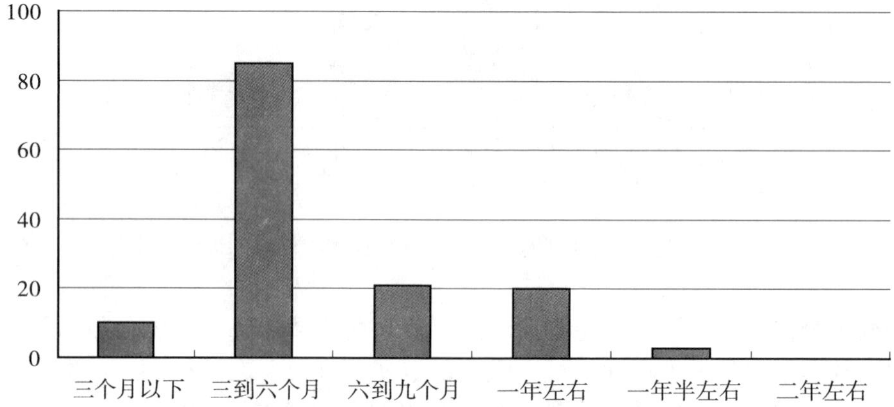

图 12　连锁企业认可的顶岗实习时间

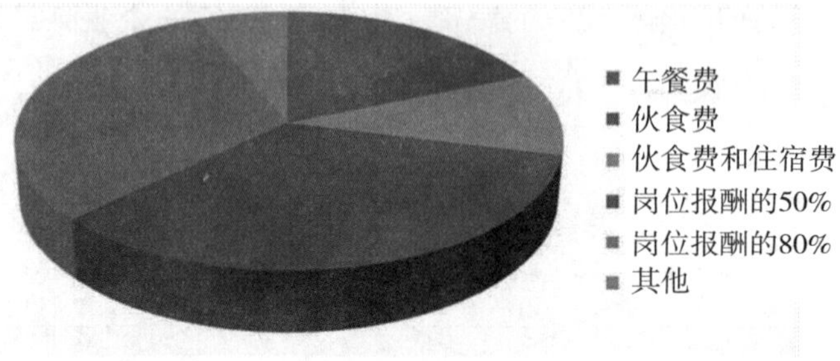

图 13　连锁企业愿意为顶岗实习学生提供的补贴

(2）课程的设置和内容

在课程设置方面，连锁企业认为最有用的课程依次为思想政治、专业知识、专业技能、计算机运用、商务礼仪和应用文写作（见图 14)；对上岗实习的大学生，企业认为最应着重加强的是企业文化、操作技能和团队合作精神等方面的教育内容（见图 15)；而连锁经营管理专业的大学毕业生怕吃苦、稳定性差以及团队协作意识不强是连锁企业最不满意的方面。

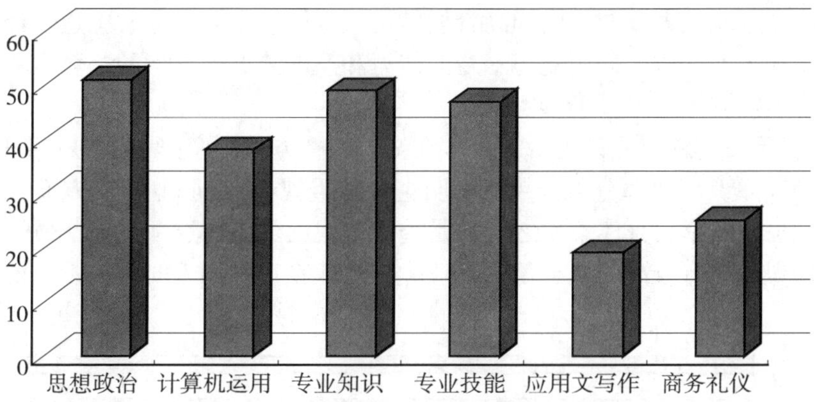

图 14　连锁企业认为最实用的课程

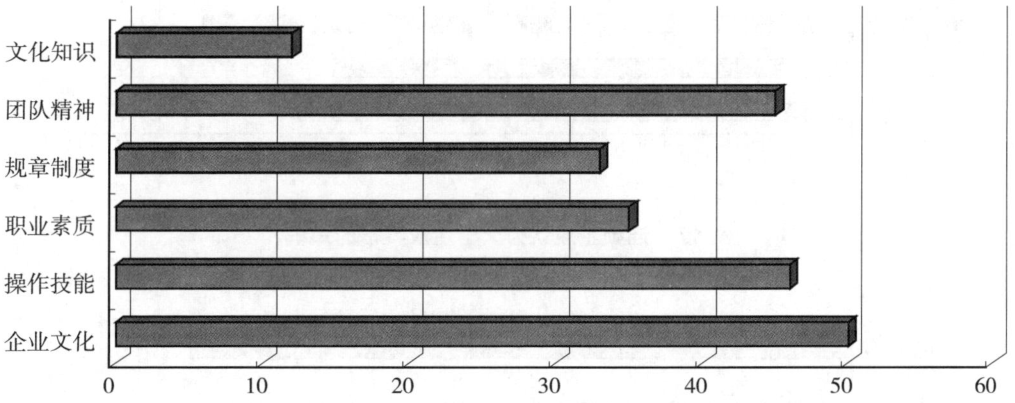

图 15　连锁企业认为应着重加强的课程教育内容

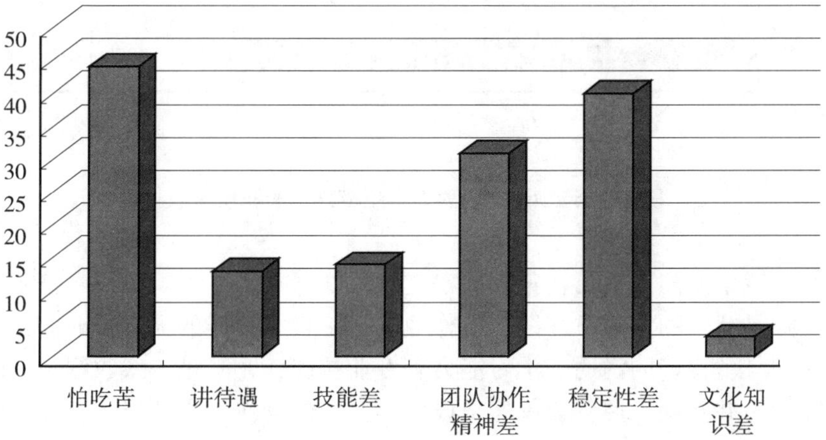

图 16　连锁企业对大学生最不满意的地方

4. 连锁经营管理专业大学生入职素养五要素

通过对连锁企业人力资源总监和高管们的访谈得知，企业十分看中连锁经营管理专业大学毕业生在知识、素质、通用能力、专业能力和态度等五个方面的综合素养，这也为高职院校培养连锁经营人才提供了参考依据。

如图 17 所示，连锁企业认为所需人才在知识结构方面排序前三位的分别是专业知识、基础知识和管理知识（此部分得分越低表明企业越重视）；在职业素质方面，职业道德排在心理素质、工作效率、身体素质之上，是企业重视度最高的选项（图 18）。因此，拥有专业和基础知识，具有较高职业道德的毕业生是企业在选人用人时最为看重的因素。

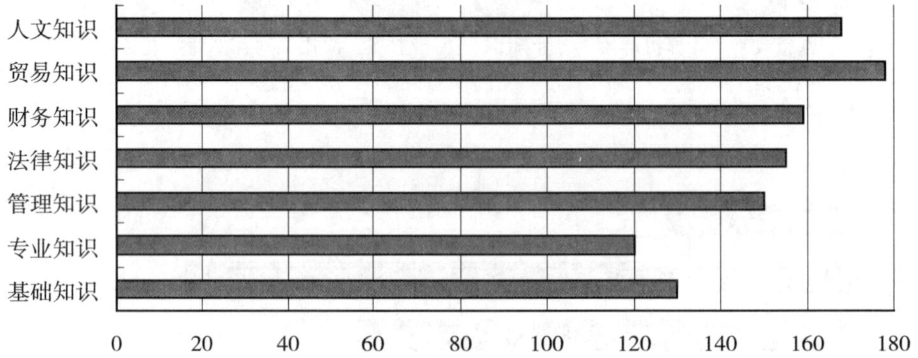

图 17　连锁企业认为大学生应具备的知识

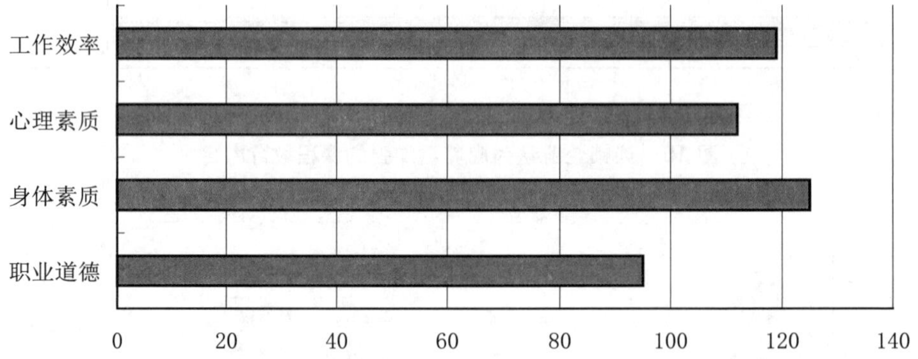

图 18　连锁企业认为大学生应具备的职业素质

零售行业是竞争激烈、人员密集且关乎老百姓切身利益、影响国民经济走向的重要行业，而连锁企业是行业的窗口。一线岗位作业的员工日常工作的大部分时间都在与顾客打交道，因此必须具备良好的沟通、学习能力和专业技能，尤其是一线收银员、理货员等岗位的员工还需学习并熟练掌握专业仪器、设备等工具的操作使用技能，营业员还要具备基本的商品学知识。因此，连锁企业各岗位的员工自我学习的能力是必不可缺的（图 19）。

专业能力主要是指从事某一职业的专业能力。在招聘和用人过程中，用人单位最关注的就是求职者是否具备胜任岗位工作的专业能力。本调研根据连锁企业的基本要求，归纳出 16 项连锁经营专业能力，分别是安全管理、防损控制、营运督导、商品采购、营销策划、商务谈判、门店选址、商圈分析、市场调研、薪酬管理、人员培训、员工招聘、信息管理、数据分析、物流管理、客户管理等。其中，安全管理、市场调研、营运督导和营销策划是企业比较重视的几项专业能力。而责任感、正直诚实和团队合作分别成为连锁企业要求各高职院校在塑造学生职业素养时最需要重视的方面。

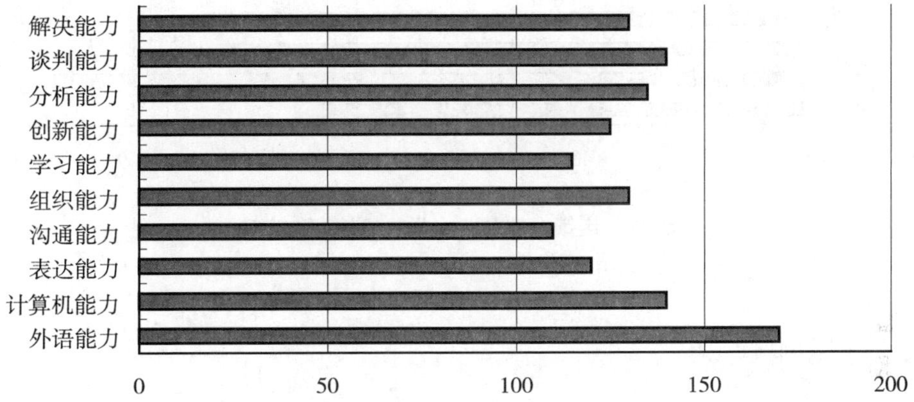

图 19　连锁企业认为大学生应具备的通用能力

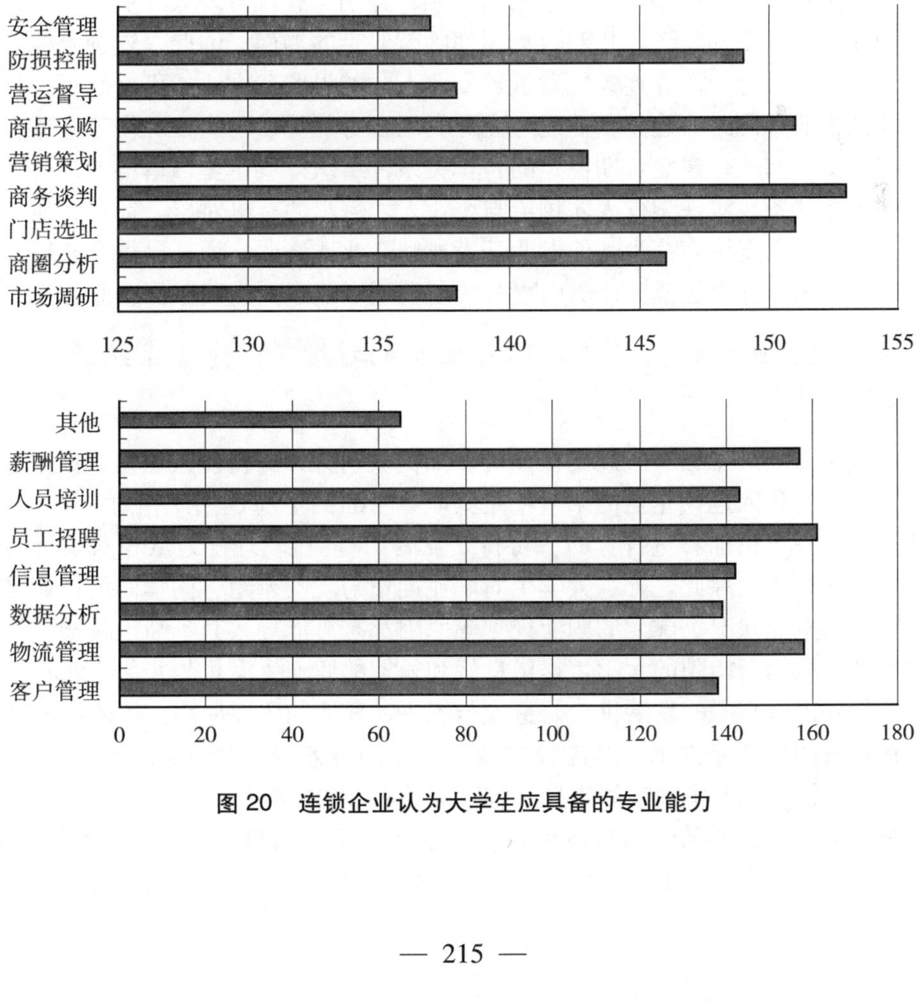

图 20　连锁企业认为大学生应具备的专业能力

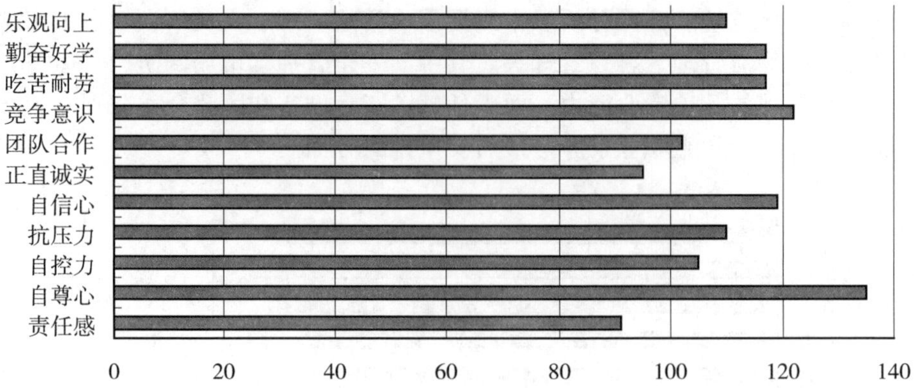

图 21 连锁企业认为大学生应持有的态度

三、意见和建议

（一）连锁企业应加强校企合作，积极推进连锁经营管理人才建设

目前，连锁零售企业面临着人才紧缺的瓶颈，特别是高端管理人才更是稀缺，而相对高校学成毕业的大学生却是人才相对过剩，面临就业难的局面。因此，连锁企业应积极与高校合作，探索双方合作培养连锁经营管理专业人才的思路和方法，更好地吸引高校优秀人才进入连锁企业。同时，连锁企业还应充分利用自身优势，与高校合作建立适合学生专业实践的校外实训基地，建立长期稳定的合作关系，组织开展企业订单培养，为企业发展提供必要的人才储备，实现学校人才供给与企业人才需求的有机对接。针对其他专业的学生，连锁企业还可以支持高校为其他专业开设连锁专业选修课，为其提供专业培训与实习的机会，以增加人才选招的范围，吸引更多的复合型毕业生到连锁零售企业就业。

（二）连锁企业应为员工提供职业生涯规划指导，建立系统的培训机制，建设各级人才储备库

中国零售企业的员工具有较高的流动性，如何吸引人才并留住人才是连锁企业面临的挑战之一。大学生进入连锁企业的第一年是其职场生涯的不稳定期。相对于“钱途”，当代青年在工作选择上更加看重自身的“可持续发展”，能比较理性地从相对长远的路径来评估自己的择业取舍。除此之外，大学生对职业期望与现实差距、同学间的择业攀比、工作心态的稳定与成熟状况、虚无的职业规划等原因都有可能导致其不断地跳槽。因此，连锁企业要特别重视为新招聘的大学生提供良好和长期的职业生涯规划指导。同时，外部薪酬环境的竞争和内部有限的发展机会是造成员工主动离职的主要原因。因此，连锁企业应探索如何在有限的资源条件下，既能控制成本，又能有效提高员工的工作满意度和忠诚度。通过为员工提供职业生涯规划指导、鼓励员工参加内部各类专业学习、建立公司系统的培训机制，都可以提高员工的忠诚度，并为企业长期发展提供管理人才储备。除此之外，企业还应鼓励和支持员工参加行业组织和高校组织的专业培训和相关学历教育学习，

多方面、持续性地提升员工的知识、技能和综合素养。

（三）中国连锁经营协会应充分发挥在行业人才资源建设方面的积极作用，搭建校企深度合作的平台

中国连锁经营协会充分利用自身优势，进一步发挥协调、服务、沟通等方面的作用，为行业人才培养提供更广泛、更便捷的平台，促进高校与企业在人才培养、实习基地建设、大学生招聘与就业、企业课题研究与咨询、企业内训、企业员工在职专业及学历教育等方面进行深度合作，推动连锁行业的健康发展。中国连锁经营协会还应加强行业从业人员的资格认证与标准建设工作，建立零售业各类从业人员的职业培训认证制度，完善培训网络，围绕行业急需的专业人才，开展专题培训，提高企业员工素质；还可与高校合作，重点抓好课程开发、教材编写和师资队伍建设等各项基础性工作。

2013 年高职院校连锁经营管理专业教学与毕业生就业状况调查报告

为了解和促进高职院校连锁经营管理专业教学改革，更好地服务于设置连锁经营相关专业的院校和全国的连锁经营企业，帮助缓解形势严峻的大学生就业难题，2013 年上半年中国连锁经营协会连锁业校企合作小组联合浙江商业职业技术学院、大连职业技术学院、安徽商贸职业学院、青岛酒店管理职业技术学院、山东商业职业技术学院、河南经贸职业技术学院、无锡商业职业技术学院、温州科技职业技术学院、黑龙江商业职业学院、内蒙古商贸职业学院等院校，与教育部商业职业教育教学指导委员会连锁经营管理专业教学指导委员会就高职院校连锁经营管理专业教学及其效果、毕业生就业情况等相关问题对近四届高职院校连锁专业不同毕业年限的 558 名毕业生进行了专题问卷调查，其中回收有效问卷 468 份（简称样本毕业生）。调查数据较全面地反映了全国高职院校连锁经营管理专业的教学情况及其办学效果。本调查对分析及研究连锁管理专业毕业生的就业影响因素、就业状态、就业竞争力变化趋势，检验人才培养教育质量、改进人才培养方式、预测人才需求趋势等提供了可资借鉴的参考和帮助。

一、样本毕业生及其就职企业基本情况

1. 样本毕业生毕业年限分布

如图 1 所示，本调查所针对的主要对象是毕业 1 年内的毕业生，占比近七成。

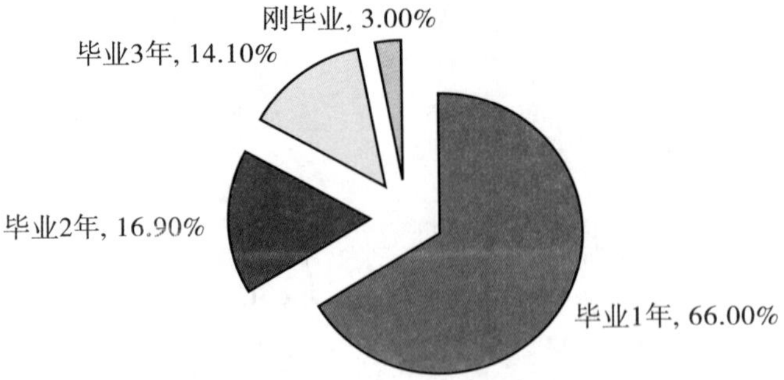

图 1　样本毕业生毕业年限分布情况

2. 样本毕业生就职企业情况

调查显示，47%的连锁经营管理专业毕业生就职于零售行业，而80%以上的毕业生入职于专业相对对口的行业领域（见图2）。

从毕业生就职企业经济类型看，民营企业的吸纳力最强，且非常突出（见图3）。

从毕业生就职企业员工规模看，近六成的毕业生就职于500人以内规模的企业（见图4）。

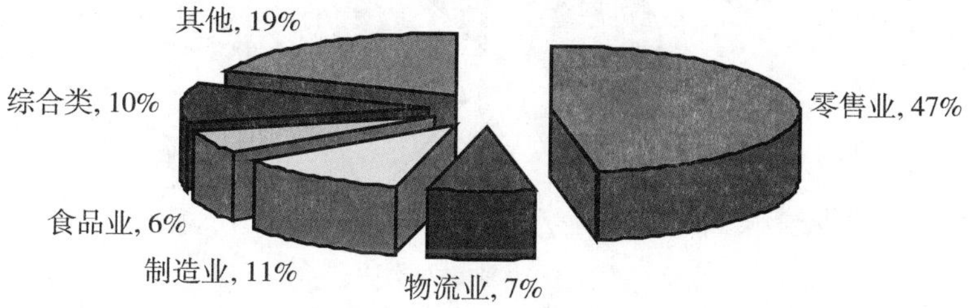

图2　样本毕业生就职企业行业分布占比情况

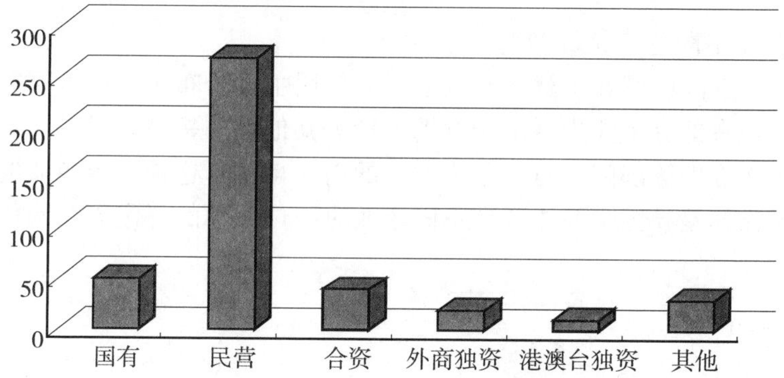

图3　样本毕业生就职企业经济类型

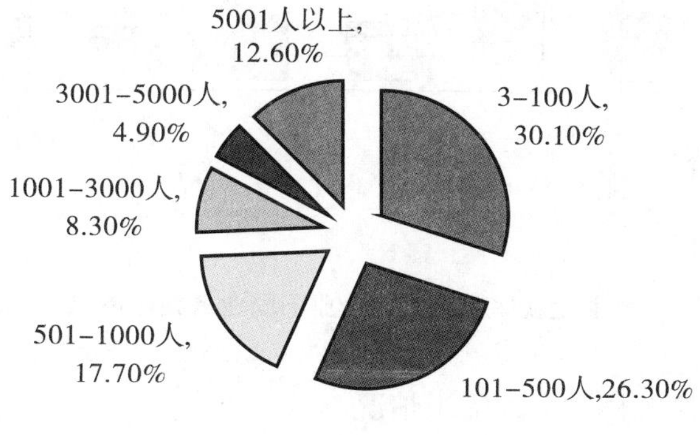

图4　样本毕业生就职企业员工规模分布情况

3. 样本毕业生就职连锁零售企业情况

（1）就职不同业态企业情况

如图5所示，就职于连锁零售行业的毕业生所在企业的经营业态分布相对比较广泛，其中入职专业、专卖店和标准超市、百货店、大卖场的占比相对较大，入职食品、服装等零售其他业态的毕业生也有近三成的占比。

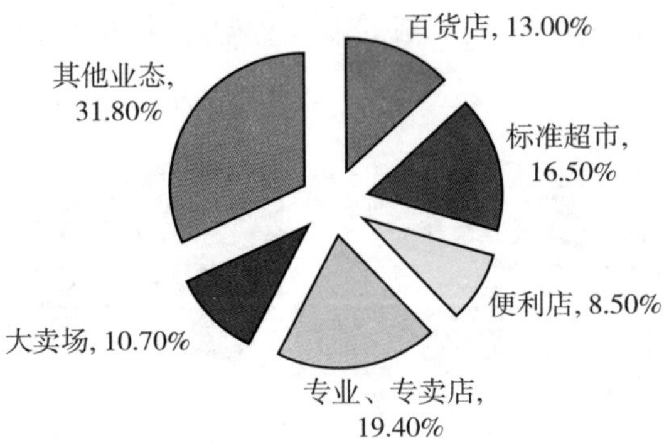

图 5　就职连锁零售业不同业态企业毕业生分布情况（占比,%）

（2）就职企业不同业务领域情况

如图 6 所示，近四届毕业生就业的企业业务领域主要分布于门店基层管理、门店基层营运两大岗位，另有部分毕业生从事于营销管理等其他业务领域，只有少部分毕业生在人力资源管理、采购管理等部门。对部分毕业生的访谈得知，连锁零售企业的业务领域和岗位设置基本趋同，其差异性主要体现在不同企业对岗位名称的界定以及岗位编制的设置。

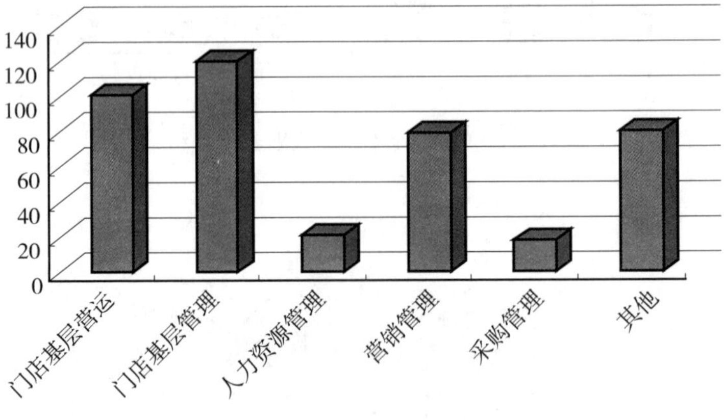

图 6　毕业生就职连锁零售企业不同业务领域情况（人数）

（3）就职企业门店规模及人才需求情况

调查显示，大部分毕业生就职的企业拥有连锁门店不足 50 家，其就职的连锁企业未来 2－3 年都有开店计划，并且门店增长数量和扩张速度将超过 20%，最多达 200%（见图 7、图 8）。

随着连锁企业不断发展壮大，其对人才的需求也将稳步增长。但据《2012 年中国连锁业人力资源发展报告》显示，由于行业发展迅猛而人才培育机制存在不足，连锁行业正面临“人才荒”的窘迫，其中管理型人才尤为稀缺。按保守估计，目前全国连锁行业管理型人才的缺口至少为60万人。解决供需矛盾，加强连锁人才的培养甚为迫切。从这个意义上说，连锁经营管理专业是人才需求规模巨大的新兴专业，连锁行业是很有发展前途的朝阳行业。而图9显示的连锁企业人才需求情况表明，若按岗位职务层级分，基层管理人员最为缺乏，也是企业发展的主要障碍，这也成为企业进行人才储备的主要方向。

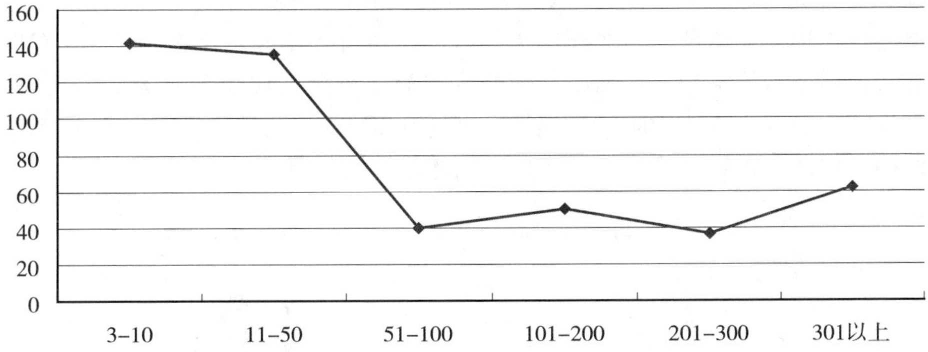

图7　毕业生就职企业拥有连锁门店情况（横轴——店铺数，纵轴——人数）

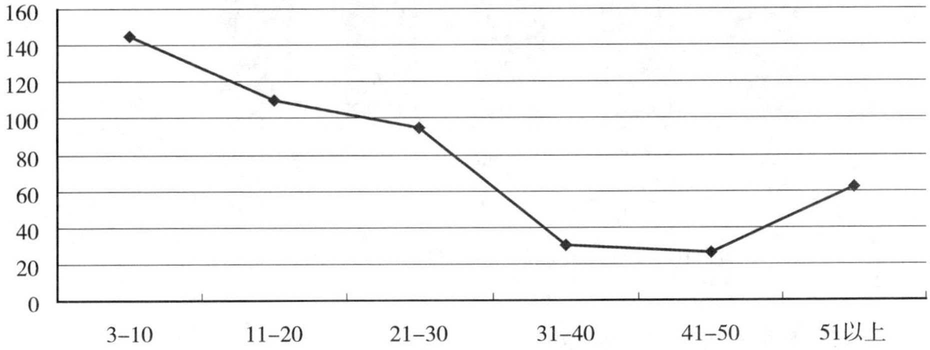

图8　毕业生就职企业未来2-3年拓展连锁门店预期（横轴——店铺数，纵轴——人数）

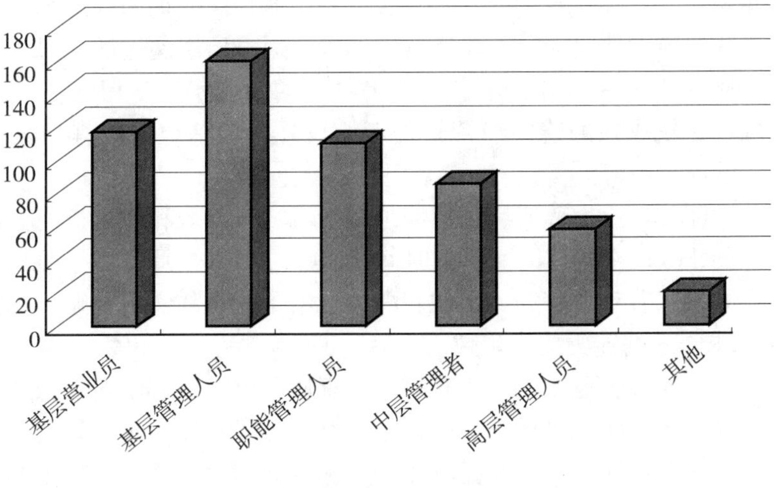

图9　连锁企业人才需求情况

二、毕业生（连锁经营管理专业人才）培养与需求定位

1. 院校培养目标定位

连锁经营管理专业的人才培养目标是：掌握连锁经营基础知识、理论体系与专业技能，能够胜任连锁企业总部、企业配送中心以及连锁门店经营和管理工作，具有良好的职业素养和职业道德、稳定的心理素质、较高的情商、符合现代连锁业的发展需要，企业、社会及学生家长满意、身体健康的高端技能型优秀专业人才。调查发现，毕业生对于学校培养目标的认识和连锁经营管理专业定位的人才培养目标基本一致。

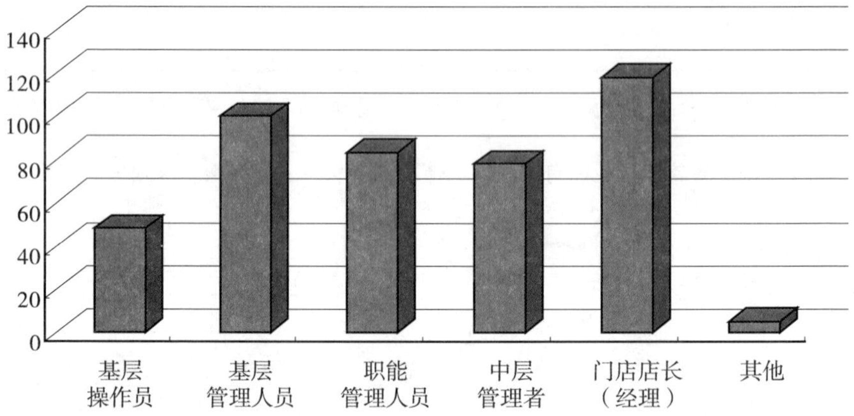

图 10 院校连锁经营管理专业人才培养目标定位

2. 校企合作培养方式与机制定位

目前，高职院校连锁经营管理专业已经逐步形成以校企合作为基础，工学交替为主体，顶岗实习做考核的人才培养模式与校企合作机制。其中，专业实践教学主要是通过校外实训基地来实现。专业实践教学分为阶段实训和企业顶岗实训两种形式，主要包括企业认知实训、门店开发与设计实训、企业经营实训等。通过层层递进的实习实训，让学生在连锁企业完成“感性认知 - 上岗操作 - 顶岗实习”的专业实践学习任务，培养学生的实际工作能力。国内比较成熟的连锁经营管理专业校外实训基地主要有物美集团、苏宁电器、世纪联华、欧尚超市等。

调查显示，大部分毕业生普遍认可短期顶岗实习、订单班和建立校内实训基地三大校企合作方式（见图 11）；希望顶岗实习的时间控制在三到六个月左右（见图 12）；同时希望所在实习企业能参照劳动力市场的平均薪酬标准给予一定的实习补贴，如图 13 所示。

3. 企业对需求人才的能力要求定位

调研数据显示，连锁企业对于从业者的基本素质要求主要有学习能力、执行力、勤奋踏实、人际关系等几个方面（见图 14）；其认为连锁经营管理专业毕业生在工作中主要欠缺的是系统而实用的专业知识、专业而有效的人际沟通能力和熟练且稳定的业务操作技能（见图 15）；而经过实际工作历练的毕业生普遍要求院校在以后的教学中应强化职业素养、

与人合作、专业技能等方面的培养（见图16）；在院校的教学培养中，应注重营销策划、商品陈列、卖场布局设计、市场调研与预测等专业知识和职业能力的培养（见图17）。

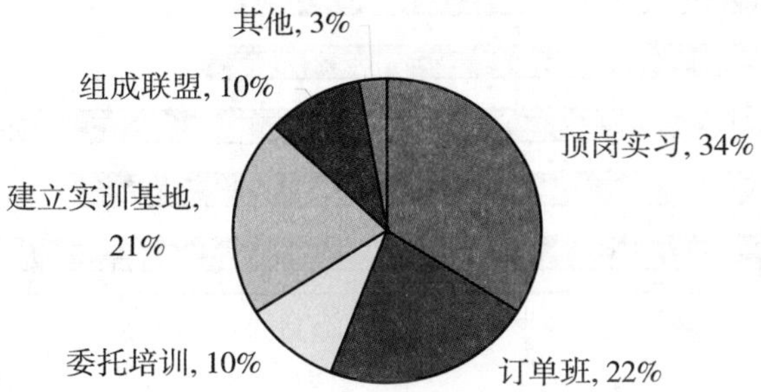

图11　毕业生对校企合作方式的认知

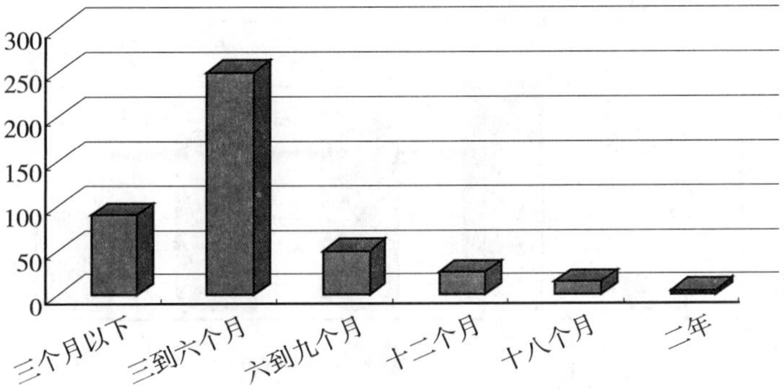

图12　毕业生对企业顶岗实习时长的认知

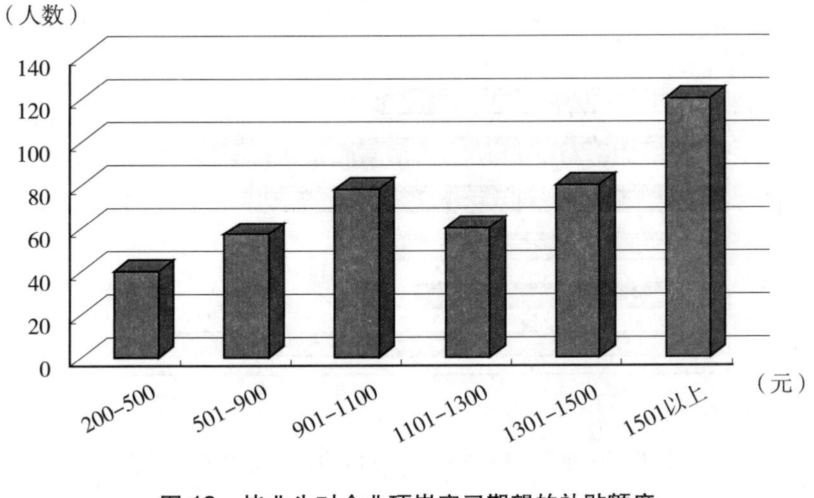

图13　毕业生对企业顶岗实习期望的补贴额度

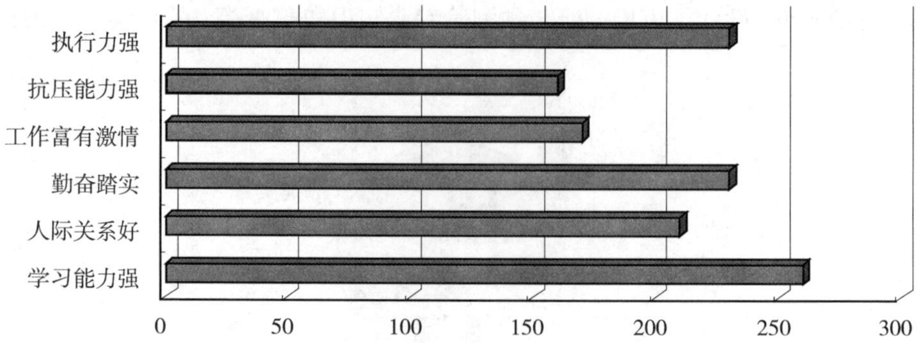

图 14　连锁企业对连锁经营管理人才职业素养的要求

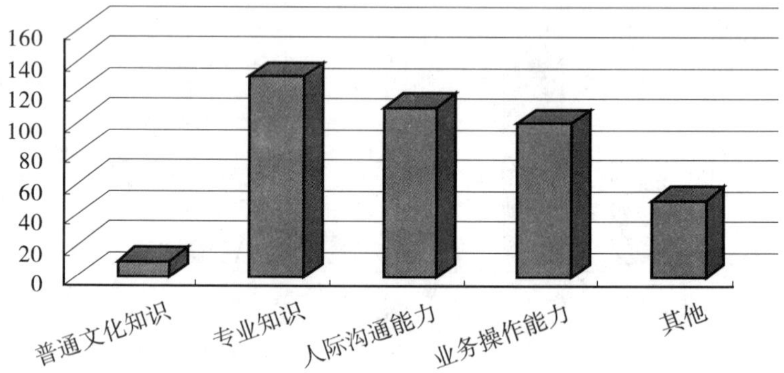

图 15　连锁企业对毕业生上岗能力欠缺方面的认知

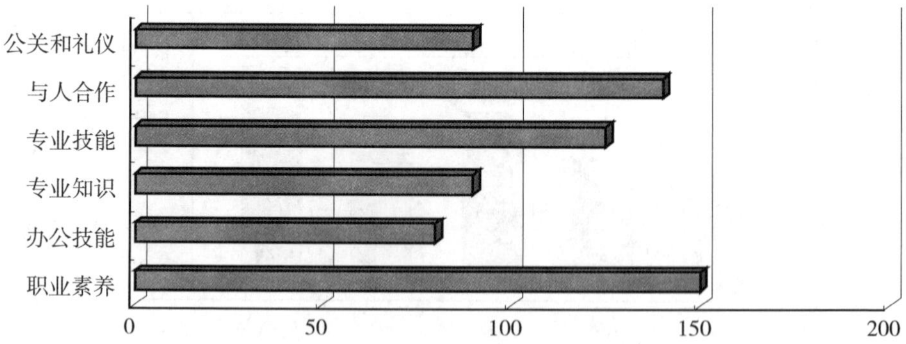

图 16　毕业生对院校强化职业能力与素养方面的期望

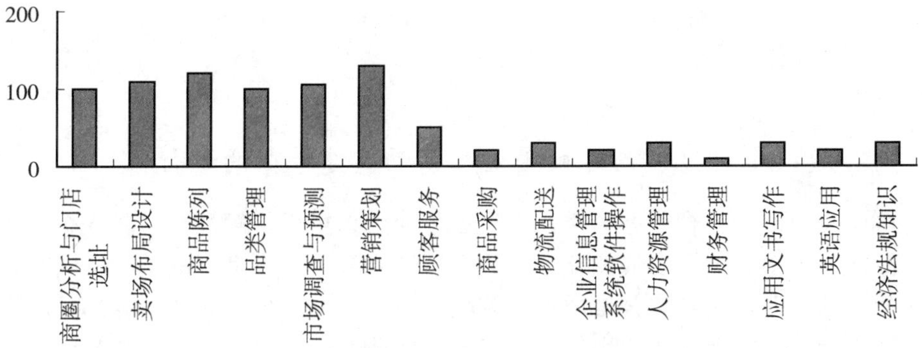

图 17　院校应注重实用专业知识和实践能力方面的教学内容

4. 毕业生职业发展难点与问题定位

调查发现，在实际工作中连锁经营管理专业的大部分毕业生经常遇到缺乏发展空间、薪资待遇过低、工作艰辛等方面的困惑，也有少部分毕业生认为有不受领导重视、人际关系难处、师傅工作支持不积极等方面的问题（见图 18）；而毕业生更倾向于发展潜力大、能学到较多的专业知识和技术、工资待遇优厚以及人际关系融洽、环境优越的工作（见图 19）。

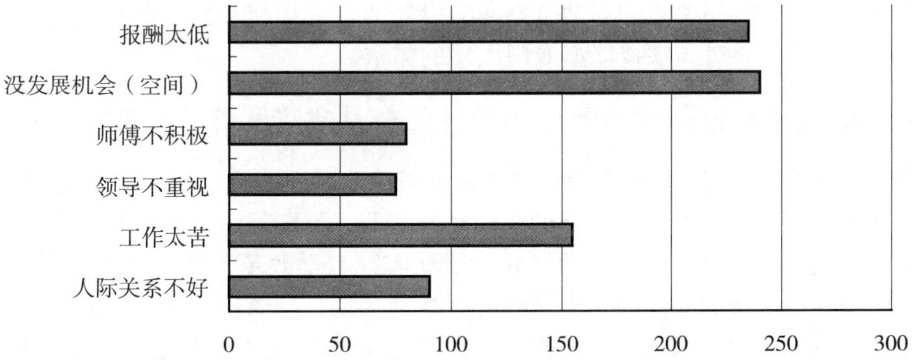

图 18　毕业生实际工作中遇到的困惑和问题

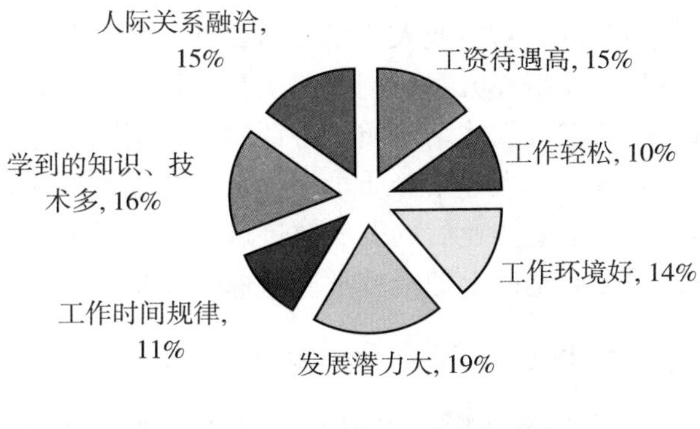

图 19　毕业生向往的工作岗位

三、意见和建议

（一）推进校企对接，创建校企全程互动共建专业的运行机制

具有鲜明特色的校企合作办学模式，对学生而言，可以了解社会、融入企业团队、增加社会生活经验、提升抗压自强的能力，为今后步入社会打下良好的基础。同时，还可全面提高毕业生的专业技能和综合素质；对院校而言，有助于建立人才培养的品牌形象，提高学校的知名度，有效提升毕业生的就业竞争和职业发展能力，形成良性互助循环；对企业而言，积蓄了可供优选的人力储备和人才资源，提升了企业的市场竞争和行业影响。毕业生经过企业定制专业内容的定向培训，不仅在思想方面，也在专业技术方面初步具备了顶岗工作的基本能力，这就大大缓解了企业需求人才招聘难的局面，也在一定程度上帮助企业缓解了基层员工紧缺的问题。因此，推进校企对接，进行校企深度融合，有助于院校教育、企业用工和毕业生职业发展的多赢。

坚持以学校为主体，政府协调、行业指导、企业参与的专业建设机制，建立长期稳定、关系良好的校企合作“双主体”教学运行机制，促进专业和产业对接，合理安排教学、生产和技术项目研发之间的关系，统筹协调专业教师培养与企业人力资源建设。真正做到专业依托产业，共同探索创立适合高职教育特点、“互利共赢”的办学体制与机制，不断满足产业快速发展对高端技能型专门人才的需求。

（二）建立“双师”素质教师队伍，健全教学质量监控和保障体系

校企合作共育“双师”，要求专业教师借助校企合作的平台，长期稳定地对接相应合作企业，通过参与对口行业连锁企业的生产经营实践，不断锻炼提高自身实践能力，在教学过程中应强化学生社会适应能力的培养，推动实践教学改革，强化教学过程的实践性、开放性和职业性，围绕职业能力培养需要开展教学活动，同时还要提高专业教师的高职教育理念及教学设计能力。深化校企合作，建立“订单班”或“校企互聘”师资共享机制，实现校企师资共享，有计划、有目的地推进经验丰富的企业经营管理一线专家走进课堂，开展理论和实践相结合的教学，或以讲座形式传递行业最新讯息，提升学生专业素养和学习兴趣。

以学生职业能力培养为中心，对专业人才培养质量开展全过程监控，切实保证人才培养质量。让行业、企业参与人才培养方案的制定与实施，探索第三方人才培养质量评价体系，利益相关方共同参与的第三方人才培养质量考评制度，引入毕业学生就业率、就业质量、企业满意度、创业成效等专业人才培养质量评价量化指标，增强人才培养质量评价的公正性、客观性和科学性。对学生毕业后的发展轨迹进行不少于五年的持续跟踪，为教学改革创新提供科学依据，并在此基础上健全教学质量保障体系。

（三）强化实践育人，进行课程体系以及教学内容改革

推动实践教学改革，强化教学过程的实践性、开放性和职业性，围绕职业能力培养需要，优化校内实训基地建设，营造与工作现场相一致的全真及仿真的职业环境，建设集专

业教学、职业技能培训与鉴定，较强社会服务功能于一体的、功能齐全的校内实训基地。

根据相关专业人才培养目标及工学交替人才培养模式，确定相应专业所面向的岗位、岗位群及其岗位能力要求，确定连锁经营管理专业的岗位核心能力。不断改进和提升院校与行业、企业的合作，结合“连锁经营管理师”等职业资格认证体系的要求，兼顾连锁经营管理专业拓展方向。根据岗位核心能力的要求调整课程，按照“干什么学什么，要什么给什么，缺什么补什么”的思路，确定课程体系及专业核心课程。专业课程的开发以岗位（群）对职业素养、职业能力的要求为出发点，参照“连锁经营管理师”、“国家高级营业员”等职业资格标准，实现学历教育证书和职业资格培训证书的对接。

围绕连锁经营管理专业的职业需求，专业教师与企业专家对真实的连锁企业营运流程及案例共同进行研讨、加工，科学调整教学内容，合理配置教学设备、开发教材，完善教学资源。根据企业专家的建议以及连锁经营相关行业新的发展动态，及时将连锁领域新的理念、模式与技术融入课堂教学；根据对企业现场运营的观察以及企业专家的建议，将部分在连锁企业中常见的实操训练纳入院校专业实训体系。

2013 年度“CCFA 金牌店长”评选分析报告

一、评选说明

自 2006 年起，“CCFA 金牌店长”推选活动已连续举办八年了，得到中国连锁经营协会（简称协会）会员企业的积极响应和大力支持。2013 年度评选推出 130 位“CCFA 金牌店长”。

本年度“金牌店长”推选活动仍在协会连锁零售会员企业中进行，由各企业按金牌店长的基本条件和规定流程在所属门店店长中评选推出。推选企业范围、名额、基本条件及流程如下：

1. 以百货店、超市、专业店、专卖店、购物中心等为主要业态的会员企业可推荐 1 名。

2. 2012 年销售额 30 亿元以上的企业可推荐 2 名。

3. 基本条件：

（1）在本企业工作 4 年以上，从事店长工作 3 年以上。

（2）所在门店运营时间不低于 2 年，业绩位于所在企业前列。

（3）乐于分享经验。

（4）所在门店近 1 年无商品质量、食品安全等重大事故，且无负面新闻报道。

4. 申报企业依据“金牌店长”基本条件、申报限额择优推选报送，同时填报《金牌店长基本情况表》及相关资料。协会负责对企业报送材料进行审核并确认“金牌店长”资格。

二、金牌店长推选企业基本情况

本年度获选的 130 位金牌店长来自 70 家连锁企业（集团），其中 57 家为中国连锁零售百强企业（含中国快速消费品连锁零售百强企业）。

130 位金牌店长所在门店的业态包括超市、百货店、购物中心、专业店、专卖店，70 家企业（集团）2012 年销售额总计超过 325 亿元，其中有 8 家门店超过 10 亿元；2013 年上半年销售额总计 178.77 亿元（其中有 9 家门店 2013 年上半年销售额过 5 亿元）；平均毛利率为 15.32%，比 2012 年度金牌店长所在门店的平均毛利率 16.67% 有明显下降（与上年平均毛利率有较大提高的状况相反）。130 位金牌店长所在门店总营业面积为 207 万平方米，平均单店营业面积为1.59万平方米，比2012年度金牌店长所在门店的平均营业面积1.01万平方米又有较大的提高；正式员工总数20244人，平均单店正式员工156人，比上年有所增加；平均净利润率为3.81%，大幅低于上年的6.4%。

各业态金牌店长人数及分布如下：超市门店店长77名，专业店店长25名，百货店店长12名，购物中心店长12名，专卖店店长4名。

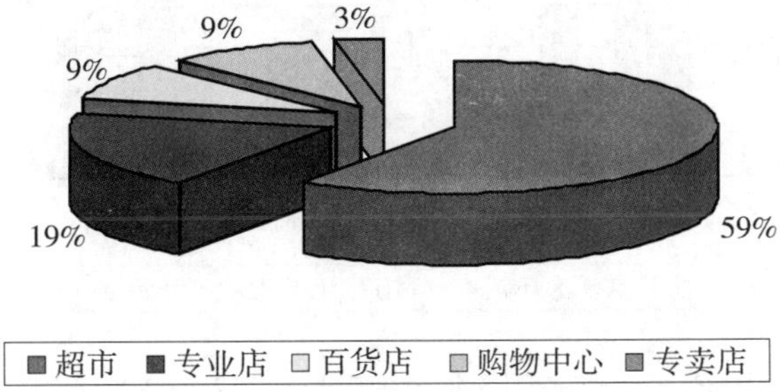

图1　130位金牌店长所在门店业态占比情况

三、金牌店长基本情况

2013年度评选的130位金牌店长中，女店长51位，男店长79位，与上年女店长占比59%不同的是，本年度男店长占比达61%。其中，百货店、购物中心的男店长占大多数，有20位，女店长4位；专业店、专卖店的男店长共21位，女店长9位；超市男女店长人数相同，各38位。

年龄最大的店长为59岁，最低为25岁，平均年龄已连续7年为39岁左右。

男女店长人数差距较大的百货店、购物中心业态，男店长所管理的门店的平均营业面积为51919平方米，远高于女店长的平均营业面积24732平方米。

130位金牌店长在本企业工作年限平均为12年，与2012年度金牌店长相同。平均担任店长职务时间为6.2年，也与上年相差不大。在基层工作至少4年后方升任店长职务的有74位。

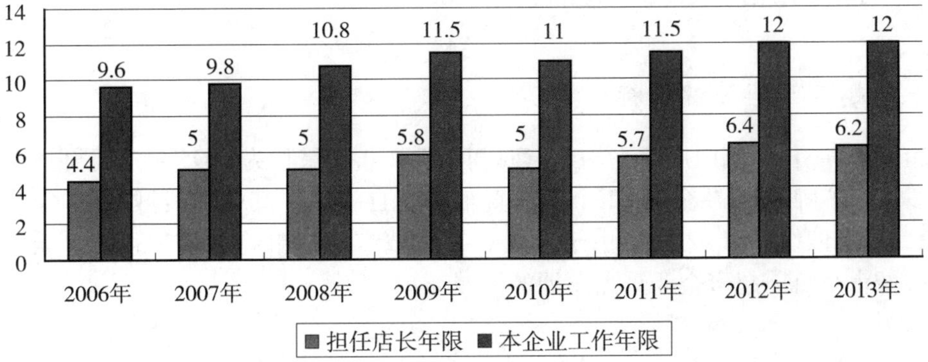

图2　2006－2013年金牌店长平均工作年限及担任店长平均年限情况

从年收入水平看，5 万元以下的比例逐年下降，10 万 – 15 万元及 15 万元以上的比例逐年上升，占比接近 50%。

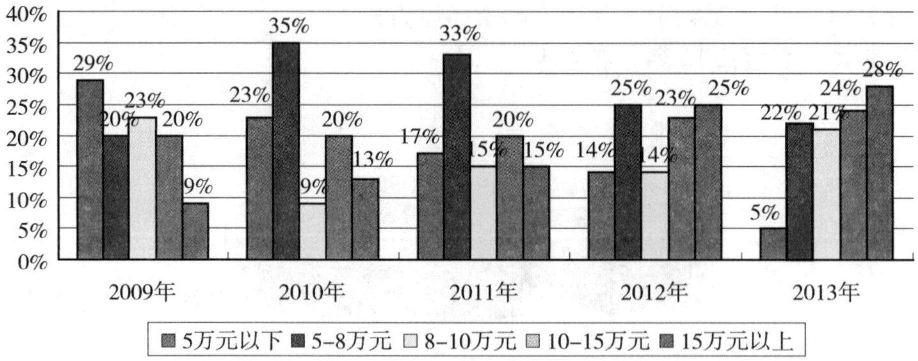

图 3　2009 –2013 年金牌店长年收入及占比情况

从不同年份收入范围的金牌店长所在门店的平均经营面积、近两年平均销售额看，金牌店长的年收入与其所管理的经营面积成正比，与销售额也基本成正比。

表 1　不同年份收入范围的金牌店长所在门店的平均经营面积、近两年平均销售额

年收入范围	经营面积（平方米）	2012 年销售额（万元）	2013 年上半年销售额（万元）
5 万元以下	1278	2397	1292
5 万 – 8 万元	2701	4992	2797
8 万 – 10 万元	6082	15170	7843
10 万 – 15 万元	9884	18594	10404
15 万元以上	39902	57976	31143

四、不同业态门店关键指标情况

（一）超市门店关键指标

超市业态共有 77 家门店，平均运营时间为 7.2 年，最早为 1995 年 7 月开业。

77 家超市门店分布在全国 22 个省、直辖市及自治区，其中一线城市 12 家，二线城市 23 家，三、四线城市 42 家。由于一线、二线城市的超市趋于饱和，竞争激烈，所以三、四线城市是目前超市企业重点发展的区域。

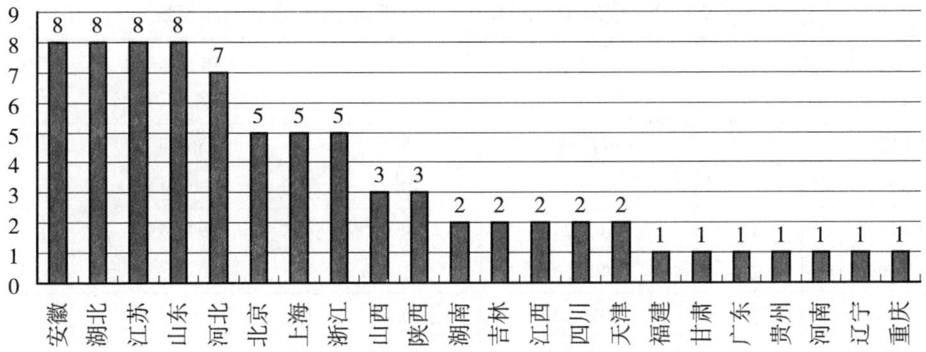

图 4　超市业态门店地区分布及门店数

77 家超市门店中，50 家位于住宅区、27 家位于商业区。其中，一线城市位于商业区的门店只有 3 家，表明在一线城市的社区相对成熟，消费者已习惯于就近采购商品，特别是生活必需品；而在三、四线城市商业区的门店有 14 家，表明三、四线城市开店需要更多地考虑客流量。

77 家超市门店的平均营业面积 5500 平方米，比 2012 年金牌店长的平均经营面积 4935 平方米略有提高。

本年度金牌店长所在门店首次出现销售同比下降的情况，2013 年上半年尤为突出，基本上各个面积范围都存在销售同比下滑的门店。15 家销售下滑门店中有 13 家为租赁物业，一线城市有 3 家、二线城市有 5 家、三线和四线城市有 7 家，表明租金的压力较为突出，以及一、二线城市竞争愈发激烈。

表 2　　　　超市业态不同面积门店 2012 年、2013 年销售同比下降情况

门店经营面积范围（平方米）	2012 年销售同比下降的门店数量	2013 年上半年销售同比下降的门店数量
500 以下	0	2
500 - 999	0	2
1000 - 2999	1	4
3000 - 5999	1	5
6000 - 9999	0	0
10000 及以上	1	2

与 2011 年与 2012 年上半年各个面积范围的超市销售增长都达到了两位数的状况不同，2013 年上半年除 1000 - 2999 平方米的门店销售额增长 10.28% 外，其他各面积范围的超市销售均为个位数增长，尤其是 500 - 999 平方米的门店，销售增长仅为 2.48%。

表 3　　超市业态不同面积门店 2012 年、2013 年销售额及同比情况

门店经营面积范围（平方米）	门店数（家）	2012 年平均销售额（万元）	销售同比增幅（%）	2013 年上半年平均销售额（万元）	销售同比增幅（%）
500 以下	9	977.73	8.4	569.1	8.46
500 - 999	5	2057.2	20.28	1049	2.48
1000 - 2999	13	5461.24	8.73	2941.29	10.28
3000 - 5999	27	8782.51	11.42	5011.93	7.2
6000 - 9999	9	13016.29	16.68	6796.17	9.44
10000 及以上	14	34540.87	10.75	19120.56	7.83

正式员工和供应厂商驻店员工数量基本不变，经营面积大的门店供应厂商驻店人数占比较高，几乎达到一半，也从另一侧面反映了人工成本压力大的现状。

表 4　　超市业态不同面积门店 2012 年、2013 年单店平均员工数及占比情况

门店经营面积范围（平方米）	2012 年单店平均员工总数（人）	2012 年单店平均正式员工数（人）	2013 年单店平均员工总数（人）	2013 年单店平均正式员工数（人）	2013 年正式员工占比
500 以下	14	11	13	10	77%
500 - 999	30	26	31	25	81%
1000 - 2999	81	51	83	52	63%
3000 - 5999	186	103	183	100	55%
6000 - 9999	315	164	310	163	53%
10000 及以上	682	400	692	392	57%

人效方面，500 平方米以下、3000 - 5999 平方米以及 10000 平方米以上三个面积范围的门店实现了两位数的增长；平效方面，500 平方米以下和 3000 - 5999 平方米两个面积范围的门店实现了两位数的增长。

表 5　　超市业态不同面积门店 2012 年、2013 年人效、平效及其增幅

门店经营面积范围（平方米）	2012 年人效（万元/人·年）	2013 年上半年人效（万元/人·年）	增幅	2012 年平效（万元/平方米·年）	2013 年上半年平效（万元/平方米·年）	增幅
500 以下	78.65	92.06	17.05%	5.18	5.84	12.74%
500 - 999	62.06	62.34	0.45%	2.47	2.52	2.02%
1000 - 2999	70.26	74.23	5.65%	2.99	3.18	6.35%
3000 - 5999	60.65	68.38	12.75%	2.04	2.42	18.63%
6000 - 9999	56.09	60.82	8.43%	1.74	1.83	5.17%
10000 及以上	61.49	68.61	11.58%	1.73	1.89	9.25%

总费用持续上涨，其中 2012 年总费用平均上涨 7.78%，2013 年上半年平均上涨 4.07%，与 2011 年总费用平均上涨 10.41% 和 2012 年上半年平均上涨 9.63% 相比，持续较高增长，但涨幅缩小。整体而言，2012 年单位面积费用为 2406 元/平方米，2013 年上半年单位面积费用为 1267 元/平方米。

人员工资成本方面，工资总额持续增长。2012 年同比平均增长 12.67%，2013 年上半年同比平均增长 8.44%。

门店租金方面，根据租赁物业形式的 64 家门店数据统计，2012 年平均租金为 55.76 元/平方米·月，2013 年上半年为 56.49 元/平方米·月。其中，上海地区租金水平最高，2012 年平均为 216.6 元/平方米·月，北京次之，2012 年平均为 128.6 元/平方米·月。13 家自有物业门店的房屋折旧或内部核算房租，2012 年为 42.07 元/平方米·月，2013 年上半年为 45.22 元/平方米·月，整体上比租赁物业形式低。

水电费方面，每万元分摊的水电费有所下降。2012 年为 119.25 元，2013 年上半年为 102.19 元。

表 6　超市业态不同面积门店 2012 年、2013 年店均水电费用情况

门店经营面积范围（平方米）	2012 年单店平均水电费（万元）	2013 年上半年单店平均水电费（万元）
500 以下	10.72	4.31
500－999	16.27	7.28
1000－2999	56.11	29.45
3000－5999	106.60	52.94
6000－9999	205.70	95.55
10000 及以上	401.09	174.14

与上年每万元分摊的水电费大幅下降比较，本年度水电费仍保持较高下降幅度，表明金牌店长门店节能减排意识强，重视设施设备的日常维护和管理。

表 7　超市业态不同面积门店 2012 年、2013 年每万元水电费及其增幅

门店经营面积范围（平方米）	2012 年每万元销售水电费（元）	2013 年上半年每万元销售水电费（元）	增幅
500 以下	75.43	57.85	－23.31%
500－999	72.27	66.04	－8.62%
1000－2999	108.62	104.07	－4.19%
3000－5999	126.27	110.77	－12.28%
6000－9999	173.3	137.32	－20.76%
10000 及以上	130.13	102.70	－21.08%

超市金牌店长门店的商品损耗率基本都控制在 0.3% 左右的较低水平。

表 8　　超市业态不同面积门店 2012 年、2013 年商品损耗情况

门店经营面积范围（平方米）	2012 年商品损耗率	2013 年上半年商品损耗率	增幅
500 以下	0.28%	0.29%	3.57%
500 - 999	0.14%	0.15%	7.14%
1000 - 2999	0.16%	0.16%	0.00%
3000 - 5999	0.38%	0.28%	-26.32%
6000 - 9999	0.22%	0.20%	-9.09%
10000 及以上	0.22%	0.23%	4.55%

2013 年上半年客单价较 2012 年有较大提高。

表 9　　超市业态不同面积门店 2012 年、2013 年客单价情况

门店经营面积范围（平方米）	2012 年平均客单价（元）	2013 年上半年平均客单价（元）	增幅
500 以下	23.07	25.75	11.62%
500 - 999	30.73	32.23	4.88%
1000 - 2999	58.59	65.52	11.83%
3000 - 5999	56.20	61.91	10.16%
6000 - 9999	62.39	67.64	8.41%
10000 及以上	85.40	95.75	12.12%

2013 年上半年日交易次数较 2012 年基本不变。

表 10　　超市业态不同面积门店 2012 年、2013 年平均日交易情况

门店经营面积范围	2012 年平均日交易次数	2013 年上半年平均日交易次数	增幅
500 以下	932	935	0.32%
500 - 999	2038	2045	0.34%
1000 - 2999	2567	2583	0.62%
3000 - 5999	4275	4413	3.66%
6000 - 9999	5634	5640	0.11%
10000 及以上	7856	7910	0.69%

除 1000 - 2999 平方米门店以外，其他各面积范围门店平均毛利率均有小幅增长。

表 11　　　　超市业态不同面积门店 2012 年、2013 年毛利率情况

门店经营面积范围（平方米）	2012 年平均毛利率（%）	2013 年上半年平均毛利率（%）	增幅
500 以下	16.74%	17.63%	5.32%
500－999	16.27%	16.64%	2.27
1000－2999	14.32%	14.04%	－1.96
3000－5999	14.97%	15.53%	3.74%
6000－9999	14.29%	14.71%	2.94%
10000 及以上	14.75%	15.17%	2.85%

由于销售增长总体上大于费用增长，同时毛利率小幅增长，因此净利润率均有所提高，尤其是 6000－9999 平方米的门店，净利润率增幅接近 50%。

表 12　　　　超市业态不同面积门店 2012 年、2013 年净利润情况

门店经营面积范围（平方米）	2012 年净利润率（%）	2013 年上半年净利润率（%）	增幅
500 以下	4.07%	5.34%	31.20%
500－999	7.66%	8.10%	5.74%
1000－2999	4.08%	4.66%	14.22%
3000－5999	3.37%	4.04%	19.88%
6000－9999	1.87%	2.71%	44.92%
10000 及以上	2.52%	3.37%	33.73%

（二）百货店、购物中心基本情况

来自百货店和购物中心的金牌店长有 24 位，归属于 12 家百货门店和 12 家购物中心门店。

24 家门店分布在全国 13 个省和直辖市，北京门店数最多，有 4 家。一线城市有 6 家，二线城市有 8 家，三、四线城市有 10 家。三、四线城市发展百货店和购物中心已成为常态，部分企业同时发展超市、百货店和购物中心多个业态。

与超市业态选址地域分布有所区别，20 家百货店和购物中心门店位于商业区，占 83%，平均营业面积 47388 平方米，2012 年销售额平均为 74188 万元，2013 年上半年销售额平均为 39937 万元，同比略有增长。

员工总数与正式员工人数略有降低，正式员工占员工总数的四分之一左右。

表 13　　百货、购物中心门店平均单店员工人数情况

项　　目	平均单店员工总数（人）	平均单店正式员工人数（人）
2012 年	1520	374
2013 年上半年	1490	350
增幅	-1.97%	-6.42%

2013 年上半年，百货、购物中心门店人效增长较高，达 17.85%，平效也有所增加。

表 14　　百货、购物中心门店 2012 年、2013 年人效、平效情况

项　　目	人效（万元/人·年）	平效（万元/平方米·年）
2012 年	70.55	1.90
2013 年上半年	83.14	2.05
增　　幅	17.85%	7.89%

2012 年、2013 年上半年百货、购物中心门店总费用持续上涨。其中，2012 年总费用上涨了 11.72%（上年为 11.42%），2013 年上半年上涨了 10.55%（上年同期为 5.11%）。整体测算，2012 年单位面积费用为 1653.35 元/平方米（上年为 1632 元/平方米），2013 年上半年单位面积费用为 854.46 元/平方米（上年同期为 821 元/平方米）。

同时，2012 年、2013 年上半年百货、购物中心门店人工成本继续大幅增长。2012 年工资总额平均增长 15.43%（上年为 16.12%）；2013 年上半年工资总额平均增长 13.59%（上年同期为 7.74%）。

24 家门店中各有 12 家为租赁物业和自有物业。其中，租赁物业门店的 2012 年租金平均为 98.22 元/平方米·月（上年为 44.94 元/平方米·月），2013 年上半年为 104.93 元/平方米·月（上年同期为 44.97 元/平方米·月），分别比 2011 年和 2012 年上半年呈大幅上涨态势。

自有物业门店：按房屋折旧或内部核算房租，2012 年平均为 19.43 元/平方米·月，2013 年上半年为 21.85 元/平方米·月，增长了 12.45%。

24 家门店中，2012 年水电费平均增长 21.47%，2013 年上半年水电费平均同比增长 16.26%。

24 家门店中，每万元分摊的水电费 2012 年为 83.22 元，2013 年上半年为 81.27 元。

24 家门店中，2013 年上半年日交易数略有下降，客单价增长了 9.96%。

表 15　　百货、购物中心门店 2012 年、2013 年平均交易、客单价情况

项　　目	日平均交易次数	平均客单价（元）
2012 年	7121	386.7
2013 年上半年	7072	425.22
增　　幅	-0.69%	9.96%

24 家门店的平均毛利率略有上升。但是，净利润率方面，金牌店长所在门店首次出现亏损现象，且亏损门店数量较多。其中 2012 年亏损的有 12 家门店，2013 年上半年略有好转，但依然有 10 家门店亏损。

2012 年上半年平均毛利率略有上升，而由于销售增长大于费用增长，因此净利润率增幅较高。

表 16　　百货、购物中心门店 2012 年、2013 年获利情况

项　　目	平均毛利率	平均净利润率
2012 年	15.75%	-2.83%
2013 年上半年	16.13%	-1.27%
增　　幅	2.41%	55.12%

（三）专业店、专卖店基本情况

来自专业店、专卖店的金牌店长有 29 位，归属于 12 家企业（集团），包括电器、IT、家居、医药等。以下主要介绍 23 家家用电器和 IT 专业店门店的情况。

23 家专业店门店分布在全国 13 个省、直辖市和特别行政区，其中一线城市 9 家，二线城市 10 家，三、四线城市 5 家。仅有 4 家位于住宅区，其余全部位于商业区。

23 家门店平均营业面积 4482 平方米，2012 年平均销售 20567 万元，2013 年上半年平均销售 11265 万元，同比增长 19.89%。

23 家专业店正式员工和厂家驻店员工数量略有减少，正式员工占员工总数的三分之一左右。

表 17　　专业店 2012 年、2013 年上半年平均单店员工人数情况

项　　目	平均单店员工总数（人）	平均单店正式员工人数（人）
2012 年	126	42
2013 年上半年	117	40
增　　幅	-7.14%	-4.76%

2013 年上半年，23 家专业店人效和平效均有较大幅度的增长。

表 18　　专业店 2012 年、2013 年上半年人效、平效情况

项　　目	人效（万元/人・年）	平效（万元/平方米・年）
2012 年	233.30	24.05
2013 年上半年	276.06	27.37
增　　幅	18.33%	13.80%

23 家专业店，2012 年总费用平均上涨了 2.26%（上年为 7.04%），2013 年上半年同比上涨了 4.77%（上年同期下降了 4.14%）。整体测算，2012 年单位面积费用平均为 2106 元/平方米（上年为 2155 元/平方米），2013 年上半年单位面积费用为 1199 元/平方米（上年同期为 996 元/平方米）。

23 家专业店，人工成本继续大幅度增长。2012 年工资总额平均增长 16.03%（上年为 9.55%），2013 年上半年工资总额平均增长 5.78%（上年同期为 4.36%）。

23 家专业店，只有 4 家为自有物业，另 19 家为租赁物业形式。19 家租赁物业形式的门店 2012 年租金平均为 115.06 元/平方米·月（上年为 65.75 元/平方米·月），2013 年上半年为 110.56 元/平方米·月（上年同期为 65.49 元/平方米·月）；4 家自有物业门店的房屋折旧或内部核算房租，2012 年为 8.55 元/平方米·月，2013 年上半年为 10.122 元/平方米·月，整体水平比租赁物业形式低很多。

23 家专业店，2012 年水电费同比平均降低 3.81%（上年增长 4.64%），2013 年上半年水电费同比平均下降 10.61%（上年同期下降 8.84%）。

23 家专业店，每万元分摊的水电费，2012 年为 31.48 元（上年为 37.55 元），2013 年上半年为 27.90 元（上年同期为 39.47 元）。

23 家专业店，2013 年上半年客单价和日交易数与 2012 年基本持平。

表 19　　专业店 2012 年、2013 年上半年平均交易、客单价情况

项　目	日交易次数	客　单　价
2012 年	296	2031
2013 年上半年	299	2120
增　幅	1.01%	4.38%

23 家专业店，2013 年上半年平均毛利率较 2012 年有所增长，加上销售额也有增长，2013 年上半年净利润率相比 2012 年有较大幅度提高。

表 20　　专业店 2012 年、2013 年上半年获利情况

项　目	毛　利　率	净利润率
2012 年	12.33%	3.98%
2013 年上半年	13.65%	5.84%
增　幅	10.71%	46.73%

附：　　2013 年度 CCFA 金牌店长名单

序　号	姓　　名	企业名称
1	童进新	景客隆贸易有限公司
2	王喜杰	北京京客隆商业集团股份有限公司
3	梁学军	
4	崔福根	上海捷强烟草糖酒（集团）有限公司
5	戢满彬	成都红旗连锁股份有限公司
6	王仁涛	步步高商业连锁股份有限公司
7	虢　彪	
8	张　建	山东长江汇泉集团有限公司
9	许爱美	
10	帅志强	联盛商业连锁股份有限公司
11	宋雅琳	天津市津工超市有限责任公司
12	李计叶	家乐园天一商贸有限公司
13	高尚斌	武汉中商集团股份有限公司
14	湛艳生	重庆百货大楼股份有限公司
15	王惠玲	
16	伍建波	
17	严卫清	永乐（中国）电器销售有限公司
18	陆　俊	
19	左娟娟	华润苏果超市有限公司
20	蒋　丽	
21	王光平	江苏五星电器有限公司
22	王春林	
23	李东梅	唐山家万佳超市有限公司
24	韩　艳	
25	王　雪	宏图三胞高科技术有限公司
26	李　环	
27	王　红	秦皇岛家惠商贸集团有限公司
28	刘务升	中百超市有限公司
29	张　帆	
30	殷文政	话机世界数码连锁集团股份有限公司
31	章兴钱	
32	刘雪梅	长春欧亚超市连锁经营有限公司
33	于凤芝	
34	单广红	阜阳华联集团股份有限公司
35	张建林	

续表

序 号	姓 名	企业名称
36	冷 强	世纪联华商业有限公司
37	张德伟	苏宁香港镭射分公司
38	区振华	
39	苏 杰	中百仓储超市有限公司
40	王平纲	
41	林 艳	
42	刘 胜	安徽满天星连锁超市有限公司
43	柏文俊	
44	徐明立	北京贵友大厦有限公司
45	曹 红	燕莎友谊商城
46	黄仁云	安徽淮商超市有限公司
47	于 磊	北京华冠商业经营股份有限公司
48	闫立明	天津劝宝超市有限责任公司
49	饶珊珊	福建省米兰春天量贩有限公司
50	沈 力	安徽百大合家福连锁超市股份有限公司
51	孙本帅	
52	王春菊	宝鸡商场有限公司
53	马宏亮	湖南家润多超市有限公司
54	张 静	上海联华永昌超市有限公司
55	程德民	上海联华超级市场发展有限公司
56	张煊赫	安徽百大电器连锁有限公司
57	张 力	合肥百货大楼集团
58	陈慧莲	江苏雅家乐集团有限公司
59	何 爱	贵州合力购物有限责任公司
60	戴勇玲	一丁集团股份有限公司
61	刘 胜	
62	于 玲	烟台振华量贩超市有限公司
63	张 振	河北美食林商贸集团有限公司
64	张全红	北京吴裕泰茶业股份有限公司
65	李金芳	
66	杨 荣	乐购仕（中国）商贸有限公司
67	赵洪福	
68	沈铁楠	国美电器有限公司
69	韩运良	

续表

序　号	姓　　名	企业名称
70	王　波	苏宁云商集团股份有限公司
71	潘正权	
72	陈　强	青岛永旺东泰商业有限公司
73	柏　涛	新合作商贸连锁集团有限公司
74	王　沁	
75	王英朋	
76	陈　晖	广百商贸有限公司
77	汤景韵	
78	徐　梅	华糖洋华堂商业有限公司
79	陈晓英	杭州联华华商集团有限公司
80	冯宣华	
81	黄满兵	东莞市糖酒集团美宜佳便利店有限公司
82	漆胡锐	成都伊藤洋华堂有限公司
83	韩勇江	辽宁兴隆大家庭商业集团
84	肖红涛	
85	田永华	
86	徐志敏	红星美凯龙家居集团股份有限公司
87	蒋维刚	
88	白　杨	
89	祁　萍	上海良友金伴便利连锁有限公司
90	徐　斌	胜利油田胜大超市
91	姚　瑶	中国海王星辰连锁药店有限公司
92	李　燕	
93	陈安滨	陕西民生家乐商业连锁有限公司
94	单锋安	西安民生集团股份有限公司
95	池宝峰	永旺商业有限公司
96	何幸幸	
97	新垣文规	
98	李宗明	安徽国生电器有限责任公司
99	王　正	池州商之都购物中心有限公司
100	王　茜	北京超市发连锁股份有限公司
101	冯天娇	
102	侯瑞芳	山东金孚隆股份有限公司
103	张清敏	
104	魏　强	安徽省台客隆连锁超市有限责任公司

续表

序　号	姓　　名	企业名称
105	纪政委	青岛利客来集团股份有限公司
106	兰秋平	
107	韩佳兵	人人乐连锁商业集团股份有限公司
108	刘海波	
109	郭振伟	华润万家有限公司
110	张　伟	
111	亚立峰	山西美特好连锁超市股份有限公司
112	彭泽峰	
113	薛小林	山西省太原唐久超市有限公司
114	洪　佳	上海城市超市有限公司
115	范树军	唐山百货大楼集团八方购物广场有限责任公司
116	颜国良	三江购物俱乐部股份有限公司
117	范志强	
118	刘丽娜	河北惠友联锁发展有限公司
119	刘小敏	江苏千百美超市有限公司
120	王　艳	武商量贩连锁有限公司
121	陈　颖	
122	甘国华	深圳岁宝百货有限公司
123	杨永霞	北京市大中家用电器连锁销售有限公司
124	刘　环	山东新星集团有限公司
125	张　菲	
126	魏淑慧	北京迪信通商贸股份有限公司
127	常建胜	唐山市金客隆超市有限公司
128	曹丽东	江苏新合作常客隆连锁超市有限公司
129	周雪芳	
130	裴素芝	宽广集团有限公司

注：以上排名不分先后。

（中国连锁经营协会）

2013 年中国零售业员工最喜爱的公司评选报告

中国连锁经营协会（CCFA，简称协会）与北京和泰恒信科技发展有限公司（简称太和顾问）于 2013 年 8－10 月合作开展了“2013 年中国零售业员工最喜爱的公司”评选活动，这是连续 7 年“年度员工最喜爱的公司（原‘最佳雇主’）”评选活动的延续，内涵更加积极而丰富，希望引导企业在经营管理等工作中突出以人为本，高度重视人力资源发展，更加关注员工的素质培养与权益保障。

本次调查采用太和顾问员工敬业度/满意度调查工具，由参评企业组织员工通过互联网完成问卷填写。填毕后，问卷直接反馈至太和顾问，由其完成员工敬业度分析。该活动得到协会零售、餐饮、服务类会员企业的认可和支持，获奖企业的美誉度和凝聚力也得到了一定程度的提升。

一、评选基本要求

1. 范围：协会零售、餐饮、服务类会员，经营 3 年以上，全职员工人数在 100 人以上的企业。

2. 回复率：回复率为（完成问卷回答人数/员工总数或者总部人员）×100% 的比率，应符合下表标准：

企业员工总数或总部人员	回复率不小于
≤1000 人	60%
1001—5000 人	40%
≥ 5001 人	20%

3. 参与企业须配合调查执行工作：告知员工公司正在参与一项员工意见调查，所有员工均有机会参加调查；鼓励员工真实发表意见，准确填写并按时提交调查问卷。

4. 入围评选基本条件：

（1）在工资和福利待遇方面高于所在地区的行业平均水平，使员工有较优厚的经济保障。

（2）具备系统的培训制度和完善的晋升体系，使员工得以持续提升与发展。

（3）拥有优秀的企业文化与理念，对员工有很强的凝聚力与吸引力。

（4）通过承担社会责任、参与公益项目等活动，引领员工积极向上，不断提升企业荣誉。

5. 入围审核：企业提交的调查问卷须经（行业、人力资源、财务等指标的）审核，通过者作为有效调查问卷参与评选。

二、评估的主要发现

1. 员工整体满意度与敬业度

连锁经营行业中，员工满意度与敬业度在国内处于平均水平，并没有因为存在大量普通服务员工而非常低。

调查发现，员工满意度与敬业度的评价高于行业平均水平。考虑到活动因素，仍可以保守推测，2013 年员工满意度与敬业度保持平稳（“CCFA 连锁经营”指协会会员企业）。

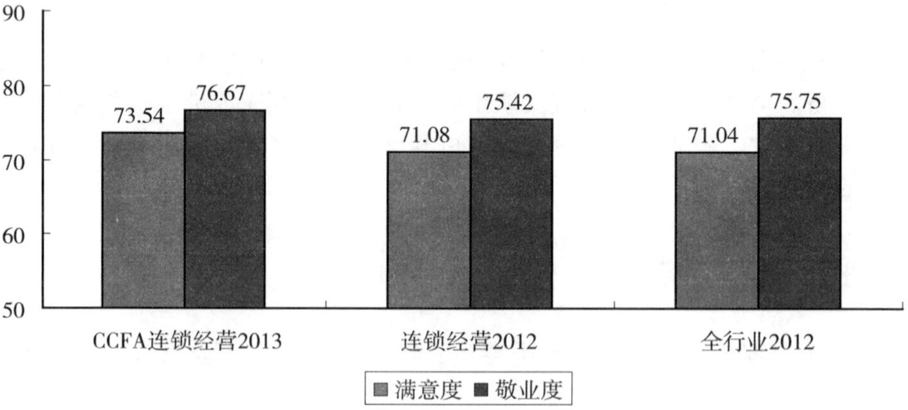

图 1　2012 年零售全行业、连锁行业及 2013 年 CCFA 会员企业员工满意度与敬业度

2. 员工敬业度细分因素

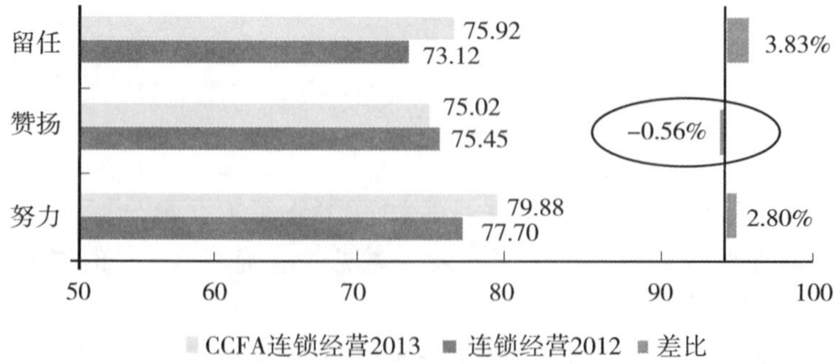

图 2　员工敬业度细分指标情况

对比各项敬业度因素，与2012年连锁经营行业平均水平相比保持稳定，留任意向有所提升。

员工对公司的赞扬数据略低于2012年行业平均水平，但在可忽略范围内。即使如此，仍然应该关注员工表现出对公司认同度降低的趋向。

3. 员工满意度细分因素

对比各项满意度因素，普遍高于2012年连锁经营行业平均水平。

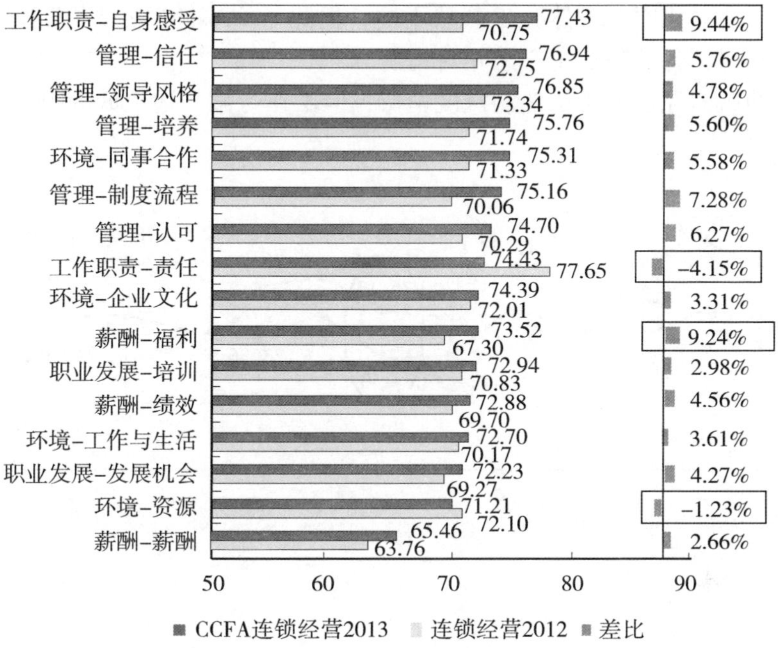

图3　员工敬业度细分指标情况

各项满意度因素中，员工对工作感受、对福利水平的评价有显著提升，对工作职责的评价显著下降，对公司提供资源的评价有所下降。

4. 员工满意度与敬业度变化趋势——年龄、公司年限因素对比

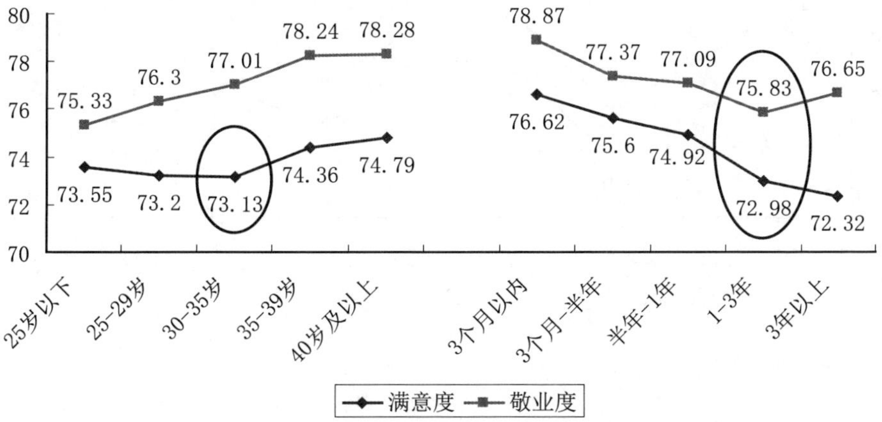

图4　员工年龄、公司年限因素对满意度与敬业度变化趋势的影响

在员工各年龄段对比中，低年龄段员工满意度和敬业度更低，但敬业度下降的趋势更明显。在员工任职公司各年限段对比中，随着员工在本企业工作时间的增长，满意度持续降低，敬业度在公司超过 3 年以上的员工群体中反转提升。数据说明，低年龄段员工确实存在更不敬业的倾向，对工作熟悉之后产生的倦怠感是不可避免的。这对年轻员工、在企业工作时间更长的老员工的管理提出更高的要求。

5. 员工满意度与敬业度变化趋势——岗位因素对比

在员工各岗位对比中，虽然分工截然不同，但除了 IT 岗位外，并没有出现满意度和敬业度极低的部门，各部门员工心态相对均衡。

数量庞大的店面经营员工虽然满意度稍低，但工作劳累、地位低等因素并没有造成显著负面影响。

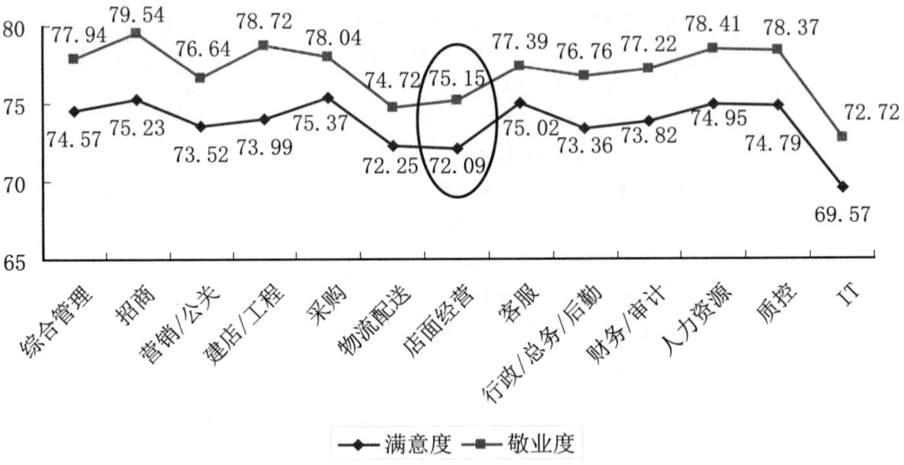

图 5　员工岗位因素对满意度与敬业度变化趋势的影响

6. 员工满意度与敬业度变化趋势——职级因素对比

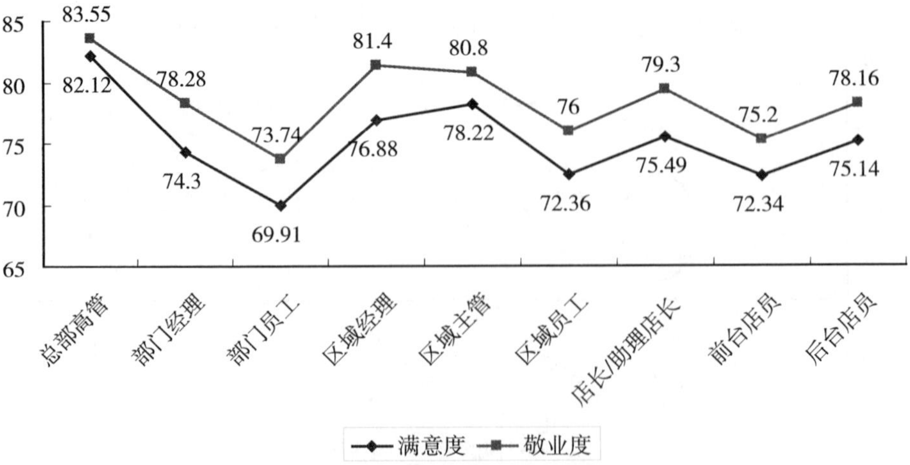

图 6　员工职级因素对满意度与敬业度变化趋势的影响

在员工各职级对比中，高职级员工敬业度和满意度相对高于低职级员工，但同时由于层级之间的责权分配、管理者能力等原因，更容易使员工在满意度方面发生变化。

同样，门店中前台店员满意度与敬业度虽然稍低，但也是在正常范围内。相对来说，那些在总部工作的基层员工状态更值得关注。

7. 关联性分析，挖掘驱动员工驱动的因子

驱动力是满意度因素对于提升敬业度的驱动能力，直接反映组织投入资源所产生的效能。由于员工需求不同，每一项满意度因素所能产生的效能也不同。

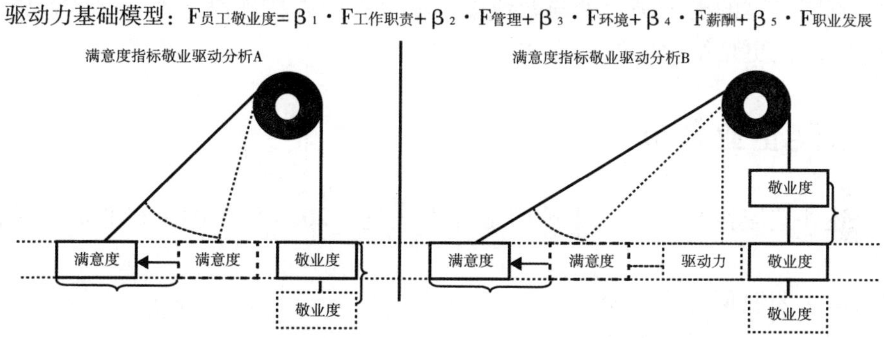

图 7　员工满意度与敬业度驱动模型及驱动力变量示意图

8. 满意度因素改进效果

调查显示，员工对薪酬因素虽然不满，但并不是让员工更敬业的关键因素。与此同时，企业应该更关注以下这些因素：让员工更好工作的资源，让员工提升的发展机会，让员工感觉更稳定的福利。

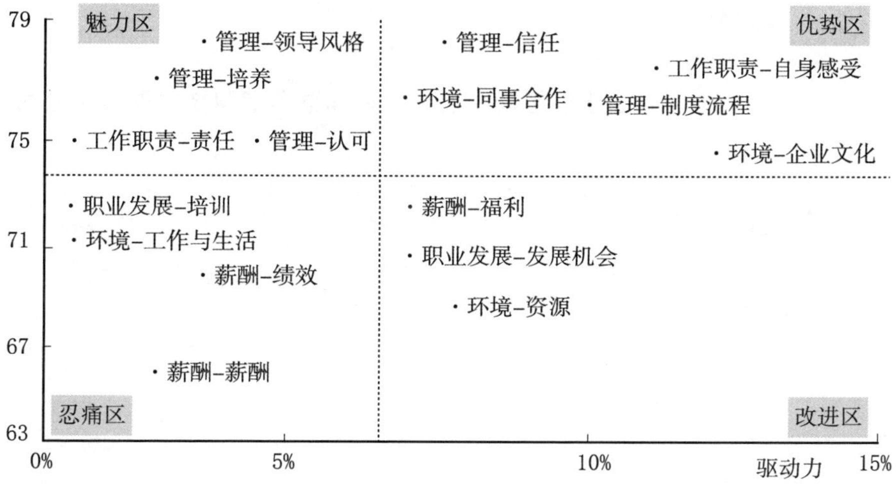

图 8　员工满意度改进因素分析

总之，企业关注员工的满意度，更要关注员工的敬业度。因为，员工依工作满意而留任，依工作价值而敬业，所以企业应该更关注那些能够有效激励员工更敬业的满意度因素。通常来说，薪酬不是有效的敬业度驱动因素。

企业实践和大量案例表明，员工满意度并非越高越好，对于大多数企业来说，维持70分以上的满意度水平即可。在这一满意度水平上动态调节各项满意度因素，以驱动员工敬业。

同时，员工对各项满意度因素的评价有其内在的高低规律，不宜以绝对分值认定员工是否满意，行业对比、年度对比后的相对结果更有说服力。

另者，不同群体的员工满意度与敬业度高低也有其内在规律，基于群体差异性的满意度和敬业度管理是更精细化的管理方式。

三、获奖企业名单

基于上述评选流程及要求，以下10家企业当选“2013年中国零售业员工最喜爱的公司”：

苏宁云商集团股份有限公司
锦江麦德龙现购自运有限公司
红星美凯龙家居集团股份有限公司
永旺（中国）投资有限公司
宏图三胞高科技术股份有限公司
武汉中百百货有限公司
北京金鼎轩酒楼有限责任公司
速伯艾特（北京）国际酒店管理有限公司
步步高商业连锁股份有限公司
安徽徽商农家福有限公司

（中国连锁经营协会　北京和泰恒信科技发展有限公司）

2013 年中国零售业节能环保发展状况调研报告

节能减排是我国步入小康社会的重要国策，直接关系到中国经济的转型，影响着未来经济的发展方向，国家在“十二五”期间对包括零售业在内的各行业节能减排提出了明确目标，零售业节能减排面临新的机遇和挑战。

为全面了解中国零售业节能环保现状和发展趋势，进一步贯彻落实《国务院关于“十二五”节能减排综合性工作方案的通知》和《商务部国内贸易发展规划（2011－2015)》等文件精神，2013 年 6－8 月，商务部流通业发展司继续委托中国连锁经营协会（简称协会）在全国范围组织开展零售业节能情况调查。本次调查以问卷调查为主，共涉及 31 个省市的 161 个企业的总部和 161 个典型门店，包括百货、大中型超市、专业店、便利店等多种零售业态，其中百货业态占比 47%，大中型超市占比 29%，专业店占比 7%，便利店占比 6.5%，多业态经营模式占 10.5%。同时，协会于 2013 年 7－9 月面向北京、上海、武汉、重庆等四地消费者开展了“绿色消费专题调查”，发放问卷 5300 份，收回有效问卷 5196 份。在上述两项调查的基础上，对本年度零售业节能环保状况进行了全面研究和分析，并由协会组织牵头编撰完成《2013 中国零售业节能环保绿皮书》。

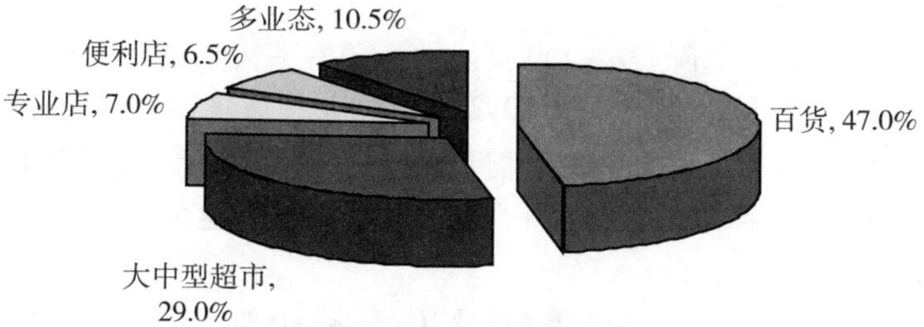

图 1　样本企业行业分布情况

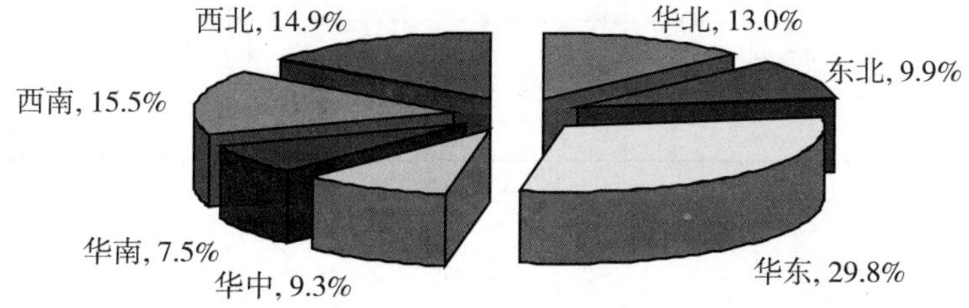

图 2　样本企业地区分布情况

调查显示，中国零售业的节能减排不仅是企业社会责任的体现，也是企业提升竞争力的有效途径和手段。受宏观经济形势的影响，2012 年零售业发展增速放缓，企业决策者更深刻认识到节能环保的重要性，零售企业的管理节能已经逐渐步入规范化、精细化的发展阶段。无论是既有门店的改造还是新开门店，门店节能投入的力度明显增大。管理节能和技术节能并重推进，零售企业的节能环保正在逐步深化。“百城千店”示范工程对流通领域节能减排实施产生了积极的影响，促进了流通企业对先进节能技术与设备的应用，推动企业探索建立管理节能机制，并通过创新运营模式，不断提高能效管理水平。各地商业主管部门以此为契机，加强对流通领域节能减排的工作指导。

零售企业的节能环保是一项复杂的系统工程，既需要企业不断通过创新来完善技术应用与管理水平，更需要来自政府的支持、消费者的协作、供应商的合作以及业界的广泛关注。面对激烈的市场竞争与高经营成本压力的内外部压力，如何从节能环保中挖掘企业新的增长点，顺应经济转型发展的更高要求，是每一个零售企业必须面对的现实问题。此次调研旨在为零售企业节能减排工作提供指导，为各地商务主管部门绿色决策提供参考借鉴。

本次调研及其报告撰写是在商务部流通业发展司的指导下，由协会与中国人民大学环境学院合作完成。同时，在报告编写过程中得到协会零售节能环保工作小组、地方商务主管部门及部分协会会员企业的积极配合与支持。

一、零售业节能环保现状及新特点

（一）节能环保基本情况

1. 零售门店能耗情况

零售门店能耗呈现整体下降趋势。调查显示，随着零售企业对既有门店和新建门店节能实施力度的加大，与 2011 年相比较，2012 年不同业态零售门店的万元营业额耗电强度和单位营业面积耗电强度均呈现下降的趋势（见表 1、表 2，其中，表内数据为能耗的算术平均值，括弧数据为样本 95% 置信水平下，T 检验的能耗区间）。

表 1　不同业态零售企业万元耗电量比较　（单位：KWh/万元）

	百　货	大型超市	专业店
2011 年	180.4（128.9 -231.8）	201.2（111.3 -291.2）	92.7（-6.0 -191.5）
2012 年	185.9（123.4 -248.4）	190.6（120.3 -260.8）	82.3（9.9 -154.6）
同比（%）	3.05	-5.27	-11.22

表 2　　不同业态零售企业单位面积耗电量比较　　（单位：KWh/m^2）

	百　　货	大型超市	专业店
2011 年	286.4（222.9 – 349.8）	233.5（183.9 – 283.0）	71.3（39.3 – 103.2）
2012 年	259.7（204.8 – 314.6）	222.1（179.8 – 264.4）	65.7（40.1 – 91.3）
同比（%）	– 9.32	– 4.88	– 7.85

从表 1 和表 2 可以看到，2012 年百货业态万元营业额耗电强度比 2011 年略有上升，增长 3.05%，同比单位面积耗电强度下降 9.32%；大型超市的单位能耗强度最高，这与前几年的调查结果相同，其中大型超市的万元营业额耗电强度比 2011 年下降 5.27%，单位面积耗电强度下降 4.88%；专业店的万元营业额耗电强度比 2011 年下降 11.22%，单位面积耗电强度下降 8.4%。

2012 年零售企业的电费支出依然是仅次于房租和人工费用的第三大项企业成本支出。由于企业的地理位置、业态差异、经营定位等多种因素的影响，耗电费用占企业当年总费用支出的比例差异性较大，从小于 3% 到大于 20% 区间不等。对比 2011 年和 2012 年受调查企业电费支出比例发现：电费占比小于3% 的企业数提升了 4.18%，占比 10% ~20% 的企业数则同比下降了 6.34%，节能改造的效果已初见成效。见表 3。

表 3　　2011 – 2012 年零售企业电费支出比例分布对比

企业电费支出比例 / 企业占总调查企业的比例	小于 3%（含）	3% ~10%（含）	10% ~20%（含）	大于 20%
2011 年（%）	33.09	32.35	30.88	3.68
2012 年（%）	37.27	29.09	24.54	9.10
同比（%）	4.18	– 3.26	– 6.34	5.42

各业态的万元耗水量和单位营业面积耗水量均有一定程度的下降，见表 4 和表 5。百货业态的万元营业额耗水量同比下降 10.09%，单位营业面积耗水量下降 9.62%；大型超市的万元营业额耗水量同比下降 2.9%，单位营业面积耗水量持平；专业店的万元营业额耗水量同比下降 15.52%，单位营业面积耗水量下降 34.38%。

表 4　　不同业态零售企业万元营业额耗水量比较　　（单位：吨/万元）

	百　　货	大型超市	专业店
2011 年	1.09（0.84 – 1.33）	1.03（ – 0.54 – 2.59）	0.58（ – 0.24 – 1.41）
2012 年	0.98（0.77 – 1.18）	0.88（ – 0.61 – 2.37）	0.49（0.01 – 0.97）
同比（%）	– 10.09	– 14.56	– 15.52

表 5　　不同业态零售企业单位面积耗水量比较表　　（单位：吨/平方米）

	百　货	大型超市	专业店
2011 年	2.08（1.67－2.49）	1.89（1.45－2.33）	1.60（0.27－2.93）
2012 年	1.88（1.51－2.24）	1.89（1.47－2.31）	1.05（0.20－1.90）
同比（%）	－9.62	0%	－34.38

零售业的耗电强度与多重因素有关，其中地理因素影响较大，我国的南北方气候差异巨大，决定了不同地区的门店的基础能耗水平具有差异性，见表 6、表 7，从单位营业面积耗电强度方面比较而言，南方的基础耗电水平高于中部和北方。

表 6　　不同地区零售企业万元耗电量比较表　　（单位：KWh/万元）

	北　方	中　部	南　方
2011 年	188.5（128.0－248.9）	220.0（129.3－310.7）	185.1（131.6－238.5）
2012 年	218.4（131.4－305.5）	195.8（116.8－274.8）	187.7（114.5－260.8）

表 7　　不同地区零售企业单位面积耗电量比较表　　（单位：KWh/m^2）

	北　方	中　部	南　方
2011 年	236.8（175.2－298.5）	239.9（198.0－281.9）	381.4（211.9－550.9）
2012 年	227.2（170.3－284.1）	227.9（188.0－267.9）	351.5（188.0－514.9）

2. 零售业节能投资情况

调查数据表明，零售业节能投资的力度明显加大。零售企业的能耗点分散，其中包括照明系统、空调系统、冷冻冷藏、电梯、小商铺、厨房和插座、消防系统及仓库等。历年的调查结果显示，尽管不同业态的门店耗电量构成比例有所不同，但空调系统和照明系统是所有业态的最大能耗组成，这两部分的能耗约占总耗电量的 50% ~70%。此外，冷冻冷藏系统和电梯系统也是零售业主要能耗点。

近年来，随着节能理念的深化，多种新节能技术得到广泛的应用，多样化的节能照明系统在门店已进入全方位应用，从室内到室外、从普通照明到重点照明，从招牌到冷柜照明，以 LED 为代表的照明新技术应用渐成趋势；而冷冻冷藏节能系统应用更趋于成熟，企业依据国家标准选购能效标识设备、安装位置设计更加合理，冷冻系统的局部优化加速，如压缩机组、水泵、冷柜风扇等采用变频技术，余热回收系统，智能型的 EC 电机驱动风扇，使用电子膨胀阀等；空调系统效率更趋向高效化，VFD 离心主机、变风量混合新风系统、水泵变频系统、末端风柜清洗消毒技术等应用广泛；电梯变频改造或更新被普遍应用；部分零售企业也在积极尝试引入新能源应用，如太阳能热水系统、太阳能户外招牌发电、建立屋顶太阳能发电站、安装地源热泵等。近年采用的各种节能技术均取得了良好的节能效果。

本年度调查显示，2012 年有 71.2% 的受调查零售企业对既有门店的照明系统实施节能改造，47.1% 的企业对空调系统实施改造，34.0% 的企业对冷冻冷藏系统实施改造，32.0% 的企业对电梯系统实施改造，另外还有 20.3% 的企业对仓库及其他设施实施改造。见图 3。零售企业的主要节能投资依然集中于照明、冷冻冷藏和空调系统。与 2011 年相比，在照明、冷冻冷藏和空调系统节能改造的零售企业占比分别下降了 23.2%、21.2% 和 16.1%；但在仓库及其他方面节能改造的企业比例比 2011 年上升了 1.9%，表明企业不仅仅局限于门店的节能改造，越来越多的零售企业开始关注物流设施的节能空间挖潜。

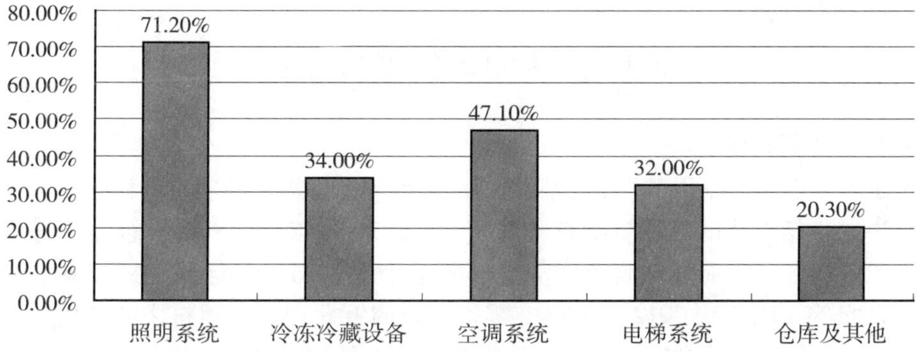

图 3　2012 年节能投资的企业占比

2012 年零售企业的节能改造力度加大，51.6% 的受调查企业对既有门店进行了节能改造，平均每家企业实施节能改造的门店数为 17 家，每个门店的平均投资金额约为 153 万元，投资预计平均回收期为 4.6 年。与 2011 年相比较而言，投资的力度有了一定程度的提高。见表 8。与 2011 年相比，零售企业新开门店的速度明显放缓，但是在新开门店中使用节能技术的比例提高了 4.1%。既有门店的节能改造力度也明显加大，其中每个门店改造投资 50 万元以下的比例下降 5.4%，而投资 100 – 300 万元的比例同比增加了 9.92%。

表 8　零售企业新开门店与既有门店改造的投资比例

	新开门店数	在新开门店中采用多种节能技术的比例	每个既有门店改造的平均投资的比例			
			50 万元以下	50 万 – 100 万元	100 万 – 300 万元	300 万元以上
2011 年	38.4	91.10%	67.20%	14.80%	3.28%	13.11%
2012 年	17	95.20%	61.80%	12.70%	18.20%	7.30%

图 4 为零售企业对各主要能耗点的节能改造投资比例。其中投入资金比例最大的是照明系统，约为全部投资的 49.6%；其次为空调系统，比例为 23.4%。调查显示，2012 年受调查零售企业的新建门店中，有 65.2% 采用了节能技术，平均每家门店节能投资约 185 万元。无论是既有门店还是新建门店，零售企业的门店节能改造力度明显加大。

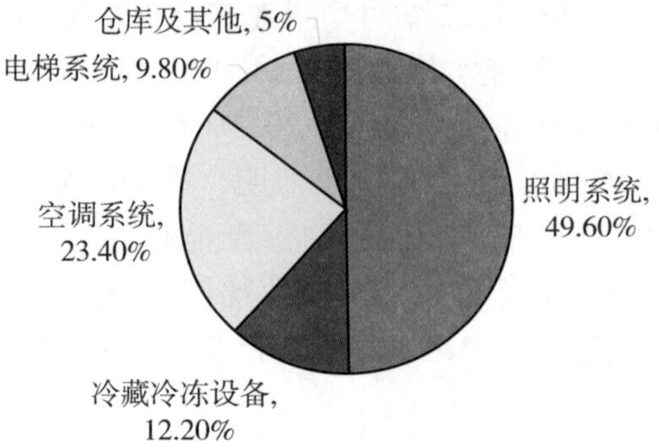

图 4　2012 年零售业节能投资分配比例

3. 零售企业的环保实践

调查显示，零售企业积极投身环保实践，各种环保举措不断丰富与深化。

（1）一次性塑料袋的使用量继续“瘦身”。自 2008 年以来，零售企业一直致力于响应国家的“限塑令”号召，认真落实商务部等多个政府部门制定的塑料袋有偿使用管理要求。与 2011 年相比较，2012 年各业态零售企业的万元销售额塑料袋的使用量均有不同程度的下降。比较看，便利店的万元销售额塑料袋的使用量最大，这与便利店的业态特点直接相关，2012 年比 2011 年下降 16. 4%；百货店的万元销售额塑料袋的使用量最小，但 2012 年比 2011 年呈现 5. 2% 的涨幅；大型超市和超市的万元销售额塑料袋的使用量同比下降幅度分别为 12. 1% 和 10. 6%，见表 9。

表 9　　不同业态的万元销售额塑料袋的使用量比较　　（单位：个/万元）

	百货	大型超市	超市	便利店
2011 年	15. 3	28. 9	17. 0	75. 2
2012 年	16. 1	25. 4	15. 2	62. 9

（2）包装的回收与再利用成为废弃物管理的重点。零售企业对经营过程中所产生的各种包装废弃物采取不同的方式进行回收处理（见图 5）。67. 2% 的受调查企业采取了三种不同的处理方式。其中，55. 3% 的企业自行处理包装废弃物，25. 8% 的企业将包装废弃物返还配送中心再利用，还有 23. 3% 的零售企业与供应商合作，将包装废弃物返还供应商再循环利用。

调查显示，有 46 家企业实现了不同品项的减量包装，平均对 848 个不同品种和项目的商品实现包装减量化，其中减量最多的一家企业全年共节约 40 吨包装材料。据测算，2013 年受调查企业预计可以平均再消减 13. 2% 的包装材料。

（3）使用环保型制冷剂及预防泄漏成为门店减少碳排放的关键点。在零售门店中，冷冻冷藏及空调系统中的制冷剂使用量较大，环保型制冷剂的替换及防泄漏正成为企业环保的新管理点。据 2013 商务部调查显示（见图6），2012 年，44. 1% 的受调查企业在全部或部分使用 R22 氟利昂制冷剂，6. 7% 的受调查企业在全部或部分使用 R404A 制冷剂，相比 2011 年均有大幅度的下降；而 R134A 制冷剂的使用却有大幅增加，比 2011 年增加了近一倍。

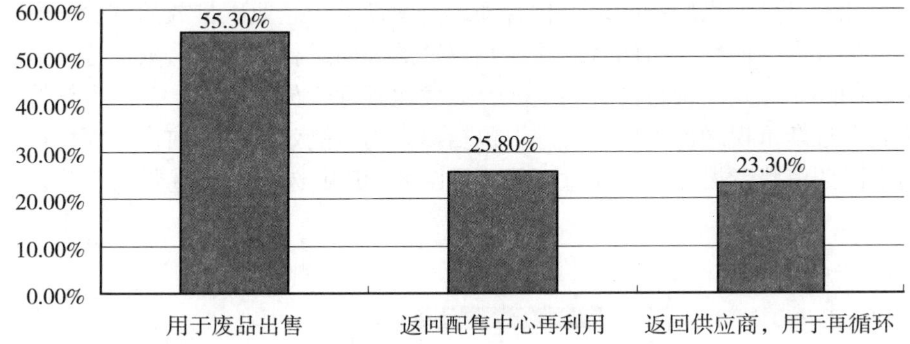

图 5　零售企业对包装废弃物处理方式的比较

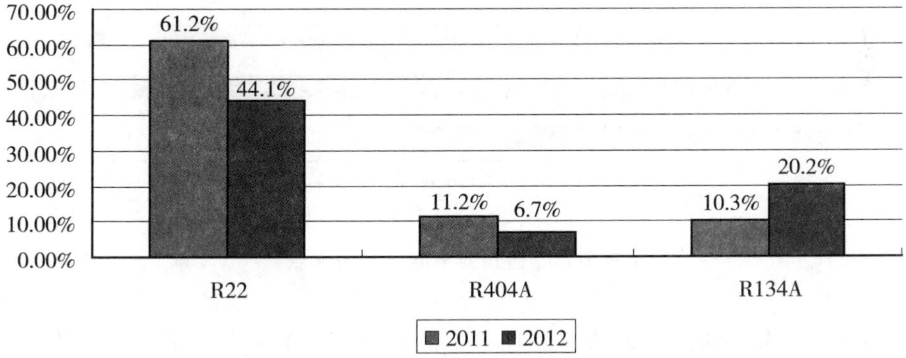

图 6　2011 年与 2012 年零售企业三类制冷剂的使用情况对比

针对日常运营过程中防止制冷剂泄漏管理，不同企业采取了相应的措施和手段，见图 7。2013 年调查显示，72. 3% 的受调查企业依靠公司内部派人或请专业公司定期检查，同比去年调查下降了 4. 5%；19. 3% 的受调查企业采用智能化系统对设备进行时时监控，同比去年提升了 4. 8%。冷媒制冷剂防泄漏控制依然有待加强管理。

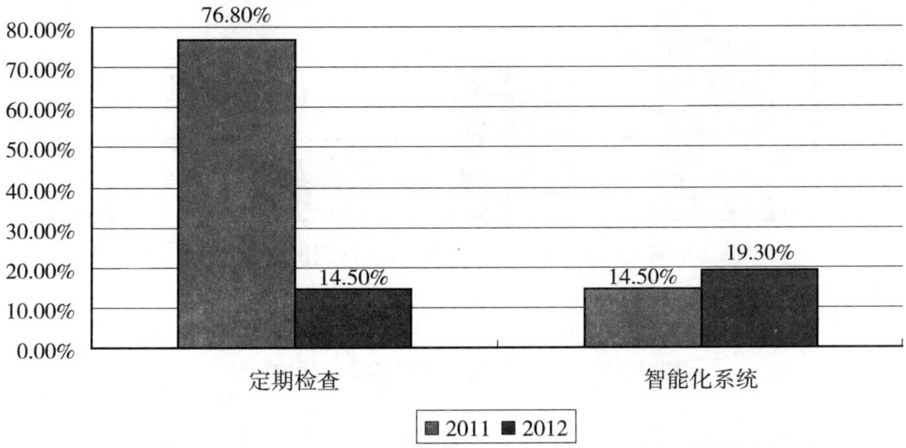

图 7　2011 -2012 年零售业冷媒泄漏控制管理手段

4. 供应链绿色化管理情况

零售企业积极延伸供应链的绿色化管理，有效助力了企业碳排放的减少。本年度对零售企业在节能环保方面在今后的持续关注和改进的方向进行了调查，数据分析显示，企业目前最关注的还是深入挖掘自身节能空间，如优化管理、员工培训、节能审核等。同时也看到零售企业逐渐重视绿色供应链管理，包括提高物流能效管理、向供应商传递节能目标以及面向下游的消费者提高其环保意识等。见图 8，其中选择非常重要位 5 分，不重要为 1 分。

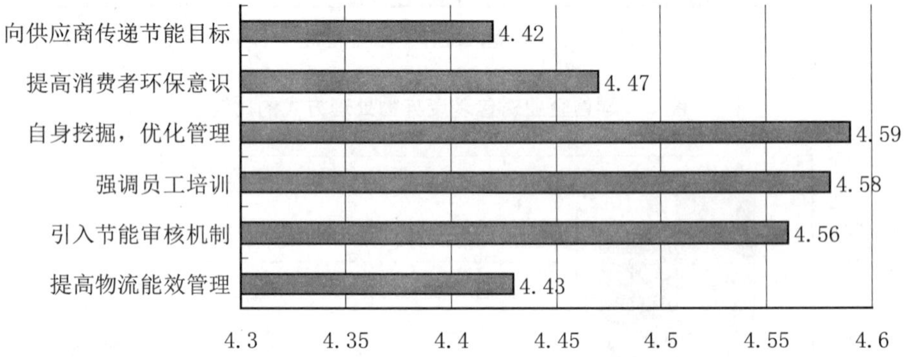

图 8　零售企业节能环保关注点

调查还显示，72.5% 的受调查企业通过提高本地商品的采购比例降低物流过程中的碳排放，这一比例较 2011 年的 38.6% 提高了 33.9 个百分点。同时，51.7% 的受调查企业将供应商是否遵守环境法规作为评价供应商的重要参考因素，41.6% 的企业会作为主要参考评价因素。二者的比例均明显高于 2011 年的企业调查结果，见图 9。零售商更加重视供应商的环境行为，对供应商在生产过程中遵守国家环境法规提出明确的要求。

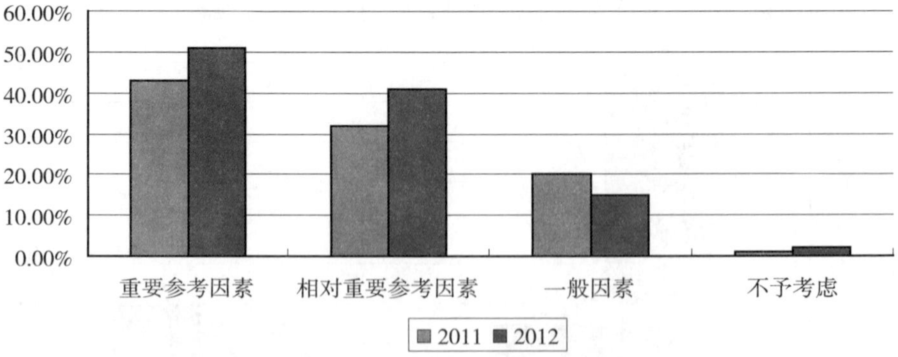

图 9　零售商对供应商遵守环境法规的评价

零售企业充分发挥窗口行业的作用，采取不同的宣传方式向消费者传递环保理念，提高消费者的绿色消费意识。与 2011 年相比，2012 年零售企业在宣传环保认证标识产品、设立环保宣传栏、面向消费者定期或不定期举办环保宣传活动的力度均得到不同程度的加强，见图10。

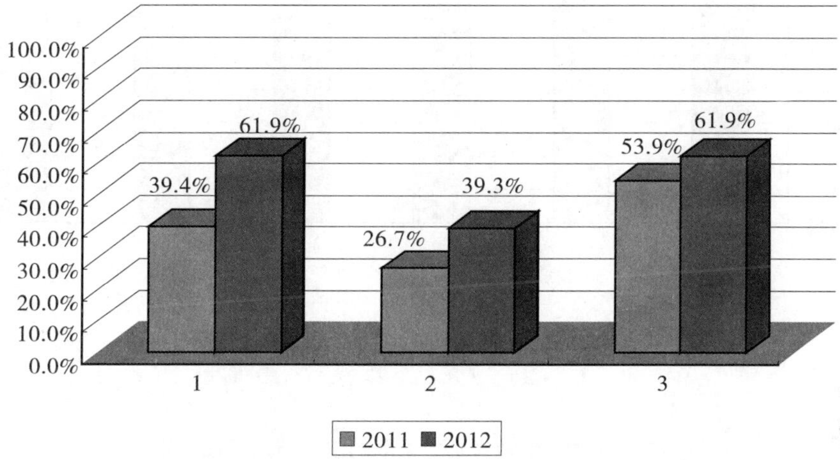

注：1. 定期或不定期宣传环境标志认证产品；
　　2. 门店内设有固定的环保宣传栏的区域；
　　3. 定期或不定期举办环保节能宣传活动。

图10　零售商面向消费者的宣传方式

（二）节能环保新特点

1. 零售企业节能管理机制日臻成熟

（1）建立健全工作体系，明确职责。调查结果显示，85.1%的受调查企业在总部成立了专门的节能管理机构，由主要负责人挂帅，明确工作职责和任务。如大连大商集团作为国内最大的百货商业集团之一，总建筑面积超过1000万平方米，分布在全国11个省50余个城市。自2000年以来，通过不断地摸索、总结、改进，形成了大商集团一套独特的管理机制，成立专门的能源管理机构。整个集团的能源管理工作形成了总部负责监督，店铺具体实施，由上至下、由点到面的布局。

（2）加强制度建设，工作有章可循。调查表明，零售企业的管理节能手段和方法在日常运营中更趋制度化和精细化，见图11。

企业采取的最主要节能管理措施前三位依然是制定水电管理制度、商场温度控制（夏季不低于26℃，冬季不高于20℃）以及面向员工的宣传培训，与上年调查情况基本持平。在建立能耗记录、定期开展数据分析方面，比上年上升了16.4%，表明企业更加重视日常能耗数据的收集、整理和分析等工作。

同时，受调查企业门店反馈的信息表明，2012年77.4%的企业门店对员工进行环保节能知识及相关的岗位技能培训，平均4次，分别比2011年提高了9.5%和0.7次。此外，还有70.7%的受调查门店为员工制定了岗位的环保节能关键点以及相应的奖惩措施。

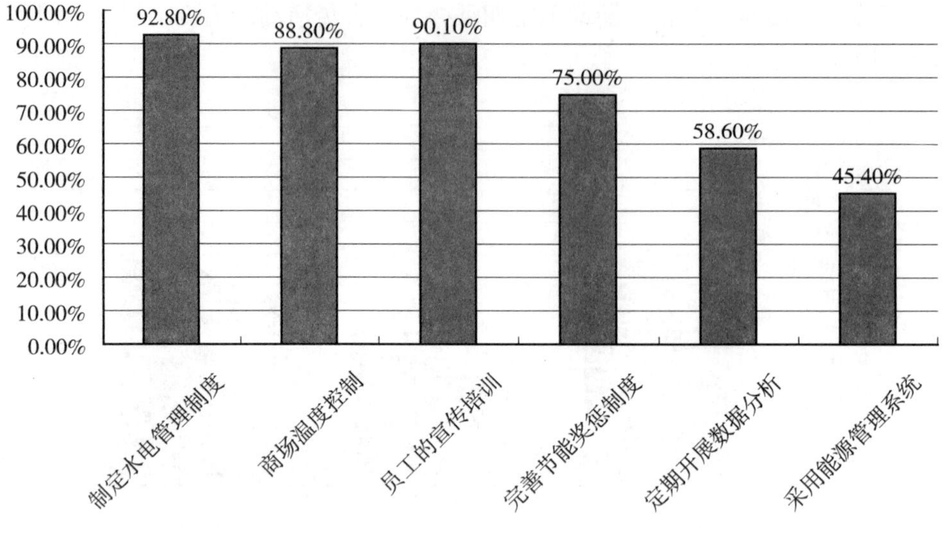

图 11　2012 年零售企业采取的主要节能管理措施

能源管理制度的建设是一个不断完善的过程，行业领先企业不断探索，率先建立起适合企业发展特点的日常管理制度，以山东银座集团为例，其能源管理体系包括：首先，统一制定门店能源费用统计报表及能源费用月报制度，对能源费用进行分类统计，为总部进行门店能源费用的统计分析奠定基础。其次，制定大型用能设备日报制度，要求门店每日对重大能耗设备能耗进行统计（夏季的重大能耗设备如：制冷机、冷冻（却）泵、变压器等，冬季重大能耗设备如：锅炉、变压器等），对特异数据进行分析并上报总部。第三，总部将门店每月上报数据进行分析，总部技术部对上报数据进行核实，同时对季度数据、半年数据、全年数据进行定期分析，包括能源占比、单位面积能耗、万元营业额能耗、异常数据分析及同类型门店对比分析。第四，建立能源费用年度预算及绩效考核制度，将门店能源费用纳入年度预算管理；根据上一年度门店的能源费用使用情况及门店设施设备能耗诊断情况，由总部制定新一年度每个门店能源费用同比下降比例目标，统一审批门店来年年度能源费用。能源费用控制情况纳入门店年度绩效考核。

大连大商集团也在能源使用、能源费用的审核、能源管理制度的建立、节能技术项目的论证等方面建立了严格的工作流程和审批制度，创建了可行的节能目标管理考核体系；在全集团店铺推行《能源管理规程》，为各店铺能源工作提供可靠依据，设定万元营业额能耗、万平方米建筑面积能耗、总能耗费用率三个指标评价能源利用状况；大商集团进一步细化目标指标，落实店铺责任，下达了 2011－2015 年集团节能计划目标，全集团万元营业额能耗水平五年期内要下降 18%。

（3）加强细节管理，向管理要效益。商务部“百城千店”节能环保示范零售企业是行业的标杆，众多示范企业精细化管理水平不断提高，通过规范流程、注重细节和现场管理，来提高门店能耗使用的合理性、经济性和有效性。针对企业的具体运营情况，进一步细化节控措施，已经逐渐成为大中型零售企业实施管理节能的一个重点。

以大连大商集团为例，集团加强细化管理，堵塞跑冒滴漏，主要措施有：变电所时时监控功率因素，控制在 0.98 以上，最大限度降低无功损耗；冬季停运供夏季空调使用的变压器，减少变损，通过进一步控制设备开启时间来达到节能目的等。

银座百货则根据国家相关标准，积极落实能源计量工作，制定了新店计量表的安装规范，加强能源监测和能源管理系统的建设。银座百货单独安装计量表的区域包括：总电源、基础照明、专柜照明、电梯、开水器、空调器、制冷机房设备、超市制冷设备（冷库、冷柜）和其他区域（办公区、员工餐厅、外租区域、超市加工间），涵盖了银座百货门店的绝大部分区域。

慈溪大润发加强营业区域管理，在门店各区域安装温度计，空调根据环境温度、空气质量及时调节；奉贤大润发利用优质数据，分析销售高峰及顾客动向，对灯光照明进行控制等等。

零售企业能耗点众多，总的能耗水平很难仅通过几项指标来体现，如万元营业额能耗、单位营业面积能耗等并不能全面反映门店的实际用能状况，需要加强对分项能耗数据的统计与分析。通过采用分项计量方法，即分装电表，监控门店各类耗电量，能够及时掌握照明、暖通空调、动力等各分系统的用能情况，发现各能耗点的数据异常情况，更科学地进行节能管理，有利于建立有效的能耗预算及考评办法，帮助企业挖掘深化节能的空间。

2. 多种节能新技术得到广泛应用

（1）照明节能技术应用进入新的发展阶段，LED 灯具引领商用照明新风尚。

2012 年被认为是商用 LED 里程碑的一年，LED 照明正成为零售企业实施照明节能改造的新宠。随着 LED 技术的成熟以及价格的下降，除户外招牌、店中店、物流中心和停车场外，LED 被广泛应用于门店内的照明。调查显示，2012 年，81. 4% 的受调查企业在照明系统中部分或全部使用 LED 灯，见图 12。32. 7% 的企业反馈对 LED 灯的使用比例占总照明的六成以上，零售企业的照明节能系统应用，处在一个传统 T5、T8 节能灯与 LED 引领的照明新技术交替并存阶段。

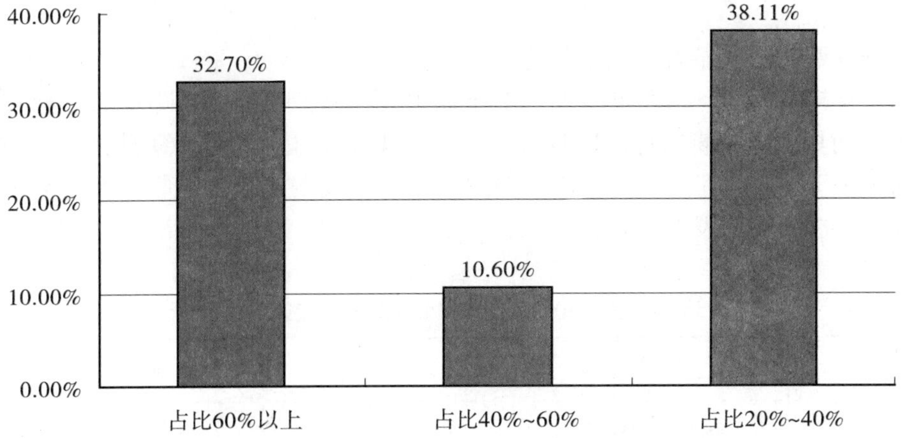

图 12　LED 灯在零售门店应用占比情况

——LED 照明在零售门店中的应用情况

目前，各零售业态对 LED 灯具应用日趋广泛，主要包括 LED 灯管、货架灯、冷柜灯、筒灯、轨道灯、生鲜灯、软（硬）灯条灯等。在产品性能方面，以灯管为例，为了营造卖场良好的光环境和照明效果，除了光通量等参数外，零售门店开始要求高显指LED，目前显指80RA以上的产品正在逐渐成为主流。与此同时，LED照明产品的生产成本与传统照明产品也在不断缩小差距，市场需求逐步增大。新世界百货已对多家商场的公共区域照明进行改造，苏宁、红星美凯龙、华联、华堂、万达广场、天虹等企业的部分门店已采用LED照明。但不可否认，绝大多数商场的应用都处于替换阶段，未能完全发挥LED照明光源的优势和特点。

商业照明分为基础照明和重点照明，不同业态的零售门店在应用LED照明时所关注的重点有所不同，使用的灯具类型和参数要求也略有差异，见图10。从商用LED照明产品的发展趋势看，具有高光效、高显色性、色温一致、低光衰、有防眩光处理等特性的高性价比产品，是零售门店的共同选择。

表10　　不同业态零售企业对LED照明需求概览

<table>
<tr><td colspan="2"></td><td>购物中心</td><td>百　货</td><td>大型超市</td><td>超　市</td><td>便利店</td><td>服装等专卖店</td></tr>
<tr><td rowspan="8">需求与现状</td><td rowspan="2">灯具类型</td><td colspan="6">筒灯/灯管/射灯/灯带/生鲜灯等</td></tr>
<tr><td>筒灯/灯管/射灯</td><td>筒灯/灯管</td><td>灯管/筒灯</td><td>灯管</td><td>灯管</td><td>射灯</td></tr>
<tr><td colspan="7">参数要求</td></tr>
<tr><td>显色指数 CRI</td><td colspan="6">>80</td></tr>
<tr><td>光　效</td><td colspan="5">90－100lm/W</td><td>80－90lm/W</td></tr>
<tr><td>色　温</td><td colspan="6">3000K/4000K</td></tr>
<tr><td>照　度</td><td colspan="6">500－800lx</td></tr>
<tr><td>选择依据标准</td><td colspan="6">ROHS、CC、CE、CCC认证</td></tr>
<tr><td colspan="2">技术趋势</td><td colspan="6">色温一致性、高显色性、高光效、可控性</td></tr>
</table>

——LED照明带来显著节能收益的应用案例分析

以北京某超市为例，2013年4月对其下属10个门店实施LED照明节能升级改造，采用LED 8寸筒灯、LED直管灯、LED灯条以及LED射灯替代所有照明筒灯、荧光灯，整体投资约455.9万元，其中主要包括LED灯具费、安装费，投资回收期大约1年5个月，节能成果及改造清单见表11和表12。

表11　　北京某超市10家门店的LED照明节能改造成果

	照明耗电量	照明电费
改造前	每年度484.5万KWh	523.3万元
改造后	每年度206.5万KWh	223万元

通过此改造项目，企业取得较好的经济和社会效益，主要包括：（1）改造后的LED灯具直接节省耗电约为278KWh，直接能耗下降约57.38%，节省电费约300万元。（2）

由于采用 LED 光源，其产生的温度只是传统灯具的一半，大大降低空调制冷量，由此将节省电费 29 万元。(3) 由此每年减少光源更换采购及人工费用 56 万元。(4) 经测算，该项工程完成后，这 10 家门店每年将减少 1123 吨标准煤，减少 CO_2 排放 2772 吨。

表 12　　北京某超市 10 家店照明设施改造清单

灯具种类	光源功率（W）	数量（套）
LED T5 电源外置灯管	CHFL－T5WZ16W－1500	3472
LED T5 一体化灯管	CHFL－T5SM14W－1200	3060
LED T5 电源外置灯管	CHFL－T5WZ14W－1200	4728
LED T5 电源外置灯管	CHFL－T5WZ6W－600	332
LED T8 电源内置灯管	CHFL－T8SM16W－1200	6453
LED T8 电源内置灯管	CHFL－T8SM8W－600	996
LED600 * 600 面板灯	CHPN－L600W600H40	182
LED 球泡灯	CHBL－5W	507
LED 球泡灯	CHBL－9W	195
LED 筒灯	CHTD－R08W	156
LED 筒灯	CHTD－R15W	78
LED 筒灯	CHTD－R25W	1869
LED PAR 灯	CHPAR－30W	1990
LED PAR 灯	CHPAR－30W	110
LED 轨道射灯	CHPAR－GD30W	556
LED 灯杯	CHSS－05W	181

(2) 冷藏系统关键节能技术应用。冷冻冷藏系统是大型超市、食品超市和便利店等零售业态最主要能耗的组成部分，也是近年来零售企业实施门店节能改造的重点工作之一。总体来看，零售企业对冷冻冷藏系统的节能实施主要体现在：

——控制设计及设备技术应用

主要是根据国家标准要求采购与使用具有一级或二级能效标识的冷冻冷藏陈列柜；对陈列柜进行加盖、加门或加帘的封闭式改造，并更换使用 LED 灯具；合理设计主机房与冷柜、冷库的位置，尽量减少高差；采用热回收罐，把机组排气（包括压缩机排气）热量进行回收，以降低制冷剂气体温度并为门店提供热水；通过压缩机组、水泵、冷凝器风扇的变频，降低设备启动频率，增加能量调节级数等。

——流程优化与维护监管

重点包括定期对系统线路、控制器、电器接线、压缩机组等部分进行检查和维护，发现问题及时维修；合理调节冷柜上方及周边空调出风口风量（避免在该区域开启电扇）、避开穿堂风区域；降低冷柜周边空气流动速度，减少冷量流失；严禁柜内商品阻挡回风口，定期清洗出、回风口等。

调查显示，许多企业通过对冷链系统进行节能改造，取得明显的节能收益。如北京京客隆商业集团有限公司，2012 年 9 月至 2013 年 3 月，对北京 18 个店铺的制冷系统进行节能改造，共为 818 台立式冷柜和卧式冷柜加装夜间幕帘和盖板，减少冷柜开放的冷量损失。仅此项改造预计年度节约电量 135 万度，节能率达 15% 以上。

（3）空调系统关键节能技术应用。空调系统节能一直是零售业节能的重中之重，近几年，大型超市、百货店等零售企业在空调系统实现节能的主要途径、技术应用趋势体现在以下几个方面：

——空调系统的控制设计

其一，优化空调系统的节能设计。设定合理负荷值（降低空调设计富裕度），综合考虑整个系统分别在部分负荷和满负荷的使用时间以及运行工况，正确核算和选择水泵、风机等动力设备以及制冷设备。一年中，空调系统在部分负荷和满负荷运行的时间会因建筑物不同的功能有差异，同时，制冷机组的运行工况也会随着室外条件的变化而变化。

其二，选用高效节能、灵活可靠的空调设备。参考国家标准科学确定空调机组的节能标准。空调设备包括高效的空调主机、末端空调箱以及变频水泵、变频风机等，由空调系统主机运行耗能的“冰山图”可以表示出空调主机在初投资和后期运行、维修费用的比例（初投资 6.61%，运行费用 93.36%，维修用制冷剂费用 0.03%），见图 13。因此，机组的初期投资评估建议综合考虑设备初投资和机组的运行费用。

可靠性高的空调机组可以大大降低后期机组的维护成本，如制冷剂泄漏、轴承的养护等。减少制冷剂泄漏率也是环保节能的重要目标。灵活性、可控性好的设备主要是从后期对系统整体的控制角度而言的，可以使整个系统按照设定的控制逻辑运行，以达到最大限度的节能。

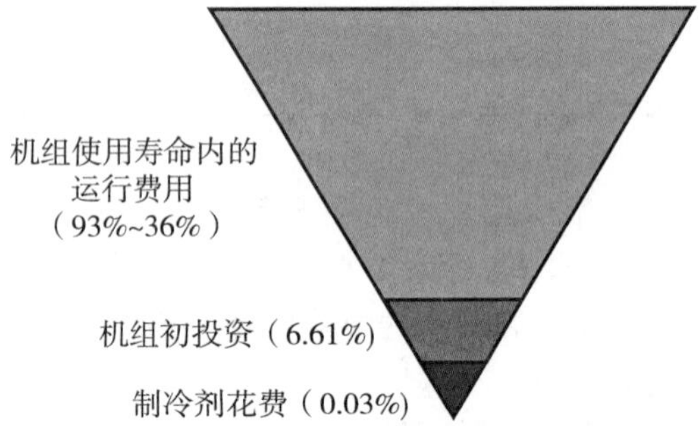

图 13　空调系统的成本花费构成

——机房系统节能技术应用

其一，采用水系统大温差小流量技术。空调系统设计阶段将机组运行采用大温差小流量技术，该系统通过提高进出水温差（7℃ －10°C），大大降低水泵、风机等动力设备的安装运行成本，同时也降低了机房的噪声和震动，节约机房空间，进而达到降低水泵功率和系统整体能耗的目标。由于在部分负荷下，大温差对主机的影响会变小，这样大温差系统水泵能耗的优势更能体现。该技术的可观节能效果，已被各大零售商普遍应用。

其二，采用一次泵变流量技术。一次泵变流量技术不同于传统的二次泵系统，该系统冷媒侧与负荷侧均为变流量，两者共用一套变频泵组，其流量可随着空调负荷的减少而降低，大大节省空调水泵运行费用。该技术适用于空调冷负荷变化大，且长期部分负荷运行的项目。

其三，采用低温送风技术。低温送风空调方式是指从末端集中空调箱送出较低的一次风，经高诱导比的末端送风装置进入空调房间。它是相对于常规送风而言的。常规送风系统从空气处理器出来的空气温度为10℃－15℃，而低温送风空调方式的送风温度为3℃－11℃。由于低温送风降低了送风温度，减少了一次风量，也就减少了一次风的空气处理设备，使整个空调系统的初投资以及运行费用大大降低。该技术与冰蓄冷技术相结合，其节能效果更加明显。

——流程优化与维护保养

其一，重视机房设备的调试工作。选型后得到的空调设备运行参数均为设计参数，空调系统中的制冷主机、水泵、风机、阀门等组成一个完整的空调系统后，系统的调试对于整个空调系统的节能运行起到尤为重要的作用。不管是空调系统制冷机组的水流量、压力，水泵的扬程、管路的压降，还是阀门设备的运行状态都是需要在设计的参数基础上予以进一步调整的。

其二，反复分析调整空调系统最佳运行数据。在系统后期的实际运行中，为找到系统最佳的节能点，除了前期上述的关于空调设计以及设备选型外，还需要及时分析实际运行的数据，反复校正运行工况，来寻求不同工况下的系统最佳节能运行点。

其三，集中优化控制系统，进行机房群控。集中对主机、水泵、风机以及冷却塔等大部件的控制，实现整个系统根据空调负荷的变化，各设备运行参数自动匹配，达到系统的能量自动调节，以节约运行成本。

其四，加强机房设备日常维护。加强设备和系统的日常与定期维护，对系统的运行参数进行监测，从不正常的运行参数中发现系统性问题，进行合理改造；机组的启动顺序时间优化控制；当过渡季节中室内有冷负荷时，应尽量采用室外新风的自然冷却能力，节省人工冷源的冷量。

调查表明，对能耗占比较大的空调系统，也是“百城千店”示范企业的节能改造重点之一，采用的主要节能技术有：对水泵、空调机组、冷却塔等进行智能化变频控制；对整个商场的空调设备进行智能群控；根据空调房间舒适度要求和外部条件进行适时自动调节；减少中央空调系统能耗等。

——新店建设中节能技术和设备效果显著

基于对既有门店节能措施效果的测试和节能环保经验，零售商往往将先进的节能技术和设备管理全面、系统地应用于新店建设中。调查显示，95.2%的受调查企业在新开门店中采用节能技术，这一比例正逐年提高。

以沃尔玛番禺山姆会员店为例。该门店是沃尔玛在中国的第二家高效环保节能店，具有自建物业先天优势，建店过程中在照明、冷冻冷藏、电梯、热回收和能源管理系统等多方面采用了先进的节能技术和设备，这些举措使该店每年节电约200多万度，其中50.4%的节能是普通照明LED灯所贡献，其次为电梯变频13.9%和能源管理系统9.2%，见表13。

表 13　　沃尔玛番禺山姆会员店各种节能举措的节能贡献率

节能举措	应用内容	节能贡献度
照　明	户外招牌 LED	3.3%
	普通照明 LED	50.4%
	果蔬区/冰台/面包区 LED	1.7%
	冰柜 LED	1.8%
	海鲜区无极灯	0.2%
	光源感应器	-
高效设备	中央空调冷冻水泵变频	2.2%
	冷柜内变频风机	1.1%
	电子膨胀阀	3.2%
	蒸发式冷凝器	4.5%
	冷库架空层设计	5.1%
	电梯变频	13.9%
其他设备	余热回收 - 热回收系统	3.1%
	平开雪柜	0.2%
商场能源管理	在保证顾客舒适度的前提下，调整室内温度	-
	利用能源管理系统提高商场能效管理	9.2%

3. 零售业节能减排贡献度不断提升

（1）通过节能改造不断降低自身的运营能耗和环境影响。《国家统计年鉴》显示，2007 - 2011 年零售业销售额增长迅猛，五年间零售业销售额平均增长幅度为 27.9%，见图 14。商务部2012 年发布的《“十二五”（2011 - 2015 年）促进零售业发展的指导意见》指出，“十二五”时期的商品零售规模保持稳定较快增长，社会消费品零售总额及零售业增加值都将保持年均增长 15%。在今后很长的一段时间内，零售业还将保持较高增长态势。

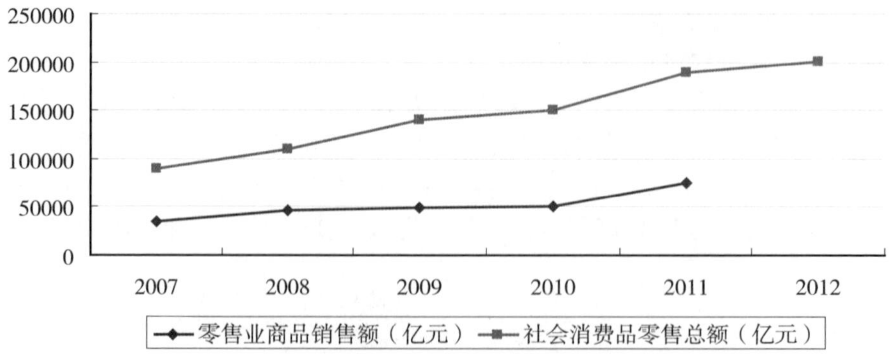

图 14　2007 - 2012 年零售业及社会消费品销售情况

2000－2012 年国家统计年鉴数据显示，我国包括零售业在内的传统第三产业发展迅速，批发、零售业和住宿、餐饮业产值占当年全国总 GDP 产值比重从 2000 年的 10.39% 上升至 2011 年的 11.13%，增长了 0.74%。同时万元产值的能耗却持续下降（见图 15），2010 年比 2000 年能耗强度下降幅度约为 47.3%，尤其是“十一五”期间的能耗强度下降显著。

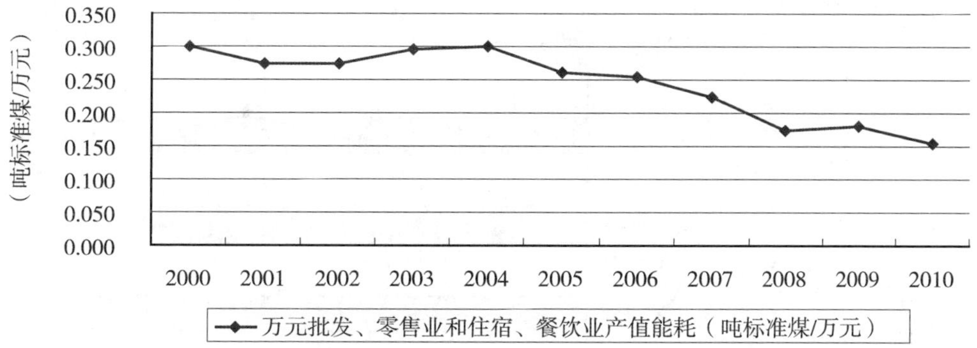

图 15　2000－2010 年中国批发、零售业和住宿、餐饮业产业能耗强度

以 2005 年的能耗强度为基准核算，零售业 2007 年减少 127 万吨标准煤能耗，减少 312 万吨 CO_2 排放；2010 年减少 958 万吨标准煤能耗，减少 1566 万吨 CO_2 排放。2006－2010 年五年共累计节约 2342 万吨标准煤能耗，减少 5753 万吨 CO_2 排放。

（2）零售业成为绿色产品的销售主渠道。2013 年，协会继续组织了“绿色消费专题调查”，该调查涉及的绿色产品是指在产品的生产、使用或回收的任一环节对环境影响相对较小的产品。调查内容主要包括：获得绿色产品信息的渠道、消费者购买绿色产品的主要途径、选择绿色产品的理由、希望得到零售企业何种帮助来选择环保产品、购买绿色产品的支付意愿等。

购买绿色产品是绿色消费的最重要表现之一。在购买绿色产品的主要途径上，79.43% 的受访消费者选择商场，其次是网络和专业配送，分别占比 36.4% 和 15.62%，其他途径还包括单位内部供应、代购、菜市场、去农村购买等，见图 16。调查结果显示，实体零售门店仍是绝大部分消费者购买绿色产品的主渠道。

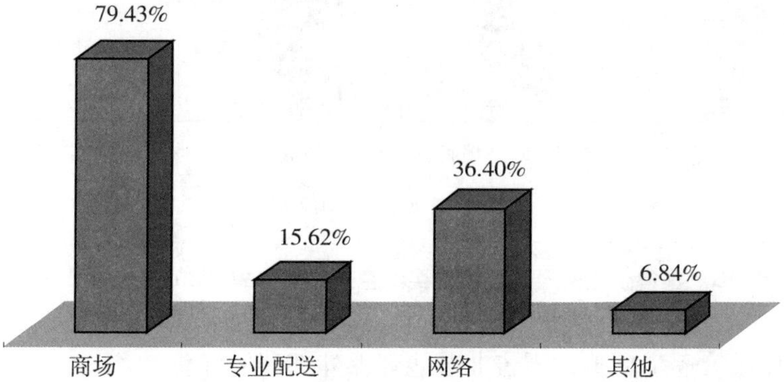

图 16　消费者购买绿色产品的途径

消费者调查显示，超过96%的消费者希望在购买绿色产品的过程中能够获得零售企业的引导（见图17），其中，56.53%的消费者希望零售商能够提供绿色产品的性价比分析，56.45%的消费者希望获得环保标识的甄别，此外还有48.73%的消费者希望获得绿色产品对环境贡献的相关信息。

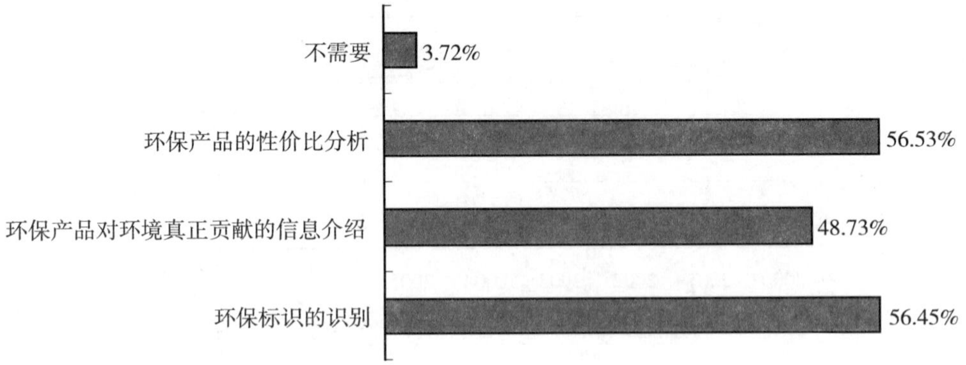

图 17　零售企业引导消费者购买绿色产品的方式

对比分析2010－2013年的消费者调查发现，随着消费者绿色消费意识的增强，消费者希望在消费过程中获得零售企业的引导意愿不断提升，见图18。零售企业在帮助消费者识别产品环保标识、分析产品性价比、说明产品对环境的影响等方面需要提供更精细化的服务，这不仅有利于促进绿色产品销售，引导绿色消费理念，而且会增加消费者对零售商的认可度和信任度。零售业正在成为绿色消费的重要的引导者和推动者，对低碳经济发展的贡献度也在不断提高。

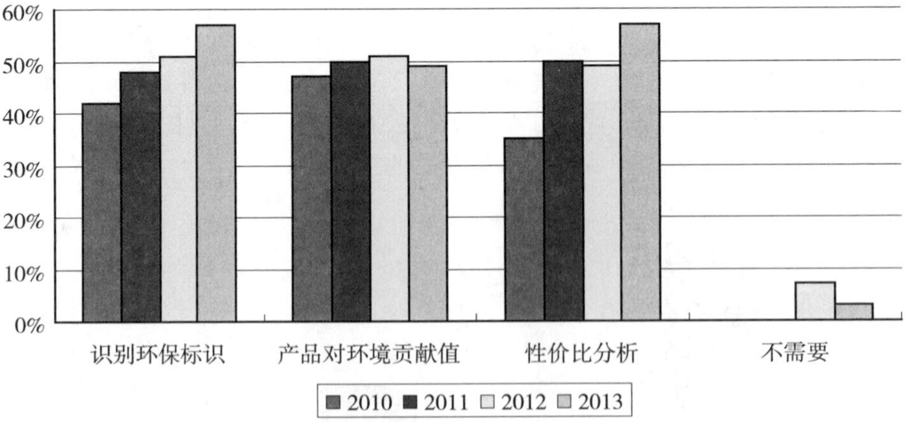

图 18　零售企业引导消费者购买绿色产品的方式（2010－2013年）

4. 节能环保政策逐步完善，零售业节能环保外部环境优化

伴随零售业规模和产值的持续增长，其在国民经济发展中的地位快速提升，国家对流

通领域节能环保也日益重视，零售业的节能环保潜力空间巨大。2013 年国务院发布《国务院关于加快发展节能环保产业的意见》①，首次将流通零售领域列入节能重点工程的范畴。国家发展改革委发布《国家发展改革委关于加大工作力度确保实现 2013 年节能减排目标任务的通知》②，对流通零售领域的节能环保提出明确目标任务，包括加强万家低碳节能目标责任评价考核、深入推进“百城千店”示范工程和绿色饭店创建活动，继续开展再生资源回收体系建设、减少一次性用品使用、抑制商品过度包装等主要工作。零售业的节能环保不仅是零售企业践行企业社会责任、树立企业绿色形象的内在需求，更是国家经济发展转型外在约束的必然，流通领域节能已经成为“十二五”节能减排的关键所在之一。

2013 年 6 月，商务部办公厅发出《关于做好 2013 年度流通领域节能减排工作的通知》③，要求各地商业主管部门要高度重视流通领域节能减排工作。《通知》指出，随着工业化、城镇化进程的加快和消费结构的持续升级，资源环境约束日趋强化，节能减排形势严峻，任务艰巨。流通领域作为全社会节能减排工作的重要组成部分，节能潜力大，工作空间广阔。做好流通领域节能减排工作，是降低企业成本，转变经济发展方式的需要，也是倡导绿色循环消费理念和消费模式的需要。

“十二五”是国家经济发展的重要转型期，中央政府和各级地方政府都进一步加大了对零售业节能环保的支持力度，政策环境更趋于成熟和多元化，相关标准不断出台并完善，推动着零售业节能减排工作不断向规范化方向深入发展。

（1）政府大力度、多举措推进零售业节能环保。国家发改委、商务部、建设部等中央政府部门对流通领域的节能减排工作提出新的要求和部署，对零售业节能环保提出更为全面的要求，同时帮助和引导企业实现节能环保目标。其中主要包括：推进商业建筑节能；推广节能技术应用；提供节能环保政策扶持；加强重点节能产品宣传。2012 年年底，商务部启动了“百城千店示范工程”，旨在利用典型企业的示范作用加速推进我国流通领域的节能环保进程。各地商业主管部门以此为契机，加强对流通领域节能减排的工作指导，建立健全能源管理体制、强化政策指导、推动重点企业积极开展节能工作等措施。主要工作包括：树立标杆和典型，大力推广示范店创建经验，鼓励企业自愿开展节能工作，帮助零售企业制定节能减排目标和措施，加强经营能耗考核，推广实施流通服务企业节能减排的管理制度等。各地方依据财政情况，积极争取零售业节能环保的财税金融等政策支持，同时以不同的形式进行宣传和引导，进一步提升了零售企业的节能环保意识，推动了流通领域节能减排的进程。如组织能源管理师专题培训，开展节能减排知识宣传周活动等。

（2）加快零售业节能标准的制定与完善。作为零售业节能环保工作的主管部门，近年来商务部对行业节能标准的制定与完善逐步加快。2012 年商务部分别制定并发布了《零售商店节能低碳评定标准》（SB/T10803－2012）、《超市废弃物处理指南》（SB/T10814－2012）、《零售业合同能源管理实施指南》（SB/T10802－2012）等三部行业标

① 《国务院关于加快发展节能环保产业的意见》：国发【2013】30 号。
② 《国家发改委关于加大工作力度确保实现 2013 年节能减排目标任务的通知》：发改环资【2013】1585 号。
③ 《关于做好 2013 年度流通领域节能减排工作的通知》：商办流通函【2013】331 号。

准，并于2013 年6 月1 日起实施。这些标准的出台进一步规范了流通领域的节能环保工作，对企业创建节能低碳零售商店、优化超市废弃物管理、推广合同能源管理等方面的行为提出了更高要求，对零售企业节能环保工作起到重要的指导和参考作用。

（3）引导零售企业参照相关标准选择节能设备和技术。为鼓励和引导大型零售企业参照国家有关技术标准选择节能设备和技术，推动企业节能的有效实施，近期提出具有指导意义的方向有：商业建筑外墙节能改造；耗能设备节能改造；逐步淘汰低效落后照明灯具。

5. 能源管理模式的信息化与创新

（1）能源管理系统，是企业实施能耗管理的利器。能源管理系统简称 EMS（Energy Management System），是以帮助企业合理计划和利用能源、降低能源消耗、提高经济效益为目的的信息化管控系统。通过 EMS 对企业的电力、燃气、水等分类能耗数据进行采集、处理和分析，并给出降能解决方案，实现节能应用。相比传统的人工能耗数据监测所带来的费时费力且不具有及时性等问题，使用 EMS 大大提高了企业的能源管理效率，通过对各门店各能耗点进行实时能耗监测，及时发现异常情况，积累和分析长期能耗数据，让零售企业实施能耗系统化管理。

调查显示，约为 45.1% 的受调查零售企业已建立能源管理系统，明显高于 2012 年的38.4% 和2011 年的24.3%。EMS 的应用呈现快速推广普及趋势，见图 19。EMS 作为信息化的管理系统，可用于日常数据监测、中心监控、数据积累以及节能效果比较分析，见图20。

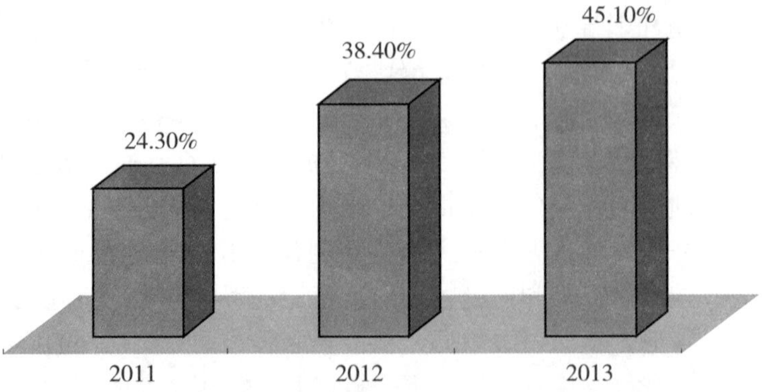

图 19　2011 –2013 年零售企业采用 EMS 占比

从典型企业实践看，零售企业总部的能源管理系统由现场设备控制层、单体建筑监控层、集团信息管理层三部分组成。单体监控层即门店可实现节能率 15% ~40%，集团监管层即企业总部可实现节能率5% ~10%，使用 EMS 后企业的节能效益可观。如北京翠微大厦目前使用的“能耗在线监测系统”，可实时显示各楼层的电梯、空调、制冷、照明的用电量、电压、电流等数据，每年可节电约 570 万千瓦时，节约天然气约 24.6 万立方米，节约能源费用合计约 670 万元。

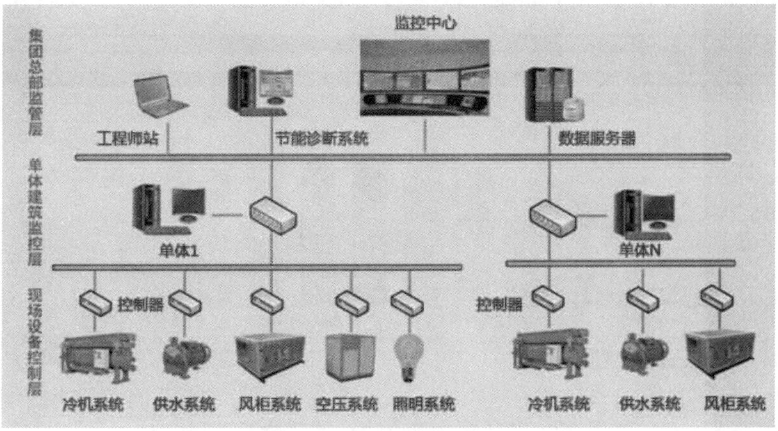

图 20　企业能源管理系统

对于能源监测系统的运用，外资零售企业起步较早，积累了丰富的实践经验。家乐福中国自 2008 年起，在上海启用家乐福能源管理中心，组建了为门店设备设施进行能源管理和监控的管理团队，24 小时协助门店监控自控系统和分项计量系统的各个参数，以月、季、年为单位，定期为门店提供节能监控报告和能源使用报告，通过技术和管理的手段，进一步提升了节能降耗。在其能源管理系统的平台上，可清晰获得各门店的能耗数据，随时应对能耗异常情况的发生，见图 21 所示的家乐福上海大场店（商铺面积为 8426m^2，卖场面积为 10043m^2），以及图 22 所示的家乐福大连北京公园店（商铺面积 2727m^2，卖场面积 7516m^2）。

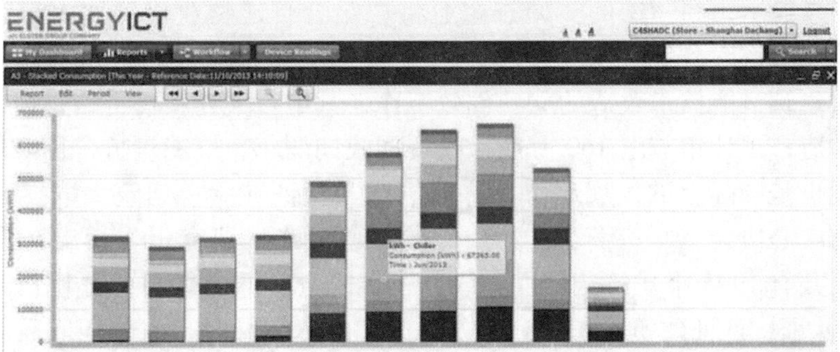

图 21　家乐福上海大场店能耗监测图

（2）引入合同能源管理，创新节能工作模式。调查显示，56.9% 的受调查企业认同合同能源管理模式，确定下一步节能推动工作重点是采用合同能源管理方式推动门店的节能改造项目实施。实施单项节能设备改造或新产品采用合同能源管理模式，在零售企业中具有普遍性，如 LED 照明改造、空调变频、冷冻冷藏系统改造等。也有部分零售企业采用合同能源管理模式，对全店进行节能改造，获得预期的节能收益，值得业内借鉴。

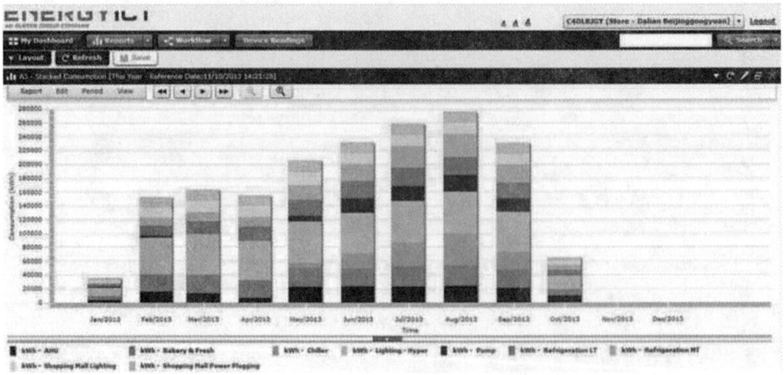

图 22　家乐福大连北京公园店能耗监测图

二、经济转型中的绿色零售发展趋势

（一）关注绿色建筑，推动零售门店绿色升级

技术节能、管理节能和建筑节能是零售业节能发展的主要方向。近几年管理节能和技术节能已经逐渐被零售企业所认识，得以不断深化实施；建筑能耗与零售企业的基础能耗息息相关，建筑节能的重要性凸显，伴随着传统零售商的业态转型和发展特别是购物中心大体量化发展趋势日益显著，建筑节能关注度不断提升，对建筑节能的探索和研究也逐步展开。

本年度调查显示，44.4%的受调查企业将“结合自建物业比例加大，更加关注提高建筑的整体节能效率”作为企业下一步的节能推动工作重点之一。如大连大商集团，近年来不断加大建筑节能技术改造的立项创效工作，其中对大连新玛特购物休闲广场进行系统性的节能改造，预计年节电 160 万度，投资回收期两年，节能量折合标准煤 600 吨/年。

建筑节能也是国际上的发展趋势，许多国际零售商在绿色建筑上取得了更瞩目的成果。国际购物中心协会《零售商与购物中心的绿色策略》研究报告指出，截至 2013 年 5 月，东亚地区共有 1995 个建筑获得世界绿色建筑协会的绿色能源与环境设计先锋评估体系（LEED）认证，认证建筑面积达到 1.073 亿平方米。同时，北美地区获得认证的建筑有 44998 个，认证建筑面积达 6.581 亿平方米（北美地区数据是涵盖所有建筑类型的数据）。

在中国，绿色建筑概念正在起步阶段。万达集团是实施绿色建筑的先行者，2010 年至 2011 年间，有 16 个大型购物中心获得住建部绿色建筑设计标识认证，其中广州万达白云广场为二星级“绿色建筑设计评价标识”。万达广场购物中心相比全国同类建筑能耗水平，节能 15% ~20%。

在中国，第一个获得世界绿色建筑协会 LEED（Leadership in Energy & Environmental Design Building Rating System）“铂金级”认证的综合性商业建筑是香港的侨福芳草地。这是一座集时尚购物中心、国际 A 级写字楼、艺术中心和精品酒店于一身的创新建筑，总面积达 20 万平方米，2012 年 9 月开业，即获得业内的赞誉，成为中国绿色建筑的先锋。侨福芳草地拥有完善的节水设施，平均用水量比 LEED 体系同等建筑的相应标准少 48%，建筑废料的回收率达 81%，远高于 LEED 对同等建筑的相应基准和中国建筑的平均值。节能汽车专用车位以及电动汽车充电点的配置，更在细节中传达出绿色环保的理念。

（二）改善废弃物管理水平，降低对环境的负面影响

2012 年 12 月，商务部发布《超市废弃物处理指南》（SB/T10814－2012），是首部针对超市废弃物管理与规范的行业标准，规定了超市管理中废弃物的分类及定义，特别对废弃物产生、收集、处理等流程设定了相应的管理原则、操作规范、监督检查等内容作出规定，以促进超市的废弃物全过程管理体系的规范与完善。标准已于 2013 年 6 月启动实施。

一些零售企业立足门店废弃物管理的不断加强，着手推动上游生产企业和下游消费者提高循环再利用意识。调查显示，79.3% 的企业在门店中实行废弃物分类管理，20.9% 的企业门店对自营的熟食果蔬类、易腐有机类等废弃物实施单独处理，相比 2012 年提高了 6%。

面向社区，一些大型零售企业在促进废弃物回收方面走在了前面。如沃尔玛（中国）于 2013 年初在上海 22 家商场同步启动“回收循环·绿色新生”大型环保公益活动。活动期间，沃尔玛联合上海 10 所知名高校，开展“环保社区我来建”主题征文，回收废纸所得将全部用于实现其中的优秀环保设想。

同样，华润万家旗下的 Ole’高端超市，从 2013 年 6 月 5 日开始在全国启用完全生物降解塑料购物袋，成为国内首个全面启用此塑料袋的高端超市。新启用的购物袋可被自然界中普遍存在的微生物完全消化分解，真正实现“零污染”。

宜家销售的新产品在设计阶段就考虑使用废弃物资源，如香蕉叶、水草等，减少利用依赖石油的塑料为原料，提供更可持续的产品。《宜家集团 2020 年可持续发展战略》提出：防止商店运营和客户剩下的食品造成的食品垃圾产生，并将其降到最低，到 2013 财年，不再有食品垃圾被填埋或焚烧。

（三）低碳零售，赢在绿色供应链的建设与管理

据《2011－2012 中国连锁零售企业经营状况分析报告》显示，中国连锁零售企业正着力通过优化供应链减少运营成本，提高运营效率，最终创造价值。供应链优化意味着零售业的进化，而推动绿色供应链建设，将为零售业绿色发展提供动力。

目前，理论界对绿色供应链管理这一概念尚无统一定义。一般地，绿色供应链管理指在整个供应链环节中对环境影响、资源效率进行综合考量的现代管理模式，这种理论以“绿色制造理论”以及“供应链管理技术”为基础，涉及到供应链的整个过程：供应商、生产商、销售者和终端用户。其目的是使产品从物料获取到加工、包装、仓储、运输、使用，以及报废处理的整个过程中，对环境造成最小的影响，并且使得一切资源的利用效率达到最佳。涉及快销品行业的供应链绿色管理，主要聚焦于产品的设计 → 生产 → 仓储 → 运输 → 店内运营等多个环节点的研究和实施。

本年度调查结果显示，在如何推动节能环保的进一步实施，企业需要持续关注或改进的方向上，40.4% 的受调查企业认为“提高物流的能效管理，以减少物流成本及对环境

的影响”。这表明建设绿色物流已经列入企业的经营策略中。

从零售业物流发展看，根据《2011－2012 中国连锁零售企业经营状况分析报告》显示，60% 的受调查零售商开始选择自建物流仓储配送中心，35% 的零售商与供应商合作或借用供应商的物流仓储，只有 5% 的零售商依然选择第三方的物流仓储配送系统。自建物流仓储配送中心更是零售业的发展热点。物流能力越来越成为连锁企业的核心竞争力，集中配送不仅提高物流效率，更能减少物流过程中对环境的影响，像沃尔玛，在物流配送时会考察供应商包装箱的大小、包装袋的使用、包装箱是否过度包装等，致力于帮助供应商改进，以便降低社会资源，实现绿色物流。

在推动绿色生产上，宜家、沃尔玛、C&A 等国际领先企业的实践证明，零售企业可以借助有效手段，通过协助供应商实施生产环节的节能措施，来实现供应链的绿色管理，提高整体供应链的低碳贡献度。对此，业内专家给出的建议是：

将零售企业的减排目标明确告诉供应商；为供应商提供节能指导或路线图等帮助；选择重视客户关系的供应商参与节能项目，将有限的资源分配给有能力且对节能态度积极的供应商；强调员工培训和员工参与的重要性（三位一体的能源管理应从改变人的观念入手）。

在绿色采购环节，一些大型零售企业通过加大总部统一采购比例，精简供应商数量来进行改变，以便发挥规模采购优势，减低采购环节的环境影响。2013 年，在相关支持政策的引导下，多家国内零售商着手起草制定《绿色低碳采购制度》，绿色采购理念开始进入本土零售企业的运营策略中。国家“十二五”规划纲要中明确指出，探索建立低碳产品标准、标识和认证制度，建立完善温室气体排放统计核算制度，逐步建立碳排放交易市场。所谓低碳产品认证，就是要以产品作为链条，同时吸引整个社会在生产和消费环节上参与应对气候变化。通过对产品授予低碳标志，将社会推进为以顾客为导向的、低碳产品采购和消费模式。让公众的消费选择变成引导和鼓励企业开发低碳产品技术，并向低碳生产模式转变的方式，最终效果是使全球温室气体减少。未来伴随绿色产品认证等体系的不断完善，以及消费者日益高涨的绿色消费需求，都将为零售企业探索建立绿色采购机制创造良好基础。

（四）推广绿色消费，助力零售业绿色增长

在推动绿色生产与绿色消费上，零售商拥有独特优势，同时连接上游供应商和下游消费者，通过提供方便有效的绿色产品购买方式和废弃物回收渠道，有利于帮助消费者提高绿色消费意识，也能更好地树立自身积极的环保形象，饯行企业社会责任，同时也是企业获取更大的利润空间的机遇和实现自身可持续发展的道路。

本年度绿色消费者调查显示，38% 的受访消费者表示会尽可能优先去积极环保形象的商家，47% 的受访者认为商家积极的环保形象会对本人的购买决策产生一定影响，见图 23。

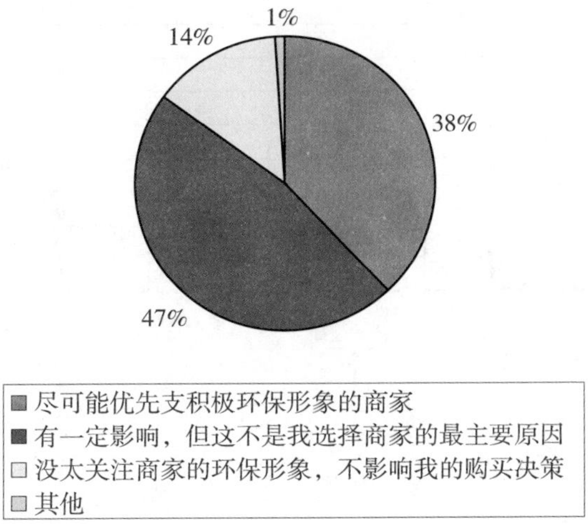

图 23　商家积极的环保形象对消费者购买决策的影响

调查还显示，影响消费者选择商场或超市的主要因素，首先是服务质量，其次是产品价格和商家良好的环保口碑（见图 24），零售企业的绿色形象已经成为消费者选择购物场所的最重要的三个选择决定因素之一。

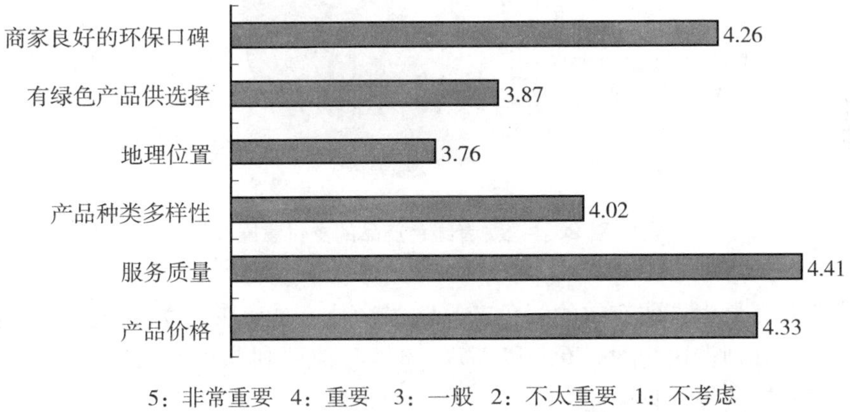

图 24　消费者选择购物商场或超市时考虑因素的重要程度

图 25 显示，74. 29% 的受访消费者更倾向于购买食品类的绿色产品，较前两年对绿色食品的购买意愿大幅提高。从一个侧面反映出，近年来受食品安全问题频现的影响，消费者对安全、高品质的产品需求愈加明显。调查还显示，消费者对绿色食品标识的认知度最高也能说明消费者对食品类绿色产品的选择偏好较强。

绿色产品支付意愿是一个国家的消费者绿色消费意识的主要评价指标。此次调查中约有 41% 的消费者愿意为绿色产品多支付 5% 以内的金额，31% 的消费者愿意多支付 5% ~ 10%，见图 26。同时，有 47. 1% 的受访者认为绿色产品的价格偏高，说明我国绿色产品的实际价格水平高于消费者支付意愿。

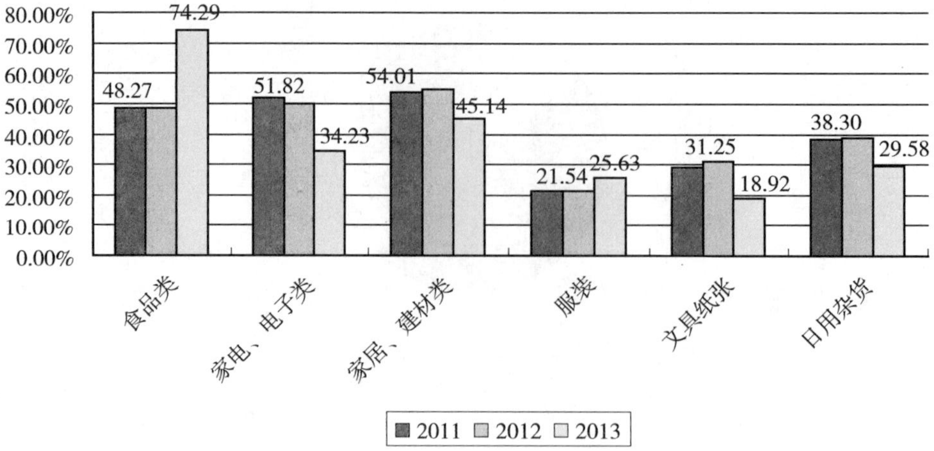

图 25　2011 –2013 年消费者愿意购买绿色产品的种类

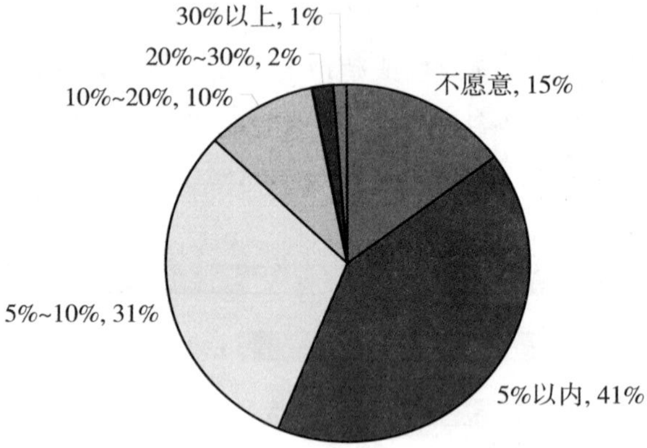

图 26　消费者绿色产品的支付意愿

对消费者而言最为方便有效的绿色产品购买途径，是商店设立绿色产品专柜和设立绿色产品专卖店，分别占比为 59. 76% 和 47. 65% 。其他便利购买方式还包括开设绿色产品网购专区和免费体验等，见图 27。

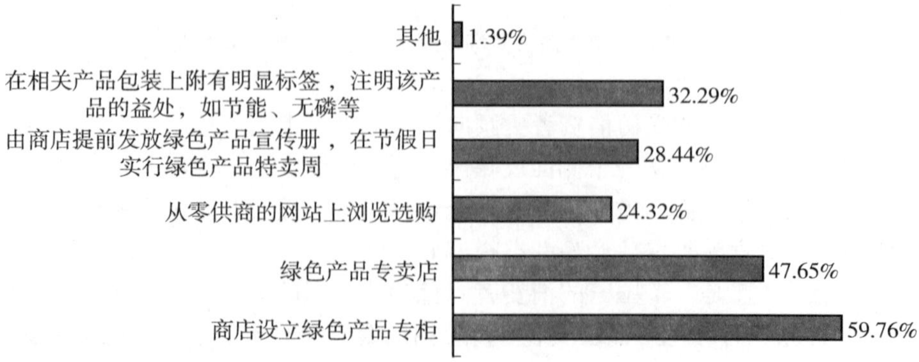

图 27　消费者希望企业提供的绿色产品购买途径

消费者与零售业的密切相关性决定了零售企业对消费者的影响力不容忽视。零售企业可以通过多种宣传方式，引导消费者建立绿色消费意识和低碳生活方式，从而为消费者创造新的价值。上述调查显示，如何为消费者提供更丰富的绿色消费体验，以提高顾客忠诚度？如何通过满足消费者的绿色购买需求，来挖掘巨大地绿色市场空间？应成为零售商和相关生产制造商共同关注的重要课题。

（五）创造互联网时代的绿色消费体验

近几年，中国电子商务发展迅猛。统计显示，2012 年、2013 年国内网络零售市场交易规模分别达到 1.32 万亿元和 1.89 万亿元，同比增长分别为 64.7% 和 42.8%；占当年社会消费品零售总额的比重分别为 6.3% 和 8.04%，近 5 年来一直呈上升趋势，见图 28。

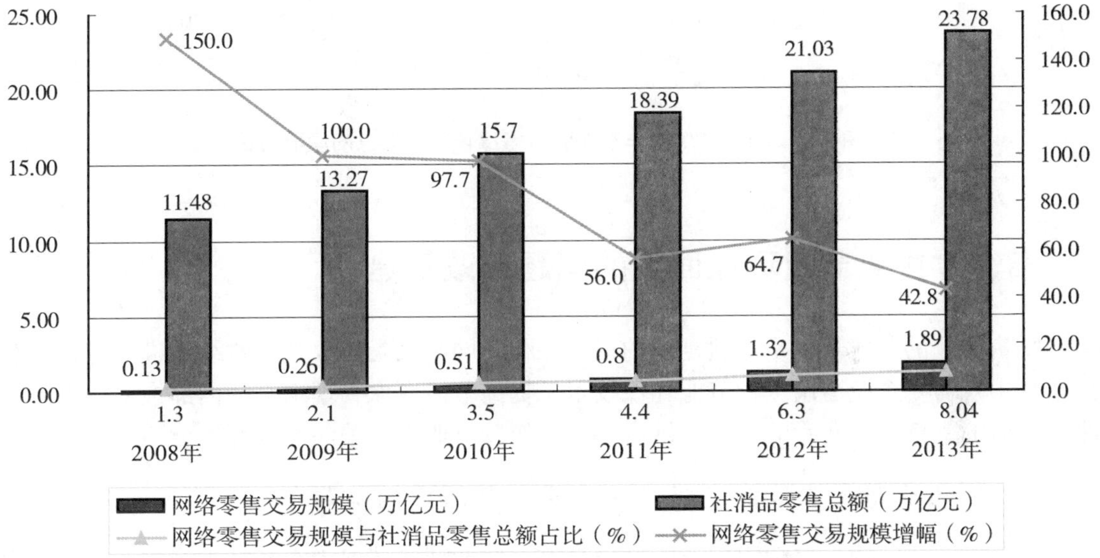

图 28　中国网络零售市场交易规模及其占比情况

面对电子商务发展所带来的冲击，实体零售企业纷纷“触网”，开展网络零售业务，更借助信息技术手段，通过 APP、微信、微博等渠道，加强与消费者的沟通。在为消费者搭建多样的绿色消费渠道的同时，也将为零售商实施绿色营销提供有力的支持。

1. 促进数字化营销

调查显示，移动互联时代下，越来越多的零售商借助网络媒体在公司网页上推广会员商品、特价商品等信息，利用电子邮箱、短信向会员定期发送促销商品信息，不仅密切与消费者的即时沟通，更是大量减少纸制品的印刷数量，降低印刷成本，提高了环保贡献度。

2. 充分利用网络渠道优势，提供绿色消费服务

图 29 绿色消费调查显示，涉及到消费者获取绿色产品信息的渠道选择，排名前三的渠道是媒体广告、商场宣传和网络渠道，分别占比 54.15%、47.89% 和 36.67%。通过 2011－2013 年的调查比较发现，媒体广告的作用有减弱趋势，而商场宣传和网络渠道作

用明显增强。

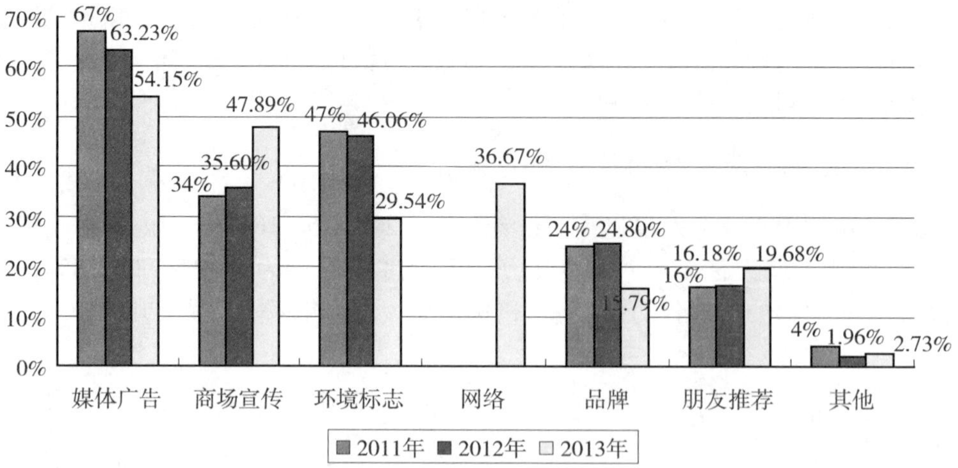

图 29 2011－2013 年消费者获得绿色产品信息的渠道对比

三、零售业节能环保面临的问题与政策建议

零售企业的节能环保是一项复杂的系统工程，同时又是一个长期持续改进的过程。在此过程中既需要企业运用多种节能环保技术，提高节能环保管理水平的内部推动，也需要来自政府的支持、消费者的协作、供应商的合作以及业界的关注等外部环境的支持。

（一）影响零售业节能环保实施和进一步深化的障碍

现阶段，我国绝大多数零售企业已经具有一定的节能环保理念，越来越多的企业主观上愿意实施节能改造，但目前制约零售企业实施节能改造的障碍多种多样。本年度调查显示，65.8% 的受调查企业面临最主要的障碍是对国家相关规定政策以及资金支持信息缺乏了解；51.0% 的受调查企业的节能实施步伐受制于前期资金投入过大；43.6% 的受调查企业反映企业缺乏环保节能专业人才；40.3% 的受调查企业提出节能技术和测量方法缺失，难以准确评价节能效益，见图 30。

对比上年调查结果发现，2013 年制约零售业节能改造的最大障碍依然与政策相关。2012 年有 67.36% 的受调查企业反馈最大障碍是政策支持不足。尽管政府支持的力度已经明显增强，但企业对政策信息透明化的需求愈加迫切，及时了解政府的政策调整和支持的方向，有助于企业把握节能环保的新趋势和国家最新要求，制定符合企业特点的可持续发展战略。排在第二位的障碍依然是节能的前期投资过大，与 2012 调查的结果（50.78%）基本持平，说明因基金紧缺造成企业节能改造受到制约的情况并没有得到有效的改善。而“标准缺失”的阻碍比上年降低了 5.3%，体现出随着标准制定步伐的加快和标准体系的逐渐完善，这一制约因素正在减弱。但是，零售企业专业人才缺乏的矛盾进一步突出，体现在“专业人才缺乏”的占比比上年上升了 2.2%，这是长期困扰企业节能工作有效推进的一个障碍。

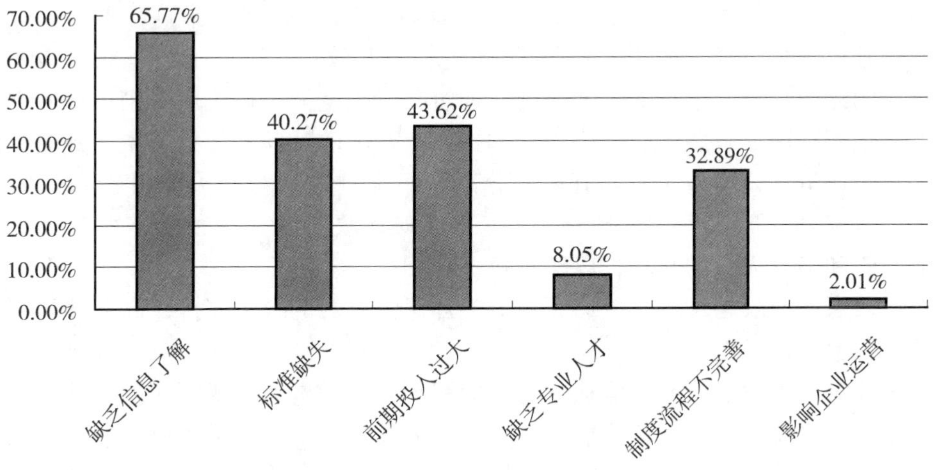

图 30 2012 年零售企业节能改造的障碍

1. 零售业节能环保挖潜面临新突破

2012 年以来受整体经济的影响，零售业进入低速增长期，企业在持续实施节能环保过程中，不仅更大程度上受到节能改造前期资金投入大的制约，同时也遭遇自身节能减排空间挖潜难、实施动力不足等其他因素的影响，面临着更加严峻的形势。

首先，“十二五”期间零售业进一步节能减排空间缩小，节能减排的难度增大。“十一五”期间，零售业响应政府节能号召，积极参与商务部的“零售业节能行动”，通过采用节能技术设备，引入管理节能理念，不断深入挖掘企业自身的节能潜力，基本实现了政府提出的 15% ~20% 的节能降耗目标。由于零售业自身的特点，零售门店的基础能耗水平很难再进一步大幅度下降。一方面，受节能技术发展的局限，进入“十二五”，零售企业在已有营业面积基础上，可采用的新节能技术手段越来越少，而新能源的引用将使企业财务压力进一步加大。另一方面，“十一五”期间已经完成节能改造的门店，节能设备还处于正常运行和折旧期内，如重新更换的新技术设备，将面临拆除更新的极大浪费。

其次，零售门店的运营方式多样性直接影响零售门店节能改造的自主权。目前我国多数零售企业的门店采用租赁物业形式，能够实施节能改造的空间和自主权有限。一些门店的电力、空调、热力等均由物业提供，属于整个建筑的一部分，难以单独计量。还有少数的门店有物业提供卖场区域的制冷和采暖，空调等设施属于物业设备，出于运营的需要，还有企业将部分用电负荷划分给出租商铺使用等等，从而造成计量和数据统计难以有统一的标准。

第三，合同能源管理模式应用存在一定的障碍。目前在我国零售企业采用 EPC 实施单项设备的节能改造或选购节能产品相对比较普遍，如 LED 照明改造、空调变频、冷冻冷藏设备更新等。但单项节能改造往往对总表的用电量影响有限，而且在改造过程中也往往会影响到经营过程，节能效益难以评估，导致在节能后与能源服务公司分享节能效益时容易产生矛盾。

第四，节能减排指标不明确。一方面是企业节能统计的基础工作弱，原始数据不全、不够细化；另一方面，国家节能审计报告等主要考核零售业的指标为“万元营业额能耗”，即每产生一万元营业额所消耗的能耗，但因近年受整体经济影响，零售业进入缓慢增长期，新开店数量下降，门店营业额的减少势必造成“万元营业额”能耗的上升。鉴于零售行业的经营特点，很难像工业一样，通过关灯关空调等措施应对销售额的下降。

第五，在配合国家节能产品惠民工程的推广上，财政补助直接给了生产企业，但推广工作由零售企业负责，投入大、环节多而分散。而部分民众对购买使用节能产品“享受科技进步、节省电费开支”理解不够，宣传工作缺乏政府的支持和整体组织与谋划，需要多环节完善和多方力量的联动，以实现权责利相统一。

第六，政府部门缺乏对商贸流通领域节能环保强有力的政策支持，商务部门抓流通领域节能环保，感到缺乏工作手段。

第七，针对零售业的节能环保缺乏有效的制约和激励机制。我国还没有针对零售业节能环保的强制性法规标准，零售业缺乏持续改进的强制性机制。零售业的节能环保目标是降低运营成本，提升企业效益。与国外零售企业相比较，中国企业关注更多的是直接经济效益，而国外企业更注重社会责任的体现。具体体现为部分企业节约意识不高，企业文化效应不强，没有真正意识到节能减排工作的重要性，认为节能减排是政府的责任，与己无关，不积极主动，不愿意投入，被动接受。

2. 零售业推动合同能源管理模式的难点

据协会对部分连锁会员企业的调查反馈，由于受以下诸多因素的影响，合同能源管理在零售企业应用有一定难度。主要包括：

一是在节约能量的估算方面。一般大型零售商都配置具有专业技术能力工程技术团队，其专业的程度和对零售行业设备运营、用能情况的了解接近或者超过能源服务公司（EMC）所招聘的专业工程师；对于节能技术的节能量的评估和计算，零售商的专业工程师能够结合自身超市的运营习惯、建筑情况、设备状况等条件，较客观和准确地评估实际节能量。而 EMC 公司普遍提供节能方案和节能量存在一定的高抛高估情况。

二是在节能设备的采购上。零售商们大都提倡谁投资谁受益，追求销售利润的最大化。加上大部分大型零售商具有较健康的现金流，所以比较趋向于自己评估节能设备和节能服务，通过强大的采购系统，降低采购成本，将运营成本降低的程度达到最大化的普遍操作手段。例如，对于节能照明 LED 灯等，零售商能够通过自身的专业采购流程和专业采购团队，拿到较 EMC 公司提供的价格更便宜、质量更可靠的产品供应。

三是对于日常的运营管理。一些节能设备和服务的节能量还取决于运营管理维修管理等日常管理措施，而大型零售商一般不会让 EMC 公司代替自有的维修管理人员来进行日常运营管理，因为这些 EMC 的管理成本也会经过效益分享的过程计入门店的费用成本的，而且其金额较大，零售商的运营管理部门和财务部门都是无法接受的。另外，大部分跨区域发展的零售商门店数量多、分布广，分布在大中小型城市，其维护管理、售后服务对 EMC 公司是个挑战，其普遍采用代理形式进行管理，服务质量差、服务速度响应跟不上，造成门店运营损失和设备瘫痪的情况屡屡发生，对客户的品牌和形象产生负面的影响。

另外，参与本年度调查的受访企业反馈，目前在所开展的合同能源管理项目（如照明、空调、冷链系统节能改造）中，节能服务公司属主要的节能收益获利方，而零售企业作为用能方，无法申请节能项目补贴政策也是造成积极性不高的一个因素。

3. 零售运营中的环保责任有待提高

零售企业多样化经营过程中，产生的废弃物和垃圾尤其是有机垃圾的问题突出。调查显示，仅有7.8%的受调查企业将有机垃圾交由第三方堆肥公司，实现资源化利用，大部分企业的有机垃圾和其他垃圾一起进入城市垃圾填埋场，不仅产生大量温室气体，同时也浪费了资源。在实现垃圾减量化和资源化利用上，零售企业仍有待改善，可挖掘空间巨大。

以便利店为例，连锁便利店日常运营中的鲜食盒饭等保质期较短的食品，其废弃比例约为10%，过期的食品只能当做垃圾处理，随之会产生大量有机废弃物。便利连锁企业除做相应的商品销售规划调整外，应该从推动可持续发展的高度看待这一新挑战，加强研究和探索，通过循环处理等手段来降低运营中对环境产生的负面影响。

（二）政策建议

据“2012年中国连锁百强”企业数据显示，2012年中国连锁百强企业总销售规模达到1.87万亿元，同比增长10.8%，增速为历年最低，净利润也首次出现负增长；同时受人工、租金、水电、物流等各类成本高企的影响，百强企业经营困难增大，亟须通过内部挖潜来降低成本。

1. 建议进一步调整和完善流通企业节能政策

（1）建议调整相关政策。其一，对列入“万家低碳企业”的流通企业考核方式进行调整。根据国家发改委2012年第10号公告，各地发改委分别给所在地领先零售企业设立了“十二五”节能目标，但由于零售业自身的运营特点，难以按照国家能源审计的报告要求实现既定目标。建议政府研究建立商贸流通领域统一、科学、标准、操作性较强的节能减排统计指标体系，以便在实践中增强节能减排统计工作的科学性、统一性和可操作性。

其二，研究制定合同能源管理的标准、实施过程中的税务优惠等配套政策。如在相应扶持政策中能适当向零售业企业提供激励政策和直接补贴，以推动项目的开展。

其三，继续推动工业、商业用电同价的政策有效落实，为零售企业减负。

其四，继续加大对商贸流通企业节能减排的政策和资金扶持力度，以示范企业为试点，引导、支持商贸流通企业对既有门店做好照明、空调、电梯、冷冻冷藏等主要耗能设备的节能改造工作，鼓励企业在新开门店中积极采用先进节能技术和管理手段。建议对节能改造效果明显的企业，给予不超过改造工程总投资50%的补贴。

其五，继续广泛开展节能减排的宣传工作，通过节能宣传周等活动，引导全社会关注流通领域节能环保工作，助力零售企业树立绿色环保形象。

（2）建议出台新的相关政策。建议针对当前零售业节能减排的重点、难点，出台《大型商业设施建筑节能资金管理办法》，重点支持以下内容：其一，推动LED在零售领域的广泛使用；其二，支持已建配送中心进行节能改造；其三，针对零售行业门店特点（分布广、单店用能少、地方政策不统一、区域性经营差异大、节能投入时间不一等），建议制定面向连锁零售行业的特别奖励政策，降低获取国家或地方节能技术改造项目专项奖金的准入门槛，提升连锁零售企业实施节能改造积极性；其四，细化针对零售业的财政补贴政策。

2. 支持开展绿色供应链建设与研究

绿色供应链作为促进经济绿色转型的重要工具，其重要性正逐步被政府所认识。但仍处于刚刚起步阶段，特别是流通企业的环保意识、管理水平、技术力量和资金相对有限，相关政府有责任运用政策推广、法律保障、经济刺激等手段，为企业发展绿色供应链营造良好的市场环境，促进绿色供应链健康有序发展。

（1）推动零售企业的绿色采购模式建立。政府部门应考虑尽快出台相关指导性文件，制定奖励或相关优惠政策来鼓励国内大型零售企业探索引入供应商环境管理概念。如制定《商品绿色采购指南》等行业标准或文件；也可以通过举办“绿色低碳供应链明星企业”推选等活动，培育一批示范企业；通过设立绿色供应链自愿项目，推动零售商与供应商的合作模式创新；鼓励企业与政府签订绿色供应链自愿协议，推动供应链绿色管理的有效实施等。

（2）推动建立合理的评价制度。研究建立完善绿色供应链评价指标体系，明确规定绿色产品产出率、废物再利用和资源化率等指标；通过部分地区开展绿色供应链试点，逐步建立绿色供应链重点指标统计制度；加强绿色产品生产、流通、消费全过程的统计监测；研究完善绿色生产、绿色消费相关指标。

（3）加大扶持零售业物流中心的建设。我国零售业的物流能效一直处于较低水平，物流环节的节能空间巨大。据中国连锁经营协会物流专业委员会最新调查显示，零售企业的已建配送中心营运费用高，主要是电费和运输费用，综合分析，零售企业生鲜物流配送中心的电费约占总费用的 10% ~15%，运输费用约占总费用的 30%。2013 年一季度，物流委员会委员企业的配送中心运输费用平均为 373.5 万元，每自然车次费用平均为 504 元。由于企业的节能减排需要一定的投入，且此项工作具备明确的政策推动性，依靠企业主动性和自身投入难以实现。因此，通过制定较科学的政策促进体系，营造良好的政策环境，对于推动流通领域挖掘能效管理空间，深化节能减排工作尤为重要。

3. 加大宣传力度，推广绿色消费理念

本年度绿色消费调查显示，在引导绿色消费意识方面，51.55% 的受访消费者认为政府“最能获得消费者信任”，其次是报纸网络和企业，分别为 50.10% 和 29.47%。可见政府机构和报纸网络等大众传媒对消费者的绿色消费意识建立产生直接影响，见图 31。

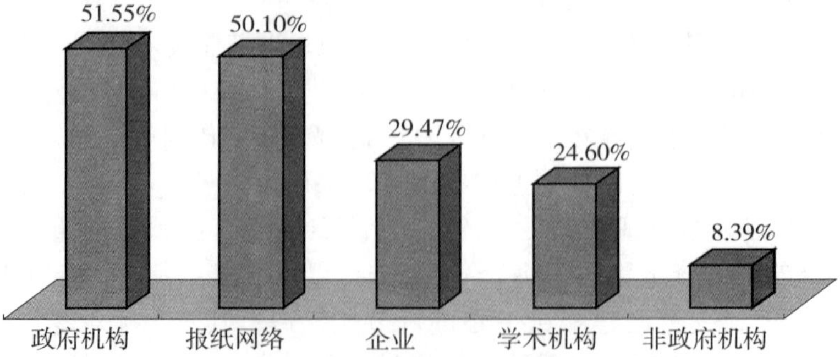

图 31　在引导绿色消费意识方面消费者信任的机构

2009 年以来，政府通过采取财政补贴等方式建立有效的激励机制，鼓励汽车、家电“以旧换新”。在扩大消费的同时，促进节能减排，提高资源利用的效率，减少环境污染。以旧换新刺激消费者加速淘汰老旧污染和高能耗产品，进一步推动消费者的绿色消费。

本年度消费者调查结果显示，对于“希望在产品废弃物处理方面得到哪些支持”问题，75% 的消费者希望得到家电以旧换新等方面的支持，社区定点回收和商家回收也占比 59. 71% 和 52. 35%，见图 32。其他方面还包括：建立废旧电池分类回收的网点，政府、学校等公共机构以及生产厂家组织回收废弃物。政府实施有效的以旧换新政策，并联合商家和社区等对废弃物进行回收处理，则能更好地促进废弃物的减少和资源的回收再利用，减少消费使用过程对环境的破坏，鼓励环保消费。

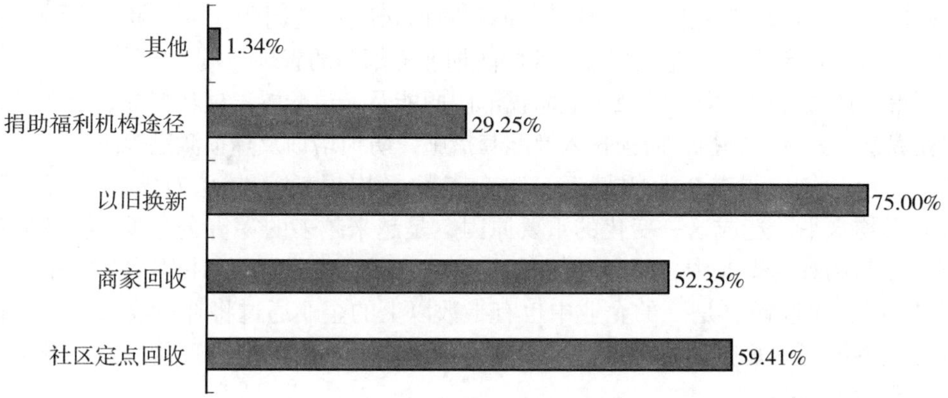

图 32 消费者希望获得的处理产品废弃物途径

从政府层面，应重视市场绿色消费培育，不断宣传绿色低碳理念，提高公众绿色意识。政府相关部门可以共同制定并提供多样化的引导支持政策，培养绿色产品市场，促进绿色消费，如：政府每年固定投入一定的宣传费用，支持零售企业定期举办绿色消费进社区等系列主题活动；对销售绿色产品的商家进行一定补贴，减免绿色产品销售过程中的部分税收等。

2013 年中国零售业
防损状况调查报告

为了解中国零售企业的防损现状，掌握连锁企业在防损工作中所面临的共性问题，中国连锁经营协会（简称协会）持续开展零售企业防损状况年度调研。本年度防损调查活动于 2013 年 4 月在全国范围针对连锁零售企业的防损业务部门的管理人员、主管防损的副总进行了问卷调查和访谈，调查内容涉及企业防损部门职能及人员配置，损耗指标、分布及区域特征，损耗因素、处置及补损，防损投入及配套措施，防损培训及降损激励等多个方面。

调查显示，参与调查企业的最近一次盘点的平均损耗率为 0.71%，大大高于上年 0.43% 的平均水平，造成这一变化的重要原因，是越来越多的零售企业对供应商的补损进行控制。参与调查的企业中，超过一半的企业对“是否由供应商对损耗进行补损”的问题选择“否”，而选择“是”的企业中也有半数以上的企业通过将补损收入计入其他收入等处理方式将损耗的真实情况显现出来。这是零售企业加强内部管理能力，提升经营水平的一个重要标志。

调查还显示，目前零售企业内、外盗损耗约占所有损耗的近六成。除较为棘手的内盗外，团伙盗窃让企业更难防范，给企业带来的损失相当可观，而技防等措施的提升，使团伙盗窃平均成功率由上年的 46% 降为本年度的 41%。

一、企业基本情况

从受访企业销售规模看，超过一半的企业年销售额在 20 亿元人民币以上，其中 25 亿元以上的企业占 46%；5 亿元以下的企业只占 18%。25 亿元以上，以及 5 亿元以下的企业分别比上年增加 4 个百分点和 3 个百分点。如图 1 所示。

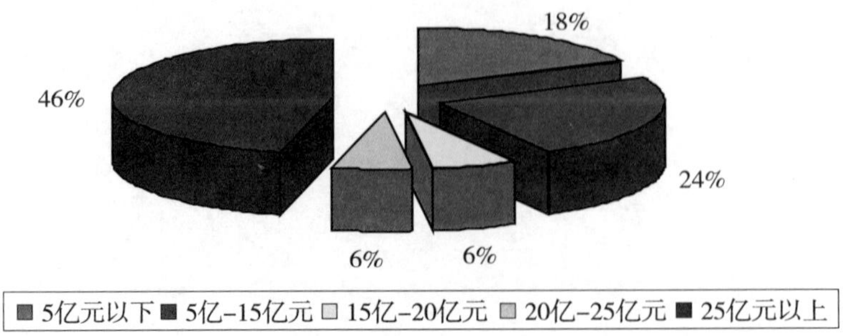

图 1　受访企业年销售额

二、防损体系、职能及人员配置

1. 防损体系

图 2 所示为受访企业对自身防损体系运作状况的评价。其中，50% 的企业认为其防损体系达到行业平均水平，与上年一致。但是认为所在企业的防损体系不可靠的比例由上年的 7% 降至 0%，这说明大部分企业的防损体系经过近几年的提升，已与企业发展态势基本匹配。

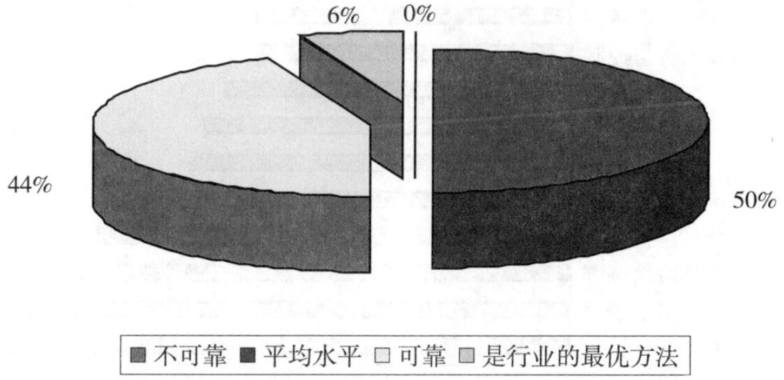

图 2　受访企业对自身防损体系评价

2. 防损部门职能设置

图 3 显示了国内零售企业基层门店防损职能部门的主要职责项目，其中排名前三位的是：外盗和内盗控制、损耗指标控制和消防安全。这三项仍然是防损部门最重要和核心的职能，也是企业对防损工作认可的主要成绩体现。除便利店等规模较小、不设专职防损人员的门店，防损部门均需对员工和顾客的人身安全负责。

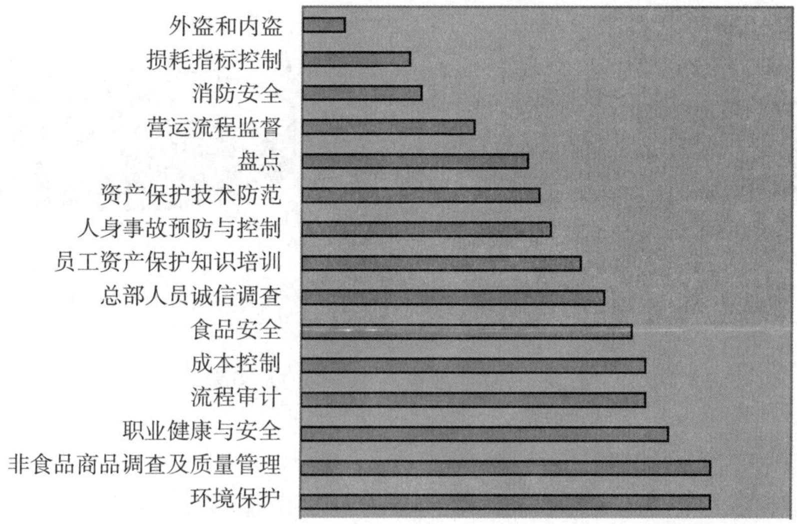

图 3　受访企业防损部门主要职能及排序

调查显示，企业总部在防损职能上与基层门店有所不同，其中诚信调查是总部非常重要的一项内容（见图4）。

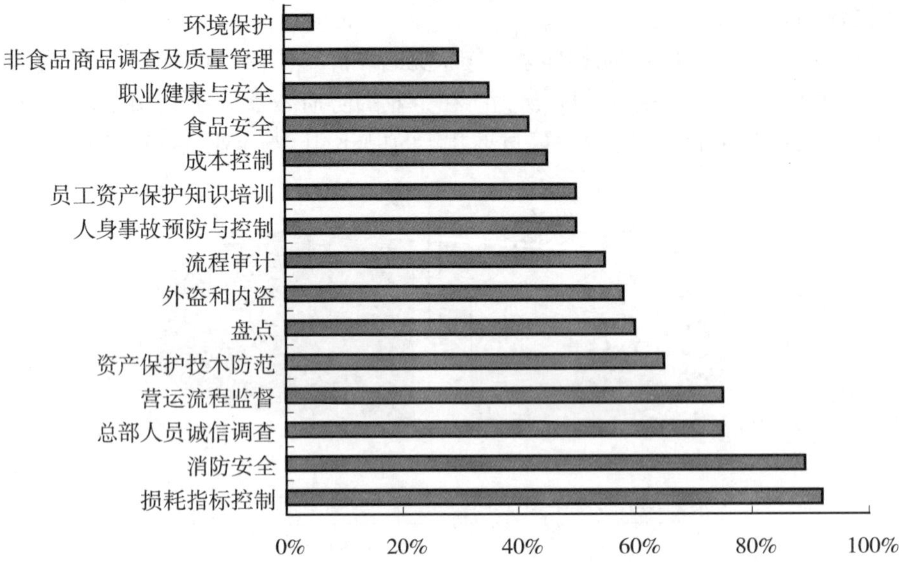

图 4　受访企业总部防损主要职能及排序

3. 盘点主导部门及其频率

图5显示，在企业盘点工作中，有37%的企业由营运部门主导，占比最高；而由防损部门主导盘点工作的企业占比为18%。

调查发现，目前有近六成的企业采取每季度进行大盘点，仅有6%的企业遵循年度大盘点的方式。

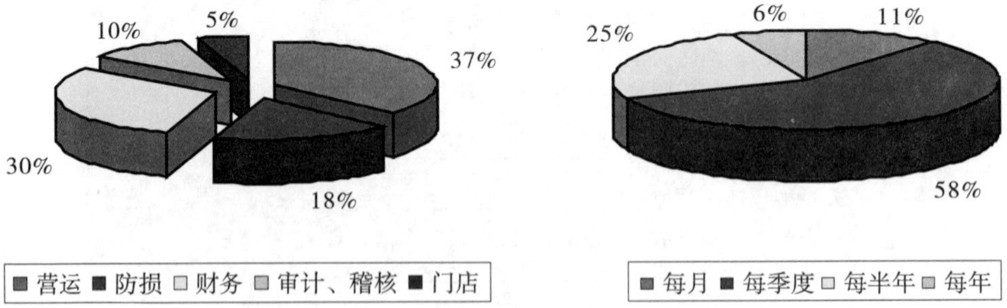

图 5　受访企业盘点主导部门及频度

4. 专职防损人员的配置

调查显示，零售各业态企业配置专职防损人员的数量不尽相同。其中，购物中心人数最多，平均为26人；其次是大卖场，平均为25人；百货店和标超分别为14人和13人；专业店、便利店、专卖店依次减少。这与各业态店面平均规模相对应。

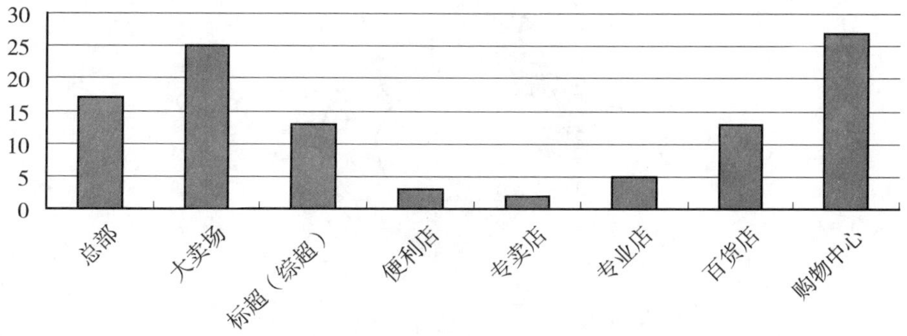

图 6　各业态企业配置专职防损人员情况

三、损耗指标、分布及跨区域特征

1. 内部规定损耗率指标

目前，国内零售企业在制定损耗率指标时主要依据的是往年的基础数据。总体看，多数企业给自身设定的损耗率指标都比较低，一般在 0. 3% 以下。本次调查显示，受访企业中，损耗指标在 0. 3% 以下的为 55%，比上年的 67% 有明显降低，表明由于对供应商补损等进行控制，企业也相应地上调了损耗率指标。

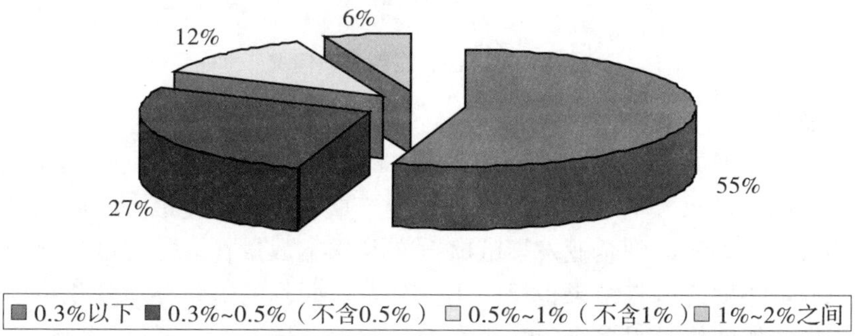

图 7　国内零售企业自定的损耗率指标

2. 损耗率计算依据

与上年调查结果类似，在损耗率计算方法上，国内大部分企业还是采取成本计算法，但成本计算法与零售价计算法的占比有所变化（上年分别为 74% 和 26%）。见图 8。

3. 损耗分布情况

产生损耗的分布上，受访企业普遍认为，营运及流程与仓储损耗可控且占比不高，虽然本年度 33% 的占比相较上年的 28% 有所上升（其中主要是营运及流程损耗，本年度占比相较上年提高了近 10 个百分点），但也只占三成左右。而内、外盗最为可怕，仍是企业损耗的最主要因素，约占六成。

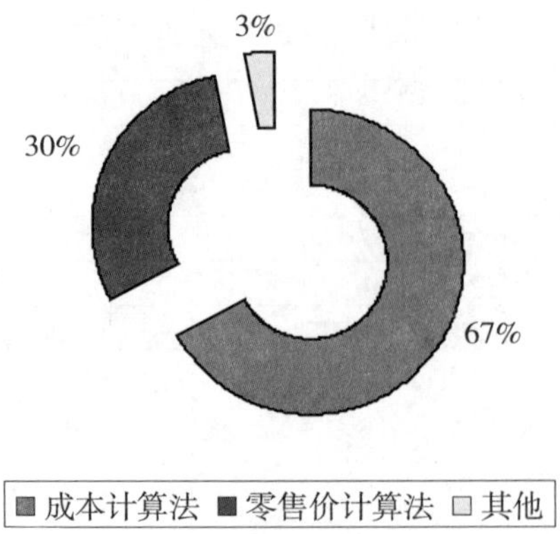

图 8　国内企业损耗率不同计算方法占比

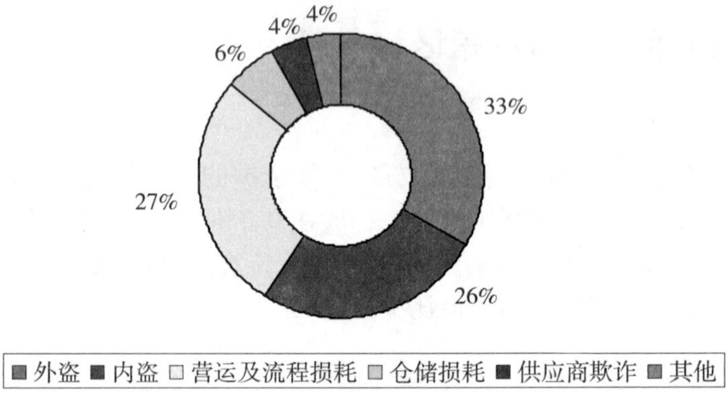

图 9　受访企业损耗分布情况

4. 跨区域损耗特征

对于全国范围发展的跨区域连锁企业来说，哪些区域的防损难度较大是总部最关注的焦点之一。问卷调查显示，华东首次成为外盗最严重、防损难度最大的区域，而上年华北是最严重的区域。尽管考虑到企业发展战略分布及样本数量在一定程度上会影响调查结果的真实反映，但本年度的调查结果也反映出部分企业面临的盗窃环境变化。当然，访谈统计结果表明，华北地区仍是很多企业防损布控的重点区域。

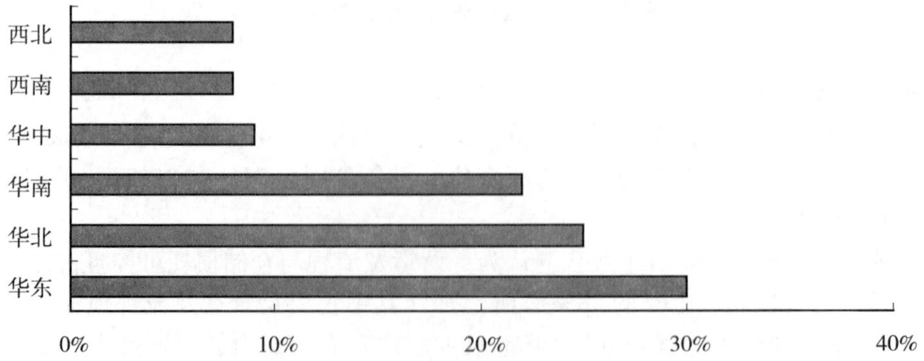

图 10　跨区域发展企业的区域损耗占比

四、损耗因素、处置及补损

1. 团伙盗窃情况

调查统计显示，本年度零售企业团伙盗窃成功率平均为41%，相比上年的46%下降了5个百分点。

从平均单个商场遭遇盗窃案件的次数看，总体约为平均每月20起，比上年平均每月上升3起。其中，3000平方米以上的门店平均每月发现团伙盗窃28起，比上年平均每月上升近8起，其中40%为防盗设备发现；而3000平方米以下门店平均每月发现团伙盗窃12起，比上年平均每月下降近2起，其中33%为防盗设备发现。

从团伙盗窃平均每次损失的金额看，3000平方米以上门店平均每次损失827元，3000平方米以下门店平均每次损失164元。

2. 最容易丢失的商品类别

对大部分零售企业来说都会划定10－30类自认为损耗最高的商品，这些高损耗商品享有企业较高或特殊的防损保护措施。调查显示，70%左右的企业设定高损耗商品目录，并对其采取特别的防损保护措施。调查还显示，本年度因盗窃丢失最多的三类商品及排序是：口香糖、巧克力和洗发水，而上年丢失最多的三类商品及排序是：洗发水、奶粉和巧克力。调查表明，口香糖和巧克力超过洗发水成为企业最容易丢失的商品，而洗发水仍然是最容易丢失的几个主要品类之一。奶粉的丢失比例相对下降，其中技术保护手段的提高起到一定的作用。

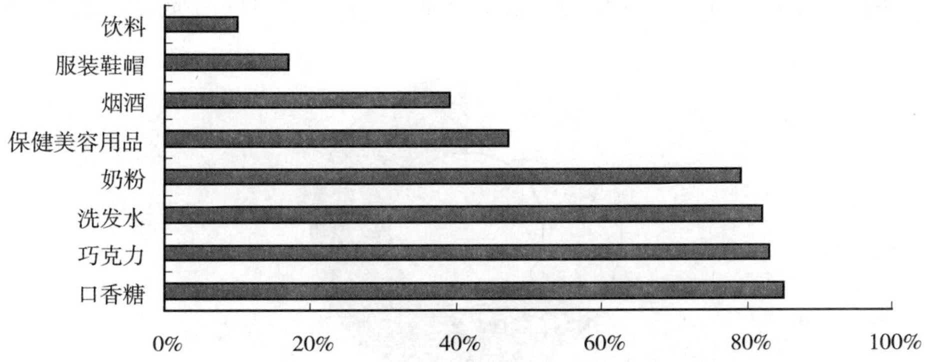

图11　受访企业最容易丢失的商品类别及排序

3. 最新盘点的损耗率

本次调查对受访企业最近一次大盘点的损耗数据进行了统计：结果显示，企业的平均损耗率为0.71%，大大高于上年0.43%的平均水平，其中大卖场的平均损耗率达到0.79%。平均损耗率大幅上升的主要原因，是由于部分企业杜绝供应商补损，获取了相对高的真实损耗率，拉高了整体的平均损耗率水平。

4. 供应商补损

调查显示，受访企业中，41%的企业要求供应商对损耗进行补损处理。要求供应商补损的企业往往会与供应商签订相应合同，并在合同中列明相关商品损耗补偿比例等条款。但是在实际操作中，大部分企业要求的补损比例在0.5%以内，也有少量二、三线产品补损比例达到1%以上。而提供补损的企业主要是相对弱势的民营企业。

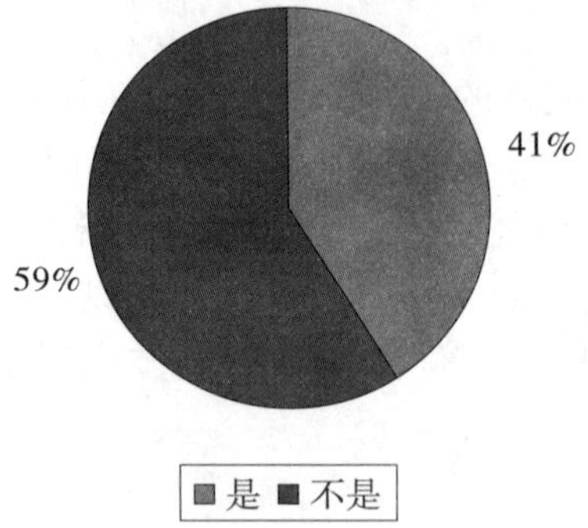

图12　是否要求供应商补损

五、防损配套措施及防损投入

1. 与供应商合作制定损耗防范策略

调查显示，近六成的受访企业都或多或少地与供应商共同制定损耗防范策略，但合作深度不尽相同。也有41%的企业认为，根据企业实际自行制定的防损措施更加有的放矢。

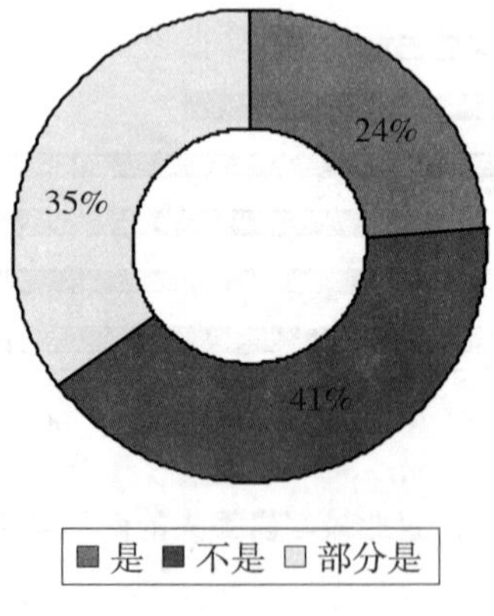

图13　与供应商共同制定损耗防范策略情况

2. 在董事会层面，防损工作的地位及重要性

随着市场竞争愈加激烈，企业获利愈加困难，是否在董事会层面讨论损失防范问题，并将防损问题列为关键决策之一获得优先执行，客观反映着防损工作的地位及其重要作用。调查显示，有49%的企业将损失防范问题列入董事会讨论议题，并将防损问题列为

一项关键决策并优先执行；还有 32% 的企业曾经在董事会层面讨论防损问题；同时，还有 19% 的企业在董事会层面未曾从战略上涉及损失防范问题。与上年相比，董事会层面对防损的关注程度没有提高。

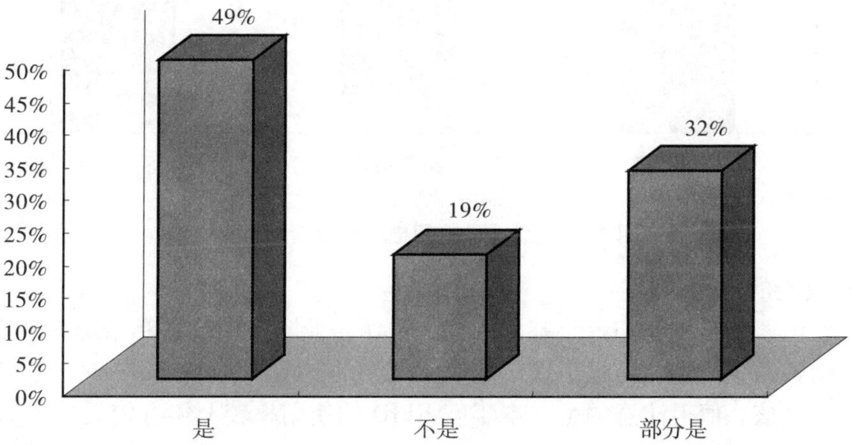

图 14 是否在董事会层面讨论防损问题

3. 常用的主要防损措施

调查显示，定期盘存、防盗系统、库存检查和现金特别保护是企业最常用的防损手段，其中对库存的检查超过了现金保护，成为第三重要的防盗措施。

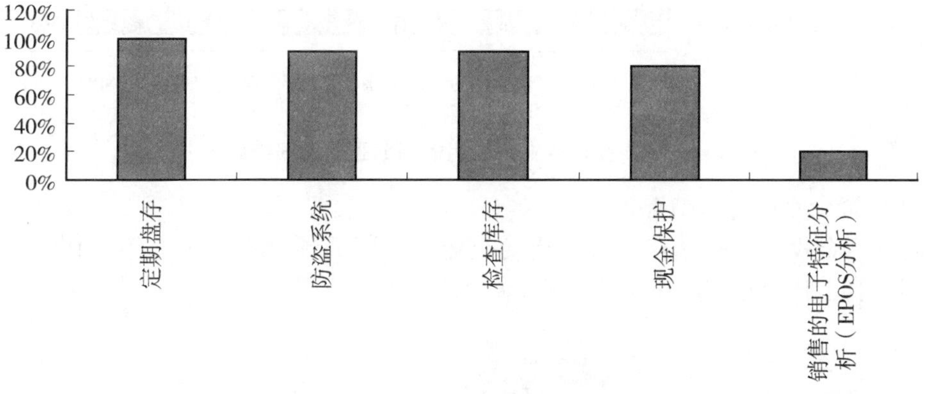

图 15 企业常用的主要防损措施

4. 电子防损措施在企业的应用

将各种电子化防控系统应用于企业综合防损监控是零售企业热衷选择的措施。调查显示，应用自动监控、自动报警和 EAS 标签系统是受访企业最常用的三种电子防损措施。

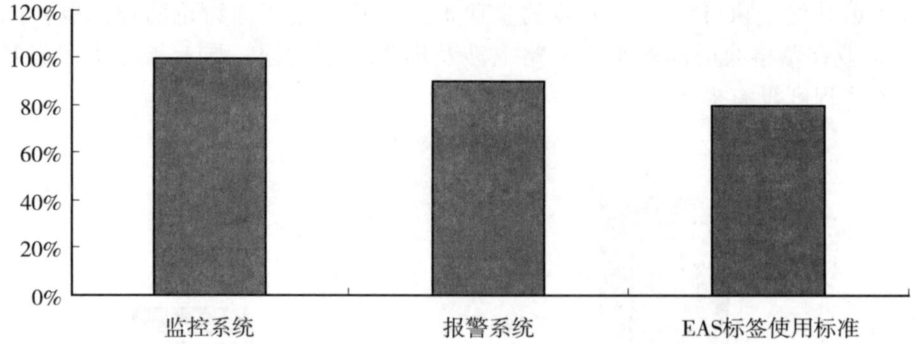

图 16 受访企业应用电子防损措施情况

5. 防损措施的强化手段

通过企业访谈了解到，与上年基本相同，受访企业除采用设备和系统综合防损外，通常还采用其他辅助手段强化防损工作，而最常用到的三项额外措施是：员工道德培训、专项盘点和流程复核。值得注意的是，本年度 RFID 的使用率较上年有较大的增加。

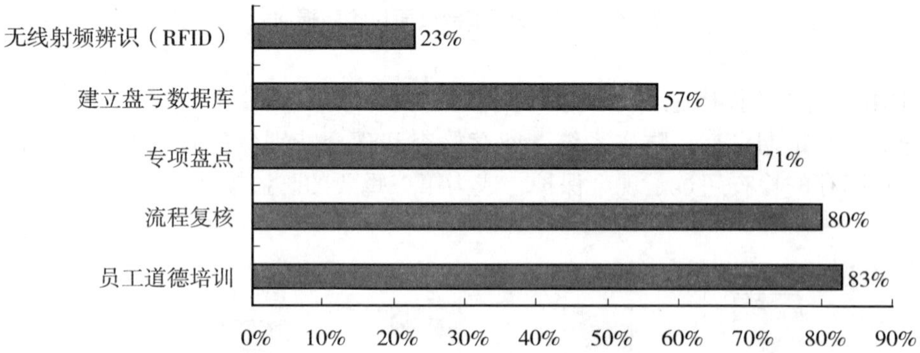

图 17 受访企业常采用的辅助强化防损措施

6. 防损资金年度投入情况

在防损资金投入方面，有 83% 的受访企业本年度的预算不低于上年，其中 17% 的企业在防损预算上比上年有所增加。

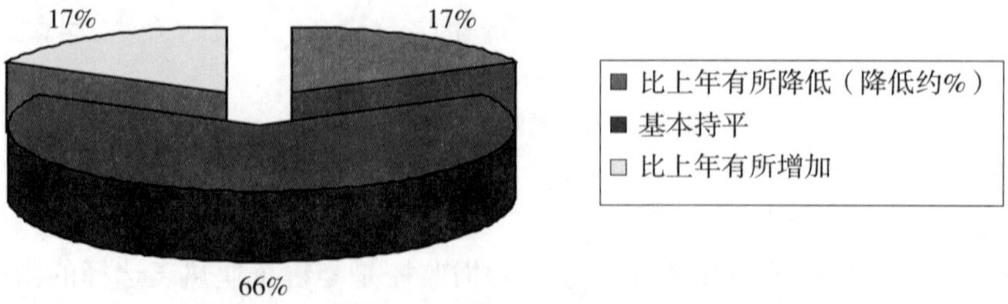

图 18 受访企业本年度防损投入与上年相比

从调查数据看，48%的企业在防损资金投入上占其年度预算的0.5%以内（上年为62%）；但本年度防损预算投入占其总预算资金的比例没有超过1.5%的企业，而上年度防损预算超过1.5%的企业占8%。

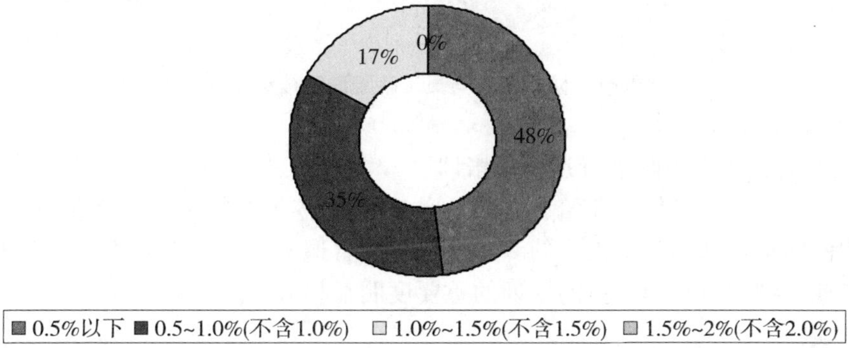

图19　受访企业防损投入年度预算比例

7. 防损投入中的人员与技术占比情况

从国内零售企业在防损投入的人工因素和技术因素看，本年度在技术上的投入占比为57%，在防损人员上的投入占比为43%，而上年这两项的占比分别为45%和55%。表明企业更加注重防损技术的投入，而对防损人员的投入有所降低。

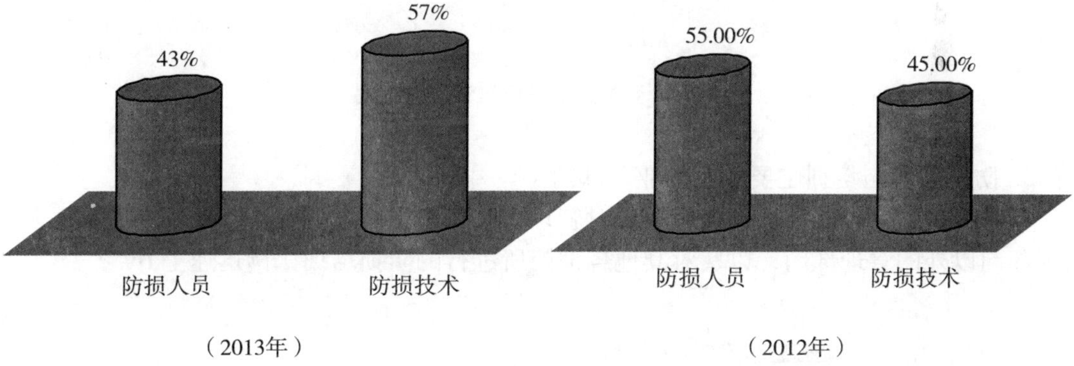

图20　受访企业防损人员投入与防损技术投入占比情况

六、降损激励与防损培训

1. 防损绩效与员工薪酬激励

如何更有效地提升企业防损工作是零售企业越来越重视的关键环节。调查显示，71%的企业已经将防损相关内容纳入员工薪酬奖励计划。

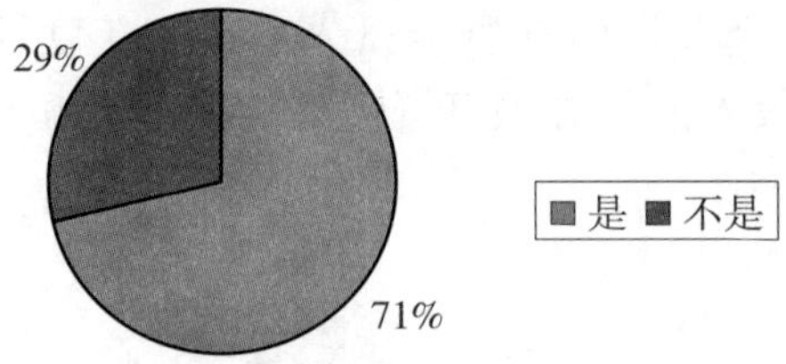

图 21　防损绩效与员工薪酬激励挂钩情况

2. 公司对防损负责团队进行过哪些培训

调查显示，在防损工作专业培训方面，受访企业都有整套的培训流程和手段。其中，员工新入职的防损培训和防损人员的专业培训是最普遍采用的培训方式。与上年的培训情况相比，专业培训和对管理人员的培训的重要度明显提升。

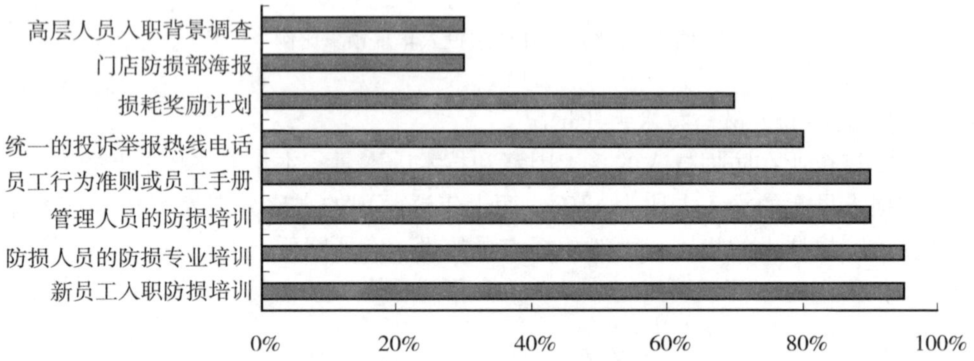

图 22　受访企业防损培训工作方式

3. 防损教育与培训主要涉及的业务部门

与防损部门的专业培训相同，企业对管理人员和全员防损的重视程度都有所加强。对防损部门以外的管理部门，以及对其他各部门所进行的防损培训比例迅速上升。

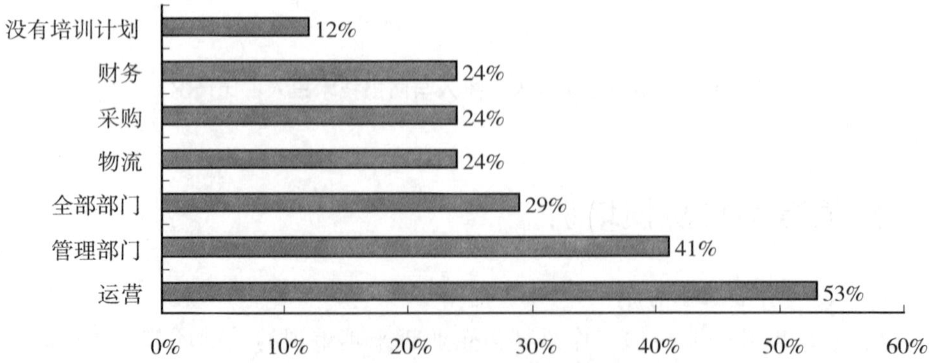

图 23　防损教育与培训主要涉及的业务部门及防损培训占比

4. 不同防损措施的效益情况

如图 24 所示，目前国内零售企业在各项防损措施的投入产出效率上，绩效最为突出的是对管理人员的培训，其次是对防损人员的专业培训。而上年绩效最为突出的是对新员工的防损培训，从中可以看出企业对防损工作认识上的变化。

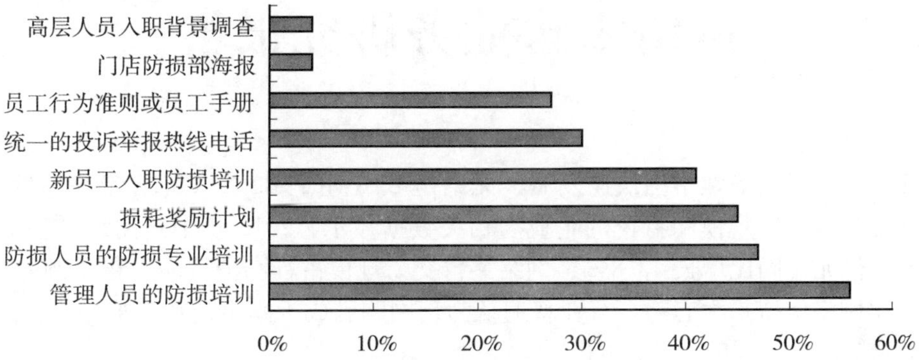

图 24　不同防损措施效益情况

七、调查主要发现

综合本年度零售企业防损状况调查，我们可以发现如下结论：

1. 开始有部分企业不仅意识到了补损给企业管理带来的风险，而且切实着手解决这个问题，并在实际的盘点中暴露了真实的盘点损耗率，拉升了平均损耗率。

相应的，企业也开始上调了企业允许的损耗范围。

2. 诚信调查越来越被企业所重视，成为企业防损总部的一个重要工作内容。

3. 企业对库存管理的重视程度进一步提升，库存检查在防损工作中的重要程度提高。

4. 民营供应商企业是补损中的主体。

5. 除传统的新员工防损培训，企业对全员防损和管理层的防损意识的培训和提升的重视程度大幅提高，并且获得了比较好的效果。

6. 第三方顾问在防损职能上的使用率仍然不高。

7. 企业在防损投入上与往年基本持平，但是投入更多的关注在技术设备，而减少了在人员上的投入，这是目前人工成本快速提高和人员招募困难的必然结果。

8. RFID 技术的使用率有较大增长。

（中国连锁经营协会）

2013 年中国传统零售企业开展网络零售业务研究报告

近几年，电子商务在中国快速发展，无论是 B2B 还是 B2C、C2C，都呈爆发式增长，涌现出一批具有一定规模和特色的企业。相关数据显示，2013 年中国网络零售交易规模达到 18851 亿元，同比增长 42.8%，网络零售交易规模占社会消费品零售总额的 8.04%，并且这一比例将保持扩大态势。行业普遍认为，网购已成为满足消费需求和拉动消费增长的重要渠道。

考虑到 B2C 业务与居民生活的相关性最大，本次调研主要针对这一领域中传统零售企业开展网络零售业务情况。同时，本调研主要采取典型问卷、专家访谈、实地走访等方式。在问卷调查部分，获取到有价值、较全面的 45 份典型企业的问卷信息；在专家访谈部分，分别在北京、上海等地召开了 4 次专家座谈会，就目前电子商务主要问题、相关建议、税收监管等议题进行了讨论；在实地走访部分，分别对居然之家、百盛、红孩子、王府井、亚马逊、百洋健康网、百丽优购网、甘家口、苏宁易购、百联电商、1 号店、银泰百货、好邻居、美宜佳等企业开展了详尽调查，获得丰富的一手信息。本调研还得到 IBM 和香港利丰研究中心的支持和帮助。

调研发现：电子商务在中国各消费领域持续快速发展，但由于中国区域经济发展不均衡、消费者追求价格便宜、实体零售满足消费者的程度不足等特点，使之与其他国家相比，中国的电子商务市场更广，网络零售业发展速度更快，具有更大的增长潜力。目前，电子商务的发展已融入每个人的生活，未来的电子商务将成为生活路径中不可缺少的一个渠道。

一、中国网络零售呈现爆发式增长

（一）持续高速增长

2012 - 2013 年，中国传统零售业因经营成本大幅上升，销售增幅持续下滑，致使营业利润明显减少，企业面临巨大考验。与之相反，中国网络零售则保持高速增长，市场规模进一步扩大。统计显示，2012 年网络零售交易规模 1.32 万亿元，同比增幅 64.7%，占社会消费品零售总额的 6.3%；2013 年网络零售继续高速发展，交易规模达到 1.89 万亿元，同比增幅 42.8%。图 1 显示，2008 - 2013 年网络零售交易规模占社会消费品零售总额的份额分别为 1.3%、2.1%、3.5%、4.4%、6.3% 和 8.04%，呈现持续稳定增长态势。

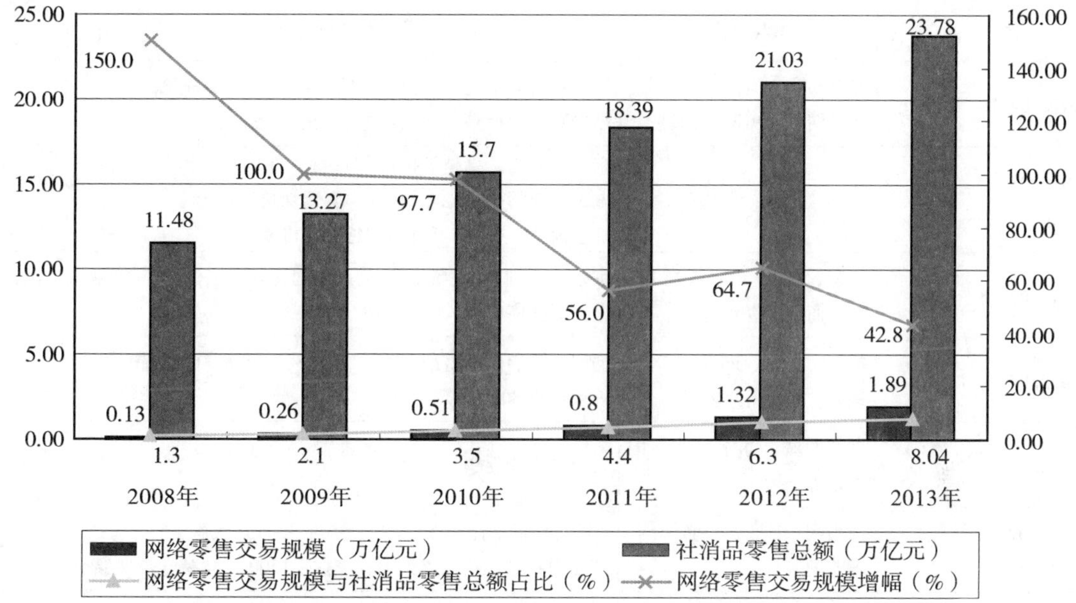

图 1　社消品零售总额、网络零售规模及其同比增幅、网络零售占社消品零售比例情况

（二）价格战贯穿全年

虽然网络零售高速发展，但竞争手段较为单一，价格竞争作为网络零售商的主要竞争方式贯穿全年。据有关统计，2012 年从“6. 18”、“8. 15”、到“双十一”，有规模的电商价格战至少 9 次，参与者几乎涉及全部主要网络零售商。

电商价格之争，在一定程度上提升了网站的流量和知名度，逐渐培养了消费者网上消费的习惯，扩大了网络零售在整个零售中的份额。但是，高调的价格战带给顾客高的期望值，长此以往会形成不打折不消费的习惯，不利于行业良性发展。个别企业在促销中所宣称的“零毛利”、“最低价”等口号违反了有关价格管理的相关规定，有的企业还存在先提高原价再打折等不正当竞争的情况，损害了消费者权益。更重要的是，在大规模促销后，物流配送和售后服务跟不上，大大降低了消费者的满意度。

近几年，一些网络零售企业每年都以翻倍的速度增长，但其增长模式仍然主要依靠“打价格战——扩大市场份额——吸引供应商进入——吸引投资人进入——再打价格战扩大份额”的粗放方式。在物流、售后服务等方面尽管也在进行投入，但提高并不明显。

表 1　　2012 年网络零售价格促销情况

时　间	参与电商	价格战促销内容
2012. 01 春节	京东商城、1 号店、 唯品会、乐淘网等	京东：新年送红包；1 号店：春节也发货； 唯品会：新年奢侈名品许愿
2012. 02. 14	京东商城、1 号店、 银泰网、博库网等	京东：4600 份好礼相送；1 号店：甜蜜礼物 1 折起； 博库：80 万书满 128 立减 20

续表

时　　间	参与电商	价格战促销内容
2012. 04. 18	苏宁易购、库巴网、当当网、国美网上商城	苏宁：击穿全网最低价；库巴：48 小时终极疯抢惠；当当网：熬夜惠；天猫：电脑抄底专场
2012. 05 母亲节	京东、当当、卓越等	京东、当当、卓越等推出节日特惠专区，以折扣、满减、买赠等方式争夺消费者；当当网："真情裸价"；京东商城："温馨五月情，感恩慈母爱"
2012. 06. 18	京东、苏宁易购、当当、天猫商城、易迅等	京东：让利 10 亿元；苏宁：全网比价月；当当：年中庆，满减送；国美库巴网：狙击 618
2012. 07	携程、艺龙、同程、芒果、途牛等	携程：酒店团购直减 10%；同程网：掷 9000 万促销；芒果：投 8000 万现金补贴
2012. 08. 15	京东商城、苏宁易购、国美系等	大家电降价促销
2012. 09 中秋节	当当网、1 号店、酒仙网、缤购网等	1 号店：百万让利贺佳品；淘宝：中秋送大牌，5 折起；酒仙网：亿元豪礼惠天下；缤购：1500 万立减券免费领
2012. 10 国庆节	携程、艺龙、库巴、苏宁易购等	携程：机票预售一折起；艺龙：亿元即可提现；库巴：哭吧，33 天；苏宁：充 100 返 100
2012. 11. 11	阿里系、国美系、苏宁易购、京东、当当等	阿里系：11. 11 购物狂欢节；国美：全网底价新坐标；苏宁：超级 0 元购；京东："沙漠风暴"让利活动；当当：11. 9 惹火行动
2012. 12. 12	京东商城、淘宝、易迅、拍拍网	京东：主推"会员关爱"；淘宝：注重"讲故事"；易讯：举"公益大旗"；拍拍：疯抢节
2013. 2 月末 至 3 月初	乐蜂网、聚美优品	2 月 27 日乐蜂网"桃花节"促销率先启动；3 月 1 日聚美优品三周年店庆"补贴上千万，打破行业价格底线"，乐蜂网以"货比三家，理性消费，看清楚谁更便宜再下单"口号应对
2013. 03 妇女节	京东商城、苏宁易购、国美在线、当当网、易迅网、1 号店等	3 月 1－24 日京东商城"春雷行动"；苏宁易购"化妆品联合行动"及 3 月 14 日起的"4 天半价"和 3 月 8－16 日的"家电专家，让生活多点绿"等活动；国美在线的"花样女人节"；天猫的"3. 8 女人我最大"；当当网的"女人越当越快乐"；易迅网的易迅会员日，女人我最大；一号店的"3. 8 终级宠爱"
2013. 4. 18	苏宁易购、国美在线、唯品会、易迅、1 号店	4 月 18－21 日苏宁易购的"4·18 大型网促""青春风暴 0 元购"；国美在线的"4－18 巅峰时刻"抢购会；4 月 17－19 日当当网的"图书 5 折封顶"参战；同时，易迅网的"全网底价"针对京东、苏宁、国美启动长达一个月的比价活动；唯品会：推出"史无前例的特卖会"
2013. 05 五一节	京东、苏宁易购、国美在线、唯品会、天猫等	京东：五一激情，钜惠出击；苏宁易购：延续青春风暴活动；国美在线："最强店庆月"超级让利促销活动持续至五一黄金周；唯品会：延续特卖会，在五一期间近百家国际大品牌限时抢购；天猫：家装家电五一抢先购等
2013. 5. 12 母亲节	京东商城、苏宁易购、国美在线、天猫等	京东商城："真情大爱母亲节"；苏宁易购："母爱最伟大，最爱送给她"；国美在线："感恩母亲节""母亲节不要简单要减单"；天猫："向妈妈致敬"等

研究表明，中国网络零售发展分为三个阶段。一是价格竞争，依靠资本拼价格，低价促销吸引消费者和扩大影响力；二是追求品质，依靠提升服务创造持续重复的购买力，形成良好口碑；三是打造品牌，通过累积良好的用户口碑以及品牌美誉度，提升消费者忠诚度。很显然，目前中国的网络零售发展还属于价格战的初级阶段。

（三）行业整合并购加剧

网络零售市场规模的不断扩大和广阔的市场前景，催生了上下游相关行业的纵向合并和行业内部的横向合并。

传统零售企业进入网络零售：一些企业选择自建网站，一些则采取并购的方式迅速进入和占领市场，如国美收购库巴，拉开了传统零售企业并购网络零售的序幕。跨入网络零售市场的企业远不止传统零售行业，传统互联网企业也在寻求突破，如腾讯收购易迅网。除此以外，传统纯电商自身出于业务需要，向上或向下延伸，如京东并购网银在线。

网络零售行业出于自身品类扩张的需求，也会通过并购方式实现快速突破，如苏宁易购收购红孩子。

网络零售的并购远没有结束，仅仅是开始，网络零售市场行业是一个高度开放的市场，资源可以更为高效的配置，随着网络零售市场的发展，市场将会进一步集中，因而围绕网络零售的并购重组将不断上演。

表 2　　2012 年网络零售主要并购事件

时　间	参与者	并　购　事　件
2012. 05	国美、库巴网	2010 年年底，国美投资 4800 万元获得库巴网 80% 股权。2012 年 5 月，国美又投资 1200 万元收购了库巴网剩余 20% 股权，从而对库巴网实现全国美化。
2012. 05	腾讯、易迅网	2012 年被视作腾讯电商的整合年。5 月，易迅网 CEO 卜广齐公开透露腾讯持股比例约为 80%；而 10 月底则有消息称腾讯 100% 控股易迅。腾讯实现对易迅的控股，易迅与腾讯旗下的 QQ 网购完全打通，承担了部分腾讯电商的自营业务；另一方面，易迅的物流、仓库系统开放给 QQ 网购入驻商户。
2012. 06	F 团、高朋网	6 月 26 日，团购网站 F 团宣布与高朋完成并购重组，合并成一家新公司。F 团 CEO 林宁任新公司 CEO，高朋网初始股东腾讯、Groupon、云锋基金也参与到新公司。
2012. 09	苏宁、红孩子	9 月 25 日苏宁电器宣布，以 6600 万美元全资收购母婴 B2C 平台红孩子公司，并承接“红孩子”及“缤购”两个品牌和公司的资产、业务。
2012. 10	沃尔玛、1 号店	2012 年 10 月 26 日沃尔玛宣布已完成对 1 号店的增加投资，沃尔玛持有股份增至近 51%。
2012. 10	京东、网银在线	京东商城完全收购网银在线公司，布局网上支付领域。此举意在摆脱对第三方支付公司的依赖，掌握在线支付的控制权。
2012. 11	麦考林、趣天网	麦考林宣布与趣天网（Giosis）成立新合资公司趣天麦考林（Giosis Mecoxlane），新合资公司将在 M18. com 域名下运营，趣天和麦考林持股比例分别是 60%、40%。
2013. 03	凡客诚品、初刻	3 月 4 日，凡客诚品正式宣布，以现金加换股的形式全资收购垂直电商品牌初刻，届时初刻团队将并入凡客。

续表

时　间	参与者	并　购　事　件
2013.04	阿里集团、虾米网	2013 年 1 月，阿里集团进行架构调整，成立 25 个事业部，其中音乐事业部包括虾米网团队。关于阿里集团收购虾米的消息传出，阿里一直未对此有官方证实。阿里方面 4 月 19 日向新浪科技表示，集团对虾米网的收购已经完成，但公司不会就交易目的和金额做评价。淘宝网将在 4 月底联合虾米网推出边听音乐边购物的服务。届时，淘宝用户登录购物时，可直接点开嵌入的虾米网音乐服务。
2013.04	阿里巴巴、友盟	4 月 2 日有消息人士向腾讯科技透露，阿里巴巴日前已正式签约收购移动应用服务平台友盟，交易价格约为 8000 万美元。交易完成后，友盟团队将融入阿里巴巴。阿里巴巴对此表示不予置评。一位投资人则证实上述消息，称仅是价格无法证实。

（四）平台布局格局未定

国内主要自营 B2C 网络零售商均面临盈利压力，相对于自营，通过向第三方提供开放平台的方式可以有更多的运营选择和操作空间，毛利也会大于其自营部分。同时开放平台是目前能迅速扩大规模的唯一途径，也是为什么各大网络零售商纷纷推出开放平台的动因。

主要网络零售商推出开放平台的情况：

京东商城于 2011 年 1 月推出开放平台，2012 年的销售额在 130 亿 – 150 亿元之间，增长率约达 300% 以上。

苏宁易购于 2013 年 2 月 21 日更名为苏宁云商集团股份有限公司，即“店商 + 电商 + 零售服务商”相结合的新零售业模式，是一个基于线上线下多渠道融合、全品类经营、开放平台服务的业务形态。其开放平台也即将推出。

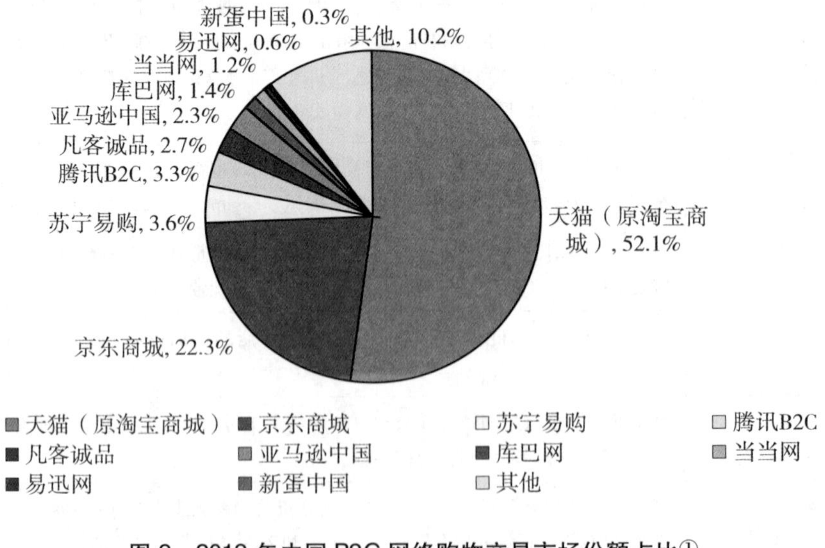

图 2　2012 年中国 B2C 网络购物交易市场份额占比①

① 数据来源：100EC。

2012 年 12 月，国美整合国美在线和库巴，库巴专注平台业务。

腾讯控股易迅网后，腾讯电商将以易迅网为主打品牌，完成与 QQ 网购的整合，在易迅建立起来的自营体系下形成的仓储配送和客户服务的体系，未来会作为腾讯电商的基础服务体系开放给商家用。

亚马逊中国 2011 年 7 月推出平台业务，第三方卖家除可在该平台上开店销售产品外，还可共用卓越亚马逊物流服务。

从企业销售占比情况看，除了天猫商城和京东商城占比突出，分别达到 52% 和 22% 外，其他电商企业的市场份额均在 3% 以下，但都处于快速发展阶段，因此可以说总体格局还没有最终形成。

（五）购物和营销行为社会化

互联网作为今天人们生活不可缺少的一部分，人的社会属性越来越多的通过互联网途径来展示，这种变化带来消费习惯的改变，人们在进行消费时，通过在社会化网站上分享和评价，从而影响周边人的购物行为。简单而言，社会化购物即将生活中朋友间关于商品购买的相互询问、推荐、评价互联网化，只是互联网化的推荐、评价从影响速度和范围来看要迅速和广阔得多。这种变化促成营销模式的变革，对企业的商业行为影响深远，各大网络零售商已将新兴媒体如微信、微博、点评网站等作为一个重要的渠道，进行公司品牌宣传、营销推广、危机公关等的重要途径。回顾 2012 年多次促销价格战和行业重大事件，无不在微博平台上淋漓尽致地发挥。

2013 年 5 月 6 日，阿里巴巴入股新浪微博，按照交易协议，双方未来将在用户账户互通、数据交换、在线支付、网络营销等领域进行合作。这一交易正是基于社会化购物广阔前景的前奏。相对于网络零售企业，传统零售企业对于社会化购物的反应似乎要迟缓一些，以中国连锁百强企业前十位的微博使用情况来看，较之网络零售企业，其对于社会化购物的理解和应用相去甚远。

（六）传统零售巨头抢滩网络零售市场

为应对激烈的市场竞争，传统零售企业纷纷“触网”，传统零售企业大规模进军网络零售成为 2012 年零售业最为突出的特点。越来越多的传统零售企业加大线上渠道的运营力度，部分企业加强了对自有电子商务平台的投资。在 2012 年连锁百强中，传统零售企业已有 62 家以不同方式开通了网络零售平台。尽管从总体上看传统零售商开展网络零售的规模尚小，2012 年连锁百强的网络零售额约为 350 亿元，在全国网络零售整体规模中所占比例较低，但从长远看，传统零售商通过调整优化、融合发展，将会在网络零售业务中占据更加重要的地位。

2012 年连锁百强销售规模同比增长 10.8%，连续第二年慢于社会消费品零售总额的增长。百强企业门店总数达到 9.4 万个，同比增长 8.0%。

2000 年以来，连锁百强平均年销售增长超过 25%，但近两年，增速明显放缓，这是行业自身发展规模的体现，也是受到人口红利的消减、渠道分流、消费者消费习惯变化等多种因素的影响结果。可以预见，未来几年连锁行业将处于稳定发展期。

众多线下零售企业纷纷加码电商。苏宁电器正式宣布改名为苏宁云商，对此前以苏宁易购为主的电商思路进行升级。而几乎同时，万达集团电商平台即将挂牌、团队已完成组建的消息在业内飞速流传。除了苏宁和万达，杭州人熟悉的国美电器、银泰等传统零售企业也早已竞相试水电子商务。国际零售巨头沃尔玛也通过收购 1 号店，一举成为中国 B2C 市场排名靠前的重要力量。

二、网络零售发展潜力巨大

根据《内贸“十二五”规划》，到 2015 年网络零售额将占社会消费品零售总额的 9%，约为 3 万亿元。按照目前的发展态势，将会提前达到目标。相关数据显示，中国的宽带网络普及率只有 30%，到 2020 年，网络零售将为个人消费带来 4% ~7% 的增长。本研究发现以下几个趋势：

（一）平台化是 B2C 的主要发展方向

调查显示，2012 年大部分自营 B2C 纷纷加大平台的建设力度，并且已经成为网络零售商发展的主流形式。2013 年中国连锁经营协会发布的 2012 年 B2C 购物网站排名中，前 10 名中的 8 家有平台业务，除天猫为纯平台型外，其余均为自营加平台模式。

同时市场资源也将会进一步集中到大型网络零售平台运营商，开放的平台将会成为行业的主流，具有强大业务能力的领军企业会演变成涵盖网络零售、支付、金融等全面的电子商务平台，以及通过价值链上下游整合达到更大量级的规模。

平台趋势在 2013 年开始真正发力，成为价格战后的各大网络零售商的下一个主战场，以苏宁易购的“全平台开放、全品类共建、全网络共享”，到京东邮件曝光的“京东所有业务都要平台化，目标做一个和阿里巴巴完全不一样的平台”为标志性事件，网络零售商的平台之争白热化。

（二）价格竞争向服务竞争转变

2012 年行业竞争激烈，“价格竞争”为主要手段，但整体亏损难以持续，资本冷却，行业面临商业模式转型；2013 年，围绕提升物流服务，退换货服务方面的重体验服务竞争已成为主要手段。

例如，京东物流官网首页上除了提供物流政策介绍、配送网点查询、运费计算、合作加盟等信息外，还为第三方卖家及供应商开通了可直接登录京东青龙系统的端口，帮助合作伙伴进一步优化其物流渠道，提升配送效率。同时，京东推出极速达、夜间配、211 限时达、GIS 包裹实时跟踪等一系列特色服务。

苏宁也于 2012 年提出了开放平台。开放平台的宗旨是：服务供应链。通过平台资源的开放，将供应链环节进行优化，为上游供应商、中游销售企业、下游消费者提供全面、专业的供应链服务，平台也将依托强大的电子技术、网络环境打造一个全面开放、全新服务的开放平台。

（三）行业整合并购将持续

网络零售市场行业是一个高度开放的市场，资源可以更为高效的配置，随着网络零售市场的发展，市场将会进一步集中，因而围绕网络零售的并购重组远没有结束，仅仅是开始。

规模化扩张将是2013年的网络零售行业的主旋律以及未来几年发展的主要方向，一方面，网络零售行业的高速发展，得益于资本的大力推动，在资本投资逐渐理性和降温的大环境下，一些缺乏核心竞争力的企业面临后续资本不足，前进乏力的窘境，寻求庇护将是继续生存下去的机会；另一方面，网络零售商平台化大背景下将推动企业快速扩张，资本推动的整合并购的趋势将更为突出。

（四）移动互联后来居上

截至2012年12月底，我国手机网民规模达到4.2亿人，占网民总数的74.5%。

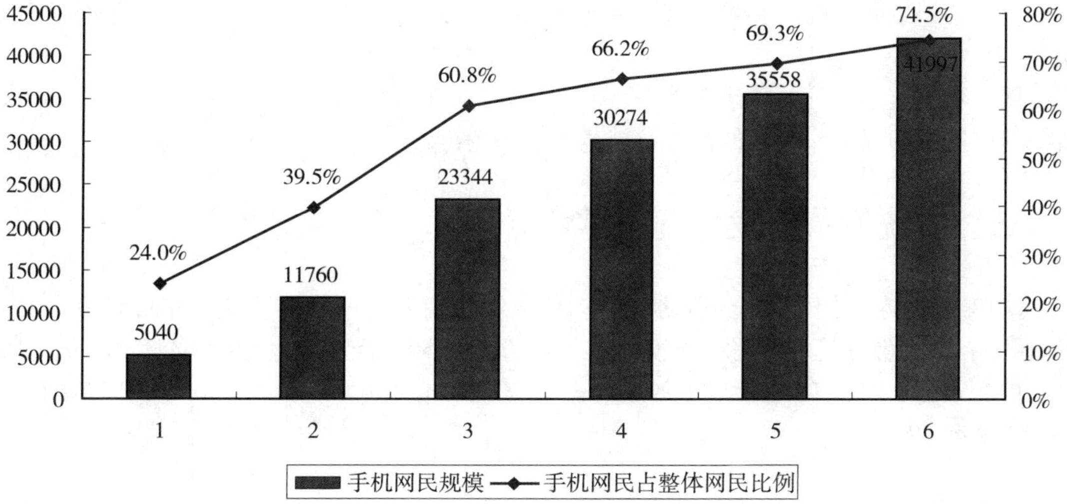

数据来源：中国互联网络发展状况统计调查

图3　手机上网网民规模

与生活在互联网第一代的80后学生成为日后网购的主力军一样，今天，技术进步推动的网络媒介的变化，生活在移动互联网的一代人，也将成为移动互联网的网购主力军。基于移动终端的网络零售布局已经展开。

数据显示，2012年实际通过手机购物的用户规模达到5544万人，占手机网民的13.2%，随着我国移动网络环境的改善和智能手机的普及，我国网络零售在手机端的发展将变得迅猛。目前这一群体仅占到网购用户的22.9%，远低于网购用户中使用手机查询商品信息的比例，这预示着移动终端的网购用户规模未来将呈现爆发式增长。

淘宝、京东、腾讯等各大主流企业均已布局移动网络零售，技术进步推动上网介质的改变，移动网络零售的面目也逐步清晰。

（五）网络零售监管逐步强化

网络零售的高速发展，对促进经济发展发挥了较大的积极作用，但也积累了不少问题。一方面来自网络零售不规范因素及相关法规缺失导致的消费者权益受到损害及维权问题，如信息泄露、网络诈骗、虚假促销、网络售假等问题层出不穷；另一方面，网络零售的进一步延伸也严重冲击传统零售企业，网络零售相关法规的欠缺、监管空白及税费等问题客观上也造成了与传统零售企业竞争上的不公平显现。在 2013 年的“两会”上，步步高集团王填代表及苏宁张近东代表均就网络征税及相关监管提出相关提案，网络征税及监管正式大范围展开讨论。

早在 2013 年两会前，各中央部委就已召集相关行业专家展开相关讨论，部分已经形成具体的“通知”或“意见”。如 2012 年 2 月由国家发改委、财政部等 8 部门出台的《关于促进电子商务健康快速发展有关工作的通知》，3 月份由国家工商总局提出的《关于加强网络团购经营活动管理的意见》，工业和信息化部出台的《互联网信息服务管理办法（修订草案征求意见稿）》等。除已经公布的政策条文外，部分拟定中的文件包括中国连锁经营协会组织起草的《网络零售商促销价格指南》等，这些政策、规范已在逐步拟定中。

网络零售监管尽管面临诸多阻力，但一个规范有序的市场秩序，是一个行业能够得以长期健康发展的保障，相关的政策及规范也会陆续出台。

三、传统零售商发力网络零售

2013 年年初，中国连锁经营协会启动传统零售商开展网络零售业务年度调查。共收回有效问卷 45 份，其中年销售规模分布为：10 亿 – 50 亿元的企业占 40%，100 亿 – 300 亿元的企业占 27%，10 亿元以下的企业占 15%，50 亿 – 100 亿元及 300 亿元以上的企业分别占 9%、9%。

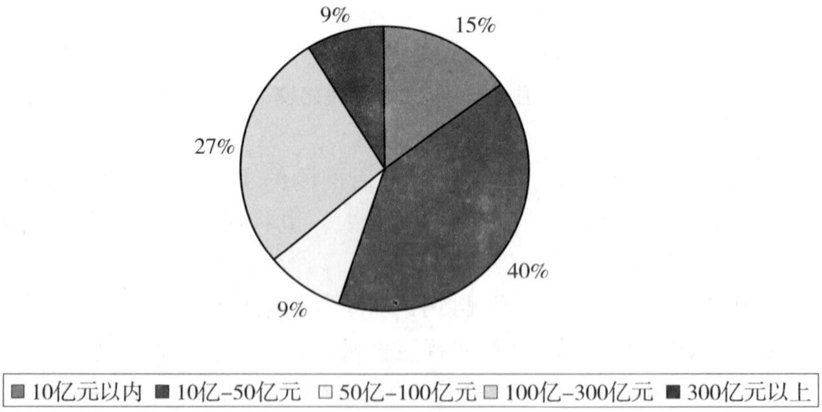

图 4 企业规模结构

（一）进入较晚，处于起步阶段

网络零售近年一直保持较高的增长速度发展，2012 年其规模占社会消费品零售总额

6.3%，网络零售已成为毋庸置疑的发展趋势，传统零售商进入网络零售只是时间和采用何种方式的问题，而不是进或者不进的问题。

调查样本中大部分传统零售商已经开展了网络零售业务，进入时间集中在 2010 至 2012 年，占比达 85%，超过 4 年企业仅占 15%。从进入时间来分析，目前传统零售商的网络零售业务仍处于起步阶段，大部分企业处于投入建设期，以目前的现状，尚不能对纯网络零售企业形成较大威胁，但壮大趋势明显，一旦前期投入及磨合完成，传统零售企业的网络零售业务将集中迎来爆发期。

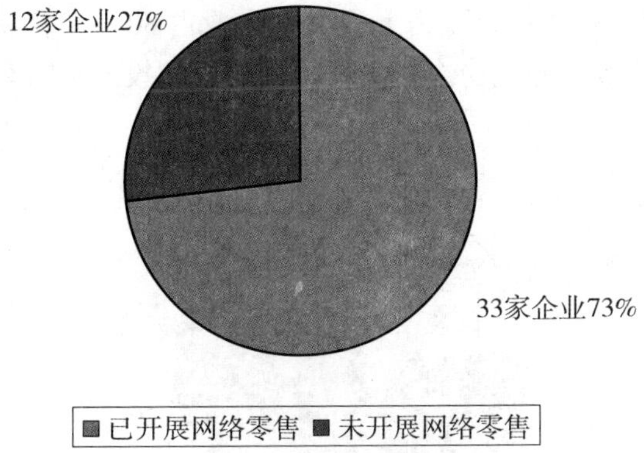

图 5　传统零售企业开展网络零售情况

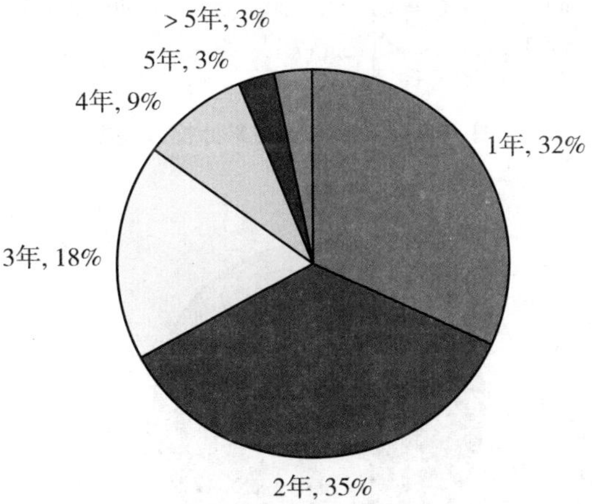

图 6　传统零售企业开展网络零售时间

当前，传统零售业正经历人工、房租等成本费用的大幅上涨带来的盈利压力，而互联网信息技术正以加速的趋势延伸至传统零售行业，网络零售以其先天的优势，如跨区域、更好地识别消费者、全天候服务等，对传统零售模式构成猛烈冲击。有实力的企业纷纷加入网络零售，开始进行试探尝试或作为战略方向，进行公司业务转型，前者以王府井、利群为代表，后者以苏宁云商、银泰网等为代表，正式吹响了转型的号角。

（二）规模尚小，试探性质明显

传统零售商进入网络零售，除苏宁、国美、百丽等大型零售商和品牌商外，线下业务规模在年营业额5亿元以下的企业难以复制这些大型企业的模式，它们并不具备这些大企业在资金、人才、品牌把控等方面的实力，大部分企业仍处于小规模投入、试探阶段，业务规模较小，尚未形成清晰的战略思路，定位模糊，发展前景不确定。

从投入方面来看，调查显示，已经开展网络零售业务的企业中，近六成企业投入在500万元以内，少于2000万元投入的企业占76%，2013年计划投入的费用中，计划投入费用少于500万元的企业占61%，少于2000万元投入的企业占80%。发展网络零售面临技术、运营、推广等诸多环节，需要大量的资金投入，目前企业的投入杯水车薪，后续发展乏力。

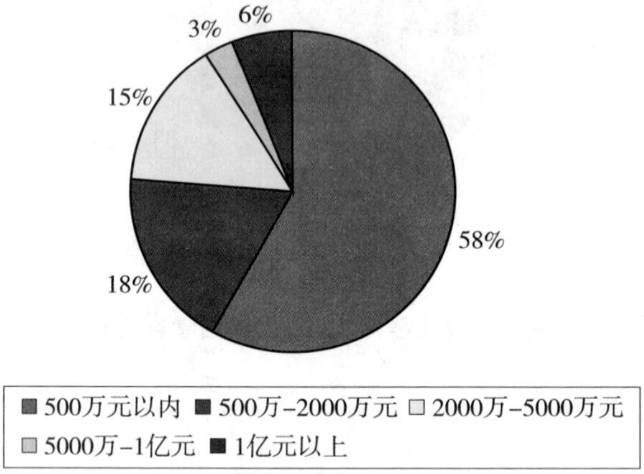

图7　从开始到现在累计投入规模

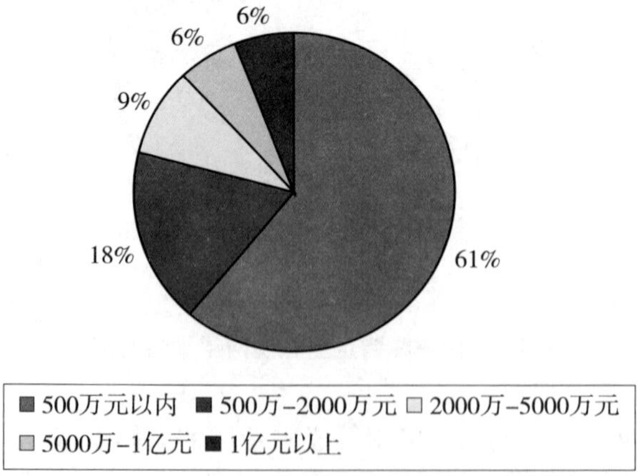

图8　2013年计划投入规模

从人员投入来看，大部分企业投入比例较小，36%的企业不到10人，10－30人的占21%，超过100人的企业仅占12%。网络零售属于劳动密集型行业，数据显示，目前企业在人员上的投入仍非常保守。

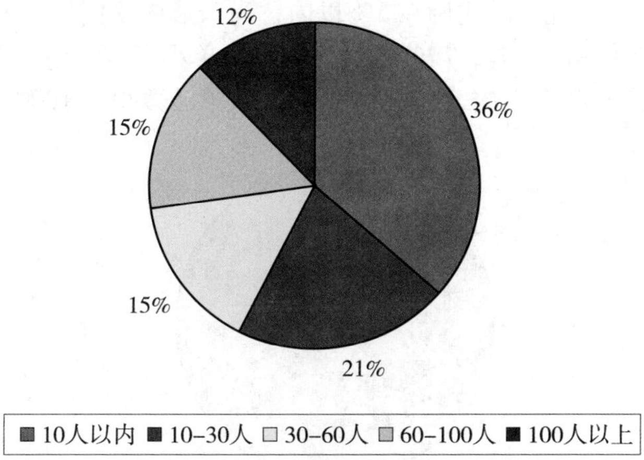

图 9　人员投入

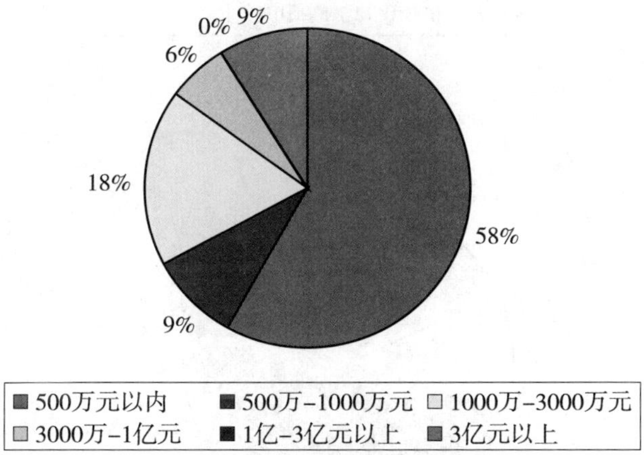

图 10　2012 年网络零售业务销售规模

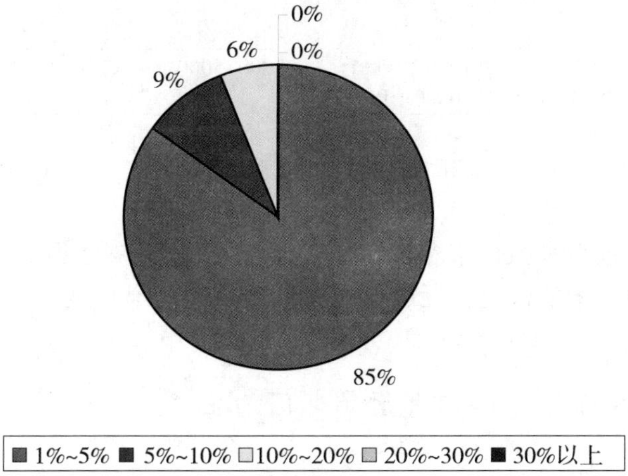

图 11　2012 年网络零售占公司销售额比例

从销售额规模来看，网络零售销售规模较小，2012 年六成企业的销售额小于 500 万元，85% 的企业规模占总规模的比例在 5% 以内，尚未形成规模。

从日均订单和经营单品上看，79% 的企业日均订单小于 500 个，单品数也较少，71% 的企业经营单品数在 3000 个以内，其中 42% 的企业单品数小于 1000 个。

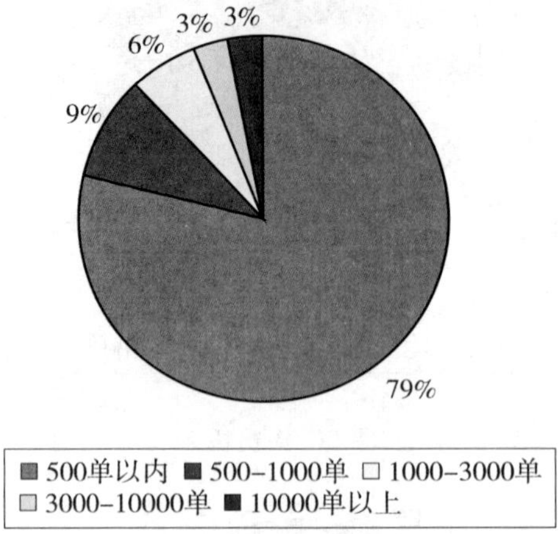

图 12　日均订单数

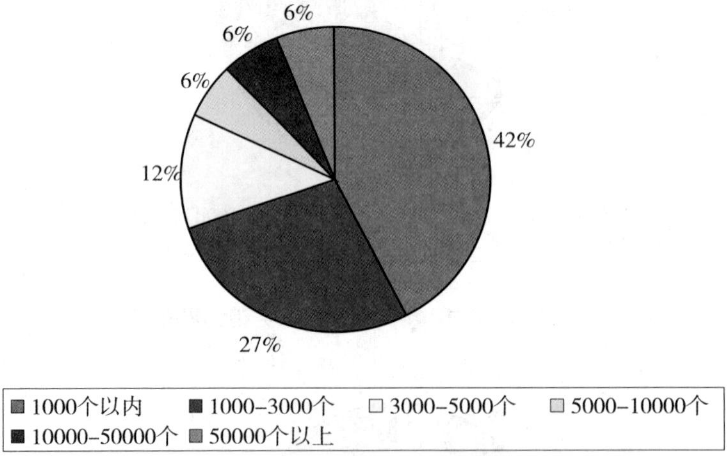

图 13　经营单品数（SKU）

另一方面，从连锁百强数据来看，百强中已有 62 家开展了网络零售业务，但总销售额不过 350 亿元规模，销售额过亿元的仅 3 家。也从另一个角度印证了传统零售企业开展网络零售的试探阶段。

（三）发展模式保守，以内部附属部门为主

1. 渠道模式以自建为主

调查显示，自建平台为传统零售企业开展网络零售业务的主要模式，比例为 88%，超过一半的企业使用单一模式，且全部为自建网络，45% 的企业使用 2 种及以上模式。

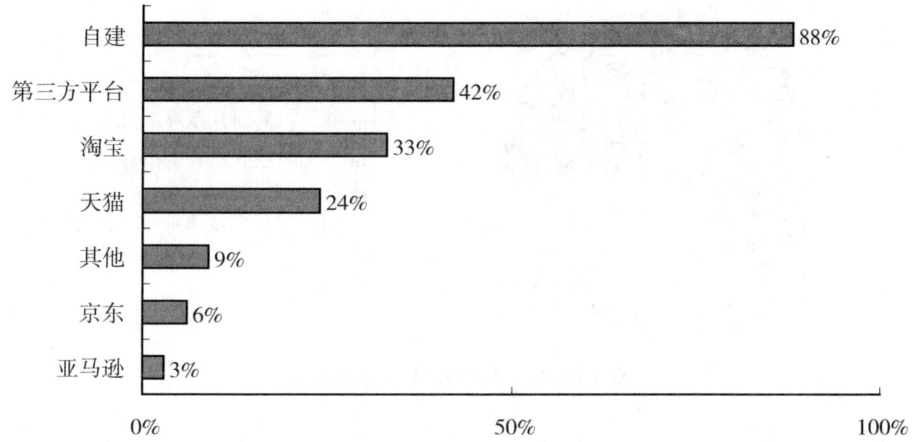

图 14　平台选择模式

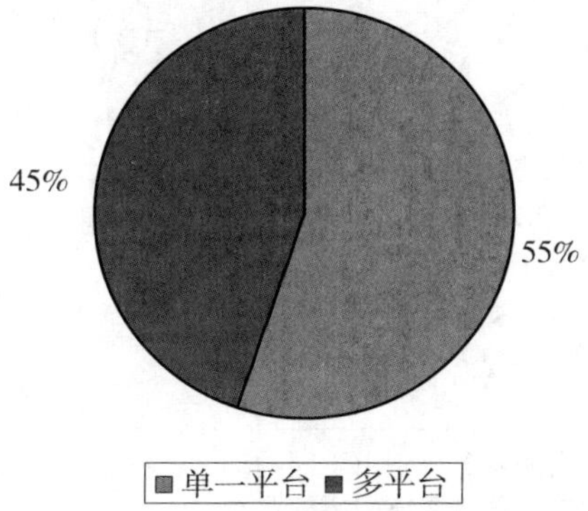

图 15　平台使用种类情况

2. 组织模式以内部附属部门为主

从组织模式来看，传统零售企业开展网络零售业务主要通过在公司内部组建一个团队进行，除少数企业外，大部分企业未采取相对独立的运作方式。

调查显示，39% 的企业的网络零售业务作为公司的一个业务部门运营，与总公司合并办公，33% 的企业为内部独立核算的事业部，18% 的企业为独立注册的公司，9% 的企业为母公司下独立核算的分公司。

电商业务依附于传统业务部门，实际上类似一种寄生虫模式：自身无法创造效益，只能靠传统业务给予输血。

（四）协同性不够，有待磨合

调查显示，传统零售的网络零售业务，与传统业务间的协同性较差，目前现状来看，企业的电子商务部门与实体部门各自分开运营，相互之间缺乏配合。但整体而言，电子商务的运营有益于实体门店经营。

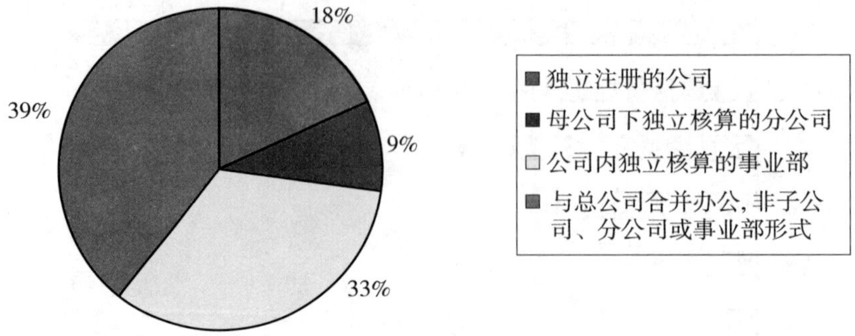

图 16　展开网络零售业务的形式

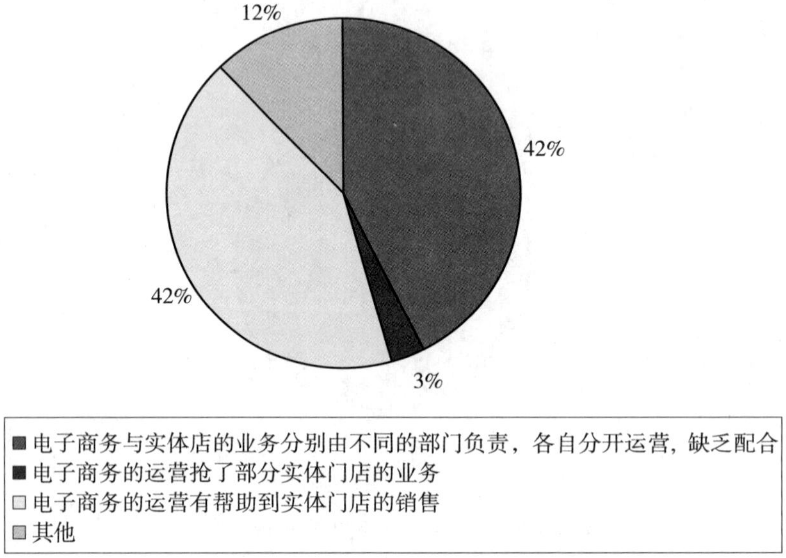

图 17　网络零售业务与传统业务的协同性

四、传统零售商开展网络零售的不同模式

（一）自建电商模式

自建电商，即自行投入，组建团队，建设电商网站，并自行运营。根据具体模式的不同，又可细分为平台、垂直和 O2O 三种模式。

1. 平台模式。即平台搭建方不直接参与商品经营，而是通过提供技术和服务给品牌商，由其进行业务经营。典型的企业包括淘宝、1 号店、亚马逊（“我要开店”部分，http：//kaidian. amazon. cn/）等。这种类型的网站聚集了大量各行各业的产品，类似于网上购物中心，旨在为用户提供产品线宽、可比性强的商业服务。

2. 垂直模式。是指在某一个行业或细分市场深化运营的电子商务模式。通常电子商务网站旗下商品都是同一类型的产品。例如：凡客诚品、国美电器网上商城。随着电子商务网站的成长，它的归类也有所不同，例如当当网，前期就是典型的垂直电子商务网站，专卖书籍，如今已经扩展到综合百货，属于典型的水平电子商务网站了。

3. O2O 模式。O2O（Online To Offline），即将线下商务的机会与互联网结合在了一起，让互联网成为线下交易的前台。这样线下服务就可以用线上来揽客，消费者可以用线上来筛选服务，还有成交可以在线结算，很快达到规模。传统企业开展电商，大部分采取 O2O 模式，如青岛利群（http：//www.liqunshop.com/）、成都华堂（http：//www.yiteng365.com/）。其主要的优势是可以利用线下实体店的资源，实现线上与线下的互补。

（二）合作发展模式

1. 实体企业联合组建电商公司

实体企业通过发挥各自优势，各自出资，共同组建电商平台。例如，南京商圈网电子商务有限公司（简称“商圈网”），由三胞集团发起，并由白下区政府（现秦淮区政府）、雨润集团、金鹰、德基集团、新百共同投资，2012 年 3 月启动公司筹建工作，并于同年 10 月 9 日正式注册成立。

2. 作为平台电商的一个频道

大型平台电商企业在主要的一线城市都有较好的覆盖率，但在部分一线城市，以及二、三线城市，一般覆盖率都有所不足。因此，与当地龙头实体零售企业合作，成为大型平台电商企业拓展当地市场的一个重要渠道。如京东商城，就在积极通过与当地零售企业合作，拓展其市场份额。

3. 在平台电商上开设网店

平台电商为传统企业提供了一个开店的环境和场所，有部分零售企业就在平台上开设自己的电商平台，技术维护由平台电商开展，业务运营由实体企业开展。如屈臣氏就在天猫上开设旗舰店（http：//watsons.tmall.com/shop/view_shop.htm？prt=1337154081657&prc=1）。

五、不同规模和不同业态开展网络零售差异明显

（一）不同规模企业开展电商情况

传统企业考虑是否做电商，一般是出于电商巨大前景的估计和对目前业务的冲击而决定的，但对于自身经营电商的能力和对电商业务复杂性的估计程度则远远不足。

传统企业开展电商，首先应对自身的能力和条件有充分的估计。对于年销售额在 50 亿元以下的零售企业，经营状况较好的企业年利润大概在 1 亿 -2 亿元。如果拿出 5000 万元做电商，企业的可持续发展会受到一定影响，对传统业务会产生较大的负面作用，并且 5000 万元对于电商的投入来说，也仅仅是初始的投入。因此，这部分企业应该非常慎重投入到电商中。

对于销售在 100 亿元左右的企业，如果利润状况较好，也应相对慎重，对开展电商应

有明确的定位，是增加一个销售的渠道，还是仅仅作为扩大宣传的手段？定位直接影响投入和资源的分配。

年销售额在500亿元以上、经营质量较好的企业，则有更好的基础开展电商，可以考虑开设独立的网店，采取O2O模式进行经营。

而苏宁易购的电商模式，则已突破垂直电商、O2O模式的局限，向开放式平台推进。但这一模式，仅可能是极少数企业能够完成的任务。

（二）不同业态企业开展电商情况

2012年连锁百强中开展电子商务的企业，以主营业态划分，百货店46家，超市、大型超市34家，专业店13家，便利店3家，其他业态4家。从不同业态来看，超市、大型超市中，71%的企业开展了网络零售，专业店、百货店、便利店分别为69%、52%、67%。

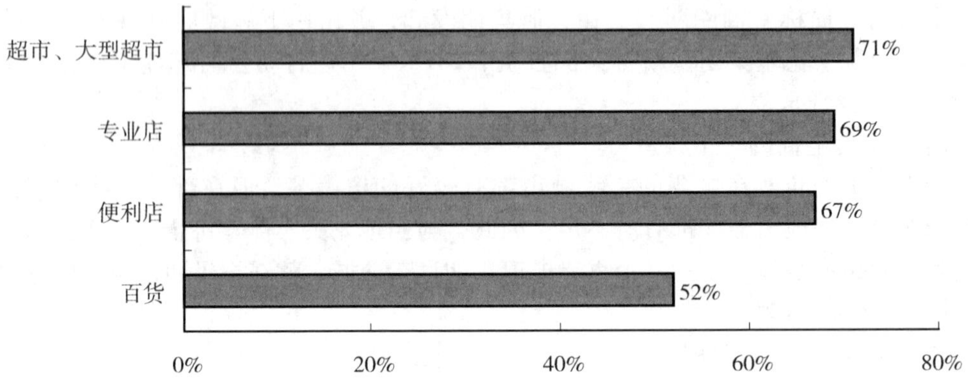

图18　中国连锁百强不同业态企业开展网络零售情况

1. 超市、大型超市业态，生鲜是亮点

由于线下超市扩张速度放缓，传统超市尝试触网积极，采取线上线下融合发展战略。2012年成功入股1号店后，沃尔玛山姆会员店网上商城也在2013年开通上线；在天猫商城试水电商后，麦德龙又宣布其B2B网上商城正式上线；成都华堂商场的线上超市已具有一定特色；永辉超市也在测试其“半边天”生鲜网站。另外，华润、大润发、步步高等传统企业，也在对网络零售进行深入的研究，甚至开始招兵买马。

除了传统超市企业触网，根生于互联网的线上“食品超市”迅速崛起，包括1号店、中粮我买网、顺丰优选在内的多家电商都专注于网上超市。据中国连锁经营协会对连锁百强开展网络零售业务调查显示，2012年1号店的销售规模为68亿元，相当于20个经营状况较好的大卖场的年销售额；京东商城继2012年推出生鲜频道后，又推出商超在线频道扩充其食品品类。

线上“食品超市”无疑将对线下超市造成一定冲击，但传统超市也具有网络超市无法企及的深加工食材等方面的优势。线上快捷便利、线下体验丰富，对消费者来说，二者各有优势。未来，商家需要各取其优势，并解决各自的不足，才能做到线上线下融合发展。

2. 百货业态，网络零售业务无本之木

近两年，实体百货面临较大发展困局，如何转型变革是百货业的核心问题。百货店是最早感受到网络零售发展带来冲击的业态，早在网络零售发展之初，国内有实力的百货店就开始了触网探索，寻求转型。经过多年的发展，早期的探索者大部分以无突破性发展告终。随着网络零售高速发展，传统百货企业也陆陆续续不断加入到网络零售大军。至今，百强中百货业态已有过半企业触网，整体来看，仍然没有突破瓶颈，以中国连锁经营协会2012 年部分 B2C 购物网站销售规模排名来看，传统百货开展网络零售业进入前 26 排名的企业仅 2 家，且规模均较小。

传统百货网络零售业务较难突破发展，最主要的原因是中国传统百货普遍采用联营和出租柜台方式，这种模式长期发展，导致百货业经营商品的功能、服务客户功能退化，不掌握供应链，不掌握库存，没有定价权，渠道影响力逐步弱化。所以传统百货开展网络零售业务，很难照搬线下盈利模式再造一个网络平台，开展联营和租赁业务。

3. 便利店，开放合作是重点

便利店企业在关注自身主业经营的过程中充分利用区位便利和门店数量多的优势，突出开放合作、两个延伸。

所谓开放合作，即便利店利用其社区便利的定位，与各种服务提供商开放合作，集成服务功能，统一服务。例如，好邻居便利店除与京东合作，成为其取货点外，还与踏歌网合作，可以在店内预订踏歌网的有机商品，并可在店内取货。

两个延伸则指开放合作基础上的两个方面，一方面，将销售实体商品和提供服务性商品相结合，提供话费、水电费、煤气费等代缴，影印、传真、快餐、熟食、代售报刊、送货上门等便民服务，极大地方便了便利店周围的社区居民和上班族。

另一方面，除部分便利店自身开始发展网络零售外，大部分便利店利用其网点分布密集及离居民住宅区近的优势及便利性，与网络零售商进行资源整合，选择作为网络零售配送的站点，例如好邻居与京东的合作、好德可的与天猫的合作、喜事多与天猫的合作等，这是近一段时间便利店经营出现的重要变化。

4. 家电专业店，网购先行一步

专业店以其在某一大类商品中商品种类丰富，兼具商品的“宽度”和“深度”而广受消费者欢迎。在 2012 年之前的几年中，家电、3C、化妆品、服装等专业店一直以较快的速度发展。但在 2012 年专业店销售额增幅下滑明显，根据测算显示，专业店增幅仅为 5%。以家电专业店为例，受到“家电下乡”政策和“以旧换新”政策退出的影响，以及网络零售的冲击，行业增速明显回落。

随着网络零售高速增长，传统专业店所经营的家电、3C、化妆品、服务等，都已成为网络上的热门商品，其增速远超已趋成熟的实体专业店。以家电零售企业为主的专业店最早开始了转型的尝试，以苏宁为代表的全国性家电企业也开始拓展自身的网络渠道，苏宁易购已经成为销售量仅次于京东商城的 B2C 网站，并于 2013 年正式更名为苏宁云商，开始整合线上线下资源，打造全渠道的战略调整。国美以国美在线和库巴网双品牌，开展线上经营。宏图三胞和迪信通等公司的线上业务已占到总销售额的较大比例。

六、传统零售商网络零售业务前景可期

（一）预期乐观，但两级分化继续加大

调查显示，在问及对未来 3 年电子商务的发展趋势时，认为本公司网络零售业务销售额占整体销售额的比例平均能达 12%，全社会电子商务销售额占社会消费品零售总额的比重能达 22%，数据远比 2012 年的实际情况高出许多，大家对传统零售的网络零售业务保持积极乐观态度。

从市场的实际表现情况判断，未来三年，网络零售业务销售额能占整体销售额比例达 12% 的传统零售企业屈指可数。传统零售网络零售业务两级分化将日趋明显，行业领先的几家企业，重金投入、定位清晰、背水一战，调整变革力度较大，这一坚定转型举动将逐渐拉大与其他企业的差距。而行业中大部分企业仍然举棋不定，在犹豫不决中逐渐失去占领这一市场的机会。

市场容量有限，网络零售不可能按完全比例复制传统零售的规模，因此，传统零售企业不可能全部开展网络零售业务。但绝大部分的企业会借网络零售的机会实现企业信息化升级，提升供应链效率，转变经营理念，寻找适合自身发展的模式。

（二）实体与网络相互协同，融合发展

伴随电子商务快速发展，实体零售和网络零售逐步融合发展的趋势将日益明显。实体零售店的优势在于能够最大限度地满足消费者购物体验、享受服务的需求，而网络零售的优势在于能够破除购物空间、时间和环境的限制。下一步，实体零售和网络零售融合发展，实现优势互补，必将成为众多零售企业的战略选择。一方面，传统零售企业将加快拓展网络零售业务，一些企业选择自建网站，还有一些企业采取并购的方式迅速进入和占领网络市场，更多的企业是通过有机结合线上线下业务获取新的竞争优势，“网订店取”、自助取货等线上线下相结合的模式将得到推广，实体商店的功能作用得到新的拓展，获得新的发展空间。另一方面，网络零售企业出于品类扩张、宣传展示以及满足消费者体验需求的考虑，也会加快配套服务的跟进，除销售、宣传商品外，形成网上模拟体验、试用等新的优势，并更加注重物流配送、电子支付等运营支撑，完善配套服务。

（三）零售企业转型升级，全渠道模式日趋明显

在市场竞争激烈、消费结构升级以及加快经济发展方式转变的环境下，零售企业实现转型升级势在必行。零售业将逐步摆脱求规模、拼价格的同质化、低端竞争，逐步依据顾客消费需求开发自有品牌，拓展国内外名牌产品的经销、代理业务，努力扩大代理规模，依靠精细化管理和科技进步实现可持续发展。

零售企业将进一步发展全渠道经营模式，通过建立多元联动的渠道布局，使消费者能够从实体店、网络平台、移动终端甚至不同的社交平台，获得统一的、一致性的购物体验。零售企业的竞争战略重点不再是追求单一渠道的最优或最强，而是努力实现各个渠道之间的高度协同，相互融合，为消费者提供全方位的最佳购物环境。未来，零售商将兼具

网络和实体零售业务，并由实体零售、网络零售阶段跨入全渠道布局，根据各业态特点，打造全渠道差异化、系列服务的零售模式。

七、传统零售商开展网络零售挑战

（一）人才匮乏是发展的最大障碍

传统零售企业开展网络零售，最大的障碍是人才。调查显示，60%的企业认为阻碍其网络零售发展的最大障碍是人才的匮乏。

人员结构需要进行调整，一是现有员工要向电子商务的思维模式转变，二是需要懂互联网和电子商务运营公司的专业人才。

发展网络零售对技术的要求很强，在网络建设、营销技术手段、消费者分析和数据挖掘技术等方面都有着与传统零售商不同的做法。而传统零售企业对网络销售人员的需求不可能从内部培养，因此，传统零售商开展网络零售业务必然存在客观上的专业人才匮乏。特别是稀缺技术开发人员，包括网页制作与维护、数据库、客户管理、订单管理等，以及相关软硬件支持的专业人员；亟须网站推广人员，包括运营维护和网络营销人员等。目前，大量的传统零售商开网店，自认为是IT部门的事，大多网络销售的人才都是以原班IT部门为主，专业性及复合型人才匮乏。

尽管传统零售企业一般都建立了健全的企业信息化管理系统，但这与网上零售系统所要求的技术条件有很大不同。目前，传统零售商普遍缺乏专业网络销售团队。传统零售企业一般把最优秀的人才投入到店铺营运或商品管理中，但对于网络零售的人员投入和配备则明显不足，以致造成营销短板。而在网站推广、商品展示和促销、顾客服务细节等方面也均存在明显的不足。

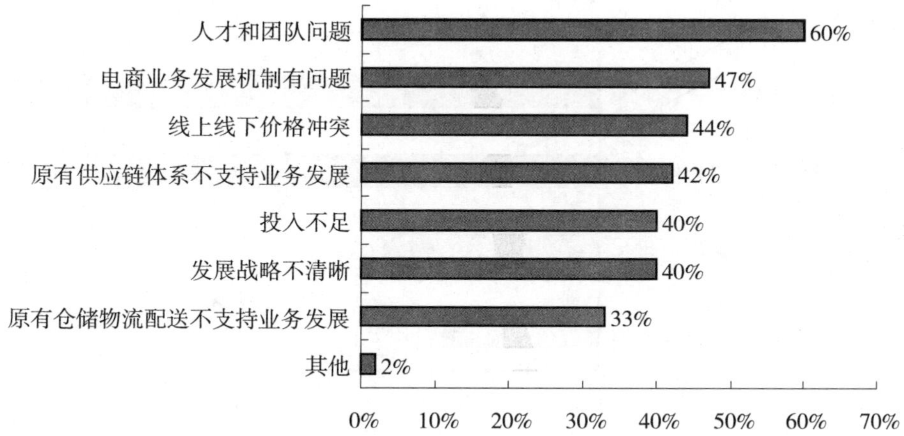

图19　传统零售企业开展网络零售业务面临的障碍

（二）持续投入挑战零售商承受力

中国网络零售的爆发性发展，一方面是中国特殊的市场环境，传统零售连锁化程度较低，服务功能弱，给网络零售市场较大的市场空间；另一方面网络零售市场的快速发展主要来自资本推动，而非盈利驱动。资本的大量投入补贴了网络零售企业经营上的亏损，并且能够持续以低毛利、低价格的方式快速抢占市场份额。

对于传统零售企业而言，在资本投入上明显能力不足。以一家年销售额 50 亿元的零售商为例，其利润率达到 2%，属于行业中中等偏强的水平，年利润为 1 亿元。而想在电商方面有所作为，初始投入就要以几千万元计，如果要快速发展，以后每年可能还要加大投入，相当于企业利润的一半甚至更多要投入到电商中。剩余的利润用于企业扩大经营已显不足，更不要说抵御突发的市场风险了。

一边需要大量的投入，一边则是与投入不成正比的持续亏损，网络零售业务普遍亏损也让传统零售商望而却步，举棋不定。

（三）获取消费者的成本逐渐趋高

随着网络零售的高速发展，市场进入充分竞争状态，随着网购人数的快速增加，潜在用户规模缩小，用户获取成本增加，网络时代消费者的选择更为自由和便利，黏性和忠诚度较低。对于网络零售企业而言，重点工作在于考虑如何培养既有用户忠诚度并提高黏性，一些企业已在包括物流配送和售后服务的后台能力上下功夫，不断提升顾客体验。随着竞争的进一步加剧和消费者顾客体验边际效应的递减，消费者的获取越来越不易。

企业的经验数据显示，获得网上一个购买客户的成本在 50－100 元之间。这个成本主要是网站的推广费用，即让消费者知道并来购物，否则网站可能只是在由成千上万购物网站组成的沙滩上的一粒沙子，自生自灭。而花了很大成本吸引来的顾客，是否能够持续来购物，还需要企业做出其他更多的努力，如友好的界面、有吸引力的品类、有竞争力的价格等。

（四）线上线下协同仍需突破

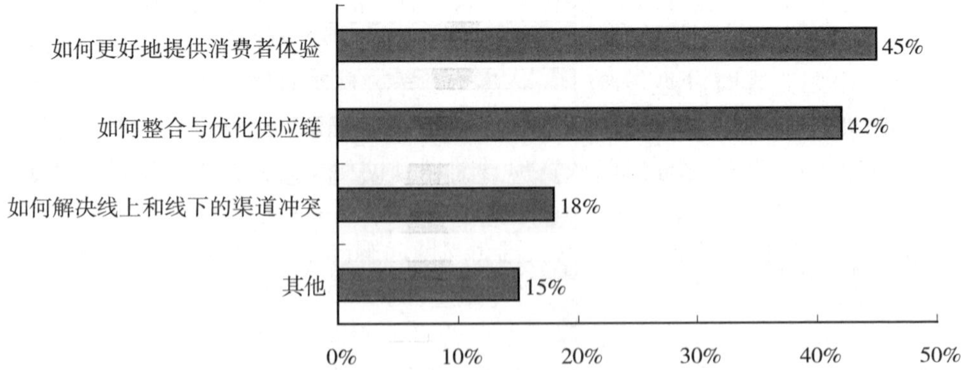

图 20　传统零售企业开展网络零售业务协同性

经过多年积淀，传统零售企业在网点布局、物流配送方面有了丰富的资源，然而这些优势如何与网络零售结合，转化为区别于纯电商企业的核心优势，仍需艰难探索。传统与网络的协同效益尚未得到发挥，线上线下的整合困难重重。

调查显示，线上线下价格冲突、原有供应链体系不支持业务发展，能否协同的关键在于供应链的整合。

尽管都属于零售，但网络与传统渠道大相径庭。传统零售企业开展网络零售业务，需要对现有资源进行整合，打通线上线下的物流系统、营销系统、库存管理系统、会员管理系统等各个业务单元，需要对供应链系统及流程进行重新规划和信息化改造。例如，苏宁在 2013 年上半年，开始线上线下同价，为两条业务的协同探索一条新的出路。

（五）对网络零售战略定位不清晰

企业开展网络零售面临尴尬局面，网络零售是毋庸置疑的发展趋势，但目前的现状是，网络零售销售的大幅度增长伴随的是极低毛利和亏本经营，这造成企业进退两难的境地。这种心态反映出来的结果便是，企业被迫参与网络零售方面的建设和投入，但在资金和资源配置上又显得相对谨慎，执行层的联动反应也摇摆不定，网络零售究竟如何定位、如何发展，成为当下传统零售的困局。

个别企业战略定位较为清晰，把网络零售作为一个重要战略方向，如苏宁、银泰等；有的企业把电商作为服务延伸，整合 VIP 等资源；有的企业仅作为一个宣传手段，一个网站而非网店，用于展示促销等信息。不同的战略定位，直接关系到企业的发展状态。

八、网络零售的促进与规范

（一）促进网络零售发展

1. 大力开展基础设施建设

（1）物流建设关系到核心竞争能力。经过多年发展，我国在交通运输、仓储设施、信息通信、货物保障和搬运等物流基础设施装备方面有了一定的发展，但从总体上说，我国的物流基础设施还比较落后，特别是在条块分割、多头管理的模式下，我国各种物流基础设施的规划和建设缺乏必要的协调性，因而物流基础设施的配套性和兼容性差，缺乏系统性。物流成本居高不下既是我国商业企业面临的普遍问题，也是影响宏观经济运行效率的一个关键因素。

从企业内部来说，物流是其核心竞争力；从整个产业角度来看，物流基础设施落后，行业发展就失去了持续推进的动力。因此，物流建设应作为国家促进产业发展的宏观战略来考虑，对于区域间物流、城市内物流、末端物流有详细的规划，特别重点考虑物流节点（集货中心、分拣中心、配送中心）的规划和建设，做到布局合理、运营高效。还要充分考虑到城市和行业的快速发展，做到有一定前瞻性的合理规划。

特别是考虑到电子商务物流具有的信息化、自动化、网络的特殊性。物流信息化表现为物流信息的商品化、物流信息收集的数库化和代码化、物流信息存储的数字化等。自动化可以扩大物流的作业能力、提高劳动生产率、减少物流作业的差错等。网络化物流信息化的必然，是电子商务下物流活动的主要特征之一。

（2）网络速度与稳定性是软实力的体现。根据全球最大的 CDN 服务商美国 Akamai 公司数据，2011 年第四季度世界平均网速同比提升了 39%，达 2.7Mbps，平均连接速度最快的国家或地区是韩国，为 16.7Mbps，而中国大陆仅排在第 90 位，平均网速为 1.4Mbps，远低于世界平均水平。

数据同时还显示，全球高速宽带（网速大于 5Mbps）的普及率为 29%，排名第一的韩国达到 79%。

虽然中国的网速在全球不算快，但宽带收费却高过网速第一的韩国几十倍。2010 年 12 月，DCCI 互联网数据中心发布的《中国宽带用户调查》指出，中国大陆固定宽带用户上网 1M 带宽每月费用实际折合 13.13 美元，是越南的 3 倍、美国的 4 倍、韩国的 29 倍、中国香港的 469 倍。

国家信息化专家咨询委员会 2011 年也发布报告称，截至 2010 年年底，中国互联网平均连接速度为 100.9KB/s，即 0.81Mbps，在速率方面，全球宽带接入平均水平为 5.6 兆/秒，而中国平均下行速率仅达到 1.8 兆/秒，我国宽带上网平均速率排名全球第 71 位，不及美国、英国、日本等 30 多个经济合作组织国家平均水平的 1/10，但是平均 1 兆每秒网速的接入费用却是发达国家平均水平的 3－4 倍。消费者普遍认为，中国的网速慢，与资费的付出不成比例。

就具体应用而言，据某大型外资网络零售企业的统计显示，其在中国的购物网站遇到的访问意外断网问题是全球最为突出的，网站服务器所遭受的攻击也是全球最多的。

因此，改善网络环境势在必行，应打破行业垄断，大幅提高网络速度，降低资费标准。在宏观规划中，要关注移动网络的建设。在 2011 年，智能手机的普及率仅为 10%，但中国的移动网络零售商业务已占到网络零售的 2%。而美国智能手机普及率为 42%，移动网络零售商业务仅占到网络零售的约 5%。移动网络、移动支付将会成为互联网发展的下一个热点。

2. 推行电子发票

单位、个人在购销商品、提供或者接受经营服务以及从事其他经营活动中，应当按照规定开具、使用、取得发票。由于网络商品交易及有关服务行为依托电子商务平台，税务机关应大力推广使用电子发票技术，每一笔交易网上支付时自动产生电子发票。建立一个“生产商—零售商—客户—第三方服务机构”之间，能够共同支持和使用电子发票的规则和技术平台。

电子发票的推行将有助于推动电商企业的规范经营，将纳税人的征管基本信息、申报信息、入库信息无缝地结合起来，形成对纳税人全方位的监管，进一步保障广大消费者的权益，营造健全、可信的网络购物法制环境，推动国内电子商务市场健康、良性发展。

国家税务总局于 2013 年 3 月 7 日公布《网络发票管理办法》（简称《办法》），规定从 4 月 1 日起推行使用网络发票，并试行电子发票。国家税务总局发文规定，4 月 1 日起省以上税务机关在确保网络发票电子信息正确生成、可靠存储、查询验证、安全唯一等条件的情况下，可以试行电子发票。但已有部分省市表示，因无系统支撑，将推迟执行。

3. 建立安全便捷的交易环境

近年来电子商务快速发展，但是，作为电子商务发展核心的交易安全性问题仍然没有得到彻底的解决，如何建立一个安全、便捷的电子商务应用环境，对交易信息提供足够的保护，是商家和用户都十分关注的话题。如何保证信息的秘密性、交易者身份的确定性、交易业务的不可否认性和不可修改性等已成为电子商务推进过程中面对的重点和难点问题。

在虚拟世界里，网上开店者的身份和资信、资产状况都是未知数，因而商品的质量和交易双方的履约能力都潜藏着极大的风险。经营者身份不明、地址不清给消费者维权和打击违法犯罪活动造成很大困难。

安全问题已成为电子商务的核心问题，解决电子商务网络交易中的安全问题，是保证电子商务顺利发展的基础，安全性成为电子商务能否成功发展的决定性因素。

为此，建议国家相关部门成立为参与网络交易的各方提供法律认可的认证办法，特别是买卖双方的身份认证。认证和认可通过电子手段形成的合同的规则和范式，规定约束电子合同履行的标准，定义构成有效电子书写文件和原始文件的条件，支持电子签名和其他身份认证手续的可接受性，支持在法庭上和仲裁过程中使用计算机证据。

4. 合理开展物流站点和车辆的管理

相关政府部门对于物流站点的管理是目前困扰电商企业的一个重要问题。为了便于为城市提供高效的配送服务，网络零售企业大多会在城市中设置多个物流站点，作为商品的中转使用。政府部门认为，每个站点都应作为营业单位来收税。实际上，物流站点只是货物的临时周转使用，不能说是一个经营单位。如果对其征税，将大大加重电商企业的运营成本。

关于配送车进城问题，也是物流企业比较头痛的问题。大多数城市对于货车进城有严格的限制，规定了固定的时间，并且要凭证进城。但电商物流又要求及时性，迫不得已，电商企业大多采取了一些不合法的做法，如面包车改货车，每天每个城市中都在发生着大量的物流违法行为。

建议对物流站点采取备案制，而不认定为经营单位；建议根据不同电商的资质情况，区别对待货车进城物流问题。

（二）网络零售规范

1. 规范市场秩序

在网络零售行业，虚假促销、价格欺诈行为时有发生，尽管我国已出台了《中华人民共和国价格法》、《关于商品和服务实行明码标价的规定》、《零售商促销行为规范》、《价格违法行为行政处罚规定》、《禁止价格欺诈行为规定》等规定，但对于网络零售行业，并没有明确的价格管理规定，导致一些网络零售商为了扩大一时的市场份额，甘愿冒着违规风险。

对目前部分电商经营商品的质量问题，应从工商部门着手加强商家资质监督，保障在电子商务经营行为中证件齐全，建立透明、公正的市场秩序；同时由质检部门介入电子商务的质量监督，从产业链源头建立监督机制，形成信息化条件下的追溯制度，确保正品经营。建议建立对网店经营者销售商品的抽检制度并开展抽检活动。同时，严格网店准入机制，除了实行实名登记外，还应当办理工商登记和税务登记。

价格管理要求中，应明确网络零售商要遵循“原价”原则，有明码标价和促销明示的义务，禁止价格欺诈和价格串通行为，禁止低价倾销行为。

2. 依法税收管理

研究电子商务的征税方式并不是一个新课题。2008 年国家工商总局要求营利性网店必须先取得营业执照后才能经营。2010 年 7 月 1 日，《网络商品交易及有关服务行为管理暂行办法》实施，网店开始步入“实名制”时代。2011 年，武汉市国税局开出国内首张个人网店税单——对淘宝女装网店“我的百分之一”征税 430 余万元。

从各国的税法来看，只要是在本国有经营活动产生收入的企业和个人都应该依法纳税，这是作为公民和企业应尽的职责。从这一角度，对网店收税并无争议。但目前主要的问题表现在两个方面：一是在税收制度上，我国没有对电子商务销售收入及其所得征税的基本法律；二是在税收征管上，手段和方法还需要深入研究。

有人认为，对网店征税不利于扶持电子商务，会制约电子商务的发展，但可以通过税收优惠政策来体现，如退税、优惠税率等。公平竞争的前提是营造一个利于公平竞争的市场环境和税收环境，如果对实体店征税而对网店不征税，带来的问题就是不公平竞争，最终结果可能就是市场扭曲，不利于全面促进商品经济的发展。

因此，对电商征税，一方面要完善制度，健全电子商务税收法律法规；另一方面，要考虑简化征收的方式、优惠税率的范围等，进行过渡期管理。

3. 改善信息保护

加强信息保护，用户自身不定期修改密码、提高安全防范意识自然也十分重要。更应加强监管。其一，相关监管部门应制定严格的法律条例处罚盗取及扩散用户信息者，斩断黑色利益链，提高对泄露、盗取信息的处罚力度，警示此类事件；其二，电商应开展相关的技术研究工作，突破技术难题，真正为消费者解决问题，打造更安全的网络交易平台。

为保护消费者信息安全，应对电子商务企业做出强制性要求，即应采取密文存储对消费者密码等信息予以保护，考虑到有些消费者会在不同网站设置相同的账号密码，一旦发生信息泄露事件，企业应立即通知提醒消费者对个人账户的密码进行修改或重置等措施。

4. 加强售后服务

针对目前消费者反映较多的网购售后服务差、退货流程复杂、出现问题处理难等问题，建议相关部门出台强制性标准或规范，对电商的售后服务工作进行系统性约束。同时，引导企业提升管理水平，提高售后服务能力。

为保障消费者退换货权益，电子商务企业须向消费者提供正规销售发票和三包凭证，政府应对三包期限的起算时间、费用承担方式、各类商品退换货标准和退换货方式等进行专门规定，作为电子商务交易服务强制性标准。

5. 规范供应商管理

电商的商品经营主要分为两类，一类是自营，由电商企业自身承担进货、定价、销售工作；另一类是平台型，即引入供应商，在电商的平台上进行经营，商品品种、价格、物流等由供应商负责，类似于百货业态中的引厂进店。

随着电商的快速发展，平台的规模日趋扩大，在对平台供应商的管理中，出现了一些传统企业正在摒弃的做法，如收取高额进场费、广告费用等做法，不利于营造和谐零供关系的建立。政府部门可参照对传统零售商的管理方式，对其进行约束、限制或处罚。

6. 建立公平的竞争秩序

目前，在电商的不同所有制、不同区域企业间，在线上和线下企业间，仍然存在不公平竞争的现象。如对于广告许可，内外资有较大的差异；对于移动互联网和相关牌照的发放，不同所有制企业也有一定判别；对于电商的补贴，不同地区金额差距较大。

附表 1　　　2012 年部分 B2C 购物网站销售规模排名

中国连锁经营协会 2013 年 4 月 17 日发布

序号	B2C 网络购物网站名称	销售规模（万元）		经营范围	类型
1	天猫	*	20000000	综合百货	平台型
2	京东	*	6014000	综合百货	自营为主
3	苏宁易购（含红孩子）		1833600	综合百货	自营为主
4	亚马逊中国	*	1045000	综合百货	自营为主
5	易迅网	*	680000	综合百货	自营为主
	1 号店	*	680000	综合百货	自营为主
7	凡客	*	654000	服装服饰	垂直型
8	当当网	*	519380	综合百货	平台型
9	QQ 网购		442700	综合百货	平台型
10	国美在线（含库巴网）		441021	综合百货	自营为主
11	唯品会	*	429102	名品折扣	自营
12	聚美优品	*	250000	化妆品	自营
13	走秀网	*	150000	时尚百货	自营为主
14	乐蜂网	*	140000	化妆品	自营
15	梦芭莎	*	135000	服装服饰	自营为主
16	迪信通手机商城		100000	手机	自营
17	麦考林	*	94116	服装服饰	自营为主
18	优购网	*	80000	鞋帽箱包	自营
19	我买网	*	65000	食品	自营为主
20	银泰网	*	60000	时尚百货	自营为主
21	新星商城		21676	综合百货	自营为主
22	宏图三胞・慧买网		20810	3C	自营
23	北国如意购物网		17750	综合百货	自营
24	银座网上商城		10852	综合百货	自营
25	汇银乐虎网（原品易网）		10400	3C 家电	自营
26	百洋健康网		10200	保健品	自营

注：数字前面带 * 为估计值，由公开资料搜集整理或经行业专家评估确定。其余为企业自报或年报数据。

附表 2　　2012 年连锁百强企业开展网络零售业务情况

中国连锁经营协会 2013 年 4 月 17 日发布

序号	公司简称	网 店 名	网 址
1	苏宁云商	苏宁易购	http：//www. suning. com
		红孩子	http：//www. redbaby. com. cn
		缤购网	http：//www. binggo. com/
2	国美电器	国美在线	http：//www. gome. com. cn/
		大中电器	http：//www. dzelec. com/dazhong/areaindex－80901. htm
		库巴购物网	http：//www. coo8. com/
3	沃尔玛	1 号店	http：//www. yihaodian. com/
		山姆会员网上商店	http：//www. samsclub. cn/home/0
4	银泰百货	银泰网	http：//www. yintai. com/
5	百胜餐饮集团	肯德基宅急送	http：//www. 4008823823. com. cn/kfc/index. htm
		必胜宅急送	http：//www. 4008123123. com
6	麦当劳	麦乐送 网上订餐	https：//www. 4008－517－517. cn
7	百联集团	百联 E 城	http：//www. blemall. com/
		佳家网	http：//www. jaja123. com
	其中：联华超市	联华易购	http：//www. lhmart. com/index. html
8	海王星辰	海王星辰健康药房网	http：//www. star365. com/
9	广州屈臣氏	屈臣氏官网商城	http：//www. watsons. com. cn/
		屈臣氏天猫旗舰店	http：//watsons. tmall. com
10	锦江麦德龙	麦德龙	http：//www. metromall. com. cn/
11	王府井集团	王府井网上商城	http：//www. wangfujing. com/
12	家乐福	家乐福在线商城	http：//www. carrefour. com. cn/DefaultNew. aspx
13	天虹商场	网上天虹	http：//www. myrainbow. cn/
14	新世界百货	新世界百货网上商城	http：//www. xinbaigo. com/
15	利群集团	利群商城	http：//www. liqunshop. com/
		利群医药信息网	http：//www. lqyaopin. com
16	中国春天百货集团	赛特春天	http：//www. saite. com/
17	山东省商业集团	银座网上商城	www. yinzuo100. com
18	中百集团	中百商网	http：//www. zon100. com/
19	广百股份	广百网购	http：//www. igrandbuy. com/
20	伊藤洋华堂	伊藤洋华堂网络超市	http：//www. yiteng365. com
			http：//shop. iy－cd. com/
21	宏图三胞	宏图三胞·慧买网	http：//huimai100. com/
22	农工商超市（集团）	便利通网上商城	http：//www. chblt. com/
23	大商股份	大商网	http：//www. 66buy. cn/

续表

序号	公司简称	网　店　名	网　　址
24	中石化易捷便利店	易捷网	http：//www. ejoy365. com/
25	欧尚（中国）	欧尚网购	http：//www. auchan. com. cn/
26	辽宁兴隆大家庭	网上兴隆	www. xlgoo. net
27	迪信通	迪信通商城	http：//www. dixintong. com/
28	百盛商业集团	百盛网	www. parkson. com. cn
29	成都红旗	红旗连锁网购商城	http：//mall. hqls. com. cn/
30	合肥百货大楼	百大易商城	http：//www. bdemall. com/
31	石家庄北国人百	北国如意购	http：//www. ruyigou. cn/newruyigou/
32	广东嘉荣超市	喜伴啦啦网上超市	http：//www. sparlala. com/
33	人人乐	人人乐购网上商城	http：//www. rrlgou. com/
34	永旺	永旺（佳世客）网上商城	http：//eshop. qdaeon. com/
35	青岛维客	点点网	http：//www. weeklydd. com
36	三江购物俱乐部	三江购物网	www. sanjiang. com
37	潍坊百货	小蜜蜂购物网	http：//www. 92xmf. com/
		中百爱尚网	http：//www. zbasw. com/
38	重庆和平药房	和平药房网上商城	http：//www. hp1997. com/
39	烟台市振华百货	振华商城	http：//eshop. zhenshang. com/
40	广州友谊集团	友谊网乐购	http：//mall. cgzfs. com/
41	湖南友谊阿波罗	友谊阿波罗网上商城	http：//www. 9448. com. cn/newjrdshop/
42	新一佳	新一佳网上超市	http：//www. xyj－shop. com/
		每天惠服务	http：//meitianhui. taobao. com/
43	长春欧亚集团	欧亚 e 购	http：//www. oysd. cn/
44	重庆商社（集团）	世纪购	http：//www. sjgo365. com/
		网上逛重百	http：//www. cbmall. cn/
45	一丁集团	一丁网	http：//www. itu4. com/
46	长沙通程控股	爱尚通程	www. dolton. cn
47	文峰大世界	文峰大世界网上商城	http：//www. wfdsj. com. cn/shop
48	北京首商集团	西单商场 i 购物	http：//www. igo5. com/
49	徽商集团	农家福农资网上商城	http：//www. hsnjf. com/mallcenter. asp
		徽之尚商城	http：//www. hzsmall. com/
50	浙江人本超市	人本网上超市	http：//www. rbcs. cn/
51	武汉武商集团	世贸广场网上商城	http：//www. wssmgc. com
52	华润万家	万家摩尔	http：//www. crvmore. com
53	山东新星集团	新星商城	http：//www. xinxing001. com/
54	青岛利客来	立刻送商城	www. shoplikelai. com

续表

序号	公司简称	网 店 名	网 址
55	新合作常客隆	常客隆网上商城	http：//www. csckl. com/
56	中商集团	中商购物网	http：//www. aizsw. com/zs/default. html
57	邯郸市阳光百货	阳光天天购团购网	http：//ygttg. com/
		阳光天天购淘宝店	http：//hdyg. taobao. com/
58	全福元商业集团	全福元商业集团	http：//www. sgbhdl. com：8080/ehdshop/webshop/index/index. jsp
59	北京乐语世纪通讯	乐语官方旗舰店	http：//funtalk. tmall. com/
60	雄风集团	雄风电器官方旗舰店	http：//samsungxf. tmall. com
61	中央商场	中央商场官方旗舰店	http：//njzysc. tmall. com
62	大参林连锁药店	大参林网上药店	http：//www. 800pharm. com/shop/index－100014. html

注：1. 排名参考 Alexa 一周（4. 7－4. 13）的访问量排名。

2. 序号 59－62 为第三方平台开店的企业，未按 Alexa 访问量排名，仅列示。

（中国连锁经营协会）

2013 年中国零售企业 IT 基准（Benchmark）研究报告

一、调研背景

经过十多年的发展，IT 技术在中国零售业的应用越来越被重视，应用水平已经有了较大的提升。但对其使用价值的认识大都还停留在主观概念层面上，客观的 IT 投入与产出评估模型尚待完善。在没有参考基准的条件下，很多零售企业在对 IT 投资引进时犹豫不决，而已经引入 IT 系统的企业无法评估投入与产出是否合理，无法衡量自己在行业内的应用水平。另外，作为 IT 部门的负责人，CIO 们也往往面临着没有"标准"的窘境，在 IT 应用可行性评估上也只能给管理层提供愿景式描述，缺乏说服力。

基于上述现实需求，中国连锁经营协会（CCFA）与埃森哲公司（ACCENTURE）自 2009 年发起了中国零售业 IT 应用基准研究，旨在为国内零售企业提供以指标数据分析为依据的 IT 应用基准，为零售企业的 IT 建设提供参考。

《中国零售企业 IT 基准（Benchmark）研究报告》于 2009 年第一次发布，在行业内产生广泛的影响。特别是 2010 年以来，随着租金和劳动力成本的不断攀升，企业规模的扩张和经营遇到了瓶颈，迫切需要在效率提升和运营精细化方面实现突围，而信息化建设在这其中也就发挥着举足轻重的作用。《2013 年中国零售企业 IT 基准（Benchmark）研究报告》为第五次发布。

本报告采用 2012 年度数据。为便于企业进行比较，本报告在各项指标的后面，用【】括号标示出 2011 年相对应的指标数值，部分数据与上年相比变化较大（数据差异较大的主要原因有两个：一是由于企业经营策略的改变导致经营行为的变化；二是样本企业的选取不同造成的差异）。希望广大企业能够加入本项调研，以更好地保证样本的代表性。

二、报告的主要发现

（一）IT 支出占比

1. 2012 财年 IT 支出占销售收入比例

$$2012\text{ 财年 IT 支出占销售收入比例} = \frac{\text{零售业务总 IT 支出}}{\text{销售收入}} \times 100\%$$

总 IT 支出包括软件、硬件、人员等方面的支出。样本企业平均 IT 支出占比为 1.20%【0.31%】（与样本企业的选取有关）。数据显示，企业 2012 年的 IT 支出占比有所上升。

2. IT 资本性支出占比

IT 资本性支出是指用于购买使用年限在一年以上的耐用品所需的支出，包括设备、长期服务等。计算公式为：

$$\text{IT 资本性支出} = \frac{\text{零售业务的 IT 资本性支出}}{\text{零售业务中 IT 总支出（资本性支出 + 营运成本）}} \times 100\%$$

2012 年零售企业 IT 资本性支出平均比例为 84.32%【55%】。表明零售企业用于设备和长期服务等方面的费用占比依然大于 IT 总支出 50% 的份额，但较上年上升了 29.32%。

3. IT 资本性支出的构成

首先，硬件在 IT 资本性支出中占据绝大部分，比例为 45.84%【62%】。其中，门店 POS 及相关外围设备等占 IT 资本性支出总额的 18.10%【15%】；门店的其他硬件/处理设备占 IT 资本性支出总额 4.06%【9%】；数据中心的硬件/处理设备占 IT 资本性支出总额的 16.04%【19%】；总部硬件/处理设备占 IT 资本性支出总额 7.64%【18%】。总部的硬件和数据中心硬件投入增加，说明企业对于总部后台管理的重视和强化。

其次，项目人力资源相关费用占 IT 资本性支出 13.78%【6%】，软件开发费用占 25.04%【13%】，软件许可证费用占 10.57%【11%】，电信通讯及网路费用支出占 5%【7%】，其他费用支出占 3%【4%】。

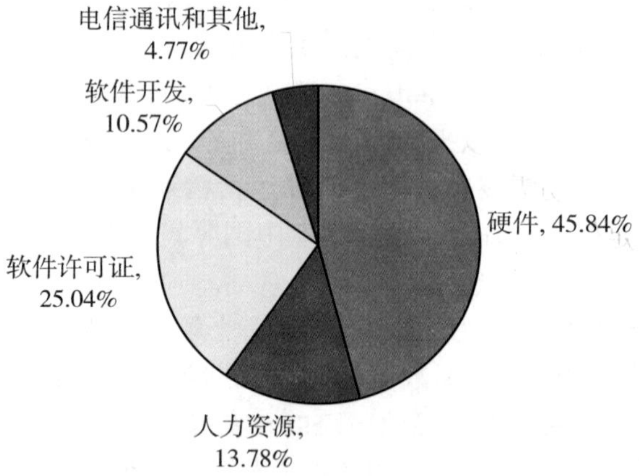

图 1　2012 年 IT 资本性支出的构成（%）

4. 外包支出占总 IT 支出的比例

外包支出占总 IT 支出的比例计算公式为：

$$\text{外包支出占总 IT 支出的比例} = \frac{\text{零售业务的外包服务支出}}{\text{零售业务的总 IT 支出}} \times 100\%$$

在采用外包的企业中，62.5%【42%】的企业外包支出占总 IT 支出的比例在 1% ~ 10%（含 10%），37.5%【33%】的企业外包支出比例超过 10%，外包比例小于 1% 的企业为0。

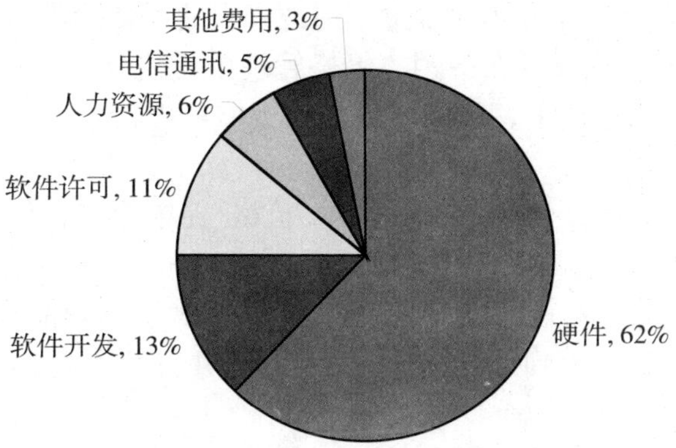

图2　2011年IT资本性支出的构成（%）

（二）IT系统人员结构

1. 从事项目维护/支持的IT人员比例

从事项目维护/支持的IT人员占比较高。有64.71%【64%】的企业其IT人员中从事项目维护/支持的人员占比在30%以上；35.29%【36%】的企业，该部分人员占比在30%以下。即日常的IT维护/支持工作占据了相当大的比例。

2. 外包的IT人员占总体IT人员的比例

外包的IT人员占总体IT人员的比例平均为44.45%【32%】，近三年呈持续上升的趋势；有25%【48%】的企业超过这一平均值，近三年呈持续下降的趋势。

（三）应用软件/技术基础设施

1. 采购管理

样本中有95.24%【91%】的企业已经实施采购管理应用。其中，90%【90%】的样本企业在一年前实施，10%【10%】的样本企业正在实施，与上年一致。其余4.76%的样本企业在未来2年内处于评估阶段，且2年内将添加该系统。这充分说明采购在零售企业的重要地位及企业对IT技术在采购管理应用上的重视。

2. 商品/财务计划

样本中有68.18%【94%】的企业已经实施该应用。其余企业表示在未来2年内，将对商品/财务使用IT技术进行评估。这说明目前在企业中，商品/财务计划的IT应用也得到了重视。

3. 空间/品种计划

样本中有33.33%【85%】的企业已经实施该计划，其中40%【40%】的企业在一年多前已经实施。其余未实施空间/品种计划的企业考虑2年内应用。这些数据表明，大部分企业都认同，将IT手段应用于商品空间管理，可以使卖场空间利用最优化，提高单位空间的产出率。

4. 促销/价格优化

样本中有 84.21%【84%】的企业已经采用 IT 技术手段实施促销及价格优化项目。

占样本总数 5.26%【16%】的企业处于对此项目的评估阶段，考虑 2 年内进行实施。随着人们需求的多样化，IT 技术在促销、价格管理中扮演越来越重要的角色，尤其在及时性和准确性要求更高的条件下，IT 技术的作用更加重要。

5. 商品运营管理

商品运营管理包括：主要数据维护、成本/价格/促销管理、订货、分配、库存管理、发票核对、库存分类账等。

样本中有 85.71%【97%】的企业已经应用 IT 技术进行商品运营管理。这表明，IT 技术在企业商品运营管理上得到持续、广泛的应用，并将发挥越来越重要的作用。

6. 批发管理

样本中有 75%【88%】的企业已经实施了批发管理应用。其中 78%【62%】的企业在一年前就已实施，11%【17%】的企业上年实施并已应用，其余的 11% 正处于实施阶段。

占样本总数 17%【2%】的企业考虑 2 年内进行实施（与样本企业的经营范围有关）。其余 8% 的企业不考虑将 IT 技术应用于批发管理，这与零售企业的经营业态以及盈利模式有关。

7. 库存计划与补货

已实施库存计划与补货应用的企业占样本总数的 60%【83%】。这种状况反映了零售企业对库存计划与补货的重视与关注，也表明企业在这一领域的 IT 应用已经相当普遍。

8. 需求预测

样本中有 67%【82%】的企业已经实施了需求预测应用。另外，占样本总数 27%【18%】的企业考虑在 2 年内使用，占样本总数 9% 的企业表示 2 年内不会采用。

由于经营方式的不同，采用联营或出租方式经营的百货店并不关注需求预测应用，但对于以价差为主要盈利模式的零售企业，需求预测有助于企业保证库存，提高销售能力，因此 IT 技术在此方面的应用仍有广阔的发展空间。

9. 客户订单管理

样本中 100%【100%】的企业都采用 IT 技术来进行客户订单管理，反映出企业对客户需求和顾客服务的重视程度，以及 IT 手段在该项目中的重要作用。

10. POS 系统及加标签系统

样本中 100%【100%】的企业采用 POS 系统及加标签管理技术。其中 80%【80%】的企业已于一年以前实施，20%【20%】的企业在上年实施。这表明，POS 系统已在企业得到广泛应用，成为日常运营管理中不可或缺的设备。

11. 人力资源及员工管理

样本中有 71.43%【83%】的企业已经实施人力资源及员工管理应用。其中 20%【20%】的企业正在更换新系统。占样本总数 4.76%【17%】的企业表示会在未来 2 年内进行评估。这说明在人力资源管理上，IT 技术正发挥着重要的作用，尤其是随着劳动力成本的不断攀升，人力资源及员工管理成为企业竞争力的关键环节，企业相对都比较重视。

12. 财务管理

财务管理应用上，95.45%【100%】的企业均已经应用。一方面表明了企业对财务管理工作的重视，另一方面也表明了财务工作对 IT 技术的依赖性。

（四）IT 技术应用程度

1. 条码

条码在仓储及门店运营技术方面得到相对广泛的使用，而在运输方面的应用虽有较大提升，但仍有待大力推进和发展。

在仓储运营方面，59.1%的企业已经开始应用或正在实施，36.4%的企业也准备在未来的 2 年内开始使用。

在门店运营方面，63.6%的企业已经开始应用或正在实施，27.3%的企业也准备在未来的 2 年内开始使用。

在运输方面，42.86%的企业已经开始应用，其余的企业准备在未来的 2 年内开始使用。

2. 无线射频技术

在无线射频技术应用方面，样本中有 27%【9%】的企业已经处于实施或使用状态，另有 48%【60%】的企业在未来 2 年内会对此技术进行评估，25%【31%】的企业未来 2 年内不会采用。

3. 基于网络功能的应用软件基础设施

在基于网络功能的软件基础设施方面，样本中有 42.86%【58%】的企业已经在使用或正处于建设阶段，38.1%【33%】的企业处于评估阶段，4.76%【9%】的企业不会考虑在 2 年内建设软件基础设施。

（五）与外部进行数据交换的方式

1. 传真、电子邮件及标准传送协议

传真使用率 100%【100%】，电子邮件使用率 94.74%【100%】，通过标准传送协议（网络上传、文件传送协议（FTP））传送文件则有 73%【73%】的企业已开展。

2. 通过网络实现 EDI 应用

EDI（电子数据交换）是指按商定的协议，将商业文件标准化和格式化，并通过计算机网络，实现贸易伙伴系统间的数据交换和自动处理。

已实现 EDI 技术应用的企业占样本总数的 53.57%【38%】，有 33.33%【20%】的企业正处于实施阶段，40%【20%】的企业会在未来 2 年内进行评估，其余的 13.3%【22%】的企业不会采用 EDI 实现数据信息交换。

（六）项目交付

1. 2012 财年能按时交付的项目

2012 财年按时交付的项目比例是：83%【83%】。计算公式为：

$$\frac{\text{能在预计的时间内完成交付的项目数}}{\text{总完成交付的项目数}} \times 100\%$$

2. 2012 财年整体完成的项目

2012 财年整体完成的项目进度表现指标是：84%【93%】。计算公式为：

$$\frac{\text{总实际实施项目的时间}}{\text{总预计项目的时间}}\times 100\%$$

3. 2012 财年按预算成功交付的项目

2012 财年能按预算成功交付的项目比例是：86%【90%】。计算公式为：

$$\frac{\text{能按预算成功交付的项目数}}{\text{总完成交付的项目数}}\times 100\%$$

4. 2012 财年成功交付项目的总体成本绩效

2012 财年成功交付项目的总体成本绩效指数是：79%【95%】。计算公式为：

$$\frac{\text{项目的实际使用时间（以天计算）}}{\text{项目总预计所用的时间（以天计算）}}\times 100\%$$

5. 2012 财年的项目总体交付质量

2012 财年的项目总体交付质量为：87%【86%】。计算公式为：

$$\frac{\text{交付后得到用户认可的“功能点”}}{\text{项目范围内所包括的功能点总数}}\times 100\%$$

（七）服务效率及稳定性

1. 门店内 POS 机的数量

2012 财年，零售企业门店内 POS 机的数量（台/千平方米）：超市为 2.9 台/千平方米【3.1 台/千平方米】，百货为 2.4 台/千平方米【2.4 台/千平方米】；不同零售业态门店平均为 2.5 台/千平方米。

2. POS 的效率

2012 财年 POS 的效率（购物小票，张/台·天）：超市为 152 张/台·天【161 张/台·天】,百货为 88 张/台·天【99 张/台·天】；不同零售业态平均为 128 张/台·天【141 张/台·天】。表明超市和百货的交易次数均有所下降。计算公式为：

$$\frac{\text{每年的交易小票数量}}{365\text{天}\times\text{机总数}}$$

3. 各服务项目的服务水平

2012 财年下列各方面服务水平的计算公式为：

$$\frac{366\text{天}\times 24\text{小时}\times 60\text{分钟}-\text{宕机时间（分钟数）}}{366\times 24\times 60}\times 100\%$$

（1）硬件平均得分：99.98%【91%】

（2）局域网平均得分：99.96%【89%】

（3）广域网（包括门店网络）平均得分：99.93%【79%】

（4）应用软件服务平均得分：99.97%【81%】

（5）邮件服务平均得分：99.93%【84%】

4. IT 部门服务比率

IT 部门服务比率（每万元收入需全职人员数量）的计算公式为：

$$\frac{\text{零售业务的 IT 全职人员数目（内部和外部，人数）}}{\text{销售收入（万元）}}$$

2012 财年 IT 部门的服务比率是：超市平均服务比率 1.4【1.3】，百货平均服务比率 1.1【1.1】，各业态零售企业 IT 部门服务比率平均水平为 1.3【1.2】。

（中国连锁经营协会）

2013 年食品安全责任溯源制度研究报告

一、研究背景

2013 年 10 月 30 日，国家食品药品监管总局向社会公开征询《食品安全法（修订草案送审稿）》（以下简称《送审稿》）。《送审稿》从落实监管体制改革和政府职能转变、强化企业主体责任、强化地方政府责任、创新监管机制及管理方式、完善食品安全社会共治、严惩重处违法违规行为等六个方面对现行食品安全法规作了修改、补充。其中，食品安全监督管理工作遵循预防为主、风险管理、全程控制、社会共治的原则。这无疑为提高我国食品安全法制环境带来良好契机。

中国经济网食品安全舆情研究所提供的《2008－2012 年食品安全热点事件》显示，72 起食品安全事件中，96% 发生于生产环节，4% 发生于流通环节。其中的典型事件，如“全国特大地沟油案”、“‘咯咯哒’问题鸡蛋”、“浙江温州制售病死猪肉案”、“河南瘦肉精事件”等，每一起食品安全事故都会波及某行业从终端到源头的全过程，而且对经济和社会影响所带来的损失有目共睹。

《2013 年 1－6 月食品安全社会舆情分析》显示，2013 年 1－6 月，各类媒体报道的有效新闻总数为 8841 条，其中按食品各环节分类报道的有效新闻共计 2210 条。食品类新闻中，初级农产品生产环节 376 条，占 17%；生产加工和进出口环节 707 条，占 32%；流通环节 840 条，占 38%；餐饮消费环节 287 条，占 13%。上述调查反映出两点问题：一是生产环节是产生食品安全问题的高发区，说明政府监管亟待加强；二是流通、餐饮消费环节是曝光食品安全的高发区，说明政府监管应有效地制止食品安全问题在销售终端发生。

如何实现零售终端食品安全问题的倒逼机制，杜绝问题商品在终端销售，建立有效的“尽职免责”责任追溯管理机制显得尤为重要。“尽职免责”是建立在“依法履职”的前提下，依法履职就是要求食品安全各个环节依法、依规严格履行食品安全生产、经营、监管等职责，并在此前提下，依法免予追究法律责任。这不仅可以更好地保护生产、经营者以及执法者的积极性，还可以避免被动担责、以罚代管的现象发生。

本研究旨在探索科学、客观的食品安全责任追溯机制，从立法层面推动政府监管部门和食品安全生产经营者依法共同建立“尽职免责”的责任溯源司法体制，从而提高我国食品安全的管理水平。

本次调研组织及报告撰写均由中国连锁经营协会负责。其中，报告撰写得到《食品安全法》主要起草者之一、原全国人大常委会法工委行政法室李援主任的指导，调研活动和资料收集工作得到百胜中国、沃尔玛、家乐福、大润发、华润万家、永旺、乐购、中粮等部分大型零售、餐饮连锁企业和批发、生产企业的参与和大力支持。

二、研究方法

一是对食品安全各环节的一线生产、运输、经营企业的现状进行访谈和实地调研。

二是组织食品安全领域法律专家，对《农产品质量安全法》、《食品安全法》等现行法律中关于管理对象、责任主体认定和罚则规定进行分析，结合现实进行问题剖析和总结。

三是研究海外食品安全法规对责任溯源的规定。

三、研究内容

（一）“从农田到餐桌”影响食品安全的环节

食品安全是生产出来的，不是监管出来的。所以，食品安全是农产品及食品生产经营者的首要责任。

随着现代农业、食品加工、流通和餐饮服务业的快速发展以及经济全球化，食品供应链已经呈现如下特点：

☆　环节更为复杂，产业更加细分。

☆　企业之间的协作更为密切、专业分工更为细致。

☆　大型食品生产企业会涉及几十家甚至几百家上游以及更上游的供应商，原料、添加剂、包装材料、设备及工器具、消毒清洁产品，甚至农产品种植养殖环节会涉及到的农药兽药生产经营企业。

☆　大型零售企业可能涉及上千家甚至上万家上游以及更上游的供应商。

对于消费终端的食品，“从农田到餐桌”影响食品安全的环节很多，典型环节梳理如下：

☆　农产品种植者、养殖者，农产品经销者，农贸批发市场。

☆　化肥、农药、兽药等农业投入品的生产者，农业投入品经销者。

☆　初级农产品加工者。

☆　食品添加剂生产者和经销者。

☆　食品包装材料等相关产品生产者。

☆　食品生产者。

☆　食品批发、零售者。

☆　餐饮服务单位。

上述各环节的生产经营者其实分别有着不同的食品安全责任，我们必须深入分析界定，并通过法律约束使每个环节的生产经营者各尽其责，才能最终保证餐桌上的食品安全。

（二）现行法律法规对生产经营者食品安全职责的规定

1. 相关规定

表 1 和表 2 分别列出了现正在施行的《农产品质量安全法》和《食品安全法》涉及的食品安全方面的规定。

表 1　　《农产品质量安全法》相关规定

管理对象	食品安全责任	条款出处
农产品生产者	合理合法使用农业投入品，不得使用禁药。 严格执行农业投入品使用安全间隔期或者休药期的规定，防止危及农产品质量安全。 应当建立农产品生产记录，不得伪造。	第二十四条 第二十五条 第三十三条
从事农产品收购或销售的企业或个人	建立健全进货检查验收制度。	第三十七条
农产品批发市场	农产品批发市场应当设立或者委托农产品质量安全检测机构，对进场销售的农产品质量安全状况进行抽查检测；发现不符合农产品质量安全标准的，应要求销售者立即停止销售，并向农业行政主管部门报告。	第三十七条

表 2　　《食品安全法》相关规定

生产经营者	食品安全责任	条款出处
食用农产品生产者	应依照食品安全标准和国家有关规定使用农药、肥料、生长调节剂、兽药、饲料和饲料添加剂等农业投入品。食用农产品的生产企业和农民专业合作经济组织应建立食用农产品生产记录制度。	第三十五条
食品生产者	1. 应当依法取得食品生产许可。 2. 生产过程应当符合食品安全标准和规定。 3. 查验原料供货者的许可证、产品合格证明，建立进货查验记录制度。 4. 不得生产经营十一类“禁止生产经营的食品”。 5. 应当依照食品安全标准使用食品添加剂；不得在食品生产中使用食品添加剂以外的化学物质或者其他可能危害人体健康的物质。 6. 建立食品出厂检验记录制度，检验合格后方可出厂或者销售。 7. 食品生产者发现其食品不符合食品安全标准，应当立即停止生产，召回已经上市销售的食品。	第二十七条 第二十八条 第二十九条 第三十条 第三十六条 第三十八条 第四十六条 第五十三条
食品添加剂和食品相关产品的生产者	1. 食品添加剂的生产应取得生产许可。 2. 应当依照食品安全标准对所生产的产品进行检验，检验合格后方可出厂销售。	第四十三条 第三十八条

续表

生产经营者	食品安全责任	条款出处
食品经营者（食品流通和餐饮服务）	1. 应当取得食品流通或餐饮服务许可。 2. 经营过程应当符合食品安全标准和规定。 3. 不得生产经营十一类“禁止生产经营的食品”。 4. 查验供货者许可证和产品合格证明文件，建立食品进货查验记录制度。 5. 应当按照保证食品安全的要求贮存食品，及时清理变质或者超过保质期的食品。 6. 食品经营者发现食品不符合食品安全标准，应当立即停止经营，通知相关生产经营者和消费者。	第二十七条 第二十八条 第二十九条 第三十四条 第三十八条 第三十九条 第五十三条
进口代理商	应当建立食品进口和销售记录制度。	第六十七条

2. 分析

（1）《农产品质量安全法》和《食品安全法》分别对各个环节的生产经营者应当承担的食品安全责任作了规定，总体清晰。

（2）农药兽药等农业投入品生产经营者也都负有食品安全职责（如：产品是否合法合规、是否假冒伪劣），但是《农产品质量安全法》和《食品安全法》都没有规定其应当承担的食品安全职责，也没有相应的罚则。有关资料显示：

假冒伪劣农药大量存在。以 2008 年下半年，农业部对全国 24 个省（区、市）1 万多个农药产品质量和标签进行交叉监督抽查为例，抽样的 393 个农药产品质量合格率 71.0%，抽查的 332 个农药产品标签合格率 57.5%。

主要违法违规问题包括：①假劣农药比例较高，在 114 个质量不合格产品中，总有效成分中的某一部分或全部为零的占 22.8%，含量低于标称值或者标准值 50% 的占 27.2%，另外添加未经登记成分的占 28.1%；②五种高毒有机磷农药未杜绝，仍发现有 2 个农药产品添加了甲胺磷和甲基对硫磷；③假冒、无效登记证号产品较多。不合格标签中，假冒、伪造、无农业登记证号、无效登记证号的标签有 44 个，占 31.2%。

（3）调研看到，食品安全不同环节的生产经营者就其职责是各有分工、各司其职。实际上，随着农业和食品工业的专业化细分，各个环节的专业生产经营者在各自领域有其技术和管理专长，终端企业很难一概掌握、统一管理。

（4）《农产品质量安全法》和《食品安全法》应当强调各环节生产经营者承担起各自的食品安全职责，特别是要求源头的生产经营者。源头产生的食品安全问题极易传递到终端零售企业和餐饮企业，而仅要求终端企业靠检测去发现问题，显然是其能力所不及的。所以，源头的生产经营者必须尽职尽责，为其生产经营的食用农产品或食品负责。

（三）现行法律法规关于食品安全责任追溯及行政处罚的规定

1. 相关规定

当发现不符合食品安全标准的食品时，特别是在食品供应链的终端（商场超市或餐饮单位），能否及时追查出问题产品的真正责任人并依法实施行政处罚甚至刑事处罚，对规范整个行业非常重要。表 3 列举了现行法律的相关规定。

表 3　　关于问题食品责任追查的规定

法律法规	是否有条款要求追查问题食品责任人?	条款内容
《农产品质量安全法》	有	第四十一条　县级以上人民政府农业行政主管部门在农产品质量安全监督管理中，发现有本法第三十三条所列情形之一的农产品，应当按照农产品质量安全责任追究制度的要求，查明责任人，依法予以处理或者提出处理建议。
《食品安全法》	无	无
注：《农产品质量安全法》第三十三条：有下列情形之一的农产品，不得销售： （一）含有国家禁止使用的农药、兽药或者其他化学物质的； （二）农药、兽药等化学物质残留或者含有的重金属等有毒有害物质不符合农产品质量安全标准的； （三）含有的致病性寄生虫、微生物或者生物毒素不符合农产品质量安全标准的； （四）使用的保鲜剂、防腐剂、添加剂等材料不符合国家有关强制性的技术规范的； （五）其他不符合农产品质量安全标准的。		

表 4　　《农产品质量安全法》中的行政处罚

处罚条款	行政处罚对象	是否有效处罚到真正责任人?
第四十六条　使用农业投入品违反法律、行政法规和国务院农业行政主管部门的规定的，依照有关法律、行政法规的规定处罚。	不明确。 可能是农产品种植养殖者，加工者或经营者	不能。如果不进行责任追查，违法行为的非责任人可能代受行政处罚。违法行为责任人甚至可能是农业投入品、饲料的生产经营者。
第四十九条　有本法第三十三条第四项规定情形，使用的保鲜剂、防腐剂、添加剂等材料不符合国家有关强制性的技术规范的，责令停止销售，对被污染的农产品进行无害化处理，对不能进行无害化处理的予以监督销毁；没收违法所得，并处二千元以上二万元以下罚款。	不明确 可能是农产品种植养殖者，加工者或经营者	不能。如果不进行责任追查，违法行为的非责任人可能代受行政处罚。违法行为责任人甚至可能是保鲜剂、防腐剂、添加剂的生产经营者。
第五十条　农产品生产企业、农民专业合作经济组织销售的农产品有本法第三十三条第一项至第三项或者第五项所列情形之一的，责令停止销售，追回已经销售的农产品，对违法销售的农产品进行无害化处理或者予以监督销毁；没收违法所得，并处二千元以上二万元以下罚款。 农产品销售企业销售的农产品有前款所列情形的，依照前款规定处理、处罚。 农产品批发市场中销售的农产品有第一款所列情形的，对违法销售的农产品依照第一款规定处理，对农产品销售者依照第一款规定处罚。 农产品批发市场中销售的农产品有第一款所列情形的，对违法销售的农产品依照第一款规定处理，对农产品销售者依照第一款规定处罚。	农产品生产企业、农民专业合作经济组织、农产品销售企业、农产品批发市场	不能。 这些企业都可能在不知情的情况下，因为上游农产品生产者甚至上游农药兽药、饲料生产经营者的违法行为，受到行政处罚。

续表

处罚条款	行政处罚对象	是否有效处罚到真正责任人?
注:《农产品质量安全法》第三十三条:有下列情形之一的农产品,不得销售: (一)含有国家禁止使用的农药、兽药或者其他化学物质的; (二)农药、兽药等化学物质残留或者含有的重金属等有毒有害物质不符合农产品质量安全标准的; (三)含有的致病性寄生虫、微生物或者生物毒素不符合农产品质量安全标准的; (四)使用的保鲜剂、防腐剂、添加剂等材料不符合国家有关强制性的技术规范的; (五)其他不符合农产品质量安全标准的。		

表5　《食品安全法》中的行政处罚

处罚条款	行政处罚对象	是否有效处罚到真正责任人?
第八十四条　违反本法规定,未经许可从事食品生产经营活动,或者未经许可生产食品添加剂的,由有关主管部门按照各自职责分工,没收违法所得、违法生产经营的食品、食品添加剂和用于违法生产经营的工具、设备、原料等物品;违法生产经营的食品、食品添加剂货值金额不足一万元的,并处二千元以上五万元以下罚款;货值金额一万元以上的,并处货值金额五倍以上十倍以下罚款。	明确	能
第八十五条　违反本法规定,有下列情形之一的,由有关主管部门按照各自职责分工,没收违法所得、违法生产经营的食品和用于违法生产经营的工具、设备、原料等物品;违法生产经营的食品货值金额不足一万元的,并处二千元以上五万元以下罚款;货值金额一万元以上的,并处货值金额五倍以上十倍以下罚款;情节严重的,吊销许可证: (一)用非食品原料生产食品或者在食品中添加食品添加剂以外的化学物质,或者用回收食品作为原料生产食品; (二)生产经营致病性微生物、农药残留、兽药残留、重金属、污染物质以及其他危害人体健康的物质含量超过食品安全标准限量的食品; (三)生产经营营养成分不符合食品安全标准的专供婴幼儿和其他特定人群的主辅食品; (四)经营腐败变质、油脂酸败、霉变生虫、污秽不洁、混有异物、掺假掺杂或者感官性状异常的食品; (五)经营病死、毒死或者死因不明的禽、畜、兽、水产动物肉类,或者生产经营病死、毒死或者死因不明的禽、畜、兽、水产动物肉类的制品; (六)经营未经动物卫生监督机构检疫或者检疫不合格的肉类,或者生产经营未经检验或者检验不合格的肉类制品; (七)经营超过保质期的食品; (八)生产经营国家为防病等特殊需要明令禁止生产经营的食品; (九)利用新的食品原料从事食品生产或者从事食品添加剂新品种、食品相关产品新品种生产,未经过安全性评估; (十)食品生产经营者在有关主管部门责令其召回或者停止经营不符合食品安全标准的食品后,仍拒不召回或者停止经营的。	食品或食品添加剂生产和经营者	不能。如果不进行责任追查,违法行为的非责任人可能代受行政处罚。 终端批发零售或餐饮单位,在不知情的情况下,会因为上游农产品(甚至农业投入品的生产经营者)和食品生产者的违法行为受到行政处罚。

续表

处罚条款	行政处罚对象	是否有效处罚到真正责任人?
第八十六条　违反本法规定，有下列情形之一的，由有关主管部门按照各自职责分工，没收违法所得、违法生产经营的食品和用于违法生产经营的工具、设备、原料等物品；违法生产经营的食品货值金额不足一万元的，并处二千元以上五万元以下罚款；货值金额一万元以上的，并处货值金额二倍以上五倍以下罚款；情节严重的，责令停产停业，直至吊销许可证： （一）经营被包装材料、容器、运输工具等污染的食品； （二）生产经营无标签的预包装食品、食品添加剂或者标签、说明书不符合本法规定的食品、食品添加剂； （三）食品生产者采购、使用不符合食品安全标准的食品原料、食品添加剂、食品相关产品； （四）食品生产经营者在食品中添加药品。	不明确	不能。如果不进行责任追查，违法行为的非责任人可能代受行政处罚。终端批发零售或餐饮单位，在不知情的情况下，会因为上游生产者的违法行为受到行政处罚。
第八十七条　违反本法规定，有下列情形之一的，由有关主管部门按照各自职责分工，责令改正，给予警告；拒不改正的，处二千元以上二万元以下罚款；情节严重的，责令停产停业，直至吊销许可证： （一）未对采购的食品原料和生产的食品、食品添加剂、食品相关产品进行检验； （二）未建立并遵守查验记录制度、出厂检验记录制度； （三）制定食品安全企业标准未依照本法规定备案； （四）未按规定要求贮存、销售食品或者清理库存食品； （五）进货时未查验许可证和相关证明文件； （六）生产的食品、食品添加剂的标签、说明书涉及疾病预防、治疗功能； （七）安排患有本法第三十四条所列疾病的人员从事接触直接入口食品的工作。	明确（除了第六点） 因为是针对食品者和经营者自身管理	能
第八十九条　违反本法规定，有下列情形之一的，依照本法第八十五条的规定给予处罚： （一）进口不符合我国食品安全国家标准的食品； （二）进口尚无食品安全国家标准的食品，或者首次进口食品添加剂新品种、食品相关产品新品种，未经过安全性评估； （三）出口商未遵守本法的规定出口食品。 违反本法规定，进口商未建立并遵守食品进口和销售记录制度的，依照本法第八十七条的规定给予处罚。	不明确 是针对进口商?还是针对批发零售单位或餐饮单位?	不能。如果不进行责任追查。

2013 年 5 月份，最高人民法院发布了《关于办理危害食品安全刑事案件适用法律若干问题的解释》，严惩食品犯罪：

表 6

第九条　在食品加工、销售、运输、贮存等过程中，掺入有毒、有害的非食品原料，或者使用有毒、有害的非食品原料加工食品的，依照刑法第一百四十四条的规定以生产、销售有毒、有害食品罪定罪处罚。 在食用农产品种植、养殖、销售、运输、贮存等过程中，使用禁用农药、兽药等禁用物质或者其他有毒、有害物质的，适用前款的规定定罪处罚。
第十一条　以提供给他人生产、销售食品为目的，违反国家规定，生产、销售国家禁止用于食品生产、销售的非食品原料，情节严重的，依照刑法第二百二十五条的规定以非法经营罪定罪处罚。 违反国家规定，生产、销售国家禁止生产、销售、使用的农药、兽药，饲料、饲料添加剂，或者饲料原料、饲料添加剂原料，情节严重的，依照前款的规定定罪处罚。
第十七条　犯生产、销售不符合安全标准的食品罪，生产、销售有毒、有害食品罪，一般应当依法判处生产、销售金额二倍以上的罚金。 第十八条　对实施本解释规定之犯罪的犯罪分子，应当依照刑法规定的条件严格适用缓刑、免予刑事处罚。根据犯罪事实、情节和悔罪表现，对于符合刑法规定的缓刑适用条件的犯罪分子，可以适用缓刑，但是应当同时宣告禁止令，禁止其在缓刑考验期限内从事食品生产、销售及相关活动。

2. 分析

（1）《食品安全法》缺乏明确规定，要求监管部门发现违法行为或者问题食品时，必须进行责任追溯调查。

（2）《农产品质量安全法》和《食品安全法》的行政处罚条款，都容易造成下游企业因为上游环节违法行为受到处罚的情况。

（3）针对发现的违法行为或者问题食品，如果行政处罚只是停留在安全事件被发现的环节，而并不对问题做深入调查，容易造成地方监管部门过于注重对本辖区内企业的行政处罚，以罚代管，甚至不移交涉及食品安全犯罪的案件。

（4）最高人民法院《关于办理危害食品安全刑事案件适用法律若干问题的解释》已明确规定，“使用禁用农药、兽药等禁用物质或者其他有毒、有害物质的”、“生产、销售国家禁止生产、销售、使用的农药、兽药，饲料、饲料添加剂，或者饲料原料、饲料添加剂原料，情节严重的”，属于食品安全犯罪，按照刑法定罪处理。在食品供应链终端发现这些食品安全犯罪问题时，行政机关应当找出源头和真正责任方，及时移交案件至农产品监管部门，查明真正的犯罪人，并移交公安部门依法进行刑事处理，从根本上解决食品安全问题。

（四）食品各行业食品安全常见问题及政府监管现状

1. 农产品生产、流通环节常见食品安全问题及政府监管现状（见表 7）

2. 食品生产、流通和消费环节常见食品安全问题及政府监管现状（见表 8）

表 7

农产品不合格原因	可发现问题的环节	真正的责任方	政府监管现状	是否合理
食用农产品中含有允许使用的农药或兽药，但残留量超出国家标准	种植或者养殖环节 农产品批发零售环节 农产品加工屠宰环节	1. 农产品种植或养殖者—如果使用的农药或兽药是合格产品，使用不当 2. 农药或兽药生产者—如果生产的农药兽药是劣质产品 3. 农药或兽药经销者—如果售卖的是假冒伪劣农药或兽药，而且知情	通常处罚发现问题的环节	不合理
食用农产品中含禁止使用的农药或兽药	种植或者养殖环节 农产品批发零售环节 农产品加工屠宰环节	1. 农产品种植或养殖者—如果有意使用禁用的或假冒伪劣农药兽药 2. 农药或兽药生产者—如果生产的农药兽药是假冒劣质产品 3. 农药或兽药经销者—如果售卖的是假冒伪劣农药或兽药，而且知情	通常处罚发现问题的环节	不合理
种养殖过程中使用非法添加物质，如非法添加剂、药品等。	种植或者养殖环节 农产品批发零售环节 农产品加工屠宰环节	农产品种植或养殖者	处罚农产品种植或养殖者	合理
加工售卖病死、毒死或者死因不明的禽、畜、兽、水产动物肉类原料	农产品加工屠宰环节 农产品批发零售环节	农产品加工屠宰者以及农产品批发零售商	处罚农产品加工屠宰者，以及经销者	合理

表 8

食品不合格原因	可发现问题的环节	真正的责任方	政府监管现状	是否合理
食品中含有允许使用的农药或兽药，但残留量超出国家标准	食品加工厂 商场超市 餐饮单位	1. 农产品种植或养殖者 - 如果使用的农药或兽药是合格产品，使用不当 2. 农药或兽药生产者 - 如果生产的农药兽药是劣质产品 3. 农药或兽药经销者 - 如果售卖的是假冒伪劣农药或兽药，而且知情 4. 食品加工企业 - 如果没有按照《食品安全法》对所生产的产品进行检验	通常处罚发现问题的环节，特别是商场超市或餐饮单位	不合理
食品中含禁止使用的农药或兽药或其他非法添加物	食品加工厂 商场超市 餐饮单位	1. 农产品种植或养殖者 - 如果有意使用禁用的或假冒伪劣农药兽药 2. 农药或兽药生产者 - 如果生产的农药兽药是假冒劣质产品 3. 农药或兽药经销者 - 如果售卖的是假冒伪劣农药或兽药，而且知情 4. 食品加工企业 - 如果没有按照《食品安全法》对所生产的产品进行检验	通常处罚发现问题的环节，特别是商场超市或餐饮单位	不合理

续表

食品不合格原因	可发现问题的环节	真正的责任方	政府监管现状	是否合理
食品生产过程中使用非法添加物质，或者添加剂使用量超标	食品加工厂 商场超市 餐饮单位	食品加工企业	通常处罚发现问题的环节，特别是商场超市或餐饮单位	不合理
食品工厂生产的食品中的污染物超标	食品加工厂 商场超市 餐饮单位	食品加工企业	通常处罚发现问题的环节，特别是商场超市或餐饮单位	不合理
食品腐败变质或致病菌超出限量	食品加工厂 商场超市 餐饮单位	1. 食品加工企业 – 如果生产、出厂的食品已经不合格 2. 商场超市 – 如果没有按照要求贮存食品，或者明知食品原料腐败变质但继续销售 3. 餐饮单位 – 如果明知食品原料腐败变质但继续使用，或者对合格原料没有熟制，或者没有按照要求贮存食品，或者食物制作过程中发生污染	通常处罚发现问题的环节，特别是商场超市或餐饮单位	不合理
销售或使用超过保质期的食品	商场超市 餐饮单位	商场超市 餐饮单位	商场超市 餐饮单位	合理
销售或使用未经索证索票的食品	商场超市 餐饮单位	商场超市 餐饮单位	商场超市 餐饮单位	合理

3. 食品安全监管部门监管案例

案例 1：某地工商部门监管抽检某当地超市所售卖食品时，发现该超市所售卖的某品牌小包装瓜子商品存在食品添加剂超标的问题，并向该超市开具整改和罚款通知书。随后超市向工商部门提供了该产品生产商的营业执照、税务登记证、食品生产许可证（QS证）、相关产品标准、检测报告以及相关进货出货记录，以证明超市完成了索证索票的工作并持有相关记录，希望从尽责免责的角度予以免除处罚。但是工商部门从“谁销售谁负责”的角度出发，坚持给超市的处罚，也未将相关产品不合格信息转交于该瓜子商品生产商所在地的食品生产监管部门，调查追究真正责任人。

案例 2：某地食品药品监督管理局对当地某餐厅所用的原料进行了抽检，抽检对象包括蔬菜和豆制品。随后的检测发现，两个蔬菜原料农药残留超标，食药监管部门对该餐厅开具了整改和罚款通知书。该餐厅向食药监管部门反馈，蔬菜原料采购自当地农贸市场的正规商户，并提供了相关的商户营业执照、采购记录、进出货台账记录和库存记录。同时反映作为餐厅端难以开展农残检测的现实情况，希望从尽责免责的角度，请食药部门免除处罚，并恳请对该事件做溯源调查。但是食药部门坚持给餐厅处罚，也未联合相关农业部门发起溯源调查，从源头解决问题。

案例 3：某市工商局对市区农贸市场进行了抽查，并在农贸市场食品检测室检测了 20 种食品，其中豇豆发现有农药残留超标、泥螺存在甲醛超标。这些检查中发现的问题食品，工商部门当天就要求经营户销毁、下架。但是并未对不合格产品的来源做出调查，没有追查问题的真正责任人。

案例 4：某葡萄酒企业生产的葡萄酒，被当地质监部门抽检发现农药残留超标，质监部门开具整改和罚款通知单。该葡萄酒企业表示对所用的葡萄酒原料执行每批必检的内部管控措施，并向质监部门提供了近两年的原料验收检测报告，同时提供了原料供应商的相关证照。葡萄酒企业认为已做到尽责工作，对本事件应当开展上游调查，找到问题源头，而非简单处罚加工企业。但质监部门坚持对该企业做出处罚，也未对事件进行通报，并协同相关农业部门开展上游调查。

案例 5：某地经营养猪生意的王某见卖病死猪肉更有利可图，于是先后从他人手中购买病死猪 5 头，分别以 800 元至 1200 元不等的价格卖给吕某。吕某加工成熟食出售的运输途中，被公安部门查获。经动物疾病预防控制中心鉴定：该病死猪患有高致病性猪蓝耳病，人食用后将会对身体造成极大伤害。吕某和王某明知不可买卖病死猪肉，属明知故犯，都应当予以追责。

可以看到，如果《食品安全法》不规定企业在尽到法定责任的情况下免予处罚，将会出现一个企业的问题食品牵连所有下游企业无辜受罚的怪象。行政处罚只是停留在安全事件被发现的环节，而并不对问题做深入调查，容易造成地方监管部门过于注重对本辖区内企业的行政处罚，以罚代管，而使违法行为真正责任人逍遥法外。

（五）海外食品安全法规对责任溯源的规定

德国的法规中规定了只有问题成因明确属于所处环节企业的时候，政府监管部门才对该企业进行处罚，否则应当执行溯源调查，针对食品安全问题的根源，处罚真正责任人。英国的法规则明确表述了食品销售者的豁免权，在下面两种情况下，食品销售者不应承担相应责任：其一，导致问题发生的原因不在销售者，而在其他责任方；其二，销售方已做到所有应尽的职责和义务。表 9 列举了德、美、英三国对食品安全责任溯源的规定。

通过对德、美、英三国食品安全相关法规的研究，可以看到发达国家在食品安全管理问题上，是以“食品生产经营者尽责免责”为原则，源头责任追溯为主体的管理方法。

建议参照德国等国法律规定，应立法明确各个食品安全环节尽责免责、问题溯源机制的原则。修改《食品安全法》，在第三条增加：食品生产经营者应当依照本法规定履行食品安全责任，并在发现食品安全事故时采取必要措施，避免损害扩大。县级以上人民政府及其监管部门应当查找食品安全问题根源，依法予以处置。

表 9　　德国、美国、英国食品安全法规对食品安全责任溯源的规定

情形：当政府在餐饮业和零售业发现由于食品生产者或农产品加工者提供的产品有安全问题时（比如农产品中农药兽药残留的问题）				
国家	问题 1： 当地政府是否对餐饮企业或是零售企业做处罚？	问题 2： 当地政府是否对涉事企业（食品生产者或农产品生产者）做处罚？	问题 3： 当地政府做监管和处罚时，是依据哪个法规和条款的？	备　注
德国	不会。只有在问题成因明确属于餐饮企业或是零售企业时，监管部门才会对上述企业做出处罚。例如：由于餐饮或零售企业不规范操作导致的食品卫生问题或是不当操作导致储存食品温度波动所引起的安全问题。	会。针对食品安全问题的根源，处罚真正责任人。		
美国	不会。地方政府不会对餐饮或零售企业进行罚款之类的处罚，但是会要求餐饮或零售企业发起撤架或召回，从而使受到影响的产品以最快的速度在市场上停止售卖。	不会。当地政府不会处罚生产者或加工者，但是会要求停止涉事产品的生产活动，直到问题被解决。	食品安全现代化法案（在美国，唯一可能法规处罚的情况是：是否属于刑事案件或同样问题多次重复发生并可能导致刑事指控。2010 食品安全现代化法案赋予 FDA 权力进行强制召回。）	在大多数情况下，当发生食品安全事件或召回，美国不会有政府方面的制裁或刑事指控行动，除非有文件证明食品安全问题是故意且为了个人利益。然而，在美国，尽管政府在发生问题时并不惩罚企业，但是公民和他们的法律代表可以向企业提出法律诉讼。基本上，每个人可以对任何人因任何原因进行法律诉讼，但是政府只有非常有限的权力。
英国	不会。英国法律明确规定了食品销售者的责任豁免权。	会。针对食品安全问题的根源，处罚真正责任人。	Food Safety Act 1990	英国的法规里明确规定了销售者的责任豁免权，既在下面两种情况下，产品销售者不承担相应责任： 1）导致问题发生的原因不在销售者，而在其他人。 2）销售方已做到所有应尽的职责和义务。

四、总结与建议

（一）研究总结

食品安全不同环节的生产经营者就其职责是各有分工、各司其职。只有且必须在食品安全每个环节的生产经营者都各尽其职，才能最终保证餐桌食品的安全。

《农产品质量安全法》和《食品安全法》规定了农产品和食品生产经营者的食品安全职责，但需要补充完善农药兽药等农业投入品甚至饲料等生产经营者的食品安全责任。

《食品安全法》缺乏明确的食品安全责任追溯规定，即要求监管部门发现食品安全违法行为或查实问题食品时必须履行责任追溯调查。

依据《农产品质量安全法》和《食品安全法》的行政处罚条款，在实际监管执法中往往造成下游企业因为上游环节食品安全违法行为而遭受处罚的情况。同时，即使监管部门明知食品安全事件的责任源于上游环节，但仍然实行分段式管理，只对本环节做处罚，没有将食品安全事件移交上游监管部门，追究和处罚真正责任人。

发达国家在食品安全管理问题上，是“以食品生产经营者尽职免责为原则，源头责任追溯为主体”的管理方法。

总之，《食品安全法》在强调“食品安全是所有食品生产经营者首要责任”的同时，应体现“尽职免责”的原则，监管部门发现问题时应进行及时有效的责任溯源，查出并处罚真正的责任人，实行源头治理并在源头上解决问题；构成犯罪的，及时移交公安部门，在全社会形成敬畏、遵守食品安全法律法规的氛围。2013 年 3 月，国务院对食品安全监管部门进行了机构改革和调整，新的监管体制将有利于食品安全责任溯源机制的建立，并通过立法使之法定化。同时，应规定监管部门在处理食品安全问题时应及时查找问题根源，有针对性地作出处罚决定。

（二）修改建议

基于上述研究及问题分析我们建议，将《食品安全法》与《农产品质量安全法》进行整合、修改、完善与归并，形成一个统一的法规，将对我国食品安全管理起到积极的促进作用。如无法整合归并，则应强化《食品安全法》对农产品的监管和食品安全责任溯源机制，同时启动《农产品质量安全法》的修订。具体建议见表 10。

表 10　　《食品安全法》修改建议及理由

条目及原文	修改意见	理　　由
第四条　食品生产经营者是食品安全第一责任人，应当依照法律、法规和食品安全标准从事生产经营活动，诚信自律，对社会和公众负责，保证食品安全，接受社会监督，承担社会责任。	修改为： 第四条　食品生产经营者的首要责任是保障食品安全，应当依照法律、法规和食品安全标准从事生产经营活动，履行本法规定的食品安全职责和义务，诚信自律，对社会和公众负责，保证食	1. “食品安全第一责任人”的说法，含义不清楚。 2. 一包奶粉从奶牛养殖、收奶、加工、包装、运输、批发、零售到消费者手里，需要经过多个企业之手。每个环节的相关企业都必

续表

条目及原文	修改意见	理　由
	品安全，接受社会监督，承担社会责任。”	须把保障食品安全作为自己的首要责任，各尽其责。一家企业不可能完成所有食品安全保障工作。 3. 再次突出强调，食品生产经营者必须履行《食品安全法》规定的职责和义务。
第三十八条　食用农产品生产者应当依照食品安全标准和国家有关规定使用农药、肥料、兽药、饲料和饲料添加剂等农业投入品，保证食用农产品安全。食用农产品的生产企业和农民专业合作经济组织应当建立食用农产品生产销售记录制度，并向购货者出具检验合格证明和产地证明等文件。 县级以上农业行政部门应当加强对农业投入品使用的管理和指导，建立健全农业投入品的安全使用制度。	增加“农业投入品和饲料、饲料添加剂生产者应当依照国家有关标准和规定生产合格产品，确保其使用不会影响食品安全。”	农业投入品和饲料、饲料添加剂是否合格、是否为假冒伪劣，会影响到食用农产品的安全。
第一百零二条　县级以上食品安全监督管理部门应当按照法定权限和程序履行食品安全监督管理职责；对生产经营者的同一违法行为，不得给予二次以上罚款的行政处罚；涉嫌犯罪的，应当依法向公安机关移送。	修改为： 第一百零二条　县级以上食品安全监督管理部门应当按照法定权限和程序履行食品安全监督管理职责。 发现不符合食品安全标准的食品时，食品安全监管部门应立即对食品的不合格成因和违法行为真正责任人进行调查。如果认定食品安全责任属于本辖区之外的生产经营企业，应当立即将案件移送有管辖权的食品安全监管部门处理；如果认定食品安全责任属于农产品加工环节的生产经营者，应当立即将案件移送农产品生产经营者所在地农业行政主管部门，按照《中华人民共和国农产品质量安全法》和本法相关规定进行调查处理。 对生产经营者的同一违法行为，不得给予二次以上罚款的行政处罚。涉嫌犯罪的，应当依法向公安机关移送。	理由： 1. 现实当中，监管部门发现不合格的食品时，在明知不合格成因属于上游环节生产经营者违法行为的情况下，常常只对本环节的企业罚款了事，不会移交至上游环节查处上游真正的违法者，导致不能从根本上有效解决食品违法的问题。 2. 应当突出强调对问题源头问责。
第一百一十条　违反本法规定，有下列情形之一的，由食品安全监督管理部门按照各自职责分工，没收违法所得、违法生产经营的食品和用于违法生产经营的工具、设备、原料等物品；违法生产经营的食品货值金额不足一万元	修改为： 第一百一十条　违反本法规定，有下列情形之一的，由食品安全监督管理部门按照各自职责分工，调查、认定违法行为的直接责任人，没收违法所得、违法生产经营的食品和用于违法生产经	理由： 1. 上游特别是农产品种植养殖环节产生的食品安全问题极易传递到终端食品经营者——流通和餐饮服务。

续表

条目及原文	修改意见	理　由
的，并处五万元以上十五万元以下罚款；货值金额一万元以上的，并处货值金额十五倍以上三十倍以下罚款；情节严重的，吊销许可证，并由公安机关对直接责任人给予行政拘留；构成犯罪的，依法追究刑事责任：	营的工具、设备、原料等物品；违法生产经营的食品货值金额不足一万元的，并处五万元以上十五万元以下罚款；货值金额一万元以上的，并处货值金额十五倍以上三十倍以下罚款；情节严重的，吊销许可证，并由公安机关对直接责任人给予行政拘留；构成犯罪的，依法追究刑事责任：	2. 监管部门在流通和餐饮服务环节发现问题时，应当首先认真调查问题成因，找出违法行为的真正责任人，才能从根源解决食品安全隐患。
第一百一十一条　违反本法规定，有下列情形之一的，由食品安全监督管理部门按照职责分工，没收违法所得、违法生产经营的食品；违法生产经营的食品货值金额不足一万元的，并处二千元以上五万元以下罚款；货值金额一万元以上的，并处货值金额五倍以上十倍以下罚款；情节严重的，吊销许可证；构成犯罪的，依法追究刑事责任：	修改为： 第一百一十一条　违反本法规定，有下列情形之一的，由食品安全监督管理部门按照职责分工，确定违法行为的直接责任人，没收违法所得、违法生产经营的食品；违法生产经营的食品货值金额不足一万元的，并处二千元以上五万元以下罚款；货值金额一万元以上的，并处货值金额五倍以上十倍以下罚款；情节严重的，吊销许可证；构成犯罪的，依法追究刑事责任：	理由： 1. 上游特别是农产品种植养殖环节产生的食品安全问题极易传递到终端食品经营者——流通和餐饮服务。 2. 监管部门在流通和餐饮服务环节发现问题时，应当首先认真调查问题成因，找出违法行为的真正责任人，才能从根源解决食品安全隐患。

五、2013 年 1 –6 月食品安全舆情调查

根据中国经济网食品安全舆情研究所 2013 年 1 –6 月食品安全相关舆情数据，统计汇总如下：

1. 舆情信息来源及分布

2013 年 1 –6 月，各类媒体报道的有效新闻总数为 8841 条，其中政府主动发布的新闻 4041 条，占 48%，位列第一；评论杂谈 2590 条，占 31%，居第二；消费者举报 784 条，占 9%；境外媒体披露信息 562 条，占 6%；记者暗访披露 349 条，占 4%；企业发布 115 条，占 2%。

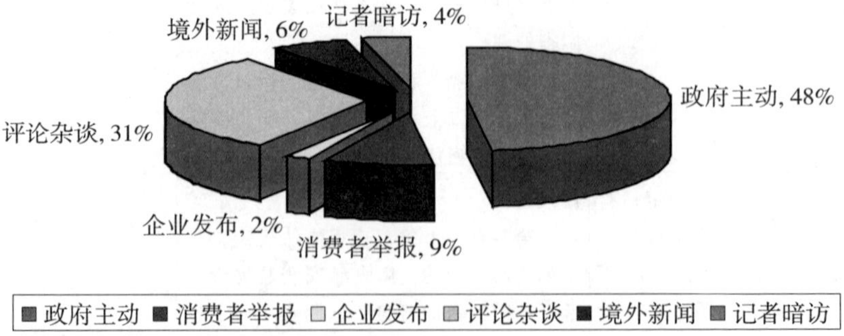

图 1　食品安全舆情信息来源分布及占比

2. 按食品安全风险类型统计

有效新闻共3207条，其中不合格或者劣质食品类2406条，占75%，位列第一；食物中毒类289条，占9%；非法添加类160条，占5%；食品相关标准模糊或缺失192条，占6%；消费者认知误区96条，占3%；媒体歪曲报道64条，占2%。

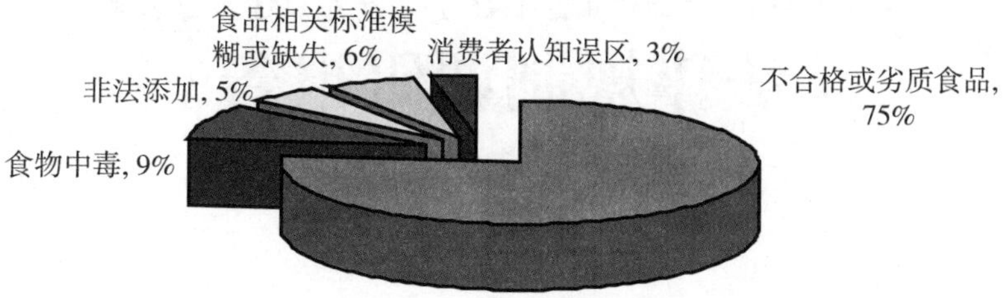

图2　按食品安全风险分类统计及占比

3. 按食品环节分类统计

有效新闻共2210条，其中初级农产品生产环节376条，占17%；生产加工和进出口环节707条，占32%；流通环节840条，占38%；餐饮消费环节287条，占13%。

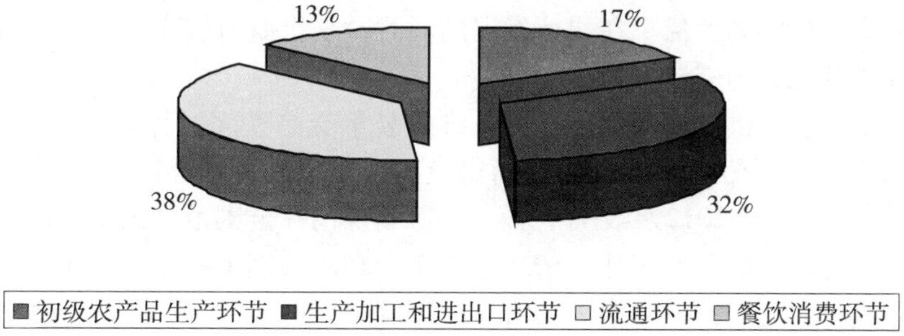

图3　按食品环节分类统计及占比

4. 按食品品种分类统计

有效新闻共2568条，其中乳制品719条，占28%，位居第一；肉类410条，占16%，位居第二；油334条，占13%；保健食品309条，占12%；饮料257条，占10%；禽蛋128条，占5%；水产品103条，占4%，其他种类308条，占12%。

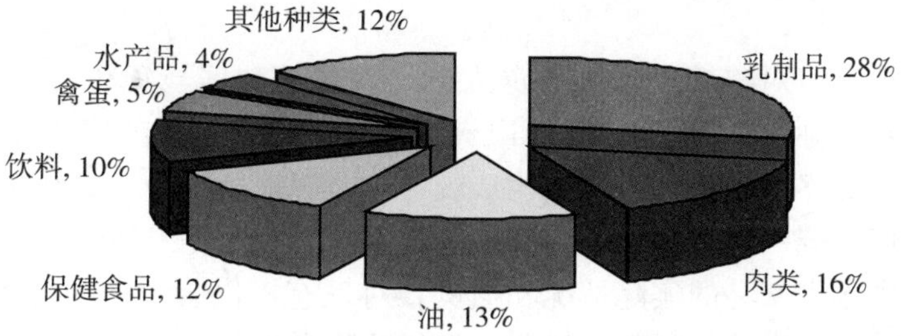

图4　按食品品种分类统计及占比

（中国连锁经营协会）

2013 年零售商供应商交易
法律规制调研报告

一、调研概述

（一）调研背景

近年来，连锁零售行业快速发展，成为拉动国内消费的重要渠道。它一方面连接着上游大量的生产企业，另一方面连接着广大的终端消费者，不仅对国民经济起到了重要的推动作用，也方便了百姓的生活。在快速发展的同时，零售商与供应商公平交易的问题也引起了业内、政府及社会的广泛关注。

为了规范零售商与供应商的交易行为，维护公平交易秩序，保障消费者的合法权益，国家发展改革委等 5 部门发布的《零售商供应商公平交易管理办法》于 2006 年 11 月 15 日施行。2011 年 12 月至 2012 年 9 月，商务部等 6 部门在全国范围集中开展了清理整顿大型零售企业向供应商违规收费工作。清理整顿工作初步遏制了大型零售企业向供应商违规收费多发的势头，同是也发现在管理政策层面存在对零供公平交易的法律条文针对性不强、规制乏力等问题。

为更好地解决实际工作中的上述问题，商务部市场秩序司牵头组成了零供交易法律规制课题组（简称课题组）并深入企业对我国零售商供应商交易过程中存在的问题开展调研，从而全面分析了我国零供交易的现状，系统梳理了其他国家和地区的立法经验，提出完善我国零售商供应商交易行为法律规制的建议。

（二）报告依据

本报告基于课题组对连锁零售企业深入调研获取的数据与资料，对照我国《零售商供应商公平交易管理办法》，同时借鉴了欧洲、美国、日本及台湾等经济发达国家和地区的相关法律法规，最终提出建议：将法律法规与行业规范相结合，提升立法层次；明确罚则，提升处罚力度；统一执法主体，明确执法流程。同时还提出补充建议：在新的管理办法中，应结合我国零供交易的实际情况和惯例，对现有零供公平交易管理办法进行完善，即细化促销、价格、通道费、付款、退货、订货及陈列、派遣人员、第三方交易以及供应商约束等方面的规定。

二、影响零供关系的主要因素

（一）市场结构决定双方地位及关系

在经济行为分析中，最广泛应用的是由美国哈佛大学产业经济学权威乔·贝恩和谢勒等人于上世纪30年代建立的SCP（structure - conduct - performance，结构 - 行为 - 绩效）模型。该模型提供了一个既能深入具体环节，又有系统逻辑体系的市场结构（Structure） - 市场行为（Conduct） - 市场绩效（Performance）的产业分析框架。SCP框架基本涵义是，市场结构决定企业在市场中的行为，而企业行为又决定市场运行在各个方面的经济绩效。市场结构主要包含交易双方的数目和规模分布、产品差异化、市场份额和市场集中度及进入壁垒等主要指标，市场绩效通常就是企业的盈利情况。

市场结构是决定工商关系的重要因素。当市场处于买方市场时，占据终端渠道的零售企业利用自己掌握消费者的优势，可对上游厂商实施市场力量，而厂商为将自己的产品售出，只能是竞相付出额外的费用来取得对渠道的使用；当市场处于卖方市场时，情况刚好相反，掌握产品资源的生产商占有主导权。

我国在经济改革开放的初期即处于卖方市场。通常在紧缺经济时代，这种情况才会发生，不过在现有的经济条件下，也有个别畅销品会出现类似情况，比如宝洁、可口可乐、苹果公司的产品等。

（二）市场力量影响双方地位和关系

市场力量（market power）通常是指厂商拥有的能够将市场价格提升到竞争水平之上的能力。采用利润来评价市场力量可以追溯到勒纳对于垄断权力的度量，市场进入条件和进入壁垒是决定市场力量的重要因素，而垄断通常和最高的市场力量相联系，市场力量与经济利润紧密正相关。

形成市场力量的因素有很多，比如品牌知名度、市场份额、企业规模等。品牌知名度越高，市场份额越高；企业规模越大，市场力量越强，反之则市场力量越弱。谁拥有市场力量强，谁就在双方关系中占据主导地位。拥有市场力量主导地位的企业最终会获得高于平均水平的利润，体现出力量的优势。

实际上，零售商和供应商都在不遗余力地使用自己的市场力量，形成事实上的店大欺客、客大压店。在经济社会中，任何一个企业都是理性的经济体，必然会利用自己的市场力量追求自身效用最大化。这种竞争关系客观上促进了双方改善服务效率，提升消费者体验，有利于增加社会福利。但由于可能出现滥用市场优势地位的情形，也会损害消费者的利益。所以，这也引起了社会乃至政府对零供关系问题的关注。

从我国现有零售业态的发展状况看，在全国范围内并不存在拥有市场垄断势力的零售企业，以2011年中国连锁百强企业数据分析，排名前三的大型零售商大润发、家乐福、沃尔玛销售额分别占到百强销售总额的3.7%、2.7%、2.6%，还不足以对全国的零售市场产生重大影响。

（三）制度安排间接影响双方关系

制度安排不同，交易费用不同，交易费用的高低与制度的收益成反比。制度的功能或作用之一就是为了降低交易费用，使人们的行为有序、有预期、有激励导向，从而减少混乱无序，以节约交易费用。制度的安排和选择由利益相关人的边际交易成本来决定，当事人倾向于选择成本低的制度安排。

例如，对生鲜产品质量安全的处罚，工商部门要求零售企业承担相应的质量安全连带责任。即使供应商能够提供产品质量安全的全部合法手续，零售商合理合法地认为产品质量符合国家质检部门要求，而准予正常销售，但是一旦在抽检过程中遇到产品质量问题，零售商也要承担监管不力的责任，并缴纳罚款。这种制度设计使得零售商为了保障自身的合法权益，而不得不要求供应商提供额外的质量保证金，以防在发生问题时自己的利益受到无端损害。质量连带责任制度设计的初衷是保护消费者的权益，但在施行过程中，过高的交易成本迫使零售企业选择让供应商承担全部经济处罚的低成本方式。再比如，零售企业贷款制度的设计，使得零售企业获得资金的成本过高，于是理性的零售商选择交易成本较低的获取短期资金的方式——拖欠供应商的货款。而这一行为导致了零供双方关系的紧张乃至对立。

上述两例说明，制度的安排会影响到零售商的行为选择，在衡量成本与收益方面，其必然选择对自己较为有利的方式，至于这种选择行为对于其他利益相关人的影响，并不是他主要考虑的，而是制度设计者应考虑的问题。

（四）“寻租”行为恶化双方关系

寻租理论产生于美国，最早萌芽于上世纪 60 年代，确立于 70 年代，成为现代经济学的一个重要分支学说，其理论影响已遍及经济学的各个分支，乃至为社会学、政治学、行政管理学等其他社会科学学科提供了新的研究思路。寻租就是寻求租金，即由于不同体制、权利和组织设置而获得的额外收益，是维护既得的经济利益或是对既得利益进行再分配的非生产性活动。寻租活动的共同特点是：第一，它造成经济资源配置的扭曲，阻止更有效的生产方式的实施；第二，它自身空耗社会经济资源，使本来可用于生产性活动的资源浪费在于社会无益的活动上；第三，这些活动还会导致其他层次的寻租活动或“避租”活动，从而耗费更多的社会经济资源。

寻租行为有合法和非法之分，合法的活动如企业向政府争取优惠待遇，利用特殊政策维护本身的独家垄断地位；非法的行为如行贿受贿，走私贩毒。在零供交易行为中，相关工作人员的行贿受贿行为就属于非法的寻租行为。我们通常深恶痛绝的商业贿赂就是典型的非法寻租行为。

零供双方在合作过程中，不论是零售商方面的相关人员还是供应商方面的相关人员的寻租行为都会严重影响到双方之间的关系。当然这种影响的大小还要受到外部市场环境和企业市场力量的限制。举例来说，掌握市场钥匙的零售企业的采购人员，在有限的渠道资源分配过程中，可以通过“决定是否与供应商签订合同”或者“通过调整合同交易条件”作为收取寻租租金的工具；而营运部门的人员可以通过“陈列位置的资源分配”或“订货频率与数量的控制”进行寻租行为。而一些急功近利的供应商，通过贿赂等不正当竞争手段获取优质渠道资源，助长了零售商方面相关人员的寻租行为的发生。这些行为不仅损害了所在企业的利益，也损害了行业利益，最终损害了消费者的利益，因为最终消费者要为租金买单。在难以对寻租行为监管到位的情况下，这种行为极大地恶化了零供关系。

三、零供关系现状

近年来，随着我国零售业的迅速发展，零售企业与供应商的冲突也逐渐进入人们的视线。全国各地不时爆出的工商关系恶化的极端案例，成为业界及政府关注的焦点。

零售企业与供应商之间是合作与竞争的关系，通过对比中国连锁经营协会历时十年的《工商协作年度调查报告》可以看出，随着中国零售行业的发展，零售企业与供应商的关注点也在发生变化，由最初关注“订单履行、基础供应链合作”到“营销合作、按时付款”，再到“食品安全、供应链效率、数据共享”，双方在不断的磨合中寻找最佳利益点。但在合作中，也出现不和谐的问题。零供双方经常会在通道费、账期、退货等问题上发生冲突，而这也往往成为矛盾爆发的导火索。由于通道费合理性的争议，其更成为矛盾中最敏感的部分，备受关注和争议。

（一）零供矛盾成因特点

1. 我国零售业现阶段的发展还处于成长期。其特点，一是零售企业负债率较高，且主要依赖短期负债。负债最大来源是供应商账款，而银行贷款不是主要渠道。二是商品和技术管理水平落后，与欧美成熟零售企业特征正好相反。欧美零售企业的资金主要来源于银行贷款，是长期负债，其商品和技术管理水平较高。

2. 经营成本上涨激化零供矛盾。近几年，受价格上涨因素影响，零售企业房租、人工、水电等经营成本上升压力持续加大，而生产企业则因原材料价格上涨致使利润下滑。在这种情况下，原有的零供交易条件发生变化，零售商希望供应商加大让利幅度，生产商希望零售商提高价格。可以说，价格上涨是造成当前零供关系紧张的主要原因，通道费则是零供矛盾的表现形式。

3. 零供冲突主要发生在大型零售企业与中小供应商之间，其本质是中小供应商与大型零售商在渠道上的竞争。中小供应商的产品生产、研发和品牌推广能力相对薄弱，同质化产品供大于求，在与零售商的谈判中处于劣势，只有付出更多的交易费用，才能进入零售渠道。此外，随着零售企业销售规模的提升，生产企业与零售终端的直接合作越来越普遍，对中间商的生存空间形成挤压，这是流通现代化进程中减少中间环节、改善流通效率的客观需要。

4. 零售商管理粗放，相关管理制度落实不到位。零售企业采购及门店人员向供应商索要合同外支持，“吃”、“拿”、“卡”、“要”现象时有发生，对零供关系恶化起到了催化作用。同时，中小供应商的交易方式灵活，在与零售商的交易与合作中滋生了很多不规范行为，也助长了这些恶习，有的竟成为行业潜规则。尽管零售商通过建立内部稽核制度，邀请供应商监督门店经营等方式监控内部腐败问题，但受制于企业管理能力，中小供应商的默认甚至纵容，使这些监管措施收效有限。

（二）零售企业通道费基本情况

现阶段，零售企业经营毛利主要由两部分构成：前台毛利（以商品加价为主）和后台毛利（主要包括销售返利和通道费）。通道费是零售企业为供应商提供相关服务所收取的费用，包括各种促销费、特殊陈列与展示费、新品上架费、促销人员管理费以及物流服务费分摊等。在实际操作中，很多零售企业将部分通道费合并计入销售返利，即按照销售额的一定比例从供应商支付的货款中扣除。

零供交易中前台与后台返利的主要原因包括：

1. 商品定价。目前，很多有实力的供应商为便于价格管理，向零售商的供货价格基本保持一致，并未根据采购量的大小调整价格，而是按照销售量的大小提供不同的销售奖励（折让），由于采购价格差异不大，零售商为适应竞争保持低价的加价空间非常有限。

2. 商品购销与服务。零售商与供应商合作除了买卖商品以外，零售商还为促进商品销售和品牌推广向供应商提供服务和劳动。由于卖场资源有限，供应商愿意付出更多的服务费，获取有利位置，增加产品销量和品牌知名度。

3. 税收。将通道费作为销售返利，并采取净额增值税发票，可以降低零售商和供应商的税负。目前，很多零售商已开始采用“大扣点”的收费方式，代替名目繁多的费用列目。

调查显示，近几年，大中型快速消费品连锁企业（包括大型综合超市、超市）的经营利润（综合毛利率）约为16%～20%，销售净利润率约为1%～4%之间，且连续几年维持在这个水平。其中，前台毛利率根据商品种类的不同一般保持在10%左右，很多生鲜商品和促销商品的加价率为零。后台毛利根据商品种类的不同大约在1%～25%之间。

前台、后台毛利率以及通道费用的收取水平因商品品种、供应商规模的不同存在很大差别，大体可分为以下三种情况：

其一，对于购买频率和价格敏感度高的商品，其供应商多为国内或跨国知名品牌生产企业或其代理商。由于定价权基本掌握在供应商手中，综合毛利一般不超过15%（跨国零售企业略高于该水平）。其中，前台加价率空间很小，后台毛利也较低。通道费有的纳入后台毛利，有的则表现为促销补贴和物流费补贴。对零售企业来说，部分跨国供应商在与零售商的合作中占有主导地位，对合同、费用具有更大“话语权”。在此种情况下，商品经营利润低于企业的平均水平。该类商品约占零售企业销售总额的30%左右。

其二，生鲜农副产品是零售商吸引客流、应对竞争的主要工具。目前大型连锁企业普遍采取自营方式（包括农超对接），直接从基地、农业合作社以及农副产品批发市场采购，综合毛利率大体在10%左右，不存在通道费的收取。在此种情况下，生鲜农副产品经营利润要明显低于企业的平均水平。该类商品约占零售企业销售总额的30%。

其三，对于购买频率和价格敏感度低的产品，例如纺织品、家居用品、玩具、文具等，供应商的主体为本土中小生产企业或经销商。该类商品的前台毛利约为15%左右，后台毛利约为10%～20%。该类商品约占企业销售总额的8%，是构成企业经营利润的主要来源。

零供矛盾主要集中在大型零售企业与供应商之间。这其中，与大型零售商相比中小供应商的商品知名度低、商品可替代性强、产品研发和营销能力弱、交易存在很多不规范性，在与零售商的合作中处于劣势地位。零售商在与这些供应商合作中，也会出现不合理挤占供应商利益的行为。具体名目基本包含在《零售商供应商公平交易管理办法》中所列举的六种不合理收费范围内。

目前，大中型快速消费品零售企业的综合毛利率约为16% ~20%，扣除房租、人工、水电以及其他成本后，企业的销售净利润率基本维持在2% ~5%，明显低于欧美同行，也明显低于大中型生产企业。近几年，零售企业经营成本连年大幅上涨，其中房租成本上涨约20% ~30%，人工成本上涨15% ~20%，商业用地用电均高于工业。此外，零售企业银行卡刷卡手续费成本已经占到经营利润的10%以上。连锁企业无法跨区域统一纳税，造成重复缴纳。同时，零售企业通过调整不同商品的毛利结构，确保企业综合获利指标，以达到相对稳定经营的水平，并藉此保持企业扩张量所需的资金。

（三）零供双方利润对比

企业经营的最终目的是获利，而利润率是最经常使用的指标。由于供应商数量众多，品类不同、交易条件千差万别，为了能够从行业角度对比零供双方的利润率，本报告仅选取食品加工、食品制造和饮料制造三个行业的盈利情况进行说明，其他行业的具体盈利情况见附1：《按行业分不同类型工业企业的工业成本费用利润率（%）》。

从图1看出，连锁零售商的主营业务利润率从2004年开始一直上升，到2008年达到最高的11.8%，随后出现下降。从2009年到2011年间，零售商的主营业务利润率维持在10.5% ~10.8%之间，仅有0.3%的波动。由于数据年限较短，我们目前还无法准确判断今后的趋势①。随着经营成本费用的上升及网上零售业务的快速增长，内外双重压力促使零售商一方面改进经营效率，由粗放式增长向精细化增长转变；另一方面也会使某些零售商利用现有市场优势采用收取通道费的形式增加自己的盈利水平。随着竞争的进一步加剧及商业发展趋向成熟，通过非主营业务获取收益的方式将逐步失去优势，最终是那些拥有核心竞争能力、回归零售本质的零售商会存活并发展壮大。

图1和图2分别是按行业分私营工业企业和规模以上工业企业工业成本费用利润率。可以看出，工业企业的"工业成本费用利润率"呈现上升趋势。其中，规模以上工业企业的"工业成本费用利润率"不仅比私营工业企业的利润率更加平稳，也比其利润率更高。在2008年及之前，零售业及这三个工业行业的利润率变化相同，都是呈上升趋势，在2008年年底受到金融危机的影响后，零售商和工业企业利润率均出现下滑，但是之后工业和零售业的利润率变化趋势出现分化，零售业持续下滑，并徘徊在10.5% ~10.8%之间，而工业企业出现"先扬后抑"的态势，且规模以上工业企业的利润率变化较大。这也可以说明，在2009年之前，零售商和工业企业共同健康发展，双方利润率均呈现上升趋势；但在2009年之后，盈利趋势发生分化，体现为不同行业的生产企业之间和零售业与生产企业之间的分化。私营工业企业的利润率更接近零售业的利润率，规模以上的饮料制造工业企业的利润率已经超过零售商。

① 零售业通常用"净利润率"和"毛利率"来表述企业盈利情况，但受公开数据的限制，本处使用"主营业务利润率"来代表盈利情况。

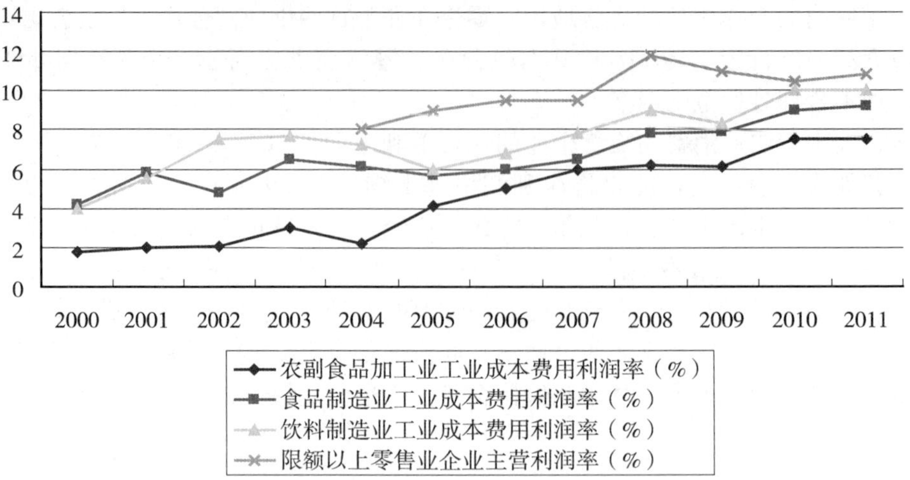

备注：2000－2004 年是“三资”工业企业，从 2005 年以后是私营工业企业。

数据来源：中国统计年鉴（2001－2012）

图 1　按行业分私营工业企业工业成本费用利润率（%）及限额以上零售业企业主营利润率（%）

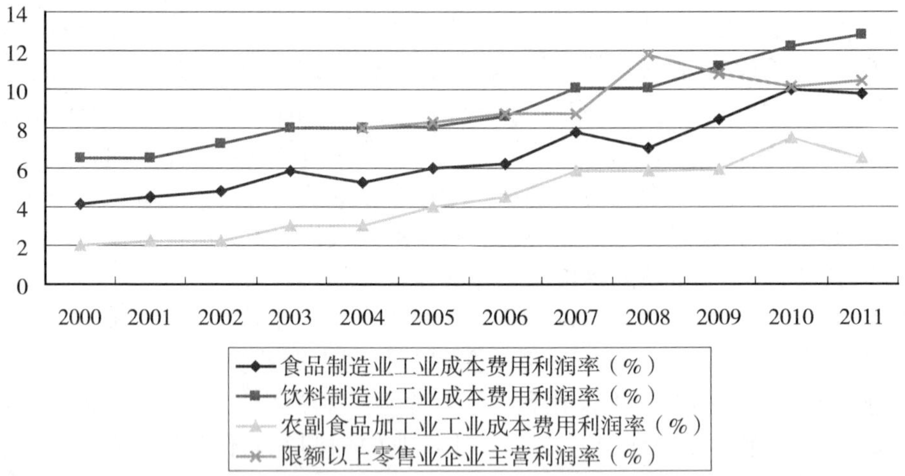

备注：2000－2006 年为全部国有及年主营业务收入在 500 万元以上非国有工业企业，2007－2010 年为年主营业务收入在 500 万元以上工业企业（即规模以上工业企业）。

数据来源：中国统计年鉴（2001－2012）

图 2　按行业分规模以上工业企业工业成本费用利润率（%）及限额以上零售业企业主营利润率（%）

以上是从行业的角度对零售企业与制造企业的利润率进行分析，从而得出行业的整体发展趋势。而从表 1（《24 家上市公司 2009 年净利润率情况对比》）年报数据可以更清楚地看到具体零售上市企业在利润率上的差别。11 家零售商 2009 年的平均净利润率仅为 3.15%，而 13 家供应商 2009 年的平均净利润率则高达 18.96%；很显然，同样是为消费者提供商品服务的企业，供应商获利颇丰，而零售商的经营盈利则可以用“骨头上削肉”

来形容。由此可见，在市场博弈中，零售商并不是所谓的“食利型企业”，更不是暴利的获得者。

在中国连锁经营协会与毕马威华振会计师事务所对在A股、H股及纽交所上市的主要连锁零售上市公司（共56家）进行梳理的2011年年报数据中发现，零售上市公司的平均净利率仅为4.1%，比2010年度的4.2%下降0.1%。优质上市公司净利率尚且如此，对于广大的未上市零售企业的盈利情况就可想而知了（相关明细数据见附2：《主要上市零售企业2011年年报净利润》）。

表1 24家上市公司2009年净利润率情况对比

零售商			供应商	
企　业	净利润率		企　业	净利润率
步步高	2.89%		贵州茅台	44.60%
永辉超市	3.00%		五粮液	29.16%
人人乐	2.62%		黑牛食品	11.47%
苏宁电器	4.96%		金字火腿	26.66%
百联股份	3.93%		可口可乐	22.02%
武汉中百	2.11%		霸王国际	20.73%
新华都	2.21%		联合利华	8.46%
通程控股	2.36%		洋河股份	31.32%
重庆百货	2.14%		百事可乐	13.75%
王府井	2.97%		宝洁	16.13%
友阿股份	5.45%		康师傅	7.54%
			维维股份	7.75%
			青岛啤酒	6.95%
平均净利润率：3.15%			平均净利润率：18.96%	

资料来源：各上市公司2009年年度报告

与国际零售对应业态横向比较看，我国零售行业三大业态①的大陆样本企业毛利率（见图3）水平大大低于香港及世界500强样本公司；从净利率看（见图4），我国三大业态的净利率除百货业态外，超市和专业店都比较接近国际现状。虽然与国际同行盈利水平接近，但无法说明中国现有市场发展状况下的合理性。

通过上述分析发现，由于大陆零售商毛利率较低，主营业务贡献的利润基本被营运费用抵消②，对总体经营利润率的贡献有限。然而，其他业务利润在净利润中占较大比重，大陆零售商利润并不主要依靠商品销售毛利，后台毛利占有相当的比重。

① 零售三大业态指百货店、超市、便利店三种零售业态。

② 零售企业固定费用主要包括租金及折旧、人力成本和水电费等。通过这几年对调查问卷的汇总分析，我们发现百货业的三大固定费用占到总费用的一半左右，而超市及专业店更是已达到70%的水平。

资料来源：中国连锁经营协会《2011 零售企业资金链报告》

图 3　中国大陆主要零售业态与国际零售对应业态毛利率比较情况

资料来源：中国连锁经营协会《2011 零售企业资金链报告》

图 4　中国大陆主要零售业态与国际零售对应业态净利率比较情况

在连锁零售业发展的初期，由于现代销售通道资源的紧缺，通道费成为了市场自发配置资源的经济手段，它的存在对于调节市场资源供需均衡、筛选优质供应商、转移新产品的市场风险、提高零售企业的经营效率有一定的积极作用。但是随着连锁零售企业的进一步发展并趋于成熟，通道资源不再紧缺，通道费用会随着这一过程的到来而逐步降低，其作用也从资源配置向效率配置转移。握有市场份额较大的零售企业相对会有更高的经营效率，会获得更多的通道费用，此时通道费的性质变为由于生产力的提高带来的超额收益。随着零售企业竞争的加剧，越来越多的资源流入连锁零售领域，超额收益逐步消失，最后达到均衡。当然这是理想的完全竞争的市场状态。如果存在人为扭曲市场的情况，则需要借助相应的法律法规来进行规范。

（四）不同业态零售商账期天数分析

之所以考察我国零售企业的负债情况，主要是分析零售商在利用供应商货款方面的行为特征。供应商欠款包括应付账款以及向供应商开具的尚未兑现的应付银行票据。在零供交易行为中，付款期限一直都是双方关注的焦点，而供应商对于零售商拖延付款的投诉也较多。以下几方面较为清晰地反映了零售企业的资金使用情况。

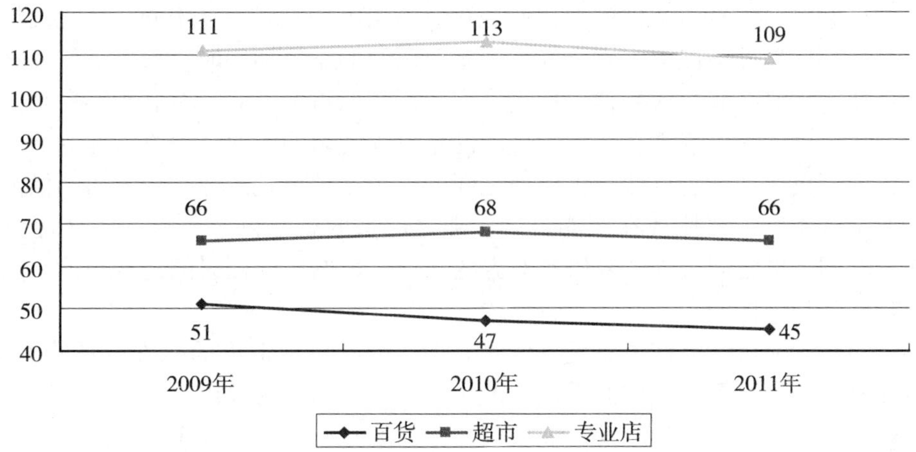

资料来源：中国连锁经营协会《2011 零售企业资金链报告》

图 5 供应商欠款周转天数情况

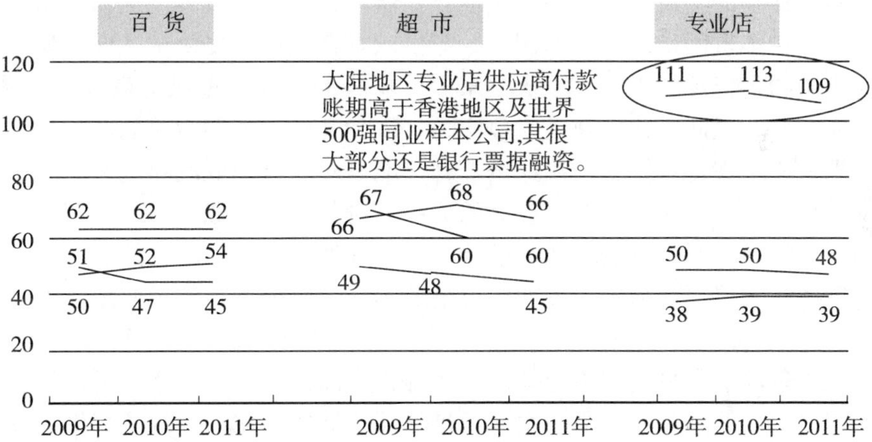

资料来源：中国连锁经营协会《2011 零售企业资金链报告》

图 6 应付账款周转天数及国际比较情况

应付账款周转天数又称平均付现期，是衡量公司需要多长时间付清供应商的欠款，属于公司经营能力分析范畴。应付账款周转天数越长说明公司可以更多地占用供应商货款来补充营运资本而无需向银行短期借款。从中国连锁经营协会与普华合作编写的“零售企业资金链”的报告中看到，三大业态供应商欠款周转天数存在较大差异，百货店为一个半月，超市在两个月左右，而以家电为主的专业店的账期超过三个月（见图 5）。

对比国际同行的数据（见图 6），中国大陆在百货和超市业态上，与香港和世界 500 强样本公司的供应商账期已趋于接近，而中国大陆的专业店企业应付账款周转天数明显偏高。所以，对账期的抱怨更多集中于专业店供应商。

（五）零供矛盾复杂多变

零供关系会随市场竞争条件的变化而变化。当然市场发展程度不同，变化的情况也会不同，甚至是不同地域情况也不同。当零售企业之间的竞争加剧时，对于供应商来说意味着可以借机获得相对有利的谈判地位；当供应商之间竞争加剧时，有利于零售企业获得更好的合同交易条件。零供双方在各自领域内的竞争程度影响着双方最终博弈的结果。

零供关系不仅体现零售企业与供应商之间的关系，它也是产业结构矛盾和供需矛盾的侧影。产业结构矛盾主要体现在产能过剩，随之而来的就是供过于求。在这种市场背景下，必然影响到零供之间谈判的筹码和双方的地位。虽然此处探讨的是日用消费品的零供交易，但是道理是一样的。

零供关系具有随机性。这主要是零供双方人员的随机性造成的双方关系的不确定性。在其他条件不变的情况下，不同的零供业务人员会产生不同的零供关系。如果双方人员合作愉快，通常零供关系也较为和谐；如果双方摩擦不断，特别是处于强势地位的一方对另一方存心刁难，则难免会有公报私仇的行为，从而影响到零供关系。

零供关系具有多重性。同一零售企业，在不同的时间、地点，与同一供应商协商不同的事情，双方的交易地位都是不完全相同的。零售商面对不同的供应商或是供应商面对不同的零售商，其拥有的交易地位也在发生变化。所以，影响微观零供交易的条件要受到多种因素的影响，在多重因素的共同作用下，零供双方在抗争和妥协中达成交易。

就目前中国的零售现状来说，零供关系中最弱势的就是小型供应商和小型零售企业。小型供应商面临着产品同质化、缺乏竞争实力、缺少开拓市场能力等问题，想要背靠连锁零售企业这棵大树实现自身销售的快速增长，只能是对零售企业既哄之又忍之，既恨之又爱之。反观小型零售企业和中大型供应商的关系，也与上述类似。

在我国，零供矛盾不仅仅表现在通道费，还有其他在交易中存在的、广为被业内人士诟病的不合理做法。根据交易中双方博弈力量的不同，区分为零售企业主导和供应商主导两种情况。

在卖方市场条件下，只要有货源就意味着赚钱；而在买方市场条件下，只有占领了通路才有可能赚钱。虽然仍然是一买一卖，但是外部条件的变化，导致了零供双方谈判地位的变化。

1. 零售商占主导地位

当零售企业在市场内拥有较强的市场势力时，即在市场的销售份额和品牌效应上占有优势时，零售企业占有主导地位，拥有谈判的砝码，绝大部分的供应商在交易时处于弱势地位，为了利用零售企业的销售平台提升自身市场形象，扩大产品销量，供应商愿意为此付出更多的代价。

当零售商的实力相对于供应商来说占有更强的话语权时，往往表现出的就是零售商更具有话语权。在现实的零售经营活动中，主要表现在以下几个方面：

（1）合同内条款执行不到位。零供双方合作时，通常采取零售企业提供的标准合同。通用条款适用于所有供应商，只有涉及到返点、账期、费用、退换货等个性条款时，双方会根据谈判结果予以填写或增加合同附件。如果要举行临时促销活动，零供双方会根据活动的内容签订服务协议，注明时间、地点、服务内容及收费情况。合同及协议的谈判一般均由采购部门来完成，但是合同的执行却是由营运、财务等相关部门来操作。因此，在合同的执行过程中，通常存在以下两个问题：

其一，约定的账期无法按时兑现，这种情况在专业连锁店较为突出。造成延期付款的原因有很多，既有供应商的原因，也有零售商的原因。对于零售商主观通过延长付款期达到挪用供应商货款的短期融资行为应该予以坚决制止。

其二，促销活动或陈列位置等无法按照合同约定实施。通常在促销协议中，都会约定好促销的商品、促销价格、促销时间、陈列位置、赠品如何发放等，但在实际操作中，营运部门不能完全遵守合同或协议约定，使得条款在执行时打了折扣。

（2）不合理通道费。通道费有广义和狭义两种。狭义上的通道费，也就是将某个供货商的产品摆放在通道或其他容易引起消费者注意的位置，超市向该供货商收取的费用。这个费用更类似于美国的通道费（slotting fee）。由于其具有广告的性质，有利于占用通道位置的供货商获取更多的交易机会和利润，因而具有一定的合法性①。

广义上的通道费（slotting allowance），是包括节庆费、促销费、新店开业赞助费等一系列费用在内的综合费用，这也是目前存在争议最大的部分。下文讨论的通道费泛指广义上的通道费，此处暂不讨论其合理与否，仅从其对零供双方的影响进行分析。

供应商对两大类费用是强烈反对的。一是合同中不合理收费，二是合同外收费。通常来说，供应商对于合同中标注的年度收费都是接受的，供应商会将其计入全年预算中，成为可预测的经营费用。但是对于年度合同之外的费用，比如临时收取的某项费用，尤其是不合理的、强加在供应商头上的费用，供应商是相当反感的，不仅因为这属于预算外费用，打乱了自身的经营计划，另一方面也是属于不合理扣款，通常这种费用不会很高，使得供应商不足以为此与零售商闹翻，但是却会使供应商牢骚满腹，给零售行业带来很坏的影响。

——无合同直接扣款。这种情况虽然越来越少，但也在一定范围内存在。供应商在接到要求付费的通知后，即使不想缴纳，也会直接从应付货款中扣除费用。

——营运部门索要补损补偿。门店为了达成经营目标，会给每个部门分配业绩指标及损耗指标。有时营运部门为了完成损耗指标，会从供应商处要求一定数量的订单外商品或是费用用于补偿日常的商品损耗。

（3）不合理退货。退货的原因有多种，大部分是因为滞销。在通常情况下，考虑到双方的共同利益，供应商都会接受一定程度的合理退货，但是也有以下两种情况，供应商不愿意配合：

一是空退，即在零售企业的结算系统显示退货，零售企业将不对此批货物支付货款，而实际上供应商也没有收到实际货物。此种操作是零售企业变相将损失转嫁给供应商的做法，虽然并不普遍，但客观存在。

二是低进高退，即退货价格高于进货价格，其实质依然是变相将损失转移给供应商，但实际操作中多数是因为零售企业结算系统的问题，并非出于本意。

2. 供应商占主导地位

在现实经济活动中，并不总是由零售企业主导供应商，对于那些品牌效应强、产品具有特色、具有不可替代地位的产品及其供应商，往往是供应商占据主导地位，而在交易过

① 王胜辉，超市向供货商收取“通道费”的合法性探讨——兼评《罗宾逊波特曼法案》的中国化问题。

程中，中小供应商往往处于不利的交易地位。

当供应商成为零售企业必选的商品提供者时，供应商就占有了主导地位，可以和零售企业进行讨价还价，甚至是迫使中小型零售企业接受比同类商品苛刻的交易条件。往往国际上知名的快消品品牌都或多或少地拥有这种谈判能力。

对于那些有能力自建销售渠道、适于自建销售渠道的企业，或者是产品品牌属于必需品的供货商，零售企业就难以控制，甚至出现被控制的局面。对于中小零售企业，这种情况更为多见。比如在合同的约定上，中小零售企业对于强势供应商的要求只能是听从，比如在账期约定、订货量约定、退货约定等方面，只有满足供应商的要求，供应商才同意供货。即使是拿到货物，也还要受到供应商统一零售价格的约束。通常品牌商品供货商为了市场的稳定和品牌形象，规定市场统一零售价格，尤其是可乐、宝洁等敏感商品，零售商售价一旦低于统一零售价格，零售企业就要面临断货的风险。这个时候，供货商实际上将自身的经营风险转嫁给了零售企业。

存在这种情况不仅与零售商的盈利模式有关，也与中国的整个日用消费品生产企业的分销系统设置有关。为了便于对零售价格的控制，供应商通常不会给零售商太高的利润空间，使得零售商没办法破坏价格体系，而对于零售商的补偿，则采取提供费用的形式。这样做一方面可以灵活控制自身的成本，另一方面也便于提出谈判的砝码，增强对零售商的影响力。而与此同时，这些供应商通过这种手段也打压了同行业的中小供应商。价格限制不仅约束了零售商，也限制了同业竞争者的盈利空间。凭借规模效益和更高的品牌地位，同业竞争对手的盈利空间被压缩，竞争力被削弱。

通道费作为我国零售企业盈利模式的重要组成部分，是我国零售企业发展的必经阶段。我国零售连锁企业的盈利主要包括主营业务利润①（前台收入）、通道费（后台收入）、非经营性收益（主要为投资收益和营业外利润两项）和增值服务收益几部分，大部分企业以主营业务利润和通道费为主要收入来源。主营业务利润又可分为商品进销差价和采购折扣（见图 7）。

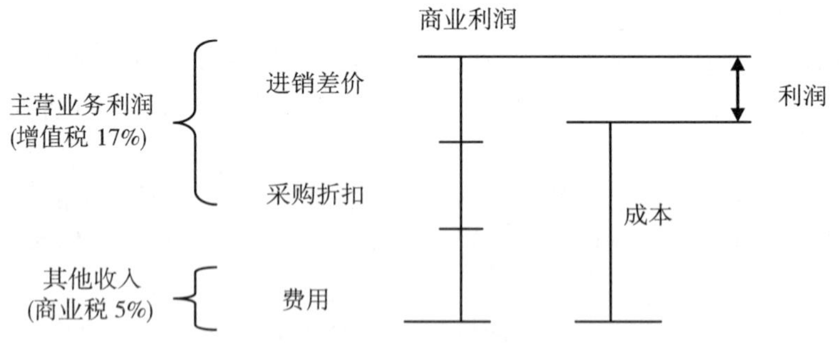

图 7　连锁零售企业盈利构成示意图

上游生产商基于维护销售渠道和市场份额的诉求，对其商品的供货价及转售价格（指零售商从供应商处采购商品后将之出售给消费者的价格，通常称为零售价格）都制定

① 百货业态主要为销售佣金和租金收入，超市业、便利店、专业店业态主要为商品进销差价。

了较为完整、稳定的价格体系，除非重大经济事件影响其生产成本，一般不会作太大调整。随着竞争的加剧，越来越多的一线品牌，尤其是外资品牌，如金龙鱼、宝洁等，为了巩固区域竞争地位，采用了统一价格政策或限价策略，且不允许零售商自行调价，即便是降价促销，也必须由其当地经销商向厂商提出申请，获准后才能执行，否则这部分差价损失将由零售商自行承担，厂商不予补偿，如情况严重，还有可能面临厂商在渠道政策上的惩罚性条款，如停止供货等。

零售业经营起点低的属性决定了竞争必然激烈。小型批发市场、个体便利店、网络购物等日渐普及，由于竞争使得零售商纷纷降价，毛利空间越来越小，商品价格早已透明。为了保护自已的价格体系，供应商通过促销费用的形式对零售商进行补贴，以弥补零售商利润的不足。通过促销费用的调节，供应商也可以根据不同销量对不同渠道差别化对待。根据美国相关的研究可以发现，采取通道费和不采取通道费的生产商在利润上是不同的。相关情况见附 3：非耐用消费品零供交易方式。

根据某零售商几年来的实际销售数据，我们对一些商品品类的供应商进行了分析，具体见图 8。

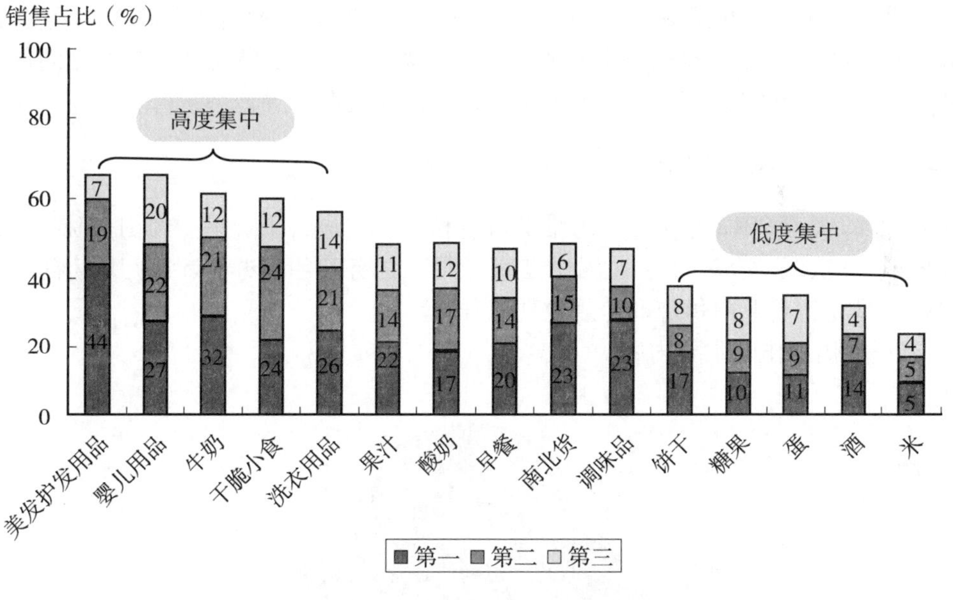

数据来源：根据某超市数据整理

图 8　不同品类商品排名前 3 的供应商市场份额

从图 8 看出，美发护发用品、婴儿用品、牛奶、干脆小食、洗衣用品供应商销售份额高度集中，大供应商占据了大部分的销售额，达到 60% 以上。而以上几类商品都属于快消品，价格相对较低，而且比较敏感，品牌性也较强。而饼干、糖果、蛋、酒、米等商品供应商是低度集中，头三名供应商的销售额占比低于 40% 。

在供应商销售份额高度集中的商品品类，集中了大量品牌供应商，拥有完善的市场价格体系，其为了维护自身的品牌形象和市场稳定，价格会统一在一个水平，根据实际渠道实际的销售表现，再给予不同的补贴政策，从而实现供货价差异化，从本质上来说是形成零售商“统一的前台毛利＋不同的后台毛利”盈利模式的推手。

在我国，零供矛盾长期存在。参照国外的历史经验，各国普遍通过立法约束零售商的不公平交易行为。随着电子商务的发展，零供交易行为呈现出越来越复杂的关系。

四、规范零供交易有关工作情况

近年来，零售行业发展迅速，对搞活流通、改善民生、引导生产、扩大消费发挥了积极作用，零售商供应商合作关系总体趋势向好。但也存在一些值得关注的问题，主要是零售商供应商公平交易问题，对此，商务部、发展改革委、公安部、税务总局、工商总局等部门开展了大量工作。

（一）建章立制

2006 年，商务部、发展改革委、公安部、税务总局、工商总局等五部门发布了《零售商供应商公平交易管理办法》和《零售商促销行为管理办法》，对零售商滥用市场优势地位收取费用、拖延支付货款等行为进行了制约，对促销行为给予了规范。商务部 2008 年发布了行业标准《零售商供应商公平交易行为规范》，对零售商和供应商之间的合同签订、费用结算、服务收费、公平竞争等交易行为进行规范指导。

（二）集中开展清理整顿

2011 年 12 月至 2012 年 9 月，为维护市场秩序，促进公平交易，经国务院批准，商务部、发展改革委、公安部、税务总局、工商总局、国务院纠风办等 6 部门联合组织开展了清理整顿大型零售企业向供应商违规收费工作。

1. 清理整顿工作的主要内容

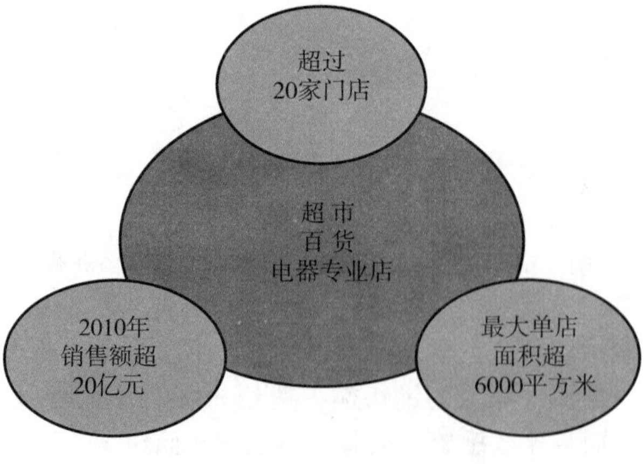

图 9　清理整顿大型连锁企业向供应商违规收费范围

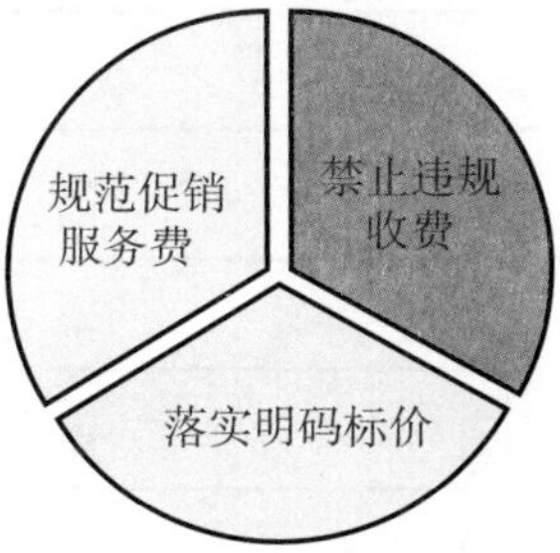

图 10 清理整顿大型连锁企业向供应商违规收费主要工作内容

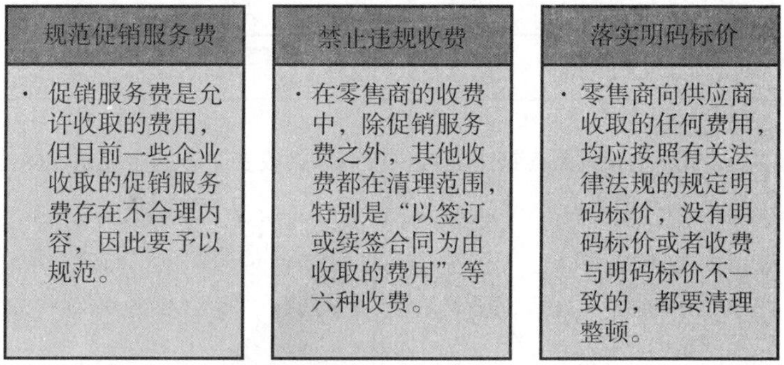

图 11 清理整顿大型连锁企业向供应商违规收费的主要三项具体工作内容

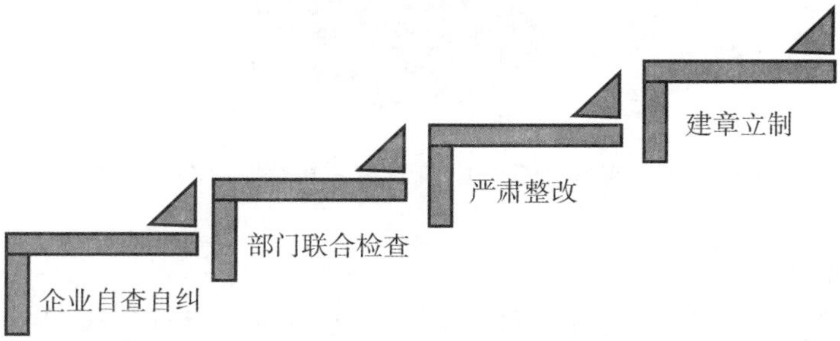

图 12 清理整顿大型连锁企业向供应商违规收费的主要工作步骤

根据清理整顿工作方案，纳入清理整顿范围的大型零售企业共 76 家，企业总部分布在 22 个地区，其中 64% 的企业总部集中在上海、北京、江苏、山东、湖南、深圳等 6 省市。从业态看，超市 43 家，百货 27 家，电器专业店 6 家。从经济类型看，内资企业 62 家，外资企业 14 家。76 家企业均成立了董事长、总经理等高管人员牵头的工作组，认真开展规范促销服务收费，清理违规收费，落实明码标价，取得了阶段性成效。

《合同法》
《价格法》
《反不正当竞争法》
《反垄断法》
《价格违法行为行政处罚规定》
《零售商供应商公平交易管理办法》
《零售商促销行为管理办法》
《关于商品和服务实行明码标价的规定》

图 13　清理整顿大型连锁企业向供应商违规收费工作的主要法律依据

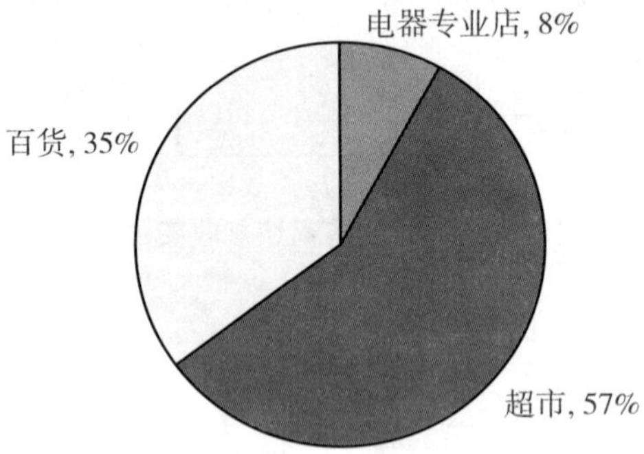

图 14　纳入清理整顿范围的 76 家零售企业业态分布情况

2. 清理整顿阶段性成效

清理整顿 76 家大型零售企业工作经历了大型零售企业自查自纠、协调小组成员单位联合检查、大型零售企业复查整改、探索建立长效机制等阶段。

（1）促销服务收费得到规范。44 家企业存在收取使用促销服务费不规范问题，涉及金额 1.68 亿元，已全部整改。经过清理整顿，大型零售企业收取促销服务费时，都能够事先征得供应商同意，订立合同；收取费用足额开具发票并依法纳税；建立相关收支台账，基本做到了总体收支平衡。

（2）违规收费得到清理。55 家企业存在违规收费问题，涉及金额 1.44 亿元，已全部整改。经过清理整顿，大型零售企业都取消了进场费、店庆费、无条件返利等违规收费项目，76 家企业共调减收费项目 285 个。大润发超市由清理整顿工作前 13 项收费调减为只保留租金和海报促销费 2 项；欧尚由 9 项收费调减为只保留 1 项海报广告促销服务费。

（3）明码标价得到落实。76 家企业自查全部存在服务收费未明码标价或标价不到位问题，进行了认真整改。一是明确标价内容。包括收费项目名称、服务内容、计费标准、收费适用对象、计价单位、开发票类型等。二是采取适当形式。相关大型零售企业总部都通过在谈判室、财务室等区域张贴标价牌或价目表、提供电脑查询、发送价格手册等方式，对服务收费进行了明码标价。三是积极接受监督指导。沃尔玛、家乐福、苏宁、人人乐、重庆百大等多数企业主动将明码标价整改落实情况报有关地区物价部门审核。

（4）建章立制取得初步成果。一是出台地方性法规。如，宁夏商务厅起草了《零售商供应商公平交易指导意见》，拟提请以自治区政府规章形式发布施行；二是规范零供合同。如，山西、宁夏出台零供合同示范文本，商务厅和工商局等部门推广使用。三是加强行业自律。如，商务部支持中国连锁经营协会建立零售商供应商合作信息平台，发挥矛盾调解、信用评价等作用，引导公平交易。四是零售企业革新管理制度。对照相关法规和政策，修改合同文本，重新审改了业务流程和管理制度。如，大润发、三江购物等企业改造业务流程并利用计算机系统统一管理，违规收费无法登入财务系统，将违规收费由事后审计清退变为事前防范。随着清理整顿的不断深入，零售企业逐渐认识到这项工作的重要性。从长远看，清理整顿工作对引导零售企业科学发展、提升核心竞争力意义重大，有利于零供双方和谐健康发展。

五、经济发达国家及地区经验简介

本报告选取具有代表性的国家和地区的零供交易法律予以介绍，这些国家和地区有着较为成熟的商业经验和立法基础，在法律规制方面具有较好的借鉴意义。

（一）日本

出于对中小零售企业和消费者的保护，维护交易的公正性，防止大型零售企业利用规模优势强迫供货商接受不公平的条件，日本政府先后出台了《大店法》、《大店立地法》、《关于大规模零售企业在与供货厂商交易中采取特定不公正交易方法的告示》（简称《告示》）等法律法规。

日本公正交易委员会每年就当年度的交易情况做出调查报告并加以公布，对违规企业进行指导，督促企业进行改正。监督对象涉及到百货商场、食品超市、专卖店及便利店等市场占有率比较大的企业。因为涉及到零售商的直接利益，所以很难从零售商手中得到真实的信息，所以公正委员会会进行全方位的现状调查，对公布的违规企业进行干预指导并要求其改正。

在实践中，日本零售行业也存在着零售商滥用优势地位的案例。最典型的就是“三越事件”和“罗森事件”。日本的三越百货店和罗森方便店连锁企业都是日本著名的大型零售商，在业内和消费者中都拥有很高的信誉，供应商都愿意与其建立长期的合作关系。但它们却利用自己在交易中的相对优势地位，对供应商提出了商品质量、价格、交易条件等以外的各种无理要求，如在店铺装修时要求供应商负担全部或部分费用，或者无条件承担各种节日费用等，供应商为与其建立长期交易关系，不得不同意负担费用。结果违反了日本不公正交易方法和禁止垄断法，受到了公正交易委员会的指控，并命令其采取排除措施①。

① 吴小丁：《大型零售店“进场费”与“优势地位滥用”规制》.《吉林大学社会科学学报》. 2004（5）。

为避免具有强大购买力的零售企业对供货商采取不正当交易行为，日本政府公正交易委员会根据《反垄断法》第9段第2条，于2005年5月13日出台了《关于大规模零售企业在与供货厂商交易中采取特定不公正交易方法的告示》[①]（公平交易委员会2005年第11号，简称《告示》），以取代1954年公布的《关于百货店业采取特定不公正交易方法的告示》。

该《告示》主要规范与供应商交易的大型零售企业的特定不公正交易行为。其中，大型零售企业是指销售普通消费者日常使用商品的零售企业，并符合以下两项条件之一者：一是上个业务年度的销售额超过100亿日元；二是在东京或政令指定城市拥有店铺面积3000平方米以上，或在其他市镇村拥有店铺面积1500平方米以上。供货企业是指向大型零售企业供应商品的企业，但公认其交易地位不处于劣势的企业除外。

该《告示》主要包括了不公平退货、不公平压价、不公平代销合同、强行压价、拒收定制商品、强迫供应商购买、滥用供应商促销员、不公平收受经济利益、不公正待遇等禁止的交易行为，下面简单归类予以分述。

1. 不公平退货

第（1）条：大型零售商本身或它的特许经营商（简称“零售商等”）返回供应商货物的全部或部分时（包括实质上相当于退货的行为，例如将购销合同改为代销合同或用一种商品代替另一种商品，这些行为同样适用于下文），但下列情况除外：

① 在收到货物之日起合理期限内，可归因于供应商的、与退货理由相符的合理退货数量。

② 符合交易时约定的退货条件的退货（适用于一般批发贸易中的普遍惯例，大型零售商与供应商交易除外，在贸易惯例中，包含退货条件，如在收货后固定时限内、限于固定数量或收货总量的百分比）。

③ 在供应商事先同意退货的情况下将商品退给供应商，但前提是大型零售商承担通常由供应商负担的、由退货引致的损失。

④ 在供应商的要求下退货，条件是退货可以导致供应商直接受益。

2. 不公平降价及强行降价

原法律条文第（2）条：在收到商品之后，大规模零售商强迫供应商将这些商品降价。除非在从收货日算起合理的时间内，供应商接收任何可归因于供应商的、且降价幅度与原因相适应的降价。

原法律条文第（4）条：大型零售商设定特定商品的交货价格明显低于同等商品的正常送货价格，用以进行诸如减价销售以及强迫供应商以之前约定的价格（said prices）送货。

3. 不公平代销合同

参照一般贸易活动中的代销交易惯例，大型零售商强迫供应商接受明显（excessive-ly）不利于供应商的代销合同。

4. 拒收定制商品

大型零售商拒绝接收全部或部分在合同中由其指定标准、设计、类型等的待订货物，

① http：//www. jftc. go. jp/en/legislation_ guidelines/ama/pdf/dsutp. pdf.

而拒绝的原因不归责于供应商。除非在合同中，供应商同意拒收并且大型零售商承担通常由供应商负担的由退货引致的损失。

5. 强迫供应商购买商品或服务

大型的零售商强制供应商购买其指定的任何商品或服务，除非有正当理由。

6. 不公平指派促销员工作

大型零售商强制供应商派遣促销员以协助其日常工作，或者大型零售商强制供应商支付由零售商员工的劳动成本以替代派遣促销员等，但下列行为除外：①在供应商事先同意的情况下，大型零售商可以指派该促销员从事此供应商相关商品的销售工作（如果被派遣的促销员定期驻扎在大型零售商的商店里，其可被安排从事这些商品的销售和库存管理工作），而工作仅限于有效利用销售技巧及其他能力给供应商带来利益。②大型的零售商与供应商事前就派遣人员条款和条件达成以下协议：诸如派遣员工的工作职责、工作时间、派遣期间，以及供应商支付派遣员工的费用。

7. 不公平经济利益获取

除前款规定的行为外，大型零售商强制供应商提供零售商经济利益，包括钱和服务，而这些经济利益显然不应该提供或者超出供应商合理获利空间所能承受的范围。

8. 其他的不公平待遇

原法律条文第（9）条：大型零售商对供应商的不公平待遇，包括延期支付货款、减少订货数量、终止交易（理由是供应商拒绝前款的任何要求）。

原法律条文第（10）条：大型零售商对供应商的不公平待遇，包括延期支付货款、减少订货数量、终止交易（理由是供应商通知，或者试图通知公平交易委员会关于大型零售商所做、在做或持续操作的上述条款描述的行为）。

9. 不公正交易行为的修正

（Fair Trade Commission Public Notice No. 15 of June 18，1982）根据“禁止私人垄断和维护公平贸易（1947 年第 54 号法案）第（9）段第 2 条第（vi）目的规定，不公平交易的做法（公平贸易委员会公告第 11 号 1953 年），应部分修订，并从 2010 年 1 月 4 日起施行①。

（二）美国

美国政府对零供交易的规范主要是从反垄断的角度来考虑，只要企业行为不扭曲市场，不损坏消费者利益，政府就不会予以禁止。政府政策是美国零售业规制的主要手段，私人部门规范处于次要地位。② 美国规范零售业的重点在于规范零售商和供应商之间的关系，限制大型零售商滥用市场权力，同时保障消费者的食品安全。

反垄断基本法包括《谢尔曼法》、《克莱顿法》《联邦贸易委员会法》，反零售商不正当竞争行为包括《罗宾逊—帕特曼法》和《公平交易法》。

美国政府于 1914 年颁布了《联邦贸易委员会法》（The Federal Trade Commission

---

① http：//www. jftc. go. jp/en/legislation_ guidelines/ama/unfairtradepractices/index. html.

② 张悦．超市背景下中美零售业规制的比较分析。http：//thesis. cei. gov. cn/modules/ShowDoc. aspx DocGUID = d135b1e9c1b04e8687f95b8ae2b4e840.

Act)，法规对商业行为进行了总体规定，但收效并不明显。1930 年颁布了《易腐烂农产品法》（Perishable Agricultural Commodities Act，简称 PACA），这部法规从诞生之时起就成为了调节供应商和零售商关系的主要法案，日后经过多次修订，成为了影响力深远的基础法律规范，监督法案执行的政府部门为隶属美国农业部的农业营销局。1995 年，农业部对 PADA 法案的部分内容进行了修订，例如：允许超市向供应商征收促销费用，提出投诉时仍然可以采用匿名的方式，但需要提交书面文件，在特定条件下 PACA 有权对恶意投诉者施以罚款等。直至今日，这部法案仍然在处理质量纠纷、保障商业合同执行、维护 PACA 证书体系、将买方付款期限限制在 10 日内（若经双方同意，不得超过 30 日）等方面发挥着关键作用。

上世纪 90 年代后，美国零售业出现了一股资源迅速集聚的潮流，这种现象的发生与零售业政策的放宽相关，也与大型超市的典型代表沃尔玛的全球扩张相关。大型零售商利用渠道优势占据供应链主导的局面已经形成，其急速膨胀引起了美国国内一部分企业和民众的不安。因此，进入本世纪后美国的零售业政策再度紧缩，采用的手段主要包括提高税赋、认定驱逐对手定价、实施反垄断法规、供应商申诉制度等，美国各州政府还通过限制营业时间和地点的方式约束超市的扩张。

1. 通道费规定

2000 年 4 月 14 日，美国独立面包商协会、玉米面饼协会以及口香糖供应商全国协会认为通道费已经严重损害了它们成员的竞争能力，联合起来向美国联邦贸易委员会（FTC）提出申请，要求尽快对通道费建立和实施明确的指导方针，联邦贸易委员会认为通道费问题在理论上存在分歧，而且也缺乏足够的实证研究来证明它确实限制了竞争，因此拒绝在目前情况下给出一个正式的指导方针。所以，目前美国的零售商仍可以向制造商收取通道费。

按照美国的司法实践，如果通道费涉及以下四种情况，它必然限制竞争，而且会受到法律制裁：第一，如果相互竞争的大型零售商们在通道费的数额和货架空间分配上达成协议时，通道费将受到《谢尔曼法》和《联邦贸易委员会法》的审查；第二，当被用作垄断贸易串谋的一部分或将某些供应商排除于零售货架空间之外时，通道费也可能受到审查；第三，在两个零售商合并的过程中，如果它们阻止了某些供应商的市场进入，通道费也可能受到禁止；第四，如果可以证明通道费被大型零售商用作价格歧视的话，它也可能触犯《罗宾逊—帕特曼法》[①]。以上规定都附有罚则，且相当严厉，增强了法律的可操作性和威慑力，对规范零售商和供应商的关系产生了良好的效果。

2. 价格限制法案

1936 年，美国国会通过了《罗宾逊—帕特曼法》，又称“反连锁商店法”，它的主旨在限制大零售商采取不公平价格，并要求供应商给予特别价格折扣。人们也批评《罗宾森－帕特曼法》事实上限制了小零售商获得流行品牌的能力（因为供应商以相同价格与大型连锁企业交易获利更高），人为地维持了高价，允许无效率企业存在。但由于全国小企业协会联合数十个协会强烈反对废除该法，该法仍然有效。

1975 年，《公平交易法》被废除，并被《美国消费品定价法案》（Consumer Goods

① 文启湘、赵玻：《零售产业通路费现象及我国公共政策的选择》，载《产业经济研究》，2004 年第 4 期。

Pricing Act）所替代。该法案广泛地限制了根据制造商提出的参考价格来签订价格维护协议，原有的制造商采取限制转售价格（resale price maintenance）的行为不再合法。而参考价格实际上并无约束力，因为其在法律上来说不具备强制性。

梳理美国相关法律发现，美国法律对零供交易具体行为限制较少，由于美国具备完备的法律，因此零供双方在操作中都有法可依，除了受到联邦法律的约束，还要受到各州法律的约束。由于各州法律差异较大，同一问题有不同的法律规定，因此，上文仅对有普遍约束性的行为进行了分析。

美国实践表明，政府政策与民间规范的结合是一条较为高效的途径。政府政策具有更强的执行性，而行业规范能够对市场变化做出更及时的反应，从而在中短期有效地调节市场。

（三）欧洲

欧洲国家多采用公共政策与私人部门规范相结合的方式规制零售业，本报告仅就法国和英国进行分析。

1. 法国

法国规范零售商销售行为、零售商和供应商关系两类经济行为的法律主要有：1986年颁布《价格与竞争自由法》，1996 年颁布《加朗法》，2001 年颁布《新经济调整法》，2005 年 8 月颁布《加朗法修正案》（又称《居泰法》，实施期限是 2006、2007 两年），目的是保护消费者和供应商的权益，维护公平竞争[①]。对供应商与零售商之间关系的规范主要包含以下几条：

（1）保证账期及发票透明。交易必须要有发票，如果不开发票，要追究责任，自然人罚款 0.5 万欧元，法人罚款 7.5 万欧元。发票上必须要注明买卖双方的名称、地址、商品的品名、折扣、付款期等。食品类商品付款期最长不得超过 30 天；合同未约定付款期的，则一律视为 30 天。实际上，法国零售商的付款期一般为 90 天。零售商如果迟延支付货款，除须向供应商缴纳滞纳金外，还将面临刑事处罚。这个规定对于供应商及时获得货款意义重大。

（2）禁止不合理费用。上世纪 90 年代末，大型零售商在发展过程中为解决资金需求，纷纷向供货商要求货款外优惠，而这种优惠是不提供相关服务的，比如店庆费、货架费等。为维持交易关系，供货商不敢去打官司。为了扭转这种局面，《新经济调整法》规定，由政府代表供货商到商业法庭起诉。《新经济调整法》的核心是规定零售商不能收取不提供相应服务的货款外优惠。当然，如果零售商提供了促销服务，收取相关服务费则是合理的。对此，法律没有禁止，但必须在合同中明确。《新经济调整法》规定，供货商向零售商支付货款外款项必须签订合同。

（3）禁止突然中止供货关系。法国零售业高度集中，5 家大企业市场占有率达 70%以上。供应商对大型零售商高度依赖，如果任何一个零售商解除其供货关系，都有可能对供应商造成严重影响。因此，法律规定零售商不能随意解除与供货商的关系。解除合同要预先通知生产商，给生产商足够的时间调整生产。供应商实力不同，所需要的预先通知期

① 法国商品市场建设与管理的经验与启示——商务部赴法高级研讨班考察报告，第 3 页。

也不同。如生产商生产的是零售商定制的产品，就需要很长的预先通知期。因此，法律未规定具体预先通知期，而由零供双方协商确定；有分歧的，由法官判定预先通知期是否合理。

（4）其他规范性要求。主要有：一是法律规定供应商要向零售商通告产品总体销售条件（包括单价、折扣、付款方式等）。总体销售条件不能谈判（也就是说，价格由供应商确定）。零售商须于每年 2 月 15 日前与供应商签订采购合同。二是禁止零售商在未经供应商查实证明前，以供应商不遵守送货期限或产品不符为由拒绝收货、退货或要求赔偿。三是要求零售商应于每年 1 月底前向供应商通告前一年所提供服务的酬劳总额。四是发生纠纷后，由零售商承担取证义务。这些规定加大了对供应商的保护力度。

由于法国市场零售商的集中度较高，因此从上述内容看，其都是对零售商行为的规范。

2. 英国

在英国，零售业是以私营为主的服务业部门，零售业支柱是一些经营从巨型超市到购物中心乃至便利小店的大型跨国企业，如特易购（TESCO）和赛因斯伯里（Sainsbury’s）等。

规范零售业的相关法律和准则有《1998 年竞争法》、《2002 年企业法》和《超级市场执业准则》（supermarkets Code of Practice）及 2010 年的《杂货店供应执业准则》（Groceries Supply Code of Practice）。

（1）《超级市场执业准则》。该准则于 2002 年 3 月生效，主要是为公平处理大型超级市场和它们的供应商之间的关系，而供应商中也包含农民。这一准则只规范大型零售商如超级市场与其供货商之间的交易关系。一旦企业承诺遵守准则，准则就具有法律意义，具有约束力。该准则只覆盖了四家最大的零售连锁企业以及与其建立了直接供货关系的所有供应商。该准则共分八个部分：

——标准交易条件。超市向供应商以书面形式提供交易条件并及时支付货款。

——价格和费用。如果没有向供应商书面发出合理的通知，超市不得要求降低已协定的价格或提高已协定的折扣；超市不能直接或间接要求供应商支付其促销成本；如果利润低于预期，超市也不能要求供应商给予补偿；超市的仓储损耗也不能要求供应商支付。

——促销。在给予供应商书面的合理通知以后，超市可促销该供应商的产品并要求其支付费用；超市按促销的批发价格发放促销货物订单时应特别小心，否则将对供应商予以补偿；超市应保证制定促销订单的基础是透明的；超市不得直接或间接毫无道理地要求主要供应商提供促销费用。

——赔偿。如果没有给供应商发出书面的合理通知，超市不得要求供应商改变正常供应链程序的任何环节。

——消费者投诉。超市可以与供应商协商一个数目支付给消费者（如退货款或换货）作为解决投诉的办法；除此之外，无论退款或换货能否解决投诉，超市都不能直接或间接要求供应商支付解决投诉的费用。

——第三方交易。超市不得向第三方收取费用并从供应商处获得第三方的任何货物、服务或财产。

——店员培训。超市应向所有采购员提供本准则，并根据本准则要求对其进行培训；

超市还将应公平交易署总干事要求向其提交年度培训报告。

——一般条款。指争端解决和名词解释。产生争议时，超市和供应商双方应真诚协商解决；如果争端 90 天内无法解决，则超市可付费请局外调解人提供帮助；如果还不能解决争端，则超市应通知公平交易署总干事并告知以上局外调解人的联络方式；局外调解人应随时向总干事提供其所需的有关争端的材料，以供总干事采取行动。准则还对其中出现的相关名词作出了定义。

（2）《杂货店供应执行准则》。由于《超级市场执业准则》被认为过于软弱，遭到强烈批评，故于 2010 年 2 月，更为严厉的《杂货店供应执行准则》（GSCOP）生效。该准则包含六个部分，其中涉及交易行为的条款包括：

——公平交易。零售商和供应商进行每一次交易时，都应该公平、合法。公平、合法的交易可以理解为零售商与供应商诚实地交易，对于正式与非正式的交易无差别对待；不胁迫供应商进行交易，充分重视供应商对交易风险和交易成本的确定性需求，特别是在生产、运输及货款支付等方面。

——交易变更。主要有：供应协议和供应条款上的变更（原文第三条）和供应链流程的变更（原文第四条）。

——价格与支付。主要有：不得延期支付货款（原文第五条）、无义务承担市场营销成本（原文第六条）、无需支付差额补偿（shrinkage）（原文第七条）、损耗（Wastage）补偿（原文第八条）、供应商有条件付费（原文第九条）、预估误差补偿（原文第十条）、不能捆绑（tying）第三方产品和服务并收费（原文第十一条）。

——促销。主要有：除非促销，否则不得为更好的商品陈列位付费（原文第十二条）、促销（原文第十三条）、促销订货应被关注（原文第十四条）。

——其他责任。主要有：没有不合理的消费者投诉费用（原文第十五条）、终止合作（De - listing）义务（原文第十六条）、高级采购（原文第十七条）。

（3）监督机制。除了法律规定外，英国政府还制定了超市监管机制（Supermarket Watchdog）。独立自主的超市监管机制对于新的《杂货店供应执行准则》的执行和监督意义重大。农民组织和民间社会团体为了实现这一目标已经奋斗了多年，这也意味着无需等到供应商的投诉（通常因为害怕零售商将自己除名，供应商都不敢投诉），被赋予实权的监察人员就可以对准则的执行自行检查。2011 年 5 月，政府颁布了《杂货店准则监管条例草案》（Draft Gorceries Code Adjudicator Bill），后又经过修正，于 2013 年 2 月 26 日在下议院进行了审议①，距其最终批准还有一段时间。但是，在 2013 年 1 月，Christine Tacon 被最终任命为国家第一任“杂货店准则监管机构”GCA（Groceries Code Adjudicator）的第一任监督员，Christine Tacon 有权对连锁超市对供应商的不公行为进行处罚。

（四）台湾地区

我国台湾地区对于防止流通事业（系指量贩店、便利商店、超级市场、百货公司、消费合作社及其他从事综合商品零售业务之事业）滥用市场优势地位，维护市场交易秩序，于 2005 年 8 月 26 日修订的《行政院公平交易委员会对于流通事业收取附加费用案件

① http：//services. parliament. uk/bills/2012 - 13/groceriescodeadjudicator. html.

之处理原则》（以下简称《处理原则》）规定：流通事业（即零售商）向供货厂商请求负担附加费用（系指除货款价金项目外，流通事业向供货厂商收取、或自应付货款扣除、或以任何其他方式要求供货厂商负担之各种费用），应就附加费用之项目、用途、金额（或计算标准）等事项，事先与供货厂商进行协商，并订立书面契约；流通事业以直接扣减货款方式，收取供货厂商应负担之附加费用者，宜事先提供扣款账单之明细数据，始得办理扣款等等。2012 年 3 月 8 日，该法进行了修正。

1. 不当附加费用的规定

对于不当收取附加费用的行为类型，《处理原则》也做出了相关规定：（1）就促进商品贩售无直接关系之费用，要求供货厂商负担该项费用；（2）相关设备投资、研发作业或促销活动等虽有益于供货厂商促销商品或降低作业成本，唯要求供货厂商负担之金额，已超过供货厂商可直接获得之利益；（3）完全基于达成本身年度获利目标等会计决算之因素，而要求供货厂商负担附加费用之行为；（4）在供货厂商无任何义务情形下，却于其提供商品后，要求减少商品之进货价格；（5）就促进商品贩售之用途及产生之效益相同，但要求供货厂商重复负担不同项目之附加费用；（6）为保障本身最低可获得之利益，不论供货厂商实际销售金额是否达到预估销售金额，而要求供货厂商须负担一定金额之附加费用；（7）其他违反一般合理交易习惯或商业伦理之不当收取附加费用行为。

2. 零售价格

对于零售价格，《公平交易法》（2011 年 11 月 23 日修正）第三章不公平竞争第 18 条规定：事业对于其交易相对人，就供给之商品转售与第三人或第三人再转售时，应容许其自由决定价格，有相反之约定者，其约定无效。

此点的明确，对于零售商通过赚取商品差价作为盈利来源意义重大。台湾的经验，在我国《零售商供应商公平交易管理办法》的修订过程中予以借鉴，可以有效杜绝大型供应商通过价格限制来增强商品竞争力，从而损害中小供应商利益的现象。

3. 公平交易委员会

台湾公平交易委员会，依法设立。（见《公平交易法》第 29 条）

为处理《公平交易法》有关公平交易事项，台湾行政院设置公平交易委员会，负责公平交易政策及法规之拟订；审议本法有关公平交易事项；事业活动及经济情况之调查事项；违反本法案件之调查、处分事项；关于公平交易之其他事项。（见《公平交易法》第 25 条）

公平交易委员会依法独立行使职权，处理有关公平交易案件所为之处分，得以委员会名义行之。（见《公平交易法》第 28 条）

4. 损害赔偿

事业违反本法之规定，致侵害他人权益者，应负损害赔偿责任。（第 31 条）

法院因前条被害人之请求，如为事业之故意行为，得依侵害情节，酌定损害额以上之赔偿。但不得超过已证明损害额之三倍。侵害人如因侵害行为受有利益者，被害人得请求专依该项利益计算损害额。（第 32 条）

本章所定之请求权，自请求权人知有行为及赔偿义务人时起，二年间不行使而消灭；自为行为时起，逾十年者亦同。（第 33 条）

被害人依本法之规定，向法院起诉时，得请求由侵害人负担费用，将判决书内容登载

新闻纸。（第 34 条）

5. 罚则

公平交易法中对于罚则有较详细的规定，归纳其条文可以看出：

（1）违反公平交易法中相关规定的，处罚手段有限期命其停止、改正其行为或采取必要更正措施、罚金、有期徒刑、拘役或科或并科罚金。

（2）对于《公平交易法》第 35 到 38 条的处罚，其他法律有较重之规定者，从其规定。

（3）对于《公平交易法》第 40 到 43 条规定所处罚款，拒不缴纳者，移送法院强制执行。

由此可以看出，台湾当局对于违法《公平交易法》的相关行为，处罚还是比较严厉的。

（五）经验启示

从上述各国及地区的法律、法规和准则看，其对零供关系的限制和规定不尽相同，对具体零售商与供应商交易行为规定范围、详尽程度也不同，但其出发点都是维护市场秩序、确保公平竞争。台湾的公平交易法虽然对零供交易行为的不公平性认定较为宽泛，但其执行机构、执法程序及损害赔偿和罚则都较为详细。上述法律规定对我国制定和完善现有公平交易管理政策具有借鉴意义。

1. 提升法规层次

上述规范零供交易的政策都是以法律的形式出现，即使英国的执业准则不具有法律意义，但是一旦被企业承诺遵守，准则就具有法律效力，约束企业的经营行为。而我国《零售商供应商公平交易管理办法》只是部门规章，法律层级较低，处罚力度也较弱。因此，将部门规章上升为行政法规，加大法律规制力度，对于我国零供关系健康发展意义重大。

2. 法律与行业规范相结合

上述规范零供交易的政策侧重点和实施细则不尽相同，尤其是市场经济最为发达的美国，对具体的交易行为主要以联邦法和各州法律相结合的方式予以规范，而在欧洲国家，多采用公共政策与私人部门规范相结合的方式规制零售业。美国的历史实践表明，政府政策与民间规范的结合是一条较为高效的途径。政府政策具有更强的执行性，而行业规范能够对市场变化做出更及时的反应，从而在中短期能有效调节市场。

我国地域辽阔，经济发展不平衡，通过制定一部适用于各种情况的零供公平交易法律完全解决现实问题不切合实际。况且，零供交易业务繁琐细碎，涉及主体多而分散，且各个零售业态因经营特征的不同，在结算时间、经营方式上差异较大。因此，以基本法为基础，共性问题依法处理，个性问题以行业规范和地方规范为主，充分发挥地方各协会的作用，既可做到有法可依，也可以及时处理新产生的问题，促进零供交易健康发展。

3. 明确罚则，提升处罚力度

在现有条例基础上，应该明确对违反相关规定的企业的处罚原则或计算方法，罚则明确则易于行为主体衡量自身的行为所带来后果的代价，杜绝侥幸心理及浑水摸鱼心理造成的违法行为。对于执法者来说，也便于操作，杜绝因为法律条文不明确所造成的执法困难。

同时，对于违规行为的处罚力度应该与违规收益相对等，增加不当获利成本。从台湾的公平交易法的罚则可以看到，不光有警告、责令改正、罚金等处罚规定，对于严重的违法行为还可以采取有期徒刑和拘役等处罚手段，对于其行为在其他法律中有较重的规定的，依据较重的规定执行。可以看出台湾管理当局对于商业违法行为绝不手软，对于正处于商业快速发展阶段的我国来说，依法惩戒商业交易行为、威慑不法商人，对于整体商业交易环境的改善意义重大。

4. 指定执法主体

指定专门执法部门，落实责任，明确执法主体的职责、权限及执法流程。之所以要指定专门执法主体，主要是因为：

（1）执法内容存在交叉。从执法主体来看，虽然现有办法中涉及到商务、价格、税务、工商等多个部门，且每个部门执法各有侧重，但部门间的执法内容又存在交叉，在执法中存在一定难度，容易变成你管我也管或都不管的局面。

（2）执法部门辖区限制。由于零售企业的经营特性，其连锁门店可能遍及全国，对于执法部门来说，可能超出其管辖范围，即使可以跨区域执法，也会带来过高的行政费用，浪费大量行政资源。

（3）不公平交易行为涉及数量金额低，大多数交易行为不足以采取法律手段。这种现实情况决定了依靠现有执法部门，难以解决大量细小的投诉，导致问题得不到及时解决，或导致矛盾激化，不利于缓解零供双方的矛盾。

（4）零售交易活动日益频繁，覆盖范围逐步扩大，从业人员逐渐增加，有必要对现有行政部门予以功能上的细化。有必要成立专门的执法部门，其职能覆盖零售交易的每个环节，对于涉及金额低的投诉，部门内解决；对于金额过大，触及法律的，移交相关机构解决。

但是，执法主体的建立，应该遵从相关法律法规的规定。

5. 明确执法流程

在新修订的零供交易相关法律法规中，应明确执法流程，并遵循先协商、再调解、最后走法律途径的原则。在新修订的零供交易相关法律法规中，应该明示此管理办法的执行机构及操作的流程，以及在执法活动中，每一参与方应尽的义务和各自的权利。在零供双方自行协商解决机制无法发挥作用时，可以启用调解流程，并进而采取法律途径。

调解申请方书面或在线向执法机构提出调解申请，执法机构在收到书面申请或在线申请 7 个工作日内应该予以受理，并通知调解接受方。调解结果需得到双方的认可，零售企业不得强迫供应商接受调解结果。如果供货商希望案件得到调解，零售商则不得拒绝。调解过程中的相关信息（不损害双方调解结果的信息）对双方公平开放。调解结果拟在 30 天之内得出。期间所需相关证据按照职责各自提供，需要零售企业提供的关于涉及此供应商方面的信息，零售企业应该积极配合。如果调解过程失败而调解申请方继续追究，此调解将通过法律途径予以解决。调解费用由执法主体依据实际情况，由理亏一方承担。如果采取法律手段，相关的诉讼费用、取证费用等均由败诉方承担。

六、零供交易法律法规关键点梳理及建议

随着我国零售行业的快速发展，产生零供冲突的案例越来越多，为规范企业行为，促进行业健康发展，政府先后出台了多部法律法规。目前，我国规范零售商供应商交易行为的法律法规主要有《合同法》、《价格法》、《反垄断法》、《反不正当竞争法》、《禁止价格欺诈行为的规定》、《价格违法行为行政处罚规定》、《零售商供应商公平交易管理办法》、《关于商品和服务实行明码标价的规定》、《零售商促销行为管理办法》、《国家工商行政管理总局令第 51 号——合同违法行为监督处理办法》等，分别从不同方面对零供交易进行了规范。

作为近年来协调零供关系的主要管理政策《零售商供应商公平交易管理办法》（简称《办法》）在实施后效果并不明显①。通过实地访谈、问卷调查等手段，对照上海商情信息中心对零售商满意度的调查发现，90% 的供应商认为《办法》实施效果不明显，监管及执行力度不够，没能切实保障供应商的利益。

由于零供关系涉及日常交易的方方面面，所以不可能对所有的零供交易的法律法规做出细致的阐述，为了既能借鉴国际经验，又能有的放矢，本报告主要从整体架构和零供关系中较为重要的部分进行分析，对优势地位、通道费用、转售价格、付款期等几个敏感行为进行法律梳理及建议。

（一）《办法》梳理

《办法》共计二十六条，基本涵盖了零供交易中的主要交易行为。《办法》对零售商、供应商进行了界定。然后从合同规范、退货、损耗、下架、返利、价格服务限制、派遣人员、费用、账期等方面对零售商的不公平交易行为进行了限制 ，对于供应商的不公平交易行为，只限于搭售商品和限制交易两方面。从执法主体来看，涉及到商务、价格、税务、工商等部门。对于违法违规行为的处罚，或依法律、或责令改正，罚金最高金额为 3 万元。

综观《办法》，部分条款操作性不强，虽然零售商有执行的意愿，但是不知如何操作；对于供应商来说，虽然有了办法，但是对于零售商小的违规行为，向执法主体投诉又不值得，即使投诉，也难于取证支持自己的投诉，抑或时间拖得久了，不了了之，因此造成有法难依；从执法主体来看，涉及多个部门，而每个部门的执法内容又存在交叉，在执法中也存在一定难度，容易变成你管我也管或都不管的局面；从处罚规则来说，一是处罚不明确，二是处罚轻，由于对具体违规交易行为的处罚不明确，同时违法成本远远低于收益，使得企业有漏洞可钻。

因此，立法中重点应突破两方面，一是界定滥用市场优势地位的情形；二是规范零供合同，强化交易监管，促进零供交易规范、公平、透明。

① 巫景飞，李骏阳.《零售商供应商公平交易管理办法》有效性分析与经济学反思. 商业经济与管理. 2008 (11), 14－20。

（二）细化零供公平交易管理办法

综观现有管理办法，其实已经从框架上覆盖了零供日常交易的大部分活动，下文主要是对现有框架予以完善及细化。

1. 增加促销方面的规定

在零供交易过程中，有相当的交易行为围绕促销活动展开，交易行为几乎涉及《办法》中的所有规定，但是促销行为也有自身的特殊之处，需要予以明确。

促销活动应本着平等、自愿的原则。零售商不得强迫供应商参加促销活动，供应商也不能依赖自身的市场地位强行要求零售商进行促销。

促销活动的频率、促销持续时间及促销商品，双方都有决策权力，具体活动的制定和执行应该以双方协商的结果为准，办法中不做硬性规定。

对于双方共同发起的促销，促销活动应该签订协议或合同，内容包括促销的时间、地点、促销商品陈列位置、商品促销价格（进价及售价）、订货数量、到货时间、到货数量、其他促销优惠细则（如赠品、买满多少送什么等等），如果需要供应商缴纳相关的服务费用，也应该标示清楚。对于违约责任及其处罚，也一并标示清楚。一旦协议或合同生效，双方应该严格按照约定执行，违约者按照合同中的违约处罚执行。（办法第十条）

对于单方面提出的促销，应该以书面的形式告知对方，征得对方的同意，以免给对方造成负面影响，损害对方利益。一旦造成不良后果，对方可以侵权追究促销发起方的责任。

对于零售商自己进行的促销活动，零售商应牺牲自身毛利，不得私自调低供应商的供货价格，也不得以任何借口收取相关费用。供应商不承担因为供货不及时导致的零售商销售损失。

对于供应商提出的促销活动，零售商可以收取一定的服务费用，但此费用仅限弥补零售商为此付出的成本，计算方法应该对供应商明示。对于为此次促销准备的过多存货，供应商有责任予以退货，不公平退货行为除外（见办法中的其他条款）。

双方约定的促销活动，供应商应该保证促销商品的供应，因为供应商不能及时供货导致的零售商销售损失应该给予补偿，补偿计算办法应该明示。

双方约定的促销活动结束后，过多的库存退货，应该征得供应商的同意（此条可以遵照办法中的关于退货规定的条款），对于活动中按照订货量配给的赠品，零售商应该按照退货数量一并退回。

对于促销活动中涉及赠品发放的，零售商应该严格遵守促销规定，对于私自藏匿赠品的行为，对责任人以盗窃行为论定，按照相关法律规定执行。

对于促销期间供应商提供的促销商品，应该与正常销售时商品质量保持同一质量标准，否则零售商可以欺诈行为追究供应商责任。

2. 增加价格方面的规定

零供双方对于价格都非常敏感，而且变价行为也经常发生。因此有必要对此做出细致规定。现有关于零供关系的法律中，《反垄断法》第十七条、《反不正当竞争法》第十一条、《价格法》第七条和第十四条都对价格有相关规定。本报告建议对价格方面的补充约定有：

对于商品的进货价格，应该得到双方的书面确认。如果供应商要调整商品供货价，应该提前二个星期通知零售商，并给出合理的解释，零售商有义务对此作出回应。

对于零售商的销售价格，供应商无权干预，也不得以任何借口停止供货，如果供应商私自断货，应该对此后果全权负责。零售商有权对此追究供货商的责任，并要求供应商弥补全部损失。补偿计算办法应该明示。这一价格对于零售商意义重大，因为这个价格决定了零售商前台毛利的高低。在现实情况中，部分供应商是限制零售商的销售价格的，我国对此行为并没有明确法律规定。一旦由于销售价格的限定导致零售商的前台毛利不足，必然会迫使零售商寻找其他的利润来源来维持企业的生存和发展，所以必需要进行明确。

零售商不得因为竞争激烈将商品的售价低于进货价格进行销售，处理商品、样品等商品除外。供应商对于零售商低于进价销售商品的行为有权提出抗议，并对此造成的损失要求零售商赔偿。补偿计算办法应该明示。

3. 增加通道费方面的规定

（1）合法性认定原则。现有法律法规中并没有对此明确约定，一方面是因为通道费作为统称，涵盖的费用实在是林林总总，不好一概而论，另一方面是大家对于通道费的性质没有统一的认识。

零售商提供服务是收取费用的前提。传统的对交易的理解只强调了零售商向供应商购买商品的一面，而忽视了零售商为供应商提供的服务。零售商不仅购销商品，同时还为商品的顺利销售提供诸如陈列、促销、仓储、位置设计、品类管理等劳务服务。因此，基于供应商自愿的、为促进供应商销售而提供的服务，收取费用是合理的，应该得到法律的认可，并在法律中予以明示；而即使提供了服务，可是并不是供应商自愿的，那么这种收费应该认定为不合理也不合法。因此，供应商主观意愿与零售商是否提供服务应该作为判断费用合理与否的两个必要因素，缺一不可。

零售商提供的服务从性质上分为五种，第一种是私人性质的、直接以促进供应商销售、提高品牌形象为目的的服务。这种服务具有针对性，零售商为了达成此目的会在陈列、订货、企划宣传上予以配合，这种活动费用的收取是合理合法的，如各种促销活动。第二种是私人性质的、间接促进销售的服务，依然针对具体供应商，提供间接促进销售的服务，如到新的供货商处作采购调查、到已合作供应商的生产车间或种植基地进行指导考察。这种服务活动对销售或品牌形象产生的影响无法直接从销售额上体现，费用的收取应该视供应商的意愿。如果供应商同意支付，双方签订书面合同，约定支付项目、时间等细节；如果不同意支付，零售商不得强迫，也不得采取任何报复手段，零售商可以取消行程或自行支付考察费用。第三种是间接促进销售的公共服务，带有一定的外部性，比如店面装修、店内设备更新，这种服务不仅会使现有合作供应商间接受益，同时也会吸引外面优秀的供应商，增加零售商的合作机会，因此这种收费应该视为零售商的自我投资行为，不应该对现有供应商收取任何费用。抑或是进行的消费者调查研究，虽然有利于供应商，但同时也使零售商收益，这种费用就不应该让供应商承担。第四种服务是属于维持与供应商正常交易提供的基础公共服务，如提供订单、对账服务、合同续签等等，这些都属于零售商的正常办公行为，费用支出属于自己的管理成本，不应该要求供应商提供费用。第五种服务属于盈利性质的公共服务，如条码费用、复印单据等，这些费用只能按照成本收取，如果超出成本，则视为不合理收费，应予以纠正。如果并未提供相关服务而收取的费用，是不合理的，应该在法律中明文禁止。通过对费用性质的区分，就可以将所有的费用包含在内，不必具体罗列费用名称。

零售商收取费用应该有理有据，能够证明此笔费用后面的服务活动及计算依据。《办法》中不宜对具体收费行为进行限制，以免费用变相流入其他名目。

对于返利，应以零供双方平等协商为基础 ，自愿达成协议。不论是月度返利还是年度返利，都应当在完成约定销售目标后予以返还，不得强迫供应商提前交纳现金或从其货款中扣除。零售商应该提供与返利金额相符的发票给供应商。

（2）费用交纳与扣除。零售商收取的每一笔费用都应与供应商签订协议或合同，并约定费用交纳时间。不论是以现金交纳的费用还是从货款中扣除的费用，零售商都应提供相应金额的发票。所有约定费用，零售商不得强迫供应商一次性交纳或扣除其中可计算部分。尤其对于与零售商刚签订合同的供应商，更不能以任何理由要求供应商一次性付清刚签订的可计算部分费用或无偿提供一定比例的商品以抵扣费用。

对于实际交易时间（首张订单日期到末张订单日期之间的时段）不满一年即终止合作的供应商，其合同中约定的未缴纳费用自动失效，零售商不得再从货款中扣除此笔费用。

（3）对于供应商交纳的每一笔费用，零售商都应该提供相应的发票。（《办法》第十二条）

4. 增加付款方面的规定

付款期计算应以零售商收到供应商发票之日起计算，如果因供应商未能及时将发票寄送给零售商导致的付款延迟，应由供应商自行承担后果。零售商应该按时支付货款，如果付款日为公休日，则付款时间顺延至最近一个工作日。零售商如果不能按时付款，则应按照供应商所在地银行当期贷款利率支付拖欠利息，计算方法为“贷款利率 × 延期支付天数（包含公休日）”。支付货款时，拖欠利息一并支付。

零售商有提供供应商对账的义务，以保证供应商能够及时准确付款。因为发票金额错误导致的延期付款，如果是由于供应商自己的原因，由供应商自行承担后果；如果是在供应商请求对账而得不到帮助的情况下发生，零售商不仅要赔偿拖欠的利息，还应对责任人根据金额的大小进行处罚，如果金额过大，应以渎职罪论处。

5. 增加退货方面的约定

退货必需经过双方的认可。零售商与供应商对于退货商品、数量以及由此产生的运输费用，应该公平协商，退货商品应该不影响二次销售，符合现有《办法》的要求。

对于供应商已承诺的退货，零售商应该遵守以下约定：

（1）退货数量与退货金额相一致。以供应商实际收到的退货商品数量作为计算退货金额的数量。对于异地退货商品，零售商应委托诚实可靠的物流企业保证所退货物如数到达，如果数量短少，应以供应商实际收到数量作为退货金额计算数量。

（2）因滞销产生的退货，退货商品应该符合不影响二次销售的要求。如果违反这一要求，供应商有权拒绝退货，或者是零售商给予一定补偿后退货。补偿金额基于商品的毁损程度由双方协商决定。

以下情况供应商有权拒绝退货：

（1）因零售商自身订单数量失误要求供应商退货的，供应商有权拒绝。

（2）对于保质期不到 10% 的食品和其他商品，以及已过保质期的食品和其他商品，供应商有权拒绝退货。

如果是在供应商的要求下，为了促销效果而大量进货，最后产生的一部分退货，供应商应该承担全部责任，不得以任何借口拒绝。

6. 增加订货及陈列的规定

《办法》第六条第三款是关于商品下架和陈列的规定，补充如下：

（1）零售商不得显著减少某个供应商的订货数量，或者在合同延续期间，不去订购该供应商的商品。如果确实不能符合零售商的销售要求，可以提前一个月通知供应商终止交易合同，所有未收费用取消。在这一个月期间，零售商有义务帮助供应商将货物尽量销售出去。

（2）零售商有库存商品都应该陈列出来，收货后最迟 3 天内将商品陈列出来，不得将未陈列商品直接退货出去。

7. 对派遣人员的补充规定

《办法》第八条是关于派遣人员的相关规定，补充条款如下：

如果派遣人员在零售商的门店不遵守相关员工管理规定、或偷盗、或诋毁其他品牌同类商品等行为，零售商不得以此来惩罚供应商，要求其提供经济补偿，但是可以要求供应商对派遣人员给予相应的处罚，或者是改派其他人员上岗。

8. 对第三方交易的规定

不得搭售第三方的货物和服务并收取费用。零售商不得为了从第三方处获得相关费用而直接或者间接要求供货商从任何第三方处接受货物、服务或者财产，除非供货商的可供选择的货物、服务和财产的来源出现了以下情况：

（1）不符合超市为了采购合格的货物、服务和财产，而对供货商提出的客观质量标准。

（2）供货商的货物、服务和财产的货物的来源比超市推荐的第三方来源收取更高的费用。

9. 对供应商的约束

（1）供应商不得依赖自身的品牌优势获取明显优于其他同类商品供应商的交易条件，比如账期、订货数量、陈列位置等等。明显优于是指超出平均水平的 20% 及以上（促销商品及促销期间陈列除外）。

（2）供应商不得依赖自身的品牌优势对商品的零售价格做出限制，并以此作为对违反价格约束的零售商停止供货的借口。如果存在此类情况，零售商有权投诉并获得补偿。供应商将处以巨额罚款（上年度本产品销售额的 3 倍及以上，不设上限）。

（3）在产品涨价前（即提交变价通知并等待零售商回应期间），不得以任何借口减少对零售商的供货数量。如果不能按时供货，应当处以本张订单金额 3 倍罚款。

（4）对于畅销低毛利率商品，供应商不得以任何借口不予供货，否则处以断货期间所有订单金额 3 倍罚款（除不可抗力）。

参考文献

［1］法国商品市场建设与管理的经验与启示——《商务部赴法高级研讨班考察报

告》。

[2] 李剑，《家乐福超市收费的法律分析》。

[3] 王填，《重构流通市场交易规则》。

[4] 刘建民，《超市进货交易关系法律调整的若干问题探讨——论“零供”关系法律调整》。上海商学院学报，2008，11：43－46。

[5] 刘建民，《超市通道费法律调整的若干问题探讨——再论“零供”关系法律调整》。上海商学院学报，2009，1：70－73。

[6] 刘建民，《超市通道费纠纷案件：事实认定和法律适用若干问题——三论“零供”关系法律调整》。上海商学院学报，2009，3：70－73。

[7] 王平、赵亚平.《跨国零售滥用市场优势地位的规制评述》，北京工商大学学报（社会科学），2008，11：6－10。

[8] 刘磊、刘畅、乔忠.《中日超市通道费盈利模式发展研究》，石河子大学学报，2012，2：67－72。

[9] 中国连锁经营协会.《工商协作关系年度调查报告》，2002－2012。

[10] 中国连锁经营协会.《2011 中国零售业财务状况研究报告——资金链风险分析》。

[11] 中国连锁经营协会.《2011 年度主要零售业上市公司业绩简报》。

[12] 马建平，《大型零售商通道费的法律规制研究》，西南财经大学，2004。

附 1：

按行业分不同类型工业企业的工业成本费用利润率（%）

	年份 行业	2000	2001	2002	2003	2004	2005	2006	2007	2008	2009	2010	2011
私营工业企业工业成本费用利润率（%）	农副食品加工业	1.59	2.13	2.37	2.98	2.53	4.46	5.02	5.91	6.49	6.33	7.47	7.48
	食品制造业	4.58	5.54	5	6.64	6.31	5.51	6.14	6.76	7.73	7.85	9.13	9.25
	饮料制造业	4.3	5.27	7.34	7.58	7.54	6.17	6.89	7.75	8.97	8.44	10.17	10.14
	烟草制品业	8.58	17.65	14.29	20.02	26.22	6.76	1.08	5.11	12.90	13.38	14.28	8.56
	纺织业	3.4	2.99	3.45	3.61	3.18	3.83	3.99	4.39	5.12	5.37	6.34	6.52
	纺织服装、鞋、帽制造业	4.34	4.02	3.85	4.10	3.75	4.16	4.45	4.47	5.87	5.78	6.71	7.15
	皮革、毛皮、羽毛（绒）及其制品业	2.34	2.06	2.66	2.86	2.86	5.02	5.43	6.26	6.96	6.99	8.62	8.44
	木材加工及木、竹、藤、棕、草制品业	1.45	1.63	1.76	2.63	4.10	5.71	5.85	6.52	7.61	7.19	7.93	8.26
	家具制造业	4.46	4.14	4.12	4.46	4.73	5.41	5.12	5.66	6.29	6.44	7.43	8.32
	造纸及纸制品业	5.05	4.53	7.64	6.85	6.66	4.30	4.91	5.71	6.46	6.74	7.39	7.42
规模以上工业企业工业成本费用利润率（%）	农副食品加工业	2.01	2.58	2.62	3.06	3.12	4.06	4.76	5.64	5.53	5.83	7.23	6.81
	食品制造业	4.22	4.53	4.75	5.52	5.20	6.02	6.42	7.39	7.17	8.89	10.04	9.75
	饮料制造业	6.68	6.75	7.31	8.04	8.02	8.31	8.80	10.33	10.44	11.23	12.43	12.77
	烟草制品业	18.11	18.73	20.59	24.62	29.99	30.28	32.46	38.83	41.50	33.61	33.04	26.79
	纺织业	2.92	2.58	3.14	3.42	3.09	3.68	3.95	4.46	4.74	5.15	6.45	6.41
	纺织服装、鞋、帽制造业	4.24	4.34	4.25	4.28	4.14	4.54	4.90	5.20	5.74	6.46	7.66	7.81
	皮革、毛皮、羽毛（绒）及其制品业	2.9	2.98	3.55	3.89	4.04	4.40	4.73	5.51	6.29	7.08	8.59	8.92
	木材加工及木、竹、藤、棕、草制品业	2.95	3.04	3.21	3.69	4.60	5.00	5.36	6.23	6.88	6.68	7.80	7.97
	家具制造业	4.83	4.51	4.16	4.40	4.63	4.72	5.03	4.97	4.96	5.90	7.05	7.44
	造纸及纸制品业	4.09	3.8	5.24	5.06	4.97	5.09	5.67	6.71	6.17	6.76	7.64	6.78

数据来源：中国统计年鉴（2001－2011）

备注：2000－2004 年是“三资”工业企业，从 2005 年以后是私营工业企业。2000－2006 年是“全部国有及规模以上非国有”工业企业，从 2007 年以后是“规模以上”工业企业。

附 2：

主要上市零售企业 2011 年年报净利率

序号	股票代码	企业名称	净利润（千元）	2010 年同期（千元）	增幅	净利率 2011 年	净利率 2010 年
1	002024	苏宁电器	4886006	4105508	19%	5.2%	5.2%
2	06808	高鑫零售	1985000	1614000	23%	2.9%	3.2%
3	600827	友谊股份	1946586	1608329	21%	4.1%	3.6%
4	00493	国美电器	1801346	1961654	-8%	3.0%	2.5%
5	03308	金鹰商贸	1211921	959202	26%	36.1%	10.1%
6	03368	百盛集团	1152754	1023657	13%	23.3%	2.1%
7	01833	银泰百货	858168	701339	22%	27.5%	2.1%
8	00825	新世界百货中国	743760	522611	42%	27.0%	1.3%
9	00980	联华超市	713693	710432	0%	2.6%	9.1%
10	600859	王府井	621260	438304	42%	3.7%	5.4%
11	01025	物美商业	618510	559537	11%	4.2%	3.0%
12	600729	重庆百货	608755	530014	15%	2.4%	2.5%
13	000417	合肥百货	584446	367133	59%	6.8%	1.5%
14	002419	天虹商场	573010	484999	18%	4.4%	6.2%
15	600723	首商股份	535498	418020	28%	4.6%	2.4%
16	601933	永辉超市	467567	304887	53%	2.6%	4.8%
17	000501	鄂武商	445378	377907	18%	3.5%	3.6%
18	601010	文峰股份	433198	362616	19%	6.7%	11.7%
19	000987	广州友谊	367083	327165	12%	8.2%	2.5%
20	00331	春天百货	331897	360309	-8%	22.6%	0.9%
21	00984	永旺	329078	237595	39%	5.6%	0.5%
22	600693	东百集团	320088	100874	217%	15.0%	6.1%
23	002277	友阿股份	295586	219752	35%	6.2%	4.7%
24	600694	大商股份	282822	103114	174%	0.9%	5.3%
25	600785	新华百货	279058	238107	17%	5.3%	0.4%
26	002561	徐家汇	277101	238607	16%	12.7%	3.2%
27	00814	北京京客隆	273011	228501	19%	3.2%	4.3%
28	000759	中百集团	265713	250332	6%	1.9%	2.5%
29	002251	步步高	260092	170889	52%	3.1%	1.0%
30	000679	大连友谊	245355	367863	-33%	7.7%	6.0%
31	000419	通程控股	215810	103481	109%	5.8%	3.4%
32	002187	广百股份	215142	174125	24%	3.0%	3.7%
33	600697	欧亚集团	206087	165970	24%	3.0%	8.0%
34	600828	成商集团	198036	136959	45%	9.7%	19.1%

续表

序号	股票代码	企业名称	净利润（千元）	2010 年同期（千元）	增幅	净利率 2011 年	净利率 2010 年
35	002336	人人乐	169407	237011	-29%	1.4%	1.4%
36	601116	三江购物	152938	131411	16%	3.0%	3.1%
37	002264	新华都	138245	64652	114%	2.4%	4.4%
38	300022	吉峰农机	110038	90918	21%	2.1%	2.7%
39	600838	上海九百	106592	28792	270%	64.2%	2.5%
40	600858	银座股份	105900	122144	-13%	1.0%	6.4%
41	000785	武汉中商	94778	77281	23%	2.3%	13.7%
42	00837	谭木匠	93570	66124	42%	38.3%	26.0%
43	600861	北京城乡	86008	78326	10%	4.2%	3.7%
44	600682	南京新百	83391	72512	15%	4.5%	2.7%
45	600814	杭州解百	75533	66756	13%	3.4%	5.3%
46	000882	华联股份	66763	8201	714%	10.7%	23.3%
47	002462	嘉事堂	63829	48944	30%	3.5%	30.6%
48	000564	西安民生	61450	59389	3%	2.2%	37.4%
49	00602	佳华百货控股	58487	11494	409%	7.5%	4.5%
50	600361	华联综超	57102	54997	4%	0.5%	3.1%
51	600280	南京中商	53923	45743	18%	0.8%	34.9%
52	NPD. N	海王星辰	35933	16508	118%	1.4%	4.6%
53	00121	卜蜂莲花	23760	349322	-93%	0.2%	27.7%
54	01280	汇银家电	19030	94028	-80%	0.7%	1.4%
55	600774	汉商集团	10533	7320	44%	1.2%	3.9%
56	00312	岁宝百货（延迟公告）	*	200082	*	*	0.7%
	合计		26216023	22205663	18%	4.1%	4.2%

数据来源：中国连锁经营协会及毕马威华振会计师事务所

附 3：

非耐用消费品零供交易方式

1. 发票外折扣：在一个确定的促销期内，向买家提供折扣商品。做法包括临时降价，到期日价格自动恢复。卖家提供固定时间段的折扣，一般会要求买家完成一定的销售目标。该方式可以是一次性，也可以约定搞若干次。

2. 补贴后付：与发票外折扣的区别是：零售商将促销期内销售的商品所负担的折扣均摊到促销期采购的所有商品上，到期后向供应商收取折扣补贴和促销期内发生的其他相关费用。该方式对供应商来说，可以掌握控制权，确保在付款前零售商执行了合同规定。因为有时间和工作要求，零售商通常不喜欢该方式。

3. 赠品：例如：采购三箱赠送一箱，代替降价。

4. 合作广告补贴：为销售商的广告提供部分补偿，简称合作广告。厂家为每件售出产品提供一个固定金额的补贴，也可按照一个比例承担部分广告费用，该比例根据广告类型的不同而有所变化。如果广告以销售商为主导，厂家负担的比例就低；反之，厂家负担的比例就高。

5. 陈列费：该费用与广告补贴类似，当厂家对某个特定商品进行价格促销时，希望零售商对其做（特殊）陈列，为鼓励零售商积极配合，同时分担相关的费用，厂家会提供相应补贴。通常采取每件（箱）确定一个固定费用的方式，如每件（箱）50 美分。

6. 销售激励：厂家通过代理商或批发商销售其产品时，往往需要提供一定物质刺激。销售激励被用来鼓励代理商或批发商扩大与零售商的交易量。对促销期销售的产品，代理商或批发商将按照一定比例或一个固定数额从厂家获得补贴。销售激励可视为销售机构的额外佣金或批发商的新增毛利。

7. 账期：例如，厂家可要求零售商 90 天后再付款，这样零售商就无须向银行贷款，从而提高了零售商的获利水平。

8. 首尾统计：厂家根据售出商品量而非订货量提供补贴。厂家在促销开始时统计一下销售商手头的商品数量，促销结束时再对销售商持有的商品做一次统计，然后根据订单确定促销期实际完成的销量。与补贴后付不同，厂家通过首尾统计可以核对实际销量。

9. 新品上架补贴（费）：厂家为确保新产品得到货架空间向零售商支付的资金。推出新品时，厂家付给零售商一定固定数额的资金以获得一个“时段”，让零售商接受和尝试销售该新品。

10. 街店费：厂家提供给单店小零售商用于促销的费用，该费用根据零售商所提供的支持力度的不同（如专题广告、降价促销、特殊陈列）确定金额，而不是根据售出商品的数量。在主要的促销费用已付给批发商的情况下，厂家用此资金鼓励小零售商促销其产品。

上述 10 种方式有几个突出特点：（1）厂家主导；（2）主要用于促销（除第 7 项和第 9 项外）；（3）合作对象既有零售商，也有中间商。

上述方式的作用和目的：

方式	影响零售商经营活动	鼓励零售商囤货	获得或保持通路	完成价格下调（而不用变动价格）	作为竞争工具	利用零售商商誉
发票外折扣	√	√	√	√	√	
补贴后付	√	√	√	√	√	
赠　　品	√		√			
合作广告补贴	√				√	√
陈列费	√				√	
销售激励	√	√				
新品上架补贴		√	√			
街店费	√				√	

来源：《促销：概念、方式和策略》，Robert C. Blattberg 和 Scott A. Neslin，1990

第四部分
政策法规篇

国务院办公厅关于印发《降低流通费用提高流通效率综合工作方案》的通知

国办发〔2013〕5号

各省、自治区、直辖市人民政府，国务院各部门、各直属机构：

《降低流通费用提高流通效率综合工作方案》（以下简称《工作方案》）已经国务院同意，现印发给你们，请认真贯彻执行。

各地区要加强组织领导，切实落实“米袋子”省长负责制、“菜篮子”市长负责制，确保各项政策措施落到实处，确保《工作方案》顺利实施。发展改革委要会同有关部门适时组织联合督查组开展专项督查。

国务院办公厅
2013年1月11日

降低流通费用提高流通效率综合工作方案

为贯彻落实《国务院关于深化流通体制改革加快流通产业发展的意见》（国发〔2012〕39号），降低流通费用，提高流通效率，发展改革委会同工业和信息化部、公安部、民政部、财政部、国土资源部、住房城乡建设部、交通运输部、农业部、商务部、人民银行、审计署、税务总局、工商总局、统计局、银监会制定以下综合工作方案：

一、降低农产品生产流通环节用水电价格和运营费用

规模化生猪、蔬菜等生产的用水、用电与农业同价。农产品批发市场、农贸市场用电、用气、用热与工业同价。农产品批发市场、农贸市场用水，在已按要求简化用水价格分类的地区，执行非居民用水价格；在尚未简化分类的地区，按照工商业用水价格中的较低标准执行。农产品冷链物流的冷库用电与工业用电同价。鼓励类商业用水、用电与工业同价。以上措施于2013年6月30日前执行到位，工商业用电同价措施与调整销售电价同步实施。

二、规范和降低农产品市场收费

清理经营权承包费，加强成本调查核算，降低农产品批发市场、农贸市场和社区菜市场摊位费收费标准。政府投资建设或控股的农产品批发市场、农贸市场和社区菜市场收费，实行政府指导价，由地方政府按保本微利原则从低核定收费标准。农产品批发市场、农贸市场、社区菜市场摊位实行实名制管理，规范经营者转租转包行为。全面实施收费公示制度，除合同列明并在市场醒目位置公示的收费项目外，市场经营主体不得收取任何其他费用。农产品批发市场、农贸市场要开设专门区域，供郊区农户免费进场销售自产鲜活农产品。利用价格调节基金，支持降低农产品生产流通成本。

三、强化零售商供应商交易监管

清理整顿大型零售企业向供应商违规收费，规范促销服务费。制定零售商供应商公平交易管理的法规。零售商向供应商的收费项目、收费标准、服务内容、限制条件等，须与供应商协商确定，并在醒目位置明确标示。零售商不得向供应商收取标示以外的任何费用，不得对交易条件相同的供应商制定差别收费标准。零售商收到供应商货物后应及时付款，禁止零售商恶意占压供应商货款。成立零售商、供应商相关行业组织。规范零售商供应商工作人员行为，严厉打击商业贿赂。

四、完善公路收费政策

严格执行鲜活农产品运输绿色通道政策，将免收通行费措施落实到位，结合实际完善适用品种范围。从严审批新的一级及一级以下公路和独立桥梁、隧道收费项目。逐步推进西部地区取消政府还贷二级公路收费工作。深入推进收费公路专项清理，降低偏高的车辆通行费收费标准，抓紧修订《收费公路管理条例》，完善通行费形成机制。规范收费公路经营者行为，加快推广省（区、市）内“联网收费、统一经营”模式。加强对政府还贷公路通行费收支情况的审计，确保通行费收入全额用于偿还贷款和养护管理。

五、加强重点行业价格和收费监管

加强对公用事业、公益性服务中提供延伸服务的收费监管，规范清理供水、供电、供气、供热、铁路、邮政等行业经营者在设施建设、运行、维护、使用过程中收取初装费、维修费、材料费、检验费、代理费、设备（线路）使用费等费用，简化、归并收费项目，公示收费标准。禁止有关部门和物业公司在政府制定的价格之外加价或者加收其他费用。规范商业银行收费行为，改善银行卡受理环境，提高银行卡普及率，尽快实施优化和调整银行卡刷卡手续费标准方案。规范电信经营者价格行为，促进电信资费水平进一步降低。

六、加大价格监督检查和反垄断监管力度

加强价格监管力量，组织开展专项检查，监督各项价格收费政策执行情况，重点检查不执行政府定价、政府指导价，违反明码标价规定，在标价之外加收其他费用的行为，以及滥用市场支配地位、滥用行政权力、达成垄断协议等价格垄断行为。继续保持对哄抬价格、捏造散布涨价信息等价格违法行为的高压打击态势。

七、完善财税政策

开展农产品增值税进项税额核定扣除试点，完善农产品增值税政策，继续对鲜活农产品实施从生产到消费的全环节低税收政策，将免征蔬菜流通环节增值税政策扩大到部分鲜活肉蛋产品。2013 年 1 月 1 日至 2015 年 12 月 31 日，免征农产品批发市场、农贸市场城镇土地使用税和房产税。抓紧落实提高小型微型企业增值税和营业税起征点政策，减轻流通业小型微型企业税收负担。加快推进营业税改征增值税试点，完善试点办法，降低交通运输业税收负担。加快农村市场和农产品流通基础设施建设。

八、保障必要的流通行业用地

城市人民政府在制定调整土地规划、城市规划时，要优先保障农产品批发市场、农贸市场、社区菜市场和便民生活服务网点用地。严格控制将社区便民商业网点改作其他用途。鼓励地方政府以土地作价入股、土地租赁等形式支持农产品批发市场建设。鼓励各地选择合适区域、时段，开辟免摊位费、场地使用费、管理费的早市、晚市、周末市场、流动蔬菜车等临时交易场所和时段市场，其用地可按临时用地管理。

九、便利物流配送

完善运输超限的不可解体物品车辆管理办法，引导物流企业合法装载，规范交通运输领域执法行为。制定城市配送车辆管理指导意见，为配送车辆进入城区道路行驶提供通行便利。鼓励发展统一配送、共同配送、夜间配送，降低配送成本。

十、建立健全流通费用调查统计制度

建立流通费用统计制度，在运输、仓储、保管、配送、批发、零售等环节，健全企业收支情况和价格调查的统计方法和手段。建立收费公路经营主体收费标准、收费金额等情况的统计、监测制度，制定收费公路信息公开办法，全面、准确掌握收费公路的收费情况。统计部门要进一步加大流通费用统计工作力度，加强与发展改革、商务、交通运输、农业等部门在流通领域价格、收费、成本调查等方面的配合协调。

北京市高级人民法院《关于审理电子商务侵害知识产权纠纷案件若干问题的解答》

根据有关法律和最高人民法院司法解释的精神，结合我市审判实践，我院在调查研究的基础上，制定如下解答意见：

一、程序类

1. 诉前责令停止侵犯专利权、商标权、著作权及与著作权有关的权利行为措施的申请、诉前证据保全申请由立案庭（或者程序机构）还是审理知识产权案件的民庭审理?

——在起诉前，专利权人或者利害关系人、商标注册人或者利害关系人、著作权人或者与著作权有关的权利人向人民法院申请采取责令停止有关行为的措施和证据保全的，应由审理知识产权案件的民庭审理。

2. 因指控侵权不实或者因一方当事人申请采取财产保全、先予执行、证据保全、诉前停止有关行为的措施给另一方当事人造成财产损失、另一方当事人请求申请人赔偿的，如何处理?

——被控侵权人或者被申请人可以向有管辖权的人民法院起诉请求指控人或者申请人赔偿；也可以在原侵权之诉中提出损害赔偿的请求。后种情况人民法院可以一并处理。

3. 专利法第四十六条第二款规定，在专利无效行政诉讼中，人民法院应当通知无效宣告请求程序的对方当事人作为第三人参加诉讼。如果人民法院不能通知到第三人或者第三人接到通知后不到庭参加诉讼的如何处理?

——在专利无效行政诉讼中，无效宣告请求程序的请求人和专利权人均为与专利复审委员会的决定有利害关系的当事人，请求人或者专利权人对专利复审委员会的决定不服提起诉讼的，人民法院应当通知另一方当事人作为第三人参加诉讼。第三人对人民法院的第一审判决不服的，有权提起上诉。因此，人民法院通知不到第三人的，应当公告送达通知；第三人接到通知后不到庭参加诉讼的，应说明理由并明确是否放弃其所有的诉讼权利；公告送达或者接到通知后不到庭参加诉讼，也不明确放弃权利的，仍应列为第三人。

对有关商标确权行政诉讼中的第三人，参照此办法处理。

二、专利类

4. 如何理解检索报告的性质？

——专利法第五十七条第二款规定，专利侵权诉讼涉及实用新型专利的，人民法院可以要求专利权人出具由国务院专利行政部门作出的检索报告。专利法这一规定的目的是，在一定程度上克服实用新型专利权法律确定性不够的缺点，避免不必要的专利权转让、许可活动和专利侵权诉讼。在检索报告中，对实用新型专利不符合新颖性或者创造性规定的，国务院专利行政部门应当引证对比文件，说明理由，并附具所引证对比文件的复印件。因此，检索报告仅针对新颖性和创造性这两项条件，不是对实用新型专利进行全面的实质审查；检索报告的效力与国家知识产权局在发明专利的实质审查中得出的审查结论、专利复审委员会在无效宣告请求程序中作出的无效决定不同，只能作为实用新型专利权有效性的初步证据。

三、著作权类

5. 如何理解汇编作品的保护范围？

——汇编作品的独创性体现在按照特定要求对内容进行选择或者对内容进行编排上，因此，汇编作品的保护范围是指对其内容的选择或者编排。在判断被控侵权物是否侵犯了汇编作品的著作权时，应看被控侵权物是否使用了汇编作品的选择或者编排。被控侵权物使用了汇编作品的大部分内容或者汇编作品的实质部分的，亦可以认定构成对汇编作品的选择或者编排的使用。

6. 如何判断被控侵权物是否落入专有使用权（包括专有出版权）的保护范围？

——作品的专有使用权是一种可排除他人以相同方式使用作品的权利。被控侵权物以与专有使用相同的方式完整使用了享有专有使用权的作品，或者使用了该作品的实质部分的，均落入专有使用权的保护范围。

7. 争议作品是合作作品，作者人数众多的，如何确定诉讼当事人？

——合作作品的著作权由合作作者共同享有。因此，涉及争议作品是合作作品的诉讼是必要共同诉讼，合作作品的作者均为必要共同诉讼的当事人；合作作品作者没有参加诉讼的，应当通知其参加诉讼；作者下落不明，或者利用直接送达等方式无法送达的，可以依照民事诉讼法第八十四条的规定公告送达。

涉及争议合作作品可以分割使用的，作者对其创作部分单独享有著作权，因此，作者仅对其享有著作权部分主张权利的，不是必要共同诉讼。

8. 涉及计算机网络的著作权侵权诉讼，原告仅起诉网络服务商，没有起诉直接提供侵权信息的用户的，是否可以？

——可比照北京市高级人民法院《关于审理著作权纠纷案件若干问题的解答》第 40 条的规定处理。

9. 修改后的著作权法对侵害著作权的损害赔偿规定了法定赔偿方法，按照国家规定付酬标准的倍数计算赔偿数额的方法能否继续适用？

——根据著作权法第四十八条第三款的规定，法定赔偿适用的前提，是权利人的实际损失或者侵权人的违法所得不能确定，而北京市高级人民法院《关于审理著作权纠纷案件若干问题的解答》第 37 条第（3）款“国家规定有付酬标准的，按付酬标准的 2－5 倍计算赔偿数额。”规定的基础是，权利人的部分损失能够查清。因此，该赔偿计算方法可以继续适用。

四、商标类

10. 如何判定文字商标是否近似？

——判断文字商标是否近似应以是否造成普通消费者的误认为标准，考虑所用文字在读音、字体、含义、排列顺序等方面是否容易引起误认，并应当将文字商标作为一个整体来看待。

一般情况下，属于下列情形之一的，可以判为近似商标：

（1）字形不同但文字读音、含义相同的；

（2）文字不同但读音相同、字形近似且文字无含义，会给消费者造成误认的；

（3）由三个以上的字组成、无确定含义但排列顺序相同的；或者虽然排列顺序不同但发音近似、字形近似的；

（4）由外文字母组成的无含义商标，部分字母相同且排列顺序相同，或者虽然排列顺序不同但发音、字形近似，容易造成误认的；

（5）可以判定为近似商标的其他情形。

11. 如何判断“足以造成误认”？

——足以造成误认是指已经或可能对商品来源产生误认，已经或可能对商品的生产者、销售者或服务的提供者与商标注册人之间存在某种联系产生错误认识。判断“足以造成误认”，应以普通消费者的注意能力为标准，并参考商品或服务的具体特点、差异大小、价格高低、知名度等因素综合判断。

12. 如何判定商品和服务是否类似？

——判定商品与服务是否类似应考虑下列标准：商品与服务在性质上的相关程度，在用途、用户、通常效用、销售渠道及销售习惯等方面的一致性，即在商品和服务中使用相同或类似商标，是否会导致普通消费者误认为商品和服务来自于同一市场主体。

五、不正当竞争类

13. 如何认定保密措施已符合法律规定？

——符合《反不正当竞争法》规定的保密措施应当是指：所有人采取了使被保密的信息不为外界所知的实际措施；与被控泄露商业秘密的工作人员约定有保密合同或者制定了对其有约束力的保密制度并为其所知悉，并指明了被保密的信息及其范围。

14. 如何确定客户名单构成商业秘密的标准？

——客户名单构成商业秘密，应符合商业秘密构成的一般要件，应特别注意审查客户名单是否是特有的或者是否具有特殊性；客户名单是否由权利人通过劳动、金钱等投入获得的。

15. 如何适用竞业限制？

——除法律另有规定，当事人可以就竞业限制作出约定，并受法律保护。竞业限制条款一般应包括竞业限制的具体范围、期限、补偿费的数额及支付办法、违约责任等内容。

有关竞业限制的期限、补偿费的约定显失公平的，应由当事人请求变更或者撤销，当事人没有提出请求的，人民法院不宜认定该约定无效。

16. 构成不正当竞争是否要求经营者是同业经营者？

——通常，只有同行业的经营者之间才有商品或者服务上的竞争关系，因此，不正当竞争行为一般发生在同行业经营者之间。但不同行业经营者以冒充方式使客户对商品或者服务产生误认，或者以虚假表示、虚假宣传等方式使客户对商品的生产者、服务的提供者产生误认的，也可以构成不正当竞争。

六、综合类

17. 侵害知识产权人身权益的，可否判令行为人赔偿损失？

——侵害知识产权权利人的人身权益造成财产损失的，应责令侵权人予以赔偿；

因侵害知识产权人身权益致自然人精神损害，但未造成严重后果，受害人请求赔偿精神损害的，一般不予支持，人民法院可以根据情形判令侵权人停止侵害、恢复名誉、消除影响、赔礼道歉。

因侵害知识产权人身权益致自然人精神损害，造成严重后果的，人民法院除判令侵权人承担停止侵害、恢复名誉、消除影响、赔礼道歉等民事责任外，可以根据受害人的请求判令其赔偿相应的精神损害抚慰金。

侵害知识产权人身权益致法人、其他组织商誉受到损害，属于财产损害，受害人请求赔偿的，应予支持。

北京市高级人民法院

2013 年 2 月 18 日

国家税务总局颁布《网络发票管理办法》

国家税务总局令　第 30 号

《网络发票管理办法》已经 2013 年 1 月 25 日国家税务总局第 1 次局务会议审议通过，现予公布，自 2013 年 4 月 1 日起施行。

国家税务总局局长　肖　捷
2013 年 2 月 25 日

网络发票管理办法

第一条　为加强普通发票管理，保障国家税收收入，规范网络发票的开具和使用，根据《中华人民共和国发票管理办法》规定，制定本办法。

第二条　在中华人民共和国境内使用网络发票管理系统开具发票的单位和个人办理网络发票管理系统的开户登记、网上领取发票手续、在线开具、传输、查验和缴销等事项，适用本办法。

第三条　本办法所称网络发票是指符合国家税务总局统一标准并通过国家税务总局及省、自治区、直辖市国家税务局、地方税务局公布的网络发票管理系统开具的发票。

国家积极推广使用网络发票管理系统开具发票。

第四条　税务机关应加强网络发票的管理，确保网络发票的安全、唯一、便利，并提供便捷的网络发票信息查询渠道；应通过应用网络发票数据分析，提高信息管税水平。

第五条　税务机关应根据开具发票的单位和个人的经营情况，核定其在线开具网络发票的种类、行业类别、开票限额等内容。

开具发票的单位和个人需要变更网络发票核定内容的，可向税务机关提出书面申请，经税务机关确认，予以变更。

第六条　开具发票的单位和个人开具网络发票应登录网络发票管理系统，如实完整填写发票的相关内容及数据，确认保存后打印发票。

开具发票的单位和个人在线开具的网络发票，经系统自动保存数据后即完成开票信息的确认、查验。

第七条　单位和个人取得网络发票时，应及时查询验证网络发票信息的真实性、完整性，对不符合规定的发票，不得作为财务报销凭证，任何单位和个人有权拒收。

第八条　开具发票的单位和个人需要开具红字发票的，必须收回原网络发票全部联次或取得受票方出具的有效证明，通过网络发票管理系统开具金额为负数的红字网络发票。

第九条　开具发票的单位和个人作废开具的网络发票，应收回原网络发票全部联次，注明“作废”，并在网络发票管理系统中进行发票作废处理。

第十条　开具发票的单位和个人应当在办理变更或者注销税务登记的同时，办理网络发票管理系统的用户变更、注销手续并缴销空白发票。

第十一条　税务机关根据发票管理的需要，可以按照国家税务总局的规定委托其他单位通过网络发票管理系统代开网络发票。

税务机关应当与受托代开发票的单位签订协议，明确代开网络发票的种类、对象、内容和相关责任等内容。

第十二条　开具发票的单位和个人必须如实在线开具网络发票，不得利用网络发票进行转借、转让、虚开发票及其他违法活动。

第十三条　开具发票的单位和个人在网络出现故障，无法在线开具发票时，可离线开具发票。

开具发票后，不得改动开票信息，并于48小时内上传开票信息。

第十四条　开具发票的单位和个人违反本办法规定的，按照《中华人民共和国发票管理办法》有关规定处理。

第十五条　省以上税务机关在确保网络发票电子信息正确生成、可靠存储、查询验证、安全唯一等条件的情况下，可以试行电子发票。

第十六条　本办法自2013年4月1日起施行。

财政部　国家税务总局
关于在全国开展交通运输业和部分现代服务业
营业税改征增值税试点税收政策的通知

财税［2013］37 号

各省、自治区、直辖市、计划单列市财政厅（局）、国家税务局、地方税务局，新疆生产建设兵团财务局：

根据国务院进一步扩大交通运输业和部分现代服务业营业税改征增值税（以下称营改增）试点的要求，现将有关事项通知如下：

一、经国务院批准，自 2013 年 8 月 1 日起，在全国范围内开展交通运输业和部分现代服务业营改增试点。现将有关规定印发你们，请遵照执行。

二、在全国开展交通运输业和部分现代服务业营改增试点，范围广、时间紧、任务重，各地要高度重视，切实加强试点工作的组织领导，精心组织、周密安排、明确责任，采取各种有效措施，做好试点前的各项准备以及试点过程中的监测分析和宣传解释等工作，确保改革的平稳、有序、顺利进行。遇到问题请及时向财政部和国家税务总局反映。

三、《财政部 国家税务总局关于在上海市开展交通运输业和部分现代服务业营业税改征增值税试点的通知》（财税〔2011〕111 号）、《财政部 国家税务总局关于应税服务适用增值税零税率和免税政策的通知》（财税〔2011〕131 号）、《财政部 国家税务总局关于交通运输业和部分现代服务业营业税改征增值税试点若干税收政策的通知》（财税〔2011〕133 号）、《财政部 国家税务总局关于交通运输业和部分现代服务业营业税改征增值税试点若干税收政策的补充通知》（财税〔2012〕53 号）、《财政部 国家税务总局关于在北京等 8 省市开展交通运输业和部分现代服务业营业税改征增值税试点的通知》（财税〔2012〕71 号）、《财政部 国家税务总局关于交通运输业和部分现代服务业营业税改征增值税试点应税服务范围等若干税收政策的补充通知》（财税〔2012〕86 号）、《财政部 国家税务总局关于营业税若干政策问题的通知》（财税〔2003〕16 号）第三条第（十六）和第（十八）项，自 2013 年 8 月 1 日起废止。

附件：

1. 交通运输业和部分现代服务业营业税改征增值税试点实施办法
2. 交通运输业和部分现代服务业营业税改征增值税试点有关事项的规定（略）

3. 交通运输业和部分现代服务业营业税改征增值税试点过渡政策的规定（略）
4. 应税服务适用增值税零税率和免税政策的规定（略）

财政部 国家税务总局
二〇一三年五月二十四日

附件1：

交通运输业和部分现代服务业营业税改征增值税试点实施办法

第一章　纳税人和扣缴义务人

第一条　在中华人民共和国境内（以下称境内）提供交通运输业和部分现代服务业服务（以下称应税服务）的单位和个人，为增值税纳税人。纳税人提供应税服务，应当按照本办法缴纳增值税，不再缴纳营业税。

单位，是指企业、行政单位、事业单位、军事单位、社会团体及其他单位。

个人，是指个体工商户和其他个人。

第二条　单位以承包、承租、挂靠方式经营的，承包人、承租人、挂靠人（以下称承包人）以发包人、出租人、被挂靠人（以下称发包人）名义对外经营并由发包人承担相关法律责任的，以该发包人为纳税人。否则，以承包人为纳税人。

第三条　纳税人分为一般纳税人和小规模纳税人。

应税服务的年应征增值税销售额（以下称应税服务年销售额）超过财政部和国家税务总局规定标准的纳税人为一般纳税人，未超过规定标准的纳税人为小规模纳税人。

应税服务年销售额超过规定标准的其他个人不属于一般纳税人；不经常提供应税服务的非企业性单位、企业和个体工商户可选择按照小规模纳税人纳税。

第四条　小规模纳税人会计核算健全，能够提供准确税务资料的，可以向主管税务机关申请一般纳税人资格认定，成为一般纳税人。

会计核算健全，是指能够按照国家统一的会计制度规定设置账簿，根据合法、有效凭证核算。

第五条　符合一般纳税人条件的纳税人应当向主管税务机关申请一般纳税人资格认定。具体认定办法由国家税务总局制定。

除国家税务总局另有规定外，一经认定为一般纳税人后，不得转为小规模纳税人。

第六条　中华人民共和国境外（以下称境外）的单位或者个人在境内提供应税服务，在境内未设有经营机构的，以其代理人为增值税扣缴义务人；在境内没有代理人的，以接受方为增值税扣缴义务人。

第七条 两个或者两个以上的纳税人，经财政部和国家税务总局批准可以视为一个纳税人合并纳税。具体办法由财政部和国家税务总局另行制定。

第二章 应税服务

第八条 应税服务，是指陆路运输服务、水路运输服务、航空运输服务、管道运输服务、研发和技术服务、信息技术服务、文化创意服务、物流辅助服务、有形动产租赁服务、鉴证咨询服务、广播影视服务。

应税服务的具体范围按照本办法所附的《应税服务范围注释》执行。

第九条 提供应税服务，是指有偿提供应税服务，但不包括非营业活动中提供的应税服务。

有偿，是指取得货币、货物或者其他经济利益。

非营业活动，是指：

（一）非企业性单位按照法律和行政法规的规定，为履行国家行政管理和公共服务职能收取政府性基金或者行政事业性收费的活动。

（二）单位或者个体工商户聘用的员工为本单位或者雇主提供应税服务。

（三）单位或者个体工商户为员工提供应税服务。

（四）财政部和国家税务总局规定的其他情形。

第十条 在境内提供应税服务，是指应税服务提供方或者接受方在境内。

下列情形不属于在境内提供应税服务：

（一）境外单位或者个人向境内单位或者个人提供完全在境外消费的应税服务。

（二）境外单位或者个人向境内单位或者个人出租完全在境外使用的有形动产。

（三）财政部和国家税务总局规定的其他情形。

第十一条 单位和个体工商户的下列情形，视同提供应税服务：

（一）向其他单位或者个人无偿提供交通运输业和部分现代服务业服务，但以公益活动为目的或者以社会公众为对象的除外。

（二）财政部和国家税务总局规定的其他情形。

第三章 税率和征收率

第十二条 增值税税率：

（一）提供有形动产租赁服务，税率为17%。

（二）提供交通运输业服务，税率为11%。

（三）提供现代服务业服务（有形动产租赁服务除外），税率为6%。

（四）财政部和国家税务总局规定的应税服务，税率为零。

第十三条 增值税征收率为3%。

第四章 应纳税额的计算

第一节 一般性规定

第十四条 增值税的计税方法，包括一般计税方法和简易计税方法。

第十五条　一般纳税人提供应税服务适用一般计税方法计税。

一般纳税人提供财政部和国家税务总局规定的特定应税服务，可以选择适用简易计税方法计税，但一经选择，36个月内不得变更。

第十六条　小规模纳税人提供应税服务适用简易计税方法计税。

第十七条　境外单位或者个人在境内提供应税服务，在境内未设有经营机构的，扣缴义务人按照下列公式计算应扣缴税额：

应扣缴税额 = 接受方支付的价款 ÷（1 + 税率）× 税率

第二节　一般计税方法

第十八条　一般计税方法的应纳税额，是指当期销项税额抵扣当期进项税额后的余额。应纳税额计算公式：

应纳税额 = 当期销项税额 − 当期进项税额

当期销项税额小于当期进项税额不足抵扣时，其不足部分可以结转下期继续抵扣。

第十九条　销项税额，是指纳税人提供应税服务按照销售额和增值税税率计算的增值税额。销项税额计算公式：

销项税额 = 销售额 × 税率

第二十条　一般计税方法的销售额不包括销项税额，纳税人采用销售额和销项税额合并定价方法的，按照下列公式计算销售额：

销售额 = 含税销售额 ÷（1 + 税率）

第二十一条　进项税额，是指纳税人购进货物或者接受加工修理修配劳务和应税服务，支付或者负担的增值税税额。

第二十二条　下列进项税额准予从销项税额中抵扣：

（一）从销售方或者提供方取得的增值税专用发票（含货物运输业增值税专用发票、税控机动车销售统一发票，下同）上注明的增值税额。

（二）从海关取得的海关进口增值税专用缴款书上注明的增值税额。

（三）购进农产品，除取得增值税专用发票或者海关进口增值税专用缴款书外，按照农产品收购发票或者销售发票上注明的农产品买价和13%的扣除率计算的进项税额。计算公式为：

进项税额 = 买价 × 扣除率

买价，是指纳税人购进农产品在农产品收购发票或者销售发票上注明的价款和按照规定缴纳的烟叶税。

（四）接受铁路运输服务，按照铁路运输费用结算单据上注明的运输费用金额和7%的扣除率计算的进项税额。进项税额计算公式：

进项税额 = 运输费用金额 × 扣除率

运输费用金额，是指铁路运输费用结算单据上注明的运输费用（包括铁路临管线及铁路专线运输费用）、建设基金，不包括装卸费、保险费等其他杂费。

（五）接受境外单位或者个人提供的应税服务，从税务机关或者境内代理人取得的解缴税款的中华人民共和国税收缴款凭证（以下称税收缴款凭证）上注明的增值税额。

第二十三条　纳税人取得的增值税扣税凭证不符合法律、行政法规或者国家税务总局有关规定的，其进项税额不得从销项税额中抵扣。

增值税扣税凭证，是指增值税专用发票、海关进口增值税专用缴款书、农产品收购发票、农产品销售发票、铁路运输费用结算单据和税收缴款凭证。

纳税人凭税收缴款凭证抵扣进项税额的，应当具备书面合同、付款证明和境外单位的对账单或者发票。资料不全的，其进项税额不得从销项税额中抵扣。

第二十四条 下列项目的进项税额不得从销项税额中抵扣：

（一）用于适用简易计税方法计税项目、非增值税应税项目、免征增值税项目、集体福利或者个人消费的购进货物、接受加工修理修配劳务或者应税服务。其中涉及的固定资产、专利技术、非专利技术、商誉、商标、著作权、有形动产租赁，仅指专用于上述项目的固定资产、专利技术、非专利技术、商誉、商标、著作权、有形动产租赁。

（二）非正常损失的购进货物及相关的加工修理修配劳务和交通运输业服务。

（三）非正常损失的在产品、产成品所耗用的购进货物（不包括固定资产）、加工修理修配劳务或者交通运输业服务。

（四）接受的旅客运输服务。

第二十五条 非增值税应税项目，是指非增值税应税劳务、转让无形资产（专利技术、非专利技术、商誉、商标、著作权除外）、销售不动产以及不动产在建工程。

非增值税应税劳务，是指《应税服务范围注释》所列项目以外的营业税应税劳务。

不动产，是指不能移动或者移动后会引起性质、形状改变的财产，包括建筑物、构筑物和其他土地附着物。

纳税人新建、改建、扩建、修缮、装饰不动产，均属于不动产在建工程。

个人消费，包括纳税人的交际应酬消费。

固定资产，是指使用期限超过 12 个月的机器、机械、运输工具以及其他与生产经营有关的设备、工具、器具等。

非正常损失，是指因管理不善造成被盗、丢失、霉烂变质的损失，以及被执法部门依法没收或者强令自行销毁的货物。

第二十六条 适用一般计税方法的纳税人，兼营简易计税方法计税项目、非增值税应税劳务、免征增值税项目而无法划分不得抵扣的进项税额，按照下列公式计算不得抵扣的进项税额：

不得抵扣的进项税额 = 当期无法划分的全部进项税额 ×（当期简易计税方法计税项目销售额 + 非增值税应税劳务营业额 + 免征增值税项目销售额）÷（当期全部销售额 + 当期全部营业额）

主管税务机关可以按照上述公式依据年度数据对不得抵扣的进项税额进行清算。

第二十七条 已抵扣进项税额的购进货物、接受加工修理修配劳务或者应税服务，发生本办法第二十四条规定情形（简易计税方法计税项目、非增值税应税劳务、免征增值税项目除外）的，应当将该进项税额从当期进项税额中扣减；无法确定该进项税额的，按照当期实际成本计算应扣减的进项税额。

第二十八条 纳税人提供的适用一般计税方法计税的应税服务，因服务中止或者折让而退还给购买方的增值税额，应当从当期的销项税额中扣减；发生服务中止、购进货物退出、折让而收回的增值税额，应当从当期的进项税额中扣减。

第二十九条 有下列情形之一者，应当按照销售额和增值税税率计算应纳税额，不得抵扣进项税额，也不得使用增值税专用发票：

（一）一般纳税人会计核算不健全，或者不能够提供准确税务资料的。

（二）应当申请办理一般纳税人资格认定而未申请的。

第三节 简易计税方法

第三十条 简易计税方法的应纳税额，是指按照销售额和增值税征收率计算的增值税额，不得抵扣进项税额。应纳税额计算公式：

应纳税额 = 销售额 × 征收率

第三十一条 简易计税方法的销售额不包括其应纳税额，纳税人采用销售额和应纳税额合并定价方法的，按照下列公式计算销售额：

销售额 = 含税销售额 ÷ （1 + 征收率）

第三十二条 纳税人提供的适用简易计税方法计税的应税服务，因服务中止或者折让而退还给接受方的销售额，应当从当期销售额中扣减。扣减当期销售额后仍有余额造成多缴的税款，可以从以后的应纳税额中扣减。

第四节 销售额的确定

第三十三条 销售额，是指纳税人提供应税服务取得的全部价款和价外费用。

价外费用，是指价外收取的各种性质的价外收费，但不包括代为收取的政府性基金或者行政事业性收费。

第三十四条 销售额以人民币计算。

纳税人按照人民币以外的货币结算销售额的，应当折合成人民币计算，折合率可以选择销售额发生的当天或者当月 1 日的人民币汇率中间价。纳税人应当在事先确定采用何种折合率，确定后 12 个月内不得变更。

第三十五条 纳税人提供适用不同税率或者征收率的应税服务，应当分别核算适用不同税率或者征收率的销售额；未分别核算的，从高适用税率。

第三十六条 纳税人兼营营业税应税项目的，应当分别核算应税服务的销售额和营业税应税项目的营业额；未分别核算的，由主管税务机关核定应税服务的销售额。

第三十七条 纳税人兼营免税、减税项目的，应当分别核算免税、减税项目的销售额；未分别核算的，不得免税、减税。

第三十八条 纳税人提供应税服务，开具增值税专用发票后，发生提供应税服务中止、折让、开票有误等情形的，应当按照国家税务总局的规定开具红字增值税专用发票；未按照规定开具红字增值税专用发票的，不得按照本办法第二十八条和第三十二条的规定扣减销项税额或者销售额。

第三十九条 纳税人提供应税服务，将价款和折扣额在同一张发票上分别注明的，以折扣后的价款为销售额；未在同一张发票上分别注明的，以价款为销售额，不得扣减折扣额。

第四十条 纳税人提供应税服务的价格明显偏低或者偏高且不具有合理商业目的的，或者发生本办法第十一条所列视同提供应税服务而无销售额的，主管税务机关有权按照下列顺序确定销售额：

（一）按照纳税人最近时期提供同类应税服务的平均价格确定。

（二）按照其他纳税人最近时期提供同类应税服务的平均价格确定。

（三）按照组成计税价格确定。组成计税价格的公式为：

组成计税价格 = 成本 ×（1 + 成本利润率）

成本利润率由国家税务总局确定。

第五章 纳税义务、扣缴义务发生时间和纳税地点

第四十一条 增值税纳税义务发生时间为：

（一）纳税人提供应税服务并收讫销售款项或者取得索取销售款项凭据的当天；先开具发票的，为开具发票的当天。

收讫销售款项，是指纳税人提供应税服务过程中或者完成后收到款项。

取得索取销售款项凭据的当天，是指书面合同确定的付款日期；未签订书面合同或者书面合同未确定付款日期的，为应税服务完成的当天。

（二）纳税人提供有形动产租赁服务采取预收款方式的，其纳税义务发生时间为收到预收款的当天。

（三）纳税人发生本办法第十一条视同提供应税服务的，其纳税义务发生时间为应税服务完成的当天。

（四）增值税扣缴义务发生时间为纳税人增值税纳税义务发生的当天。

第四十二条 增值税纳税地点为：

（一）固定业户应当向其机构所在地或者居住地主管税务机关申报纳税。总机构和分支机构不在同一县（市）的，应当分别向各自所在地的主管税务机关申报纳税；经财政部和国家税务总局或者其授权的财政和税务机关批准，可以由总机构合并向总机构所在地的主管税务机关申报纳税。

（二）非固定业户应当向应税服务发生地主管税务机关申报纳税；未申报纳税的，由其机构所在地或者居住地主管税务机关补征税款。

（三）扣缴义务人应当向其机构所在地或者居住地主管税务机关申报缴纳其扣缴的税款。

第四十三条 增值税的纳税期限分别为 1 日、3 日、5 日、10 日、15 日、1 个月或者 1 个季度。纳税人的具体纳税期限，由主管税务机关根据纳税人应纳税额的大小分别核定。以 1 个季度为纳税期限的规定适用于小规模纳税人以及财政部和国家税务总局规定的其他纳税人。不能按照固定期限纳税的，可以按次纳税。

纳税人以 1 个月或者 1 个季度为 1 个纳税期的，自期满之日起 15 日内申报纳税；以 1 日、3 日、5 日、10 日或者 15 日为 1 个纳税期的，自期满之日起 5 日内预缴税款，于次月 1 日起 15 日内申报纳税并结清上月应纳税款。

扣缴义务人解缴税款的期限，按照前两款规定执行。

第六章 税收减免

第四十四条 纳税人提供应税服务适用免税、减税规定的，可以放弃免税、减税，依

照本办法的规定缴纳增值税。放弃免税、减税后，36 个月内不得再申请免税、减税。

纳税人提供应税服务同时适用免税和零税率规定的，优先适用零税率。

第四十五条 个人提供应税服务的销售额未达到增值税起征点的，免征增值税；达到起征点的，全额计算缴纳增值税。

增值税起征点不适用于认定为一般纳税人的个体工商户。

第四十六条 增值税起征点幅度如下：

（一）按期纳税的，为月应税销售额 5000－20000 元（含本数）。

（二）按次纳税的，为每次（日）销售额 300－500 元（含本数）。

起征点的调整由财政部和国家税务总局规定。省、自治区、直辖市财政厅（局）和国家税务局应当在规定的幅度内，根据实际情况确定本地区适用的起征点，并报财政部和国家税务总局备案。

第七章 征收管理

第四十七条 营业税改征的增值税，由国家税务局负责征收。

第四十八条 纳税人提供适用零税率的应税服务，应当按期向主管税务机关申报办理退（免）税，具体办法由财政部和国家税务总局制定。

第四十九条 纳税人提供应税服务，应当向索取增值税专用发票的接受方开具增值税专用发票，并在增值税专用发票上分别注明销售额和销项税额。

属于下列情形之一的，不得开具增值税专用发票：

（一）向消费者个人提供应税服务。

（二）适用免征增值税规定的应税服务。

第五十条 小规模纳税人提供应税服务，接受方索取增值税专用发票的，可以向主管税务机关申请代开。

第五十一条 纳税人增值税的征收管理，按照本办法和《中华人民共和国税收征收管理法》及现行增值税征收管理有关规定执行。

第八章 附 则

第五十二条 纳税人应当按照国家统一的会计制度进行增值税会计核算。

第五十三条 本办法自 2013 年 8 月 1 日起执行。

附：

应税服务范围注释

一、交通运输业

交通运输业，是指使用运输工具将货物或者旅客送达目的地，使其空间位置得到转移的业务活动。包括陆路运输服务、水路运输服务、航空运输服务和管道运输服务。

（一）陆路运输服务

陆路运输服务，是指通过陆路（地上或者地下）运送货物或者旅客的运输业务活动，包括公路运输、缆车运输、索道运输及其他陆路运输，暂不包括铁路运输。

出租车公司向使用本公司自有出租车的出租车司机收取的管理费用，按陆路运输服务征收增值税。

（二）水路运输服务

水路运输服务，是指通过江、河、湖、川等天然、人工水道或者海洋航道运送货物或者旅客的运输业务活动。

远洋运输的程租、期租业务，属于水路运输服务。

程租业务，是指远洋运输企业为租船人完成某一特定航次的运输任务并收取租赁费的业务。

期租业务，是指远洋运输企业将配备有操作人员的船舶承租给他人使用一定期限，承租期内听候承租方调遣，不论是否经营，均按天向承租方收取租赁费，发生的固定费用均由船东负担的业务。

（三）航空运输服务

航空运输服务，是指通过空中航线运送货物或者旅客的运输业务活动。

航空运输的湿租业务，属于航空运输服务。

湿租业务，是指航空运输企业将配备有机组人员的飞机承租给他人使用一定期限，承租期内听候承租方调遣，不论是否经营，均按一定标准向承租方收取租赁费，发生的固定费用均由承租方承担的业务。

（四）管道运输服务

管道运输服务，是指通过管道设施输送气体、液体、固体物质的运输业务活动。

二、部分现代服务业

部分现代服务业，是指围绕制造业、文化产业、现代物流产业等提供技术性、知识性服务的业务活动。包括研发和技术服务、信息技术服务、文化创意服务、物流辅助服务、有形动产租赁服务、鉴证咨询服务、广播影视服务。

（一）研发和技术服务

研发和技术服务，包括研发服务、技术转让服务、技术咨询服务、合同能源管理服务、工程勘察勘探服务。

1. 研发服务，是指就新技术、新产品、新工艺或者新材料及其系统进行研究与试验开发的业务活动。

2. 技术转让服务，是指转让专利或者非专利技术的所有权或者使用权的业务活动。

3. 技术咨询服务，是指对特定技术项目提供可行性论证、技术预测、专题技术调查、分析评价报告和专业知识咨询等业务活动。

4. 合同能源管理服务，是指节能服务公司与用能单位以契约形式约定节能目标，节能服务公司提供必要的服务，用能单位以节能效果支付节能服务公司投入及其合理报酬的业务活动。

5. 工程勘察勘探服务，是指在采矿、工程施工以前，对地形、地质构造、地下资源蕴藏情况进行实地调查的业务活动。

（二）信息技术服务

信息技术服务，是指利用计算机、通信网络等技术对信息进行生产、收集、处理、加工、存储、运输、检索和利用，并提供信息服务的业务活动。包括软件服务、电路设计及测试服务、信息系统服务和业务流程管理服务。

1. 软件服务，是指提供软件开发服务、软件咨询服务、软件维护服务、软件测试服务的业务行为。

2. 电路设计及测试服务，是指提供集成电路和电子电路产品设计、测试及相关技术支持服务的业务行为。

3. 信息系统服务，是指提供信息系统集成、网络管理、桌面管理与维护、信息系统应用、基础信息技术管理平台整合、信息技术基础设施管理、数据中心、托管中心、安全服务的业务行为。包括网站对非自有的网络游戏提供的网络运营服务。

4. 业务流程管理服务，是指依托计算机信息技术提供的人力资源管理、财务经济管理、金融支付服务、内部数据分析、呼叫中心和电子商务平台等服务的业务活动。

（三）文化创意服务

文化创意服务，包括设计服务、商标和著作权转让服务、知识产权服务、广告服务和会议展览服务。

1. 设计服务，是指把计划、规划、设想通过视觉、文字等形式传递出来的业务活动。包括工业设计、造型设计、服装设计、环境设计、平面设计、包装设计、动漫设计、展示设计、网站设计、机械设计、工程设计、广告设计、创意策划、文印晒图等。

2. 商标和著作权转让服务，是指转让商标、商誉和著作权的业务活动。

3. 知识产权服务，是指处理知识产权事务的业务活动。包括对专利、商标、著作权、软件、集成电路布图设计的代理、登记、鉴定、评估、认证、咨询、检索服务。

4. 广告服务，是指利用图书、报纸、杂志、广播、电视、电影、幻灯、路牌、招贴、橱窗、霓虹灯、灯箱、互联网等各种形式为客户的商品、经营服务项目、文体节目或者通告、声明等委托事项进行宣传和提供相关服务的业务活动。包括广告代理和广告的发布、播映、宣传、展示等。

5. 会议展览服务，是指为商品流通、促销、展示、经贸洽谈、民间交流、企业沟通、国际往来等举办或者组织安排的各类展览和会议的业务活动。

（四）物流辅助服务

物流辅助服务，包括航空服务、港口码头服务、货运客运场站服务、打捞救助服务、货物运输代理服务、代理报关服务、仓储服务和装卸搬运服务。

1. 航空服务，包括航空地面服务和通用航空服务。

航空地面服务，是指航空公司、飞机场、民航管理局、航站等向在我国境内航行或者在我国境内机场停留的境内外飞机或者其他飞行器提供的导航等劳务性地面服务的业务活动。包括旅客安全检查服务、停机坪管理服务、机场候机厅管理服务、飞机清洗消毒服务、空中飞行管理服务、飞机起降服务、飞行通讯服务、地面信号服务、飞机安全服务、飞机跑道管理服务、空中交通管理服务等。

通用航空服务，是指为专业工作提供飞行服务的业务活动，包括航空摄影，航空测量，航空勘探，航空护林，航空吊挂播洒、航空降雨等。

2. 港口码头服务，是指港务船舶调度服务、船舶通讯服务、航道管理服务、航道疏浚服务、灯塔管理服务、航标管理服务、船舶引航服务、理货服务、系解缆服务、停泊和移泊服务、海上船舶溢油清除服务、水上交通管理服务、船只专业清洗消毒检测服务和防止船只漏油服务等为船只提供服务的业务活动。

港口设施经营人收取的港口设施保安费按照“港口码头服务”征收增值税。

3. 货运客运场站服务，是指货运客运场站（不包括铁路运输）提供的货物配载服务、运输组织服务、中转换乘服务、车辆调度服务、票务服务和车辆停放服务等业务活动。

4. 打捞救助服务，是指提供船舶人员救助、船舶财产救助、水上救助和沉船沉物打捞服务的业务活动。

5. 货物运输代理服务，是指接受货物收货人、发货人、船舶所有人、船舶承租人或船舶经营人的委托，以委托人的名义或者以自己的名义，在不直接提供货物运输服务的情况下，为委托人办理货物运输、船舶进出港口、联系安排引航、靠泊、装卸等货物和船舶代理相关业务手续的业务活动。

6. 代理报关服务，是指接受进出口货物的收、发货人委托，代为办理报关手续的业务活动。

7. 仓储服务，是指利用仓库、货场或者其他场所代客贮放、保管货物的业务活动。

8. 装卸搬运服务，是指使用装卸搬运工具或人力、畜力将货物在运输工具之间、装卸现场之间或者运输工具与装卸现场之间进行装卸和搬运的业务活动。

（五）有形动产租赁服务

有形动产租赁，包括有形动产融资租赁和有形动产经营性租赁。

1. 有形动产融资租赁，是指具有融资性质和所有权转移特点的有形动产租赁业务活动。即出租人根据承租人所要求的规格、型号、性能等条件购入有形动产租赁给承租人，合同期内设备所有权属于出租人，承租人只拥有使用权，合同期满付清租金后，承租人有权按照残值购入有形动产，以拥有其所有权。不论出租人是否将有形动产残值销售给承租人，均属于融资租赁。

2. 有形动产经营性租赁，是指在约定时间内将物品、设备等有形动产转让他人使用且租赁物所有权不变更的业务活动。

远洋运输的光租业务、航空运输的干租业务，属于有形动产经营性租赁。

光租业务，是指远洋运输企业将船舶在约定的时间内出租给他人使用，不配备操作人员，不承担运输过程中发生的各项费用，只收取固定租赁费的业务活动。

干租业务，是指航空运输企业将飞机在约定的时间内出租给他人使用，不配备机组人员，不承担运输过程中发生的各项费用，只收取固定租赁费的业务活动。

（六）鉴证咨询服务

鉴证咨询服务，包括认证服务、鉴证服务和咨询服务。

1. 认证服务，是指具有专业资质的单位利用检测、检验、计量等技术，证明产品、服务、管理体系符合相关技术规范、相关技术规范的强制性要求或者标准的业务活动。

2. 鉴证服务，是指具有专业资质的单位，为委托方的经济活动及有关资料进行鉴证，发表具有证明力的意见的业务活动。包括会计鉴证、税务鉴证、法律鉴证、工程造价鉴证、资产评估、环境评估、房地产土地评估、建筑图纸审核、医疗事故鉴定等。

3. 咨询服务，是指提供和策划财务、税收、法律、内部管理、业务运作和流程管理等信息或者建议的业务活动。

代理记账按照“咨询服务”征收增值税。

（七）广播影视服务

广播影视服务，包括广播影视节目（作品）的制作服务、发行服务和播映（含放映，下同）服务。

1. 广播影视节目（作品）制作服务，是指进行专题（特别节目）、专栏、综艺、体育、动画片、广播剧、电视剧、电影等广播影视节目和作品制作的服务。具体包括与广播影视节目和作品相关的策划、采编、拍摄、录音、音视频文字图片素材制作、场景布置、后期的剪辑、翻译（编译）、字幕制作、片头、片尾、片花制作、特效制作、影片修复、编目和确权等业务活动。

2. 广播影视节目（作品）发行服务，是指以分账、买断、委托、代理等方式，向影院、电台、电视台、网站等单位和个人发行广播影视节目（作品）以及转让体育赛事等活动的报道及播映权的业务活动。

3. 广播影视节目（作品）播映服务，是指在影院、剧院、录像厅及其他场所播映广播影视节目（作品），以及通过电台、电视台、卫星通信、互联网、有线电视等无线或有线装置播映广播影视节目（作品）的业务活动。

国务院办公厅关于印发《深化流通体制改革加快流通产业发展重点工作部门分工方案》的通知

国办函〔2013〕69 号

国务院有关部门：

《深化流通体制改革加快流通产业发展重点工作部门分工方案》（以下简称《分工方案》）已经国务院同意，现印发给你们，请认真落实。

有关部门要认真贯彻落实《国务院关于深化流通体制改革加快流通产业发展的意见》（国发〔2012〕39 号）精神，按照《分工方案》的要求，将涉及本部门的工作进一步分解和细化，抓紧制定具体落实措施。同一项工作涉及多个部门的，牵头部门要加强协调，部门间要主动密切协作。商务部要认真做好统筹协调、督促检查工作。工作落实中的重大问题及时向国务院报告。

国务院办公厅
2013 年 5 月 30 日

深化流通体制改革加快流通产业发展重点工作部门分工方案

一、加强现代流通体系建设

（一）依托交通枢纽、生产基地、中心城市和大型商品集散地，构建全国骨干流通网络，建设一批辐射带动能力强的商贸中心、专业市场以及全国性和区域性配送中心。（商务部、发展改革委、交通运输部、农业部、供销合作总社。列第一位者为牵头部门，下同）

（二）推动大宗商品交易市场向现货转型，增加期货市场交易品种。（商务部、证监会按职责分工负责）

（三）优化城市流通网络布局，有序推进贸易中心城市和商业街建设，支持特色商业适度集聚，鼓励便利店、中小综合超市等发展，构建便利消费、便民生活服务体系。鼓励大型流通企业向农村延伸经营网络，增加农村商业网点，拓展网点功能，积极培育和发展农村经纪人，提升农民专业合作社物流配送能力和营销服务水平。支持流通企业建立城乡一体化的营销网络，畅通农产品进城和工业品下乡的双向流通渠道。（商务部、农业部、工商总局、供销合作总社）

（四）大力发展第三方物流，促进企业内部物流社会化。加强城际配送、城市配送、农村配送的有效衔接，推广公路不停车收费系统，规范货物装卸场站建设和作业标准。（发展改革委、商务部、交通运输部、工业和信息化部按职责分工负责）

（五）加快建设完整先进的废旧商品回收体系，健全旧货流通网络，促进循环消费。（商务部、发展改革委、工业和信息化部、供销合作总社）

二、积极创新流通方式

（六）大力推广并优化供应链管理，鼓励流通企业拓展设计、展示、配送、分销、回收等业务。（商务部、工业和信息化部、发展改革委按职责分工负责）

（七）加快发展电子商务，普及和深化电子商务应用，完善认证、支付等支撑体系，鼓励流通企业建立或依托第三方电子商务平台开展网上交易。创新网络销售模式，发展电话购物、网上购物、电视购物等网络商品与服务交易。（商务部、发展改革委、工商总局、工业和信息化部、农业部、供销合作总社按职责分工负责）

（八）统筹农产品集散地、销地、产地批发市场建设，构建农产品产销一体化流通链条，积极推广农超对接、农批对接、农校对接以及农产品展销中心、直销店等产销衔接方式，在大中城市探索采用流动售卖车。（发展改革委、商务部、农业部、粮食局、供销合作总社按职责分工负责）

（九）鼓励商业企业采购和销售绿色产品，促进节能环保产品消费，支持发展信用消费。（财政部、发展改革委、商务部、工业和信息化部按职责分工负责）

（十）围绕节能环保、流通设施、流通信息化等关键领域，大力推进流通标准应用。推动商品条码在流通领域的广泛应用，健全全国统一的物品编码体系。（质检总局、商务部）

三、提高保障市场供应能力

（十一）支持建设和改造一批具有公益性质的农产品批发市场、农贸市场、菜市场、社区菜店、农副产品平价商店以及重要商品储备设施、大型物流配送中心、农产品冷链物流设施等，发挥公益性流通设施在满足消费需求、保障市场稳定、提高应急能力中的重要作用。（发展改革委、商务部、农业部、粮食局、供销合作总社按职责分工负责）

（十二）完善中央与地方重要商品储备制度，优化储备品种和区域结构，适当扩大肉类、食糖、边销茶和地方储备中的小包装粮油、蔬菜等生活必需品储备规模。（发展改革委、商务部、财政部、粮食局按职责分工负责）

（十三）强化市场运行分析和预测预警，增强市场调控的前瞻性和预见性。加强市场应急调控骨干企业队伍建设，提高迅速集散应急商品能力，综合运用信息引导、区域调剂、收储投放、进出口等手段保障市场供求基本平衡。（发展改革委、商务部、农业部、财政部、粮食局按职责分工负责）

四、全面提升流通信息化水平

（十四）将信息化建设作为发展现代流通产业的战略任务，加强规划和引导，推动营销网、物流网、信息网的有机融合。鼓励流通领域信息技术的研发和集成创新，加快推广物联网、互联网、云计算、全球定位系统、移动通信、地理信息系统、电子标签等技术在流通领域的应用。（工业和信息化部、商务部、发展改革委、粮食局）

（十五）推进流通领域公共信息服务平台建设，提升各类信息资源的共享和利用效率。（商务部、发展改革委、工业和信息化部、粮食局）

（十六）支持流通企业利用先进信息技术提高仓储、采购、运输、订单等环节的科学管理水平。鼓励流通企业与供应商、信息服务商加强合作，支持开发和推广适用于中小流通企业的信息化解决方案。（商务部、发展改革委、工业和信息化部、粮食局、供销合作总社）

（十七）加强流通领域信息安全保障。（工业和信息化部、公安部）

五、培育流通企业核心竞争力

（十八）积极培育大型流通企业，支持有实力的流通企业跨行业、跨地区兼并重组。支持中小流通企业特别是小微企业专业化、特色化发展，健全中小流通企业服务体系，扶持发展一批专业服务机构，为中小流通企业提供融资、市场开拓、科技应用和管理咨询等服务。（商务部、发展改革委、农业部、粮食局、供销合作总社）

（十九）鼓励发展直营连锁和特许连锁，支持流通企业跨区域拓展连锁经营网络。（商务部、供销合作总社）

（二十）积极推进批发市场建设改造和运营模式创新，增强商品吞吐能力和价格发现功能。推动零售企业转变营销方式，提高自营比重。（商务部、发展改革委、农业部、粮食局、供销合作总社按职责分工负责）

（二十一）支持流通企业建设现代物流中心，积极发展统一配送。（发展改革委、商务部、粮食局、供销合作总社按职责分工负责）

（二十二）加强知识产权保护，鼓励流通品牌创新发展。（商务部、工商总局、质检总局）

六、大力规范市场秩序

（二十三）加强对关系国计民生、生命安全等商品的流通准入管理，形成覆盖准入、监管、退出的全程管理机制。（商务部、工商总局、质检总局、公安部、工业和信息化部、食品药品监管总局、粮食局按职责分工负责）

（二十四）充分利用社会检测资源，建立涉及人身健康与安全的商品检验制度。加大流通领域商品质量监督检查力度，改进监管手段和检验检测技术条件。细化部门职责分工，堵塞监管漏洞。（质检总局、工商总局、商务部、公安部、粮食局）

（二十五）建立健全肉类、水产品、蔬菜、水果、酒类、中药材、农资等商品流通追溯体系。（商务部、农业部、供销合作总社）

（二十六）依法严厉打击侵犯知识产权、制售假冒伪劣商品、商业欺诈和商业贿赂等违法行为。加强网络商品交易的监督管理。规范零售商、供应商交易行为，建立平等和谐的零供关系。（商务部、发展改革委、公安部、工商总局、质检总局）

（二十七）加快商业诚信体系建设，完善信用信息采集、利用、查询、披露等制度，推动行业管理部门、执法监管部门、行业组织和征信机构、金融监管部门、银行业金融机构信息共享。（商务部、发展改革委、公安部、工商总局、质检总局、人民银行、银监会）

七、深化流通领域改革开放

（二十八）建立分工明确、权责统一、协调高效的流通管理体制，健全部门协作机制，强化政策制定、执行与监督相互衔接，提高管理效能。加快流通管理部门职能转变，强化社会管理和公共服务职能。在有条件的地区开展现代流通综合试点，加强统筹协调，加快推进大流通、大市场建设。（商务部、发展改革委、粮食局）

（二十九）消除地区封锁和行业垄断，严禁阻碍、限制外地商品、服务和经营者进入本地市场。（商务部、税务总局会同发展改革委、工商总局等部门负责）

（三十）严厉查处经营者通过垄断协议等方式排除、限制竞争的行为。（发展改革委、工商总局等部门按职责分工负责）

（三十一）鼓励民间资本进入流通领域，保障民营企业合法权益，促进民营企业健康发展。（商务部、发展改革委）

（三十二）进一步提高流通产业利用外资的质量和水平，引进现代物流和信息技术带动传统流通产业升级改造。支持有条件的流通企业“走出去”，通过新建、并购、参股、增资等方式建立海外分销中心、展示中心等营销网络和物流服务网络。（发展改革委、商务部按职责分工负责）

（三十三）积极培育国内商品市场的对外贸易功能，推进内外贸一体化。（商务部牵头）

八、制定完善流通网络规划

（三十四）制定全国流通节点城市布局规划，做好各层级、各区域之间规划衔接。（商务部牵头）

（三十五）科学编制商业网点规划，确定商业网点发展建设需求，将其纳入城市总体规划和土地利用总体规划。乡镇商业网点建设纳入小城镇建设规划。各地制定控制性详细规划和修建性详细规划时应充分考虑商业网点建设需求，做好与商业网点规划的相互衔接。完善社区商业网点配置，新建社区（含廉租房、公租房等保障性住房小区、棚户区改造和旧城改造安置住房小区）商业和综合服务设施面积占社区总建筑面积的比例不得低于 10%。严格社区商业网点用途监管，不得随意改变必备商业网点的用途和性质，拆迁改建时应保证其基本服务功能不缺失。各地可根据实际发布商业网点建设指导目录，引导社会资金投向。（住房城乡建设部、商务部、国土资源部）

九、加大流通业用地支持力度

（三十六）按照土地利用总体规划和流通业建设项目用地标准，在土地利用年度计划和土地供应计划中统筹安排流通业各类用地。鼓励利用旧厂房、闲置仓库等建设符合规划的流通设施，涉及原划拨土地使用权转让或租赁的，经批准可采取协议方式供应。鼓励各地以租赁方式供应流通业用地。支持依法使用农村集体建设用地发展流通业。依法加强流通业用地管理，禁止以物流中心、商品集散地等名义圈占土地，防止土地闲置浪费。（国土资源部、商务部、住房城乡建设部、发展改革委、农业部）

（三十七）制定政府鼓励的流通设施目录，对纳入目录的项目用地予以支持。（商务部、国土资源部、住房城乡建设部、发展改革委）

十、完善财政金融支持政策

（三十八）积极发挥中央政府相关投资的促进作用，完善促进消费的财政政策，扩大流通促进资金规模，重点支持公益性流通设施、农产品和农村流通体系、流通信息化建设，以及家政和餐饮等生活服务业、中小流通企业发展、绿色流通、扩大消费等。（发展改革委、财政部、商务部、农业部、工业和信息化部、粮食局、供销合作总社按职责分工负责）

（三十九）鼓励银行业金融机构针对流通产业特点，创新金融产品和服务方式，开展动产、仓单、商铺经营权、租赁权等质押融资。改进信贷管理，发展融资租赁、商圈融资、供应链融资、商业保理等业务。充分发挥典当等行业对中小和微型企业融资的补充作用。拓宽流通企业融资渠道，支持符合条件的大型流通企业上市融资、设立财务公司及发行公司（企业）债券和中期票据等债务融资工具。引导金融机构创新消费信贷产品，改进消费信贷业务管理方式，培育和巩固消费信贷增长点。（人民银行、银监会、发展改革委、商务部、证监会按职责分工负责）

十一、减轻流通产业税收负担

（四十）在一定期限内免征农产品批发市场、农贸市场城镇土地使用税和房产税。将免征蔬菜流通环节增值税政策扩大到有条件的鲜活农产品。加快制定和完善促进废旧商品回收体系建设的税收政策。完善并落实家政服务企业免征营业税政策，促进生活服务业发展。落实总分支机构汇总纳税政策，促进连锁经营企业跨地区发展。积极推进营业税改增值税试点，完善流通业税制。（财政部、税务总局）

十二、降低流通环节费用

（四十一）抓紧出台降低流通费用综合性实施方案。优化银行卡刷卡费率结构，降低总体费用水平，扩大银行卡使用范围。加快推进工商用电用水同价。切实规范农产品市场收费、零售商供应商交易收费等流通领域收费行为。（发展改革委、人民银行、银监会、商务部、粮食局）

（四十二）落实好鲜活农产品运输“绿色通道”政策，确保所有整车合法装载运输鲜活农产品车辆全部免缴车辆通行费，结合实际完善适用品种范围。（交通运输部、发展改革委、财政部、商务部）

（四十三）深入推进收费公路专项清理，坚决取缔各种违规及不合理收费，降低偏高的通行费收费标准。从严审批一级及以下公路和独立桥梁、隧道收费项目。按照逐步有序的原则，加快推进国家确定的西部地区省份取消政府还贷二级公路收费工作进度。（交通运输部、发展改革委、财政部、监察部、国务院纠正行业不正之风办公室）

十三、完善流通领域法律法规和标准体系

（四十四）推动制定、修改流通领域的法律法规，提升流通立法层级。抓紧修订报废汽车回收管理办法，积极推动修改商标法、反不正当竞争法、广告法和消费者权益保护法等法律，研究制定典当管理、商业网点管理、农产品批发市场管理等方面的行政法规。全面清理和取消妨碍公平竞争、设置行政壁垒、排斥外地产品和服务进入本地市场的规定。（法制办、商务部、发展改革委、公安部、工商总局、农业部、质检总局、粮食局）

（四十五）积极完善流通标准化体系，加大流通标准的制定、实施与宣传力度。（质检总局、商务部）

十四、健全统计和监测制度

（四十六）加快建立全国统一科学规范的流通统计调查体系和信息共享机制，不断提高流通统计数据质量和工作水平。加强零售、电子商务、居民服务、生产资料流通等重点流通领域的统计数据开发应用，提高服务宏观调控和企业发展的能力。（统计局、商务部、发展改革委、粮食局、供销合作总社）

（四十七）扩大城乡市场监测体系覆盖面，优化样本企业结构，推进信息采集智能化发展，保证数据真实、准确、及时，加快监测信息成果转化。（商务部、粮食局）

十五、加强组织领导

（四十八）建立由商务部牵头的全国流通工作部际协调机制，加强对流通工作的协调指导和监督检查，及时研究解决流通产业发展中的重大问题。（商务部牵头）

国家工商总局关于加快促进流通产业发展的若干意见

各省、自治区、直辖市及计划单列市、副省级市工商行政管理局、市场监督管理局：

为认真贯彻落实《国务院关于深化流通体制改革加快流通产业发展的意见》（国发〔2012〕39号）和《国务院办公厅关于印发深化流通体制改革加快流通产业发展重点工作部门分工方案的通知》（国办函〔2013〕69号）精神，充分发挥工商行政管理职能作用，促进流通产业加快发展，现提出如下意见。

一、认清形势任务，提高思想认识

流通产业是现代服务业的重要组成部分，是国民经济的基础性和先导性产业。加快流通产业发展，不仅有利于服务生产，增强自身在国际市场上的竞争力，而且在方便群众生活、促进居民消费、促进产业结构优化升级、加快转变经济发展方式等方面具有重要意义。

加快流通产业发展，要坚持发挥市场作用与完善政府职能相结合，既充分发挥市场配置资源的基础性作用，又切实提升政府公共服务、市场监管和宏观调控能力。工商部门作为市场监管和行政执法部门，与流通产业发展密切相关。党中央、国务院高度重视流通产业发展工作，国务院下发了《关于深化流通体制改革加快流通产业发展的意见》和《关于印发深化流通体制改革加快流通产业发展重点工作部门分工方案的通知》，对加快流通产业发展提出了具体要求，明确了重点工作部门分工。各地要认真贯彻落实党的十八大精神，立足工商职能，以深化效能建设为抓手，加大服务支持力度，加强市场监管执法，确保国务院加快流通产业发展的各项政策措施落到实处。

二、加大市场监管执法力度，为流通产业健康发展营造良好的市场环境

（一）依法加强对关系国计民生、人民群众生命安全等商品的日常监管。在日常监管中，将关系国计民生、人民群众生命安全等商品的流通作为企业信用分类监管的重点，加大巡查力度，并将监管信息及时记录、反馈，提高辖区内重点商品流通控制力。按照“权责一致、分工负责、齐抓共管、综合治理”的协调联动机制，进一步加强与相关部门的协作配合，形成监管执法合力。

（二）加大流通领域商品质量监督检查力度。强化流通领域商品质量日常监督检查，督促经营者自觉履行法定责任和义务，把好商品质量进货关，严格商品质量内部管理，对不合格商品及时予以有效退市。针对重点商品、重点经营者，加大流通领域商品质量监管和监测工作力度。积极推进商品质量监管信息化网络体系建设，充分利用信息化手段及时

汇总、统计、分析商品质量监测信息，不断提高监测工作的针对性和实效性。

（三）完善打击侵犯知识产权和制售假冒伪劣商品违法行为长效机制。认真总结“双打”工作中好的经验做法，主动适应新的形势任务，完善打击侵犯知识产权和制售假冒伪劣商品违法行为长效机制。改进市场巡查、专项检查等监管方式，不断完善商标、假冒伪劣等案件线索通报、案件查处协作、复杂疑难案件会商、重大案件联合查办等工作制度，对涉及侵犯流通企业商标权、假冒伪劣的案件和突发事件，及时通报、快速反应、联合执法。认真总结推广商标授权经营和商标备案公示制度的经验，引导大中型商业企业等市场主体对进场商品商标进行备案、查验、审核，逐步实现市场监管关口前移。

（四）进一步做好竞争执法工作。深入开展打击“傍名牌”专项执法行动，针对流通产业的竞争状况和行业特点，加大执法力度、提升执法效能，强化案件指导和督查督办；进一步加大对流通产业存在的虚假宣传、虚假表示、不正当有奖销售等商业欺诈现象的打击力度；继续深入开展治理商业贿赂工作，依法打击物流、信息、金融等重点行业的商业贿赂违法行为；积极配合商务部门做好清理整顿大型零售企业违规收费工作，结合自身职能，做好零供交易监管工作；认真履职，加强沟通，依法处理阻碍、限制外地商品、服务和经营者进入本地市场，以及其他滥用行政权力排除、限制竞争的行为；坚持《反垄断法》的立法宗旨和违法必究原则，发挥中央和地方两个积极性，依法严厉查处垄断协议以及滥用市场支配地位排除、限制竞争行为（价格垄断行为除外）。

（五）扎实开展网络商品交易监管执法工作。大力加强网络市场监督检查和行政执法工作，切实维护网络市场秩序。指导督促各地以大型购物网站为重点，加强日常规范监管，及时发现并查处网络交易违法行为；加强对网站交易规则的检查，及时纠正、消除不公平合同格式条款。针对网络市场中出现的多发性、易发性问题，利用总局网监平台适时部署网监专项行动，重点突破。加大对典型网络交易违法案例的曝光力度，营造良好的舆论环境。健全完善全国网络信息化监管平台，努力实现网络商品交易日常监管动态化、实时化、智能化。

（六）加强诚信体系建设。结合工商登记制度改革，加强流通企业登记、备案、年检等信息的公示，推进公示信息与有关部门共享，建立连锁响应机制，推动部门协同监管。创新“守合同重信用”企业公示活动，促进诚信体系建设。深化诚信市场创建活动，广泛开展创建“诚信经营户”、“星级经营户”、“先进经营户”、“放心消费户”等活动，规范交易行为，促进诚信经营。积极推进网络信用体系建设，建立健全网络经营主体信用指标体系和网络商品交易市场信用分类监管体系。

三、加大服务支持力度，促进流通产业发展

（一）加大“经纪活农”工作力度。继续按照“鼓励、扶持、引导、规范”的思路，加快培育发展农村经纪人等生产经营型人才，壮大高素质的农村经纪人队伍。充分发挥农村经纪人连接农业生产与市场的特殊桥梁作用，指导农村经纪人为农业生产经营提供低成本、便利化、全方位的服务，进一步搞活农产品流通，促进农民增收。结合贯彻落实《经纪人管理办法》，加强行政指导，完善农村经纪人监管制度，帮助农村经纪人建立自律性行业组织，促进农村经纪人向农民专业合作社发展。

（二）支持农民专业合作社发展。切实贯彻落实《农民专业合作社法》、《农民专业合

作社登记管理条例》等法律法规，做好农民专业合作社登记服务工作；支持农民专业合作社以产品和产业等为纽带开展合作与联合，促进农民专业合作社经营向规模化、专业化和标准化发展，提升农民专业合作社物流配送能力和营销服务水平。

（三）积极推动电子商务健康发展。积极支持鼓励流通企业发展网络商品交易，努力扶持培养一批专业化、市场化程度高的网络市场主体，促进传统交易模式和网络交易的融合发展。支持鼓励中小企业和公民个人开展网上商品交易，引导和促进中小企业发展和个人创业。积极支持农业龙头企业、农产品批发市场建立农产品网上交易市场，开展农产品网上集中交易活动，实现传统市场升级转型。支持鼓励网络商品交易平台向农村延伸、发展，提高农村市场流通效率，方便农民群众生活。

（四）鼓励注册自主商标。加强商标专用权保护的法律服务工作，通过推行品牌指导站建设，积极引导流通企业提高自我保护和自我维权意识，支持中小流通企业特别是小微企业专业化、特色化发展。鼓励流通企业注册自主商标，依法保护注册商标专用权。以加强商标授权经营和备案公示制度为基础，推动零售企业转变营销方式，提高自营比重。充分发挥商标在凝聚产品质量、经营管理、市场营销、企业信用和技术创新等综合竞争能力中的载体作用。

四、完善相关法律法规，为营造良好的市场环境提供法规支撑

按照全国人大常委会十二五立法规划和国务院立法计划的统筹安排，积极配合做好《商标法》、《广告法》、《消费者权益保护法》、《反不正当竞争法》等法律的修订工作。及时做好《商标法实施条例》等配套法规的修订起草报送工作。适时制定符合工商行政管理执法实际、促进流通产业发展的工商行政管理部门规章，修订有关《商标法》、《广告法》、《消费者权益保护法》、《反不正当竞争法》的配套行政规章，完善网络商品交易、反垄断等监管领域的行政规章。

五、加强组织领导，强化协作配合

各地工商部门要切实加强组织领导，制定具体实施方案，完善和细化政策措施，注重协调指导和督促检查，确保各项工作落实到位。要结合当地实际，在地方党委、政府的统一领导下，在地方商务部门的牵头协调下，加强与发展改革、农业、交通、工信、质检等部门的协作配合，完善协作机制，发挥整体优势，形成工作合力。

国家工商总局
2013 年 7 月 23 日

国务院关于促进信息消费扩大内需的若干意见

国发［2013］32号

各省、自治区、直辖市人民政府，国务院各部委、各直属机构：

近年来，全球范围内信息技术创新不断加快，信息领域新产品、新服务、新业态大量涌现，不断激发新的消费需求，成为日益活跃的消费热点。我国市场规模庞大，正处于居民消费升级和信息化、工业化、城镇化、农业现代化加快融合发展的阶段，信息消费具有良好发展基础和巨大发展潜力。与此同时，我国信息消费面临基础设施支撑能力有待提升、产品和服务创新能力弱、市场准入门槛高、配套政策不健全、行业壁垒严重、体制机制不适应等问题，亟需采取措施予以解决。加快促进信息消费，能够有效拉动需求，催生新的经济增长点，促进消费升级、产业转型和民生改善，是一项既利当前又利长远、既稳增长又调结构的重要举措。为加快推动信息消费持续增长，现提出以下意见：

一、总体要求

（一）指导思想。以邓小平理论、“三个代表”重要思想、科学发展观为指导，以深化改革为动力，以科技创新为支撑，围绕挖掘消费潜力、增强供给能力、激发市场活力、改善消费环境，加强信息基础设施建设，加快信息产业优化升级，大力丰富信息消费内容，提高信息网络安全保障能力，建立促进信息消费持续稳定增长的长效机制，推动面向生产、生活和管理的信息消费快速健康增长，为经济平稳较快发展和民生改善发挥更大作用。

（二）基本原则。

市场导向、改革发展。加快政府职能转变和管理创新，充分发挥市场作用，打破行业进入壁垒，促进信息资源开放共享和企业公平竞争，在竞争性领域坚持市场化运行，在社会管理和公共服务领域积极引入市场机制，增强信息消费发展的内生动力。

需求牵引、创新发展。引导企业立足内需市场，强化创新基础，提高创新层次，鼓励多元发展，加快关键核心信息技术和产品研发，鼓励业务模式创新，培育发展新型业态，提升信息产品、服务、内容的有效供给水平，挖掘和释放消费潜力。

完善环境、有序发展。建立和完善有利于扩大信息消费的政策环境，综合利用有线无线等技术适度超前部署宽带基础设施，运用信息平台改进公共服务，完善市场监管，规范产业发展秩序，加强个人信息保护和信息安全保障，建设安全诚信有序的信息消费市场环境。

（三）主要目标。

信息消费规模快速增长。到 2015 年，信息消费规模超过 3.2 万亿元，年均增长 20% 以上，带动相关行业新增产出超过 1.2 万亿元，其中基于互联网的新型信息消费规模达到 2.4 万亿元，年均增长 30% 以上。基于电子商务、云计算等信息平台的消费快速增长，电子商务交易额超过 18 万亿元，网络零售交易额突破 3 万亿元。

信息基础设施显著改善。到 2015 年，适应经济社会发展需要的宽带、融合、安全、泛在的下一代信息基础设施初步建成，城市家庭宽带接入能力基本达到每秒 20 兆比特（Mbps），部分城市达到 100Mbps，农村家庭宽带接入能力达到 4Mbps，行政村通宽带比例达到 95%。智慧城市建设取得长足进展。

信息消费市场健康活跃。面向生产、生活和管理的信息产品和服务更加丰富，创新更加活跃，市场竞争秩序规范透明，消费环境安全可信，信息消费示范效应明显，居民信息消费的选择更加丰富，消费意愿进一步增强。企业信息化应用不断深化，公共服务信息需求有效拓展，各类信息消费的需求进一步释放。

二、加快信息基础设施演进升级

（四）完善宽带网络基础设施。发布实施“宽带中国”战略，加快宽带网络升级改造，推进光纤入户，统筹提高城乡宽带网络普及水平和接入能力。开展下一代互联网示范城市建设，推进下一代互联网规模化商用。推进下一代广播电视网规模建设。完善电信普遍服务补偿机制，加大支持力度，促进提供更广泛的电信普遍服务。持续推进电信基础设施共建共享，统筹互联网数据中心（IDC）等云计算基础设施布局。各级人民政府要将信息基础设施纳入城乡建设和土地利用规划，给予必要的政策资金支持。

（五）统筹推进移动通信发展。扩大第三代移动通信（3G）网络覆盖，优化网络结构，提升网络质量。根据企业申请情况和具备条件，推动于 2013 年内发放第四代移动通信（4G）牌照。加快推进我国主导的新一代移动通信技术时分双工模式移动通信长期演进技术（TD－LTE）网络建设和产业化发展。

（六）全面推进三网融合。加快电信和广电业务双向进入，在试点基础上于 2013 年下半年逐步向全国推广。推动中国广播电视网络公司加快组建，推进电信网和广播电视网基础设施共建共享。加快推动地面数字电视覆盖网建设和高清交互式电视网络设施建设，加快广播电视模数转换进程。鼓励发展交互式网络电视（IPTV）、手机电视、有线电视网宽带服务等融合性业务，带动产业链上下游企业协同发展，完善三网融合技术创新体系。

三、增强信息产品供给能力

（七）鼓励智能终端产品创新发展。面向移动互联网、云计算、大数据等热点，加快实施智能终端产业化工程，支持研发智能手机、智能电视等终端产品，促进终端与服务一体化发展。支持数字家庭智能终端研发及产业化，大力推进数字家庭示范应用和数字家庭产业基地建设。鼓励整机企业与芯片、器件、软件企业协作，研发各类新型信息消费电子产品。支持电信、广电运营单位和制造企业通过定制、集中采购等方式开展合作，带动智能终端产品竞争力提升，夯实信息消费的产业基础。

（八）增强电子基础产业创新能力。实施平板显示工程，推动平板显示产业做大做强，加快推进新一代显示技术突破，完善产业配套能力。以重点整机和信息化应用为牵引，依托国家科技计划（基金、专项）和重大工程，大力提升集成电路设计、制造工艺技术水平。支持地方探索发展集成电路的融资改革模式，利用现有财政资金渠道，鼓励和支持有条件的地方政府设立集成电路产业投资基金，引导社会资金投资集成电路产业，有效解决集成电路制造企业融资瓶颈。支持智能传感器及系统核心技术的研发和产业化。

（九）提升软件业支撑服务水平。加强智能终端、智能语音、信息安全等关键软件的开发应用，加快安全可信关键应用系统推广。面向企业信息化需求，突破核心业务信息系统、大型应用系统等的关键技术，开发基于开放标准的嵌入式软件和应用软件，加快产品生命周期管理（PLM）、制造执行管理系统（MES）等工业软件产业化。加强工业控制系统软件开发和安全应用。加快推进企业信息化，提升综合集成应用和业务协同创新水平，促进制造业服务化。大力支持软件应用商店、软件即服务（SaaS）等服务模式创新。

四、培育信息消费需求

（十）拓展新兴信息服务业态。发展移动互联网产业，鼓励企业设立移动应用开发创新基金，推进网络信息技术与服务模式融合创新。积极推动云计算服务商业化运营，支持云计算服务创新和商业模式创新。面向重点行业和重点民生领域，开展物联网重大应用示范，提升物联网公共服务能力。加快推动北斗导航核心技术研发和产业化，推动北斗导航与移动通信、地理信息、卫星遥感、移动互联网等融合发展，支持位置信息服务（LBS）市场拓展。完善北斗导航基础设施，推进北斗导航服务模式和产品创新，在重点区域和交通、减灾、电信、能源、金融等重点领域开展示范应用，逐步推进北斗导航和授时的规模化应用。大力发展地理信息产业，拓宽地理信息服务市场。

（十一）丰富信息消费内容。大力发展数字出版、互动新媒体、移动多媒体等新兴文化产业，促进动漫游戏、数字音乐、网络艺术品等数字文化内容的消费。加快建立技术先进、传输便捷、覆盖广泛的文化传播体系，提升文化产品多媒体、多终端制作传播能力。加强数字文化内容产品和服务开发，建立数字内容生产、转换、加工、投送平台，丰富信息消费内容产品供给。加强基于互联网的新兴媒体建设，实施网络文化信息内容建设工程，推动优秀文化产品网络传播，鼓励各类网络文化企业生产提供健康向上的信息内容。

（十二）拓宽电子商务发展空间。完善智能物流基础设施，支持农村、社区、学校的物流快递配送点建设。各级人民政府要出台仓储建设用地、配送车辆管理等方面的鼓励政策。大力发展移动支付等跨行业业务，完善互联网支付体系。加快推进电子商务示范城市建设，实施可信交易、网络电子发票等电子商务政策试点。支持网络零售平台做大做强，鼓励引导金融机构为中小网商提供小额贷款服务，推动中小企业普及应用电子商务。拓展移动电子商务应用，积极培育城市社区、农产品电子商务。建设跨境电子商务通关服务平台和外贸交易平台，实施与跨境电子商务相适应的监管措施，鼓励电子商务“走出去”。

五、提升公共服务信息化水平

（十三）促进公共信息资源共享和开发利用。制定公共信息资源开放共享管理办法，推动市政公用企事业单位、公共服务事业单位等机构开放信息资源。加快启动政务信息共享国家示范省市建设，鼓励引导公共信息资源的社会化开发利用，挖掘公共信息资源的经济社会效益。支持电信和广电运营企业、互联网企业、软件企业和广电播出机构发挥优势，参与公共服务云平台建设运营。加快推进国家政务信息化工程建设，建立完善国家基础信息资源和政府信息资源，建立政府公共服务信息平台，整合多部门资源，提高共享能力，促进互联互通，有效提高公共服务水平。

（十四）提升民生领域信息服务水平。加快实施“信息惠民”工程，提升公共服务均等普惠水平。推进优质教育信息资源共享，实施教育信息化“三通工程”，加快建设教育信息基础设施和教育资源公共服务平台。推进优质医疗资源共享，完善医疗管理和服务信息系统，普及应用居民健康卡、电子健康档案和电子病历，推广远程医疗和健康管理、医疗咨询、预约诊疗服务。推进养老机构、社区、家政、医疗护理机构协同信息服务。建立公共就业信息服务平台，加快就业信息全国联网。加快社会保障公共服务体系建设，推进社会保障一卡通，建设医保费用中央和省级结算平台，推进医保费用跨省即时结算。规范互联网食品药品交易行为，推进食品药品网上阳光采购，强化质量安全。提高面向残疾人的信息无障碍服务能力。大力推进广播电视“户户通”工程，提升广播电视公共服务水平。推进地理信息公共服务平台建设。完善农村综合信息服务体系，加强涉农信息资源整合。大力推进金融集成电路卡（IC 卡）在公共服务领域的一卡多应用。

（十五）加快智慧城市建设。在有条件的城市开展智慧城市试点示范建设。各试点城市要出台鼓励市场化投融资、信息系统服务外包、信息资源社会化开发利用等政策。支持公用设备设施的智能化改造升级，加快实施智能电网、智能交通、智能水务、智慧国土、智慧物流等工程。鼓励各类市场主体共同参与智慧城市建设。在国务院批准发行的地方政府债券额度内，由各省、自治区、直辖市人民政府统筹考虑安排部分资金用于智慧城市建设。鼓励符合条件的企业发行募集资金用于智慧城市建设的企业债。

六、加强信息消费环境建设

（十六）构建安全可信的信息消费环境基础。大力推进身份认证、网站认证和电子签名等网络信任服务，推行电子营业执照。推动互联网金融创新，规范互联网金融服务，开展非金融机构支付业务设施认证，建设移动金融安全可信公共服务平台，推动多层次支付体系的发展。推进国家基础数据库、金融信用信息基础数据库等数据库的协同，支持社会信用体系建设。

（十七）提升信息安全保障能力。依法加强信息产品和服务的检测和认证，鼓励企业开发技术先进、性能可靠的信息技术产品，支持建立第三方安全评估与监测机制。加强与终端产品相连接的集成平台的建设和管理，引导信息产品和服务发展。加强应用商店监管。加强政府和涉密信息系统安全管理，保障重要信息系统互联互通和部门间信息资源共享安全。落实信息安全等级保护制度，加强网络与信息安全监管，提升网络与信息安全监管能力和系统安全防护水平。

（十八）加强个人信息保护。落实全国人大常委会关于加强网络信息保护的决定，积极推动出台网络信息安全、个人信息保护等方面的法律制度，明确互联网服务提供者保护用户个人信息的义务，制定用户个人信息保护标准，规范服务商对个人信息收集、储存及使用。

（十九）规范信息消费市场秩序。依法加强对信息服务、网络交易行为、产品及服务质量等的监管，查处侵犯知识产权、网络欺诈等违法犯罪行为。加强从业规范宣传，引导企业诚信经营，切实履行社会责任，抵制排挤或诋毁竞争对手、侵害消费者合法权益等违法行为。强化行业自律机制，积极发挥行业协会作用，鼓励符合条件的第三方信用服务机构开展商务信用评估。完善企业争议调解机制，防止企业滥用市场支配地位等不正当竞争行为。进一步拓宽和健全消费维权渠道，强化社会监督。

七、完善支持政策

（二十）深化行政审批制度改革。严格控制新增行政审批项目。对现有涉及信息消费的审批、核准、备案等行政审批事项评估清理，最大限度缩小范围，着重减少非行政许可审批和资质资格许可，着力消除阻碍信息消费的各种行业性、地区性、经营性壁垒。在已取消部分行政审批项目的基础上，年底前再取消或下放电信资费、计算机信息系统集成企业资质认定、信息系统工程监理单位资质认证和监理工程师资格认定等一批行政审批事项和行政管理事项。优化确需保留的行政审批程序，推行联合审批、一站式服务、限时办结和承诺式服务。按照“先照后证、宽进严管”思路，加快推进注册资本认缴登记制度，降低互联网企业设立门槛。

（二十一）加大财税政策支持力度。完善高新技术企业认定管理办法，经认定为高新技术企业的互联网企业依法享受相应的所得税优惠税率。落实企业研发费用税前加计扣除政策，合理扩大加计扣除范围。积极推进邮电通信业营业税改增值税改革试点。进一步落实鼓励软件和集成电路产业发展的若干政策。加大现有支持小微企业税收政策落实力度，切实减轻互联网小微企业负担。研究完善无线电频率占用费政策，支持经济社会信息化建设。

（二十二）切实改善企业融资环境。金融机构应当按照支持小微企业发展的各项金融政策，对互联网小微企业予以优先支持。鼓励创新型、成长型互联网企业在创业板等上市，稳步扩大企业债、公司债、中期票据和中小企业私募债券发行。探索发展并购投资基金，规范发展私募股权投资基金、风险投资基金创新产品，完善信息服务业创业投资扶持政策。鼓励金融机构针对互联网企业特点创新金融产品和服务方式，开展知识产权质押融资。鼓励融资性担保机构帮助互联网小微企业增信融资。

（二十三）改进和完善电信服务。建立健全基础电信运营企业与互联网企业、广电企业、信息内容供应商等合作和公平竞争机制，规范企业经营行为，加强资费监管。基础电信运营企业要增强基础电信服务能力，实现电信资费合理下降和透明收费。鼓励民间资本参与宽带网络基础设施建设，扩大民间资本开展移动通信转售业务试点，支持民间资本在互联网领域投资，加快落实民间资本经营数据中心业务相关政策，简化数据中心牌照发放审批程序，鼓励民间资本以参股方式进入基础电信运营市场。完善电信、互联网监管制度和技术手段，保障企业实现平等接入，用户实现自主选择。

（二十四）加强法律法规和标准体系建设。推动修订商标法、消费者权益保护法、标准化法、著作权法等法律，加快修订互联网信息服务管理办法、商用密码管理条例等行政法规。加快重点及新兴信息消费领域产品、服务标准体系建设，发挥标准对产业发展的支撑作用。加大知识产权保护力度，引导标准、专利等产业联盟健康有序发展。

（二十五）开展信息消费统计监测和试点示范。科学制定信息消费的统计分类和标准，开展信息消费统计和监测。加强信息平台建设，保证统计数据的可用性、可信性和时效性。加强运行分析，实时向社会发布相关信息，合理引导消费预期。在有条件的地区开展信息消费试点示范市（县、区）建设，支持新型信息消费示范项目建设，鼓励地方各级人民政府因地制宜研究制定促进信息消费的优惠政策。

各地区、各部门要按照本意见的要求，进一步认识促进信息消费对扩大内需的积极作用，切实加强组织领导和协调配合，明确任务落实责任，尽快制定具体实施方案，完善和细化相关政策措施，扎实做好相关工作，确保取得实效。

国务院

2013 年 8 月 8 日

商务部关于促进电子商务应用的实施意见

商电函［2013］911号

各省、自治区、直辖市、计划单列市及新疆生产建设兵团商务主管部门：

为进一步促进各地电子商务应用，推动我国电子商务均衡发展，针对当前电子商务发展面临的突出问题，结合电子商务应用促进工作的实际需求，根据《关于促进信息消费扩大内需的若干意见》（国发〔2013〕32号）和《商务部“十二五”电子商务发展指导意见》（商电发〔2011〕375号）的有关要求，提出以下意见：

一、工作目标和原则

（一）工作目标

到2015年，使电子商务成为重要的社会商品和服务流通方式，电子商务交易额超过18万亿元，应用电子商务完成进出口贸易额力争达到我国当年进出口贸易总额的10%以上，网络零售额相当于社会消费品零售总额的10%以上，我国规模以上企业应用电子商务比例达80%以上；电子商务基础法规和标准体系进一步完善，应用促进的政策环境基本形成，协同、高效的电子商务管理与服务体制基本建立；电子商务支撑服务环境满足电子商务快速发展需求，电子商务服务业实现规模化、产业化、规范化发展。

（二）工作原则。

1. 市场主导、政府推动。坚持以市场为导向，以企业为主体，运用市场机制优化资源配置，制定本地区电子商务发展政策，综合运用政策、服务、资金等手段完善电子商务应用发展环境。

2. 重点扶持、平衡促进。全面拓展电子商务应用，重点发展零售、跨境贸易、农产品和生活服务领域电子商务，重点扶持中西部地区应用电子商务，促进我国电子商务在区域和行业领域的均衡发展。

3. 典型示范、引导发展。以典型城市、基地、企业为主体建立电子商务试点示范体系，发挥示范带动作用，引导行业发展方向。

二、重点任务

（一）引导网络零售健康快速发展。

引导网络零售企业优化供应链管理、提升客户消费体验，支持网络零售服务平台进一步拓展覆盖范围、创新服务模式；支持百货商场、连锁企业、专业市场等传统流通企业依托线下资源优势开展电子商务，实现线上线下资源互补和应用协同；组织网络零售企业及传统流通企业开展以促进网络消费为目的的各类网络购物推介活动。

（二）加强农村和农产品电子商务应用体系建设。

1. 结合农村和农产品现代流通体系建设，在农村地区和农产品流通领域推广电子商务应用；加强农村地区电子商务普及培训；引导社会性资金和电子商务平台企业加大在农产品电子商务中的投入；支持农产品电子商务平台建设。

2. 深化与全国党员远程教育系统合作，深入开展农村商务信息服务。完善商务部新农村商网功能，建设“全国农产品商务信息公共服务平台”，实现农产品购销常态化对接。探索农产品网上交易，培育农产品电子商务龙头企业。

3. 融合涉农电子商务企业、农产品批发市场等线下资源，拓展农产品网上销售渠道。鼓励传统农产品批发市场开展包括电子商务在内的多形式电子交易；探索和鼓励发展农产品网络拍卖；鼓励电子商务企业与传统农产品批发、零售企业对接，引导电子商务平台及时发布农产品信息，促进产销衔接；推动涉农电子商务企业开展农产品品牌化、标准化经营。

（三）支持城市社区电子商务应用体系建设。

支持建设城市家政服务网络公共服务平台，整合各类家政服务资源，面向社区居民提供供需对接服务；鼓励和支持服务百姓日常生活的电子商务平台建设，功能涵盖居家生活所需的各类服务，如购物、餐饮、家政、维修、中介、配送等；鼓励大型餐饮企业、住宿企业和第三方服务机构建立网上订餐、订房服务系统，完善餐饮及住宿行业服务应用体系。

（四）推动跨境电子商务创新应用。

1. 各地要积极推进跨境电子商务创新发展，努力提升跨境电子商务对外贸易规模和水平。对生产企业和外贸企业，特别是中小企业利用跨境电子商务开展对外贸易提供必要的政策和资金支持。鼓励多种模式跨境电子商务发展，配合国家有关部门尽快落实《国务院办公厅转发商务部等部门关于实施支持跨境电子商务零售出口有关政策的意见》（国办发〔2013〕89 号），探索发展跨境电子商务企业对企业（B2B）进出口和个人从境外企业零售进口（B2C）等模式。加快跨境电子商务物流、支付、监管、诚信等配套体系建设。

2. 鼓励电子商务企业“走出去”。支持境内电子商务服务企业（包括第三方电子商务平台，融资担保、物流配送等各类服务企业）“走出去”，在境外设立服务机构，完善仓储物流、客户服务体系建设，与境外电子商务服务企业实现战略合作等；支持境内电子商务企业建立海外营销渠道，压缩渠道成本，创立自有品牌。

3. 支持区域跨境（边贸）电子商务发展。支持边境地区选取重点贸易领域建立面向周边国家的电子商务贸易服务平台；引导和支持电子商务平台企业在边境地区设立专业平台，服务边境贸易。

（五）加强中西部地区电子商务应用。

中西部地区可因地制宜，通过加强与电子商务平台合作，整合政府公共服务和市场服务资源，创新电子商务应用与公共服务模式，引导企业电子商务应用。加强电子商务企业和人才引进，加强电子商务宣传，开展电子商务人才培养；重点结合本地区特色产业发展需求，发展行业领域电子商务应用；吸引和支持优秀电子商务企业到中西部地区设立区域运营中心、物流基地、客服中心等分支机构；与电子商务平台企业对接销售中西部特色商品。

（六）鼓励中小企业电子商务应用。

引导中小企业利用信息技术提高管理、营销和服务水平；鼓励中小企业利用电子商务平台开展网络营销，开拓境内外市场；鼓励中小企业在电子商务平台上开展联合采购，降低流通成本；支持第三方电子商务平台发展，带动中小企业电子商务应用；支持电子商务领域金融服务创新，拓宽中小企业融资渠道；扶持面向中小企业的公共服务平台和服务机构，加强对小企业应用电子商务的技术支持和人才培训服务。

（七）鼓励特色领域和大宗商品现货市场电子交易。

鼓励通过电子商务手段开展再生资源回收、旧货流通、拍卖交易、边境贸易等领域电子商务应用。鼓励大宗商品现货市场电子交易经营主体进一步完善相关信息系统，研究制订商品价格指数、电子合同及电子仓单标准、供应链协同标准、运营模式规范，增强市场价格指导能力、供应链协同能力和现货交易服务能力，促进我国大宗商品现货市场电子交易的规范化发展。

（八）加强电子商务物流配送基础设施建设。

各地要按照国家加快流通产业发展的总体要求，规划本地区电子商务物流，推进城市物流配送仓储用地、配送车辆管理等方面的政策出台，推动构建与电子商务发展相适应的物流配送体系。开展电子商务城市共同配送服务试点，逐步建立完善适应电子商务发展需求的城市物流配送体系。

（九）扶持电子商务支撑及衍生服务发展。

鼓励电子支付、仓储物流、信用服务、安全认证等电子商务支撑服务企业开展技术和服务模式创新，建立和完善电子商务服务产业链条；发挥服务外包对电子商务的促进作用，发展业务流程外包服务和信息技术外包服务，如设计服务、财务服务、运营服务、销售服务、营销服务、咨询服务、网络建站和信息系统服务等。

（十）促进电子商务示范工作深入开展。

国家电子商务示范城市要深入推进创建工作，落实各项工作任务，结合商务领域应用需求，大力推进项目试点，开展政策先行先试。国家电子商务示范基地要发挥电子商务产业集聚优势，创新公共服务模式，建设和完善面向电子商务企业的公共服务平台，搭建完整的电子商务产业链条，提高区域经济核心竞争力，要按照中央财政资金管理的相关规定，做好财政支持项目的组织实施。培育一批网络购物平台、行业电子商务平台和电子商务应用骨干企业，发挥其在模式创新、资源整合、带动产业链等方面的引导作用，结合电子商务统计、监测、信用体系建设推进电子商务示范企业建设。各地应按照国家电子商务示范城市、示范基地、示范企业的有关要求，积极开展本地电子商务示范体系的建设。

三、保障措施

（一）建立健全协调保障机制。

各地要高度重视电子商务工作，提高思想认识，落实电子商务工作职能，把电子商务作为商务工作的重要抓手；建立完善本地区跨部门电子商务工作协作机制，发挥商务主管部门对电子商务发展的协调指导作用，主动与相关部门沟通、协调；加强与商务部的联系，建立中央与地方的工作互动机制。

（二）完善电子商务政策、法规体系建设。

各地要加快完善地方电子商务政策体系，结合本地区实际，针对电子商务面临的突出问题，从促进电子商务产业发展的角度，先行先试出台本地区电子商务法规政策，配合国家有关部门促进电子商务立法工作。

（三）落实政策配套措施。

各地要结合落实国家流通产业的相关政策，充分运用中央财政资金，加大对电子商务发展的支持力度。

各地可根据本地区电子商务发展的具体情况，安排专项资金用于推动电子商务发展，选择重点领域进行突破。

各地应加快建立促进电子商务发展的多元化、多渠道投融资体制，充分发挥企业的主体作用，吸引更多民间资本进入电子商务领域。支持金融机构和社会资本投资电子商务项目。

（四）加强电子商务统计监测及信用体系建设。

各地要根据国家关于电子商务统计报表制度，依托商务部电子商务信息管理分析系统，组织本地区电子商务企业及时填报数据，做好统计工作；参照国家统一标准推动建立本地区电子商务统计报表制度，开展地方电子商务统计及重点企业监测；利用电子商务交易平台信用数据和社会信用数据，建设地方电子商务信用信息基础数据库，建立数据共享和应用机制，积极培育面向电子商务的第三方信用服务业。

（五）组织开展电子商务研究和人才培训。

各地要以国家电子商务人才继续教育基地为依托，推动建立地方电子商务继续教育分基地，组织开展电子商务紧缺人才、高端人才和专业技能人才的培养。鼓励行业组织、专业培训机构和企业，开展电子商务人才培训及岗位能力培训。建立电子商务专家咨询机制，发挥电子商务专家的指导与咨询作用。有条件的地方可设立电子商务研究机构，整合产学研资源，开展电子商务发展的现状、问题、趋势专题研究，提出促进与规范电子商务的措施建议。

（六）培育行业组织加强行业自律。

各地应加强对电子商务行业组织的培育，充分发挥各级电子商务协会、学会、产业联盟等中介组织作用，配合政府部门落实电子商务政策和规划。鼓励中介组织制定行业规章、行业标准，加强行业自律。

（七）加强领导抓好落实。

各地要结合本地区实际，因地制宜，制定具体实施办法、工作行动计划，细化工作目标，确保各项任务落实到位。

各地要建立和完善重点工作联系机制和考核机制，加强监督检查，及时解决工作中的各类问题，并向商务部报告相关情况；做好跟踪、总结、交流和宣传工作，保证各项工作取得实效。

商务部

2013 年 10 月 31 日

国家质量监督检验检疫总局公布《有机产品认证管理办法》

国家质量监督检验检疫总局令　第155号

《有机产品认证管理办法》已经2013年4月23日国家质量监督检验检疫总局局务会议审议通过，现予公布，自2014年4月1日起施行。

局长　支树平

2013年11月15日

有机产品认证管理办法

第一章　总　则

第一条　为了维护消费者、生产者和销售者合法权益，进一步提高有机产品质量，加强有机产品认证管理，促进生态环境保护和可持续发展，根据《中华人民共和国产品质量法》、《中华人民共和国进出口商品检验法》、《中华人民共和国认证认可条例》等法律、行政法规的规定，制定本办法。

第二条　在中华人民共和国境内从事有机产品认证以及获证有机产品生产、加工、进口和销售活动，应当遵守本办法。

第三条　本办法所称有机产品，是指生产、加工和销售符合中国有机产品国家标准的供人类消费、动物食用的产品。

本办法所称有机产品认证，是指认证机构依照本办法的规定，按照有机产品认证规则，对相关产品的生产、加工和销售活动符合中国有机产品国家标准进行的合格评定活动。

第四条　国家认证认可监督管理委员会（以下简称国家认监委）负责全国有机产品

认证的统一管理、监督和综合协调工作。

地方各级质量技术监督部门和各地出入境检验检疫机构（以下统称地方认证监管部门）按照职责分工，依法负责所辖区域内有机产品认证活动的监督检查和行政执法工作。

第五条 国家推行统一的有机产品认证制度，实行统一的认证目录、统一的标准和认证实施规则、统一的认证标志。

国家认监委负责制定和调整有机产品认证目录、认证实施规则，并对外公布。

第六条 国家认监委按照平等互利的原则组织开展有机产品认证国际合作。

开展有机产品认证国际互认活动，应当在国家对外签署的国际合作协议内进行。

第二章 认证实施

第七条 有机产品认证机构（以下简称认证机构）应当经国家认监委批准，并依法取得法人资格后，方可从事有机产品认证活动。

认证机构实施认证活动的能力应当符合有关产品认证机构国家标准的要求。

从事有机产品认证检查活动的检查员，应当经国家认证人员注册机构注册后，方可从事有机产品认证检查活动。

第八条 有机产品生产者、加工者（以下统称认证委托人），可以自愿委托认证机构进行有机产品认证，并提交有机产品认证实施规则中规定的申请材料。

认证机构不得受理不符合国家规定的有机产品生产产地环境要求，以及有机产品认证目录外产品的认证委托人的认证委托。

第九条 认证机构应当自收到认证委托人申请材料之日起 10 日内，完成材料审核，并作出是否受理的决定。对于不予受理的，应当书面通知认证委托人，并说明理由。

认证机构应当在对认证委托人实施现场检查前 5 日内，将认证委托人、认证检查方案等基本信息报送至国家认监委确定的信息系统。

第十条 认证机构受理认证委托后，认证机构应当按照有机产品认证实施规则的规定，由认证检查员对有机产品生产、加工场所进行现场检查，并应当委托具有法定资质的检验检测机构对申请认证的产品进行检验检测。

按照有机产品认证实施规则的规定，需要进行产地（基地）环境监（检）测的，由具有法定资质的监（检）测机构出具监（检）测报告，或者采信认证委托人提供的其他合法有效的环境监（检）测结论。

第十一条 符合有机产品认证要求的，认证机构应当及时向认证委托人出具有机产品认证证书，允许其使用中国有机产品认证标志；对不符合认证要求的，应当书面通知认证委托人，并说明理由。

认证机构及认证人员应当对其作出的认证结论负责。

第十二条 认证机构应当保证认证过程的完整、客观、真实，并对认证过程作出完整记录，归档留存，保证认证过程和结果具有可追溯性。

产品检验检测和环境监（检）测机构应当确保检验检测、监测结论的真实、准确，并对检验检测、监测过程做出完整记录，归档留存。产品检验检测、环境监测机构及其相关人员应当对其作出的检验检测、监测报告的内容和结论负责。

本条规定的记录保存期为 5 年。

第十三条　认证机构应当按照认证实施规则的规定，对获证产品及其生产、加工过程实施有效跟踪检查，以保证认证结论能够持续符合认证要求。

第十四条　认证机构应当及时向认证委托人出具有机产品销售证，以保证获证产品的认证委托人所销售的有机产品类别、范围和数量与认证证书中的记载一致。

第十五条　有机配料含量（指重量或者液体体积，不包括水和盐，下同）等于或者高于95%的加工产品，应当在获得有机产品认证后，方可在产品或者产品包装及标签上标注“有机”字样，加施有机产品认证标志。

第十六条　认证机构不得对有机配料含量低于95%的加工产品进行有机认证。

第三章　有机产品进口

第十七条　向中国出口有机产品的国家或者地区的有机产品主管机构，可以向国家认监委提出有机产品认证体系等效性评估申请，国家认监委受理其申请，并组织有关专家对提交的申请进行评估。

评估可以采取文件审查、现场检查等方式进行。

第十八条　向中国出口有机产品的国家或者地区的有机产品认证体系与中国有机产品认证体系等效的，国家认监委可以与其主管部门签署相关备忘录。

该国家或者地区出口至中国的有机产品，依照相关备忘录的规定实施管理。

第十九条　未与国家认监委就有机产品认证体系等效性方面签署相关备忘录的国家或者地区的进口产品，拟作为有机产品向中国出口时，应当符合中国有机产品相关法律法规和中国有机产品国家标准的要求。

第二十条　需要获得中国有机产品认证的进口产品生产商、销售商、进口商或者代理商（以下统称进口有机产品认证委托人），应当向经国家认监委批准的认证机构提出认证委托。

第二十一条　进口有机产品认证委托人应当按照有机产品认证实施规则的规定，向认证机构提交相关申请资料和文件，其中申请书、调查表、加工工艺流程、产品配方和生产、加工过程中使用的投入品等认证申请材料、文件，应当同时提交中文版本。申请材料不符合要求的，认证机构应当不予受理其认证委托。

认证机构从事进口有机产品认证活动应当符合本办法和有机产品认证实施规则的规定，认证检查记录和检查报告等应当有中文版本。

第二十二条　进口有机产品申报入境检验检疫时，应当提交其所获中国有机产品认证证书复印件、有机产品销售证复印件、认证标志和产品标识等文件。

第二十三条　各地出入境检验检疫机构应当对申报的进口有机产品实施入境验证，查验认证证书复印件、有机产品销售证复印件、认证标志和产品标识等文件，核对货证是否相符。不相符的，不得作为有机产品入境。

必要时，出入境检验检疫机构可以对申报的进口有机产品实施监督抽样检验，验证其产品质量是否符合中国有机产品国家标准的要求。

第二十四条　自对进口有机产品认证委托人出具有机产品认证证书起30日内，认证机构应当向国家认监委提交以下书面材料：

（一）获证产品类别、范围和数量；

（二）进口有机产品认证委托人的名称、地址和联系方式；

（三）获证产品生产商、进口商的名称、地址和联系方式；

（四）认证证书和检查报告复印件（中外文版本）；

（五）国家认监委规定的其他材料。

第四章　认证证书和认证标志

第二十五条　国家认监委负责制定有机产品认证证书的基本格式、编号规则和认证标志的式样、编号规则。

第二十六条　认证证书有效期为 1 年。

第二十七条　认证证书应当包括以下内容：

（一）认证委托人的名称、地址；

（二）获证产品的生产者、加工者以及产地（基地）的名称、地址；

（三）获证产品的数量、产地（基地）面积和产品种类；

（四）认证类别；

（五）依据的国家标准或者技术规范；

（六）认证机构名称及其负责人签字、发证日期、有效期。

第二十八条　获证产品在认证证书有效期内，有下列情形之一的，认证委托人应当在 15 日内向认证机构申请变更。认证机构应当自收到认证证书变更申请之日起 30 日内，对认证证书进行变更：

（一）认证委托人或者有机产品生产、加工单位名称或者法人性质发生变更的；

（二）产品种类和数量减少的；

（三）其他需要变更认证证书的情形。

第二十九条　有下列情形之一的，认证机构应当在 30 日内注销认证证书，并对外公布：

（一）认证证书有效期届满，未申请延续使用的；

（二）获证产品不再生产的；

（三）获证产品的认证委托人申请注销的；

（四）其他需要注销认证证书的情形。

第三十条　有下列情形之一的，认证机构应当在 15 日内暂停认证证书，认证证书暂停期为 1 至 3 个月，并对外公布：

（一）未按照规定使用认证证书或者认证标志的；

（二）获证产品的生产、加工、销售等活动或者管理体系不符合认证要求，且经认证机构评估在暂停期限内能够能采取有效纠正或者纠正措施的；

（三）其他需要暂停认证证书的情形。

第三十一条　有下列情形之一的，认证机构应当在 7 日内撤销认证证书，并对外公布：

（一）获证产品质量不符合国家相关法规、标准强制要求或者被检出有机产品国家标准禁用物质的；

（二）获证产品生产、加工活动中使用了有机产品国家标准禁用物质或者受到禁用物质污染的；

（三）获证产品的认证委托人虚报、瞒报获证所需信息的；

（四）获证产品的认证委托人超范围使用认证标志的；

（五）获证产品的产地（基地）环境质量不符合认证要求的；

（六）获证产品的生产、加工、销售等活动或者管理体系不符合认证要求，且在认证证书暂停期间，未采取有效纠正或者纠正措施的；

（七）获证产品在认证证书标明的生产、加工场所外进行了再次加工、分装、分割的；

（八）获证产品的认证委托人对相关方重大投诉且确有问题未能采取有效处理措施的；

（九）获证产品的认证委托人从事有机产品认证活动因违反国家农产品、食品安全管理相关法律法规，受到相关行政处罚的；

（十）获证产品的认证委托人拒不接受认证监管部门或者认证机构对其实施监督的；

（十一）其他需要撤销认证证书的情形。

第三十二条　有机产品认证标志为中国有机产品认证标志。

中国有机产品认证标志标有中文“中国有机产品”字样和英文“ORGANIC”字样。图案如下：

第三十三条　中国有机产品认证标志应当在认证证书限定的产品类别、范围和数量内使用。

认证机构应当按照国家认监委统一的编号规则，对每枚认证标志进行唯一编号（以下简称有机码），并采取有效防伪、追溯技术，确保发放的每枚认证标志能够溯源到其对应的认证证书和获证产品及其生产、加工单位。

第三十四条　获证产品的认证委托人应当在获证产品或者产品的最小销售包装上，加施中国有机产品认证标志、有机码和认证机构名称。

获证产品标签、说明书及广告宣传等材料上可以印制中国有机产品认证标志，并可以按照比例放大或者缩小，但不得变形、变色。

第三十五条　有下列情形之一的，任何单位和个人不得在产品、产品最小销售包装及其标签上标注含有“有机”、“ORGANIC”等字样且可能误导公众认为该产品为有机产品的文字表述和图案：

（一）未获得有机产品认证的；

（二）获证产品在认证证书标明的生产、加工场所外进行了再次加工、分装、分割的。

第三十六条　认证证书暂停期间，获证产品的认证委托人应当暂停使用认证证书和认证标志；认证证书注销、撤销后，认证委托人应当向认证机构交回认证证书和未使用的认证标志。

第五章 监督管理

第三十七条 国家认监委对有机产品认证活动组织实施监督检查和不定期的专项监督检查。

第三十八条 地方认证监管部门应当按照各自职责，依法对所辖区域的有机产品认证活动进行监督检查，查处获证有机产品生产、加工、销售活动中的违法行为。

各地出入境检验检疫机构负责对外资认证机构、进口有机产品认证和销售，以及出口有机产品认证、生产、加工、销售活动进行监督检查。

地方各级质量技术监督部门负责对中资认证机构、在境内生产加工且在境内销售的有机产品认证、生产、加工、销售活动进行监督检查。

第三十九条 地方认证监管部门的监督检查的方式包括：

（一）对有机产品认证活动是否符合本办法和有机产品认证实施规则规定的监督检查；

（二）对获证产品的监督抽查；

（三）对获证产品认证、生产、加工、进口、销售单位的监督检查；

（四）对有机产品认证证书、认证标志的监督检查；

（五）对有机产品认证咨询活动是否符合相关规定的监督检查；

（六）对有机产品认证和认证咨询活动举报的调查处理；

（七）对违法行为的依法查处。

第四十条 国家认监委通过信息系统，定期公布有机产品认证动态信息。

认证机构在出具认证证书之前，应当按要求及时向信息系统报送有机产品认证相关信息，并获取认证证书编号。

认证机构在发放认证标志之前，应当将认证标志、有机码的相关信息上传到信息系统。

地方认证监管部门通过信息系统，根据认证机构报送和上传的认证相关信息，对所辖区域内开展的有机产品认证活动进行监督检查。

第四十一条 获证产品的认证委托人以及有机产品销售单位和个人，在产品生产、加工、包装、贮藏、运输和销售等过程中，应当建立完善的产品质量安全追溯体系和生产、加工、销售记录档案制度。

第四十二条 有机产品销售单位和个人在采购、贮藏、运输、销售有机产品的活动中，应当符合有机产品国家标准的规定，保证销售的有机产品类别、范围和数量与销售证中的产品类别、范围和数量一致，并能够提供与正本内容一致的认证证书和有机产品销售证的复印件，以备相关行政监管部门或者消费者查询。

第四十三条 认证监管部门可以根据国家有关部门发布的动植物疫情、环境污染风险预警等信息，以及监督检查、消费者投诉举报、媒体反映等情况，及时发布关于有机产品认证区域、获证产品及其认证委托人、认证机构的认证风险预警信息，并采取相关应对措施。

第四十四条　获证产品的认证委托人提供虚假信息、违规使用禁用物质、超范围使用有机认证标志，或者出现产品质量安全重大事故的，认证机构5年内不得受理该企业及其生产基地、加工场所的有机产品认证委托。

第四十五条　认证委托人对认证机构的认证结论或者处理决定有异议的，可以向认证机构提出申诉，对认证机构的处理结论仍有异议的，可以向国家认监委申诉。

第四十六条　任何单位和个人对有机产品认证活动中的违法行为，可以向国家认监委或者地方认证监管部门举报。国家认监委、地方认证监管部门应当及时调查处理，并为举报人保密。

第六章　罚　则

第四十七条　伪造、冒用、非法买卖认证标志的，地方认证监管部门依照《中华人民共和国产品质量法》、《中华人民共和国进出口商品检验法》及其实施条例等法律、行政法规的规定处罚。

第四十八条　伪造、变造、冒用、非法买卖、转让、涂改认证证书的，地方认证监管部门责令改正，处3万元罚款。

违反本办法第四十条第二款的规定，认证机构在其出具的认证证书上自行编制认证证书编号的，视为伪造认证证书。

第四十九条　违反本办法第八条第二款的规定，认证机构向不符合国家规定的有机产品生产产地环境要求区域或者有机产品认证目录外产品的认证委托人出具认证证书的，责令改正，处3万元罚款；有违法所得的，没收违法所得。

第五十条　违反本办法第三十五条的规定，在产品或者产品包装及标签上标注含有“有机”、“ORGANIC”等字样且可能误导公众认为该产品为有机产品的文字表述和图案的，地方认证监管部门责令改正，处3万元以下罚款。

第五十一条　认证机构有下列情形之一的，国家认监委应当责令改正，予以警告，并对外公布：

（一）未依照本办法第四十条第二款的规定，将有机产品认证标志、有机码上传到国家认监委确定的信息系统的；

（二）未依照本办法第九条第二款的规定，向国家认监委确定的信息系统报送相关认证信息或者其所报送信息失实的；

（三）未依照本办法第二十四条的规定，向国家认监委提交相关材料备案的。

第五十二条　违反本办法第十四条的规定，认证机构发放的有机产品销售证数量，超过获证产品的认证委托人所生产、加工的有机产品实际数量的，责令改正，处1万元以上3万元以下罚款。

第五十三条　违反本办法第十六条的规定，认证机构对有机配料含量低于95%的加工产品进行有机认证的，地方认证监管部门责令改正，处3万元以下罚款。

第五十四条　认证机构违反本办法第三十条、第三十一条的规定，未及时暂停或者撤销认证证书并对外公布的，依照《中华人民共和国认证认可条例》第六十条的规定处罚。

第五十五条　认证委托人有下列情形之一的，由地方认证监管部门责令改正，处1万元以上3万元以下罚款：

（一）未获得有机产品认证的加工产品，违反本办法第十五条的规定，进行有机产品认证标识标注的；

（二）未依照本办法第三十三条第一款、第三十四条的规定使用认证标志的；

（三）在认证证书暂停期间或者被注销、撤销后，仍继续使用认证证书和认证标志的。

第五十六条 认证机构、获证产品的认证委托人拒绝接受国家认监委或者地方认证监管部门监督检查的，责令限期改正；逾期未改正的，处 3 万元以下罚款。

第五十七条 进口有机产品入境检验检疫时，不如实提供进口有机产品的真实情况，取得出入境检验检疫机构的有关证单，或者对法定检验的有机产品不予报检，逃避检验的，由出入境检验检疫机构依照《中华人民共和国进出口商检检验法实施条例》第四十六条的规定处罚。

第五十八条 有机产品认证活动中的其他违法行为，依照有关法律、行政法规、部门规章的规定处罚。

第七章 附 则

第五十九条 有机产品认证收费应当依照国家有关价格法律、行政法规的规定执行。

第六十条 出口的有机产品，应当符合进口国家或者地区的要求。

第六十一条 本办法所称有机配料，是指在制造或者加工有机产品时使用并存在（包括改性的形式存在）于产品中的任何物质，包括添加剂。

第六十二条 本办法由国家质量监督检验检疫总局负责解释。

第六十三条 本办法自 2014 年 4 月 1 日起施行。国家质检总局 2004 年 11 月 5 日公布的《有机产品认证管理办法》（国家质检总局第 67 号令）同时废止。

第五部分　附　录

附录一

CCFA 2013 中国连锁年度人物

该奖项获奖者是当年度中国零售业重大经济事件的当事者，在业界引起广泛的反响和关注，其努力和创造性的工作，为中国零售业做出了独到的贡献，其引发的经济事件预示着中国零售业的未来趋势。

2013 年 11 月 13 日，在中国连锁经营协会四届二次理事会上，“CCFA2013 中国连锁年度人物”候选人经与会代表现场评议表决，张近东等 5 人当选。名单如下：

姓名	职务	企业名称
张近东	董事长	苏宁云商集团股份有限公司
洪　杰	首席执行官	华润万家有限公司
陈晓东	CEO	中国银泰投资有限公司
	执行董事、总裁	银泰商业（集团）有限公司
三枝富博	中国总代表	伊藤洋华堂
	董事长	成都伊藤洋华堂有限公司
于　刚	董事长 联合创始人	一号店

2013 年度中国零售创新奖、创新大奖

零售创新奖获奖者是在当年度中国连锁企业经营活动中取得创新与突破，并成为国内企业可资借鉴的经验和模式，包括模式创新、业态创新、管理创新、技术创新等。零售创新案例采集采取企业申报和业内专家推荐相结合的方式。创新案例评审，由中国连锁经营协会（CCFA）组织专家按评审流程和评分原则进行初评，结合对企业的深度考察，择优推出“年度零售创新奖”。同时，评审专家根据创新案例对行业发展的引领和启发性，从零售创新奖中择优评出“年度创新大奖”。

零售创新案例将通过汇编《中国零售创新案例集》展现，实现业内最佳实践的有效传播。零售创新大奖将用作中国人民大学商学院 MBA 的教学案例，供未来零售高端管理人才学习和研讨。

2013 年 11 月，2013 年度中国零售创新奖和创新大奖在“第十五届中国连锁业会议”期间揭晓并颁奖。名单如下：

1. 2013 年度中国零售创新奖

序号	企业名称	获奖案例	创新类型
1	青岛维客集团股份有限公司	维客集团生鲜加工配送中心创新经营模式	模式创新
2	长春欧亚集团股份有限公司欧亚商都	打造“实体店 + 网店”新型经营模式	模式创新
3	上海联华快客便利有限公司	可视化店铺管理信息平台	管理优化
4	河北国大连锁商业有限公司	数字化营销的探索	营销创新
5	江苏新合作常客隆连锁超市有限公司	生鲜直投到社区，保质便捷利百姓	模式创新
6	国美电器有限公司	门店激励模式创新推动零售连锁企业经营模式变革	管理优化
7	红星美凯龙家居集团股份有限公司	营销，非“微”不可	营销创新
8	宏图三胞高科技术有限公司	“高管教练”开启零售企业高管领导力培养新模式	管理优化
9	华润万家有限公司	华润万家 & 联合利华预打标签项目	管理优化
10	苏州美居购网络科技有限公司	美居购家居软装 O2O 连锁模式	模式创新

2. 2013 年度中国零售创新大奖

序号	企业名称	获奖案例	创新类型
1	商圈网电子商务有限公司	网上新街口：服务大商圈的及时、精准数字营销平台	模式创新
2	武汉中百超市有限公司	创新业态路径，打造高效社区超市	模式创新
3	苏宁云商集团股份有限公司	“电商 + 店商 + 零售服务商”的云商模式	模式创新

2013 年度零售业员工最喜爱的公司

为表彰中国零售行业卓越管理实践典范，并通过对评选结果进行宣传和经验分享，有效提升获奖企业的美誉度和凝聚力，争取社会的广泛认可和支持，对连锁企业人力资源管理水平提升起到积极的促进作用，中国连锁经营协会每年组织本行业开展“员工最喜爱的公司”（原“最佳雇主”）评选活动，已经连续进行 7 年。2013 年度零售业“员工最喜爱的公司”获奖企业于 2013 年 11 月 14 日在“第十五届中国连锁业会议”上发布并颁奖，名单如下：

序号	企业名称
1	苏宁云商集团股份有限公司
2	锦江麦德龙现购自运有限公司
3	红星美凯龙家居集团股份有限公司
4	永旺（中国）投资有限公司
5	宏图三胞高科技术股份有限公司
6	武汉中百百货有限公司
7	北京金鼎轩酒楼有限责任公司
8	速伯艾特（北京）国际酒店管理有限公司
9	步步高商业连锁股份有限公司
10	安徽徽商农家福有限公司

CCFA 2013 年度购物中心金百合奖

为表彰购物中心在与连锁品牌合作发展中的突出表现，树立行业标杆，倡导合作双赢，推进购物中心与连锁企业和谐共荣、携手发展，2013 年中国连锁经营协会（CCFA）继续依托连锁品牌与购物中心合作委员会开展了“CCFA 购物中心金百合奖”年度推选活动，同时组织品牌、餐饮、零售、媒体、地产等业内相关机构的专家组成购物中心金百合奖评委会。经连锁品牌与购物中心合作委员会委员推选，以及评委会严格评审，确定授予如下 8 家购物中心“2013 年度购物中心金百合奖”。

购物中心名称	业主名称
泉州浦西万达广场	万达商业地产股份有限公司
南宁万象城	华润置地（南宁）有限公司
天津大悦城	中粮置地有限公司
上海港汇恒隆广场	恒隆地产有限公司
北京 SOLANA 蓝色港湾	蓝色港湾有限公司
南京德基广场	德基广场有限公司
成都凯丹广场	凯丹置地中国有限公司
北京侨福芳草地购物中心	北京侨福置业有限公司

2013 年度 CCFA 十佳金牌店长

（在第十五届中国连锁业会议上发布并颁奖）

“CCFA 金牌店长”是店长的最高荣誉。至 2013 年，该评选活动已连续举办 8 年，累计评出 951 位“金牌店长”。

“CCFA 十佳金牌店长”是在当年度中国连锁业会议上的“十佳金牌店长现场竞选会”专场，由评委会根据不同业态的门店及其主要经营指标等综合评分，择优产生。

2013 年度“CCFA 十佳金牌店长”名单如下：

序号	姓名	企业名称
1	洪　佳	上海城市超市有限公司
2	王　茜	北京超市发连锁股份有限公司
3	陈　颖	武商量贩连锁有限公司
4	孙本帅	安徽百大合家福连锁超市股份有限公司
5	亚立峰	山西美特好连锁超市股份有限公司
6	张　伟	华润万家有限公司
7	曹　红	燕莎友谊商城
8	漆胡锐	成都伊藤洋华堂有限公司
9	区振华	苏宁云商集团股份有限公司
10	沈铁楠	国美电器有限公司

2013 年度 CCFA 行业防损之星

为表彰在连锁零售企业中做出突出贡献的优秀防损人员，推进中国零售业防损水平的不断提高，中国连锁经营协会连续 6 年组织开展了“CCFA 零售业防损之星”评选活动。按照评奖程序和原则，由协会资产保护（防损）委员会专家委员审核评分，并结合“2013 年资产保护与防损高峰论坛”参会代表现场投票评选，史震海等 10 人荣获“2013 年度 CCFA 零售业防损之星”。

姓名	职务	企业名称
史震海	高级经理	苏果超市有限公司
程赵明	华南区防损经理	特易购乐购（中国）投资有限公司
陈建华	助理总经理	华润万家有限公司
王　彬	防损业务经理	宝鸡商场有限公司
袁从华	区域主管	武汉市中商平价超市连锁有限责任公司
陈　牧	区域资产保护总监	大连沃尔玛百货有限公司
吴学宏	防损主管	中百仓储咸宁购物广场
吴晓卉	稽核经理	北京超市发连锁股份有限公司
曾　帅	中心经理	湖南家润多超市有限公司
马希民	区域经理	北京物美商业集团有限责任公司

2013 年度 CCFA 行业防损优秀管理者

为表彰在连锁零售企业中做出突出贡献的优秀防损人员，推进中国零售业防损水平的不断提高，2013 年中国连锁经营协会继续组织开展“CCFA 零售业防损优秀管理者”评选活动。按照评奖程序和原则，由协会资产保护（防损）委员会专家委员审核评分，并结合“2013 年资产保护与防损高峰论坛”参会代表现场投票评选，樊月兴等 5 人荣获“2013 年 CCFA 零售业防损优秀管理者”。

姓名	职务	企业名称
樊月兴	高级专员	康诚投资（中国）有限公司（大润发）
袁朝顺	部长	合肥百货大楼集团股份有限公司
高景兰	防损经理	山西省太原唐久超市有限公司
谢本福	处长	贵州合力购物有限责任公司
刘树春	经理	天津劝宝超市有限责任公司

2011－2014年零售业“低碳示范商店”

为推动零售业节能降耗工作的普及与深化，中国连锁经营协会（CCFA）于2010年启动零售业“低碳示范商店”项目，旨在通过最佳实践展示和宣传，有效推进零售企业节能减排。自2011年推出首批“低碳示范商店”，至2014年6月，协会在数据调查及严格评审的基础上，根据“低碳示范商店”评价机制及其分值体系，共完成5批CCFA“低碳示范商店”推选工作，得到政府相关部门、业界和企业的充分肯定和积极响应。

“低碳示范商店”是指使用节能降耗管理技术和设施设备，在减少碳排放，降低经营费用，承担社会责任等方面取得成效的零售门店。推选“低碳示范商店”，主要考察和评审连锁企业申报门店的“单位面积耗电量”、“万元营业额能耗量、耗水量”以及“节能器具应用”、“员工节能环保培训”、“所经营的环保节能产品”等核心指标，并将不同业态分类进行评定，最终依据汇总得分择优推选。

2011－2014年，共有5批、48家零售企业的139家门店获得“低碳示范商店”称号，地域覆盖全国20个省的54个城市。5批“低碳示范商店”名单如下：

大型超市（60家）

中百仓储超市有限公司常青路店
中百仓储超市有限公司首义路购物广场
中百仓储超市有限公司金凯购物广场
中百仓储超市有限公司吴家山购物广场
中百仓储超市有限公司花台店
中百仓储超市有限公司新洲店
中百仓储超市有限公司唐家墩店
欧尚芜湖天门山店
欧尚无锡1店
北京沃尔玛百货有限公司望京分店
沃尔玛华东百货有限公司上海浦东高科西路山姆会员商店
沃尔玛（东莞）商业零售有限公司南城宏图路分店
广州沃尔玛百货有限公司番禺山姆会员商店
华润万家有限公司深圳龙华店
华润万家有限公司广州花都店
华润万家有限公司深圳创业店
华润万家有限公司宝安中心店
华润苏果光华路购物广场
华润苏果梅山购物广场

华润苏果六合紫晶购物广场店
华润万家有限公司濮家新村购物中心
华润万家有限公司湘府店
华润万家有限公司西安雁塔路店
华润苏果友谊河路购物广场
华润苏果晓庄国际购物广场
TESCO 乐购上海上南店
TESCO 乐购上海莘东店
TESCO 乐购北京黄村东店
TESCO 乐购鞍山火车站店
锦江麦德龙现购自运有限公司北京十里河商场
家乐福上海金桥店
家乐福沈阳北站店
家乐福无锡永乐店
家乐福杭州涌金店
家乐福明达店
家乐福武宁店
秦皇岛市家惠商贸有限公司玉峰里店
新一佳超市有限公司布吉中心店
山西美特好连锁超市股份有限公司迎宾店
太原美特好大型综合百货销售有限公司漪汾街店
邯郸市阳光超市有限公司连城店
浙江供销超市有限公司城东总店
陕西民生家乐科技路店
青岛维客集团沧口超市
康成投资（中国）有限公司三林店
康成投资（中国）有限公司长沙天心店
康成投资（中国）有限公司大丰店
康成投资（中国）有限公司涟水店
康成投资（中国）有限公司苏家屯店
康成投资（中国）有限公司闸北店
康成投资（中国）有限公司平型关店
康成投资（中国）有限公司长白店
康成投资（中国）有限公司芙蓉店
康成投资（中国）有限公司长兴店
康成投资（中国）有限公司淄博店
上海易初莲花连锁超市有限公司南奉店
上海易初莲花连锁超市有限公司无锡苏锡店
胜利油田胜大超市中心店

胜利油田胜大超市锦华店
北京京客隆商业集团股份有限公司甜水园店

百货店（33 家）

合肥百大集团合肥百货大楼
合肥百大集团乐普生商厦
合肥百大集团商业大厦
天虹商场股份有限公司南昌红谷天虹商场
天虹商场股份有限公司沙井天虹商场
苏州天虹商场有限公司金鸡湖天虹百货
深圳市君尚百货有限公司君尚中心店
天虹商场股份有限公司西丽天虹
天虹商场股份有限公司深圳东环天虹商场
雄风集团有限公司诸暨雄风百货店
雄风集团有限公司安徽雄风百货店
雄风集团有限公司重庆雄风百货广场
安徽商之都宣城商厦
安徽商之都六安商厦
保定市惠友万家福超级市场有限公司惠友购物广场十方店
北京翠微大厦股份有限公司翠微店
唐山家万佳超市有限公司购物中心
重庆百货大楼股份有限公司江北商场
重庆百货大楼股份有限公司泸州商场
重庆百货大楼股份有限公司重百大楼
重庆百货大楼股份有限公司涪陵商场
重庆百货大楼股份有限公司乐山商场
山东银座商城股份有限公司济南银座商城店
山东银座商城股份有限公司淄博银座商城店
山东家家悦集团有限公司齐鲁商城
长沙通程控股股份有限公司通程商业广场麓山店
长沙通程控股股份有限公司通程商业广场红星店
青岛维客集团胶南购物中心
青岛维客集团崂山百货
承德双百购物广场有限公司双百购物广场店
深圳市百佳华百货有限公司松岗佳华商场
浙江华联商厦有限公司余姚华联商厦
北京华冠商业经营股份有限公司良乡购物中心

超市（9 家）

浙江供销超市有限公司新河弄总店
安徽百大合家福连锁超市股份有限公司四牌楼店
邯郸市阳光超市有限公司峰峰新世纪店
邯郸市阳光超市有限公司财富店
迪亚天天 - 浦电店
卜蜂莲花淮海东路店
宝鸡商场家美佳西关店
中百仓储超市有限公司咸安店
北京京客隆商业集团股份有限公司团结湖店

便利店（2 家）

上海迪亚零售有限公司乌鲁木齐店
全家便利店新中山北路五店

专业店（35 家）

百安居上海花木店
百安居上海普陀店
苏宁电器股份有限公司南京新街口店
苏宁电器股份有限公司曹安路店
苏宁电器股份有限公司解放大道店
深圳苏宁电器有限公司龙岗店
青岛苏宁电器有限公司香江路店
广东苏宁云商集团销售有限公司达镖国际店
国美电器有限公司北太平庄店
广州国美电器有限公司岗顶新活馆
国美电器有限公司马甸新活馆
成都国美天府立交店
沈阳国美北行店
北京大中家用电器连锁销售有限公司中塔新活馆
北京大中家用电器连锁销售有限公司望京国际商业中心店
北京大中刘家窑店
永乐（中国）电器销售有限公司漕宝新活馆
上海永乐七宝店
上海永乐中山公园店
上海永乐川沙店
宜家沈阳商场
上海宜家家居有限公司北蔡商场

红星美凯龙家居集团股份有限公司沈阳铁西商场
红星美凯龙家居集团股份有限公司南阳商场
红星美凯龙家居集团股份有限公司红星美凯龙黄石商场
红星美凯龙家居集团股份有限公司红星美凯龙南京卡子门商场
红星美凯龙家居集团股份有限公司红星美凯龙郑州商场
红星美凯龙家居集团股份有限公司湖塘商场
红星美凯龙家居集团股份有限公司北京朝阳路商场
红星美凯龙家居集团股份有限公司台州新明国际商场
红星美凯龙家居集团股份有限公司昆明商场
山东宏图三胞科技发展有限公司山大路店
宏图三胞高科技术有限公司珠江路旗舰店
宏图三胞高科技术有限公司亚细亚店
广州市富隆酒窖酒业有限公司天河北店

附录二

2013 年中国连锁百强名单

（2014 年 4 月 21 日发布）

会员	序号	2012 年排名	企业名称		2013 年销售规模（含税，万元）		销售增幅 %	2013 年门店总数（个）	门店增幅 %
★	1	1	苏宁云商集团股份有限公司	①	*	13800000	11.3%	1626	-4.6%
★	2	3	国美电器有限公司			13334000	13.5%	1585	-5.9%
★	3	4	华润万家有限公司			10040000	6.7%	4637	4.8%
			其中：苏果超市有限公司			3385600	2.1%	2109	0.5%
★	4	5	康成投资（中国）有限公司（大润发）			8012000	10.6%	264	20.5%
★	5	6	沃尔玛（中国）投资有限公司	②		7221464	24.5%	407	3.0%
★	6		联华超市股份有限公司	③		6881838	0.2%	4600	-3.4%
☆	7	9	山东省商业集团有限公司			6113842	24.2%	575	10.8%
	8		上海友谊集团股份有限公司		*	6080000	6.7%	45	-8.2%
★	9	7	重庆商社（集团）有限公司	④		6029699	10.6%	326	-0.3%
★	10	8	百胜餐饮集团中国事业部			5020000	-3.8%	6000	15.4%
★	11	10	家乐福（中国）管理咨询服务有限公司			4670588	3.2%	236	8.3%
★	12	11	大商股份有限公司	⑤	*	3948386	6.1%	200	0.0%
★	13	13	永辉超市股份有限公司			3506000	25.5%	292	17.3%
★	14		物美控股集团有限公司	⑥		3253711	10.3%	696	6.6%
★	15	14	武汉武商集团股份有限公司			3068458	14.5%	100	2.0%
	16	17	石家庄北国人百集团有限责任公司			3016801	18.7%	239	20.7%
★	17	12	农工商超市（集团）有限公司			3000119	-1.0%	2644	-3.3%
★	18	16	中百控股集团股份有限公司			2931874	11.8%	1016	7.2%
★	19	19	长春欧亚集团股份有限公司			2827826	17.1%	75	29.3%
★	20	15	宏图三胞高科技术有限公司			2756384	4.2%	510	5.8%
★	21	18	江苏五星电器有限公司			2660383	10.0%	189	-25.0%
★	22	20	海航商业股份有限公司			2640000	10.0%	482	3.0%
★	23	21	北京王府井百货（集团）股份有限公司			2364353	9.6%	29	3.6%
★	24	22	利群集团股份有限公司			2286202	6.8%	580	-21.2%
★	25	23	天虹商场股份有限公司			2202249	8.1%	62	5.1%
☆	26	27	烟台市振华百货集团股份有限公司			2196400	15.2%	113	3.7%
★	27	31	步步高集团			2119149	18.3%	445	54.0%

续表

会员	序号	2012年排名	企业名称		2013年销售规模（含税，万元）	销售增幅%	2013年门店总数（个）	门店增幅%
★	28	26	文峰大世界连锁发展股份有限公司		2071675	6.3%	921	-7.4%
★	29	24	特易购乐购（中国）投资有限公司 ⑦	*	2050000	2.5%	144	29.7%
★	30	25	百盛商业集团有限公司	*	2045299	4.3%	58	20.8%
★	31	29	山东家家悦投资控股有限公司		1900650	4.5%	601	1.0%
★	32	35	合肥百货大楼集团股份有限公司 ⑧		1880000	11.2%	190	0.0%
★	33	28	金鹰国际商贸集团（中国）有限公司		1879138	0.7%	27	-3.6%
★	34	37	银泰商业（集团）有限公司		1816510	11.4%	36	20.0%
★	35	30	新一佳超市有限公司	*	1800000	0.0%	116	0.0%
★	36	32	锦江麦德龙现购自运有限公司		1750000	14.4%	75	19.0%
★	37	34	安徽省徽商集团有限公司		1676643	-2.8%	2310	-9.9%
★	38	36	乐天玛特	*	1550000	-5.0%	110	11.1%
★		54	万达百货有限公司		1550000	38.6%	75	0.0%
★	40	43	山东潍坊百货集团股份有限公司		1512900	14.7%	570	14.2%
★	41	38	欧尚（中国）投资有限公司		1509074	7.0%	59	9.3%
	42	39	新世界百货中国有限公司 ⑨	*	1480000	14.7%	41	5.1%
△	43	41	北京华联综合超市股份有限公司	*	1470000	1.4%	140	7.7%
	44	51	郑州丹尼斯集团		1420000	16.4%	181	25.7%
★	45	48	辽宁兴隆大家庭商业集团		1409814	12.6%	29	-3.3%
★	46	42	北京首商集团股份有限公司		1407691	2.0%	17	0.0%
★	47	50	卜蜂莲花		1374982	0.5%	77	2.7%
★	48	46	北京京客隆商业集团股份有限公司		1374430	7.3%	234	-2.9%
★	49	49	武汉中商集团股份有限公司		1372860	9.7%	52	8.3%
★	50	45	新华都购物广场股份有限公司		1365204	6.1%	118	-4.8%
	51	47	北京菜市口百货股份有限公司		1352082	8.5%	16	6.7%
★	52	52	广州屈臣氏个人用品商店有限公司	*	1350000	12.5%	1600	6.7%
★	53	53	江苏华地国际控股集团有限公司		1340140	16.2%	46	9.5%
★	54	55	中国石化销售有限公司（易捷便利店）		1335000	21.1%	23300	8.4%
★	55	40	人人乐连锁商业集团股份有限公司		1309090	-1.2%	128	6.7%
★	56	58	北京迪信通商贸股份有限公司		1268260	45.2%	1465	-0.4%
★	57	60	北京乐语世纪科技集团有限公司		1165300	29.5%	2380	25.3%
★	58	56	广州市广百股份有限公司		1141800	8.0%	29	-3.3%
	59	44	茂业国际控股有限公司		1137436	2.8%	40	2.6%
★	60	63	中国石油天然气股份有限公司（昆仑好客便利店）		1040000	30.0%	14000	16.7%
★	61	60	麦当劳（中国）有限公司	*	1030000	14.4%	1750	16.7%

续表

会员	序号	2012 年排名	企业名称	2013 年销售规模（含税，万元）	销售增幅 %	2013 年门店总数（个）	门店增幅 %
★	62	57	山东新星集团有限公司	964120	-8.5%	654	-0.2%
	63	68	南京中央商场股份有限公司	878804	8.8%	10	25.0%
★	64	62	永旺	876782	8.5%	44	22.2%
★	65	67	成都红旗连锁股份有限公司	826960	13.6%	1460	9.3%
★	66	64	宜家家居	821487	17.3%	14	16.7%
★	67	66	湖南友谊阿波罗控股股份有限公司	788194	5.9%	11	0.0%
★	68	65	伊藤洋华堂（中国）	726625	-2.9%	14	7.7%
☆	69	70	济南华联商厦集团股份有限公司	715266	17.0%	27	3.8%
★	70	74	邯郸市阳光百货集团总公司	602000	15.5%	170	28.8%
★	71	81	山西美特好连锁超市股份有限公司	557143	22.3%	89	17.1%
	72	73	卓展集团控股有限公司	* 550000	4.2%	4	0.0%
★	73	79	山东全福元商业集团有限责任公司	543490	17.0%	224	31.0%
★	74	72	北京翠微大厦股份有限公司	527633	-4.9%	5	-16.7%
★	75	78	阜阳华联集团股份有限公司	518731	7.6%	786	5.1%
★	76	71	三江购物俱乐部股份有限公司	513621	-8.3%	150	2.7%
★	77	76	东莞市嘉荣超市有限公司	510720	3.8%	77	5.5%
★	78		家乐园商贸有限公司	507639	25.0%	44	25.7%
	79	75	长沙通程控股股份有限公司	503919	-1.2%	73	5.8%
★	80	83	青岛维客集团股份有限公司	503800	15.7%	10	11.1%
★	81	82	湖南佳惠百货有限责任公司	485150	9.0%	242	1.3%
	82	84	信誉楼百货集团有限公司	481354	33.1%	16	6.7%
★	83	90	一丁集团股份有限公司	480271	25.4%	382	-2.3%
★	84	77	广州友谊集团股份有限公司	476935	-8.3%	6	0.0%
★	85	85	大参林医药集团股份有限公司	465000	11.2%	1400	15.7%
★	86	92	青岛利客来集团股份有限公司	460059	25.6%	427	1.4%
★	87	86	浙江人本超市有限公司	459921	10.8%	1621	40.8%
★	88		北京华冠商业经营股份有限公司	453267	51.1%	282	2.9%
★	89	88	北京超市发连锁股份有限公司	429571	6.6%	143	9.2%
★	90	80	北京市顺义国泰商业大厦	401478	-13.1%	13	8.3%
★	91	100	雄风集团有限公司	397025	20.5%	150	4.9%
	92		南京新街口百货商店股份有限公司	* 392343	17.7%	3	0.0%
★	93	87	百佳超市（中国区）	376007	-7.8%	65	27.5%
△	94	95	十堰市新合作超市有限公司	375562	4.0%	2150	4.0%
★	95		全家便利店	370000	27.6%	1064	5.2%
★	96		广西南城百货股份有限公司	369260	13.2%	38	22.6%

续表

会员	序号	2012 年排名	企业名称	2013 年销售规模（含税，万元）	销售增幅 %	2013 年门店总数（个）	门店增幅 %
★	97	93	四川省互惠商业有限责任公司	358016	-0.9%	1195	-0.7%
★	98	98	江苏新合作常客隆连锁超市有限公司	358660	8.6%	1016	1.4%
★	99	95	加贝物流股份有限公司	355000	-0.3%	354	-1.4%
★	100		山西省太原唐久超市有限公司	348884	8.1%	1250	8.1%
			合计	203908399	9.9%	94591	7.6%

注：1. ★ 表示为中国连锁经营协会会员企业，☆ 表示其下属公司为协会会员企业，△ 表示其母公司为协会会员企业。

2. 数字前面带 * 为估计值。

3. 百强统计采用销售规模口径，包括门店含税销售额和企业批发含税销售额，其中门店包括直营店、加盟店、以公司品牌输出管理的连锁店。销售规模的统计不包括内部交易、企业的批发市场交易额，汽车、加油站及农资等生产资料销售额。

4. 以特许加盟为主的企业（销售规模或门店数量）不列入本表，将纳入“2013 年特许百强”榜。

5. 部分企业数据说明：

① 苏宁云商集团股份有限公司为苏宁控股集团下属公司。

② 沃尔玛（中国）投资有限公司销售包含沃尔玛和山姆会员店销售，不包含 1 号店销售。上年不含税销售额为 580 亿元。

③ 联华超市股份有限公司销售额中包含家乐福上海地区门店的销售额。联华超市股份有限公司与上海友谊集团股份有限公司存在投资关系。

④ 重庆商社（集团）有限公司销售数据中包含重庆百货大楼股份有限公司的销售。

⑤ 大商股份有限公司（600694）2013 年报数据显示，公司营业收入 3374689 万元人民币，表中数值为含税营业收入。大商集团有限公司销售额 15041856 万元，门店 200 家。

⑥ 物美控股集团有限公司含北京物美商业集团股份有限公司、浙江供销超市有限公司和新华百货销售数据。上年以北京物美商业集团股份有限公司进入连锁百强，排名 33。

⑦ 特易购乐购（中国）投资有限公司门店数量包含 121 家超市，其余为便利店和购物中心。

⑧ 合肥百货大楼集团股份有限公司数据不包括批发市场交易额。

⑨ 新世界百货中国有限公司（00825）2012/2013 财年年报数据显示，经营收益 4011545 千港元，表中所估销售额为年报中“专柜销售总收益”与“自营销售”合计值（含税）。

2013 年中国快速消费品连锁百强名单

（2014 年 4 月 21 日发布）

会员	序号	2012 年排名	企业名称	2013 年销售规模（含税，万元）	销售增幅%	2013 年门店总数（个）	门店增幅%
★	1	1	华润万家有限公司	10040000	6.7%	4637	4.8%
★	2	2	康成投资（中国）有限公司（大润发）	8012000	10.6%	264	20.5%
★	3	4	沃尔玛（中国）投资有限公司	7221464	24.5%	407	3.0%
★	4	3	联华超市股份有限公司 ①	6881838	0.2%	4600	-3.4%
★	5	5	家乐福（中国）管理咨询服务有限公司	4670588	3.2%	236	8.3%
★	6	7	永辉超市股份有限公司	3506000	25.5%	292	17.3%
★	7	6	农工商超市（集团）有限公司 ②	3000119	-1.0%	2644	-3.3%
★	8		海航商业股份有限公司	2640000	10.0%	482	3.0%
△	9	16	北京物美商业集团股份有限公司	2171488	7.3%	547	1.7%
★	10	30	步步高集团	2119149	18.3%	445	54.0%
★	11	8	特易购乐购（中国）投资有限公司	* 2050000	2.5%	144	29.7%
★	12	9	山东家家悦投资控股有限公司	1900650	4.5%	601	1.0%
★	13	10	新一佳超市有限公司	* 1800000	0.0%	116	0.0%
★	14	11	锦江麦德龙现购自运有限公司	1750000	14.4%	75	19.0%
★	15	12	乐天玛特	* 1550000	-5.0%	110	11.1%
★	16	13	欧尚（中国）投资有限公司	1509074	7.0%	59	9.3%
△	17	15	北京华联综合超市股份有限公司	* 1470000	1.4%	140	7.7%
★	18	20	卜蜂莲花	1374982	0.5%	77	2.7%
★	19	19	北京京客隆商业集团股份有限公司	1374430	7.3%	234	-2.9%
★	20	17	新华都购物广场股份有限公司	1365204	6.1%	118	-4.8%
★	21	52	广州屈臣氏个人用品商店有限公司	* 1350000	12.5%	1600	6.7%
★	22	18	武汉武商量贩连锁有限公司	1349808	5.1%	92	1.1%
★	23	23	中国石化销售有限公司（易捷便利店）	1335000	21.1%	23300	8.4%
★	24	14	人人乐连锁商业集团股份有限公司	1309090	-1.2%	128	6.7%
★	25	22	中百仓储超市有限公司	1212979	1.8%	262	7.4%
★	26		重庆百货大楼股份有限公司（超市部分）	1156207	6.2%	192	-0.5%
★	27	25	中国石油天然气股份有限公司（昆仑好客便利店）	1040000	30.0%	14000	16.7%
★	28		世纪华联超市连锁（江苏）有限公司	987325	9.1%	2705	9.1%
★	29	24	永旺	876782	8.5%	44	22.2%
★	30	27	成都红旗连锁股份有限公司	826960	13.6%	1460	9.3%

续表

会员	序号	2012年排名	企业名称	2013年销售规模（含税，万元）	销售增幅%	2013年门店总数（个）	门店增幅%
★	31		山东潍坊百货集团股份有限公司（超市、便利店部分）	741711	8.8%	550	14.6%
★	32	26	伊藤洋华堂（中国）	726625	-2.9%	14	7.7%
	33		石家庄北国人百集团有限责任公司（超市部分）	705089	10.4%	67	19.6%
△	34	28	武汉中商平价超市连锁有限责任公司	652789	11.5%	43	7.5%
★	35		东莞市糖酒集团美宜佳便利店有限公司	642542	20.2%	5580	20.0%
★	36	34	山西美特好连锁超市股份有限公司	557143	22.3%	89	17.1%
★	37	33	山东全福元商业集团有限责任公司	543490	17.0%	224	31.0%
★	38	32	阜阳华联集团股份有限公司	518731	7.6%	786	5.1%
★	39	29	三江购物俱乐部股份有限公司	513621	-8.3%	150	2.7%
★	40	31	东莞市嘉荣超市有限公司	510720	3.8%	77	5.5%
★	41	35	湖南佳惠百货有限责任公司	485150	9.0%	242	1.3%
★	42	39	青岛利客来集团股份有限公司	460059	25.6%	427	1.4%
★	43	36	浙江人本超市有限公司	459921	10.8%	1621	40.8%
★	44	48	中百控股集团中百超市有限公司	453978	23.0%	698	7.2%
★	45	51	北京华冠商业经营股份有限公司	453267	51.1%	282	2.9%
★	46	38	北京超市发连锁股份有限公司	429571	6.6%	143	9.2%
★	47	42	济南华联超市有限公司	429160	20.3%	22	10.0%
★	48	37	百佳超市（中国区）	376007	-7.8%	65	27.5%
△	49	41	十堰市新合作超市有限公司	375562	4.0%	2150	4.0%
★	50	68	全家便利店	370000	27.6%	1064	5.2%
★	51	45	江苏新合作常客隆连锁超市有限公司	358660	8.6%	1016	1.4%
★	52	40	四川省互惠商业有限责任公司	358016	-0.9%	1195	-0.7%
★	53	43	加贝物流股份有限公司	355000	-0.3%	354	-1.4%
★	54	47	山西省太原唐久超市有限公司	348884	8.1%	1250	8.1%
	55	46	浙江华联商厦有限公司	337575	3.5%	84	0.0%
△	56		兖州新合作百意商贸有限公司	332630	5.0%	1008	12.5%
★	57		上海来伊份股份有限公司	321707	-0.3%	2385	-9.6%
★	58	53	浙江供销超市有限公司	310102	7.5%	2317	0.7%
△	59	50	安徽百大合家福连锁超市股份有限公司	302032	-1.0%	145	4.3%
★	60	55	河北惠友商业连锁发展有限公司	* 300000	13.3%	380	2.4%
★	61	56	烟台振华量贩超市有限公司	285000	8.0%	83	5.1%
★	62	49	广东壹加壹商业连锁有限公司	283799	-8.2%	44	0.0%
★	63	54	心连心集团有限公司	272831	26.3%	61	5.2%

续表

会员	序号	2012 年排名	企业名称	2013 年销售规模（含税，万元）	销售增幅%	2013 年门店总数（个）	门店增幅%
★	64		青岛维客集团股份有限公司（超市部分）	261976	17.9%	7	16.7%
★	65	66	河南大张实业有限公司	260654	35.5%	55	5.8%
★	66		廊坊市明珠商业企业集团有限公司 ③	243978	21.4%	19	5.6%
★	67	62	广西南城百货股份有限公司（超市部分）	232171	14.9%	38	22.6%
	68	92	湖北寿康永乐商贸集团有限公司	225800	11.9%	211	17.2%
★	69	58	天津泰达易买得超市有限公司	* 225000	-6.3%	15	-6.3%
★	70	59	河北国大连锁商业有限公司	223712	3.8%	943	0.9%
△	71		长春欧亚超市连锁经营有限公司	219236	18.0%	52	44.4%
★	72	91	山东新合作超市连锁有限公司	209350	8.0%	868	15.4%
★	73	65	华联集团吉买盛购物中心有限公司	200815	-6.7%	19	0.0%
★	74	63	大同市华林有限责任公司	200500	0.2%	10	0.0%
★	75	69	上海良友金伴便利连锁有限公司	200100	7.1%	502	-3.1%
★	76	70	浙江凯虹集团有限公司	185000	5.7%	16	0.0%
★	77	73	江苏欢乐买商贸股份有限公司	176907	9.3%	95	150.0%
★	78	76	联盛商业连锁股份有限公司	172555	13.4%	27	8.0%
★	79	71	包头市永盛成百货有限公司	169800	-1.7%	48	9.1%
	80	72	重庆重客隆超市连锁有限责任公司	* 169635	1.7%	120	-7.7%
★	81	74	山东长江汇泉集团有限公司	163251	2.7%	368	-0.5%
★	82	79	天津劝宝超市有限责任公司	154892	16.7%	688	1.9%
★	83	78	新疆好家乡超市有限公司	152192	5.3%	12	9.1%
★	84	75	河北美食林商贸集团有限公司	146491	-4.5%	23	-17.9%
★	85	80	安徽省台客隆连锁超市有限责任公司	143154	8.6%	43	4.9%
★	86		成都舞东风超市连锁有限责任公司	142783	42.7%	660	23.1%
★	87	77	上海迪亚零售有限公司	* 140000	-7.5%	300	-6.5%
△	88	83	安徽省徽商红府连锁超市有限责任公司	134969	13.0%	35	-90.1%
★	89	88	大连金玛超市连锁有限公司	132794	28.7%	1022	0.6%
★	90	86	安徽金华联投资股份有限公司	130702	12.4%	49	0.0%
★	91		安宁市金方商业集团有限责任公司	130000	8.3%	17	13.3%
★	92		统一银座	128256	7.5%	193	11.6%
★	93		家乐园商贸有限公司（超市部分）	126910	7.8%	16	6.7%
★	94	60	佛山市顺客隆商场有限公司	125603	5.8%	138	12.2%
★	95	85	胜利油田胜大超市	123194	5.5%	132	1.5%
★	96	84	天津市津工超市有限责任公司	123160	4.6%	350	-2.8%
	97	87	江苏雅家乐集团有限公司	* 119070	8.0%	483	5.0%
★	98		哈尔滨联强商业发展有限公司	108972	5.0%	147	41.3%

续表

会员	序号	2012 年排名	企业名称	2013 年销售规模（含税，万元）	销售增幅%	2013 年门店总数（个）	门店增幅%
★	99	90	上海捷强烟草糖酒（集团）连锁有限公司	107780	7.8%	273	3.8%
△	100	95	邯郸市阳光百货集团总公司（阳光超市）	104636	11.1%	21	5.0%
			合计	98698505	8.5%	92642	7.6%

注：1. ★表示为中国连锁经营协会会员企业，☆表示其下属公司为协会会员企业，△表示其母公司为协会会员企业。

2. 数字前面带＊为估计值。

3. 百强统计采用销售规模口径，包括门店含税销售额和企业批发含税销售额，其中门店包括直营店、加盟店、以公司品牌输出管理的连锁店。销售规模的统计不包括内部交易、企业的批发市场交易额，汽车、加油站及农资等生产资料销售额。

4. 本表为以快消品经营为主营业务的企业排名，一些企业同时也经营有百货业务，由于难以拆分，部分企业销售额中含有百货销售额。

5. 本表中凡是在企业名称后面标注业态的，门店数为该业态的门店数量。

6. 部分企业数据说明：

① 联华超市股份有限公司数据包含上海联华快客便利有限公司的销售。

② 农工商超市（集团）有限公司数据含好德、可的便利店。

③ 廊坊市明珠商业企业集团有限公司门店数为估计值。

2013 年中国特许经营连锁 120 强名单

序号	行业	业态	企业名称	品牌	销售规模（万元）	总店数	加盟店数
1	综合零售	超市	上海联华超级市场发展有限公司	联华	◆6881838	4600	2804
2		超市	苏果超市有限公司	苏果	◆3385600	2109	712
3		便利店	东莞市糖酒集团美宜佳便利店有限公司	美宜佳	642542	5580	5578
4		便利店	浙江人本超市有限公司	之上	459921	1621	132
5		便利店	山西省太原唐久超市有限公司	唐久	348884	1250	1120
6		便利店	上海联华快客便利有限公司	快客	329119	1905	976
7		便利店	浙江供销超市有限公司	浙江供销	310102	2317	2123
8		便利店	河北国大连锁商业有限公司	国大 36524	223712	943	798
9		便利店	上海良友金伴便利连锁有限公司	良友金伴	200100	502	208
10		便利店	山西金虎便利连锁股份有限公司	金虎便利	79732	762	630
11	专业零售—食品专卖	茶叶专卖	中国茶叶股份有限公司	中茶	132772	354	318
12		茶叶专卖	北京张一元茶叶有限责任公司	张一元	108460	241	190
13		茶叶专卖	北京吴裕泰茶业股份有限公司	吴裕泰	55275	343	295
14		茶叶专卖	厦门山国饮艺茶业有限公司	山国饮艺	32778	637	607
15		酒品专卖	北京市东方雅龙酒业有限责任公司	along	130000	298	249
16		酒品专卖	广州市富隆酒窖酒业有限公司	富隆	47578	279	224
17		酒品专卖	浙江名庄传奇葡萄酒有限公司	名庄传奇	13424	85	79
18		酒品专卖	名品世家（北京）酒业连锁有限公司	名品世家	11987	759	675
19		营养保健品	獐子岛集团股份有限公司	獐子岛	261900	375	329
20		营养保健品	好想你枣业股份有限公司	好想你	103126	1916	1749
21		营养保健品	厦门市双丹马实业发展有限公司	燕之屋	46000	210	205
22		营养保健品	北京百花蜂业科技发展股份公司	百花	27500	502	486
23		食品专卖	上海来伊份股份有限公司	来伊份	321707	2385	203
24		食品专卖	湖南绝味食品股份有限公司	绝味	260212	5746	5600
25		食品专卖	湖北良品铺子食品有限公司	良品铺子	150000	1166	360
26		食品专卖	漯河双汇商业连锁有限公司	双汇	79377	396	115
27		食品专卖	四川廖排骨餐饮管理有限公司	廖排骨	78200	680	635
28		食品专卖	南京桂花鸭（集团）有限公司	桂花鸭	36450	102	86
29		药店	北京金象大药房医药连锁有限责任公司	金象大药房	75000	318	192

续表

序号	行业	业态	企业名称	品牌	销售规模（万元）	总店数	加盟店数
30	专业零售—非食品专卖	农资连锁	天盟农资连锁有限责任公司	天盟	1500000	7572	7554
31		农资连锁	安徽辉隆农资集团股份有限公司	辉隆	1011942	2951	2873
32		农资连锁	吉峰农机连锁股份有限公司	吉峰	560000	1798	1580
33		农资连锁	安徽徽商农家福有限公司	农家福	345626	2237	2037
34		饰品专卖	哎呀呀饰品连锁股份有限公司	哎呀呀	280433	2638	2630
35		饰品专卖	重庆谭木匠工艺品有限公司	谭木匠	★28091	1400	1400
36		饰品专卖	广州汇美舍天然用品连锁有限公司	Pretty Valley	25712	540	500
37		手机专卖店	北京迪信通商贸股份有限公司	迪信通	1268260	1465	529
38		黄金珠宝店	深圳中金黄金创意有限公司	中国黄金	4795310	2149	2116
39		黄金珠宝店	周大生珠宝股份有限公司	周大生	308216	2100	1760
40		黄金珠宝店	深圳市吉盟珠宝股份有限公司	吉盟	86461	222	84
41		服装	堡狮龙国际集团有限公司	堡狮龙	251700	1017	717
42		服装	深圳市丑丑婴儿用品有限公司	丑丑婴幼	59000	822	639
43		家居用品专卖	特百惠（中国）有限公司	特百惠	120000	4100	4082
44		化妆品	北京明弘科贸有限责任公司	LOTIONSPA	58000	968	581
45		文具专卖	上海晨光文具股份有限公司	晨光	429127	4023	3882
46		眼镜店	福州宝岛眼镜有限公司	康明宝岛	13860	396	387
47	餐饮	中式正餐	中国全聚德（集团）股份有限公司	全聚德	329294	101	72
48		中式正餐	湖南韶山毛家饭店发展有限公司	毛家	169600	365	259
49		中式正餐	陕西阿瓦山寨品牌投资有限公司	阿瓦山寨	156437	425	418
50		中式正餐	江西毛家湾餐饮连锁发展有限公司	毛家湾	122400	80	72
51		中式正餐	北京便宜坊烤鸭集团有限公司	便宜坊	61167	54	23
52		中式快餐	上海弘奇永和餐饮管理有限公司	永和豆浆	140000	480	460
		中式快餐	上海世好餐饮管理有限公司	世好吉祥	82810	2500	2205
53		中式快餐	深圳市亿百度餐饮管理有限公司	亿百度	65000	521	519
55		中式快餐	四平李连贵饮食服务股份有限公司	李连贵	57822	260	245
56		中式快餐	马兰拉面快餐连锁有限责任公司	马兰	33186	168	58
57		火锅店	内蒙古小尾羊餐饮连锁有限公司	小尾羊	407012	311	279
58		火锅店	辽宁小背篓餐饮管理有限公司	小背篓	370852	295	271
59		火锅店	重庆德庄实业（集团）有限公司	德庄	256480	523	467
60		火锅店	北京黄记煌餐饮管理有限责任公司	黄记煌	214620	430	175
61		火锅店	北京东来顺集团有限责任公司	东来顺	175943	158	132
62		火锅店	陕西一尊餐饮管理有限公司	一尊皇牛	170080	188	113
63		火锅店	重庆小天鹅投资控股（集团）有限公司	小天鹅	156437	298	205
64		西式快餐	百胜餐饮集团中国事业部	肯德基	◆5020000	4563	278

续表

序号	行业	业态	企业名称	品牌	销售规模（万元）	总店数	加盟店数
65	餐饮	西式快餐	天津德克士食品开发有限公司	德克士	822000	1964	1713
66		西式快餐	北京比格餐饮管理有限责任公司	比格	59746	145	97
67		西式快餐	新疆百富餐饮股份有限公司	百富	36000	96	51
68		西式快餐	北京好伦哥餐饮有限公司	好伦哥	29498	103	66
69		西式正餐	广州市绿茵阁餐饮连锁有限公司	绿茵阁	49327	96	71
70		西式正餐	上海棒约翰餐饮管理有限公司	棒约翰	46030	140	47
71		咖啡	浙江两岸食品连锁有限公司	两岸咖啡	352501	707	579
72		咖啡	迪欧餐饮管理有限公司	迪欧	118585	389	344
73		咖啡	上海上岛咖啡食品有限公司	上岛	77000	1315	1248
74		休闲饮品	沈阳碰碰凉连锁企业管理有限公司	碰碰凉	65000	650	595
75		休闲饮品	上海快乐柠檬餐饮管理有限公司	快乐柠檬	33579	335	231
76	经济型酒店	经济型酒店	上海如家酒店管理有限公司	如家	1834566	2180	1308
77		经济型酒店	7 天连锁酒店	7 天	▲900000	1998	1488
78		经济型酒店	锦江之星旅馆有限公司	锦江之星	552424	1060	784
79		经济型酒店	格林豪泰酒店管理集团	格林豪泰	523498	1245	1190
80		经济型酒店	华住酒店集团	汉庭	442080	1452	835
81		经济型酒店	速伯艾特（北京）国际酒店管理有限公司	速 8 酒店	287192	532	519
82	培训教育	IT 培训	北京阿博泰克北大青鸟信息技术有限公司	北大青鸟	191630	162	160
83		英语培训	上海昂立教育投资咨询有限公司	昂立	13266	2148	2076
84		婴幼儿培训	北京大风车教育科技发展有限公司	大风车	182325	463	370
85		婴幼儿培训	北京红黄蓝儿童教育科技发展有限公司	红黄蓝	153193	820	704
86		婴幼儿培训	武汉武达生物技术有限公司小太阳教育研究中心	小太阳	139848	638	638
87		婴幼儿培训	金宝贝（天津）教育信息咨询有限公司	金宝贝	81000	228	216
88		婴幼儿培训	上海美邦教育信息咨询有限公司	新爱婴	67496	372	287
89		婴幼儿培训	北京市东方爱婴咨询有限公司	东方爱婴	41263	494	443
90		婴幼儿培训	北京东方金子塔教育管理咨询有限公司	东方金子塔	24349	190	169
91	洗染	洗衣	北京福奈特洗衣服务有限公司	福奈特	60000	1122	997
92		洗衣	四川布兰奇洗业有限公司	布兰奇	43620	985	979
93		洗衣	北京荣昌科技服务有限责任公司	伊尔萨	30682	701	551
94		洗衣	上海象王洗衣有限公司	象王	20040	501	486
95		皮具护理	北京翰皇伟业皮革清洁养护连锁服务有限公司	翰皇	58908	2935	2921

续表

序号	行业	业态	企业名称	品牌	销售规模（万元）	总店数	加盟店数
96	家装	家装	东易日盛家居装饰集团股份有限公司	东易日盛	180070	200	87
97		家装	北京元洲装饰有限责任公司	元洲	120000	248	162
98		家装	北京业之峰装饰有限公司	业之峰	115500	233	120
99		家装	诸暨市中横窗业有限公司	中横窗业	30100	256	253
100	汽车后市场	轮胎销售	驰加（上海）汽车用品贸易有限公司	驰加	400000	1000	993
101		二手车经纪店	福州车友网络科技有限公司	273	28033	525	505
102		汽车养护/维修	北京龟博士汽车清洗连锁有限公司	龟博士	320723	3403	3399
103		汽车维护/维修	小拇指汽车维修科技股份有限公司	小拇指	45000	618	610
104		汽车养护/维修	杭州车奇士汽车维修有限公司	车骑王子	28171	360	352
105	美容休闲健身	美容	克丽缇娜上海贸易有限公司	克丽缇娜	81400	3300	3297
106		美容	琪雅集团有限公司	琪雅	70500	5153	5133
107		美容	青岛植秀堂养生养颜连锁有限公司	植秀堂	22930	237	230
108		美容	唯美度科技（北京）有限公司	唯美度	18300	4337	4322
109		健身	青岛英派斯健康管理有限公司	英派斯	31116	134	124
110		足疗	南京足生堂企业管理有限公司	足生堂	174790	591	583
111	其他服务	房屋中介	北京埃菲特国际特许经营咨询服务有限公司	21 世纪不动产	181405	935	669
112		房屋中介	甘肃玛雅永超投资管理有限责任公司	玛雅房屋	36000	1500	1400
113		影楼	重庆金夫人实业有限公司	金夫人	200000	366	216
114		旅游连锁	海南乐游国际旅行社有限公司	海航乐游	71370	1008	998
115		金融中介	青岛福元运通投资管理有限公司	福元运通	80608	578	563
116		家政服务	北京华夏中青家政服务有限公司	华夏中青	13453	303	282
117		家政服务	上海爱君家庭服务有限公司	爱君	8332	304	264
118		家政服务	大连好月嫂家庭服务有限公司	好月嫂	5342	130	130
119		广告	北京亿邦联合广告有限公司	亿邦	92405	1242	1218
120		广告器材	上海浙港广告器材有限公司	中港	18893	75	27

数据来源：1. 企业填报的《2013 年度连锁企业基本情况调查表》。

2. 带◆数据为整个集团的数据。

3. 带★数据为上市企业公布的年报数据。

4. 带▲数据为估计值。

2013 年中国主要连锁百货企业经营情况

（2014 年 4 月 21 日发布）

会员	序号	企业名称	2013 年销售规模（含税，万元）	销售增幅 %	2013 年门店总数（个）	门店增幅 %
	1	上海友谊集团股份有限公司	* 6080000	6.7%	45	-8.2%
★	2	大商股份有限公司	* 3948386	6.1%	200	0.0%
★	3	重庆百货大楼股份有限公司	3763210	12.6%	292	1.4%
★	4	银座集团	3443458	12.8%	179	11.2%
★	5	长春欧亚集团股份有限公司	2827826	17.1%	75	29.3%
★	6	北京王府井百货（集团）股份有限公司 ①	2364353	9.6%	29	3.6%
★	7	利群集团股份有限公司	2286202	6.8%	580	-21.2%
★	8	天虹商场股份有限公司	2202249	8.1%	62	5.1%
☆	9	烟台市振华百货集团股份有限公司 ②	2196400	15.2%	113	3.7%
★	10	文峰大世界连锁发展股份有限公司	2071675	6.3%	921	-7.4%
★	11	北京百盛商业发展有限公司	* 2045299	4.3%	58	20.8%
★	12	合肥百货大楼集团股份有限公司	1880000	11.2%	190	0.0%
★	13	金鹰国际商贸集团（中国）有限公司	1879138	0.7%	27	-3.6%
★	14	银泰商业（集团）有限公司	1816510	11.4%	36	20.0%
★	15	万达百货有限公司	1550000	38.6%	75	0.0%
★	16	山东潍坊百货集团股份有限公司	1512900	14.7%	570	14.2%
	17	新世界百货中国有限公司	* 1480000	14.7%	41	5.1%
	18	郑州丹尼斯集团	1420000	16.4%	181	25.7%
★	19	辽宁兴隆大家庭商业集团	1409814	12.6%	29	-3.3%
★	20	北京首商集团股份有限公司	1407691	2.0%	17	0.0%
	21	北京菜市口百货股份有限公司	1352082	8.5%	16	6.7%
★	22	广州市广百股份有限公司	1141800	8.0%	29	-3.3%
	23	茂业国际控股有限公司	1137436	2.8%	40	2.6%
★	24	安徽商之都股份有限公司	1132557	3.0%	72	-10.0%
	25	石家庄北国人百集团有限责任公司（百货部分）	1130357	16.4%	15	15.4%
	26	南京中央商场股份有限公司	878804	8.8%	10	25.0%
★	27	湖南友谊阿波罗控股股份有限公司	788194	5.9%	11	0.0%
△	28	银川新华百货商业集团股份有限公司	* 772780	10.1%	210	10.5%
☆	29	济南华联商厦集团股份有限公司	715266	17.0%	27	3.8%
△	30	武汉中商百货连锁有限责任公司	642149	11.3%	9	0.0%
★	31	邯郸市阳光百货集团总公司	602000	15.5%	170	28.8%

续表

会员	序号	企业名称	2013 年销售规模（含税，万元）	销售增幅 %	2013 年门店总数（个）	门店增幅 %
	32	卓展集团控股有限公司	* 550000	4.2%	4	0.0%
★	33	北京翠微大厦股份有限公司	527633	-4.9%	5	-16.7%
	34	信誉楼百货集团有限公司	481354	33.1%	16	6.7%
★	35	广州友谊集团股份有限公司	476935	-8.3%	6	0.0%
★	36	北京市顺义国泰商业大厦	401478	-13.1%	13	8.3%
★	37	雄风集团有限公司	397025	20.5%	150	4.9%
	38	南京新街口百货商店股份有限公司	* 392343	17.7%	3	0.0%
	39	内蒙古民族商场有限责任公司	* 345451	4.7%	4	0.0%
	40	南宁百货大楼股份有限公司	* 317826	3.9%	17	88.9%
	41	北京城乡贸易中心股份有限公司	* 287870	9.4%	——	
★	42	深圳岁宝百货有限公司	259860	-0.9%	23	4.5%
	43	成商集团股份有限公司	* 258817	3.1%	10	11.1%
	44	杭州解百集团股份有限公司	* 245647	-2.2%	4	0.0%
	45	上海徐家汇商城股份有限公司	* 245534	0.2%	——	
★	46	青岛维客集团股份有限公司（百货部分）	241824	13.3%	3	0.0%
	47	福建东百集团股份有限公司	* 238298	-1.5%	——	
△	48	武汉中百百货有限责任公司	196069	52.0%	9	12.5%
★	49	家乐园商贸有限公司（百货部分）	187826	49.2%	18	80.0%
★	50	深圳市百佳华百货有限公司	* 180000	-14.0%	9	-25.0%
		合计	64110326	9.6%	4623	0.4%

注：1. ★表示为中国连锁经营协会会员企业，☆表示其下属公司为协会会员企业，△表示其母公司为协会会员企业。

2. 数字前面带 * 为估计值。

3. 百强统计采用销售规模口径，包括门店含税销售额和企业批发含税销售额，其中门店包括直营店、加盟店、以公司品牌输出管理的连锁店。销售规模的统计不包括内部交易、企业的批发市场交易额，汽车、加油站及农资等生产资料销售额。

4. 本表排名为以百货经营为主的企业，一些企业同时也经营有超市、便利店等业务，销售额中包含有其他业态的销售。

5. 本表中凡是在企业名称后面标注业态的，门店数为该业态的门店数量。

6. 部分企业数据说明：

① 北京王府井百货（集团）股份有限公司销售数据中不包含春天百货。

② 其中烟台振华量贩超市有限公司销售 28.5 亿元。

2013 年中国主要连锁便利店企业发展情况

（2014 年 4 月 21 日发布）

序号	企业名称	品牌	2013 年门店数（个）
1	中国石化销售有限公司（易捷便利店）	易捷	23300
2	中国石油销售公司（昆仑好客便利店）	昆仑好客	14000
3	东莞市糖酒集团美宜佳便利店有限公司	美宜佳	5580
4	广东天福连锁商业有限公司	天福	2300
5	浙江供销超市有限公司	供销便利、家连便利	2123
6	7 - Eleven 便利店 ①	7 - Eleven	* 1925
7	上海联华快客便利有限公司	快客	1905
8	广东上好便利店有限公司	上好	1703
9	农工商超市（集团）有限公司	可的、好德	1700
10	浙江十足商贸有限公司	十足、之上	1491
11	成都红旗连锁股份有限公司	红旗连锁	1460
12	山西省太原唐久超市有限公司	唐久便利	1250
13	华润苏果超市有限公司	苏果、好的	1191
14	四川省互惠商业有限责任公司	互惠	1155
15	全家便利店	全家	1064
16	河北国大连锁商业有限公司	36524	895
17	山西金虎便利连锁股份有限公司	金虎便利、早早便利、语果生鲜便利	701
18	中百超市有限公司	中百	698
19	成都舞东风超市连锁有限责任公司	舞东风	660
20	喜士多（C - store）便利店	喜士多	599
21	青岛利群百货集团股份有限公司	利群	569
22	上海良友金伴便利连锁有限公司	良友金伴 LIANGYOU	502
23	山东潍坊百货集团股份有限公司	中百	457
24	世纪华联超市连锁（江苏）有限公司	世纪华联	446
25	罗森（中国）投资有限公司	LAWSON	389
26	青岛利客来集团股份有限公司	利客来	384
27	天津市津工超市有限责任公司	津工超市	350
28	物美控股集团有限公司	物美便利店	333
29	四川哦哦超市连锁管理有限公司	WOWO	323

续表

序号	企业名称	品牌	2013 年门店数（个）
30	深圳市万店通商贸有限公司	万店通 Q - mart	* 320
31	哈尔滨中央红集团股份有限公司	中央红小月亮	302
32	上海迪亚零售有限公司	迪亚天天	* 300
33	厦门见福连锁管理有限公司	FOOK 见福便利	250
34	北京港佳好邻居连锁便利店有限责任公司	Hi - 24 好邻居	220
35	西安每一天便利超市连锁有限公司	everyday	211
36	云南之佳便利店有限公司	之佳便利	200
37	统一银座	统一银座	193
38	步步高集团	汇米巴	163
39	临汾乐客便利超市连锁有限公司	乐客	155
40	北京京客隆商业集团股份有限公司	京客隆	151
41	乌鲁木齐市好幸福超市有限公司	每日每夜	150
42	哈尔滨联强商业发展有限公司	乐买	142
43	呼和浩特市利冠商贸有限责任公司	利客	140
44	福建省易太便利连锁有限公司	易太便利店	130
45	雄风集团有限公司	雄风超市连锁	123
46	郑州丹尼斯集团	丹尼斯 全日鲜	122
47	宜昌北山商业连锁有限责任公司	北山便利	117
48	山东家家悦投资控股有限公司	家家悦	113
49	湖北寿康永乐商贸集团有限公司	寿康永乐	111
50	大连太阳系便利店连锁经营有限公司	太阳系	* 100
	合计		73166

注：1. 数字前面带 * 为估计值，门店数为便利店数量。
2. 部分企业含有万村千乡店，无法一一拆分。
3. 本表中包含了部分与便利店业态相近的其他小型零售店，如小型社区超市。
4. 企业数据说明：7 - Eleven 便利店门店数是全国门店数量。

2013 年主要外资连锁企业经营情况

（2014 年 4 月 21 日发布）

会员	序号	2011 年外资排名	企业品牌名称	2012 年销售规模（含税，万元）	销售增幅 %	2012 年门店总数（个）	门店增幅 %
★	1	1	大润发	8012000	10.6%	264	20.5%
★	2	2	沃尔玛	7221464	24.5%	407	3.0%
★	3	3	百胜	5020000	-3.8%	6000	15.4%
★	4	4	家乐福	4670588	3.2%	236	8.3%
★	5	5	五星电器	2660383	10.0%	189	-25.0%
★	6	6	特易购乐购	* 2050000	2.5%	144	29.7%
★	7	7	百盛	* 2045299	4.3%	58	20.8%
★	8		金鹰购物中心	1879138	0.7%	27	-3.6%
★	9	8	麦德龙	1750000	14.4%	75	19.0%
★	10	9	乐天玛特	* 1550000	-5.0%	110	11.1%
★	11	10	欧尚	1509074	7.0%	59	9.3%
	12	11	新世界	* 1480000	14.7%	41	5.1%
	13	13	郑州丹尼斯	1420000	16.4%	181	25.7%
★	15	12	卜蜂莲花	1374982	0.5%	77	2.7%
★	14	14	屈臣氏	* 1350000	12.5%	1600	6.7%
★	16		华地国际	1340140	16.2%	46	9.5%
★	17	15	麦当劳	* 1030000	14.4%	1750	16.7%
★	18	16	永旺	876782	8.5%	44	22.2%
★	19	17	宜家家居	821487	17.3%	14	16.7%
★	20	18	伊藤洋华堂	726625	-2.9%	14	7.7%
★	21	19	百佳超市	376007	-7.8%	65	27.5%
★	22		全家便利店	370000	27.6%	1064	5.2%
★	23	20	易买得	* 225000	-6.3%	15	-6.3%
			合计	49818968	8.4%	12480	12.2%

注：1. ★ 表示为中国连锁经营协会会员企业。

2. 数字前面带 * 为估计值。

3. 百强统计采用销售规模口径，包括门店含税销售额和企业批发含税销售额，其中门店包括直营店、加盟店、以公司品牌输出管理的连锁店。销售规模的统计不包括内部交易、企业的批发市场交易额，汽车、加油站及农资等生产资料销售额。

2013 年部分 B2C 购物网站销售规模排名

（2014 年 4 月 21 日发布）

序号	B2C 网络购物网站名称	销售规模（万元）	经营范围	类型
1	天猫	* 22000000	综合百货	平台型
2	京东	* 11000000	综合百货	自营为主
3	小米	3160000	手机为主	自营
4	苏宁易购	2189000	综合百货	自营为主
5	亚马逊中国	* 1460000	综合百货	自营为主
6	易迅网	* 1200000	综合百货	自营为主
7	1 号店	* 1154000	综合百货	自营为主
8	唯品会	* 1045000	名品折扣	自营
9	QQ 网购	* 885000	综合百货	平台型
10	凡客	* 850000	服装服饰	垂直型
11	当当网	* 802020	综合百货	平台型
12	聚美优品	* 600000	化妆品	自营
13	国美在线（含库巴网）	325720	综合百货	自营为主
14	乐蜂网	* 250000	化妆品	自营
15	迪信通移动生活商城	* 200000	手机	自营
16	我买网	* 130000	食品	自营为主
17	宏图三胞·慧买网	* 100000	3C	自营
18	银泰网	* 85000	时尚百货	自营为主
19	优购网	* 80000	鞋帽箱包	自营
20	梦芭莎	* 63609	服装服饰	自营为主

注：数字前面带 * 为估计值，由公开资料搜集整理或经行业专家评估确定。其余为企业自报或年报数据。

2013 年中国连锁百强企业开展网络零售业务情况

（2014 年 4 月 21 日发布）

序号	公司简称	网店名	网址
1	苏宁云商	苏宁易购	http：//www. suning. com
		苏宁红孩子母婴商城	http：//redbaby. suning. com
		苏宁缤购美妆商城	http：//binggo. suning. com
2	国美电器	国美在线	http：//www. gome. com. cn
		国美在线天猫官方旗舰店	http：//gome. tmall. com
		大中电器	http：//www. dazhongdianqi. com. cn
3	沃尔玛	1 号店	http：//www. yhd. com
		山姆会员商店	http：//www. samsclub. cn/home
4	银泰商业	银泰网	http：//www. yintai. com
		银泰百货京东精品旗舰店	http：//yintai. jd. com
		银泰百货天猫精品旗舰店	http：//yintai. tmall. com
5	百胜餐饮集团	肯德基宅急送	http：//www. 4008823823. com. cn
		必胜宅急送	http：//www. 4008123123. com
6	麦当劳	麦乐送 网上订餐	https：//www. 4008－517－517. cn
7	王府井集团	王府井网上商城	http：//www. wangfujing. com
8	山东省商业集团	银座网	http：//www. yinzuo100. com
		银座食品旗舰店	http：//yinzuoshipin. jd. com
9	大商集团	大商网	http：//www. 66buy. cn
		麦凯乐网上商城	http：//shop. qdmykal. com
10	新世界百货	新世界百货网上商城	http：//www. xinbaigo. com
11	大润发	飞牛网	http：//www. feiniu. com
12	广州屈臣氏	屈臣氏官网商城	http：//www. watsons. com. cn
		屈臣氏天猫旗舰店	http：//watsons. tmall. com
		屈臣氏京东官方旗舰店	http：//watsons. jd. com
13	天虹商场	网上天虹	http：//www. tianhong. cn
14	步步高集团	步步高商城	http：//www. bubugao. com
15	迪信通	迪信通移动生活商城	http：//shop. dixintong. com
16	锦江麦德龙	麦德龙	http：//www. metromall. com. cn
17	武汉武商集团	武商网	http：//www. wushang. com
18	中百集团	中百商网	http：//www. zon100. com

续表

序号	公司简称	网店名	网址
19	利群集团	利群商城	http：//www. liqunshop. com
		利群医药信息网	http：//www. lqyaopin. com
20	中石化销售公司（易捷便利店）	易捷网	http：//www. ejoy365. com
21	南京中央商场	南京中央商场天猫旗舰店	http：//njzysc. tmall. com
		云中央	http：//www. 600280. com
22	联华超市股份有限公司	联华易购	http：//www. lhmart. com
			http：//www. lhok. com
23	上海友谊集团	百联股份网上商城	http：//www. blzoom. com
24	石家庄北国人百	北国如意购	http：//www. ruyigou. cn
25	百盛商业集团	百盛网	http：//www. parkson. com. cn
26	欧尚（中国）	欧尚网购	http：//www. auchan. com. cn/Default. aspx
27	江苏五星电器有限公司	五星电器网上商城	http：//www. 5star. cn
28	合肥百货大楼	百大易商城	http：//www. bdysc. com
29	宏图三胞	宏图三胞·慧买网	http：//www. huimai100. com
30	农工商超市（集团）	便利通网	http：//www. chblt. com
31	广百股份	广百荟	http：//www. igrandbuy. com
		广百天猫官方旗舰店	http：//grandbuy. tmall. com
32	家乐园商贸有限公司	家乐园速购	http：//www. subuy. com
33	永旺	永旺网上商城	http：//eshop. qdaeon. com
34	广州友谊集团	友谊网乐购	http：//mall. cgzfs. com
35	北京首商集团	西单商场 i 购物	http：//www. igo5. com
36	烟台市振华百货集团	振华商城	http：//eshop. zhenshang. com
37	文峰大世界	文峰大世界网上商城	http：//www. wfdsj. com. cn/shop
		爱上文峰	http：//www. iwenfeng. com
38	长春欧亚集团	欧亚 e 购	http：//www. oysd. cn
39	三江购物俱乐部	三江购物网	http：//www. sanjiang. com
40	新一佳	新一佳网上超市	http：//www. xyj – shop. com
		新一佳生活超市淘宝店	http：//xyj365. taobao. com
41	伊藤洋华堂	伊藤洋华堂网络超市	http：//www. yiteng365. com
			http：//shop. iy – cd. com
42	辽宁兴隆大家庭	网上兴隆	http：//www. xlgoo. net
43	邯郸市阳光百货	阳光天天购	http：//www. ygttg. com
44	青岛维客	点点网	http：//www. weeklydd. com
45	一丁集团	一丁集团网上商城	http：//www. itu4. com
46	人人乐	人人乐购网上商城	http：//www. rrlgou. com

续表

序号	公司简称	网店名	网址
47	湖南友谊阿波罗	友阿奥特莱斯	http：//www. 9448. net
48	重庆商社（集团）	世纪购	http：//www. sjgo365. com
49	广东嘉荣超市	喜伴啦啦网上超市	http：//www. sparlala. com
50	徽商集团		
	其中：徽商农家福	农家福农资网上商城	http：//old. hsnjf. com/mallcenter. asp
	其中：商之都	徽之尚商城	http：//www. hzsmall. com
51	青岛利客来	立刻送商城	http：//www. shoplikelai. com
52	浙江人本超市	人本网上超市	http：//www. rbcs. cn
53	长沙通程控股	爱尚通程	http：//www. dolton. cn
54	济南华联商厦集团	华联易购	http：//www. hlyigou. com
55	TESCO 乐购	e 乐购	http：//elegou. cn. tesco. com
56	山东新星集团	新星商城	http：//www. xinxing001. com
57	江苏新合作常客隆	常客隆网上商城	http：//www. csckl. com/qjd. php
		家易乐	http：//csckl. com/ytj/pc
58	全福元商业集团	全福元商城	http：//www. qfy365. com
59	山东潍坊百货	小蜜蜂购物网	http：//www. 92xmf. com
		中百天猫官方旗舰店	http：//zhongbai. tmall. com
60	山西省太原唐久超市	唐久京东大卖场	http：//tjcvs. jd. com
61	北京乐语世纪通讯设备	乐语天猫官方旗舰店	http：//funtalk. tmall. com
62	大参林医药集团	大参林大药房天猫旗舰店	http：//dashenlindyf. tmall. com
63	雄风集团有限公司	雄风电器天猫官方旗舰店	http：//samsungxf. tmall. com
64	阜阳华联集团	华联易购淘宝店	http：//fyhlyg. taobao. com
65	北京菜市口百货	菜百首饰京东网店	http：//caibai. jd. com
66	全家便利店	familymart 全家天猫旗舰店	http：//familymart. tmall. com
		全家 FamilyMart 淘宝店	http：//shop101170741. taobao. com
67	家家悦	U 箱超市 - 家家悦	http：//uxiang. com/index. htm? cityId = 1314

注：1. 排名参考 Alexa 三天（4. 14 - 4. 16）的访问量排名。

2. 序号 55 - 59 搜索不到 alexa 访问量排名，仅列示。

3. 序号 60 - 67 为第三方平台开店的企业，未按 Alexa 访问量排名，仅列示。

2013年中国购物中心企业TOP10名单

（2013年10月8日发布）

2013年6－8月，中国连锁经营协会组织连锁品牌与购物中心合作委员会开展2013年度中国购物中心企业TOP10调查活动，共获取68个有效购物中心样本项目，其中都市型购物中心42个、地区型购物中心18个、社区型购物中心8个；样本项目覆盖北京、天津、山西、辽宁、上海、江苏、浙江、福建、山东、河南、湖北、广东、海南、重庆、四川、云南、陕西等17个省市。经品牌、餐饮、零售、媒体、地产等业内相关机构专家组成的评审委员会审议，并主要参考2013年中国购物中心企业已开业的购物中心项目数量、营业面积等指标，推出2013年中国购物中心企业TOP10名单。

企业名称	代表品牌名称
万达商业地产股份有限公司	万达广场
凯德商用产业有限公司	来福士广场、凯德龙之梦、凯德MALL、凯德晶品购物中心、大峡谷购物中心
阳光新业地产股份有限公司	新业广场、阳光新生活广场、阳光新业中心
百联集团	百联购物中心、百联又一城购物中心、百联世茂国际广场、世博源、百联商业广场、百联奥特莱斯广场
深国投商用置业有限公司	印象城、新一城、深国投广场
华润置地有限公司	万象城、五彩城
世纪金源集团	世纪金源购物中心
龙湖地产有限公司	天街、星悦荟、家悦荟
恒隆地产有限公司	恒隆广场、港汇恒隆广场
中粮置业投资有限公司	大悦城

注：1. 2013年中国购物中心企业排行主要参考购物中心企业已开业的购物中心数量、营业面积等指标。相关数据来源于企业申报材料、企业网站及企业2013年中期年报数据披露。

2. 相关数据、资料统计截止时间：2013年6月30日。

中国连锁零售行业报告相关指标说明

经营指标

◇客单价（元） = 销售额/交易次数

◇地均交易次数 = 年交易次数/营业面积

◇地均费用额 = （可控费用 + 不可控费用）/营业面积

◇人均营业面积 = 营业面积/员工人数

效率指标

◇人均劳效（人效、劳效） = 销售总额/员工总数

◇地效或平效 = 销售总额/营业面积

◇存货周转次数 = 总销售额/［（期初库存 + 期末库存）/2］

◇毛利存货周转回报率 = 毛利率 × 存货周转次数

= 毛利额/平均存货

◇地均单品数 = 单品总数/营业面积

费用指标

◇费用率（%） = 店铺费用总额/销售总额

◇费用总额 = 人工成本总额 + 可控费用总额 + 不可控费用总额

◇平均人工成本（万元） = 人工成本总额/员工总数

人工成本包括：员工工资、福利费

◇人工费用率（%） = 人工成本总额/销售总额

◇可控费用率（%） = 可控费用总额/销售总额

可控费用包括：水电、包装、办公、差旅、保安、所有经营费用

◇不可控费用率（%） = 不可控费用总额/销售总额

不可控费用包括：租金、折旧、利息、开办费摊销

其中，销售额均为含税销售额，人均相关指标均以企业正式员工数为基数。

附录三

中国连锁经营协会简介

中国连锁经营协会于1997年在民政部注册成立，是连锁经营领域唯一的全国性行业组织。目前，拥有企业会员1000多家，连锁店铺26万个，包括本土和跨国零售商、特许加盟企业、供应商等。其中，零售会员企业2012年销售额达2.3万亿元人民币，约占社会消费品零售总额的11%。

协会的团体会员涵盖了零售、餐饮、服务等行业中的70多个业态、业种，企业主要为国内知名和在华外资连锁公司、重要供应商及相关中介组织。

协会以推动连锁经营在中国的发展为己任，本着"引导行业、服务会员、回报社会、提升自我"的理念，以会员服务为核心，代表行业利益，维护会员合法权益，提供各项促进企业发展的服务内容。主要包括：

政策协调。为企业与政府之间沟通搭建平台，通过政策建议、标准制定、信用体系建设等为行业发展创造良好环境。

企业合作。以中国连锁业大会、中国连锁店展览会、中国特许加盟大会、中国特许展等活动为平台，推动行业合作交流与发展。

行业培训。通过从业人员认证培训体系，帮助企业管理人员提高业务水平。

资讯整合。通过协会网站、电子通讯和《连锁》月刊等传递各行业资讯，使企业及时把握行业发展脉搏。同时，保持与中央、地方媒体的紧密合作。

国际交流。作为WFC、APFC成员国，与世界50多个国家在零售连锁和特许经营等方面建立了紧密联系，积极推动国际化交流。

行业研究。通过行业统计和专项调查，发布多项报告，为政府和企业提供涉及行业发展现状和趋势等方面的调研服务，为企业决策提供依据。

行业自律。以《中国连锁经营协会章程》、《连锁超市行业道德规范》、《商业特许经营管理条例》为准则，规范企业经营行为，促进行业健康发展。

CCFA 网络平台

中国连锁经营协会网站 www.ccfa.org.cn

中国连锁经营行业专业资讯平台，主要内容包括行业热点及重要事件、会员动态、协会活动资讯，政策法规与标准、行业数据与调研报告，连锁零售百强及特许连锁120强，连锁及加盟展览、连锁各类专业会议，加盟投资项目推介，连锁专业书刊资料、连锁零售与管理精品课程、特许及服务业系列培训、校企合作，以及零售业可持续发展圆桌、食品安全、零供公平合作平台、会员查询等。

中国连锁经营协会英文网站 www. chinaretail. org

中国连锁经营行业对外交流的专业资讯平台，主要内容包括国内连锁行业热点及重要事件、相关专业活动资讯，政策与法规、行业数据与调研报告，连锁专业书刊资料等。

中国特许展网址 www. chinafranchiseexpo. com

中国特许展相关信息的展示平台。

中国连锁店展览会网址 www. chinaretailexpo. com

中国连锁店展览会相关信息的展示平台。

中国连锁经营协会网上培训平台 www. ccfaedu. com

基于行业及企业需求，为更好挖掘和利用现有培训资源，中国连锁经营协会于 2014 年 5 月搭建上线的全新网上培训平台。该平台区别于其他仅提供通用类课程的网站，其特征是深耕连锁零售领域内的通用课和专业课，同时结合协会自身优势的专业会议和专业委员会资源所构架的零售和特许行业优质课程，为业内企业提供高效、可选择、可共同使用的课程平台，以利推动行业人才体系的建立。

中国连锁经营协会零供公平合作信息平台 lgpt. ccfa. org. cn

为维护零售商、供应商公平交易和有序竞争，更好地履行社会责任，2009 年 7 月由中国连锁经营协会牵头，联合中国水产流通与加工协会、中国果品流通协会、中国蔬菜流通协会、中国调味品协会、中国电子视像行业协会等五家相关行业协会发起《零售商供应商公平合作促销倡议书》。为贯彻实施《倡议书》，在商务部主管司局支持下，中国连锁经营协会组织建立了零供公平合作信息平台，以期形成更广泛的行业影响。

中国连锁经营协会超市商品证照核验平台 www. ccvs. com. cn

2014 年 10 月，在国家食品药品监督管理总局和商务部的指导和支持下，中国连锁经营协会组织建立了超市商品证照核验平台，以期简化超市商品索票验照流程，共享商品证照核验及高危商品预警信息，建立商品质量检测制度和供应商信息等级评价机制。

超市食品安全网 www. food - safety. cn

超市食品安全网是目前国内唯一针对超市食品安全工作开办的非赢利性网站，内容包括零售企业中高层管理人员关注重点、消费者关注、行业动态及政策信息等，是业内人士交流互动的良好平台。

电子刊物

行业动态（周讯）
CCFA English Brief（半月刊）
CIO 通讯（周刊）
零售资本与并购（半月刊）
食品安全简讯（半月刊）
标准化通讯（不定期）
展会动态 EDM（不定期）

固定刊物

《连锁》月刊，是中国连锁经营协会的会刊，自 1998 年创刊以来，陪伴和记录了中国连锁业成长全过程。《连锁》旨在报道业内动态，传递和解读国家相关政策，剖析业内热点，发布权威分析报告，刊登富有实用性的管理与新技术前沿知识，讲述连锁精英的财富故事，介绍优秀企业的成功之道，及时传递海外讯息……《连锁》已成为业界人士和企业管理人员了解行业动态，获取相关知识的首选刊物。

《中国连锁经营年鉴》首次出版于 2000 年，由中国连锁经营协会编撰，是记录中国连锁业年度发展脉络和轨迹，汇集行业相关数据、调研报告和案例的重要载体。它涵盖了国内超级市场、便利店、专业店、专卖店、百货店、购物中心、家居中心、特许经营等各种零售业态和营销方式的发展状况以及国际连锁业发展概况，既有国内以及各地区连锁业发展总体水平的纵向比较资料，也有与国际同行业发展的横向比较信息，还包括了相关的政策法规，是反映中国连锁业发展全貌的编年体调研报告型工具书。

《便利店》季刊，2013 年创刊，由中国连锁经营协会编撰，是国内便利店业态唯一的专业性刊物。《便利店》采用活泼时尚的卡通插图和漫画排版，通过简单、简短、易懂的文字编排，讲述国内外领先便利店企业的先进管理理念和成熟运营技术；《便利店》内容丰富、坚持原创，对便利店企业管理者具有很强的指导性和实操性，也是门店培训学习的补充教材。

《特许经营》季刊，是中国连锁经营协会为帮助企业及时了解特许经营相关政策，掌握国内外特许经营最新发展动态，分享特许经营先进经验和典型案例精编而成，自 2011 年 2 月发行，发送对象为国家和地方商务主管部门、特许会员及特许经营备案企业、院校、媒体、其他相关部门和机构。

会员服务

信息及宣传服务

1. 获赠《连锁》月刊。
2. 获取《行业简讯》，第一时间了解业内动态。
3. 获取协会官网 www. ccfa. org. cn 登陆密码，浏览会员专属信息。
4. 每年获赠数份专题调研报告。
5. 获得协会官网 www. ccfa. org. cn 品牌展示、招募加盟的机会。

交流研讨

1. 组织会员间交流，为会员提供同业及异业合作的机会。
2. 获得协会多项专业研讨活动优惠或免费参加名额（以活动通知为准）。
3. 获得协会大型综合性会议主会场优惠或免费参加名额（以大会通知为准）。
4. 特许企业可为加盟商指导并免费获得加盟商网上培训。

政府关系与政策协调服务

地区连锁协会名录

协会名称	电话	传真	地址	邮编
北京市连锁经营协会	010－62262236	010－62262236	北京市海淀区北三环西路明光北里2号	100088
天津市连锁经营协会	022－23023836	022－23023836	天津市河西区永安道越秀路德恩里7号楼1门504	300204
山西省连锁经营协会	0351－3085385	0351－3085385	山西省太原市杏花岭区北大街128号安金丽园小区1号楼2单元1803室	030002
秦皇岛连锁经营协会	0335－3980067	0335－7070707	河北省秦皇岛市海港区红旗路97号	
黑龙江省连锁经营协会	0451－55533610	0451－55533610	黑龙江省哈尔滨市南岗区汉广街41号310	150080
辽宁省连锁经营协会	024－31078878		辽宁省沈阳市和平区太原南街16号2518室	110005
沈阳市连锁经营协会	024－22722104	024－22731872	辽宁省沈阳市沈河区市府大路260号	110013
大连市连锁经营协会	0411－84600529	0411－84600509	辽宁省大连市沙河口区联合路联兴巷21号301－302室	116021
上海连锁商业协会	021－62717620	021－62717623	上海市静安区新闸路945号3楼309A	200041
济南市连锁经营协会	0531－87082902	0531－87082929	山东省济南市经二路571号济南华联商厦10楼	250021
浙江省连锁经营协会	0571－85118056	0571－85211055	浙江省杭州市马塍路3号5楼526室	310007
绍兴市连锁经营行业协会	0575－88617766	0575－5250308	浙江省绍兴市延安东路173号	312000
温州市超市经济促进会	0577－88353730	0577－88353730	浙江省温州市鹿城区下吕浦锦园1幢903室	325000
金华市连锁经营协会	0579－82302508	0579－82302508	浙江省金华市胜利北街530号1#211室	321017
安徽商业联合会零售商业委员会	0551－2658284	0551－2658284	安徽省合肥市长江中路136号青云楼6楼	230001

续表

协会名称	电话	传真	地址	邮编
安徽省连锁经营协会	0551－62621143	0551－2620755	安徽省合肥市庐江路70号二楼西	230001
合肥市连锁协会	0551－2687015	0551－2679680	安徽省合肥市长江中路150号合肥百货大楼	230001
福建省连锁经营协会	0591－63359299	0591－7847145	福建省福州市中山路23号建发大厦1楼	350003
厦门市商业联合会连锁经营同业公会	0592－2281107	0592－2220084	福建省厦门市思明区厦禾路839号汇成商业中心1401室	361012
泉州市连锁经营协会	0595－22276761	0595－22132755	福建省泉州市鲤城区崇福路71号	362000
河南省商业行业协会	0371－63817447	0371－63817447	河南省郑州市文化路任寨北街2号	450012
湖南省连锁经营协会	0731－84131132	0731－84131132	湖南省长沙市五一大道98号省商务厅3号办公楼213室	410011
长沙市零售商业行业协会	0731－89988777	0731－89988777	湖南省长沙市岳麓区银杉路382号（千君醉柴房旁）	410013
武汉连锁经营协会	027－85778278	027－85752055	湖北省武汉市江汉区香江路11号	430015
广东省连锁经营协会	020－38483951	020－38483953	广东省广州市天河区龙口东路363号宝供大厦15楼	510630
广州连锁经营协会	020－86474182	020－86474182	广东省广州市环市西路68号广州市社会组织培育基地901室	510160
深圳市零售商业行业协会	0755－82944415	0755－82945078	广东省深圳市南山区东滨路南油文化广场三楼24#	518054
东莞市零售行业协会	0769－22319476	0769－22477265	广东省东莞市东城中路美新家居中心六楼F603	523129
珠海市商业连锁经营行业协会	0756－2639169	0756－8621979	广东省珠海市新香洲旺角百货B区58号铺	519070
柳州连锁经营协会	0772－3605353	0772－2836800	广西柳州市解放北路26号一楼	545001
重庆市连锁经营协会	023－63632356	023－63631119	重庆市中山四路83号附2号市委机关文印中心7楼	430015
四川省连锁商业协会	028－84373878	028－84373878	四川省成都市成华区玉双路7号	610056
昆明市连锁经营协会	0871－65716625	0871－5711330	云南省昆明市一二一大街298号云南师范大学明远楼一幢	650092
西安连锁经营协会	029－86786533	029－86786531	陕西省西安市经开凤城九路白桦林居沁园A305室	710007

部分开设连锁经营相关专业院校名录

	院校名称	电话	地　　址	邮编
1	北京财贸职业学院	010－51675589	北京市通州区北关大街 88 号	101101
2	首钢工学院	010－59805931	北京市石景山区晋元庄路 6 号	100041
3	北京城市学院	010－62322636	北京市海淀区北四环中路 269 号	100083
4	北京开放大学	010－82192060	北京市海淀区皂君庙甲 4 号	100081
5	天津滨海职业学院	022－25217659	天津市塘沽区庐山道 1101 号	300451
6	天津交通职业学院	022－87912745	天津市西青区西青道 269 号	300110
7	天津青年职业学院	022－23627638	天津市南开区水上公园西路 43 号	300191
8	石家庄职业技术学院	0311－85333898	河北省石家庄市中山西路长兴街 12 号	500081
9	秦皇岛职业技术学院	0335－5926633	河北省秦皇岛市北戴河区联峰北路 90 号	66100
10	石家庄信息工程职业学院	0311－85327378	河北省石家庄市裕华区信工路 18 号	500035
11	山西省财政税务专科学校	0351－6580827	山西省太原市万柏林区千峰南路 25 号	300024
12	山西财贸职业技术学院	0351－7975099	山西省太原市武宿民航南路 26 号	030031
13	内蒙古商贸职业学院	0471－5225590	内蒙古呼和浩特市赛罕区巴彦镇大学城内蒙古商贸职业学院	010070
14	牡丹江大学	0453－6596446	黑龙江省牡丹江市爱民区西地明街 60 号	157011
15	黑龙江商业职业学院	0453－6575157	黑龙江省牡丹江市爱民区西圣林街 15 号	157011
16	哈尔滨职业技术学院	0451－86636834	黑龙江省哈尔滨市香坊区哈平路 217 号	150081
17	黑龙江职业学院	0451－87502072	黑龙江省哈尔滨市南岗区学府路 7 号	150080
18	大庆职业学院	0459－5874463	黑龙江省大庆市萨尔图区火炬北二路（职院 C 区）	163255
19	哈尔滨市第一职业高级中学	0451－88364903	黑龙江省哈尔滨市道外区南极街 76 号	150020
20	黑龙江生态工程职业学院	0451－82470086	黑龙江省哈尔滨市利民经济开发区学院路 77 号	150025
21	大连职业技术学院	0411－82140029	辽宁省大连市甘井子区夏泊路 100 号	116035
22	辽宁商贸职业学院	024－88496645	辽宁省沈阳市东陵区东大营街 11 号	110161
23	辽宁轻工职业学院	0411－87667331	辽宁省大连市金州新区城南路 15 号	116100
24	上海商学院	021－67105449	上海市徐汇区中山西路 2271 号	200235
25	上海思博职业技术学院	021－68029255	上海市浦东新区惠南城南路 1408 号	201300
26	上海商贸旅游学校	021－63527646	上海市贵州路 189 号	200001
27	上海立达职业技术学院	021－57800842	上海市松江区车亭公路 1788 号	201609
28	上海市商业学校	021－36030767	上海市闸北区共和新路 1458 号	200072

续表

	院校名称	电话	地　址	邮编
29	上海工会管理职业学院	021－57468110	上海市奉贤区南亭公路	201415
30	江苏经贸职业技术学院	025－52710763	江苏省南京市江宁区江宁大学城龙眠大道180号	211168
31	无锡商业职业技术学院	0510－83273632	江苏省无锡市钱胡公路809号	214153
32	无锡职业技术学院	0510－68753059	江苏省无锡市中南路258号	214024
33	南京铁道职业技术学院	025－68533085	江苏省南京市浦口区珍珠南路65号	210031
34	南京城市职业学院	025－85395037	江苏省南京市江宁区武夷花园71－203	211100
35	苏州农业职业技术学院	0512－65518086	江苏省苏州市姑苏区西园路279号	215008
36	山东女子学院	0531－86526882	山东省济南市长清大学科技园大学路2399号	250300
37	山东商业职业技术学院	0531－86335457	山东省济南市历城区旅游路4516号	250103
38	青岛酒店管理学院	0532－86051595	山东省青岛市李沧区九水东路599号	266100
39	山东经贸职业学院	0536－2600150	山东省潍坊市青年路2798号	261011
40	威海职业学院	0631－5700799	山东省威海初村北海科技新城	264210
41	济南职业学院	0531－88792021	山东省济南市历下区舜耕路12号	250103
42	潍坊职业学院	0536－8527166	山东省潍坊市东风东街243号	261041
43	浙江商业职业技术学院	0571－58108201	浙江省杭州市滨江区滨文路471号	310053
44	浙江经贸职业技术学院	0571－86929741	浙江省杭州市下沙高教园东区学林街280号	310018
45	湖州职业技术学院	0572－2363631	浙江省湖州市现代教育园区学府路299号	313000
46	温州科技职业学院	0577－88412868	浙江省温州市瓯海区六虹桥路1000号	325006
47	浙江工商职业技术学院	0574－87422633	浙江省宁波市机场路1988号	315012
48	浙江纺织服装职业技术学院	0574－86329137	浙江省宁波市江北区风华路495号	315211
49	杭州市开元商贸职业学校	0571－85378375	浙江省杭州市下城区朝晖路169号开元商贸施家桥校区	310004
50	杭州科技职业技术学院	0571－88935118	浙江省杭州富阳市高科路198号	311402
51	安徽商贸职业技术学院	0553－5971077	安徽省芜湖市弋江区文昌西路24号	241002
52	安徽国际商务职业学院	0551－5664601	安徽省合肥市双凤工业园（凤麟大道与工业大道交口）	231131
53	安徽工商职业学院	0551－5658130	安徽省合肥市庐阳区北二环砀山路233号	230041
54	亳州职业技术学院	0558－5587007	安徽省亳州市药都路1625号	236800
55	徽商职业学院	0551－8580973	安徽省合肥市紫蓬山风景区徽商职业学院紫蓬校区	230022
56	安徽财贸职业技术学院	0551－63865013	安徽省合肥市翡翠路900号	230601
57	马鞍山职业技术学院	0555－2765031	安徽省马鞍山霍里山中路328号	243031
58	江西旅游商贸职业学院	0791－83771925	江西省南昌经济开发区丁香路1号	330100
59	福建信息职业技术学院	0591－83505900	福建省福州市仓山区螺洲镇杜园118号	350000

续表

	院校名称	电话	地　　址	邮编
60	福建商业高等专科学校	0591 - 87863295	福建省福州市鼓楼区黄埔 19 号	350012
61	福建农业职业技术学院	0591 - 83114062	福建省福州市仓山区上三路 190 号	350007
62	漳州职业技术学院	0596 - 2660579	福建省漳州市大学路 1 号	363000
63	福建船政交通职业学院	0591 - 83896320	福建省福州市仓山区首山路 116 号	350007
64	河南商业高等专科学校	0371 - 63515836	河南省郑州市文化路英才街 2 号	450045
65	漯河职业技术学院	0395 - 5983550	河南省漯河市汇源区长江路中段经管系	462000
66	河南经贸职业学院	0371 - 86661262	河南省郑州市龙子湖北路与博学路交叉口	450000
67	开封大学	0378 - 3655668	河南省开封市大梁路	475004
68	武汉市供销商业学校	027 - 87284979	湖北省武汉市武昌南湖周家湾特 1 号	430064
69	武汉软件工程职业学院	027 - 81655809	湖北省武汉市东湖新技术开发区光谷大道 117 号	430205
70	武汉商贸职业学院	027 - 81627276	湖北省武汉市东湖新技术开发区光谷二路 225 号	430205
71	武汉信息传播职业技术学院	027 - 81801004	湖北省武汉市江夏庙山经济开发区江夏大道 33 号	430223
72	湖南科技职业学院	0731 - 85603802	湖南省长沙市雨花区井湾路 784 号	410004
73	湖南商学院	0731 - 88688195	湖南省长沙市岳麓大道 569 号	410205
74	长沙职业技术学院	0731 - 82434621	湖南省长沙市岳麓区雷锋镇正兴路 157	410217
75	湖南商务职业技术学院	0731 - 88116092	湖南省长沙市雷锋大道 335 号湖南商务职业技术学院经贸系	410205
76	长沙商贸旅游职业技术学院	0731 - 89768695	湖南省长沙市韶山南路 578	410004
77	广东岭南职业技术学院	020 - 22305130	广东省广州市天河区大观路 492 号（科学城入口）	510663
78	广州市商贸职业学校	020 - 34347127	广东省广州市荔湾区珠江桥中东海北路 21 号	510163
79	广州工程技术职业学院	020 - 87610212	广东省广州市越秀区环市东路 465 号	510075
80	广东农工商职业技术学院	020 - 82346283	广东省广州市天河区粤垦路 198 号	510507
81	北京师范大学珠海分校	0756 - 6126393	广东省珠海市香州区	519000
82	广西职业技术学院	0771 - 4213851	广西南宁市江南区明阳工业园	530226
83	广西工商职业技术学院	0771 - 3182092	广西南宁市鹏飞路 15 号	530007
84	广西国际商务职业技术学院	0771 - 3276906	广西南宁市大学东路 168 号	530007
85	柳州职业技术学院	0772 - 3155106	广西柳州市社湾路 28 号	545006
86	广西经贸职业技术学院	0771 - 5713761	广西南宁市青山路 14 号	530021
87	南宁学院	0771 - 5900955	广西南宁市龙亭路 8 号	530000
88	海南省商业学校	0898 - 68621790	海南省海口市秀英区秀英大道 6 号	570311

续表

	院校名称	电话	地　址	邮编
89	海南经贸职业技术学院	0898－65730107	海南省海口市桂林洋高校区	571127
90	重庆城市管理职业学院	023－86968805	重庆市沙坪坝区虎溪重庆大学城	401331
91	四川商务职业学院	028－61935332	四川省成都市温江区和盛镇和盛大道 88 号	611131
92	成都工业学院	028－87747485	四川省成都市金牛区抚琴西路	610031
93	成都纺织高等专科学校	028－87846429	四川省成都市犀浦泰山南街 186 号	611731
94	四川信息职业技术学院	0839－3352503	四川省广元市利州区学府路 265 号	608040
95	成都职业技术学院	028－85321186	四川省成都市高新区益州大道北段 15 号	610041
96	贵州商业高等专科学校	0851－8128050	贵州省贵阳市盐务街 55 号	550004
97	云南交通职业技术学院	0871－63350021	云南省昆明市呈贡大学城	650101
98	昆明冶金高等专科学校	0871－6050723	云南省昆明市学府路 388 号	650033
99	杨凌职业技术学院	029－87073075	陕西省杨凌佑仁路 5 号	712100
100	陕西国防工业职业技术学院	029－81480091	陕西省西安市户县人民路 8 号	710300
101	陕西财经职业技术学院	029－33732188	陕西省咸阳市文林路 1 号	712000
102	陕西工业职业技术学院	029－33152154	陕西省咸阳市文汇西路 12 号	712000
103	甘肃交通职业技术学院	0931－7666911	甘肃省兰州市安宁区邱家湾 128 号	730070
104	兰州职业技术学院	0931－7658812	甘肃省兰州市城关区雁儿湾路 191 号	730070
105	乌鲁木齐职业大学	0991－2608271	新疆乌鲁木齐市幸福路 273 号	830002